[제4판 전면개정판]

법학초보자를 위한

생활과 법률

Law for Beginners

김두진·최현숙·정영훈

서 문

우리의 인생은 법과 밀접한 관계에 있어서, 사람은 법 안에 살고 있다고 말할 수 있다. 우리는 법치주의국가에서 법이 유지하는 질서 안에서 법의 보호를 받고 법을 준수하면서 살아간다. 무법자나 '법 없이도 살 사람'에게 법은 별다른 고려사항이 아닐 수 있지만 그들에게도 법은 어김없이 적용된다. 법에 무지하면 생활에서 예기치 않은 손해를 보거나 남에게 피해를 줄 수 있지만, 그것을 피하려면 법을 알아야 하고, 법을 잘 알면 유리한 위치를 점할 수 있고 스스로는 물론 남에게도 도움을 줄 수 있다.

이 책은 법을 전공으로 공부하지 않은 시민이나 법에 처음 입문하는 학생과 같은 법학 초보자가 알아야 할 법에 관한 기본적 사항들을 담고 있다. 제1장 총론에서는 법학의 기초에 관한 일반론을 설명한 후, 각론으로 제2장 이하에서 사회·가정·주거·경제·직장·범죄 등의 생활과 법률을 영역별로 정리하였다. 이 책은 법학의 모든 것을 담고 있지는 않다. 하지만 평범한 사람이 생활 속에서 접할 수 있는 법에 관한 쟁점이나 이론들이 상당히 많이 담겨 있다. 내용을 잘 이해한다면 직접 언급하지 않은 내용도 파악할 수 있고, 다른 전문서를 읽거나 인터넷을 검색하여 찾아 낸 자료를 보는 데 도움이 될 것이다.

나아가서 본서는 법학초보자가 보다 전문적인 개별법학을 공부하는데 도움이 될 수 있는 기초적인 법학의 원리를 제공할 수 있게 만들었다.

저자들은 확립된 법리에 대해서는 결론을 내렸지만, 많은 부분을 의도적으로 공백으로 남겨 두었다. 그 중 일부는 쟁점에 대한 모든 설명을 담기에 지면이 한정된 것과 우리가 생각을 정리하지 못한 탓도 있다. 하지만 독자들이 이론적 틀을 잡은 후에는 각 쟁점에 관하여 분석하여 자신의 결론을 내리는 것이 법학의 이해에 최선이라고 믿는다. 저자들은 이 책을 집필하면서 어쩌면 평생 법학에 관하여 다른 전문서를 읽거나 공부할 기회가 없을 수도 있는 독자가 볼 수도 있다는 점을 전제로, 그들이 알 필요가 있는 내용을 체계적으로 정리하여 알기 쉽게 저술하였다. 우리는 어떤 독자이든 이 책을 읽고 자신의 법적 권리·의무를 이해하고 슬기로운 생활을 영위하는데 도움이 되기를 바란다.

2020. 2. 1.

저자 씀

개정판 서문

　우리는 개정판에서 금년 7월까지의 법률 개정 내용과 관련 법리의 변화를 반영하고 새로 선고되거나 초판에서 빠뜨린 주요 판례들을 수록하였다. 또한 법학초보자가 알아야 할 생활 속의 주제들을 몇 개 추가하였다. 특히 제3장과 제4장의 내용을, 그 분야 법률을 전공하신 학자분을 필진으로 모셔서 충실하게 보강하였고, 나머지 장의 내용도 최대한 표현을 개선하고 잘못된 내용을 수정하고 시대 변화를 업데이트하였다. 본서가 독자들에게 도움이 된다면 우리의 큰 기쁨이다.

　어느 페북 친구에 따르면, 영화배우 로빈 윌리엄스는 살아 생전 그가 참여하는 모든 영화와 행사를 계약할 때에 노숙자들을 엑스트라로 함께 고용하도록 요구했고, 그렇게 그가 죽기 전까지 도운 노숙자는 1,520여명에 이른다는 사실이 밝혀졌다고 한다. "친절해라. 네가 만나는 사람 모두가 힘든 싸움을 하고 있다." 그는 평소에 이 말을 많이 했다고 전해진다. 그가 그렇게 친절을 베풀었던 이유이다.

2022. 7. 31.

저자 씀

제3판 서문

 하늘 아래 새로운 것은 없다지만 법과 제도 등 우리를 둘러싼 사회환경은 시간이 흐르면 변할 수 있다. 자연환경도 마찬가지여서 기상과 계절은 변하며 근래에는 기후도 변하는 상황이다. 우리는 시대변화에 맞추어 책의 내용을 개정하였다. 제1장 및 제2장의 내용을 손보고, 제3장은 법리에 맞게 전체 순서를 조정하고 미성년자의 한정승인권에 관한 개정내용을 추가하고, 제5장은 노동법을 전공하신 학자분을 새로 집필진으로 모셔서 개정하였으며 '경제생활과 법률'(구 제5장)은 삭제하였다. 본서의 모든 인용법률은 2024년 1월 기준으로 맞추었으며, 중요 판례들을 추가하고 불필요한 것들은 정리하였다. 우리는 독자가 알 필요가 있는 내용을 빠짐 없이 포함시키되 지면증가는 최대한 억제하였다. 어떤 독자나 이 책을 읽고 자신의 법적 권리·의무를 이해하고 슬기로운 생활을 영위하는데 도움이 되기를 바란다.

2024. 2. 5.

저자 씀

제4판 전면개정판 서문

　본서의 초판을 출간한지 5년이 지났다. 세 차례 개정하면서 일부 중복된 내용, 시대의 변화에 따라 낡아진 내용이 눈에 띄고, 필수적인 학습 사항이 빠진 것도 보였다. 이에 우리는 책의 체계와 내용을 전반적으로 살펴보고 정리하였다. 각 부분에 전개된 법적 쟁점들에 대한 논리를 이해하기 쉽게 배열하고, 문장의 표현도 간명하게 고쳤다. 제4판에서도 우리는 독자가 알 필요가 있는 내용을 빠짐 없이 포함시키되 지면증가는 최대한 억제하기 위하여 초보자의 법학 학습의 우선순위를 따져서 후순위의 내용들은 삭제하고 학습이 꼭 필요한 내용을 새로 추가하거나 비중을 높였다. 아울러 본서에 포함된 법령·판례 등의 정보를 현재 기준으로 갱신하였다.

2025. 8. 1.

저자 씀

차 례

제1장 총 론

제1절 법이란 무엇인가 ··· 1
  1. 법의 어원 ·· 1
  2. 법과 다른 사회규범의 구별 ·· 2
     【Theme- 선한 사마리아인법】 ································· 6
  3. 법과 다른 사회규범의 관계 ·· 8
     【Theme- 소크라테스의 최후/악법도 법이다?】 ············· 9

제2절 법치주의 ··· 15
  1. 법치와 인치 ·· 15
  2. 법의 이념과 기능 ·· 17
  3. 정의란 무엇인가 ··· 21
     【Theme- 적극적 우대조치】 ····································· 36

제3절 법의 존재형식 ··· 40
  1. 자연법과 실정법 ··· 40
  2. 성문법과 불문법 ··· 42
     【Theme- 마그나 카르타】 ······································· 43
     【Theme- 대통령의 긴급명령, 긴급재정·경제명령】 ······· 45
     【Theme- 지방자치단체의 종류】 ······························ 48
     【Theme- 판례법】 ··· 53
  3. 공법과 사법 및 사회법 ·· 55
     【Theme- 미국의 O.J. 심슨 사건】 ···························· 56
  4. 일반법과 특별법 ··· 59
     【Theme- 특별법우선의 원칙】 ································ 59
  5. 실체법과 절차법 ··· 60
     【Theme- 형사시효】 ··· 61

6. 강행법과 임의법 ·· 62
   7. 고유법과 계수법 ·· 64
   8. 국내법과 국제법 ·· 66
      【Theme- 국제사법재판소】 ·· 67
제4절 법의 역사 ·· 80
   1. 고대사회의 법 ·· 80
      【Theme- 징벌적 배상】 ·· 81
      【Theme- 우리 법에의 징벌적 배상제의 도입】 ································ 84
   2. 로마법과 게르만법 ·· 85
   3. 중세법 ·· 92
   4. 근대사회의 법 ·· 96
      【Theme- 근대법의 원칙】 ·· 99
제5절 법의 효력, 해석과 적용 ·· 102
   1. 법의 효력 ··· 102
   2. 법의 해석과 적용 ··· 108
      【Theme- 준용(準用)】 ·· 115
      【Theme- 열거조항】 ·· 116
      【Theme- 토지관할】 ·· 117
      【Theme~ 소장(訴狀)의 형식】 ·· 119
      【Theme- 용어정리: 원고, 피고, 피고인, 피의자, 용의자】 ·········· 122
      【Theme~ 증거능력】 ·· 123
      【Theme- 급발진 의심 사건】 ·· 124
      【Theme- 의사가 발급한 상해진단서의 증명력】 ·························· 124
      【Theme- 삼례 나라슈퍼 강도치사 사건】 ······································ 133
      【Theme~ 공소장(公訴狀)의 형식】 ·· 140
      【Theme- 국민참여재판제도】 ·· 144
      【Theme- 기소인부절차】 ·· 148
제6절 법률관계 ·· 149
   1. 권리·의무관계로서의 법률관계 ·· 149

2. 권리와 의무 ·· 151
　　3. 권리 ·· 151
　　　　【Theme- 공권과 반사적 이익】 ··································· 152
　　4. 법위반에 대한 구제 ··· 155
　　　　【Theme- 용어정리: 벌금, 과료, 과태료, 과징금, 범칙금】 ········ 168
제7절 법과 문화 ·· 169
　　1. 비교법과 법계 ·· 169
　　　　【Theme- 배심제도】 ·· 170
　　2. 법문화 ·· 174

제2장 사회생활과 법률

제1절 헌법이 갖는 의미 ·· 179
　　1. 헌법의 의의·연혁 ·· 179
　　2. 헌법의 구성 ·· 180
　　3. 헌법이 우리 삶에 미치는 함의 ···································· 181
제2절 국민주권주의 ·· 183
　　1. 국민주권주의의 의의 ··· 183
　　2. 국민주권주의의 내용 ··· 183
　　　　【Theme- 영화로 배우는 헌법 제1조/ "대한민국의 주권은 국민에게 있고 모
　　　　든 권력은 국민으로부터 나온다."】 ································· 185
제3절 자유민주주의와 시장경제 ·· 186
　　1. 자유민주주의 ··· 186
　　2. 사회적 시장경제 ·· 187
제4절 권력분립주의 ·· 191
　　1. 권력분립주의의 의의 ··· 191
　　2. 권력분립주의의 변화 ··· 192
제5절 기본권의 보장 ·· 193
　　1. 기본권의 주체 ··· 193

【Theme- 자연인과 법인】 ··· 195
　　2. 기본권의 종류 ··· 197
　　3. 기본권의 효력 ··· 203
제6절 출생과 국적 및 국민의 의무 ·· 212
　　1. 태아의 권리능력 ··· 212
　　2. 출생신고와 주민등록 ··· 213
　　3. 국적 및 국민의 의무 ··· 216
　　【Theme- 이른바 양심적 병역거부】 ·· 222
제7절 헌법재판 ··· 225
　　1. 헌법재판의 의의 및 기능 ··· 225
　　2. 헌법재판소 ··· 225
　　3. 헌법재판의 종류 ··· 226

제3장 가정생활과 법률

제1절 총설 ·· 241
　　1. 가족관계와 법 ··· 241
　　2. 친족관계 ·· 242
　　3. 가족의 범위 ·· 244
제2절 부모와 자녀 ··· 245
　　1. 친자관계 ·· 245
　　2. 친권과 후견 ·· 258
　　3. 부양의무 ·· 262
　　【Theme- 권리능력과 행위능력】 ·· 262
　　【Theme- 미성년자와 성년의제】 ·· 263
제3절 혼인과 이혼 ··· 264
　　1. 약혼 ·· 264
　　2. 혼인 ·· 267
　　3. 혼인의 해소 ·· 282

【Theme- 재산분할청구를 면탈하기 위한 재산처분】 ················ 294
　　　【Theme- 가장혼인과 가장이혼의 법적 효력】 ······················· 295
제4절 사망과 상속 ··· 297
　　1. 상속제도 ··· 297
　　　【Theme- 항공기추락으로 인한 대습상속 사례】 ···················· 299
　　2. 유류분 ··· 308
　　【Theme- 함께 풀어보는 상속분 계산】 ····························· 313
　　3. 유언 ·· 315
　　　【Theme- 유언의 방식】 ···································· 318

제4장 주거생활과 법률

제1절 건물의 소유 ··· 321
　　1. 건물의 의의와 종류 ·· 321
　　2. 소유권의 취득 ·· 322
　　　【Theme- 부동산등기부의 권리 분석 방법】 ······················· 327
　　3. 소유권의 효력 ·· 334
제2절 주택의 임대차 ··· 335
　　1. 주택임대차보호법 ··· 335
　　2. 주택임대차보호법의 적용범위 ······························· 335
　　3. 주택임대차의 성립 ·· 337
　　4. 주택임대차보호법상 임차인의 보호 ·························· 338

제5장 직장생활과 법률

제1절 노동법의 의의 및 적용 범위 ······························· 352
　　1. 노동법의 의의 ·· 352
　　2. 헌법과 노동법 ·· 353
　　2. 노동법의 적용 대상 ······································· 355
제2절 채용과 근로계약의 체결 ·································· 361

1. 채용 과정에서 구직자 보호 ·· 361
2. 근로계약 체결과 근로조건의 명시 ···································· 362
3. 위약금 예정 금지 ·· 364
4. 취업규칙과 근로조건 ·· 364

제3절 인간다운 노동을 위한 근로조건 보호 ···························· 367
2. 근로시간 제한과 휴식·휴가의 보장 ·································· 372
3. 고용안정 ··· 384

제4절 직장내 괴롭힘·성희롱·차별 금지 ·································· 392
1. 직장 내 괴롭힘 금지 ·· 392
2. 직장 내 성희롱 금지 ·· 394
　【Theme- 직장 내 성희롱 판단기준】······························· 395
3. 차별 금지 ··· 397

제5절 노동조합의 설립·단체교섭·쟁의행위 ···························· 400
1. 노동조합의 설립·운영 ·· 400
2. 단체교섭과 단체협약 ·· 404
3. 쟁의행위 ··· 409
4. 부당노동행위 금지와 구제절차 ·· 416

제6장 범죄와 법률

제1절 죄형법정주의 ··· 420
1. 관습형법금지의 원칙 ·· 420
2. 소급효금지의 원칙 ··· 420
3. 명확성의 원칙 ··· 420
4. 유추해석금지의 원칙 ·· 421
5. 적정성의 원칙 ··· 422

제2절 범죄의 성립 ··· 423
1. 구성요건해당성 ·· 423
2. 위법성 ·· 427

【Theme- ABSCAM과 위장수사】 ·· 429
　　3. 책임능력 ·· 433
제3절 범죄 ·· 434
　　1. 살인죄 ·· 434
　　2. 폭행죄 ·· 436
　　　【Theme- 친고죄와 반의사불벌죄】 ·· 437
　　3. 상해죄 ·· 438
　　4. 유기죄 ·· 439
　　5. 협박죄 ·· 440
　　6. 체포·감금죄 ·· 441
　　7. 강간죄 ·· 441
　　8. 강제추행죄 ·· 444
　　　【Theme- 성폭력범죄에 대한 특별형법】 ·································· 446
　　9. 명예훼손죄 ·· 447
　　　【Theme- 제국의 위안부 사건과 학문의 자유】 ······················ 449
　　10. 주거침입죄 ·· 457
　　11. 손괴죄 ·· 459
　　12. 공연음란죄 ·· 460
　　13. 무고죄 ·· 461
제4절 범죄에 대한 제재 ·· 463
　　1. 형벌 ·· 463
　　　【Theme- 일수벌금제】 ·· 469
　　2. 보안처분 ·· 472

　색인 ·· 481

제 1 장
총 론

제1절 법이란 무엇인가

1. 법의 어원

　법을 처음 배우는 학생들에게 첫 수업시간에 법에 대하여 어떻게 생각하는지 물어본 적이 있다. 대체로 무미건조하고 딱딱하고 무섭다는 것이 대다수의 답변이었다. "법전에는 사랑이 한 줄도 담겨있지 않다"는 세간의 푸념처럼 법(法)은 물기(氵)가 말라버린(去) 원리에 불과할까? 그런 선입견은 개인적인 경험에서 나온 오해일 수 있다. 사람은 사람의 마음에 있는 사랑이 없이는 살 수 없기 때문이다.[1]

　법(法)의 고자(古字)인 법(灋)은 물 수(氵)와 해태 태(廌), 갈 거(去)의 조합으로서 "물 흐르듯이 공평하게 판단해서 부정한 자를 받아버리는 해태"[2]라는 의미를 담고 있다. 그리고 후에 설명하듯이 법은 죽은 것(死文化)이 아니라 살아있는 것이다. 입법 당시에 만들어진 법조문의 내용은 적용되는 때의 현실에 맞게 해석·적용되어야 한다.

　법을 의미하는 라틴어 jus는 고대 로마법상 두 가지 의미를 가진 단어이다. 첫째 의미는 "일반적·포괄적 의미의 추상적 법", 또는 집합적인 의미의

---

[1] 레프 톨스토이 저/ 이순영 역, 「사람은 무엇으로 사는가」, 문예출판사, 2015, 46면.
[2] 해태(獬廌)는 중국 한(漢) 양부가 지은 「이물지」에 "동북지방의 황량한 땅에 어떤 짐승이 사는데 뿔이 하나이고 성품이 충직하다. 사람들이 싸우는 것을 보면 바르지 못한 자를 들이받고, 사람들이 서로 따지는 것을 들으면 옳지 못한 자를 문다"고 묘사되었다. 서울 광화문 앞 해태상에는 뿔이 없는데 이는 중국의 속국이던 조선은 중국 천자가 쓰는 해태를 원모습대로 갖다 쓸 수 없었기 때문이라고 보고 있다. 나무위키. https://namu.wiki/w/

'법제도'³)이고, 둘째 의미는 '권리'이다.⁴)

라틴어의 jus를 어원으로 하는 쥬리스트(jurist)는 '법률가'를 뜻하는데 오늘날의 직업으로는 법에 관한 일을 하는 판사(judge), 대법관(justice), 변호사(lawyer), 법학자(legal scholar), 배심제를 채택한 국가에서 재판에 관여하는 배심원(jury) 등을 모두 포함하는 말이다. 한편 '법조인'(法曹人)이라는 말이 쓰이기도 하는데, 조선시대의 중앙행정조직인 의정부 산하의 이·호·예·병·형·공의 6조 가운데 형조(刑曹)나 사헌부(司憲府)에 소속된 법무에 종사하는 공무원을 가리키는 말에서 유래한 단어로 오늘날의 직업 가운데 법관이나 검사와 같이 사법제도에 관한 일을 직접 담당하는 공무원이나 변호사와 같은 공적 직업인을 가리키는 용어이다.

2. 법과 다른 사회규범의 구별

인간, 호모 사피엔스(homo sapiens, 슬기로운 사람)는 불, 도구 그리고 무엇보다도 언어를 이용하여 서로 신뢰하는 집단과 사회를 이루어 침팬지, 고릴라와 같은 다른 영장류는 물론 사자나 호랑이와 같은 맹수들에게 승리하여 먹이사슬의 정점으로 올랐다. 호모 사피엔스는 과거 지구상에 함께 존재하던 사람 종인 유럽지역에 살던 호모 네안데르탈렌시스(네안데르 골짜기 사람), 아시아지역의 호모 에렉투스(직립원인), 동아프리카지역의 호모 루돌펜시스(루돌프호수 사람), 인도네시아의 호모 솔로엔시스(솔로 계곡인)나 호모 플로레시엔시스(플로레스섬 사람), 그밖에 호모 에스가르터(일하는 사람), 2010년 시베리아에서 발견된 호모 데니소바 등을 누르고 현생인류로 남았다.⁵)

---

3) 그러므로 법은 「민법」, 「상법」 처럼 인류의 역사, 행위 또는 사회의 발전에 있어서 생성된 구체적·개별적 '법률'(lex)과 구별되는 것이다.
4) 라틴어의 jus에 대응하는 영어 law, 독어 Recht, 불어 droit도 마찬가지로 법과 권리의 뜻을 함께 갖고 있다. 라틴어 lex에 대응하는 영어 act, 독어 Gesetz, 불어 loi도 구체적·개별적 법률을 의미한다.
5) 유발 하라리 저/조현욱 역, 「사피엔스」, 2011, 20~41면(관용이 특징이 아닌 사피엔스의 특성상 사피엔스가 교배를 통하여 이들을 통합하였다고 보는 교배이론이 아니라 혼인을 통하여 일부 유전자가 섞이기는 하였지만 사피엔스가 다른 종들을 모두 학살했다고 보는 교체

인류는 250만년전 오스트랄로피테쿠스('남쪽의 유인원'이라는 뜻이다)에서 진화하여 약 7만년전 인지혁명, 약 12,000년전 농업혁명 그리고 약 5백년 전 과학혁명(산업혁명)을 통하여 놀라운 문화 발전의 역사를 이룩하여 왔다. 이 가운데 인간이 다른 동물과 구별되는 특징은 유연한 언어를 구사하여 창조한 추상적인 가상의 실재(신화나 종교적 신념, 정치 이데올로기와 같은 관념적 개념과 법인과 같은 법적 개념)였다.[6]

인간은 다른 동물과 달리 언어(뒷담화)를 통하여 서로 잘 모르는 사이에서도 정보를 교환하고 신뢰를 쌓아 협력관계를 유지할 수가 있는데 과학적 연구에 따르면 인간의 수가 150명 정도를 넘어가면 말을 주고받아 생기는 신뢰감만으로는 더 이상 조직이 유지되지 못하므로 형식을 갖춘 일정한 규범이 필요하게 된다고 한다. 법은 도덕, 종교, 관습과 함께 사회규범의 일종으로서 일정한 조직(국가, 교회나 사찰, 지역사회 등)이 유지될 수 있게 하는 역할을 한다.

법이 다른 사회규범들과 어떤 공통점이 있고 차이점이 있는지 비교하면 그 개념을 확실히 알 수 있다.

(1) 공통점

법은 수범자에게 일정한 행위를 명하거나 금지하는 행위규범이다. 법은 사회에 있는 사람이라면 지켜야 하는 규칙인 사회규범의 일종이다. 자연 그대로 '존재하는'(be; sein) 자연법칙은 물이 위에서 아래로 흐른다든가 사람은 언젠가는 죽는다는 것처럼 반드시 저절로 지켜지는 것이다. 그와 달리 법은 수범자인 사람이 지킬 수도 있고, 지키지 않을 수도 있지만 지키지 않으면 제재를 받기 때문에 지킬 것이 '반드시 요구되는'(must; sollen) 당위규범인

이론이 진실일 가능성이 높다고 주장한다.). 구약성서에는 아담과 이브가 낳은 형제 카인과 아벨의 이야기가 전해진다. 밭을 가는 농부 카인은 양을 치는 목자 아벨을 미워하여 들로 꾀어내서 돌로 쳐죽인다(창세기 4장 8절). 이 이야기는 수렵과 채집 생활을 하던 고생인류가 농경 생활을 하게 되는 것을 상징하는 것인지도 모른다.

[6] 유발 하라리, 앞의 「사피엔스」, 42~69면.

점에서 다른 사회규범과 같다.

(2) 차이점

1) 강제력의 유무

법은 국가의 강제력에 의하여 준수가 강제된다는 점에서 도덕, 종교, 관습 등의 다른 사회규범과 차이가 있다. 즉 도덕에 위반하거나 종교 교리에 반하는 행위를 하거나 관습을 위반하더라도 행위자는 양심에 가책을 느끼거나 죄책감을 느끼거나 할 수는 있지만 어떤 제재가 가해지지 않지만, 법은 그에 위반하면 국가적 제재를 받게 되는 강제규범이다. 한편 구체적 법률 중에는 강행규정과 임의규정이 있어서 전자는 수범자가 반드시 준수해야 하지만, 후자는 준수여부가 수범자의 임의에 맡겨져 있다. 바꿔 말하면 임의규정의 내용을 지키지 않더라도 그것을 위반한 것이 되지 않고 그것을 준수하는 것이 된다.

2) 외면성

도덕, 종교의 경우 행위자의 내면에서 작용하고, 법은 수범자의 외면에서 작용하는 점에서 작용면의 차이가 존재한다. 예컨대 법은 국가권력에 의하여 수범자에게 그 강제성이 인정되는 외면적 사회규범이고, 종교는 신앙에 의하여 자의적으로 신자를 구속하는 내면적 사회규범이다. 법은 사회현실에 기초한 규범이지만 종교는 사회현실을 초월한 규범이라는 점도 다르다. 수범자의 범위에 있어서 종교는 그 종교를 신봉하는 신앙을 가진 종교인에게 적용되나 법은 모든 국민에게 적용된다.

관습은 사회구성원 중 다수인이 일정한 행위를 반복하고 있을 때 인정되는 사회규범이다. 법과 관습 양자는 사회구성원의 외부적 행위를 그 규제대상으로 한다는 공통점을 가진다, 그러나 관습은 이미 행해지고 있는 관행으로부터 무의식적으로 성립되나 법은 일정한 입법목적을 달성하기 위하여 의식적으로 성립된다는 차이가 있다.

법은 재판의 준거가 되는 점에서 재판규범이다. 중세 서양에서는 악명높은 마녀사냥(Witch-hunt)7)의 예처럼 교회법이 종교재판의 기준이 되어 인신을 구속하거나 형벌을 가하고 파문하여 보호범위밖에 두기도 하고, 지동설을 주장한 갈릴레이에 대한 종교재판8)의 예처럼 학문의 범위와 내용을 통제하기도 하였다. 오늘날에도 교회내 분쟁에 대해서는 교회법을 재판규범으로 한 재판이 행해지지만, 어디까지나 그 종교 교리를 따르는 성직자와 신도에게만 효력이 미칠 뿐이고, 그 범위는 제한적이다. 따라서 신도와 신도간 또는 종교단체와 신도 간의 법적 분쟁은 오늘날 종교법이 아니라 국가의 법률이 적용되어 해결된다. 예컨대, 교회나 사찰의 재산권에 관한 법적 분쟁은 법원의 민사소송의 대상이고, 그 때 적용되는 재판규범은 교회법이나 불교교리가 아니라 국가가 제정한 법률이다.9)

---

7) 중세 유럽과 북미에서 당대의 비범한 여성들이 표적이 된 마녀사냥이라는 집단적 린치가 행해졌다. 14세기 백년전쟁 때 조국 프랑스를 구한 잔 다르크(Jeanne d'Arc)(1412~1431)도 마녀라는 구실로 재판을 받고 화형당하였다.
8) 이탈리아의 과학자 갈릴레오 갈릴레이(Galileo Galilei)(1564~1642)는 당대 최고의 천체과학자였다. 네델란드인이 설계한 스파이글라스로 천체망원경을 만들어 태양의 흑점, 달·금성, 목성의 네 위성들을 관측하였다. 그러나 지구가 우주의 중심이라는 천동설(geocentric theory)이 기독교의 세계관이었던 시대에 그의 발견들은 종교적 갈등을 야기하였다. 그는 1615년 네덜란드의 크리스티나 대공비에게 서신을 보내 자신이 천체관측을 통하여 알려지지 않은 새로운 사실들을 많이 발견한 사실을 거론한 다음 "많은 학자들이 제가 자연과학의 지식체계를 뒤집으려는 불순한 의도로 마치 제 손으로 그러한 것들을 하늘에 올려다 놓은 양, 극렬하게 매도하였습니다. 새로운 발견이 과학의 연구, 성과, 성장의 동기가 된다는 사실을 그들은 망각하고 있는 듯합니다"하고 호소하였다. 칼 세이건 저/홍승수 역, 「코스모스」, 2004, 234면.
　갈릴레이는 「대화록」(Dialogue Concerning the Two Chief World Systems)(1632)에서 재치있게 교회의 독단론을 조롱하면서 지동설이 옳다는 주장을 하였다. 마침내 그는 로마 종교재판소에 소환되어 심판을 받고 극형은 피했으나 남은 여생 동안 자택에 억류되었다. 1992년 교황 요한 바오로 2세는 갈릴레오에게 사과하였고, 나아가서 로마 카톨릭이 지동설을 공식적으로 인정한 것은 갈릴레이의 사후 350년이 지난 2008년 학자 출신 교황 베네딕토 16세 때였다.
9) 교회의 법적 성질은 민법상 비법인사단이며, 사찰의 법적 성질은 민법상 재단이다. 예컨대 사랑의 교회라 하면 사랑의 교회 교인의 단체(사단)이며 그 교회 재산은 그러한 비법인사단의 총유이나, 설악산의 신흥사 사찰의 주인은 신흥사의 승려나 신도가 아니고 재단인 신흥사 자체이다. 이러한 법적 성질의 차이는 종교재산이 형성된 과정이 불교의 경우 우리 조상들의 시주나 국가가 기증한 재산을 기초로 한 오랜 역사를 갖고 있고, 기독교의 경우 현재의 교인들이 헌금한 재산으로 비교적 가까운 시기에 형성된 경위에서 비롯된 것이라 한다. 한국기독

법은 행위규범일 뿐 아니라 조직규범이다. 예컨대, 「대한민국헌법」과 함께 「정부조직법」은 우리나라 정부 가운데 행정권을 행사하는 행정부에 속하는 국가행정기관의 조직의 근거가 되는 법률이다. 이 법률들에 의하여 대통령, 국무총리, 행정각부[10]가 조직되고, 대통령 소속으로 대통령비서실, 국가안보실, 대통령경호처, 국가정보원이 존재하고, 국무총리 소속으로 부총리, 국무조정실, 국무총리비서실, 인사혁신처, 법제처, 식품의약품안전처가 설치되어 있다.[11] 마찬가지로 헌법과 「국회법」은 입법부인 국회의 조직의 근거이고, 헌법과 「법원조직법」은 사법부인 법원의 조직의 근거이고, 헌법과 「헌법재판소법」은 헌법재판소의 조직의 근거이다.

【Theme- 선한 사마리아인법】

'선한 사마리아인법'(Good Samaritan laws)은 부상을 입거나, 다치거나 위험에 처하거나 그밖에 가진 것을 빼앗겨 위험에 처한 사람을 어렵지 않게 구할 수 있는 사람이 구하지 않는 경우에 형사처벌하는 법이다. 선한 사마리아인법은 신약성경에 나오는 선한 사마리아인의 우화에 대한 예수의 가르침으로부터 명명된 것이다. 예수는 도적 떼에게 얻어맞고 강도를 당하여 어려움에 처한 사람에 대하여 자비를 베푼 사마리아인이 베푼 도움에 대하여 말하고 있다. 성직자인 제사장도, 높은 사회계급이던 레위인도 외면하고 제 갈길을 갔지만 당시 멸시를 받던 사마리아인은 그 사람을 불쌍히 여겨 돌봐주고 목숨을 구해준 일화를 이야기하며 이웃을 자신과 같이 사랑한 사람만이 영생을 얻을 것이라고 가르치고 있다(누가복음 10:25~37).

선한 사마리아인법은 프랑스, 독일, 불가리아, 폴란드, 그리스, 헝가리, 체코, 덴마크, 이탈리아, 노르웨이, 네덜란드, 루마니아, 핀란드 등의 유럽국가, 북미의 미국 일부 주, 캐나다, 남미의 일부국가, 그리고 개인의 자유보다 사회 전체를 중시하는 옛 사회

공보 2014.1.25. 서헌제, 「한국교회와 목회자를 위한 법(제2판)」, 2018, 274~275면.

10) 현재 행정각부는 기획재정부, 교육부, 과학기술정보통신부, 외교부, 통일부, 법무부, 국방부, 행정안전부, 국가보훈부, 문화체육관광부, 농림축산식품부, 산업통상자원부, 보건복지부, 환경부, 고용노동부, 여성가족부, 국토교통부, 해양수산부, 중소벤처기업부 등의 19개이다(정부조직법 §26). 이재명 정부는 환경부와 산업통상자원부의 기능을 통합하여 기후에너지부를 신설하고 기획재정부의 기능을 분리하여 기획예산처와 재정경제부를 신설하는 방안을 검토하고 있다.

11) 중앙행정기관은 정부조직법에 따라 설치된 부·처·청 외에 개별법에 따라 설치된 방송통신위원회·공정거래위원회·국민권익위원회·금융위원회·개인정보보호위원회·원자력안전위원회·우주항공청·행정중심복합도시건설청·새만금개발청 등이다(동법 §2).

주의 국가들의 법역에서 시행되고 있다. 원래 영미법계 국가는 개인의 자유를 두텁게 보호하므로 미국은 선한 사마리아인법을 갖고 있지 않았다. 그러나 1964년 3월 새벽 뉴욕 퀸즈의 길거리에서 제노비스(Kitty Genovese)라는 28세 여성이 30분이 넘게 강간을 당하고 칼에 찔려 사망하는 동안 38명의 지역주민들이 이를 목격하고도 방관한 일이 벌어졌고, 엄청난 사회의 공분을 산 것을 계기로 미국 전체 50개 주 가운데 다수 주가 순차적으로 선한 사마리아인법 조항을 도입하였다. 이러한 의미의 선한 사마리아인법은 우리나라법상으로는 존재하지 아니한다. 택시를 몰던 택시기사가 차량 운행 중 심장마비 증세로 쓰러졌는데 당시 택시에 탑승했던 승객들이 택시기사에게 아무런 구호조치를 취하지 않은 채 꽂혀 있던 열쇠를 빼내 트렁크 문을 열고 골프가방 등 자기들 짐을 꺼낸 뒤 현장을 떠났고 해당 택시운전기사는 뒤 늦게 병원으로 옮겨졌지만 결국 생명을 잃은 사건이 일어났다. 이 승객들은 몰인정하다는 비난은 받았지만 형사처벌은 받지 아니 하였다.[12] 「응급의료에 관한 법률」 제5조 1항은 "누구든지 응급환자를 발견하면 즉시 응급의료기관 등에 신고해야 한다"고 신고의무를 규정하고 있지만 이를 위반한 경우에도 처벌조항은 없다.

한편 선한 사마리아인법은 위험에 처한 사람을 보호하는 사람이 의도하지 않게 피구조자의 사상(死傷)을 초래하거나 손해를 입히더라도 민·형사법적 책임을 지지 않도록 보호하는 법규를 말하기도 한다. 그 목적은 사람들이 타인을 돕다가 실수하는 경우의 법적 책임을 두려워하여 곤란한 사람들을 돕기를 주저하지 않게 하려는 것이다. 이러한 의미의 선한 사마리아인법은 우리나라에도 존재한다. 「응급의료에 관한 법률」 제5조의2는 생명이 위급한 응급환자에게 응급의료 또는 응급처치를 제공하여 발생한 재산상 손해와 사상에 대하여 고의 또는 중대한 과실이 없는 경우 그 행위자는 민사책임과 상해(傷害)에 대한 형사책임을 지지 아니하며 사망에 대한 형사책임은 감면한다. 이 법은 응급의료종사자나 「선원법」 제86조에 따른 선박의 응급처치 담당자, 「119구조·구급에 관한 법률」 제10조에 따른 구급대 등 다른 법령에 따라 응급처치 제공의무를 가진 자가 한 응급처치에 대해서는 적용되지 않지만, ① 응급의료종사자가 업무수행 중이 아닐 때 본인이 받은 면허 또는 자격의 범위에서 한 응급의료와 ② 위의 다른 법령에 따라 응급처치 제공의무를 가진 자가 업무수행 중이 아닐 때에 자발적으로 한 응급처치에 대해서는 보호를 제공한다.

---

[12] 2016. 8. 25.에 대전에서 실제 일어났던 사건이다. 윤진희 기자, "심장마비 택시기사 두고 골프여행 떠난 승객들 처벌불가…왜?", 뉴스1 2016.8.29.

3. 법과 다른 사회규범의 관계

(1) 법과 도덕의 관계

법과 도덕의 관계는 "법이 일반인의 도덕 감정을 위반한 것일 때 우리는 그래도 이 법을 지켜야 하는가 아니면 저항을 해야 하는가"의 문제와 아주 밀접히 연관되어 있다. 법이 도덕과 적극적으로 충돌하여 양자가 적대적인 관계에 있게 된 경우 반도덕적인 법의 효력을 부정하는 입장이 있다. 자연법론자들은 자연법은 실정법을 초월한 영구불변의 법칙으로서 도덕과 통합되어 있다고 하여 법과 도덕의 구별을 부인하고, 이러한 자연법에 반하는 악법은 무효로 본다. 예컨대, 인종차별적인 아리아 민족의 우월성에 입각하여 유태인을 탄압하기 위하여 나찌정권이 만든 악법을 무효로 보는 것이다.

이와 반대로 법실증주의자들은 법은 곧 실정법으로서 도덕과 구별된다고 주장한다. 법실증주의를 주장한 오스트리아의 법학자 한스 켈젠(Hans Kelsen)은 법으로 규정되었다면 설사 그 법이 도덕에 반하는 것을 규정하여 정당하지 못한 내용이더라도 효력이 있다고 보았다. 이러한 법실증주의적 사고방식은 법과 도덕이 원래는 하나의 사회규범에서 나와서 밀접한 관련이 있다는 점을 간과한 것이다.

법과 도덕은 서로 교차하는 원과 같이 많은 부분이 중복되어 있다. 법은 도덕에 의해 뒷받침될 때에만 강력한 효력을 발휘할 수 있으므로 양자의 조화가 모색되어야 한다. 한편 법과 도덕을 일치시키는 것은 불가능하거니와 바람직하지도 않다. 도덕을 지키도록 법으로 강제하는 것은 도덕 전부가 아니라 사회적으로 동의할 수 있는 부분에 그쳐야 한다.

모든 법이 도덕적인 것은 아니며, 모든 도덕이 법으로 강제될 수는 없다. 독일의 법학자 게오르그 옐리네크(Georg Jelinek)는 "법은 도덕의 최소한이다"라고 하였다. 이 말의 의미는, 법은 도덕의 내용을 모두 법으로 할 수는 없고 그 중 사회적으로 강제되어야 할 필요성이 있는 최소한의 도덕만을 법으로 정해서 강제해야 한다는 것이다. 그러므로 법과 도덕은 연관된다는 것이 전제되는데 문제는 우리의 경우 어느 정도나 법이 도덕에 관여해야 하는가를 결정하는 것이다. 그 관여가 지나치면 법의 과도한 개입이고 모자라면 정의의 수호에 부족하다.

【Theme- 소크라테스의 최후/악법도 법이다?】

　　소크라테스(B.C.470~399) 이전의 그리스 철학자들은 자연철학자들이었다. 탈레스나 헤라클레이토스와 같이 만물이 무엇으로 만들어졌는지 고민하곤 하였다. 그들과 달리 소크라테스는 사람에 관한 고찰을 하는 인문철학자였다. 소크라테스는 아테네의 시민으로 농부, 목수, 어부와 같은 생계를 위한 직업을 갖지 않은 채 초대받은 향연을 즐기면서 젊은이들을 교육하였다. 그는 델포이의 신탁으로부터 그리스에서 가장 지혜로운 사람이라고 인정받았다고 하지만 "나는 내가 아무것도 모른다는 단 한가지만을 안다"는 불가지론(不可知論)을 전제로 다른 소피스트들과 대화를 하면서 끝없는 질문을 통하여 도덕은 무엇이고, 정의는 무엇인지 논의하였다. "너 자신을 알라(Gnothi Seauton)"는 소크라테스의 말은 우리가 지혜를 구하고, 진리를 탐구하기 위해서는 자신의 무지를 인정하는 것에서 출발해야 한다는 의미를 담고 있다. 그와 그의 제자인 플라톤(B.C.427~347), 그리고 플라톤의 제자 아리스토텔레스(B.C.384~322)는 고대 서양철학의 아버지들로 오늘날 인정받고 있다. 소크라테스는 저서를 남기지 않았지만 그의 생각은 제자 플라톤의 「대화편」 중의 국가(Politeia), 소크라테스의 변명(Apologia), 향연(Symposion), 크리톤(Kriton), 파이돈(Phaidon), 파이드로스(Phaidros), 골기아스(Gorgias), 파르메니데스(Parmenides) 등에서 찾아볼 수 있다. 당시 아테네의 민주정치체제는 40만의 주민 중 25만의 노예에게는 참정권을 인정하지 않고, 15만의 자유인 중 국회 에쿠레시아에 출석할 수 있는 자는 소수였다. 최고재판소는 1천 명 이상으로 구성되어 있었으며 전 시민의 명부에서 알파벳순으로 선출되는 민주적이지만 매우 비효율적인 제도로 운영되었다. 소크라테스는 이러한 극단적인 민주주의에 동의할 수 없었다.[13] 「대화편」 중의 국가(Politeia)에서 플라톤은 젊은이들에게 평등한 교육기회를 제공한 후 유능한 인재를 선발하여 철인(哲人)으로 교육하고 그들이 국가를 지배하여야 한다는 일종의 계급사회론을 주장하였다. 소크라테스의 제자 크리티아스 등은 이러한 정치개혁을 주장하다가 추방되었다. 펠로폰네소스전쟁에서 숙적 스파르타에 아테네가 패배한 후 아테네에 돌아온 크리티아스 등은 귀족정을 주장하면서 민주정치파에 대한 혁명을

---

13) Charles Van Doren 저/박중서 역, 「A History of Knowledge」, 1991, 134면(모두가 동등하다는 전제하에 제비뽑기를 통해 지배자를 뽑고 그 임기를 몇 달로 짧게 정해서 권력을 남용하지 못하게 하였다. 소크라테스는 이처럼 지도자를 제비뽑기로 뽑는 것은 장군이나 의사, 건축가 같은 직종은 경험과 전문지식을 보고 사람을 선택하는데 반해서 너무나 어리석다고 보았다.).

시도하였다가 실패하고 그들의 스승이었던 소크라테스는 책임을 추궁당하였는데, 죄목은 불경죄 및 청년들을 타락시킨 죄였다. "그는 사상의 자유와 권리의 필요를 부르짖고 자기가 경멸해온 민중에게 자비를 베풀 것을 거부했으며, 민중에게 자신의 사면을 호소하지도 않았다. 재판관들은 그의 석방을 바랐지만, 격분한 시민들은 소크라테스의 사형을 주장하였고, 그는 감옥에 찾아와 감옥의 관리를 매수한 후 탈출을 권하는 제자들의 권유를 뿌리치고 70세의 나이로 독배를 마셨다. 이 때가 B.C. 399년이었다. 아마도 그는 지금이 죽을 때다, 다시는 이처럼 유익하게 죽을 수 없을 것이라고 생각했던 것이리라."[14] 흔히 소크라테스가 불공정한 재판을 받아 "악법도 법"이라는 말을 남기고 처형되었다고 하는 말이 전해지지만 그가 받은 대우가 그처럼 불공정하였거나 적용된 법이 정의롭지 못하다는 느낌이 들지는 않는다. "악법도 법"이라는 말은 그의 죽음을 안타까워한 제자들의 심정일 뿐 소크라테스의 본의와는 거리가 먼 것 같다.

그는 슬퍼하는 친구들에게 말했다. "용기를 내게. 그리고 이것은 단지 내 육체를 매장하는 데 불과하다고만 생각하게." 그는 이렇게 말하고 약기운이 몸에 퍼지게 하기 위하여 감옥 안에서 왔다 갔다 하였다. 하복부 근처가 식은 것을 느꼈을 때, 그는 손수 얼굴까지 덮었던 이불을 젖히고 말했다. "크리톤, 내가 아스클레피오스에게 닭 한 마리를 꾸었는데, 잊지 말고 갚아 주기 바라네." 이것이 마지막 말이었다. … 이것이 내가 일찍이 알던 모든 사람 중 가장 지혜롭고 가장 올바르고 가장 뛰어난 분이라고 진정으로 부를 수 있는 우리의 친구 소크라테스의 최후였다.[15] 흔히 세간에서 하는 것처럼 소크라테스가 내린 결단을 그가 악법도 법이므로 준수해야 한다는 의사표시를 한 것으로 해석할 근거는 없다. 다만 만일 소크라테스가 제자들의 권유를 받아들여 감옥에서 도주하고 도망자로서 여생을 보냈다면 젊은이들에게 올바른 생각을 교육한 철학자로서 그의 위대한 이름이 후세에 남아 있을 수 있었겠는가?

(2) 법과 관습의 관계

동일한 행위가 오랫동안 반복적으로 행해지는 사실이 있으면 그로써 관습이나 관행의 존재가 인정된다. '사실인 관습'은 당사자의 의사해석의 하나의 기준이 될 수 있다. 민법 제106조는 "선량한 풍속 기타 사회질서와 관계없는" 민법규정과 내용이 다른 사실인 관습이 존재하고 행위자가 그 민법규정과 사실인 관습 중 어느 것을 법률행위의 내용으로 한 것인지 명확하지 않은 경우에는 사실인 관습이 우선적으로 법률행위의 해석의 표준이 된다고 규정

---

14) 윌 듀란트 저/ 임헌영 역, 「철학이야기」, 1978, 20~32면 발췌.
15) 위의 책, 32면.

하고 있다. 그러나 관습은 "선량한 풍속 기타 사회질서와 관계있는" 성문법에 대해서는 보충적인 기능에 그치는 것이다(통설).

관습의 존재에서 더 나아가서 다수의 국민이 그 관습에 따르는 것이 권리 또는 의무라고 확신하고 인식하여 법적 규범으로 승인·강행되는 것이 있을 때에는 '관습법'이 성립한다(법적 확신설). 이것이 통설·판례이다. 관습법은 사실인 관습과 달리 법의 하나로서 법령에 저촉되지 아니하는 한 법칙으로서의 효력이 있는 것이고, 경우에 따라 성문법에 우선하거나 성문법의 내용을 제한하거나 폐지하기도 한다.

대법원 2005.7.21. 선고 2002다13850 전원합의체 판결

이 사건 원고는 청송 심씨의 시조인 심홍부의 19세손인 혜령공 심철지의 후손 중 여자 후손인데, 같은 후손 중 성년 남자들만을 구성원인 종원으로 하는 종중을 피고로 하여 종원의 자격을 성년 남자로만 제한하고 여성에게는 종원의 자격을 부여하지 않는 것을 전제로 하여 종중이 소유하는 재산을 종원에게만 분배하여 온 관행은 잘못이라고 주장하는 소송을 제기하였다.

대법원은 "관습법이 사회 구성원들이 그러한 관행의 법적 구속력에 대하여 확신을 갖지 않게 되었다거나, 사회를 지배하는 기본적 이념이나 사회질서의 변화로 인하여 그러한 관습법을 적용하여야 할 시점에 있어서의 전체 법질서에 부합하지 않게 되었다면 그러한 관습법은 법적 규범으로서의 효력이 부정될 수밖에 없다"고 전제하고, "헌법을 최상위 규범으로 하는 우리의 전체 법질서는 개인의 존엄과 양성의 평등을 기초로 한 가족생활을 보장하고, 가족 내의 실질적인 권리와 의무에 있어서 남녀의 차별을 두지 아니하며, 정치·경제·사회·문화 등 모든 영역에서 여성에 대한 차별을 철폐하고 남녀평등을 실현하는 방향으로 변화되어 왔으며, 앞으로도 이러한 남녀평등의 원칙은 더욱 강화될 것인바, 종중은 공동선조의 분묘수호와 봉제사 및 종원 상호간의 친목을 목적으로 형성되는 종족단체로서 공동선조의 사망과 동시에 그 후손에 의하여 자연발생적으로 성립하는 것임에도, 공동선조의 후손 중 성년 남자만을 종중의 구성원으로 하고 여성은 종중의 구성원이 될 수 없다는 종래의 관습은, 공동선조의 분묘수호와 봉제사 등 종중의 활동에 참여할 기회를 출생에서 비롯되는 성별만에 의하여 생래적으로 부여하거나 원천적으로 박탈하는 것으로서, 위와 같이 변화된 우리의 전체 법질서에 부합하지 아니하여 정당성과 합리성이 있다고 할 수 없으므로, 종중 구성원의 자격을 성년 남자만으로 제한하는 종래의 관습법은 이제 더 이상 법적 효력을 가질 수 없게 되었다. 종중이란 공동선조의 분묘수호와 제사 및 종원 상호간의 친목 등을 목적으로 하여 구성되는 자연발생적인 종족집단이므로, 종중의 이러한 목적과 본질에 비추어 볼 때 공동선조와 성과 본을 같이 하는 후손은 성별의 구별 없이 성년이 되면 당연히 그 구성원이 된다고 보는 것이 조리에 합당하다."고 판시하여 종래의 입장을 변경하였다. 1980년 개정된 헌법에서는 혼인과 가족생활은 개인의 존엄과 양성의 평등을 기초로 성립되고 유지되어야 한다는 규정이 신설되었는바, 이는 유교사상에 의하여 지배되던 우리의 전통적 가족제도가 인간의 존엄과 남녀평등에 기초한 것이라고 보기 어렵기 때문에 헌법이 추구하는 이념에 맞는 가족관계로 성립되고 유지되어야 한다는 헌법적 의지의 표현이다. 1985.1.26.부터 국내법과 같은 효력을 가지게 된 유엔의 여성차별철폐협약(Convention on the Elimination of All Forms of Discrimination against Women)은 '여성에 대한 차별'이라 함은 정치적, 경제적, 사회적, 문화적, 시민적 또는 기타 분야에 있어서 결혼 여부와 관계없이 여성이 남녀동등의 기초 위에서 인권과 기본적 자유를 인식, 향유 또는 행사하는 것을 저해하거나 무효화하는 것을 목적으로 하는 성별에 근거한 모든 구별, 제외 또는 제한을 의미한다고 규정하면서, 위 협약의 체약국에 대하여 여성에 대한 차별을 초래하는 법률, 규칙, 관습 및 관행을 수정 또는 폐지하도록 입법을 포함한 모든 적절한 조치를 취할 것과 남성과 여성의 역할에 관한 고정관념에 근거한 편견과 관습 기타 모든 관행의 철폐를 실현하기 위하여 적절한 조치를 취할 의무를 부과하였다. 그리고 1990.1.13. 법률 제4199호로 개정되어 1991.1.1.부터 시행된 민법은 가족생활에서의 남녀평등의 원칙을 특히 강조하고 있는 헌법정신을 반영하여 친족의 범위에 있어서 부계혈족과 모계혈족 및 부족인척(夫族姻戚)과 처족인척(妻族姻戚) 사이의 차별을 두지 아니하고, 호주상속제를 폐지하는 대신 호주승계제도를 신설하면서 실질적으로 가족인 직계비속 여자가 호주승계인이 되어 조상에 대한 제사를 주재(主宰)할 수 있도록 하였으며, 재산상속분에 있어서도 남녀의 차별을 철폐하였다. 또한, 1995.12.30. 법률 제5136호로 제정되어 1996.7.1.부터 시행된 여성발전기본법은 정치·경제·사회·문화의 모든 영역에 있어서 남녀평등을 촉진하고 여성의 발전을 도모함을 목적으로 하여, 모든 국민은 남녀평등의 촉진과 여성의 발전의 중요성을 인식하고 그 실현을 위하여 노력하여야 하고, 국가 및 지방자치단체는 남녀평등의 촉진, 여성의 사회참여확대 및 복지증진을 위하여 필요한 법적·제도적 장치를 마련하고 이에 필요한 재원을 조달할 책무를 지며, 여성의 참여가 현저히 부진한 분야에 대하여 합리적인 범위 안에서 여성의 참여를 촉진함으로써 실질적인 남녀평등의 실현을 위한 적극적인 조치를 취할 수 있도록 규정하였다. 나아가 2005.3.31. 법률 제7428호로 개정된 민법은, 호주를 중심으로 가(家)를 구성하고 직계비속의 남자를 통하여 이를 승계시키는 호주제도가 남녀평등의 헌법이념과 시대적 변화에 따른 다양한 가족형태에 부합하지 않는다는 이유에서 호주에 관한 규정과 호주제도를 전제로 한 입적·복적·일가창립·분가 등에 관한 규정을 삭제하고, 자녀의 성(姓)과 본(本)은 부(父)의 성과 본을 따르는 것을 원칙으로 하되 혼인신고 시 부모의 협의에 의하여 모(母)의 성과 본을 따를 수도 있도록 규정하기에 이르렀다.

(3) 법과 종교의 관계

역사적으로 정교일치의 사회로부터 정교분리의 사회로 변천하여 왔다. 예컨대, 우리나라 고조선의 단군, 부족국가 신라의 거서간, 차차웅 등은 모두 정치 및 종교의 지도자였고, 기원 무렵 로마는 황제를 정치권력자이자 신으로 숭배한 사회였다. 그러나 군주의 왕권과 성직자의 교권이 분리된 후 중세 서양에서는 신성로마제국 황제 하인리히 4세가 교황 그레고리오 7세에게 굴복한 '카놋사의 굴욕'(1077), 교권의 약세로 교황청의 자리가 이탈리아 로마가 아닌 프랑스 아비뇽으로 머무른 '아비뇽 유수'(1309~1377) 등 교황과 세속 황제간의 치열한 권력 다툼을 거쳐 주도권은 점차 교권에서 황권으로 옮겨갔다. 일부 이슬람국가들을 제외하고 모든 현대 국가에서는 정교분리의 원칙이 지배한다.

법보다 종교의 교리가 더 엄격한 경우가 비일비재하다. 예컨대 간통은 간통죄를 처벌하는 형법조항이 위헌이라는 다음과 같은 헌법재판소의 결정이 나온 이후 폐지되었으므로 형사처벌 대상이 아니다. 그러나 간통은 기독교의 10계명 중 제7계명의 위반으로서 신의 심판을 받으며,[16] 이슬람권에서는 율법에 따라 간통자는 돌에 맞아 죽는 처벌을 받는 것처럼 종교적으로는 큰 죄로 인정되는 예가 많다.

헌법재판소 2015.2.26. 선고 2009헌바17 결정

간통 및 상간행위에 대하여 2년 이하의 징역에 처하도록 규정한 형법 제241조는 선량한 성풍속 및 일부일처제에 기초한 혼인제도를 보호하고 부부간 정조의무를 지키게 하기 위한 것으로서, 헌법상 보장되는 성적 자기결정권 및 사생활의 비밀과 자유를 제한한다. 그런데 사회 구조 및 결혼과 성에 관한 국민의 의식이 변화되고, 성적 자기결정권을 보다 중요시하는 인식이 확산됨에 따라, 간통행위에 대하여 이를 국가가 형벌로 다스리는 것이 적정한지에 대해서는 이제 더 이상 국민의 인식이 일치한다고 보기 어렵게 되었다. 또한 비록 비도덕적인 행위라 할지라도 본질적으로 개인의 사생활에 속하고 사회에 끼치는 해악이 그다지

---

16) 나다니엘 호오도온의 소설 '주홍글씨'(The Scarlet Letter)는 17세기 미국 보스턴에서 간통을 범하여 가슴에 낙인이 찍힌채 홀로 아이를 키우며 살아가는 한 여인에 관한 이야기로 실존 인물에 바탕을 두고 있다.

크지 않거나 구체적 법익에 대한 명백한 침해가 없는 경우에는 국가권력이 개입해서는 안 된다는 것이 현대 형법의 추세이고, 이에 따라 전세계적으로 간통죄는 폐지되고 있다. 혼인과 가정의 유지는 당사자의 자유로운 의지와 애정에 맡겨야지, 형벌을 통하여 타율적으로 강제될 수 없는 것이다. 현재 간통행위가 처벌되는 비율, 간통행위에 대한 사회적 비난의 정도에 비추어 보아 형사정책상 일반예방 및 특별예방의 효과를 거두기는 어렵게 되었다. 부부 간 정조의무 및 여성 배우자의 보호는 간통한 배우자를 상대로 한 재판상 이혼 청구(민법 제840조 제1호), 손해배상청구(민법 제843조, 제806조), 자(子)의 양육, 면접교섭권의 제한·배제 등의 결정에서의 불이익 부여(민법 제837조, 837조의2), 재산분할청구(민법 제839조의2) 등에 의하여 보다 효과적으로 달성될 수 있다. 오히려 간통죄가 유책의 정도가 훨씬 큰 배우자의 이혼수단으로 활용되거나 일시 탈선한 가정주부 등을 공갈하는 수단으로 악용되고 있기도 하다. 이상을 종합해 보면, 심판대상조항은 그 수단의 적절성과 침해최소성을 갖추지 못하였다고 할 것이다. 그리고 위와 같이 혼인제도 및 부부 간 정조의무 보호라는 공익이 더 이상 심판대상조항을 통하여 달성될 것으로 보기 어려운 반면, 심판대상조항은 국민의 성적 자기결정권 등의 기본권을 지나치게 제한하고 있으므로 법익 균형성도 상실하였다. 결국 심판대상조항은 과잉금지원칙에 위배하여 국민의 성적 자기결정권 및 사생활의 비밀과 자유를 침해하는 것으로서 헌법에 위반된다.

결국 헌법재판소의 결정 내용은 간통이 혼인계약 상의 정조의무를 위반한 행위이므로 불법행위이고 부도덕하며 윤리에 반하는 불륜행위이기는 하지만 형사처벌 대상은 아니라는 것이다. 그러므로 배신당한 배우자는 간통한 배우자와 상간자(相姦者)에 대하여 민사상 손해배상을 청구하여 위자료를 받아내고, 혼인관계를 해소하기 위한 이혼청구와 재산분할청구를 할 수 있을 뿐이다.[17] 그밖에 피해 배우자가 '회사 명예 실추'를 이유로 감봉·정직·권고 사직 등 징계를 받도록 하려고 불륜을 저지른 배우자가 다니는 회사 윤리위원회에 제보하거나, 사옥 앞에 나가 1인 시위를 하는 경우도 있다.[18]

---

17) 대법원은 배우자가 없는 사이에 정부와 주거지에서 간통한 경우에 정부의 주거침입죄를 인정하던 과거의 판례를 최근 변경하였다. 대법원 2021.9.9. 선고 2020도12630 전원합의체 판결.
18) 김윤주 기자, "'남편이 회사 직원과 불륜'… 간통죄 폐지 후 온라인 폭로 '복수'", 조선일보 2021.6.28. https://www.chosun.com/national/national_general/2021/06/28/SMDW4MNR6RBE3EKBPOJTPRXVXU/.

제2절 법치주의

1. 법치와 인치

법치주의는 국가의 운영이 "사람에 의하여 지배되는 것(人治)"이 아니라 "법에 의하여 지배(法治)"되어야 한다는 주장을 말한다. 앞서 말한 것처럼 법은 행위규범이자 조직규범이므로 형식적으로 파악할 때 법치주의는 국가가 국민의 자유나 권리를 제한하거나 국민에게 새로운 의무를 부과하거나 국가권력의 조직과 작용은 헌법이나 국회가 제정한 법률들의 집합인 법에 근거하여야 한다는 의미이다. 이러한 의미의 법치주의를 '형식적 법치주의'라 한다. 국가의 운영을 오로지 사람의 선의에 맡겨서 최선의 결과를 가져오도록 하는 것은 때로는 성공적인 결과를 가져올 수도 있다. 그러나 그렇게 한다면 사람에 따라서 그렇지 못할 수도 있기 때문에 법적 안정성과 신의성실의 원칙에 기초한 당사자의 신뢰보호를 위한 법치주의가 요구된다. 인치의 경우 권력남용이나 일관성이 결여된 충동적인 국가 운영을 가져올 가능성이 적지 않으므로, 그러한 일탈을 막기 위하여 직간접의 경험을 토대로 과거에 좋은 결과를 가져왔던 조건을 일정한 규칙이나 룰로 만든 것이 법이고 그러한 법을 기준으로 국가를 운영하도록 하는 것이 법치주의라고 할 수 있다. 다만 법을 적용하고 집행하는 것도 결국 사람이므로 법치주의라고 하여 사람이 로봇이나 자동기계가 작동하는 것처럼 법을 집행하는 것은 아니며 법집행자인 사람의 일정한 재량과 판단에 의존할 수밖에 없다. 그러나 법집행자가 자기의 재량권의 범위를 벗어나는 일탈이나 남용을 한다면 그것은 법을 위반한 것으로 처리되므로 법치주의는 국가의 운영이 일정한 범위내에서 이루어지도록 보장하는 기능을 하게 된다.

나아가서 '실질적 법치주의'가 요구되는데, 그것은 법의 내용이 자유와 평등에 합치되고 인권과 정의를 보장하여야 한다는 것을 의미한다. 즉 자유와 평등에 합치되지 않는 정의롭지 않은 내용의 법에 의거하여 국가가 운영되는 것은 형식적 법치주의에는 부합되더라도 실질적 법치주의에 반하는 것이다. 위헌법률심사제도는 헌법의 원칙과 정신에 반하는 내용의 법률의 효력을 제한하거나 정지시키는 제도이고 실질적 법치주의에 기여한다.

헌법재판소 2019.8.29. 선고 2018헌바265 결정

청구인은 예식장업 등을 영위하여 온 법인인데, 2015년 3월경부터 2016년 6월경까지의 거래대금 중 현금영수증 발급 대상인 1,336,594,945원에 대하여 현금영수증을 발급하지 아니하였다는 이유로 현금영수증 미발급 거래대금의 100분의 50에 상당하는 668,297,472원의 과태료 부과처분을 받았다. 청구인은 위 과태료 부과처분에 대하여 이의제기를 하여 과태료 재판 계속 중 과태료 부과처분의 근거가 된 구 조세범 처벌법 제15조제1항에 대하여 위헌법률심판제청을 신청하였으나 기각되자, 2018.7.10. 이 사건 헌법소원심판을 청구하였다. 헌법재판소는 현금영수증 의무발행업종 사업자로 하여금 건당 10만 원 이상의 현금거래시 현금영수증을 의무발급 하도록 하고, 위반 시 현금영수증 미발급 거래대금의 100분의 50에 상당하는 과태료를 부과하도록 한 법인세법 제117조의2제4항 본문, 구 조세범 처벌법 제15조제1항 본문 중 관련부분이 모두 헌법에 위반되지 않는다고 결정하였다. 즉 "심판대상조항은 현금거래가 많은 업종의 사업자에 대하여 과세표준을 양성화하여 세금탈루를 방지하고 공정한 거래질서를 확립하기 위한 것으로 입법목적의 정당성과 수단의 적합성이 인정된다. 또한 탈세의 유인이 큰 현금거래로 그 적용범위가 한정되어 있고, 현금영수증 미발급행위 자체는 위법성의 정도에 있어 큰 차이가 있다고 볼 수 없는 점, 고액 현금거래가 많아 소득탈루의 가능성이 높은 업종으로 그 대상을 한정하는 점, 현금영수증 발급절차가 까다롭거나, 많은 시간과 비용이 소요되지 않고, 자진납부나 수급자 요건 등에 해당하는 경우 과태료를 감면받을 수 있는 점, 현금영수증의 발급 시기와 방식 등을 다양화하고 있는 점, 착오나 누락에 의한 경우 과태료 감경규정이 별도로 마련된 점 등에 비추어 침해의 최소성 원칙에도 반하지 않는다. 투명하고 공정한 거래질서를 확립하고 과세표준을 양성화하려는 공익은 현금영수증 의무발행업종 사업자가 입게 되는 불이익보다 훨씬 커 법익균형성도 충족하므로 심판대상조항은 과잉금지원칙에 반하여 직업수행의 자유를 침해하지 않는다. 또한 법인세법이 2014.1.1. 개정되어 의무발급의 기준금액이 건당 10만 원 이상으로 변경된 것은 거래의 투명성과 세원관리의 효율성을 위한 것인 점, 2018.12.31. 조세범 처벌법 및 법인세법 등의 개정으로 과태료가 가산세로 바뀌고 그 부과금액도 낮아졌으나 이는 정책적 판단에 따른 것이지 반성적 고려에 터 잡은 것이라 볼 수 없는 점 등에 비추어 볼 때, … 심판대상조항은 과잉금지원칙에 위반되지 아니한다."고 보았고, "심판대상 과태료조항은 현금영수증 미발급 거래대금의 100분의 50으로 과태료 부과기준을 일률적으로 정하고 있으므로 사업자별로 실질적인 이익에 따른 차이를 고려하지 않고 있으나, 현금영수증 미발급행위 자체에는 위법성의 정도에 있어서 큰 차이가 있다고 보기 어렵고, 현금영수증 미발급 거래대금이 클수록 비난가능성 또한 커진다는 점 등에 비추어 보면, 실제 취득한 이익이 아니라 현금영수증 미발급 거래대금을 과태료 부과의 기준으로 삼았다는 점만으로 과태료조항이 평등원칙에 위반되었다고 볼 수도 없다."고 보았다.

이에 대하여 구 조세범 처벌법 상 과태료조항이 헌법에 위반된다는 재판관 이선애, 재판관 이종석, 재판관 이영진의 반대의견이 있었다.

2. 법의 이념과 기능

독일의 바이마르공화국 초기에 법무부장관을 지낸 하이델베르크대학 법철학 교수 구스타프 라드브루흐(Gustaf Radbruch)(1878~1949)는 정의, 합목적성(입법목적에 활용되는 실용성), 법적 안정성이 법의 3대 이념이 되어야 한다고 하였으며 많은 학자들이 이를 추종한다. 이 외에도 법은 그것을 대상 법률관계에 적용한 결과가 구체적 타당성이 있도록 기능할 것이 요청된다. 요컨대 법의 내용은 정의롭고 합목적적이어야 하며 법적 안정성을 지향해야 하며, 법을 적용한 결과는 구체적으로 타당한 것이어야 한다.

(1) 정의

정의롭지 못한 법은 법이 아니다. 온전한 형태를 갖춘 것 가운데 흔히 '최고(最古)의 법전'으로 불리는 '함무라비법전'(Code of Hammurabi)은 "눈에는 눈, 이에는 이"(an eye for an eye, a tooth for a tooth)라는 동해보복(Thalio)의 원칙으로 유명하다. 이 법전은 고대 바빌론[19]의 함무라비왕이 그의 만년인 B.C. 1750년경에 기록한 성문법과 300여건의 판례 모음집인데, 서문과 본문 282조 및 결문으로 구성되어 있다.[20] 함무라비법전의 서문 및 결문에는 "정

---

[19] 기원전 1776년 바빌론은 세계 최대규모의 도시였다. 인구는 1백만 명이 넘었고, 오늘날의 이라크, 시리아, 이란의 일부를 포함한 메소포타미아 대부분을 다스렸다. 유발 하라리 저/ 조현욱 역, 「사피엔스」, 2011, 157~159면.

[20] 함무라비법전은 바빌론이 패망한 후에도 상당히 오랜 기간 동안 다른 국가에서도 준수되어 큰 영향을 끼쳤다. 그러나 이 법전이 새겨진 비석은 후세에 역사에서 사라졌고 1901년이 되어서야 프랑스 고고학자들이 이란의 고대도시 Susa에서 재발견하였다. 역사가들은 B.C. 12세기에 바빌론 공격시 Elamite 왕 Shutruk-Nahhunte가 4톤에 달하는 석판을 바빌론 도시 Sippar에서 약탈하였고, 전리품으로 Susa로 옮긴 것으로 보고 있다. 오늘날 이 기둥은

의의 왕(The King of Righteousness) 함무라비"라는 말이 여러 번 나오는데, 후대에 이 법을 잘 지켜 노인과 고아와 같은 사회적 약자를 보호하고 정의를 실현할 것을 권고하는 왕의 당부가 기록되어 있다.21) 함무라비법전은 고대 메소포타미아인들이 이상적으로 여기는 사회질서를 이해하는 좋은 자료이다.22) 하지만 함무라비법전에는 범죄자와 피해자의 사회적 신분과 성별에 따라 동해보복의 원칙이 차별적으로 적용된다. 예컨대 평민이 귀족의 눈을 쳐서 빠지게 하면 그의 눈을 빼고(동법전 §196), 평민이 귀족의 뼈를 부러뜨렸다면 그의 뼈를 부러뜨린다(동법전 §197). 또 귀족이 자기와 같은 계급의 사람의 이를 빠지게 하면, 그의 이를 뺀다(동법전 §200). 그러나 귀족이 평민의 눈을 쳐서 빠지게 하거나 평민의 뼈를 부러뜨렸다면 은 1미나(mina)를 물어주면 되고(동법전 §198), 귀족이 평민의 노예의 눈을 쳐서 빠지게 하였거나 평민의 뼈를 부러뜨렸다면 그의 값의 ½을 그 주인에게 물어주면 되며(동법전 §199), 귀족이 평민의 이를 빠지게 하면, 은 ⅓미나(mina)를 물어주면 된다(동법전 §201). 만일 노예가 귀족의 뺨을 때렸다면 그의 귀를 잘라야 한다(동법전 §205).

오늘날의 눈으로 보면 상해죄를 범한 사람에게 동일한 상해를 입히도록 벌하는 이른바 신체형은 야만적인 법으로 간주된다.23) 또한 귀족, 평민, 노예라는 사회적 계급의 존재 자체가 전근대적이지만, 더욱이 신분계급에 따라 동해보복 원칙이 적용되기도 하고, 되지 않기도 하는 점은 그 자체 정의롭다고 할 수 없다. 아마도 그 시대 함무라비왕은 사회적 신분계급에 따라 그처럼 차별적으로 처리하는 것은 정의롭다고 생각하였을 것이다. 그러나 현대를 사는 우리의 눈에 이것은 정의롭지 못하다.24) 요컨대 법은 정의로운 내용이

파리의 루브르 박물관에 전시되어 있다.
21) 강철규, 「강한 나라는 어떻게 만들어지는가: 역사를 움직이는 사회적 기술의 힘」, 사회평론, 2016, 290~291면.
22) Raymond Westbrook, *Old Babylonian Period, in A History of Ancient Near Eastern Law*, Vol. 1, Raymond Westbrook ed., 2003, pp. 361~430; 유발 하라리, 위의 책, 각주 3.
23) 마하트마 간디는 "눈에는 눈으로식의 복수는 결국 온세상을 눈멀게 할 것이다(An eye for eye only ends up making the whole world blind.)"라고 말한 바 있다.

어야 하지만, 시대에 따라 어떤 법의 내용이 정의로운지 여부에 관한 판단은 다를 수 있다. 인지가 발달하고 과학기술과 학문의 발달로 과거에 정의롭다고 하던 내용이 후대에는 정의롭지 못하다고 평가받을 수 있다. 그러므로 법을 만드는 입법자들은 법의 내용이 정의로운지를 고려하여 적어도 입법시점에 정의롭지 못한 법을 제정하지 않아야 할 것이고, 법의 집행기관이나 수범자인 국민들도 그 법 집행시점에서 법의 내용이 정의롭지 못하다면 문제를 제기해야 한다. 이와 관련하여 정의가 무엇인지에 관해서 사람들의 생각은 어떻게 진보하여 왔는지는 아래 별도의 항목에서 살펴본다.

(2) 합목적성

법의 합목적성이란 법의 내용이 그것을 제정한 입법목적에 합치하는 것을 의미한다. 입법목적은 법률마다 다를 수 있으나 일반적으로 국가와 사회의 질서유지나 공공복리를 목적으로 한다. 그 외에 법은 '국가가 달성하려는 특정의 목적을 실현시키는 기능'도 한다. 교육이나 문화 창달, 산업의 발전, 국민의 건강의 증진 등이 그러한 특정목적의 예이다.

법의 내용은 입법목적을 달성하기 위하여 필요한 내용으로 합목적적으로 구성되어 있어야 하고, 그 반대의 경우에는 위헌으로 무효가 될 수 있다. 그런데 합목적성이 없는 법률은 그 효력이 부정되는 근거가 합목적성의 결여 자체, 즉 그 법규정이 입법목적에 맞지 않게 되어 있기 때문이라기보다는 그러한 합목적성이 없는 법률을 적용하는 것이 정의롭지 못하기 때문이라고 볼 수 있다. 즉 법률은 행위규범으로서 어떠한 행위를 명하거나 하지 말도록 금지하는 내용을 포함하여 수범자인 국민에게 불이익을 가하거나 간섭을 하

---

24) 마찬가지로 함무라비법전은 양성평등의 관점에서도 정의롭지 못한 내용을 담고 있어서 남자가 임신한 여종을 살해하면 벌금형을 받지만, 그가 임신한 자유인을 살해하면 그는 살해되어야 하고 그의 딸은 보복으로 죽임을 당해야 하였다. 남자는 하녀와 여종과 간통하는 것이 허용되었지만, 여자가 같은 짓을 하면 정부와 함께 유프라테스강에 던져졌다.
그러나 함무라비법전은 분쟁이 있는 경우 당사자들이 판사 앞에서 주장을 하고 증거와 증인을 내세우게 하는 사법제도, 일종의 최저임금제, 죄가 입증되기 전까지 피고인이 무죄로 추정되는 원칙 등 약 3,700년 이전에 만들어진 점을 감안하면 상당히 진보적인 내용도 담겨있다.

는 효과를 가져올 수 있는데, 비례의 원칙에 따라 입법목적을 달성할 수 있는 범위에서 최소한의 불이익을 가하거나 간섭을 하는 것이 허용되는 것이다. 그런데 합목적성이 없는 법규정을 준수하게 하여 수범자인 국민에게 불필요한 불이익을 가하거나 간섭을 하는 것은 정의에 반하기 때문에 그러한 법규정은 무효가 되는 것이다.

헌법재판소 2016.2.25. 선고 2015헌가11 전원재판부 결정

A씨는 2012년 6월 혈중알코올농도 0.1%의 술에 취한 상태로 경주시 소재 정비공업사 안에서 포터 화물차량을 약 6미터 가량 운전했다는 공소사실로 기소됐다. 도로교통법 제44조는 누구든지 술에 취한 상태에서 자동차등을 운전하여서는 아니 된다고 음주운전을 금지하고, 제2조 제26호는 "운전"이란 도로(제44조·제45조·제54조제1항·제148조 및 제148조의2의 경우에는 도로 외의 곳을 포함한다)에서 차마를 그 본래의 사용방법에 따라 사용하는 것(조종을 포함한다)을 말한다고 규정하고 있다. 대구지방법원 경주지원은 소송 계속 중인 2015년 3월 도로교통법 제2조 제26호 중 '도로 외의 곳'과 관련된 부분에 대해 헌법에 위반되는지 여부를 묻기 위해 직권으로 헌재에 위헌법률심판제청을 했다.
김이수·서기석 헌법재판관은 "음주운전에 대한 형사처벌은 장소적 범위를 '도로 외의 곳'으로 확장할 필요가 있다 하더라도, 안전하고 원활한 교통을 확보할 필요가 있는 장소로 제한해야 할 것이므로, 대규모 아파트 단지 등 교통사고의 위험성이 높은 곳을 구체적으로 열거하거나, '도로 외의 곳' 문구 다음에 '중 안전하고 원활한 교통을 확보할 필요가 있는 장소'라는 문구를 부가하는 등 기본권을 보다 덜 제약하는 방법을 택해야 하며, 또 이와 같은 방법으로도 입법목적을 충분히 달성할 수 있다"고 보아 위헌이라는 소수의견을 내었으나, 다수의견은 "<u>심판대상조항의 입법목적은 도로 외의 곳에서 일어나는 음주운전으로 인한 사고의 위험을 방지해 국민의 생명과 안전, 재산을 보호하고자 하는 것</u>"이며 "<u>이러한 입법목적의 정당성은 충분히 인정되고, 심판대상조항이 장소를 불문하고 음주운전을 금지하고 위반할 경우 처벌함으로써 입법목적을 달성하는 데 기여하므로 수단의 적합성도 인정된다</u>"고 보아 헌법에 위반되지 않는다는 합헌 결정을 내렸다.

(3) 법적 안정성

법의 내용은 명확하여야 하고, 함부로 변경되지 않고 안정적이어야 한다. 반대로 법의 내용이 어떤 것인지 명확하지 못하거나 명확하더라도 체계가 너무 복잡하거나 조령모개(朝令暮改)식으로 너무 자주 변경되어 수범자인 일반 국민이 그 내용을 알기 어렵다면 법의 내용을 알고 그 법을 지키기 위하여 필요한 예측가능성이 확보될 수 없다. 즉 불명확하고 예측가능성이 낮은 법률은 법적 안정성을 해치는 법률이므로 입법기관, 행정기관, 사법기관은 그러한 법률의 효력을 배제하거나 제한하여야 하고, 수범자인 국민은 그것을 요구할 수 있다.

(4) 구체적 타당성

일정한 법이 그것이 적용되는 법률관계에 가장 적합한 해결책을 제시하는 것을 구체적 타당성이라고 한다. 구체적 타당성은 법이 구속력을 가질 수 있는 정당한 자격 내지 권능이다.

3. 정의란 무엇인가

(1) 정의의 개념

정의(Justice; Gerechtigkeit)란 법의 이념의 하나이며 타인과의 관계에서 문제되는데, 그에 대한 논의는 인간의 상호관계를 조절하는 사회의 질서·구조·제도의 차원과 덕(德)이라는 두 가지 차원을 가진다.

그리스의 철학자 아리스토텔레스(Aristotle)(B.C.384~322)[25]는 「니코마코

---

[25] 아리스토텔레스는 플라톤이 아테네에 세운 교육기관 아카데메이아에서 교육받은 철학자로 「시학(Rhetoric)」, 「물리학(Physics)」, 「형이상학(Meta-Physics)」, 「니코마코스 윤리학」과 「논리학(Organon)」 [「분석학(Analytica)」·「범주론(Categoriae)」·「해석학(Interpretatione)」·「변증론(Topica)」·「궤변론(Sophisticis Elenchis)」 등의 일련의 저서를 지칭] 등의 여러 분야에 걸친 저서를 남겼다. 아리스토텔레스는 A이면 B인 관계가 인정될 때 그것을 뒤집어 B이면 A라고 하는 것은 잘못이며, 이를 '후건(後件)의 오류'라고 하였다. 소크라테스나 플라톤이 일종의 계급주의에 빠져서 지도력을 지닐 만한 사람만이 지도자가 되어야 한다고 한 것은 일종의 후건의 오류였다. 마케도니아 출신이었던 아리스토텔레스는 페르시아를 정복한 알렉산더 대왕의 스승이었고 교육기관 리케이온(Lykeion)을 설립하여 제자들을 교육하였다. 대왕의 갑작스러운 병사(B.C.323)후 신변의 위협을 느껴 "아테네인들이 죽인 철학자가 두 명이나 되어서는 안된다"는 말을 남기고 칼키스로 피신하였다가 사망하였다. 이것은 소크라테스의 처신과 비교되는 현실주의적인 태도였다. 아리스토텔레스는 「니코마코스 윤리학」에서 덕이 있는 사람은 일시적이 아니라 습관적으로 올바른 선택을 하는 사람이며, 올바른 선택이란 양 극단 사이에서 중용(中庸)을 취하는 것이라고 하였다. Charles Van Doren 저/박중서 역, 「A History of Knowledge」, 1991, 122~134면.

스 윤리학」(Nicomachean Ethics) 제5권에서 ① 완전한 덕을 의미하는 넓은 의미의 정의와 ② 덕의 부분으로서의 정의를 구분하였다. 그는 후자의 정의를 적용대상에 따라서 배분적 정의, 교환적 정의, 교정적 정의로 구분하였다.

'배분적 정의'(distributive justice)는 명예, 금전, 권리 등의 배분에서의 정의로서 '동등함'이고, '교환적 정의'는 거래에서의 정의로서 거래상대방에 대한 '균등한 것의 제공(대가의 균등성)'이다. '교정적 정의'(corrective justice)는 사람들 사이의 자발적 또는 비자발적 상호교섭에서 결함을 교정하는 정의로서, 가해자의 이익을 삭감하여 피해자의 손해를 시정하는 것을 의미한다. 교환적 정의와 교정적 정의는 그의 사후에 '평균적 정의'(average justice; ausgleichende Gerechtigkeit)로 통합되어 이해되었다. 평균적 정의는 누구든 기계적으로 동등한 대접을 하여 거래당사자 또는 가해자와 피해자인 개인 상호 간의 급부와 반대급부의 균형을 이루게 하는 것을 목표로 한다. 예컨대, 물건을 살 때에는 그것에 상응하는 대가를 주고, 교통사고를 일으켜서 다른 사람에게 피해를 준 경우에는 그 손해에 상응하는 배상을 지급하게 하는 것은 정의로운 일이다.

그러나 아리스토텔레스의 배분적 정의의 본질적 원리는 "상응하는 유사점과 차이점에 비례하여 동등한 것은 동등하게, 동등하지 않은 것은 동등하지 않게 다루어져야 한다"는 것이다. 이것은 기계적 평등을 추구하는 평균적 정의와 대비되는 것이다.

구스타프 라드브루흐는 배분적 정의는 수직적 질서를 규율하는 공법의 원리이고, 평균적 정의는 수평적 질서를 규율하는 사법의 원리로 이해하였다.[26] 라드부르흐는 전술한 대로 법은 정의, 합목적성, 법적 안정성을 이념으로 하여야 하며, 법가치로서의 정의는 "같은 것은 같게, 다른 것은 다르게 취급하여야 한다"와 같은 내용이 없는 형식이고, 그 내용은 개인주의·단체주의·문화주의라는 법목적으로서의 세계관에 의하여 정하여진다고 보았다. 이 세 가지 가치 '정의, 합목적성, 법적 안정성' 중 어떤 것이 우선하는가는 학

---

[26] 구스타프 라드브루흐 저/엄민영·서돈각 역, 「법철학 입문」, 1982, 56면.

문적으로는 증명할 수 없고, 그것은 각자가 소신에 따라 선택하여야 한다. 따라서 다른 사람의 세계관에 대하여서도 관용해야 하고(상대주의), 또한 법적 안정성이 요청되기 때문에 상대주의에 입각하면서 다수의 선택에 의하여 정의의 내용을 결정해서 입법을 하지 않으면 안 된다(상대주의적 민주주의)고 하였다.[27]

(2) 절차적 정의

희소한 자원을 배분하는 데에서 거의 모든 사회의 다툼이 시작된다. 공정한 배분방법이 무엇이냐가 관건이다. 이는 평균적 정의가 아니라 배분적 정의가 요구되는 영역인데, 대상인 자원 가운데 각자가 받아야 하는 몫을 배분하는 정당한 기준이 무엇인가 하는 문제는 단순히 실체적 기준만이 아니라 배분의 절차적 측면이기도 하다.

1) 페를만의 제안

벨기에 브뤼셀대학 법철학 교수였던 카임 페를만(Chaim Perelman)(1912~1984)은 "각자에게 동일한 것을, 각자에게 공과(merits)에 따라서, 각자에게 그 업적(works)에 따라서, 각자에게 필요(needs)에 따라서, 각자에게 그 지위(rank)에 따라서, 그리고 각자에게 법이 정한 바(legal entitlement)에 따라서 분배해야 한다"고 주장하였다.

---

[27] 그러나 그는 이러한 상대주의적 민주주의의 관용을 틈타서 1933년에 집권한 절대주의 나치정권에 의해서 추방당하였고 바이마르공화국은 붕괴하였다. 이러한 경험에서 후일 "자유의 적에게는 자유가 없다"는 방어적 민주주의(abwehrbereite Demokratie) 원리가 제2차세계대전 종전후 제정된 독일 기본법에 헌법적 가치질서를 파괴하기 위하여 기본권을 남용하는 특정인이나 단체에 대한 기본권상실제도(동법 제18조)와 정당에 대한 위헌정당해산제도(동법 제21조) 등으로 도입되었다. 허영, 「한국헌법론(신정판)」, 1997, 92면.

〈페를만의 배분의 기준〉

구분	배분의 기준
1	실적(merit)·기여(desert)·공헌(contribution)
2	필요성(need)·수요(demand)
3	선임(seniority)·민족성(ethnicity)·연령·성별
4	기득권(역사적으로 확립된 유익한 현상) 보호, 선행자의 이점(tomahawk rights, corn rights, cabin rights 등)

예컨대 어떤 사람이 다른 두 사람에게 백만 원의 돈을 증여한 경우 이를 배분하는 가장 간단한 원리는 두 사람이 자기가 기여한 만큼 비례하여 자원을 배분하는 것이다(위 표의 기준 1). 두 사람 다 백만 원을 수령하는 데에 있어서 동일하게 기여하였다면 이 상황에서 공평한 배분방법은 돈을 반분하는 것이다. 다른 하나의 해결원리는 백만 원이 그 두 사람이 일한 것에 대한 대가였다고 한다면 이를 공평하게 배분하는 원리는 각자 일한 시간이나 들인 노력에 비례하여 각자 일한 만큼 나누는 것이 될 것이다(예컨대 A가 1시간, B가 3시간을 일했다면 A는 25만원, B는 75만원을 가져가는 것이다.).

한편 둘이 동일하게 기여하여 백만원을 얻은 경우라 해도 이처럼 각자의 기여가 아니라 각자의 필요에 따라 배분하는 방법(기준 2)도 공평한 배분방법의 하나라 할 수 있다. 예컨대 둘이 함께 일하여 설탕 한 포대를 받았다고 할 때 나보다 3배의 설탕을 필요로 하는 질병에 걸린 친구에게 4분의 3 양을 배분하고, 나는 4분의 1을 가져가는 것이다.

또 다른 배분방법은 선임자를 후임자에 비하여, 같은 민족을 다른 민족에 비하여, 상대적으로 약자인 노인이나 연소자, 여성을 각각 우대하여 배분하는 방법(기준 3)도 공평한 배분방법의 하나라 할 수 있다. 한정된 정책적 재원 때문에 노인에게만 기초연금을 지급하거나 실업 상태인 구직자 청년에게만 희망수당을 지급하는 것이 그 예가 될 것이다.

자원배분의 공정성을 위한 또다른 원리는 역사적으로 확립된 기득권을 인정하거나 선행자에게 후행자에게 주지 아니하는 권리를 부여하는 것이다(기준 4). 즉 단지 과거에 어떤 것을 향유하던 효력에 의하여 그것에 대한 소유권의 현상유지 권리를 가지거나 또는 권리를 부여받는다. 예컨대, 전문직종에서 처음 면허의 인가가 요구되었을 때 일반적으로 현존하는 전문업 종사자에 대하여 새로운 면허를 요구하는 시험과 교육적 성취 요구를 면제하는 방식이 이러한 입장에 속한다. 일정한 연수 이상 근무한 법원공무원에게 법무사 1차 시험을 면제하는 것과 같은 것이다. 마찬가지로 내진설계를 강화한 새로운 건축법규가 제정되었을 때 그 적용대상을 신축건물로 제한하고 기존건물을 제외하는 방식에 의하여 현존하는 빌딩은 기득권이 인정되게 된다. 또한 19세기 초 미국의 개척자(frontier)들은 나무껍질에 먼저 도끼로 이름을 새겨 넣거나(우리의 수목에 대한 권리표시인 명인(明認)방법과 유사하다), 그곳에 농작물을 재배하거나, 또는 그곳에 오두막을 설치함으로써 주인 없는 토지에 대한 권리(순서대로 각각 tomahawk rights, corn rights, cabin rights)를 획득하였다. 이것은 서부개척의 강력한 동기를 부여하였다.

그러나 페를만은 이와 같은 배분적 정의의 실체적 측면인 자원배분 기준 제시를 위한 공식은 서로 양립하기 어려우며, 그들 사이의 공통점을 찾으면 "어떤 특정 관점에서 동일한 특성을 가진 이들을 동일하게 대우하는 것"(형식적·절차적 정의)이라고 하였다. 나아가서 상황에 따라 위의 1 내지 4 기준 가운데 어떤 공식을 채택하여 배분하는 것이 옳은지 논증하여 판단하여야 한다고 하며, 이러한 논증은 어떤 상황에서 그러한 판단을 함이 합당한 것인지를 논증하는 것이다. 그래서 페를만은 정의의 문제를 결국은 절차의 문제로 전환시켰다. 이러한 절차적 정의의 이해는 실질적 내용 또는 이익보다 의사결정의 절차 내지 의사에 중점을 두는데, 정당한 절차를 거쳐 결정된 의사가 내용면에서 항상 정의로운 것은 아닐 수 있다는 한계를 갖는다.

2) 공정성의 판단

그렇다면 정당한 절차를 거쳐 결정된 의사가 내용면에서 정의로운지는 어떻게 결정할 것인가, 과연 그것이 가능한가 하는 문제가 제기될 수 있다.

"모든 사람이 같은 것을 획득한다는 입장을 취하지 않는 한, 공정성은 임의적이 될 수밖에 없다"는 회의적인 입장도 있다.[28] 이러한 견해가 사실 일

---

28) William F. Buckley, *If candidates say 'fairness' grab your wallet and hold on*, Tucson (Arizona) Citizen, March 17, 1992.

반적이지만 타당하지는 않은데, 그 이유는 전술한 실적·필요성·기득권 등에 기초한 배분에 있어서 우리가 공정하다고 간주하는 배분방법이 완전히 임의적이어서 판단자의 자의(恣意)에 맡겨진 것은 아니기 때문이다. 즉 공정한 배분은 유일한 점은 아니지만 공정성으로 인정될 수 있는 범위가 있다. 따라서 공정성은 그 범위 안에서만 임의적이고 그러한 공정한 범위를 벗어나면 불공정성은 명백하다. 예컨대 공정하기 위해서는 "계약은 지켜져야 한다 (pacta sunt servanda)." 따라서 우리는 누구나 약속의 묵시적 또는 명시적 파기는 불공정하다고 느낀다.

배분적 정의의 절차적 측면은 ① 자원배분에 관한 규칙은 미리 세워져야 하고 그 원칙에서 이탈되지 않아야 한다는 의미에서 자의적이지 않아야 하고(non-discretionary), ② 미리 세워진 배분 규칙은 전략적 속임수를 목적으로 해서는 아니된다는 의미에서 속임수가 없는(non-manipulative), 진실한 것이어야 하고, ③ 배분자가 과도한 힘을 보유·행사해서는 아니되고 당사자들의 자율적 분배가 보장되어야 한다는 의미에서 비강압적인(non-coercive) 자원배분이어야 한다는 것이다.

한편 이와 관련하여 영국의 경제학자이자 도덕철학자인 아담 스미스(Adam Smith)(1723~1790)는 1759년에 저서 「도덕감정론」(The Theory of Moral Sentiments)에서 자원배분과 같은 사회적 행동을 함에 있어서 배분자는 흔히 이기적 욕망에 집착한 나머지 현실을 직시하지 않고 외면하려 하는데, 공정한 관찰을 위해서는 '자기기만의 베일'(veil of self-deceit)을 벗어야 한다고 하였다.[29] 이러한 생각은 20세기의 심리학에서도 인정되고 있다. 레온 페스틴저의 「인지부조화론」에 따르면, 우리의 마음은 우리가 잃고 싶지 않은 사실에 대해 단순화된 모델을 받아들인다. 그리고 이 모델에 모순되는 경험을 싫어하고, 그에 따른 인지부조화(cognitive dissonance)가 발생된다.[30] 우리

---

[29] 아담 스미스 원저/러셀 로버츠 편저/ 이현주 역, 「내 안에서 나를 만드는 것들」, 2015, 91~93면.
[30] Leon Festinger, *A Theory of Cognitive Dissonance*, California: Stanford University Press, 1957.

는 이런 부조화를 감소시키기 위하여 우리의 마음이 지지하는 모델과 모순된 증거를 거부하거나 무시하면서, 더 나은 증거를 찾으려고 하는 게 보통이다. 아주 예외적인 경우에 우리는 우리 스스로 우리의 모델이 잘못되었음을 인정할 수 있지만, 잘못을 인정하는 경우는 극히 드물다. 종종 우리의 목적에 적합할 때 우리는 명확한 확신을 가지고 현실을 부정한다. 즉 우리는 인지부조화에 의하여 우리가 믿고 싶은 대로 대상을 보게 된다. 이 때 우리는 아담 스미스의 자기기만의 베일을 쓴 채 사물을 바라보는 것이다. 예컨대, 오클라호마시티 폭파사건의 주범 중 하나인 맥베이(T. McVeigh)[31]는 공판을 거쳐 2001. 6. 11. 사형당했는데, 마지막 순간까지 자신의 행위는 정당했다고 믿으면서 죄를 인정하지 않았다. 이것은 인지부조화의 예이다.

(3) 공정한 배분의 철학적 기초

역사적으로 배분적 정의의 기준을 어떻게 정할 것인지에 관하여 많은 철학자들의 논의가 전개되었다.

1) 공리주의

공리주의(功利主義)(Utilitarianism)는 19세기 이래 영국을 중심으로 발달한 윤리사상이다. 영국의 도덕철학자이자 법학자인 제레미 벤담(Jeremy Bentham)(1748~1832)은 "최대다수의 최대행복(The greatest happiness of the greatest number)"으로 대표되는 공리주의를 주장하였다. 도덕의 최고원칙은 행복을 극대화하는 것, 쾌락이 고통을 넘어서도록 하여 전반적으로 조화를 이루는 것이라는 주장이다. 벤담에 의하면 옳은 행위는 공리(유용성)(Utility)를 극대화하는 행위이다. 벤담은 인간의 행위가 쾌락의 증가와 고통의 감소를 목적으로 한다는 심리학적 쾌락주의를 근거로 하여, 쾌락을 증가시키고

---

[31] 참전군인이고 민병대운동 주창자(American militia movement sympathizer)인 맥베이는 1993년의 연방경찰의 민병대 Waco siege 진압작전에 항의하는 차원에서 그 2주년일자(1995.4.19)를 거사일로 정하여 폭탄테러를 저질렀다. 맥베이가 연방건물 앞에서 폭발물을 가득 실은 트럭을 폭파시킨 바람에 324채의 빌딩이 무너져 168명이 죽고 684명이 다쳤다.

고통을 감소시키는 행위가 윤리적으로 옳은 행위라는 윤리학적 쾌락주의를 추론하였다. 같은 시기 영국의 존 스튜어트 밀(John Stuart Mill)(1806~1873)은 벤담을 계승하여 공리주의 윤리학설을 정립하였다.32)

그러나 공리주의는 치명적 한계를 갖고 있어서 우리가 동의할 수 없는 주장이다. 미국 하버드대학의 법철학자 마이클 샌델(Michael J. Sandel)은 어딘가 번화가에 시한폭탄을 감춰둔 것으로 의심되는 테러리스트 용의자를 고문하여 많은 인명을 살상할 수 있는 시한폭탄의 위치를 알아내는 가설적 사례를 들어서 공리주의를 비판하였다. 공리주의에 의하면, 폭탄이 터져 수천명의 목숨을 앗아갈 수 있는 상황에서 테러리스트를 고문하여 정보를 알아내는 일은 이익과 손해의 형량에 의하여 옳은 일이라 판단할 수도 있다. 공리주의자라 해도 고문에 의한 자백은 신빙성이 없다든가, 고문을 허용한다면 우리 군인들이 적군에 포로로 잡혔을 때 더 혹독한 처우를 각오해야 한다든가 하는 실용적인 이유에서 고문에 반대할 수도 있다. 그러나 고문이 인권을 침해하고 인간의 존엄성을 해치기 때문에 반대한다면 이것은 공리주의에 근거한 입장이 아니다.

시한폭탄 사례를 바꿔 추측에 의존한 유죄부분(테러리스트는 처벌받아 마땅한 짓을 한 나쁜 사람이다)을 제거하면 문제는 분명해진다. 만약 테러용의자의 입을 열게 할 유일한 방법은 그의 어린 딸(아이는 아버지가 한 극악무도한 짓에 대하여 모른다고 할 때)을 고문하는 것이라고 가정하자. 그렇다면 이 고문을 도덕적으로 허용할 수 있는가? 아무리 강심장인 공리주의자라도 이 질문에는 주춤할 것이다.33)

샌델은 또다른 우화로 담배회사 필립 모리스의 비윤리적 마케팅에 대한

---

32) J.S. 밀은 벤담주의자인 부친 제임스 밀의 조기교육과 14세 때인 1820년 J. 벤담의 동생 새뮤얼 벤담과의 교류, 벤담의 「도덕과 입법의 원리 서론」, 벤담의 사상을 해설한 Dumontm의 「입법론」 등을 읽고 벤담의 자연과학적 설명과 사회문제에 대한 해결방안의 제시 등에 감동을 받아서 공리주의자가 되어 공리주의사상을 보급하기 위하여 신문·잡지에 투고하는 한편, 1822년에는 공리주의자협회를 조직하여 연구와 토론을 활발하게 전개하였다. J.S. 밀 저/이극찬 역, 「자유론」, 1979, 28~32면.
33) 마이클 샌델 저/ 이창신 역, 「정의란 무엇인가」, 2010, 60~62면.

사례를 든다. 담배회사 필립 모리스는 흡연이 대중의 사랑을 받고 사회적으로 용납되는 체코에서 한참 사업을 잘 하다가 흡연에 따른 의료비용 증가를 우려한 체코정부의 담배세 부과정책을 막기 위하여 2001년 흡연이 체코의 국가예산에 미치는 효과에 관한 비용·편익 분석 보고서를 발표하였다. 이 보고서에 의하면, 체코정부는 흡연으로 연간 1억 4,700만 달러의 이익을 본다는 결론이 나왔다. 이유는 흡연자들이 생존중에는 정부의 의료예산을 높이지만, 결국에는 일찍 죽기 때문에 노년층을 위한 의료·연금·주거 부문에서 상당한 예산절감 효과를 낳고. 담배에서 거둬들이는 조세 수입, 흡연자의 조기 사망으로 인하여 예산이 절감되기 때문이라는 것이다.34) 필립 모리스의 최고경영자는 대중의 분노에 직면하여 이 연구가 인간의 기본적 가치를 용납할 수 없을 정도로 철저히 무시한 점을 사과하였다. 공리주의에 의한다면, 흡연자의 고통, 슬픔에 빠진 가족, 죽음 같은 비용의 분석이 누락된 것일 뿐이다.35) 결국 공리주의는 인간의 목숨, 애정과 같은 요소를 공리라는 저울로 측정할 수 없다는 비판을 받는다.

2) 자유주의적 사회계약론

배분적 정의를 실현하는 적절한 방법은 모두가 동의하는 사회계약(social contract)에 의하여 분배문제를 해결하는 것이다.

경험론의 틀을 세운 영국의 존 로크(John Locke)(1632~1704)는 1689년 출간한 「통치2론」36)에서 토마스 홉스(Thomas Hobbes)가 1651년 저서 「리바이어던」(Leviathan)에서 주장한 사회계약론37)과 다른 논리로 사회계약론을

---

34) Gordon Fairclough, Philip Morris Notes Cigarettes' Benefits for Nation's Finances, Wall Street Journal, 2001.7.16.
35) 마이클 샌델 저/ 이창신 역, 위의 「정의란 무엇인가」 66~67면.
36) 통치2론(Second Treatises of Government)은 군주제, 가부장권(Patriarcha)에 대한 논박인 제1논문 "로버트 필머경과 그 추종자들의 잘못된 원칙과 이론에 대한 논박(The False Principles and Foundation of Sir Robert Filmer, and His Followers)"과 제2논문 "시민적 통치의 참된 기원과 범위와 목적에 관한 논문(An Essay Concerning the True Original Extent and End of Civil Government)"으로 구성되어 있다.
37) 홉스는 성악설에 기초하여 자연 상태를 "만인의 만인을 위한 투쟁"으로 묘사하고, 이를 해

전개하였다. 그는 자연법이 지배하는 자연상태에서 인간은 평등하고 자유롭게 자신의 행동을 결정하였고, 인간은 노동을 통하여 신이 주신 자연을 주변 사람의 동의 없이 소유할 수 있었다고 보았다. 하지만 이 소유에는 자신이 사용할 수 있는 한도 내에서 소유해야 하는 한계가 있어서, 가령 어떤 사람이 혼자 먹을 만큼 이상의 사과를 얻어 그 사과를 썩게 한다면, 그것은 자연법에 어긋난다고 보았다. 여기서 남은 잉여생산물에 대한 물물교환이 생겨나며, 그 물물교환을 간편하게 하기 위해서 돈이 발명되었다. 금·은·돈과 같은 것들은 썩지 않기 때문에 인간은 자연법칙을 어기지 않는 한도 내에서 자신의 재산을 증식할 수 있었다. 또한 자연속에서 자연법칙이 존재하는 한 인간은 자유를 누릴 수 있었고 자기 재산이 도난을 당했을 시에는 도둑에 대한 처벌을 할 수 있는 권리가 누구에게나 있었다. 로크는 사람들간에 시비가 일어났을 때 모두 자신이 옳다고 주장하기 때문에 이를 중재하거나 판단할 수 있는 판관이 없어서 불편하였기에 스스로 다른 사람과 힘을 합쳐 정부를 창설하여 거기에 권리를 신탁하여 시민사회로 나아갔다고 보았다.[38] 로크는 전제적 지배나 폭정이 행해지지 않도록 입법권과 행정권을 분리시키고 입법권에 최고의 권력을 부여하는 민주적 제도를 수립하였고, 신탁을 파괴하고 절대로 양도할 수 없는 천부적 권리인 생명, 자유, 재산에 대한 권리를 침해하는 부당한 전제적 권력에 대해서는 저항권과 혁명권을 인정하였다.[39]

우리가 사회계약에 합의하였다는 역사적 증거는 찾을 수 없지만, 존 로크

결하기 위하여 만인은 사회계약을 통하여 모든 권리를 정부에 양도하였다고 하였다.
38) John Locke, Second Treatises of Government: in *The Works of John Locke*, York University (1823). https://www.yorku.ca/www.yorku.ca 〉 comninel 〉 courses 〉 Locke.
An Essay Concerning the True Original Extent and End of Civil Government, Chapter II para. 4~13, Chapter VIII para. 95~99. 그러므로 정치권력의 통치자들은 권력을 아담의 사적 지배권이나 부권을 상속받은 것이 아니라 국민으로부터 위탁받았다고 주장하여 국민주권주의의 원형을 이루었다. 존 로크 저/이극찬 역, 「통치론」, 1979, 21~22면.
39) John Locke, *An Essay Concerning the True Original Extent and End of Civil Government*, Chapter XIX para. 212~221. 로크가 제공한 불가양(不可讓)의 자유와 기본권에 바탕을 둔 정부론은 1688년 영국의 명예혁명, 1776년 미국의 독립선언, 1789년 프랑스시민혁명의 사상적 토대를 제공하였다고 평가되고 있다.

는 오랜 옛날에 우리의 선조가 명시적 계약을 하거나 국가의 일원이 되기로 동의함으로써 사회계약에 암묵적으로 합의하였을 것이라고 주장하였다.40)

3) 인간이성에 기초한 사회계약론

서구의 합리론과 경험론을 비판하고 종합한 철학자라 일컬어지는 이마누엘 칸트(Immanuel Kant)(1724~1804)도 사회계약을 기초로 한 정의론을 지지한다.

저서 「방법서설」에서 "나는 생각한다. 고로 나는 존재한다"고 한 르네 데카르트(René Descartes)(1596~1650)가 대표하는 합리론(rationalism)은 인간의 이성이 태어날 때부터 지식을 갖고 있으며, 경험의 역할은 이성이 본래부터 갖고 있던 지식을 일깨우는 데 그친다고 본다. 반면 프랜시스 베이컨(Francis Bacon)(1561~1626), 홉스, 존 로크 등이 대표하는 경험론(empiricism)은 인간은 백지상태로 태어나 경험을 하여 지식을 획득하는 것이라고 본다. 독일 쾨니히스베르크대학 교수였던 칸트는 합리론과 경험론을 종합하여, 인간은 경험을 재료로 삼아, 경험과는 상관없이 타고난 인간 지성의 능동적이고 자발적인 인식 능력을 통해 보편적 진리를 알 수 있다고 보았다.41) 그는 신(神)의 존재, 영혼의 존재와 같은 문제는 우리가 거부할 수도 없는 질문이지만 그것은 경험을 통해 알 수 없기 때문에 이성의 능력 바깥에 있어 대답할 수 없는 질문으로 보았다. 1799년부터 크게 쇠약해진 칸트는 1804.2.12 늙은 하인 람페에게 포도주 한 잔을 청해 마시고 "좋다!"는 말을 마지막으로 남긴 뒤 세상을 떠났다.42) 칸트의 묘비에는 그의 저서 「실천이성비판」의

---

40) John Locke, *Second Treatises of Government: in The Works of John Locke*, York University (1823), Chapter VIII para. 121~122. 그러나 어떤 나라의 법률에 복종하여 평온하게 살아가고 그 법률하에서 여러 가지 특권과 지역적 보호를 누린다고 해서 그 사람이 그 사회의 일원으로 되는 것은 아니라고 하였다.
41) 「순수이성비판」 (1781). 그는 평생 독신으로 지내면서 그 외에 「도덕형이상학원론」 (1785), 「자연과학의 형이상학적 기초」 (1786), 「실천이성비판」 (1788), 「판단력 비판」 (1790) 등의 명저를 잇달아 출간하였다.
42) 칸트는 쾨니히스베르크(현 러시아의 칼리닌그라드)에서 80세를 일기로 운명했다. 그의 친구들은 조용하게 장례를 치르려고 했다. 그러나 기능공의 아들이었던 그의 장례식은 마

"내 마음을 늘 새롭고 더 한층 감탄과 경외심으로 가득 채우는 두 가지가 있다. 그것은 내 위에 있는 별이 빛나는 하늘과 내 속에 있는 도덕법칙이다"라는 구절이 새겨져 있다.

칸트는 공법 영역과 사법 영역을 구분하고 사법 영역에서의 정의를 보호적 정의, 교환적 정의, 배분적 정의로 구분하였다. '보호적 정의'는 자신의 권리에 대한 정당한 주장을 인정하는 것을 말하고, '교환적 정의'는 거래에서 타인의 권리에 대한 부당한 침해를 하지 않는 것을 말하며, '배분적 정의'는 각자에게 각자의 몫인 권리를 배분하는 것을 말한다. 칸트는 공정한 헌법이라면 개인의 자유는 물론이고 모든 사람의 자유가 조화를 이루도록 힘써야 한다고 보고, 그것은 공리를 극대화하는 것과는 관계가 없다고 보았는데, 그 이유는 행복이라는 경험적 목적에 관해, 그리고 그 구성요소에 관해 저마다 견해가 다르기 때문이다. 즉 "어느 누구도 나더러 타인의 기준에 맞춰서 행복하라고 강요할 수 없다. 타인의 자유를 침해하지 않는 한 저마다 적절하다고 생각하는 방식으로 행복을 추구할 수 있기 때문이다."[43]

칸트는 정의와 권리가 나오는 사회계약은 실제로 체결된 계약이 아니라 상상의 계약이며, '이성이라는 관념'에 비추어 체결되었다고 믿어지는 계약이라고 하였다.

치 왕의 장례식 같았다. 그의 사망 소식이 알려지자 사람들은 그의 모습을 보기 위해 그의 집으로 몰려들었다. 장례식이 있었던 날은 온 시가가 일손을 놓았으며, 모든 교회의 종소리가 울려퍼지는 가운데 수천의 군중이 그의 영구를 따랐다. 대중들의 감정이 왜 이렇게 고조되었는지 설명하기는 쉽지 않다. 단지 위대한 철학자요 좋은 사람이라는 그의 명성 때문이었을까? 거기엔 그 이상의 것이 있었다. 1804년 프레데릭 빌헬름(Frederick William)의 절대 군주제하에서 칸트를 위해 울렸던 그 종소리는 1776년 미국과 프랑스에서 일어났던 사상 혁명들의 이념이 남긴 메아리였다. 칸트는 그 지방 사람들에게 이러한 사상의 화신이었다. 인권, 법 앞의 평등, 세계 시민, 지상의 평화, 그리고 아마도 가장 중요한, 지식을 통한 인간 해방을 가르쳐준 그에게 그들은 사의를 표하기 위해 몰려왔던 것이다. 칼 포퍼 저/이한구 역, 「추측과 논박1」, 1989, 352면.

[43] Immanuel Kant, On the Common Saying: "This May Be True in Theory, but It Does Not Apply in Practice", 1793.

4) 자유주의적 평등주의

칸트의 상상의 사회계약이 실제로 어떤 모양이어야 하는지, 또는 우리가 어떤 정의의 원칙을 만들어야 하는지 그 자신은 말하지 않았다. 거의 두 세기가 지나서 미국의 정치철학자 존 롤즈가 이 물음에 답을 하였다.44)

하버드대학 정치철학교수였던 존 롤즈(John Bordley Rawls)(1921~2002)는 도덕철학과 정치철학 연구에 몰두해 이 분야에 대한 관심을 새롭게 촉발시킨 20세기 미국 철학계의 거목이다.45) 그는 평생 '정의'라는 한 우물만을 팜으로써 '단일 주제의 철학자'라는 별명을 얻었으며, 1971년 세상에 나온 「정의론(A Theory of Justice)」은 그의 대표 저작이다.

롤즈는 "정의의 가장 합리적인 원칙은 모두가 공정한 입장에서 수용하고 동의하는 것들이다"라고 본다.46) 롤즈는 '공정성으로서의 정의'(justice as fairness)를 설명하면서, 자유와 평등을 조화시키려고 노력하였다. 이러한 노력에 있어 중심을 이루는 것은 다루기 어려운 문제인 배분적 정의에 대한 그의 유명한 접근방법이다.

롤즈도 사회계약에 대하여 옹호한다. 우리가 타인과 협력하고자 하지만, 협력에 수반되는 부담은 적으면서 더 많은 편익만을 선호하는 경우에 우리는 어떤 정의의 원칙에 동의할 수 있을 것인가. 롤즈는 '사회적 정의의 원칙(principles of social justice)'을 판단하기 위하여 "모든 사람이 평등하게 공정한 상황에 놓이도록" 하여 공정한 협정이 무엇인지 판단하기 위한, 유명한 '무지의 베일(veil of ignorance)'을 덮는 실험을 생각해냈다. 정의를 고민하는 올바른 방법은 원초적으로 평등한 상황에서 어떤 원칙에 동의해야 하는가를 묻는 것이다. 즉 자신이 어떤 사람인지 일시적으로나마 전혀 모르는 상태에

---

44) 마이클 샌델 저/ 이창신 역, 「정의란 무엇인가」, 2010, 193면.
45) 롤즈는 1999년에 논리학·철학분야의 Schock Prize와 국가인본주의메달(the National Humanities Medal)을 수상하였다. 빌 클린턴 대통령은 메달을 수여하면서 롤즈의 사상이 "교육받은 미국의 세대들에게 민주주의에 대한 신념을 부흥시키는 데 큰 도움을 주었다"고 치하하였다.
46) Cambridge Dictionary of Philosophy, "Rawls, John," Cambridge University Press, pp. 774~775.

서 선택한다면, 나의 계층과 성별, 인종과 민족, 정치적 견해나 종교적 신념도 모르고, 자신이 남보다 무엇이 유리하고 무엇이 불리한지도 모른다. 이처럼 무지의 베일을 쓴다면 협상에서 어느 누구도 우월한 위치에 놓이지 않게 되어 사람들이 합의한 원칙은 공정하게 될 것이라는 것이다.

롤즈는 이 선택을 위한 공정한 상황의 모델을 제시하고, 정의의 두 가지 원칙이 특별히 바람직하다고 주장하였다. 롤즈는 '자유'와 '평등'이라는 주제를 하나로 통합하기 위해 자유주의의 틀 속에 사회주의적 요구를 포용하는 해결 방식을 선택하였다. 요컨대 롤즈 철학의 핵심은 '자유주의적 평등주의'이다.

롤즈는 '정의'를 세우기 위해 가장 우선해야 할 제1원리로 '평등한 기본적 자유의 원칙'(principle of equal basic liberties)을 내세운다. 사상·양심·언론·집회의 자유, 보통선거의 자유, 재산의 소유권, 종교의 자유 등 자유주의가 강조하는 가장 기본적인 자유들을 평등하게 보장하는 것을 대전제로 삼는 것이다. 이는 사회적 공리나 일반적 행복에 앞선다. 그러나 동시에 그는 이 자유의 목록에서 '자본주의적 시장의 자유'라 할, 생산재의 사유(natural right of self-ownership), 생산물의 점유, 소유물의 상속·증여의 자유를 제외한다. 이것은 존 로크와 다른 점이다. 롤즈는 그런 자유는 '기본적 자유'에 해당하지 않으며, 경험적으로 결정해야 할 정치·사회적 문제로 보는 것이다. 여기에 롤즈의 자유주의의 특징이 있다.

그런데 이렇게 기본적 자유가 보장되는 사회는 중세 봉건사회나 인도의 카스트제도처럼 타고난 신분에 의하여 소득이 분배되는 사회는 아니고, 시장에서 저마다의 재능과 창의적 성취욕에 의하여 경쟁하는 능력위주의 사회일 것이다. 그러나 재능도 사람마다 타고나는 것이고, 가족의 도움으로 남보다 유리한 출발선에 서는 사람도 있으며, 성취욕도 역시 환경이 좋으면 더 많이 가질 가능성이 높다. 또한 특정한 시기에 사회가 가치를 두는 자질 역시 도덕적으로 임의성을 띤다.[47] 농구황제 마이클 조던은 은퇴후인 2014년도에도 1억 달러의 수입을 올리고, 2015년 재산가 순위 1741위로 약 10억 달러의 재

---

[47] 마이클 샌델 저/ 이창신 역, 「정의란 무엇인가」, 2010, 226~227면.

산을 가진 것으로 보도되었다.48) 심야 토크쇼를 진행하는 데이비드 레터맨은 연수입이 3,100만 달러에 달한다. 조던의 농구실력이나 레터맨의 사회능력이 보통사람이나 다른 농구선수·사회자에 비하여 탁월한 것은 사실이므로 이들은 이러한 고수입을 배분받을 실적·기여·공헌을 하였다고 볼 수 있는가? 마이클 샌델은 이러한 스포츠 스타나 연예인에게 아낌없이 돈을 쏟아 붓는 사회에 살게 된 행운 때문이므로 이들이 이러한 고소득을 벌어들일 자격이 있다고는 말할 수 없다고 한다. 그렇다고 하여 저마다 다른 재능의 차이를 획일적으로 만드는 기계적 평등주의를 도입할 수는 없다. 샌델은 단편소설 해리슨 버거론49)을 예로 들어 모든 사람이 마침내 기계적으로 완전히 평등해진 가상의 사회의 비관적 상황을 설명하였다.

이렇게 사람들이 저마다 다른 조건을 타고 나는 문제를 해결하기 위하여 롤즈 정의론의 제2원리인 '기회의 공정한 평등의 원칙'(principle requiring fair equality of opportunity) 또는 '차등의 원칙'이 등장한다. 이 원칙은 사회적·경제적 평등과 관련된 원칙으로서, 소득과 부를 똑같이 분배할 필요는 없다고 하지만, 사회적·경제적 불평등을 인정할 때 발생한 이익은 사회 구성원 가운데 가장 어려운 사람들에게 돌아가야 한다고 주장하는 것이다.50) 즉 이것은

---

48) 2015.4.2. 포브스(제2위 축구 베컴 7,500만, 제3위 골프 아널드 파머 4,200만, 제4위 잭 니클라우스, 2,800만, 제5위 미식축구 제리 리처드슨 2,300만 달러의 순이었다.).

49) 「해리슨 버거론」은 2081년의 세계가 무대인데, 모든 사람이 마침내 평등해진 사회의 이야기이다. 어느 누구도 다른 사람보다 더 똑똑하지도 않았고, 더 잘 생기지도 않았다. 미국 평등관리국 요원들은 이러한 사회를 통제한다. 평균이상의 지식을 가진 시민들은 귀에 정신장애 수신기를 꽂고 다녀야 하고, 정부는 약 20초마다 날카로운 잡음을 쏘아 보내 이들이 "두뇌를 이용해 불공정한 우위를 점하지 못하도록" 하였다. 14살의 주인공은 대단히 똑똑하고 잘생긴 재능이 많은 아이여서, 누구보다 무거운 장비를 쓰고 다녀야 했다. 단순히 작은 수신기가 아니라 커다란 이어폰과 굴곡이 심한 두꺼운 안경을 쓰고 다녀야 했다. 해리슨은 잘 생긴 얼굴을 가리기 위하여 "코에 빨간 고무공을 끼고, 눈썹은 밀고, 하얀 이에는 검은 덮개를 씌우고 군데군데 빼드렁니도 박았다." 그리고 남보다 강한 육체적 힘을 줄이기 위해 몸에 무거운 고철을 두르고 걸어 다녀야 했다. "해리슨은 평생 150킬로그램에 가까운 무게를 지고 다녀야 했다." Kurt Vonnegut, Jr., "Harrison Bergeron", (1961) in : Vonnegut, *Welcome to the Monkey House.*

50) 앞의 「정의란 무엇인가」, 2010, 199~200면.

사회의 혜택을 가장 적게 받고 있는 약자들에게 가장 많은 혜택이 돌아갈 수 있다면 사회적·경제적 불균등 분배를 수용하는 것이다. 마이클 샌델은 의사에게는 버스 기사보다 더 높은 보수를 주는 식으로 약간의 불평등을 인정한다면, 빈곤층의 의료혜택을 늘리는 환경 개선을 할 수 있다는 것을 예로 든다.51) 상대적으로 재능 있고 적극적 동기를 가진 사람들을 격려해서 그 재능을 개발하고 이용하게 하되, 그 재능으로 시장에서 거둬들인 커다란 대가는 공동체 전체에 돌아가게 하는 것이다. 이로써 차등원칙 하에서 허용된 사회 내의 불평등이 가장 불리한 처지의 사람들에게 혜택을 주도록 작동하게 된다. 이러한 비대칭적 배분은 미국에서 사회내 여러 구성원들에 대하여 기계적으로 평등한 처우를 지양하여 동일한 내용과 수준의 배분을 하지 아니하고 현실적으로 존재하는 사회 구성원들의 지위의 차이를 감안하여 열등한 입장에 있는 소수인종이나 여성 등의 전통적인 사회적 약자에 대한 적극적 우대조치(affirmative action)를 하는 것과 상통하는 것이다.

【Theme- 적극적 우대조치】

적극적 우대조치(affirmative action)란 오랫동안 차별을 당한, 혜택받지 못한 집단(disadvantaged group)의 구성원을 교육, 고용 또는 주거 등의 분야에서 우대하는 정책을 말한다. 적극적 우대조치 정책은 나라·지역·분야마다 차이가 있어서 단지 참여도를 높이는 목표제시로부터 쿼터부여에 이르기까지 다양한 스펙트럼이 있다. 예컨대 영국에서는 고용에 있어서 지원자의 능력이나 실적을 고려하지 않고 단지 성별·인종, 그 밖의 보호받는 특성(protected characteristics)만으로 차별, 쿼터배정 또는 우대하는 것은 원칙적으로 위법이며[2010년 평등법(the Equality Act 2010) 제159조], 우리나라의 「남녀고용평등법」은 현존하는 남녀 간의 고용평등을 촉진하기 위하여 잠정적으로 특정 성을 우대하는 조치인 '적극적 고용개선조치'를 인정하고 있고(동법 제2조제3호), 「교육공무원법」은 국가 및 지방자치단체는 국·공립대학 교원 중 특정 성별이 4분의 3을 초과하지 아니하도록 노력할 의무를 부과하고 있다(동법 제11조의5).

미국에서는 1961년 케네디대통령이 1940년대부터 인권운동을 통하여 제기된 차별철폐 주장을 받아들여 정부기관과 정부공사 수급사업자들에 대하여 비차별적 고용정책을 채택하도록 연방정부의 행정명령을 내렸고, 이후 25인 이상의 종업원을 고용한

---

51) 위의 책, 212면.

기업에서 인종차별을 금지하는 「1964년 인권법(Civil Rights Act of 1964)」 제7장이 제정되었다. 그 이후 미국에서는 고용과 교육에 있어서의 적극적 우대조치가 법적·정치적 논쟁의 주제가 되어왔다. 문제는 어느 정도까지 적극적 우대조치가 허용되는가 하는 점이다. 그동안은 대체로 대학의 신입생 선발시 인종을 평가요소의 하나로서 고려하는 것은 허용되지만, 인종별 쿼터(racial quotas)나 성별 쿼터(gender quotas)는 역차별(reverse discrimination)로서 금지되어 왔다. 즉 미국 연방대법원은 *Grutter v. Bollinger* (2003) 판결에서 대학 입학에 있어서의 인종 및 성별 쿼터제는 위헌으로 금지되지만 미시건 대학교 법학전문대학원이 지원자를 평가할 때 인종을 플러스 요인으로 간주할 수 있다고 하여 적극적 우대조치는 합헌이라고 보았고, *Fisher v. University of Texas* (2013) 판결에서는 "대학(University)은 적용가능한 '인종중립적 대안'(race-neutral alternatives)이 충분하지 않은 경우를 제외하고는 인종을 입학결정에서 중요요소로서 고려하면 아니 된다"고 판시하여 역시 적극적 우대조치는 조건부로 합헌이라는 입장을 유지하였다.

2018년에 *Students For Fair Admissions, Inc.(SFFA)*라는 비영리민간단체가 입학전형에서 인종적 요인을 고려하는 것을 금지하는 캘리포니아주에서는[52] 아시아계 학생(Asian-American) 비율이 훨씬 높다는 사실(2016년 기준 캘리포니아공대 43%, U.C.버클리 42.3%. 하버드대는 20%)을 지적하면서 하버드대의 인종기반입학 프로그램이 연방헌법 수정 제14조의 평등보호 조항(Equal Protection Clause), 인권법 제6조 및 계약시 인종차별을 금지하는 연방법령 등을 위반하는 것이라고 주장하면서 금지명령 등 구제를 청구하는 소를 제기하였다. 이에 대하여 하버드대는 신입생들의 다양성(diversity)을 위하여 입학심사에서 인종 요인을 학업 성적 등 다른 요인들과 함께 고려할 수 있다고 반박하였고, 브라운·컬럼비아·코넬 등 23개 사립대학들은 2018년 7월 "입학 전형에서 지원자들의 인종을 고려하지 못하게 하는 것은 공권력의 불법적인 개입"이라며 하버드대를 지지하는 성명을 냈다. 2018년 8월 트럼프 정부의 연방법무부는 "하버드대가 신입생 선발 과정에서 아시아계 미국인들을 차별해 왔으며, 정부의 재정지원을 받는 하버드대는 인종차별 없는 입학 정책을 시행해야 할 책임이 있다"는 참고인 의견을 법원에 제출하였다. 1심과 항소심에서는 원고적격 결여 등의 이유로 하버드대가 승소하였으나,[53] 2023년 6월 29일 연방대법원은 Roberts 대법원장이 집필한 다수의견으로 항소심 판결을 파기하고 인종을 고려하는 신입생선발이 위헌이라고 판결하였다.[54] 이에 대해서는 Sotomayor, Kagan, Jackson 세 대법관의 반대의견이 있었다.

---

52) 캘리포니아주는 1996년 11월 5일 주민투표에서 공무원 임용, 대학의 학생선발 및 계약에 있어서 인종·성별·피부색 및 출신국적 등에 따른 차별 및 우대조치를 전면 금지하는 주헌법 개정안(Proposition) 제209호를 통과시킨 바 있다. Cal. Const. art. I, § 31(a).
53) United States District Court, D. Massachusetts, 261 F.Supp.3d 99 (2017); United States Court of Appeals, First Circuit, 980 F.3d 157 (2020).

한편 미국에서 시행중인 적극적 우대조치 가운데 성별을 기준으로 한 것은 인종을 기준으로 한 것에 비하여 그간 상대적으로 덜 논란이 되어 왔다.55)

롤즈의 제1원리(평등한 자유의 원칙)는 평등한 시민의 기본적 자유를 희생하여서는 아니 된다는 자유주의적 핵심을 나타내며, 제2원리(차등의 원칙)는 자유주의적 자유가 사회적으로 불리한 처지에 놓인 사람들을 보호하는 기능을 하도록 하는 사회주의적 핵심을 보여준다. 그런데 마이클 샌델은 의사에게 높은 보수를 주어 가난한 시골지역 의료서비스를 개선하였다면 이 경우 차등임금은 롤즈의 원칙에 부합하지만, 의사에게 보수를 더 주었더니 시골지역의 의료 서비스는 전혀 개선되지 않고, 비벌리힐스나 강남, 센텀 같은 부유한 지역의 성형외과 병원만 늘어났다면 이 때 차등임금은 롤즈의 원칙에 부합하지 않는다고 설명한다. 또한 샌델은 어떤 사회가 부자들에게 누진세를 적용해, 가난한 사람들의 보건·교육·행복에 투자하는 등 그 체제가 엄격한 평등만을 추구할 때보다 가난한 사람들을 더 잘 살게 한다면, 그러한 불평등은 롤즈의 차등의 원칙에 부합한다고 평가할 수 있다고 하였다.56) 최근 우리나라에서도 외과·소아과·응급의학과 등 필수의료분야의 전공의나 전문의가 부족하고 지방 의료서비스가 부족한 현상이 벌어지고 있다.57) 이러한 현상을 개선하기 위해서는 의료수가 등 한정된 자원을 분야별로 재분배

---

54) *Students for Fair Admissions, Inc. v. President And Fellows Of Harvard College*, 143 S.Ct. 2141 (2023). SFFA는 노스캐롤라이나주립대학(University of North Carolina)을 상대로 해서도 같은 내용의 소를 제기하였고 두 사건은 병합되었는데, 연방대법원은 대학이 승소한 United States District Court, M.D. North Carolina, 567 F.Supp.3d 580 (2021) 판결도 파기하였다.
55) Katharine T. Bartlett, *Affirmative Action And Social Discord: Why Is Race More Controversial Than Sex?*, 52 U.C. Davis L. Rev. 2305 (2019)(이유를 사익추구, 신념이나 이데올로기, 반대론의 강도의 차이 등에서 찾고 있다.). 성별은 임신 등 양성간 명확한 역할 차이를 가져오고, 성별은 두 가지이나 인종은 여럿이어서 훨씬 경우의 수가 많은 것이 원인일 수 있다.
56) 마이클 샌델 저/ 이창신 역, 「정의란 무엇인가」, 2010, 213면.
57) 최효정·소가윤·조연우 기자, "새벽 4시부터 소아과 '오픈런' 하는 부모들", 조선일보 2023.5.24.; 서한기 기자, "출근전·퇴근후 진료비 더 받게 하면 '소아과 오픈런' 해소될까", 연합뉴스, 2023.11.15. https://www.yna.co.kr/view/AKR20231114073300530.

하는 정책이 필요할 것이다.

공정한 배분을 위해서는 제도에 참여한 개인이나 그룹이 공정하게 대우받고 있다고 느낄 수 있게 제도가 설계되어야 한다. 이를 위하여 아담 스미스가 지적한 자기기만의 베일은 벗어던져야 한다. 또한 이기주의 습성에 대한 우리 인간 스스로의 경향에 대해서도 경계해야 한다. 이기주의적 행동은 종종 스스로의 행위를 자신의 이익이 아니라 공익을 위하여 행동하는 것이라고 믿는 사람들에 의하여 행해진다.

배분에 있어서 공정성은 맥락에 따라 다를 수 있지만, 배분자는 배분 결과가 공정한 범위를 벗어나지 않도록 제도를 설계하여야 한다. 사회 구성원들 간의 소득분배를 정하는 사회계약에 있어서 정의를 확보하기 위해서 롤즈가 제시한 기본적 자유의 원칙과 공정한 평등의 원칙은 매우 설득력 있는 주장이다. 롤즈는 이런 원칙들을 통해 "로크보다 더 평등주의적이고 마르크스보다 더 자유주의적인, 그야말로 자유주의적 평등주의의 이념을 옹호"하고 있으며, "롤즈의 정의관은 자유주의적 이념과 사회주의적 이념을 가장 체계적으로 통합한 것"으로 평가된다.[58] 그러나 롤즈의 이론은 자유지상주의자들에게서는 기본적 자유로부터 자신의 생산물을 점유할 자유를 제외한 것에 대하여 비판을 받고 있으며, 반대로 사회주의자들에게서는 생산수단의 소유 문제를 원칙이 아니라 경험의 영역에 넘겨주었다는 비판을 받고 있다.

---

[58] 존 롤즈 저/황경식 역, 「롤즈의 정의론」, 2003.

제3절 법의 존재형식

법원(法源)(source of law; Rechtsquelle)이란 실질적으로는 법이 성립하는 기초, 법의 타당근거를 말하고, 형식적으로는 법의 존재형식을 말한다. 넓은 의미의 법원은 실질적 의의와 형식적 의의를 포함하는 의미이고, 좁은 의미의 법원은 형식적 의의만을 말한다. 예컨대 "관습은 법원이 아니지만 관습법은 법원"이라고 말하는 것과 같이 통상 "어떤 규범이 법원이다"라고 하는 것은 그 규범이 법의 존재형식임을 말하는 것이다.

1. 자연법과 실정법

(1) 자연법과 실정법의 의의

자연법론은 자연법의 존재를 가정하는 이론이다.[59] 자연법론자들에 따르면 자연법(natural law; lex naturalis)은 그 내용이 자연에 의하여 정해지고 따라서 어느 곳에서나 유효한 법을 말한다. 이에 반하여 실정법(positive law)이란 일정한 정치적 공동체, 사회 또는 국가의, 인간이 만든 현실적인 제도로써 시행되고 있는 법을 말한다.

자연법론자들은 자연법은 실정법을 비판하기 위한 기준으로서 기능할 수 있다고 보고, 실정법의 내용은 자연법에 대한 참조 없이 이해될 수 없다고 본다. 자연법은 법규범의 정통성(authority)을 평가하는 기준으로 사용되어, 특정 실정법의 부도덕성을 비판하기 위하여 인용될 수 있다. 자연법론자 중 일부는 자연법을 자연권(natural right)과 동의어처럼 사용하지만, 대부분의 학자들은 자연권은 자연법에 근거하여 모든 인간에게 천부적으로 부여되는 권리로서 실정법에 의하여 비로소 부여된 권리를 뜻하는 실정권에 대비되는 개념으로 파악하여 자연법과 자연권을 구별한다.

---

[59] "Natural Law," International Encyclopedia of the Social Sciences.

(2) 자연법의 역사

실정법의 역사는 법의 역사 장에서 살펴보기로 하고, 여기에서는 자연법의 역사를 살펴본다. 서양의 고대 그리스의 철학자들은 자연과 법, 관습 또는 전통 사이의 차이를 강조하였다. 법, 관습 또는 전통이 명하는 것은 장소에 따라 달랐지만, 자연에 의한 것은 어디에서나 동일하다. 자연과 관습간의 차이가 발생할 수 있는 인습주의(因習主義)에 대항하여, 소크라테스와 그 후계자들인 플라톤(Plato)과 아리스토텔레스(Aristotle)는 '자연적 정의'(natural justice) 또는 자연권의 존재를 가정하였다. 이 가운데 아리스토텔레스는 흔히 '자연법의 아버지'라 불린다. 아리스토텔레스는 「니코마코스 윤리학(Nicomachean Ethics)」 제5권에서 자연법과 자연권을 동일시하면서 그것에 관한 이론을 전개하였다. 아리스토텔레스는 저서 「시학(Rhetoric)」에서 각 민족이 자신들을 위하여 정한 '특정한' 법률과 구별되는 자연에 따른 보통법(common law)이 존재한다고 언급하였는데, 중세에 토마스 아퀴나스는 이러한 아리스토텔레스의 저작들을 해석하여 아리스토텔레스가 자연법론의 초석을 놓았다는 사실을 밝혔다.

자연법론은 중세의 신학자 토마스 아퀴나스(Thomas Aquinas)(1224~1274), "국제법의 아버지" 네덜란드의 휴고 그로티우스(H. Grotius)(1583~1645) 등의 사상과 사회계약론의 주창자들인 영국의 토마스 홉스(T. Hobbes)(1588~1679)와 존 로크(J. Locke)(1632~1704)의 정치철학, 프랑스의 볼테르(Voltaire)(1694~1778)와 루소(Jean Jacques Rousseau)(1712~1778)의 계몽주의철학에 영향을 주었다.

"자연법의 가장 큰 기여는 근대 국제법과 전쟁법을 탄생시킨" 것이지만,[60] 자연법론은 영국의 커먼로의 발전에도 커다란 영향을 미쳤다.[61] 자연

---

[60] Henry S. Maine 저/ 김도현 역, 「고대법(Ancient Law)」 박영사, 2024, 66면(메인은 로마 시민 이외의 모든 민족들에 공통되는 법인 로마의 만민법에서 자연법이나 국제법과의 많은 공통점을 발견하고 있다. 위의 책, 40~42, 53면).

[61] Sir William Blackstone, *Commentaries on the Laws of England*, 1756.

법과 자연권간의 교차 때문에, 자연법은 "생명, 자유, 재산에 대한 천부적 권리와 압제에 대한 저항권"을 선언한 미국 버지니아 권리장전(1776)과 자연법과 인간의 천부적 권리를 근거로 영국에 대한 독립전쟁을 선포한 미국 필라델피아 독립선언문(1776), 그리고 미국 연방헌법(1789)의 구성요소로 인정되고 있다.

자연법이 실제로 어떤 내용인지에 관해서는 자연법론자들마다 조금씩 생각이 다를 수 있어서 그 내용이 모호하다는 점이 최대의 약점이지만, 우리는 자연법론자들의 주장의 공통 부분들을 모을 수 있다. 자연법론은 정의롭지 못한 특정 실정법의 내용에 대하여 비판을 가하는 논거로 사용될 수 있다.

(3) 실정법의 분류

성문법은 물론 관습법이나 판례법은 모두 실정법에 속한다. 실정법은 여러 가지 기준에 따라 분류해 볼 수 있다. 즉 실정법은 문서화된 법인지를 기준으로 하여 성문법과 불문법으로 나눌 수 있고, 적용되는 법원칙과 분쟁 해결방법을 기준으로 하여 공법과 사법 및 사회법으로, 적용 순서와 범위를 기준으로 하여 일반법과 특별법으로, 포함된 내용이 실체적 내용인지 아니면 그 내용을 실현하기 위한 절차와 형식인지를 기준으로 하여 실체법과 절차법으로 분류할 수 있다. 또한 실정법은 당사자의 의사에 의하여 적용여부를 정할 수 있는지를 기준으로 하여 강행법과 임의법으로, 어떤 국가의 내부에서 생성된 것인지를 기준으로 하여 고유법과 계수법으로, 그리고 효력범위가 한 나라의 영역 내로 머무르는지 여부를 기준으로 하여 국내법과 국제법으로 각각 분류할 수 있다. 아래에서는 이상의 실정법의 분류에 관하여 하나씩 살펴보기로 한다.

2. 성문법과 불문법

(1) 성문법과 불문법의 의의

성문법(成文法)(statute law)이란 일정한 절차와 형식에 따라 입법기관이 제정한 문서화된 법률을 말한다. 이와 달리 판례법이나 관습법(customary law)과 같은 입법기관에 의하여 제정되지 아니한 법률, 문서화되지 않은 법을 불문법(不文法)이라고 한다.

역사적으로는 불문법이 더 오랜 역사를 가지고 있고, 성문법은 근대국가에서 입법기관에 의한 입법절차가 완료된 후에 생성되기 시작하였다. 유럽대륙에서 독일과 프랑스를 중심으로 하여 근대국가가 성립하면서 대대적 법전편찬작업이 행해져서 종래의 불문법을 대부분 성문법화하였다. 대표적인 성문법의 시초는 1800년대초의 프랑스의 나폴레옹법전이다.

(2) 우리나라의 성문법 체계

우리나라의 성문법에는 헌법·법률·명령·규칙·자치법규·조약 등이 있다.

1) 헌법

헌법(Constitution)은 통상적으로 제헌회의에서 제정한다. 헌법은 최상위의 국가규범으로서 기본권의 보장을 선언하고 법률 이하 하위법령의 타당성의 근거가 되고, 헌법에 저촉되는 하위법령은 헌법재판소의 위헌법률심사, 대법원의 위헌명령·규칙심사를 거쳐서 무효가 된다. 개정의 난이도를 기준으로 헌법은 경성헌법과 연성헌법으로 구분된다. 경성헌법은 법률보다 엄격한 절차와 의결정족수로 개헌이 이루어지는 국가의 헌법을 말한다. 반대로 연성헌법은 법률과 동일한 절차와 의결정족수로 개헌이 이루어지는 국가의 헌법을 말하며, 영국 헌법은 연성헌법이고 나머지 국가들은 모두 경성헌법이다. 또한 세계 대부분의 국가는 성문헌법을 가지고 있으나 영국은 헌법이라는 명칭의 규범은 없고 대헌장(Magna Carta), 권리청원(Petition of Rights), 권리장전(Bill of Rights) 등이 불문헌법을 구성한다.

【Theme- 마그나 카르타】
　　기본권의 역사에서 영국의 마그나 카르타를 빼어 놓을 수 없다. 1215.6.15. 영국 런던 템스강변의 러니미드에서 영국의 존 왕은 영주·주교와 같은 봉건귀족·성직자들이 요구하는 내용을 받아들여서 63개조의 합의문을 작성하였다. 이 합의문 '마그나 카르타'(Magna Carta)는 '대헌장'이라 번역되는데, 교회의 자유(제1조), 국왕의 과세와 부담금 부과에 귀족들의 동의를 요한다는 것(제12조), 도시의 자유와 무관세 특권(제13조), 귀족의 처벌은 동료의 재판에 의할 것(제21조), 자유민은 동등한 신분을 가진 자에 의한 합법적 재판이나 국법에 의하지 아니하고는 체포·감금·추방, 권리와 재산의 몰수를 당하지 아니한다는 것(제39조) 등을 내용으로 한다. 당시 카르타가 왕이 특정집단에 부여하는 특권을 담고 있는 문서를 의미하는 점에서 왕의 은혜로 허락된 내용이라는 한계를 가진 것이었지만, 왕과 귀족 간의 권력투쟁에서 수세에 몰린 왕이 어쩔 수 없이 자신의 권력을 자의(恣意)적으로 행사하는 것을 제한하고 귀족들의 권리를 보장한 점에서 영국 입헌군주제의 시작으로서 큰 의미를 가진다. 이후 영국에서의 인권의 발달은 '권리청원'(1628)과 오렌지공 윌리엄과 의회가 합작하여 피를 보지 않고 제임스2세를 퇴위시킨 명예혁명(The Glorious Revolution)(1688) 직후의 '권리장전'(1689)에서 마그나 카르타의 내용을 기초로 재산권의 보장, 과세에 대한 의회의 동의권, 배심재판제, 개인의 자유에 대한 침해는 독립된 법원의 재판 등 적법절차(due process of law)에 의하여야 한다는 내용으로 확대·발전하였다.

2) 법률

법률(Act)은 입법기관인 국회에서 제정되는 성문법이다. 입법권은 국회에 속하지만(헌법 §40) 입법절차에는 국회 이외의 국가기관도 관여한다. 헌법상 법률안 제출권은 국회의원과 정부(대통령)에 있지만(헌법 §52), 어느 경우이든 법률이 제정되기 위해서는 국회에서 의결될 것을 요한다. 국회에서 의결된 법률안은 정부에 이송되어 15일 이내에 대통령이 공포하지만(헌법 §53①), 만일 법률안에 이의가 있을 때에는 대통령은 법률안의 재의를 요구할 수 있다(동조②). 재의의 요구가 있을 때에는 국회는 재의에 붙이고, 재적의원과반수의 출석과 출석의원 3분의 2 이상의 찬성으로 전과 같은 의결을 하면 그 법률안은 법률로서 확정된다(동조④). 만일 재의에 의하여 확정된 법률을 5일 이내에 대통령이 공포하지 아니할 때에는 국회의장이 이를 공포한다(동조⑥).

국민에게 부담이 되는 중요한 사항과 권리를 제한하거나 의무를 부과하거나 벌칙을 정하는 사항은 법률로써 규정하는 것이 법치주의의 원칙이다. 헌법은 누구든지 법률에 의하지 아니하고는 체포·구속·압수·수색 또는 심문을 받지 아니하며, 법률과 적법한 절차에 의하지 아니하고는 처벌·보안처분 또는 강제노역을 받지 아니하고(헌법 §12①), 모든 국민은 법률이 정하는 바에 의하여 납세의 의무를 지며(동법 §38), 모든 국민은 법률이 정하는 바에 의하여 국방의 의무를 진다(동법 §39①)고 규정하고 있다.

한편 헌법, 민법, 형법, 상법, 민사소송법, 형사소송법의 여섯 가지 법을 중요한 법으로 지칭하는 의미에서 '6법'이라고 불러왔다.

3) 명령

명령(Order)이란 행정관청이 법률에 근거하여 제정하는, 일반적으로 법률보다 하위의 효력을 가진 성문법을 말한다. 입법기관이 아닌 행정기관이 제정하는 것이므로 행정입법이라고 부른다. 명령은 법률의 근거 여부에 따라 위임명령과 집행명령으로 분류된다. 위임명령은 법률의 위임을 받아서 제정된 명령이나, 집행명령은 법률을 집행하기 위하여 필요한 기술적 사항을 정한 명령으로서 그 제정을 위하여 법률의 위임을 필요로 하지 않는다. 명령은 그 발령기관에 따라 대통령령, 총리령과 부령으로 분류된다.

주의할 것은 대통령의 긴급재정·경제명령이나 긴급명령은 명칭은 명령이지만, 헌법에 직접적 근거가 있는 특별명령으로서 일정한 요건이 있을 때에만 발할 수 있고 법률과 같은 효력을 가진다는 점에서 일반적인 명령인 대통령령, 총리령과 부령과 구별된다는 점이다.

【Theme- 대통령의 긴급명령, 긴급재정·경제명령】
대통령은 내우·외환·천재·지변 또는 중대한 재정·경제상의 위기에 있어서 국가의 안전보장 또는 공공의 안녕질서를 유지하기 위하여 긴급한 조치가 필요하고 국회의 집회를 기다릴 여유가 없을 때에 한하여 최소한으로 필요한 재정·경제상의 처분을 하거나 이에 관하여 법률의 효력을 가지는 명령(긴급재정·경제명령)을 발할 수 있다(헌법 §76①). 또한 대통령은 국가의 안위에 관계되는 중대한 교전상태에 있어서 국가를 보위하기 위하여 긴급한 조치가 필요하고 국회의 집회가 불가능한 때에 한하여 법률의 효력을 가지는 명령(긴급명령)을 발할 수 있다(동조②).

긴급재정·경제명령과 긴급명령은 위와 같은 요건이 있을 때 발할 수 있는 특별명령으로서 국회에서 통과된 법률과 같은 효력을 가지므로 그것으로 특정 법률을 개정하거나 폐지할 수도 있다. 따라서 헌법은 대통령이 긴급재정·경제명령이나 긴급명령을 한 때에는 지체없이 국회에 보고하여 그 승인을 얻도록 하고 있다(헌법 §76③). 승인을 얻지 못한 때에는 긴급재정·경제명령이나 긴급명령은 그때부터 효력을 상실하고, 이 경우 그 명령에 의하여 개정 또는 폐지되었던 법률은 그 명령이 승인을 얻지 못한 때부터 당연히 효력을 회복한다(동조④).

김영삼 대통령은 1993년 8월 12일 20시를 기하여 무기명이나 가명에 의한 금융거래의 각종 폐단을 제도적으로 막기 위하여 금융실명제를 실시하기 위한 긴급명령을 내린 예가 있다. 이 '금융 실명 거래 및 비밀 보장에 관한 긴급 명령'에 의해 종전의 「금융실명거래에 관한 법률」은 폐지되었고 또한 모든 금융기관과 거래할 때는 실명(實名)의 사용이 의무화되었다.

명령 가운데 대통령령은 대통령이 법률에서 구체적으로 범위를 정하여 위임받은 사항과 법률을 집행하기 위하여 필요한 사항에 관하여 발할 수 있는 성문법이고, '보험업법 시행령'이나 '특허법 시행령'과 같이 행정각부가 주관하는 법률의 시행령의 형식으로 만들어 진다. '화장품법 시행령', '독점규제 및 공정거래에 관한 법률 시행령', '금융지주회사법 시행령'과 같이 식품의약품안전처, 공정거래위원회, 금융위원회와 같은 총리 소속 중앙행정기관이 주관하는 법률의 시행령도 이 형식으로 만든다. 대통령령인 위임명령을 발하기 위해서는 법률에서 구체적으로 범위를 정하여 위임받아야 하므로 포괄적 위임이나 일반적 위임을 받아서는 발할 수 없다. 이와 달리 위임이 없더라도 법률을 집행하기 위하여 필요한 기술적인 사항에 관해서는 대통령령인 집행명령을 발할 수 있다.

총리령이나 부령은 일정한 법률의 시행규칙 형식을 취하는데, 총리령은 행정각부가 아닌 총리실 산하 중앙행정기관인 국가보훈처, 인사혁신처, 법제처, 식품의약품안전처 등이 주관하는 법률의 시행규칙을 만드는 형식이고, 부령은 행정각부가 주관하는 법률의 시행규칙을 만드는 형식이다. 예컨대, 식품의약품안전처가 집행하는 '화장품법 시행규칙'은 총리령이고 '약사법 시행규칙'은 보건복지부령이고, '특허법 시행규칙'은 지식경제부령이다.

총리령과 부령은 법률 또는 대통령령에 근거한 것으로서 대통령령이 총리령·부령보다 높은 효력을 갖고, 일반적으로 총리령이 부령보다 높은 효력을 갖는 것으로 이해되고 있다.

4) 규칙

규칙(Regulation)은 행정부 이외의 헌법기관이 헌법이 부여한 자치적인 입법권에 의하여 법률에 저촉되지 아니하는 범위안에서 제정하는 규범이다. 권력분립의 원칙에 따라 국회, 대법원, 헌법재판소와 같은 헌법기관이 행정부의 간섭을 받지 아니하고 독립적으로 권한을 행사할 수 있도록 그 사무와 내부규율에 관한 규칙제정권이 부여되어 있는 것이다. 따라서 이들 규칙은 법률보다는 하위의 효력을, 행정부의 일반적인 명령, 특히 대통령령과 동위의 효력을 갖는다.

국회는 국회규칙으로 법률에 저촉되지 아니하는 범위안에서 의사와 내부규율에 관한 규칙을 제정할 수 있다(헌법 §64①). '국회상임위원회 위원정수에 관한 규칙', '국회기록물관리규칙', '국회방청규칙' 등이 그 예이다.

대법원은 대법원규칙으로 법률에서 저촉되지 아니하는 범위안에서 소송에 관한 절차, 법원의 내부규율과 사무처리에 관한 규칙을 제정할 수 있다(헌법 §108). 대법원규칙에는 '민사소송규칙', '민사 및 가사소송의 사물관할에 관한 규칙', '민사소송비용규칙', '가사소송규칙', '형사소송규칙', '형사소송비용 등에 관한 규칙' 등이 있다.

헌법재판소는 헌법재판소규칙으로 법률에 저촉되지 아니하는 범위안에서 심판에 관한 절차, 내부규율과 사무처리에 관한 규칙을 제정할 수 있다(헌법 §113②).

중앙선거관리위원회는 중앙선거관리위원회규칙으로 법령의 범위안에서 선거관리·국민투표관리 또는 정당사무에 관한 규칙을 제정할 수 있으며, 법률에 저촉되지 아니하는 범위안에서 내부규율에 관한 규칙을 제정할 수 있다(헌법 §114⑥). 중앙선관위규칙 가운데 선거관리·국민투표관리·정당사무에 관한 규칙은 법률과 명령의 범위안에서만 제정할 수 있기 때문에 명령보다 하위의 효력이 있으나, 중앙선관위의 내부규율에 관한 규칙은 행정부의 명령과 동위의 효력이 있다.

5) 자치법규

자치법규란 지방자치단체가 법령의 범위안에서 제정하는(헌법 §117①), 그 자치단체의 영역안에서만 효력을 가지는 지방자치에 관한 성문법이다. 자치법규에는 조례와 규칙이 있다. 조례(條例)는 지방자치단체가 지방의회의 의결로 제정하는 자치법규이고, 규칙(規則)은 지방자치단체의 장이 법령 또는 조례가 위임한 범위 안에서 그 권한에 속하는 사무에 관하여 제정한 자치법규이다. 자치법규인 규칙은 전술한 국회나 대법원 등 행정부 이외의 헌법기관이 만드는 규칙이 그 발령기관과 함께 국회규칙이나 대법원규칙 등으로 부르는 것과 상응하여 그것을 제정한 자치단체의 명칭과 함께 부를 수 있다. 예컨대 '서울특별시 광화문광장의 사용 및 관리에 관한 조례'는 서울특별시 조례의 하나이고, '2030부산월드엑스포 유치 지원 조례'는 부산광역시조례에 속한다.

조례는 주민의 대표기관인 지방의회가 제정하는 법규범인 점에서 지방자치단체의 자치법이며 법률에 준하는 성질을 갖는다. 따라서 행정입법인 명령의 제정에는 원칙상 상위 법령의 위임이 있어야 하며 그 위임은 구체적 위임이어야 하지만 조례의 제정에 있어서는 원칙상 법령의 근거를 요하지 않고, 법령의 수권을 요하는 경우(권리를 제한하거나 의무를 부과하거나 벌칙을 정하는 경우)에도 법률의 구체적 위임이 반드시 요구되는 것은 아니며 어느 정도 포괄적 위임도 가능하다.

규칙은 조례와 함께 자치법규에 속하지만 그 성질은 조례와 달리 전술한 명령(행정입법)과 같다.

【Theme- 지방자치단체의 종류】

지방자치단체는 법인이며(지방자치법 §3①), 광역지방자치단체와 기초지방자치단체의 두 가지 종류로 구분한다(동법 §2①). 광역지방자치단체의 종류는 특별시, 광역시,

특별자치시, 도, 특별자치도로 세분되고, 기초지방자치단체는 구, 시, 군으로 세분된다. 지방자치단체인 구(이를 "자치구"라 한다)는 특별시와 광역시의 관할 구역 안의 구만을 말하며, 자치구의 자치권의 범위는 법령으로 정하는 바에 따라 시·군과 다르게 할 수 있다(동조②).

현재 광역지방자치단체로는 서울특별시, 부산광역시, 인천광역시, 대전광역시, 대구광역시, 광주광역시, 울산광역시, 세종특별자치시, 경기도, 강원도, 충청북도, 충청남도, 경상북도, 경상남도, 전라북도, 전라남도, 제주특별자치도가 있다.

특별시, 광역시, 특별자치시, 도, 특별자치도는 정부의 직할(直轄)로 두고, 시는 도의 관할 구역 안에, 군은 광역시, 특별자치시나 도의 관할 구역 안에 두며, 자치구는 특별시와 광역시, 특별자치시의 관할 구역 안에 둔다(지방자치법 §3②). 특별시·광역시 및 특별자치시가 아닌 인구 50만 이상의 시에는 자치구가 아닌 구를 둘 수 있고, 군에는 읍·면을 두며, 시와 구(자치구를 포함한다)에는 동을, 읍·면에는 리를 둔다(동조③).

조례와 규칙은 지방자치를 보장하는 헌법의 원칙에 따라 지방자치단체가 자치행정에 관하여 법령의 수권 없이 자율적으로 제정한 법규(자치입법)로서 국가의 법령으로부터 독립하여 있지만, 국가법질서의 통일을 위하여 법령을 위반하지 않도록 하고 있다.

6) 조약

조약(Treaty)은 실제 명칭을 불문하고 문서에 의한 국가간의 합의를 담은 성문법이다. 대통령이 국가원수의 지위에서 국무회의의 심의를 거쳐 조약을 체결·비준하며(헌법 §73), 중요한 사항에 관한 조약, 즉 상호원조 또는 안전보장에 관한 조약, 중요한 국제조직에 관한 조약, 우호통상항해조약, 주권의 제약에 관한 조약, 강화조약, 국가나 국민에게 중대한 재정적 부담을 지우는 조약 또는 입법사항에 관한 조약 등은 국회의 동의가 있어야 효력이 발생한다(헌법 §60①).

조약에는 두 나라 사이에 체결되는 양자조약과 셋 이상의 국가 간에 체결되는 다자조약이 있는데, 어느 것이든 헌법에 의하여 체결·공포된 조약이라면 국내법과 같은 효력을 가진다(헌법 §6①). 또한 '일반적으로 승인된 국제법규'도 조약과 마찬가지로 국내법과 같은 효력을 가진다.

(3) 우리나라의 불문법 체계

우리나라의 불문법에는 관습법과 조리가 있다. 대륙법계에 속하는 우리나라에서는 판례법은 법원이 아니다.

1) 관습법

관습법은 관습이 일정한 조건을 갖추어 법이 된 것을 가리킨다. 관습법은 법원이므로 당사자의 의사와 무관하게 적용된다. 영미법에서의 관습법이란 커먼로 판사들의 판결을 통하여 나타난 보편적 관습(general convention)으로 보아 중시하며[62] 대륙법계국가에서도 사비니(Savigny)를 비롯한 독일의 역사법학파는 관습법을 민족정신의 발로라고 하여 입법자에 의한 제정법(enactment)보다도 더 중시하였다.

관습법의 성립요건과 관련하여 우리나라의 통설과 판례는 '동일한 행위가 오랫동안 관행되는 사실'(관습이나 관행의 존재)과 '다수의 국민이 그러한 관습에 따를 의무가 있다고 확신하는 것'(법적 확신)을 요한다고 본다(법적 확신설). 이와 달리 소수설은 관습이나 관행의 존재와 국민의 법적 확신 두 가지 만으로는 관습법이 성립할 수 없다고 하고, '국가기관이 그 관습이나 관행을 국가의 법으로서 승인하는 것'이 필요하다고 주장한다(국가승인설). 국가승인설은 법원의 재판이 그러한 국가기관의 승인의 예라고 보는데, 법적 확신설의 입장에서는 법원의 재판은 그것에 의하여 비로소 관습법이 성립하게 되는 것이 아니라 단지 법적용의 권한을 가진 법원이 관습법의 존재를 발견하거나 확인하는 것에 불과한 것이라고 본다.

한편 관습법은 실정법 가운데 강행법에 반하지 않아야 한다. 즉 선량한 풍속 기타 사회질서에 관한 규정(강행규정)에 반하는 관습은 관습법으로 성립할 수 없다. 또한 관습법의 내용은 적극적으로 성문법에서 관습법의 성립가

---

[62] Sir William Blackstone, *Commentaries on the Laws of England*, 1756.

능성을 인정하거나 성문법이 규정하고 있지 않은 소극적 사항을 그 내용으로 하여야 한다. 이미 성문법에 있는 내용이라면 다시 관습법으로 인정할 실익은 없다.

상법상 운송인이 운송을 위탁한 송하인에게 화물상환증(육상운송의 경우)이나 선하증권(해상운송의 경우)과 같은 유가증권을 발행하여 교부한 때에는 목적지에 도착한 후에 그 유가증권의 소지인에 대하여 운송물을 유가증권과 상환하여 인도하여야 할 의무가 있다. 그런데 상거래의 실무상 운송인이 송하인 등을 신뢰하여 그에게 화물상환증과 상환하지 않고 운송물을 인도하기도 한다[가도(假渡)]. 또한 은행 기타 제3자의 보증서를 받고 화물상환증과 상환하지 않고 운송물을 인도하기도 한다[보증도(保證渡)]. 가도·보증도는 수하인이 운송물 도착시까지 아직 유가증권을 입수하지 못한 경우 또는 상품을 인도받아 전매자에게 판매하여 대금을 회수하여야 화환어음의 지급을 할 수 있어서 운송물 도착시까지 유가증권을 입수하지 못한 경우 등에 행하여진다. 법원은 가도·보증도의 경우 일단 운송인의 정당한 채무이행으로서 유효한 것으로 보아 상관습법으로 인정하고 있다.[63]

관습법은 성문법으로 편입되기도 한다. 예컨대 백지어음 제도는 먼저 관습법으로 존재하다가 어음법에 규정화[64]된 것이다.

민법 제1조는 "민사에 관하여 법률에 규정이 없으면 관습법에 의하고 …"

---

[63] 대법원 1991.12.10. 선고 91다14123 판결; 대법원 1992.2.25. 선고 91다30026 판결; 대법원 1992.11.13. 선고 92다14687 판결 등. 그러나 운송인이 가도·보증도를 한 후에, 화물상환증의 정당한 소지인이 나타나서 운송인에게 운송물의 인도를 청구하면, 운송인은 화물상환증의 정당한 소지인에 대하여 상법상 채무불이행으로 인한 손해배상책임을 지며 제3자의 선의취득 또는 운송물의 멸실 등의 경우에는 민법상 불법행위에 기한 손해배상책임을 부담한다는 점에 주의해야 한다. 즉 운송인이 한 가도·보증도는 사후에 완전한 채무이행으로 되지 않을 수 있다(대법원 1999.4.23. 선고 98다13211 판결; 대법원 2001.4.10. 선고 2000다46795 판결 등).

[64] 백지어음이란 어음행위자의 기명날인 또는 서명 이외의 어음요건을 나중에 보충하게 할 생각으로 미완성으로 발행한 어음을 말한다. 백지어음 발행인으로부터 보충권을 수여받은 보충권자가 백지어음에 미리 한 합의와 다른 보충을 한 경우에도 그 위반을 이유로 소지인에게 어음금의 지급을 거부할 수 없다(어음법 제10조). 그러나 소지인이 악의 또는 중대한 과실로 인하여 백지어음을 취득한 때에는 그러하지 아니하다.

라고 규정하고 있고, 상법 제1조는 "상사에 관하여 본법에 규정이 없으면 상관습법에 의하고 …"라고 규정하여 관습법을 법원으로 인정하고 있다. 관습법의 효력에 관해서는 변경적 효력설과 보충적 효력설(통설)이 나뉘나 관습법은 성문법을 변경하지는 못하고 보충할 뿐이라고 본다.

한편 죄형법정주의가 지배하는 형사법에 있어서는 인권보장을 위하여 관습형법은 금지된다.[65]

관습법과 구별되는 개념으로 '사실인 관습'이 있는데 이것은 아직까지 법으로 되지 않은 관습을 말한다. 민법 제106조는 "법령중의 선량한 풍속 기타 사회질서에 관계없는 규정과 다른 관습이 있는 경우에 당사자의 의사가 명확하지 아니한 때에는 그 관습에 의한다."고 규정한다. 그 의미는 법령중 사회질서에 관계없는 규정, 즉 임의규정과 다른 관습이 있는 경우에 당사자의 의사가 명확하지 아니한 때에는 그 관습에 의한다는 것이다.

앞에서 본 것처럼 관습법은 성문법이 존재하는 경우에는 성립할 수 없으나 사실인 관습은 그와 달리 성문법이 존재하는 경우에도 성립할 수 있다는 차이가 있다. 이러한 차이는 사실인 관습은 그 자체는 법원이 아니지만 당사자의 의사의 힘에 의하여 효력을 갖기 때문이다.

2) 조리

조리(條理)란 사물의 본성(law of nature)이나 본질적 경험칙, 사회통념 등을 가리키는 불문법이다. 민사나 상사에 있어서 조리는 법규범이 없을 때 이를 보충하는 해석상 또는 재판상의 표준이 된다. 그러므로 조리는 최후의 법원이다.

조리는 법 자체가 아니라 일종의 이념에 지나지 않는다고 하여 법원성을 부정하는 입장도 있으나 통설은 민사에 있어서 조리의 법원성을 인정하고 있다. 법관은 법이 없다는 이유로 재판을 거부할 수는 없기 때문에, 성문법이나 관습법과 같은 다른 불문법이 없는 경우에 최후로 호소할 수 있는 수단

---

65) 이에 관해서는 제6장 제1절 참조.

이 조리이기 때문이다.

　민법 제1조도 법원이라는 제목하에 "민사에 관하여 법률에 규정이 없으면 관습법에 의하고 관습법이 없으면 조리에 의한다"고 규정하고 있어서 조리의 법원성을 인정하고 있다. 그러나 죄형법정주의가 지배하는 형사법에 있어서는 조리의 법원성이 부정된다. 따라서 헌법 제12조 제1항에서 "모든 국민은 신체의 자유를 가진다. 누구든지 법률에 의하지 아니하고는 체포·구속·압수·수색 또는 심문을 받지 아니하며, 법률과 적법한 절차에 의하지 아니하고는 처벌·보안처분 또는 강제노역을 받지 아니한다"고 규정하고 있지만, 여기에서의 법률은 성문법만을 의미하는 것으로 해석된다.

　【Theme- 판례법】
　　판례법은 축적된 판례(Decree)로 성립되는 불문법을 말하는데, 영미법계 국가에서는 판례의 축적인 판례법(Case Law)은 법원이지만 우리나라는 대륙법계국가로서 판례를 법원으로 인정하지 아니한다. 영미법계에서 판례법은 사법기관인 법원에 의하여 오랜 기간 동안 축적된 판례를 중심으로 성립된 보통법인 커먼로(Common Law)와 형평·조리를 적용하는 형평법(Equity)으로 구성된다. 형평법은 커먼로 전통을 따르는 법역에서 엄격한 법원칙의 적용이 가혹한 경우에 법원이 자신들의 재량을 행사하고 자연법에 따라 정의를 적용하는 것을 허용함으로써 커먼로를 보완하는 일련의 법원칙들이다. 형평법원(chancery)은 본래 커먼로 법원에 대하여 왕의 관리로서 영장을 발부하는 업무를 담당하다가 장기간에 걸친 관행 끝에 그 자체 법원이 된 것이다. 형평법판사(chancellor)는 원칙적으로 선례에 구속되는 커먼로의 경직성을 완화하여 형평에 맞는 구체적으로 타당한 개별적인(ad hoc) 결정을 내렸다. 영국에서 초기 형평법판사(chancellor)들은 성직자들이어서 교회법으로부터 형평법의 기초원리들을 도출하였고, 후대의 형평법판사들은 로마법(유스티니아누스의 로마법대전)으로부터 그것들을 도출하였다. 18세기 후반에는 네덜란드 공법학자들의 법학 및 윤리학의 혼합체계를 연구하여 형평법에 접목시켰다.[66] 커먼로 법원은 권리와 의무를 확인하고 금전지급을 명하는 것 외에는 다른 구제수단을 갖고 있지 않았지만 형평법원은 이행명령이나 금지명령(injunction)을 내리고 만일 피고가 그에 따르지 않는 경우 법정모욕죄(contempt of court)로 구금하는 것에 의하여 그 명령들을 집행할 수 있는 다양한 구제책을 갖고 있었고, 또 커먼로 법원은 배심제에 의했지만 형평법원은 배심원 없이 형평법판사가 결정하였다.[67]

---

66) Henry S. Maine 저/ 김도현 역, 「고대법(Ancient Law)」 박영사, 2024, 31면.

대륙법계에서 활용되는 성문법상의 광범한 '일반조항'(general clause)은 법관들에게 법적용에 있어서 영미법계의 형평법과 유사한 여지를 허용한다고 평가된다.[68] 일반조하의 예로는 우리 민법 제2조제1항의 신의성실의 원칙, 제2항의 권리남용금지의 원칙 등이 있다.

역사적으로 형평법은 고정된 법원칙이 없어서, 법관들이 때때로 자신의 양심에 따라 법과 무관하게 재판을 한다는 비판을 받았는데, 형평법은 17세기경부터는 급격히 유연성을 상실하여 마치 커먼로처럼 선례에 의존하게 되었다. 실무상 현대의 형평법은 실체적 및 절차적 원칙으로 제한되고, 적어도 영국과 호주에서는 형평법의 기술적 측면에 초점을 맞추는 경향이 있다. 형평법의 적용에 대한 지침인 12개의 윤리적 명제와 추가적인 5개 명제들이 존재한다.[69]

우리나라에서는 「법원조직법」상 "동일사건에서의 상급법원의 재판에서의 판단은 하급심을 구속한다"(동법 제8조)는 규정 때문에 상급법원의 판결이 판례법인지 의문이 생길 수 있다. 그러나 위 조문은 법원 판결에 대하여 항소나 상소를 통하여 다투는 심급제의 존재로 인하여 이 규정이 없다면 상급법원과 하급법원이 끝없이 사건에 관하여 상반된 판결을 하여 종국적 해결이 불가능할 수 있으므로 제소된 사건을 해결하기 위하여 부득이 환송을 받은 하급법원은 동일사건에서 상급법원이 한 재판상 판단에 구속된다는 의미일 뿐[70]이고, 판례의 법원성이 인정되는 것은 아니다.

---

67) Lawrence M. Friedman, *A History Of American Law*, 2001, pp. 17~18.
68) M. A. Glendon et al., *Comparative Legal Traditions In a Nutshell*, 3rd edition, Thomson-West, 2008, pp. 142~143.
69) A. Hudson, *Equity and Trusts*, Routledge-Cavendish, 2009, pp. 5~9.
70) 이른바 1995년 '치과의사 모녀 피살 사건'에서 1심법원은 치정 때문에 치과의사인 부인과 어린 딸을 살해하고 불을 질렀다는 혐의로 기소된 피고인 의사 L씨의 공소사실을 인정하여 살인·현주건조물방화죄로 사형을 선고(서울지방법원 서부지원 1996.2.23. 선고 95고합228 판결)하였으나, 항소심에서 서울고등법원은 피고인이 부인과 딸을 살해하였다는 유죄의 증거가 부족하다는 이유로 무죄를 선고하였고(서울고등법원 1996.6.26. 선고 96노540 판결), 상소심에서 대법원은 "개별적 증거들의 종합적 증명력"을 이유로 피고인을 유죄로 보아 항소심판결을 파기하고 사건을 환송하는 판결(대법원 1998.11.13. 선고 96도1783 판결)을 내렸다. 이후 환송 후 항소심법원은 화재 재현 실험 등을 토대로 "간접증거를 모두 종합하더라도 공소사실을 인정하기 부족하다"는 이유로 무죄를 선고한 원래의 판단을 지키면서 "상고심으로부터 사건을 환송받은 법원은 그 사건을 재판함에 있어서 상고원이 파기이유로 한 사실상 및 법률상의 판단에 기속되는 것이지만, 환송 뒤 심리과정에서 새로운 증거가 제출되어 기속적 판단의 기초가 된 증거관계에 변동이 생기는 경우에는 그러하지 아니하다"는 이유로 이 사건에 대해서는 파기환송 판결의 기속력이 미치지 아니한다고 하는 이유에서 다시 무죄를 선고하는 판결을 내렸고(서울고법 2001.2.17. 선고 98노3116 판결), 다시 상소심에서 대법원은 이를 수용하여 최종적으로 무죄를 선고하였다(대법원 2003.02.26. 선고 2001도1314 판결).

3. 공법과 사법 및 사회법

(1) 공법과 사법

1) 공법과 사법의 구별

실정법은 공법(公法)(public law)과 사법(私法)(private law)으로 나뉜다. 어떤 법률관계에 대하여 공·사법 가운데 어느 것을 적용하느냐에 따라 상이한 법원칙이 적용되고[71], 상이한 분쟁 해결절차가 사용되기 때문[72]에 공법과 사법을 구별할 필요성이 있는 것이다. 동일한 법률관계가 민사법과 형사법에 의하여 각각 문제되는 쟁점을 포함하고 있는 경우에는 공법과 사법의 구별이 문제된다. 예컨대, A가 B의 돈을 빌린 뒤 갚지 않는 행위는 민사상 채무불이행으로서 손해배상 사유이지만 형사처벌 사유는 아니다. 그러나 A가 처음부터 갚지 않을 의사로 B에게서 돈을 빌린 경우라면 민사상 채무불이행이 되는 것과 함께 사기죄가 성립할 수 있다. 따라서 A가 B의 돈을 빌린 뒤 갚지 않는 행위는 사실관계에 따라 사법만이 적용되는 문제일 수도 있고, 사법과 공법이 함께 적용되는 문제일 수 있는 것이다.

사적인 이해관계보다 공적 의무를 먼저 이행하여야 한다는 선공후사의 정신을 칭송하므로 우리가 공과 사를 구분하는 것은 어렵지 않을 것 같지만 실제로는 공과 사를 준별하지 않아서 문제되는 사례가 많고, 공·사법의 구별기준이 무엇인지에 관해서는 학설이 갈린다.

이익설은 공익을 보호하기 위한 법이 공법이고 사익을 보호하기 위한 법이 사법이라는 입장이다. 그러나 공익과 사익을 구별하는 기준도 분명하지 않다는 점에서 이 설은 문제를 문제로 답한 것이라는 비판이 가해진다.

주체설은 국가 또는 기타의 공공단체 상호간의 관계와 국가 또는 기타의 공공단체와 국민간의 관계를 규율하는 법률이 공법이고, 사인간의 관계를 규

---

71) 예컨대, 공법관계에는 사적 자치가 배제되고 권력적 작용에 대한 공법원칙들이 적용되지만, 사법관계에는 사적 자치와 계약자유의 원칙이 적용된다.
72) 예컨대, 공법관계의 쟁송은 헌법소송, 행정소송, 형사소송 등의 절차에, 사법관계의 쟁송은 민사소송, 가사소송 등의 절차에 의한다.

율하는 법률이 사법이라는 입장이다. 예컨대 국가와 사인간의 매매·도급·임대차 등의 계약과 같이 국가 또는 기타의 공공단체가 하나의 사경제주체로서 법률관계를 형성하는 경우에는 사법이 적용되어야 하는 점에서 주체설은 잘못된 학설이라는 비판이 가해진다.

법률관계의 성질설은 법률관계가 명령·복종의 수직적 권력관계이면 그것을 규율하는 법률은 공법이고, 반대로 대등한 당사자 간의 법률관계를 규율하는 법률은 사법이라고 보는 입장이다. 그러나 이 이론에 따르면 국가 사이의 대등한 법률관계를 규율하는 국제법은 사법이고 존속과 비속 간의 수직적 법률관계를 규율하는 친족법은 공법이라는 기묘한 결론에 이른다.

생활관계설은 인간의 생활관계 중 정치적 생활관계(국가의 국민으로서의 지위에서의 생활관계)를 규율하는 법은 공법이고, 비정치적 생활관계(인류로서의 지위에서의 생활관계)를 규율하는 법은 사법이라고 보는 통설의 입장이다. 따라서 생활관계설에 의하면, 국제법은 공법이고 친족법은 사법이 되며 국가 또는 기타의 공공단체가 하나의 사경제주체로서 법률관계를 형성하는 경우에는 사법이 적용되어야 한다는 타당한 결론을 가져온다. 헌법,「형법」은 공법에 속하고「민법」,「상법」은 사법에 속한다.「민사소송법」,「가사소송법」,「형사소송법」,「행정소송법」과 같은 각종 소송법은 그것이 처리하는 실체법이 어디에 속하든 모두 공법에 속하고,「교육공무원법」,「지방자치법」등의 행정법에 속하는 법률도 모두 공법에 속한다.

【Theme- 미국의 O.J. 심슨 사건】

미국의 O.J. Simpson은 1969년부터 약 30년간 내셔널리그에서 활약한 유명한 프로 미식축구 선수였고 은퇴한 후에는 중계방송 해설자와 영화배우로 활동하였다. 1994.6.12. 심슨의 전처와 그의 정부 Ron Goldman이 로스앤젤레스의 니콜의 콘도 밖에서 칼에 찔려 숨진 채 발견되었다. 용의자 심슨은 며칠 후 경찰에 체포되어 살인혐의로 기소되었다. 오랜 재판 끝에 심슨은 배심원들이 살인혐의에 대해 무죄평결을 내림으로써 형사책임에 대해서는 무죄판결을 받았지만, 나중에 Goldman의 가족들이 제기한 민사소송에서 패소하여 손해배상책임을 부담하게 되었다.

형사재판과 민사재판은 민사소송과 형사소송에서 각각 내려지는 법원의 결론인데

O.J.심슨 사건에서와 같이 가끔 동일한 사실관계(심슨이 전처와 정부 Goldman을 죽였는지)에 관한 민·형사소송에서 서로 다른 결론이 내려지는 것은 무슨 이유일까. 그 이유는 판결을 위하여 필요한 입증의 정도가 다르고 증거에 대한 증거능력 인정의 차이 때문일 수 있다.73)

미국법상 형사소송에서는 피고인에게 유죄판결을 하기 위해서는 "합리적 의심의 여지가 없는(beyond resonable doubt)" 유죄의 증명(80~90%)을 요하지만 민사소송에서는 우세한 증거 원칙(preponderance of evidence rule)에 의한 상당한 인과관계의 증명(50%+)만으로 요증사실이 증명되기 때문에 어떤 증거가 양자의 차이 부분에 위치하는 경우 민·형사소송에서 서로 다른 결론이 내려질 수 있다.

우리나라 「형사소송법」도 2007년 개정시 "범죄사실의 인정은 합리적인 의심(reasonable doubt)이 없는 정도의 증명에 이르러야 한다"(§307②)는 조항을 도입하였다. 또한 형사소송에서는 적법절차(due process of law)에 따르지 아니하고 수집한 증거는 증거로 할 수 없다는 위법수집증거의 배제법칙(형소법 §308의2)이 적용되며, 피고인의 자백이 고문·폭행·협박·구속의 부당한 장기화 또는 기망 기타의 방법에 의하여 자의로 진술된 것이 아니라고 인정될 때 또는 정식재판에 있어서 피고인의 자백이 그에게 불리한 유일한 증거일 때에는 이를 유죄의 증거로 삼거나 이를 이유로 처벌할 수 없다(헌법 §12⑦).

2) 공·사법 구별의 상대성

대륙법계 국가에서는 공법과 사법을 준별하고 있다. 그러나 영미법계 국가에서는 처음부터 양자를 엄격하게 구별하지 않았으며 공법이건 사법이건 절차상 통일된 사법(司法)체계에서 적용하고 있으므로 그 구별이 중요시되지 않았다.

한편 대륙법계 국가에서도 시대의 변화에 따라 오늘날 공·사법의 구별은 중요성이 감소되었다. 즉 근대 법치국가에서는 준별하였으나 현대 복지국가에서는 복지의 실현을 위한 사법의 공법화 현상 및 사회법의 출현 등으로 인하여 공·사법의 구별이 중요하지 않게 되었다.

개별법에 있어서는 공법과 사법 규정이 혼재하는 현상이 흔히 있다. 예컨

---

73) 물론 이론적으로는 둘 중 하나가 오판일 가능성도 생각할 수 있다. 그러나 심급제, 합의제, 재심제 등에 의하여 어떤 판사가 오판을 하더라도 구제가 가능하기 때문에 최종적으로 오판이 확정되는 일은 매우 드물다.

대 「상법」은 기업에 관한 사항을 규정한 사법이지만, 회사의 임원이 상법에서 규정한 금지행위를 하거나 의무사항을 불이행하는 경우에는 징역·벌금 등의 형사처벌(상법 §§622~634의3), 과태료의 행정벌(§635~637의2)을 부과하는 공법 규정이 포함되어 있다.

(2) 사회법

19세기말 생산수단의 사적 소유와 시장경제라는 특징을 갖는 자본주의의 발달로 잉여자본이 축적되고 고도화됨에 따라 독점자본의 폐해, 공급과잉과 총수요부족으로 인한 불황, 빈부격차의 심화와 노동자 계급의 생존이 위협받는 등 자본주의의 구조적 모순이 발생하였다. 따라서 개인의 자유를 보장하기 위하여 국가의 간섭을 배제하는 자유방임주의와 같은 정치사조나 사적 소유권의 절대적 보호원칙, 계약자유의 원칙, 과실책임의 원칙 등의 근대법의 기본원리로서는 해결할 수 없는 상황이 되었다. 사회법(Social Law)은 이러한 상황을 타개하기 위하여 국가가 국민 가운데 소비자, 소상공인, 노동자 등의 상대적 약자들의 권익을 후견적으로 옹호하기 위하여 그들과 생산자, 대기업, 사용자 사이의 법률관계에 개입하는 내용을 규율하는 법률이다.

미국에서는 시장을 독점하는 대자본을 규제하기 위한 연방독점금지법인 셔먼법(Sherman Act)의 제정(1890), 유럽대륙에서는 독일제국(Deutsche Reich)이 붕괴하고 수립된 바이마르공화국(1919~1933)에서 제정한 바이마르헌법(Weimarer Verfassung)에서 생존권, 근로의 권리 등의 사회적 기본권을 보장한 것이 이러한 사회법의 시초이다.

사회법은 경제법, 노동법, 사회보장법 등을 포함하며 종래의 기준에 의한 공법과 사법이 혼재하는 제3의 법역이다. 우리나라에서 사회법에 속하는 개별 법률로는 시장의 실패를 교정하고 경쟁 및 소비자를 보호하기 위한 「독점규제 및 공정거래에 관한 법률」, 소비자주권을 구현하기 위한 소비자보호수단을 규정한 「소비자기본법」, 노동자의 근로조건의 최저기준을 설정하는 「근로기준법」과 노동자의 사용자에 대한 단결권·단체교섭권 및 단체행동권을 보장하기 위한 「노동조합 및 노동관계조정법」, 생존권적 기본권을 구현하기 위한 「사회보장기본법」,「최저임금법」,「국민기초생활보장법」 등이 있다.

4. 일반법과 특별법

일반법은 그 적용범위가 일반적·보편적이어서 인적·장소적·사항적 적용대상에 제한 없이 적용되는 법이고, 특별법은 일정한 제한적인 적용대상에만 적용되는 법이다. 일반법과 특별법의 구별실익은 적용 순위상 특별법이 일반법보다 우선 적용된다는 점에 있다. 예컨대, 인적 적용범위에 관하여 「민법」은 국민 전체에 적용되는 일반법이나 「국가공무원법」은 국민 가운데 공무원의 법률관계에만 적용되는 특별법이다. 또한 「형법」은 국민 전체에 적용되는 일반법이나 「군형법」은 국민 가운데 군인에게만 적용되는 특별법이다. 장소적 적용범위에 관하여 「지방자치법」은 전국의 모든 지방자치단체에 적용되는 법률이나 「제주특별자치도 설치 및 국제자유도시 조성을 위한 특별법」은 제주도에만 적용되는 특별법이다. 사항적 적용범위에 관하여 「민법」은 민사법률관계에 적용되는 일반법이나 「상법」은 민사법률관계 가운데 기업을 중심으로 한 상사법률관계에만 적용되는 특별법이다.

일반법과 특별법은 그 구별이 상대적이다. 즉 「상법」은「민법」과의 관계에서는 특별법이나「은행법」·「보험업법」에 대한 관계에서는 일반법이다. 마찬가지로「국가공무원법」은「민법」에 대한 특별법이지만,「교육공무원법」,「경찰공무원법」에 대해서는 일반법이다.

【Theme- 특별법우선의 원칙】
특별법과 일반법 중에서는 특별법이 일반법보다 먼저 적용된다. 이를 특별법우선의 원칙이라고 한다. 예컨대「상법」은「민법」에 대한 특별법이므로 민사법률관계에 대해서는 먼저 적용된다. 다음으로 특별법에 규정이 없는 사항의 경우에는 일반법이 보충적으로 적용된다.
일정한 시일 또는 일정한 기간내에 이행하지 아니하면 계약의 목적을 달성할 수 없는 내용의 법률행위를 정기행위(定期行爲)라고 한다. 「민법」에 의하면 보통의 법률행위의 경우라면 행위를 해야 할 의무자가 그것을 정해진 시기에 이행하지 아니한 때에는 상대방은 먼저 언제까지 그것을 이행하라고 촉구한 후에 그 때까지 의무자가 이행을 하지 않는다면 계약을 해제할 수 있다. 그러나 정기행위의 경우라면 의무자가 정해진 시기에 이행하지 아니한 때에는 상대방은 굳이 의무자에게 이행최고를 하지 아니하고 바로 계약을 해제할 수 있다(민법 §545). 예컨대, 자기의 결혼식에서 사용하기 위하여 그 사실을 알리고 의상점에 주문한 웨딩드레스의 제작·공급이 약정한 이행시기를 경과한 때에는 주문자는 이행하라는 최고 없이 바로 계약을 해제할 수 있다. 그런데 「상법」에서는 상인간의 매매에 있어서 정기행위의 경우에 당사자의 일방이 이행시기를 경과한 때에는 상대방은 즉시 그 이행을 청구하지 아니하면 계약을 해제한 것으로 본다(상법 §68). 보다 신속하게 거래를 정리할 수 있도록 특칙을 둔 것이다. 예컨대, 웨딩업체를 경영하는 사업자가 신부들이 단체결혼식에서 사용할 웨딩드레스를 판매하기로 하고 제작자에게 그 사실을 알리고 언제까지 공급해 달라고 주문한 경우에 그 웨딩드레스의 제작·공급이 약정한 이행시기를 경과한 때에는 상사계약이므로 특별법인 「상법」이 우선 적용되어 주문한 사업자는 제작자에게 계약해제의 의사표시를 하지 않더라도 가만히 있으면 계약을 해제한 것으로 본다.

5. 실체법과 절차법

(1) 실체법과 절차법의 의의

실체법은 법률관계의 실질에 관하여 규정하는 법률을 말한다. 예컨대, 헌법, 「민법」, 「상법」, 「형법」 등은 실체법이다. 이와 달리 절차법은 실체법의 구체적인 실현 절차를 정하는 법률이다. 예컨대, 「민사소송법」, 「민사집행법」, 「가사소송법」, 「형사소송법」, 「행정소송법」, 「행정절차법」 등은 절차법이다. 예컨대, 「형법」상 어떠한 행위를 하면 범죄가 되고, 그에 대하여 어떤 형벌을 받는지에 관한 규정들은 모두 실체법이다. 그러나 어떤 절차에 의하여 범죄인을 수사하고, 공소를 제기하고, 공판절차를 진행하고, 판결을 내리는지에 관하여 규정하는 「형사소송법」의 규정들은 절차법이다. 주의할 점은 하나의 법률안에 실체법과 절차법에 속하는 조항들이 병존할 수 있다는 것이다. 예컨대, 형법의 적용범위 규정(§§1~6), 피고인의 행위능력 규정(§§9~10), 그리고 형사시효 규정(§§77~80) 등이 실체법과 절차법 가운데 어디에 속하는지는 다투어 진다.

【Theme- 형사시효】

　　형사시효란 형사절차에서 범죄에 대하여 법적으로 처리할 수 있는 시간적 한계를 말하는데, 이에는 '공소시효'와 '형집행시효'가 있다. 범죄를 범한 자는 검사의 공소제기에 따라 형사법원의 유죄판결에 의하여 형벌을 부과받게 되는데, 공소시효가 완성되면 기소하지 못한다. 즉 공소시효는 공소를 제기할 수 있는 시한을 정한다. 또한 유죄판결이 확정되더라도 형집행시효가 완성되면 그 집행이 면제된다. 공소시효는 「형사소송법」에, 형집행시효는 「형법」에 각각 규정되어 있다.[74] 미국은 살인죄에 대한 공소시효가 없는데 당초 우리는 15년으로 짧게 되어 있어서 나중에 사실이 밝혀지더라도 살인을 범한 중대범죄인을 시효 때문에 처벌할 수 없다는 것은 정의관념에 반한다는 여론이 형성됨에 따라 2007년 형사소송법 개정으로 살인죄의 공소시효를 25년

---

74) <공소시효> 형사소송법 제249조(공소시효의 기간) ① 공소시효는 다음 기간의 경과로 완성한다.
　1. 사형에 해당하는 범죄에는 25년
　2. 무기징역 또는 무기금고에 해당하는 범죄에는 15년
　3. 장기 10년 이상의 징역 또는 금고에 해당하는 범죄에는 10년
　4. 장기 10년 미만의 징역 또는 금고에 해당하는 범죄에는 7년
　5. 장기 5년 미만의 징역 또는 금고, 장기10년 이상의 자격정지 또는 벌금에 해당하는 범죄에는 5년
　6. 장기 5년 이상의 자격정지에 해당하는 범죄에는 3년
　7. 장기 5년 미만의 자격정지, 구류, 과료 또는 몰수에 해당하는 범죄에는 1년
　② 공소가 제기된 범죄는 판결의 확정이 없이 공소를 제기한 때로부터 25년을 경과하면 공소시효가 완성한 것으로 간주한다.
　제253조의2(공소시효의 적용 배제) 사람을 살해한 범죄(종범은 제외한다)로 사형에 해당하는 범죄에 대하여는 … 공소시효를 적용하지 아니한다.
<형집행시효> 형법 제77조(시효의 효과) 형의 선고를 받은 자는 시효의 완성으로 인하여 그 집행이 면제된다.
제78조(시효의 기간) 시효는 형을 선고하는 재판이 확정된 후 그 집행을 받음이 없이 다음의 기간을 경과함으로 인하여 완성된다.
　1. 사형은 30년
　2. 무기의 징역 또는 금고는 20년
　3. 10년 이상의 징역 또는 금고는 15년
　4. 3년 이상의 징역이나 금고 또는 10년 이상의 자격정지는 10년
　5. 3년 미만의 징역이나 금고 또는 5년 이상의 자격정지는 5년
　6. 5년 미만의 자격정지, 벌금, 몰수 또는 추징은 3년
　7. 구류 또는 과료는 1년

으로 연장한 데 이어, 2015년 형사소송법 개정(일명 '태완이법')으로 살인죄에 대한 공소시효를 폐지하였다.

(2) 실체법과 절차법의 관계

양자의 상호관계는 실체법은 목적이고 절차법은 그 수단이라고 할 수 있다. 그러므로 만일 실체법의 내용과 절차법의 내용이 충돌하는 경우에는 실체법이 우선한다. 실체법이 없더라도 법원은 재판을 거부할 수 없으나, 절차법, 특히 소송에 관한 절차법이 없으면 법원은 재판할 수 없다.

법률불소급의 원칙은 실체법에만 적용된다. 즉 실체법 개정의 경우에는 이미 발생한 사건에 관해서는 신법을 적용하지 못하는 것이다. 그러나 절차법 개정의 경우에는 이미 발생한 사건에 관해서도 소급하여 신법을 적용한다. 예컨대, 현행 「형사소송법」 상 증인에게는 신문 전에 선서하게 하여야 하는데(동법 §156), 증인의 선서는 선서서에 의하여야 하고(동법 §157①), 선서서에는 「양심에 따라 숨김과 보탬이 없이 사실 그대로 말하고 만일 거짓말이 있으면 위증의 벌을 받기로 맹세합니다」라고 기재하여야 한다(동조 ②). 재판장은 증인으로 하여금 선서서를 낭독하고 기명날인 또는 서명하게 하여야 한다. 단, 증인이 선서서를 낭독하지 못하거나 서명을 하지 못하는 경우에는 참여한 법원사무관등이 이를 대행한다(동조③). 만일 이러한 형사소송법이 개정되어 선서의 방식이나 절차가 개정된 경우에는 법개정전에 공판절차가 개시된 사건에 대해서도 그 개정된 절차규정이 적용된다.

6. 강행법과 임의법

(1) 강행법과 임의법의 의의

강행법은 행위주체의 의사를 불문하고 강제적으로 적용되는 법률이며, 임의법은 행위주체가 법의 규정과 다른 선택을 하는 것이 허용되는 법률이다. 개인주의적인 내용의 법은 임의법인 경우가 많고, 단체주의적인 내용의 법은 강행법인 경우가 많다. 따라서 헌법, 「형법」, 행정법, 소송법 등 공법은 대부분 강행법이고, 「민법」, 「상법」 등 사법은 대부분 임의법이다. 그러나 강행법과 임의법의 구별이 반드시 공법과 사법의 구별과 일치하는 것은 아니며, 하나의 법률안에도 강행법규와 임의법규가 얼마든지 병존할 수 있다.

법조문 자체에서 "당사자의 특별한 의사가 없으면" 이나 "다른 의사가 없으면" 등의 문구를 사용하여 임의법임을 명시한 경우가 있다. 이러한 문구가 없는 경우에는 규정의 목적·내용·성질 등을 근거로 판단하여야 한다. 그 법의 목적이 선량한 풍속 기타 사회질서와 관련 있는 규정은 강행법에 속하고, 선량한 풍속 기타 사회질서와 관련 없는 규정은 임의법에 속한다. 「상법」 가운데 회사법과 같이 단체의 법률관계에 관하여 획일적·통일적으로 적용되어야 하는 규정은 원칙적으로 강행법이지만 상인이 개별적으로 활동하는 상행위법의 경우에는 원칙적으로 임의법이다.

법률관계의 양 당사자 중 일방에 대해서만 강행법인 '편면적 강행법'도 존재한다. 예컨대 「주택임대차보호법」 제4조 제1항은 "기간을 정하지 아니하거나 2년 미만으로 정한 임대차는 그 기간을 2년으로 본다. 다만, 임차인은 2년 미만으로 정한 기간이 유효함을 주장할 수 있다"고 규정한다. 이 규정은 임대인에 대해서는 강행법이나 임차인에 대해서는 임의법으로 되어 있다. 이것은 상대적으로 힘이 없는 임차인의 보호를 위한 규정이다.

(2) 강행규정의 종류

강행규정은 다시 그 성질에 따라 '효력규정'과 '단속규정'으로 나뉜다. 둘 다 그에 위반하면 의무위반에 대하여 일정한 행정상 제재를 받게 되므로 수범자가 그 적용여부를 결정할 수 없고 강행되는 점은 같으나, 효력규정 위반행위의 사법(私法)상 효력은 무효이나 단속규정 위반행위의 효력은 사법상 효력은 유효하다는 점에서 차이가 있다.

예컨대, 무면허 의료행위를 금지하는 「의료법」 조항에 위반하여 무면허 의사가 환자와 의료계약을 체결한다고 해도 그 위임계약은 무효이다. 그 경우 환자는 무면허의사에게 의료행위를 청구할 수 없고, 무면허의사도 환자에게 의료비 지급을 청구할 수 없다. 반면 「식품위생법」 조항에 위반하여 행정관청의 허가를 받지 않고 '단란주점영업'이나 '유흥주점영업'을 하는 경우 단속규정위반이므로 업주와 고객 사이의 계약은 유효하다. 따라서 고객은 해당 영업주에게 약속한 술과 음식의 공급을 청구할 수 있고, 해당 영업주는 고객에게 공급한 급부에 대한 대가를 청구할 수 있다. 그러나 업주에게 어떤 의무를 부과하는 법규정이 효력규정인지 단속규정인지는 어떻게 알 수 있을까. 해당 법규정의 제한목적이 선량한 풍속 기타 사회질서와 관련하여 일반공익을 고려하여 능력을 제한하는 경우라면 그 규정은 효력규정이고, 그렇지 않은 규정은 단속규정이라고 해석할 수 있다.

7. 고유법과 계수법

고유법은 그 국가나 민족의 역사에서 자연히 생성되어 법이 된 것을 말하고, 계수법(繼受法)은 다른 국가나 민족에 의하여 만들어진 법을 이어받아서 법이 된 것을 말한다. 한 나라가 어떤 분야에서 외국법을 계수한다고 하더라도 고유법이 있다면 일정한 한도에서는 고유법을 유지하는 것이 보통이다.

우리나라에 근대 서구법이 소개된 것은 18세기 중국을 통하여 수입된 서양 서적의 중국어 번역본에 의한 것이 최초이다. 그러나 이것은 우리나라 법제에 실질적 영향을 미치지는 못하였고, 실제적으로 영향을 미친 것은 김홍집 등의 개화파가 주도한 갑오경장(甲午更張)(1894~1896)이 시초이다. 갑오경장으로 군국기무처(軍國機務處)가 설치되어 종래의 의정부(議政府)를 내각으로, 영의정을 총리대신으로 바꾸는 행정제도개편을 하였고, 행정청으로부터 사법권을 분리하여, 「재판소구성법」을 제정·시행(1908)하여 설치된 법원에 다수의 일본인이 법관으로 임명되면서 일본어는 법정의 공용어가 되고 일본의 사법제도가 우리나라에 들어오는 계기가 되었다.[75]

1912년 조선총독부의 조선민사령(朝鮮民事令)에 의하여 일본 민법과 상법

---

75) 정종휴, "비교법적 시야에서 본 한국민법전", 「법사학연구」 제12호, 134면.

이 우리나라에서 의용(依用)되었고, 조선형사령(朝鮮刑事令)에 의하여 일본 형법이 우리나라에서 의용되었다. 이들 법은 해방 이후에도 계속해서 의용되다가 1948년 정부수립과 함께 비로소 설치된 법전편찬위원회에서 우리나라 기본법제의 제정사업에 착수하였고, 1953년 「형법」, 1958년에는 「민법」, 1962년에는 「상법」이 제정되었다. 독일법을 계수한 「민법」의 경우에도 물권법의 전세권(傳貰權) 제도는 외국에 유래가 없는, 우리 민법에 특유한 것이고[76], 친족상속법의 규정들은 고유법을 대폭적으로 수용한 것이다.

전통적인 우리나라의 법률용어는 차용어(借用語)들이 많고, 특히 식민지배를 거쳤기 때문에 일본을 통하여 재차용한 것이 많다. 일본의 법률용어는 중국 고전이나 한시, 불경 등에서 사용되는 용어를 차용하거나, 거기에 새로운 의미를 부여한 것이 많다. 그런데 '회사'(會社)라는 법률용어는 일본 상법이 서구의 회사제도를 도입하면서 새로운 어휘를 창조한 것이다. '사'(社)는 본래 제사를 지내는 장소를 의미하며, 제사를 지내기 위하여 모이는 것을 '사회'(社會)라고 하였으며, 그 후 이를 영어 society의 번역어로 차용하였다.[77] 명치초기에는 '회사'와 '사회'라는 용어가 혼용되다가 1899년 일본상법이 제정되면서 회사라는 법률용어가 정착되었다. 우리나라에서는 1890년 부산에서 결성된 객주(客主)[78]조합이 상법회사(商法會社)라는 명칭을 사용하였으나, 이는 정부의 세금징수대행과 객주들의 권익보호를 목적으로 하는 동업조합이었고, 오늘날의 회사는 아니었다.[79] 그 후 1905년 제정된 사설철도조

---

76) 곽윤직, 「물권법(재전정판)」, 박영사, 1986, 415면(민법의 전세권은 외국의 입법례에서는 찾아볼 수 없는 우리의 특유한 제도이다. 이는 종래 일종의 채권계약으로서 관행되어 온 이른바 전세(傳貰)라는 건물임대차를 물권의 일종으로서 신설·성문화한 것이며, 물권법에 있어서의 다른 제도들처럼 본래 서구제국에서 형성발달해 온 제도를 그대로 계수한 것이 아니다.).
77) 강신항, 「일본한자어, 새국어생활」, 5권 2호; 최종고, 「한국의 서양법수용사」, 309면.
78) 객주란 직물·피혁·약종 등 다양한 물건의 위탁매매를 주업으로 하는 외에 금융거래·창고업·운송업·여관업·어음발행을 영위하는 서울의 종로와 동대문에 걸쳐 존재한 우리나라 특유의 상인이다. 객주와 유사한 여각(旅閣)은 소금·어류·해산류 등의 해산물을 주로 다루고 전국에 존재하였다. 박원선, 「객주」, 1968, 3~4면.
79) 정희철, "조선조말기의 회사조직", 「기업법의 전개」, 95면 이하.

례가 철도회사를 주식회사로 할 것으로 규정함으로써 처음으로 회사라는 개념과 함께 회사제도가 법적으로 도입되었으나 회사의 조직과 운영에 관한 구체적 규정은 두지 않았으며 그 후 1908년에 제정된 동양척식주식회사법도 회사의 조직과 운영에 관해서는 일본법을 적용하도록 하였다.

8. 국내법과 국제법

국내법(domestic law)은 하나의 국가 내에서 효력을 갖는 법이나, 국제법(international law)은 하나의 국가 밖에서, 즉 둘 이상의 국가 사이에서 통용되는 법이다. 국제법은 현대에는 국가들 사이는 물론 어떤 국가와 외국의 개인·단체 사이의 법률관계에도 적용되기도 한다. 국제법의 주요 법원으로는 국가간 조약, 국제기구와 국가간 조약[80], 국제관습법, '일반적으로 승인된 국제법규' 등이 있다. 앞에서 설명한 것처럼 헌법에 의하여 체결·공포된 조약과 '일반적으로 승인된 국제법규'는 국내법과 같은 효력을 가진다(헌법 §6조①).

조약은 「대한민국과 미합중국간의 상호방위조약」(조약 제34호)(1954)이나 「대한민국과 미합중국 간의 자유무역협정」(KORUS)(조약 제2081호)(2012)과 같은 두 당사국간의 '양자협정'과 「세계무역기구 설립을 위한 마라케쉬 협정」(WTO)(조약 제1265호)(1994)과 같은 셋 이상의 국가에 적용되는 '다자협정'으로 나뉜다. '일반적으로 승인된 국제법규'의 예로는 1948.12.10. UN 총회에서 채택된 「세계인권선언」(Universal Declaration of Human Rights)[81], 「유럽인권협약」(Convention for the Protection of Human

---

80) 예컨대, 「대한민국 정부와 국제연합식량농업기구(UN FAO) 간의 국제연합식량농업기구 대한민국협력연락사무소설립에 관한 협정」(조약 제2414호)(2019.5.17).

81) 「세계인권선언」 제1조 모든 사람은 태어날 때부터 자유롭고, 존엄성과 권리에 있어서 평등하다. 사람은 이성과 양심을 부여받았으며 서로에게 형제의 정신으로 대하여야 한다.
제2조 모든 사람은 인종, 피부색, 성, 언어, 종교, 정치적 또는 그 밖의 견해, 민족적 또는 사회적 출신, 재산, 출생, 기타의 지위 등에 따른 어떠한 종류의 구별도 없이, 이 선언에 제시된 모든 권리와 자유를 누릴 자격이 있다. 나아가 개인이 속한 나라 영역이 독립국이든 신탁통치지역이든, 비자치지역이든 또는 그 밖의 다른 주권상의 제한을 받고 있는 지역이든, 그 나라 영역의 정치적, 사법적, 국제적 지위를 근거로 차별이 행하여져서는 아

Rights and Fundamental Freedoms)(1950.11.4.)[82])과 같은 규범이 있다.

【Theme- 국제사법재판소】

　　국제사법재판소(International Court of Justice: ICJ)는 일반적으로 World Court로도 불리며 유엔의 6개 주요기관의 하나[83])로서 유엔총회에서 선출되는 임기 9년의 재판관 15인의 다수결로 원칙적으로 유엔 회원국들 사이의 분쟁 사안에 대하여 판결하여 법적 의견을 제시한다. ICJ의 전신은 1920년부터 1946년 사이에 존재하였던 상설국제사

니된다.
제3조 모든 사람은 생명권과 신체의 자유와 안전을 누릴 권리가 있다. (이하 생략)
82) 「유럽인권협약」 제1조(인권 존중의 의무) 체약국은 자신의 관할에 속하는 모든 자에 대하여 이 협약 제1절에 규정된 권리와 자유를 보장한다.
제1절 권리와 자유
제2조(생명권) ① 모든 사람의 생명권은 법에 의하여 보호된다. 어느 누구도 법에 규정된 형벌이 부과되는 범죄의 유죄확정에 따른 법원의 판결을 집행하는 경우를 제외하고는 고의로 생명을 박탈당하지 아니한다.
② 생명의 박탈이 다음의 상황에서 절대적으로 필요한 힘의 행사의 결과인 때에는, 이 조에 위반하여 부과된 것으로 간주되지 아니한다.
a. 위법한 폭력으로부터 사람을 보호하기 위하여.
b. 합법적으로 체포를 하거나 또는 합법적으로 구금된 자의 도주를 방지하기 위하여.
c. 폭동 또는 반란을 진압하기 위하여 합법적으로 취하여지는 행동.
제3조(고문의 금지) 어느 누구도 고문, 비인도적인 또는 굴욕적인 취급이나 형벌을 받지 아니한다.
제4조(노예 및 강제노동의 금지) ① 어느 누구도 노예 또는 예속상태에 놓여지지 아니한다.
② 어느 누구도 강제적 또는 의무적 노동을 하도록 요구되지 아니한다.
③ 이 조의 적용상 "강제적 또는 의무적 노동"이라고 하는 용어는 다음 사항을 포함하지 아니한다.
a. 이 협약 제5조의 규정에 따라 부과된 구금 중 또는 그러한 구금으로부터 조건부 석방에서 통상적으로 요구되는 작업.
b. 군사적 성격의 역무, 또는 양심적 병역거부가 인정되고 있는 국가에서 병역의무 대신 실시되는 역무.
c. 공동사회의 존립 또는 복지를 위협하는 긴급사태 또는 재난시에 요구되는 역무.
d. 시민의 통상적인 의무를 구성하는 작업 또는 역무. (이하 생략)
83) 나머지 기관은 유엔총회(UN General Assembly), 유엔사무국(UN Secretariat), 유엔 안전보장이사회(UN Security Council), 유엔 경제사회이사회(UN Economic and Social Council), 유엔 신탁통치이사회(UN Trusteeship Council)이다. 안전보장이사회는 거부권(veto power)을 보유한 5개 상임이사국(permanent members)과 10개 선출이사국으로 구성되며, 경제사회이사회는 임기 3년의 54개 회원국으로 구성되는데 모두 유엔총회에서 선출된다. 신탁통치이사회는 1994년 Palau 독립 이래 휴지상태이다.

법재판소(The Permanent Court of International Justice: PCIJ)이다. 제1차 세계대전 종전 후 평화와 집단안전보장을 목표로 1919년 개최된 파리평화회의(the Paris Peace Conference)는 최초로 전세계 국가들간의 기구로 국제연맹(the League of Nations)을 창설하였고 국제연맹의 기구의 하나가 PCIJ였다. 1945년 4월 샌프란시스코 회담에서 2차 세계대전의 발발로 작동이 중단된 PCIJ를 대신하여 ICJ를 설립하기로 결정되었다. ICJ는 국제법에 따라 국가가 제소한 국제적 법적 분쟁(international legal dispute)에 대한 판결을 내릴 수 있는 계쟁사건관할권(jurisdiction in contentious cases)과 유엔기구 또는 요청권한이 있는 조직 등의 요청에 따라 법률적 질문에 대한 권고적 의견(Advisory Opinion)을 제공하는 자문관할권(advisory jurisdiction)을 보유한다. ICJ의 계쟁사건관할권이 인정되는 '국제적 법적 분쟁'이란 '법이나 사실의 문제에 대한 의견 불일치, 갈등 또는 법적 견해나 이해관계의 충돌'을 말하며, ICJ는 ICJ 규정의 당사자인 국가가 계쟁사건에 대한 ICJ의 관할권에 어떤 식으로든 동의(consent)한 경우[84]에만 해당 분쟁을 처리할 수 있다. 비유엔 회원국은 1946년 10월 15일 안보리가 채택한 제9호 결의안(Resolution 9)(1946)에 명시된 대로 ① ICJ 규정을 수락하고, ② 유엔헌장 제94조에 따른 유엔 회원국의 모든 의무를 수락하고 ③ ICJ 경비 분담금을 납부할 것을 조건으로 하여 ICJ에 대한 접근이 허용된다.

ICJ는 이란에 대규모 투자를 한 Anglo-Iranian Oil Co. Ltd. (AI)가 이란정부의 석유산업 국유화조치로 입은 피해를 배상받기 위하여 영국정부가 이란정부를 제소한 AI 사건(1952)에서는 AI에게 60년간 석유 채굴을 할 전속적 권한을 부여하는 1933년 4월에 서명된 이란정부의 양여협정(Concession Agreement)이 국제법이 아닌 이란 국내법에 따른 사적 계약이므로 ICJ는 관할권을 갖지 않는다고 판시하여 본안에 대한 심판을 하지 않았던 역사가 있다. 이 사건으로 ICJ가 국제투자분쟁에서 적절한 해결 경로가 될 수 없다는 우려가 제기된 바 있다.

그러나 ICJ는 이스라엘 요르단강 서안 지구 분리 장벽 사건(2004)에서 이스라엘이

---

[84] ICJ의 관할권에 동의한 것으로 인정되는 사유로는 1) 당사국간 특별 합의(Special agreement)를 한 경우, 2) 조약이나 협정에서 ICJ가 분쟁을 해결한다는 규정을 둔 경우, 또는 3) ICJ의 강제적 관할권(Compulsory jurisdiction)에 동의하는 선언을 한 경우이다. 위 2)의 예로는 China/United States, *Treaty of friendship, commerce and navigation* Art. XXVIII (1946), *International convention relating to dangerous drugs*, signed at Geneva, 19 Feb. 1925, as amended Art. 32 (1946), *Convention on the prevention and punishment of the crime of genocide* Art. IX (1948), *Revised general act for the pacific settlement of international disputes* (1949), *International convention against the recruitment, use, financing and training of mercenaries* Art. 17, para. 1 (1989) 등이 있다. 위 3)의 강제관할권에 대한 동의는 타방 국가가 동일한 의무를 수락할 것을 조건으로 특별한 합의 없이 ICJ의 관할권을 인정한다고 국가가 선언한 경우에 인정되는데, 2023년 현재 73개국이 그러한 선언을 하였지만 우리나라, 미국, 중국 등은 선언하지 않았다.

요르단강 서안 지구 내에 2002년부터 건설하기 시작한 분리장벽(דרפהה רדג) 건설행위에 대하여 불법성을 선언한 바 있고, 남극해에서의 일본의 포경사건(2014)에서 일본의 관련 조치의 불법성을 선언하였으며,[85], 최근에도 집단 인종차별, 집단학살 등 국제적 인권침해 사건에서 다수의 판결을 내린 바 있다.[86]

대법원 2018.10.30. 선고 2013다61381 판결(강제징용 배상청구사건)

일제 강제징용 피해자들이 일본 기업을 상대로 낸 손해배상 청구소송에서 소송제기 후 무려 13년 8개월 만에 세 건의 최종 원고 승소 판결이 내려졌다.

<배경> 이 사건 원고는 원고 1[87]~원고 4이고 피고는 신일철주금 주식회사이다. 원고들은 1923년부터 1929년 사이에 한반도에서 태어나 평양, 보령, 군산 등에서 거주하던 사람들이고, 일본제철 주식회사(이하 '구 일본제철')는 1934년 1월경 설립되어 일본 가마이시(釜石), 야하타(八幡), 오사카(大阪) 등에서 제철소를 운영하던 회사이다. 일본은 1910. 8. 22. 한일합병조약 이후 조선총독부를 통하여 한반도를 지배하였고, 1931년 만주사변, 1937년 중일전쟁을 일으킴으로써 점차 전시체제에 들어가게 되었고, 1941년에는 태평양전쟁까지 일으켰다. 일본은 전쟁을 치르면서 군수물자 생산을 위한 노동력이 부족하게 되자 이를 해결하기 위하여 1938.4.1. '국가총동원법'을 제정·공포하고, 1942년 '조선인 내지이입 알선 요강'을 제정·실시하여 한반도 각 지역에서 관(官) 알선을 통하여 인력을 모집하였으며, 1944년 10월경부터는 '국민징용령'에 의하여 일반 한국인에 대한 징용을 실시하였다. 1941. 4. 26. 구 일본제철을 비롯한 일본의 철강생산자들을 총괄 지도하는 일본 정부 직속기구인 '철강통제회'가 설립되었다. 철강통제회는 한반도에서 노무자를 적극 확충하기로 하고 일본 정부와 협력하여 노무자를 동원하였고, 구 일본제철은 사장이 철강통제회의 회장을 역임하는 등 철강통제회에서 주도적인 역할을 수행하였다. 일본제철 주식회사는 해산되고 제2회사가 설립된 후 흡수합병의 과정을 거쳐 이 사건 피고 신일철주금 주식회사로 변경되었다.

망 소외인과 원고 2는 1943년 9월경 구 일본제철의 오사카제철소로 가서, 훈련공으로 노역에 종사하였는데 1일 8시간의 3교대제로 일하였고, 한 달에 1, 2회 정도 외출을 허락받았으

---

85) *Australia v. Japan, New Zealand Intervening*, 26 March 2015(Application of the International Convention for the Regulation of Whaling).
86) *The Gambia v. Myanmar*, 6 APRIL 2023(Application of the Convention on the Prevention and Punishment of the Crime of Genocide); *Azerbaijan v. Armenia*, 22 FÉVRIER 2023(Application of the International Convention on the Elimination of All Forms of Racial Discrimination); *Ukraine v. Russian Federation*, 3 FÉVRIER 2023(Application of the International Convention for the Suppression of the Financing of Terrorism and of the International Convention on the Elimination of All Forms of Racial Discrimination).
87) 강제징용 피해자들은 원래 네 명인데 한 명(망 소외인)은 소송 중 사망하여 상속인들이 소송수계하였고, 이들이 원고 1이다.

며, 한 달에 2, 3엔 정도의 용돈만 지급받았을 뿐이고, 구 일본제철은 망 소외인과 원고 2의 동의를 얻지 않은 채 이들 명의의 계좌에 임금의 대부분을 일방적으로 입금하고 그 저금통장과 도장을 기숙사의 사감에게 보관하게 하였다. 일본은 1944년 2월경부터 훈련공들을 강제로 징용하였는데, 이후부터 망 소외인, 원고 2에게 아무런 대가도 지급하지 않았다. 오사카제철소의 공장은 1945년 3월경 미군의 공습으로 파괴되었고, 망 소외인과 원고 2는 1945년 6월경 함경도 청진에 건설 중인 제철소로 배치되어 이동하였다. 망 소외인, 원고 2는 기숙사의 사감에게 일본에서 일한 임금이 입금되어 있던 저금통장과 도장을 달라고 요구하였지만, 사감은 통장과 도장을 돌려주지 아니하였고, 청진에서 하루 12시간 동안 공장건설을 위해 토목공사를 하면서도 임금을 전혀 받지 못하였다. 망 소외인, 원고 2는 1945년 8월경 청진공장이 소련군의 공격으로 파괴되자 소련군을 피하여 서울로 도망하였고 비로소 일제로부터 해방된 사실을 알게 되었다.

태평양전쟁이 끝난 후 미군정 당국은 1945. 12. 6. 공포한 군정법령 제33호로 재한국 일본재산을 그 국유·사유를 막론하고 미군정청에 귀속시켰고, 이러한 구 일본재산은 대한민국 정부 수립 직후인 1948. 9. 20.에 발효한「대한민국 정부 및 미국 정부간의 재정 및 재산에 관한 최초협정」에 의하여 대한민국 정부에 이양되었다. 연합국 48개국과 일본은 1951. 9.8. 전후 배상문제를 해결하기 위하여 샌프란시스코에서 평화조약(이하 '**샌프란시스코 조약**')을 체결하였고, 위 조약은 1952. 4. 28. 발효하였다.

> 샌프란시스코 조약 제4조(a): 일본의 통치로부터 이탈된 지역의 시정 당국 및 그 국민과 일본 및 그 국민 간의 재산상 채권·채무관계는 위 당국과 일본 간의 특별약정으로써 처리한다.
> 샌프란시스코 조약 제4조(b): 일본은 위 지역에서 미군정 당국이 일본 및 그 국민의 재산을 처분한 것을 유효하다고 인정한다.

대한민국 정부와 일본 정부는 1951년 말경부터 국교정상화와 전후 보상문제를 논의하였다. 1952. 2. 15. 제1차 한일회담 본회의 후 7차례의 본회의와 수십 차례의 예비회담, 정치회담 및 각 분과위원회별 회의 등을 거쳐「대한민국과 일본국간의 기본관계에 관한 조약」과 그 부속협정인「대한민국과 일본국간의 재산 및 청구권에 관한 문제의 해결과 경제협력에 관한 협정」(조약 제172호, 이하 '**청구권협정**'이라 한다) 등이 체결되었다(1965. 6. 22.).

> 청구권협정 제1조 : 일본국이 대한민국에 10년간에 걸쳐 3억 달러를 무상으로 제공하고 2억 달러의 차관을 행하기로 한다.
> 청구권협정 제2조 : 1. 양 체약국은 양 체약국 및 그 국민(법인을 포함함)의 재산, 권리 및 이익과 양 체약국및 그 국민간의 청구권에 관한 문제가 1951.9.8.에 샌프란시스코시에서 서명된 일본국과의 평화조약 제4조(a)에 규정된 것을 포함하여 완전히 그리고 최종적으로 해결된 것이 된다는 것을 확인한다.
> 청구권협정 제2조 : 2. 본조의 규정은 다음의 것(본 협정의 서명일까지 각기 체약국이

> 취한 특별조치의 대상이 된 것을 제외한다)에 영향을 미치는 것이 아니다.
> (a) 일방 체약국의 국민으로서 1947.8.15.부터 본 협정의 서명일까지 사이에 타방 체약국에 거주한 일이 있는 사람의 재산, 권리 및 이익
> (b) 일방 체약국 및 그 국민의 재산, 권리 및 이익으로서 1945.8.15. 이후에 있어서의 통상의 접촉의 과정에 있어 취득되었고 또는 타방 체약국의 관할 하에 들어오게 된 것
> 청구권협정 제2조 : 3. 2.의 규정에 따르는 것을 조건으로 하여 일방체약국 및 그 국민의 재산, 권리 및 이익으로서 본 협정의 서명일에 타방체약국의 관할하에 있는 것에 대한 조치와 일방체약국 및 그 국민의 타방체약국 및 그 국민에 대한 모든 청구권으로서 동일자 이전에 발생한 사유에 기인하는 것에 관하여는 어떠한 주장도 할 수 없는 것으로 한다.

청구권협정과 같은 날 체결되어 1965.12.18. 발효된 「대한민국과 일본국간의 재산 및 청구권에 관한 문제의 해결과 경제협력에 관한 협정에 대한 합의의사록(Ⅰ)」[조약 제173호, 이하 '청구권협정에 대한 합의의사록(Ⅰ)']은 청구권협정 제2조에 관하여 다음과 같이 정하였다.

> (a) "재산, 권리 및 이익"이라 함은 법률상의 근거에 의거하여 재산적 가치가 인정되는 모든 종류의 실체적 권리를 말하는 것으로 양해되었다.
> (e) 동조 3.에 의하여 취하여질 조치는 동조 1.에서 말하는 양국 및 그 국민의 재산, 권리 및 이익과 양국 및 그 국민간의 청구권에 관한 문제를 해결하기 위하여 취하여질 각국의 국내조치를 말하는 것으로 의견의 일치를 보았다.
> (g) 동조 1.에서 말하는 <u>완전히 그리고 최종적으로 해결된 것으로 되는 양국 및 그 국민의 재산, 권리 및 이익과 양국 및 그 국민간의 청구권에 관한 문제에는 한일회담에서 한국측으로부터 제출된 '한국의 대일청구요강'(소위 8개 항목)의 범위에 속하는 모든 청구가 포함되어 있고, 따라서 동 대일청구요강에 관하여는 어떠한 주장도 할 수 없게 됨</u>을 확인하였다.

청구권협정은 1965. 8. 14. 우리 국회에서, 1965. 11. 12. 일본 중의원에서, 1965. 12. 11. 일본 참의원에서 각각 비준 동의된 후 공포되었고, 양국이 1965. 12. 18. 비준서를 교환함으로써 발효되었다. 우리나라는 청구권협정에 의해 지급되는 자금을 사용하기 위한 기본적 사항을 정하기 위하여 1966. 2. 19. 「청구권자금의 운용 및 관리에 관한 법률」(이하 '청구권자금법')을 제정하였고, 보상대상이 되는 대일 민간청구권의 정확한 증거와 자료를 수집함에 필요한 사항을 규정하기 위하여, 1971. 1. 19. 「대일 민간청구권신고에 관한 법률」(이하 '청구권신고법')을 제정하였다. 청구권신고법에서 강제동원 관련 피해자의 청구권에 관하여는 '일본국에 의하여 군인·군속 또는 노무자로 소집 또는 징용되어 1945. 8. 15. 이전에 사망한 자'만을 신고대상으로 한정하였다. 이후 우리나라는 청구권신고법에 따라 국민들로부터 대일청구권 신고를 접수 받은 후 실제 보상을 집행하기 위하여 1974. 12. 21. 「대일 민간청구권 보상에 관한 법률」(이하 '청구권보상법')을 제정하여 1977. 6. 30.까지 총 83,519건에 대하여

총 91억 8,769만 3,000원의 보상금(무상 제공된 청구권자금 3억 달러의 약 9.7%에 해당함)을 지급하였다. 그중 피징용사망자에 대한 청구권 보상금으로 총 8,552건에 대하여 1인당 30만 원씩 총 25억 6,560만 원을 지급하였다. 일본은 1965. 12. 18. 「재산 및 청구권에 관한 문제의 해결과 경제협력에 관한 일본국과 대한민국 간의 협정 제2조의 실시에 따른 대한민국 등의 재산권에 대한 조치에 관한 법률」(이하 '재산권조치법')을 제정하여 대한민국 또는 그 국민의 일본 또는 그 국민에 대한 채권 또는 담보권으로서 청구권협정 제2조의 재산, 이익에 해당하는 것을 청구권협정일인 1965. 6. 22. 소멸하게 하였다.

우리나라는 2004. 3. 5. 「일제강점하 강제동원피해 진상규명 등에 관한 특별법」을 제정하여 '일제강점하강제동원 피해'에 대한 조사를 전면적으로 실시하였다. 우리나라는 2005년 1월경 청구권협정과 관련한 일부 문서를 공개하였다. 그 후 구성된 '한일회담 문서공개 후속대책 관련 민관공동위원회'는 2005. 8. 26. "청구권협정은 일본의 식민지배 배상을 청구하기 위한 협상이 아니라 샌프란시스코 조약 제4조에 근거하여 한일 양국 간 재정적·민사적 채권·채무관계를 해결하기 위한 것이었으며, 일본군 위안부 문제 등 일본 국가권력이 관여한 반인도적 불법행위에 대해서는 청구권협정으로 해결된 것으로 볼 수 없고 일본 정부의 법적 책임이 남아 있으며, 사할린동포 문제와 원폭피해자 문제도 청구권협정 대상에 포함되지 않았다"는 취지의 공식의견을 표명하였다.

우리나라는 2006. 3. 9. 청구권보상법에 근거한 강제동원 피해자에 대한 보상이 불충분함을 인정하고 추가보상 방침을 밝힌 후, 2007. 12. 10. 「태평양전쟁 전후 국외 강제동원희생자 등 지원에 관한 법률」을 제정하였다. 동법은, ① 1938. 4. 1.부터 1945. 8. 15. 사이에 일제에 의하여 군인·군무원·노무자 등으로 국외로 강제동원되어 그 기간 중 또는 국내로 돌아오는 과정에서 사망하거나 행방불명된 '강제동원희생자'의 경우 1인 당 2,000만 원의 위로금을 유족에게 지급하고, ② 국외로 강제동원되어 부상으로 장해를 입은 '강제동원희생자'의 경우 1인당 2,000만 원 이하의 범위 안에서 장해의 정도를 고려하여 대통령령으로 정하는 금액을 위로금으로 지급하며, ③ 강제동원희생자 중 생존자 또는 위 기간 중 국외로 강제동원되었다가 국내로 돌아온 사람 중 강제동원희생자에 해당하지 못한 '강제동원생환자' 중 생존자가 치료나 보조장구 사용이 필요한 경우에 그 비용의 일부로서 연간 의료지원금 80만 원을 지급하고, ④ 위 기간 중 국외로 강제동원되어 노무제공 등을 한 대가로 일본국 또는 일본기업 등으로부터 지급받을 수 있었던 급료 등을 지급받지 못한 '미수금피해자' 또는 그 유족에게 미수금피해자가 지급받을 수 있었던 미수금을 당시 일본 통화 1엔에 대하여 대한민국 통화 2,000원으로 환산하여 미수금지원금을 지급하도록 규정하였다.

<대법원의 판결이유(다수의견)>

대법원의 다수의견은 원고들이 주장하는 피고에 대한 손해배상청구권은 청구권협정의 적용대상에 포함된다고 볼 수 없다는 것이다. 그 이유는 다음과 같다:

(1) 우선 이 사건에서 문제되는 원고들의 손해배상청구권은, 일본 정부의 한반도에 대한 불법적인 식민지배 및 침략전쟁의 수행과 직결된 일본 기업의 반인도적인 불법행위를 전제로 하는 강제동원 피해자의 일본 기업에 대한 위자료청구권(이하 '강제동원위자료청구권')이

다. 원고들은 피고를 상대로 미지급 임금이나 보상금을 청구하고 있는 것이 아니고, 위와 같은 위자료를 청구하고 있는 것이다. 원고들은 당시 한반도와 한국민들이 일본의 불법적이고 폭압적인 지배를 받고 있었던 상황에서 장차 일본에서 처하게 될 노동 내용이나 환경에 대하여 잘 알지 못한 채 일본 정부와 구 일본제철의 조직적인 기망에 의하여 동원되었다고 봄이 타당하다. 더욱이 원고들은 성년에 이르지 못한 어린 나이에 가족과 이별하여 생명이나 신체에 위해를 당할 가능성이 매우 높은 열악한 환경에서 위험한 노동에 종사하였고, 구체적인 임금액도 모른 채 강제로 저금을 해야 했으며, 일본 정부의 혹독한 전시 총동원체제에서 외출이 제한되고 상시 감시를 받아 탈출이 불가능하였으며 탈출시도가 발각된 경우 혹독한 구타를 당하기도 하였다. 이러한 구 일본제철의 원고들에 대한 행위는 당시 일본 정부의 한반도에 대한 불법적인 식민지배 및 침략전쟁의 수행과 직결된 반인도적인 불법행위에 해당하고, 이러한 불법행위로 인하여 원고들이 정신적 고통을 입었음은 경험칙상 명백하다.

(2) 청구권협정의 체결 경과와 그 전후사정에 의하면, 청구권협정은 일본의 불법적 식민지배에 대한 배상을 청구하기 위한 협상이 아니라 기본적으로 샌프란시스코 조약 제4조에 근거하여 한일 양국 간의 재정적·민사적 채권·채무관계를 정치적 합의에 의하여 해결하기 위한 것이었다고 보인다. 1952년 제1차 한일회담에서 한국측이 제시한 8개 항목 중 제5항에 '피징용한국인의 미수금, 보상금 및 기타 청구권의 변제청구'라는 문구가 있지만, 8개 항목의 다른 부분 어디에도 일본 식민지배의 불법성을 전제로 하는 내용은 없으므로, 위 제5항 부분도 일본측의 불법행위를 전제로 하는 것은 아니었다고 보인다. 따라서 위 '피징용한국인의 미수금, 보상금 및 기타 청구권의 변제청구'에 강제동원 위자료청구권까지 포함된다고 보기는 어렵다. 1965. 3. 20. 대한민국 정부가 발간한 '한일회담백서'에 의하면 샌프란시스코 조약 제4조가 한일간 청구권 문제의 기초가 되었다고 명시하고 있고, 나아가 "위 제4조의 대일청구권은 승전국의 배상청구권과 구별된다. 한국은 샌프란시스코 조약의 조인당사국이 아니어서 제14조 규정에 의한 승전국이 향유하는 '손해 및 고통'에 대한 배상청구권을 인정받지 못하였다. 이러한 한·일간 청구권문제에는 배상청구를 포함시킬 수 없다."는 설명까지 하고 있다. 이후 실제로 체결된 청구권협정문이나 그 부속서 어디에도 일본 식민지배의 불법성을 언급하는 내용은 전혀 없다. 청구권협정 제2조 1.에서는 '청구권에 관한 문제가 샌프란시스코 조약 제4조(a)에 규정된 것을 포함하여 완전히 그리고 최종적으로 해결된 것'이라고 하여, 위 제4조(a)에 규정된 것 이외의 청구권도 청구권협정의 적용대상이 될 수 있다고 해석될 여지가 있기는 하다. 그러나 위와 같이 일본 식민지배의 불법성이 전혀 언급되어 있지 않은 이상, 위 제4조(a)의 범주를 벗어나는 청구권, 즉 식민지배의 불법성과 직결되는 청구권까지도 위 대상에 포함된다고 보기는 어렵다.

1961. 5. 10. 제5차 한일회담 예비회담 과정에서 대한민국측이 '다른 국민을 강제적으로 동원함으로써 입힌 피징용자의 정신적, 육체적 고통에 대한 보상'을 언급한 사실, 1961. 12. 15. 제6차 한일회담 예비회담 과정에서 대한민국측이 '8개 항목에 대한 보상으로 총 12억 2,000만 달러를 요구하면서, 그중 3억 6,400만 달러(약 30%)를 강제동원 피해보상에 대한

것으로 산정(생존자 1인당 200달러, 사망자 1인당 1,650달러, 부상자 1인당 2,000달러 기준)'한 사실 등을 알 수 있다. 그러나 위와 같은 발언 내용은 대한민국이나 일본의 공식 견해가 아니라 구체적인 교섭 과정에서 교섭 담당자가 한 말에 불과하고, 13년에 걸친 교섭 과정에서 일관되게 주장되었던 내용도 아니다. '피징용자의 정신적, 육체적 고통'을 언급한 것은 협상에서 유리한 지위를 점하려는 목적에서 비롯된 발언에 불과한 것으로 볼 여지가 크고, 실제로 당시 일본측의 반발로 제5차 한일회담 협상은 타결되지도 않았다. 또한 협상과정에서 총 12억 2,000만 달러를 요구하였음에도 불구하고 정작 청구권협정은 3억 달러(무상)로 타결되었다. 이처럼 요구액에 훨씬 미치지 못하는 3억 달러만 받은 상황에서 강제동원 위자료청구권도 청구권협정의 적용대상에 포함된 것이라고는 도저히 보기 어렵다.

<대법관 김소영, 대법관 이동원, 대법관 노정희의 별개의견>

다수의견은 "원고들이 주장하는 피고에 대한 손해배상청구권은 청구권협정의 적용대상에 포함된다고 볼 수 없다"는 입장을 취하고 있으나 별개의견은 "청구권협정의 해석상 원고들의 손해배상청구권은 청구권협정의 적용대상에 포함된다고 보아야 하나 원고들 개인의 청구권 자체는 청구권협정으로 소멸한다고 볼 수 없고, 청구권협정으로 그 청구권에 관한 대한민국의 외교적 보호권만이 포기된 것에 불과하다. 따라서 원고들은 여전히 대한민국에서 피고를 상대로 소로써 권리를 행사할 수 있다"는 입장이다.[88] 그 이유는 다음과 같다:

(1) <u>청구권협정에는 개인청구권 소멸에 관하여 한일 양국 정부의 의사합치가 있었다고 볼 만큼 충분하고 명확한 근거가 없다.</u> 과거 주권국가가 외국과 교섭을 하여 자국국민의 재산이나 이익에 관한 사항을 일괄적으로 해결하는 이른바 일괄처리협정(lump sum agreements)이 국제분쟁의 해결·예방을 위한 방식의 하나로 채택되어 왔던 것으로 보이기는 한다. 그런데 이러한 협정을 통해 국가가 '외교적 보호권'(diplomatic protection), 즉 '자국민이 외국에서 위법·부당한 취급을 받은 경우 그의 국적국이 외교절차 등을 통하여 외국 정부를 상대로 자국민에 대한 적당한 보호 또는 구제를 요구할 수 있는 국제법상의 권리'를 포기하는 것에서 더 나아가, 개인의 청구권까지도 완전히 소멸시킬 수 있다고 보려면, 적어도 해당 조약에 이에 관한 명확한 근거가 필요하다고 보아야 한다. … 그런데 청구권협정은 그 문언상 개인청구권 자체의 포기나 소멸에 관하여는 아무런 규정도 두고 있지 않다. 이 점에서 연합국과 일본 사이에 1951. 9. 8. 체결된 샌프란시스코 조약 제14조(b)에서 "연합국은 모든 보상청구, 연합국과 그 국민의 배상청구 및 군의 점령비용에 관한 청구를 모두 포기한다."라고

---

[88] 청구권협정의 해석상 원고들의 손해배상청구권이 청구권협정의 적용대상에 포함된다고 보는 점은 별개의견과 같지만, 나아가서 청구권협정 제2조에서 규정하고 있는 '완전하고도 최종적인 해결'이나 '어떠한 주장도 할 수 없는 것으로 한다.'라는 문언의 의미는 개인청구권의 완전한 소멸까지는 아니더라도 '대한민국 국민이 일본이나 일본 국민을 상대로 소로써 권리를 행사하는 것은 제한된다'는 뜻으로 해석하는 것이 타당하다는 이유에서, 청구권협정의 결과 양 체약국은 물론 그 국민도 더 이상 청구권을 행사할 수 없게 되었다는 뜻으로 보아야 한다"는 대법관 권순일, 대법관 조재연의 반대의견이 있다.

정하여 명시적으로 청구권의 포기(waive)라는 표현을 사용한 것과 구별된다. 물론 청구권에 관한 문제가 '완전히 그리고 최종적으로 해결된 것이 된다'는 표현이 사용되기는 하였으나, 위와 같은 엄격해석의 필요성에 비추어 이를 개인청구권의 '포기'나 '소멸'과 같은 의미로 보기는 어렵다.

청구권 협정 체결을 위한 협상 과정에서 일본은 청구권협정에 따라 제공될 자금과 청구권 간의 법률적 대가관계를 일관되게 부인하였고, 청구권협정을 통해 개인청구권이 소멸되는 것이 아니라 국가의 외교적 보호권만이 소멸된다는 입장을 견지하였다. 이에 대한민국과 일본 양국은 청구권협정 체결 당시 향후 제공될 자금의 성격에 대하여 합의에 이르지 못한 채 청구권협정을 체결한 것으로 보인다. 따라서 청구권협정에서 사용된 '해결된 것이 된다' 거나 주체 등을 분명히 하지 아니한 채 '어떠한 주장도 할 수 없는 것으로 한다'는 등의 문언은 의도적으로 사용된 것으로 보아야 하고, 이를 개인청구권의 포기나 소멸, 권리행사제한이 포함된 것으로 쉽게 판단하여서는 아니 된다.

이러한 사정 등에 비추어 보면, 청구권협정에서 양국 정부의 의사는 개인청구권은 포기되지 아니함을 전제로 정부 간에만 청구권 문제가 해결된 것으로 하자는 것, 즉 외교적 보호권에 한정하여 포기하자는 것이었다고 봄이 타당하다.

(2) 일본은 청구권협정 직후 일본국 내에서 대한민국 국민의 일본국 및 그 국민에 대한 권리를 소멸시키는 내용의 재산권조치법을 제정·시행하였다. 이러한 조치는 청구권협정만으로는 대한민국 국민 개인의 청구권이 소멸하지 않음을 전제로 할 때 비로소 이해될 수 있다. 즉 앞서 본 바와 같이 청구권협정 당시 일본은 청구권협정을 통해 개인청구권이 소멸하는 것이 아니라 국가의 외교적 보호권만 포기된다고 보는 입장이었음이 분명하고, 협정의 상대방인 대한민국도 이러한 사정을 잘 알고 있었다고 보인다. 따라서 양국의 진정한 의사 역시도 외교적 보호권만 포기된다는 점에서 일치하고 있었다고 보는 것이 합리적이다.

대한민국이 1965. 7. 5. 발간한 '대한민국과 일본국 간의 조약 및 협정 해설'에는 청구권협정 제2조에 관하여 "재산 및 청구권 문제의 해결에 관한 조항으로 소멸되는 우리의 재산 및 청구권의 내용을 보면, 우리 측이 최초에 제시한 바 있는 8개 항목의 대일청구 요강에서 요구한 것은 모두 소멸케 되는바, 따라서 피징용자의 미수금 및 보상금, 한국인의 대일본 정부 및 일본국민에 대한 각종 청구 등이 모두 완전히 그리고 최종적으로 소멸케 되는 것이다."라고 되어 있다. 이에 따르면, 당시 대한민국의 입장이 개인청구권까지도 소멸되는 것이었다고 볼 여지도 없는 것은 아니다. 그러나 위와 같이 당시 일본의 입장이 '외교적 보호권 한정 포기'임이 명백하였던 상황에서 대한민국의 내심의 의사가 위와 같았다고 하여 청구권협정에서 개인청구권까지 포기되는 것에 대한 의사의 합치가 있었다고 볼 수는 없다. 더욱이 이후 대한민국에서 청구권자금법 등 보상입법을 통하여 강제동원 피해자에 대하여 이루어진 보상 내역이 실제 피해에 대비하여 극히 미미하였던 점에 비추어 보더라도, 대한민국의 의사가 청구권협정을 통해 개인청구권까지도 완전히 포기시키겠다는 것이었다고 단정하기도 어렵다.

<소멸시효 항변에 대한 판단>
1965년 한일 간에 국교가 정상화되었으나 청구권협정 관련 문서가 모두 공개되지 않은 상황에서 청구권협정으로 대한민국 국민의 일본국 또는 일본 국민에 대한 개인청구권까지도 포괄적으로 해결된 것이라는 견해가 대한민국 내에서 널리 받아들여져 온 사정 등을 감안하면, <u>이 사건 소 제기 당시까지도 원고들이 피고를 상대로 대한민국에서 객관적으로 권리를 행사할 수 없는 장애사유가 있었다고 봄이 상당하므로, 피고가 소멸시효 완성을 주장하여 원고들에 대한 채무의 이행을 거절하는 것은 현저히 부당하여 신의성실의 원칙에 반하는 권리남용으로서 허용될 수 없다.</u>[89]
대법원장 김명수(재판장) 대법관 김소영(주심) 조희대 권순일 박상옥 이기택 김재형 조재연 박정화 민유숙 김선수 이동원 노정희

위의 대법원 판결(이하 '2018년 판결'이라 함)이 나오자 강제징용 노동자들이 인권침해에 대한 위자료를 보상받을 길이 열리게 된 것으로 보였다. 대법원은 한 달 후 미쓰비시중공업에 대한 위자료청구사건에 대해서도 동일한 취지의 판결을 선고하였다.[90] 그러나 일본정부는 2018년 판결에 대하여 이는 "양국 및 그 국민의 재산, 권리 및 이익과 양국 및 그 국민 간의 청구권에 관한 문제는 '완전히 그리고 최종적으로 해결'된 것이 되며, 어떠한 주장도 할 수 없는 것으로 한다(제2조)는 한일정부간 청구권협정에 반하는 것이며 일본기업에 부당한 불이익을 안겨줄 뿐만 아니라, 1965년 국교정상화 이래 구축해 온 일한우호협력관계의 법적 기반을 근간부터 뒤엎는 것으로 결코 받아들일 수 없다"고 하고 "한국 정부가 국제법 위반 상태를 시정하는 것을 포함해 적절한 조치를 강구"하라는 입장을 공표하였다.[91] 2018년 판결의 패소 피고인 일본제철(옛 신일철주금)은 2019. 6. 25. 정기 주주총회에서 "한일 정부간 교섭으로 대응할 문제"라며 배상 거부 입장을 밝혔다.[92]

---

[89] 이것은 다수의견과 별개의견의 입장에서 논의가 필요한 쟁점이다. 청구권 협정의 결과 강제징용 노동자는 배상을 청구할 권리가 없다고 보는 대법관 권순일, 대법관 조재연의 반대의견의 입장에서는 소멸시효를 논할 필요가 없다.

[90] 대법원 2018.11.29. 선고 2015다45420 판결; 대법원 2018.11.29. 선고 2013다67587 판결.

[91] 일본 정부, "대한민국 대법원의 일본기업에 대한 판결 확정에 관하여", 2018.10.30. https://www.mofa.go.jp/mofaj/files/000420178.pdf.

[92] 우쓰노미야겐지(宇うつ都の宮みや健け児)(전일본변호사협회 회장), "강제징용은 인권침해, 개인구제 이뤄져야", 「한겨레21」 제1272호, 2019. 7. 22.("일본 국회 속기록에 따르면 1991년 8월 27일 일본 참의원 예산위원회에서 야나이 순지(柳井俊二) 당시 외무성 조약국장은 참의원 예산위원회에서 "이른바 일한청구권협정에 있어서 양국 간의 청구권 문제는 최종적으로 그리고 완전히 해결했다는 뜻입니다. 그런 의미인 것입니다. … 일한 양국이 국가로서 가지고 있는 외교적 보호권을 상호 간에 포기하였다는 것입니다. … 개인의 청구권은 국내법적 의미로 소멸됐다고 할 수는 없습니다."라고 답변했다. 일본 최고재판소도 2007년 4월 27일 중국인 강제 징용 피해자가 일본기업 니시마쓰(西松)건설에 대해 배상을

한편 2012년에도 대법원은 이미 "국가가 조약을 체결하여 외교적 보호권을 포기함에 그치지 않고 국가와는 별개의 법인격을 가진 국민 개인의 동의 없이 국민의 개인청구권을 직접적으로 소멸시킬 수 있다고 보는 것은 근대법의 원리와 상충되는 점, 국가가 조약을 통하여 국민의 개인청구권을 소멸시키는 것이 국제법상 허용될 수 있다고 하더라도 … 청구권협정에는 개인청구권의 소멸에 관하여 한일 양국 정부의 의사의 합치가 있었다고 볼 만큼 충분한 근거가 없는 점, 일본이 청구권협정 직후 일본국 내에서 대한민국 국민의 일본국 및 그 국민에 대한 권리를 소멸시키는 내용의 재산권조치법을 제정·시행한 조치는 청구권협정만으로 대한민국 국민 개인의 청구권이 소멸하지 않음을 전제로 할 때 비로소 이해될 수 있는 점 등을 고려해 보면, 위 원고들의 청구권이 청구권협정의 적용대상에 포함된다고 하더라도 그 개인청구권 자체는 청구권협정만으로 당연히 소멸한다고 볼 수는 없고, 다만 청구권협정으로 그 청구권에 관한 대한민국의 외교적 보호권이 포기됨으로써 일본의 국내 조치로 해당 청구권이 일본국 내에서 소멸하여도 대한민국이 이를 외교적으로 보호할 수단을 상실하게 될 뿐"이라는 이유에서 원고 강제징용 노동자들의 개인 손해배상청구권이 청구권협정으로 소멸하지 아니하였다고 보고, 소멸시효 항변과 관련해서도 "적어도 위 원고들이 이 사건 소를 제기할 시점인 2005년 2월까지는 위 원고들이 대한민국에서 객관적으로 권리를 사실상 행사할 수 없는 장애사유가 있었다"고 보고 "피고가 소멸시효의 완성을 주장하여 위 원고들에 대한 채무의 이행을 거절하는 것은 현저히 부당하여 신의성실의 원칙에 반하는 권리남용으로서 허용될 수 없다"고 판시한 바 있었다.[93]

2018년 판결의 내용과 관련하여 주로 조명된 쟁점은 강제징용 노동자들이 식민지배 하에서 강제징용이라는 국제법 위반 및 인권침해행위에 대한 손해배상청구권이 한일 청구권협정에서 타결된 청구권의 범위에 포함되는가 하는 것이었는데 그 문제에 관해서는 이후 법원의 입장이 일관되어 있다. 그러나 후속 강제징용 관련 소송사건들에서는 위의 2012년 대법원 판결의 존재가 부각되어서 소멸시효 문제가 결정적인 쟁점으로 작용하고 있다. 즉 강제

청구한 사건 판결에서 "배상 관계 등에 대한 외교보호권은 포기됐지만" 피해자 개인의 "청구권이 실체적으로 소멸되는 것까지 의미하는 것은 아니고, (중국 정부가 일본에 대한 전쟁 배상 청구를 포기한 중일공동성명에 따라) 해당 청구권에 기반해 소구하는 권능을 잃은 것에 불과하다."고 판단했다. 니시마쓰건설은 승소했지만 이후 강제징용 피해자와 소송외에서 화해에 응했다." 그러므로 신일철주금이 2018년 판결에 따라 임의적·자발적으로 배상금을 지급하는 것은 법적으로 가능하며 한일청구권협정은 장애가 되지 않는다고 지적한다.). https://h21.hani.co.kr/arti/special/special_general/47357.html.

93) 대법원 2012.5.24. 선고 2009다68620 판결. 같은 취지로 대법원 2012.5.24. 선고 2009다22549 판결(미쓰비시 중공업을 상대로 제기한 사건). 2012년 대법원 판결은 원고들의 청구를 기각한 원심판결(서울고법 2009.7.16. 선고 2008나49129 판결)을 파기환송한 것이고 2018년 대법원 전원합의체 판결은 환송심판결(서울고법 2013.7.10. 선고 2012나44947 판결)에 대한 상고기각 판결로서 양 대법원 판결은 당사자가 동일한 사건이다. 다만 소 제기 당시의 원고 네 명 중 한 명이 소송 중 사망하여 그 상속인들이 소송수계하였다.

징용 노동자들의 권리행사가 가능하였던 소멸시효의 기산점으로부터 3년이 지나면 배상청구권은 소멸한다.[94] 2018년 판결 직후 나온 하급심에서는 2018년 판결시를 소멸시효의 기산점으로 보았으나,[95] 그 후 2012년 판결시를 소멸시효의 기산점으로 보는 판결들이 나오기도 하였다.[96] 최근 2018년 판결시를 소멸시효의 기산점으로 판시한 하급심 판결이 선고되었다.[97]

일본 정부는 청구권협정으로 강제징용 노동자들의 손해배상 문제도 해결되었다는 입장을 고수하고 자국 기업들의 배상에도 반대하고 있는 상황에서 2023년 3월 6일 우리 정부는 "한일 양국이 1998년 10월에 발표한 「21세기의 새로운 한일 파트너십 공동선언(김대중-오부치 공동선언)」[98]을 발전적으로 계승하여, 과거의 불행한 역사를 극복하고, 화해와 선린 우호협력에 입각한 미래지향적 관계를 발전시켜 나가기 위해 함께 노력하기를 바(라며) … 최근 엄중한 한반도 및 지역·국제 정세 속에서 자유민주주의, 시장경제, 법치, 인권이라는 보편적 가치를 공유하는 가장 가까운 이웃인 일본과 함께 한일 양국의 공동이익과 지역 및 세계의 평화번영을 위해 노력해 나갈 수 있기를 바(란다)"는 희망과 함께,[99] "무너진 한일관계 회복을 위하여 2018년 승소하거나 향후 승소하는 강제징용 피해자·유족을 대상으로 행정안전부 산하 공공기관인 일제강제동원피해자지원재단을 통해 배상금 및 지연이자를 제3자변제한다"는 골자의 해법을 발표하였다.[100] 이에 일본 정부는 환영하였고,[101] 미국 정

---

94) 민법 제766조(손해배상청구권의 소멸시효) ① 불법행위로 인한 손해배상의 청구권은 피해자나 그 법정대리인이 그 손해 및 가해자를 안 날로부터 3년간 이를 행사하지 아니하면 시효로 인하여 소멸한다.
② 불법행위를 한 날로부터 10년을 경과한 때에도 전항과 같다.
95) 광주고법 2018.12.5. 선고 2017나13822 판결.
96) 서울중앙지법 2021.8.11. 선고 2017가단5042169 판결; 서울중앙지법 2021.9.8. 선고 2019가단5086804 판결; 서울중앙지법 2022.2.8. 선고 2019가단5076593 판결 등.
97) 정시내 기자, "일본제철 강제징용 배상 승소…'현직 판사' 손자가 직접 나섰다" 중앙일보 2025. 8. 2. https://www.joongang.co.kr/article/25356267.
98) 1995년 무라야마 도미이치(村山富市) 당시 일본 총리가 발표한 '전후 50년 담화'에는 식민지 지배에 대한 '통절한 반성'과 '진심 어린 사죄'가 담겼고 1998년 당시 김대중 대통령과 오부치 게이조(小渕恵三) 일본 총리가 발표한 '21세기 새로운 한-일 파트너십 공동선언'에서 오부치 총리는 과거 식민지 지배에 대해 '통절한 반성과 진심 어린 사죄'를 표명한 바 있다.
99) 박진 외교부 장관이 2023. 3. 6. 발표한 '강제징용 대법원 판결 관련 정부 입장문'.
100) 지원재단은 2018년 대법원판결에서 승소한 15명의 강제동원 피해자·유족 중 11명(생존 피해자 1명 포함)에게 배상금을 지급했고, 제3자변제안을 거부한 4명에 대해선 법원에 배상금공탁을 신청하였으나 법원은 수령거부의사가 명백하다는 이유에서 받아들이지 않았다. 한국 정부는 지원재단의 제3자변제를 위한 배상금 재원은 "민간의 자발적 기여 등을 통해 마련"한다고 발표하였으나 전범기업들의 후예나 청구권협정 배상금 수혜 기업들도 소극적이어서 제3자변제를 위한 배상금 재원 마련도 난항을 보이고 있다.

부도 환영하였지만,[102] 강제동원 피해자 일부는 반대의사를 표시하였고, 민족문제연구소는 "식민지배의 불법성과 전범 기업의 반인도적인 불법행위에 대한 배상 책임을 인정한 2018년 대법원 판결을 사실상 무력화하는 것"이라고 비판하였다.[103]

---

101) 박현주·정진우·우수진 기자, "정부 '징용 해법, 대승적 결단'…美는 곧장 '환영' 입장 냈다", 중앙일보 2023. 3. 6.(하야시 요시마사(林芳正) 일본 외무상은 6일 정부 발표 뒤 기자회견에서 "일본 정부는 1998년 10월에 발표된 한·일 공동선언(김대중·오부치 공동선언)을 포함해 역사 인식에 관한 역대 내각의 입장을 계승하고 있음을 확인한다. 한국 정부가 발표한 조치는 2018년 대법원 판결로 매우 엄중한 상태에 있는 한·일 관계를 건전한 관계로 되돌리기 위한 것으로 평가한다."고 밝혔고, 같은 날 기시다 후미오(岸田文雄) 일본 총리도 참의원 예산위원회에서 "역사 인식에 관해서는 역대 내각의 입장을 전체적으로 계승해 왔고, 앞으로도 이어갈 것"이라고 말했다.). https://www.joongang.co.kr/article/25145059.

102) 위의 "정부 '징용 해법, 대승적 결단'…美는 곧장 '환영' 입장 냈다"(백악관은 이날 '한·일 발표에 대한 조 바이든 대통령의 성명'을 내고 "미국의 가장 가까운 두 동맹국이 획기적인 협력과 파트너십의 새로운 장을 열었다"며 "한·일 정상은 두 차례의 역사적인 외교장관 성명을 통해 보다 안정되고 번영하는 미래를 위한 중요한 발걸음을 내디뎠다"고 평가했다. 토니 블링컨 미 국무장관도 이날 성명을 내고 "민감한 역사적 현안에 대한 한·일의 역사적 발표를 환영한다"고 밝혔다.).

103) 황희규·정진우·강보현 기자, "야당 '대일 굴종외교' 양금덕 할머니 '일본, 사죄부터'", 중앙일보 2023.3.7.

제4절 법의 역사

우리가 현대에 와서 성취했다고 생각하는 모든 것들은 사실 따지고 보면 우리보다 먼저 살았던 4만여 세대에 걸친 우리의 선배들이 이룩한 업적에 그 뿌리가 있다. 그들 중에서 이름을 남긴 사람이 과연 몇이나 되겠는가. 현대인들은 과거 세대들에 대한 고마움을 완전히 잊은 채 살고 있다. 인류는 자신의 과거에 대하여 얼마나 무지한 존재인가! 비석에 새겨진 몇 개의 글자, 파피루스 사본의 고문서 몇 점, 그리고 고서들만이 우리보다 먼저 간 인류의 형제, 자매, 조상의 희미한 목소리와 찾아드는 절규를 간간이 들려줄 뿐이다. 어쩌다가 그들도 우리와 같은 존재였음을 알게 되는 순간이 있다. 그것이 얼마나 큰 기쁨인가! 그리고 그때야 비로소 우리는 그들의 진가를 인정하게 되는 것이다.[104]

1. 고대사회의 법

흔히 고대 바빌론의 함무라비왕이 B.C. 1750년경에 기록한 성문법 '함무라비법전'이 세계 최고(最古)의 법전으로 일컬어진다.[105] 이러한 고대사회의 법은 형사법과 민사법, 공법과 사법이 체계적으로 분리되어 있지 않은 것은 물론, 법률에 종교, 도덕, 관습이 혼재되어 있었다. 오늘날의 법으로는 A가 B에게 돈을 빌리고 갚지 않는다면 A가 처음에는 변제의사가 있었지만 상황이 의도하지 않은 대로 흘러가서 빚을 갚지 못하게 된 경우라면 단순히 민사상 채무불이행으로서 법원은 원고(B)의 제소에 의하여 민사소송에서 피고(A)에게 갚을 것을 명하고, 갚지 않는 경우 그의 재산을 압류하여 강제집행하여 그 경매대금에서 채권자(B)가 자기의 채권액을 받아갈 수 있게 민사책임을 지게 할 뿐이다. 그러나 위의 사례에서 A가 처음부터 변제할 의사와 능력 없

---

104) 칼 세이건 저/홍승수 역, 「코스모스」, 2004, 544면.
105) 이보다 앞서 수메르의 도시 중 하나인 우르-남무(Ur-Nammu)는 BC. 21세기에 법전을 기록하였고, BC. 18세기에 Lipit-Ishtar of Isin의 '수메르법전'을 기록하였다지만 내용은 전해지지 않고 있다.

이 피해자 B로부터 돈을 빌렸다면 그러한 민사책임 외에 국가의 형벌권의 행사에 의하여 검사가 A를 사기죄로 기소하여 형사소송에서 법원이 피고인 (A)에게 징역형이나 벌금형을 선고하면 처벌되는 형사책임을 질 수 있다. 고대법은 이러한 민사책임과 형사책임이 분화되어 있지 않고 한꺼번에 하나의 절차에서 채무자에게 빚을 갚도록 하면서 벌을 주는 식으로 처리하였던 것이다. 그 대표적인 예가 '징벌적 배상'이다. 고대법에서는 손해배상과 형벌이 분화되지 않은 상태였고, 민사배상과 형벌 모두 동해보복 사상에서 출발하였던 것이다.[106]

【Theme- 징벌적 배상】

'징벌적 배상'(punitive damage)이란 누구나 비난할 만한 악의(actual malice)에 의한[107] 불법행위로 법을 위반하여 피해를 입힌 자에 대하여 일반적인 손해배상처럼 실제로 피해자가 입은 손해, 즉 실손해를 넘어서 잘못을 징벌하는 의미에서 부과하는 배상을 말한다. 그러므로 징벌적 배상은 그 주목적이 피해자에게 배상하는 것이 아니라 가해자가 잘못을 뉘우치게 하여 향후 위반행위를 억제하기 위한 것이다. 징벌적 배상의 기원은 고대 바빌론의 함무라비법전으로 소급하는데, 함무라비법전은 만일 어떤 사람이 신전에서 동물을 훔치면, 그 사람은 신전에 30배를 갚아야 한다(§8)고 규정하였다. 유대민족의 구약성경에도 징벌적 배상의 예가 발견된다. 출애굽기에는 "사람이 소나 양을 도적질하여 잡거나 팔면 그는 소 하나에 소 다섯으로 갚고 양 하나에 양 넷으로 갚을 지니라." "도적질한 것이 살아 그 손에 있으면 소나 나귀나 양을 무론하고 갑절을 배상할지니라." "어떠한 과실에든지 소에든지 나귀에든지 양에든지 의복에든지 또는 아무 잃은 물건에든지 그것에 대하여 혹이 이르기를 이것이 그것이라 하면 두 편이 재판장 앞에 나아갈 것이요 재판장이 죄 있다고 하는 자가 그 상대편에게 갑절을 배상할지니라"고 하고 있다(출애굽기 제22장 1·4·9절). 또한 사무엘서에는 부자가 아무것도 없고 작은 암양 새끼 한 마리를 사서 키우는 가난한 사람의 양새끼를 빼앗아다가 잡아서 손님을 접대한 이야기가 썩어져 있는데, 그 양은 "그의 자식과 함께 자라며 그가 먹는 것을 먹으며 그의 잔으로 마시며 그의 품에 누우므로 그에게

---

106) F. Karl, Wieviel ist der Mensch wert? ZfRV 1981, S. 179ff.; 장재옥, "위자료에 관한 몇 가지 고찰",「한국민법이론의 발전」(이영준박사 화갑기념논문집), 1999, 599면.
107) 이는 행위자가 일정한 사실에 관하여 인식하고 있음을 뜻하는 악의가 아니라 행위자가 증오(hate), '나쁜 의도'(ill will), 적대감(enmity), 또는 '해를 입히려는 욕구'(wanton desire to injure)를 가지고 행위한 것을 의미한다.

는 딸처럼 되었"으므로 4배로 갚아주어야 한다고 하고 있다(사무엘하 제12장 3~6절).

우리나라 고대사에도, 여러 개의 성읍국가를 거느린 연맹왕국시대의 법률에 이러한 흔적이 보이는데, 부여의 4조의 법률 가운데는 절도에 대하여 12배액의 손해배상제도가 있었고(1責12法) 백제의 고이왕 29년(262)에는 관료로서 남의 재물을 받거나 훔친 자는 3배를 물게 하고(3배액의 징출), 평생 벼슬할 수 없도록 하는 법령을 내렸다고 한다.[108]

게르만법에서 인정되던 속죄금(贖罪金)도 가해자의 처벌을 중심으로 하였던 것이고 피해자의 실손해를 배상하기 위한 제도가 아니었다. 로마법이 계수된 커먼로 시대에 이르러서 인격권 침해로 인한 위자료 청구권이 속죄금제도의 잔재로서 사적 형벌의 성격을 유지한 채 입법화되고 점차 비재산적 손해에 대한 배상으로 정착되어 가는 과정을 밟게 되었다.[109]

이후 대륙법계 국가의 근대법에서는 일반적으로 법체계의 정비가 진행됨에 따라, 공·사법 및 민·형사법의 구분이 확립되는 것에 수반하여, 민사책임과 형사책임은 분리되고 피해자에게 발생한 손해의 배상에 대해서는 민사책임으로 처리하게 되었고, 가해자에 대한 처벌·갱생의 목적은 형사책임의 추궁에 의하여 행해지게 되었다. 현대 대륙법계 유럽국가들은 일반적으로 민사소송에서의 손해배상을 당사자에게 피해를 입기 이전 상태로 회복시키는 금액으로 제한한다. 프랑스민법(Code civil) 제1382조, 스위스 채무법(Schweizerisches Obligationenrecht) 제48조, 이탈리아민법(Codice civile) 제1223조, 벨기에민법(Belgian Civil Code) 제1382조, 스페인민법(Co'digo Civil) 제1106·1902조, 독일민법전(Bürgerliches Gesetzbuch: BGB) 제249조, 핀란드의 1974년 손해배상법(Damages Act of 1974), 그리스민법(Civil Code) 제297~299조, 폴란드민법 제444조, 러시아연방민법(Grazhdanskii Kodeks RF) 제15조[110], 체코민법 제442조, 네덜란드민법(Burgerlijk Wetboek) 제162조 등이 그러한 입장을 취하고 있다.

현대 대륙법계 아시아 국가들인 일본과 대만도 민사소송에서 징벌적 배상의 부여를 허용하지 아니한다.[111] 이들은 유럽의 대륙법계국가의 법을 모델로 근대법을 제정하였기 때문에 그 영향으로 피해자가 청구할 수 있는 배상의 범위를 실손해의 보전적

---

108) 이기백, 「한국사신론(개정판)」 1981, 46~47면, 53면; 하현강, 「한국의 역사」 1980, 41면.
109) H.J. Wieling, Interesse und Privatstrafe vom Mittelalter bis zum Bürgerlichen Gesetzbuch, in: Forschungen zur neueren Privatrechtsgeschichte, Bd. 15(Böhlau-Verl., 1970), S. 136ff.
110) 제15조(손해배상) 권리를 침해당한 자는 발생한 손실에 대하여 전액의 손해배상을 청구할 수 있다. 다만 법이나 계약으로 그와 다르게 규정되어 있는 경우에는 그러하지 아니 하다.
111) Thomas S. Mackay, Litigation Involving Damages to U.S. Plaintiffs Caused by Private Corporate Japanese Defendants, 5 Transnat'l Law. 131, 176 (1992); Jen Yang, Contract Law of the The Republic of China, in Trade and Investment in Taiwan 361, 381 (Herbert H.P. Ma ed., 1985).

배상으로 제한한다. 불법행위사건에서의 구제책에 관한 일본민법 제709조, 대만민법제 184조, 계약불이행사건에서의 구제책에 관한 일본민법 제416(1)조, 대만민법 제213조가 모두 그러하다. 우리나라도 얼마전까지는 그러하였다.

그러나 영국 커먼로는 1763년 *Wilkes v. Wood* 판례 이후 징벌적 배상을 인정하였고, 미국은 이를 계수하여 현재 징벌적 배상을 가장 활발하게 적용하고 있다. 미국에서는 워싱턴, 뉴햄프셔, 네브라스카, 메사추세츠, 루이지애나주 등 5개주를 제외한 모든 주에서 징벌적 배상을 허용한다. 1989년의 독점금지법 및 버몬트주 불법행위법 위반이 문제된 *Browning-Ferris* 판례[112])에서 5만천 달러의 전보 배상액과 함께 600만 달러의 징벌적 배상액이 부과되었다. 같은 해에 *Land & Assoc., Inc.* 판례[113])에서는 실손해 1만 달러에 대해 약 250만 달러의 징벌적 배상액이 부과되었다. 또한 *Bankers Life & Casualty Co.* 판례[114])에서 법원은 다리를 사고로 절단당한 원고에 대하여 보험금 지급을 거절한 보험회사에 대하여 2만 달러의 전보배상액과 16만 달러의 징벌적 배상을 명했다. *Ainsworth* 판례[115])도 유사하게 보험금 지급을 거부한 보험회사에 대하여 6백만 달러의 징벌적 배상을 부여하였다. 1993년 *Aliance* 판례[116])는 문서에 의한 명예훼손에 대하여 천만 달러의 징벌적 배상을 인정하였다. 1993년 *General Motors* 판례는 자동차의 제조상 결함으로 교통사고를 당한 원고에게 배심원단이 경제적 손해에 대한 760만 달러의 배상과 비경제적 손해에 대한 1억 달러, 징벌적 배상으로 48억 달러의 배상을 인정하였고, 제1심법원은 징벌적 배상을 10억 9천만 달러로 감액하였다.[117]) 1994년 *McDonald* 판례[118])에서 법원은 미국 New Mexico주의 McDonald 매장의 Drive-Through 코너에서 주문한 뜨거운 커피잔 뚜껑이 열려 무릎에 쏟아져서 화상을 입은 고객에 대하여 16만 달러의 보상적 배상과 270만 달러의 징벌적 배상을 부여하였다. 그리고 로펌 사무실에서의 성희롱에 대하여 배심원단이 710만 달러의 징벌적 배상 평결을 내린 판례도 있다.[119]) 문제는 징벌적 배상액의 한도는 어느 정도가 적절한가 하는 점이다. 2003년의 *State Farm* 사건[120])에서,

---

112) *Browning-Ferris Industries of Vermont, Inc. v. Kelco Disposal, Inc.*, 492 U.S. 257 (1989).
113) *Land & Assoc., Inc. v. Simmons*, 562 So. 2d 140 (1989).
114) *Bankers Life & Casualty Co. v. Crenshaw*, 486 U.S. 71 (1988).
115) *Ainsworth v. Combined Ins. Co. of Am.*, 774 P.2d 1003, 1013 (Nev. 1989).
116) *TXO Prod. Corp. v. Aliance Resources Corp.*, 113 S. Ct. 2711, 2724 (1993).
117) Anderson et al. v. General Motors Corp., No. B135147, brief filed (Cal. Ct. App., 2d Dist., 2000.12.4).
118) Liebeck v. McDonald's Restaurants P.T.S. Inc., No. CV-93-02419, 1995, WL360309 (D.N.M. Aug. 18, 1994).
119) Andrea A. Curcio, Painful Publicity - An Alternative Punitive Damages Sanction, 45 Depaul L. Rev. 341, 374 (1996).
120) *State Farm Mutual Automobile Insurance Co. v. Campbell*, 538 U.S. 408 (2003).

연방대법원은 인적 손해가 금전적 손해보다 높은 징벌적 배상을 받을 적격성이 있다고 하고, 징벌적 배상은 원칙적으로 배상적 배상을 초과해서는 아니되며, 여러 사정을 종합하여 예외적으로 그것을 초과하더라도 단수(single digit) 비율, 즉 9:1이 징벌적 배상의 배상적 배상에 대한 한계선이라고 제시하였다.[121] 요컨대 실손해의 10배를 넘는 징벌적 배상은 적법절차(due process)에 위반되어 원칙적으로 위헌이라고 하였다. 2008년 Exxon 사건에서 연방대법원은 학자들의 경험적 연구에 의하면 '횡재식 배상'(runaway awards)은 드물고 "대체로 징벌적 배상의 배상적 배상에 대한 비율의 중간값은 1:1 미만이었다고 보았으나, 그럼에도 불구하고, "진정한 문제는 징벌적 배상의 심한 예측불가능성으로 보인다"고 지적하였다.[122] 동법원은 그 근거로 미국 사법통계국(Bureau of Justice Statistics)의 표본조사에 의하면, 주법원에서 배심원들에 의하여 부여된 징벌적 배상의 배상적 배상에 대한 중간비율(median ratio)은 0.62:1이었지만, 평균비율(mean ratio)은 2.90:1, 표준편차는 13.81이었다는 것, "1990년대에 징벌적 배상의 18%는 배상적 배상의 3배 이상이었고, 2001년의 징벌적 배상의 14%는 배상적 배상의 4배 이상이었음"을 보여주는 연구결과와 "징벌적 배상의 34%가 배상적 배상의 3배 이상이었음"을 보여주는 다른 연구결과를 인용하였다.[123]

【Theme- 우리 법에의 징벌적 배상제의 도입】

징벌적 배상제는 특히 소액 다수 소비자피해와 같이 실손해배상제로는 소송비용 등의 이유로 실효성 있는 구제가 어려운 여러 분야에서 불법행위를 억제하기 위하여 활용될 가치가 있다. 그래서 우리 법제에 도입할 필요성이 있다는 주장이 과거 여러 차례 제기되었지만, 민법상의 실손해배상제와 정합성이 없다는 이유로 번번이 도입이 좌절되었다. 그러다가 2011년 3월, 국회는 "대기업의 중소기업 기술탈취행위"의 악성과 높은 비난가능성을 고려하여 「하도급거래 공정화에 관한 법률」에 징벌적 배상제를 우리나라의 법제로서는 처음으로 도입하였다.[124] 2015년 3월에는 「신용정보의 이용 및 보호에 관한 법률」에 제43조제2항을 신설하여 "신용정보회사 등 신용정보 이용자가 고의 또는 중대한 과실로 이 법을 위반하여 개인신용정보가 누설되거나 분실·도난·누출·변조 또는 훼손되어 신용정보주체에게 피해를 입힌 경우에는 해당 신용정

---

121) *Id.* at 425.
122) Exxon Shipping Co. v. Baker, 128 S. Ct. 2605, 2624-27 (2008)(Juries, Judges, and Punitive Damages 269; Vidmar & Rose, Punitive Damages by Juries in Florida, 38 Harv. J. Legis. 487, 492 (2001) 등의 문헌을 인용하였다).
123) *Id.* at 2625.
124) 이후 2013년 5월에는 "원사업자가 이 법의 규정을 위반하여 하도급 대금의 부당한 단가 인하, 부당한 발주취소, 부당한 반품 행위를 한 경우"까지 징벌적 손해배상책임을 부담하도록 확대 개정되었다.

보주체에 대하여 그 손해의 3배를 넘지 않는 범위에서 배상할 책임이 있다"고 3배배상제도를 도입하였다. 또한 2014년 1월 발생한 신용카드사의 대규모 개인정보 유출사고를 계기로 개인정보 유출에 대한 책임을 강화하고 그 제재를 한층 더 강화할 필요성이 제기되어, 「개인정보보호법」에 제39조제3항을 신설하여, "개인정보처리자의 고의 또는 중대한 과실로 인하여 개인정보가 분실·도난·유출·위조·변조 또는 훼손된 경우로서 정보주체에게 손해가 발생한 때에는 법원은 그 손해액의 3배를 넘지 않는 범위 내에서 손해배상액을 정할 수 있으며, 다만, 개인정보처리자가 고의 또는 중대한 과실이 없음을 증명한 경우에는 예외로 한다"고 3배배상제도를 도입하였다. 2016년 9월 시행된 「정보통신망 이용촉진 및 정보보호에 관한 법률」(약칭: 정보통신망법)」 제32조제2항에 "정보통신서비스 제공자등의 고의 또는 중대한 과실로 인하여 개인정보가 분실·도난·유출·위조·변조 또는 훼손된 경우로서 이용자에게 손해가 발생한 때에는 법원은 그 손해액의 3배를 넘지 아니하는 범위에서 손해배상액을 정할 수 있다. 다만, 정보통신서비스 제공자등이 고의 또는 중대한 과실이 없음을 증명한 경우에는 그러하지 아니하다"라고 3배배상제도가 도입되었다. 또한 옥시의 가습기로 인한 소비자피해사건(2016년 5월 기준 사망 266명을 포함 피해자 1,848명. 이 중 심각한 폐질환자 1,528명), 폭스바겐의 배출가스 조작사건 등으로 드러난 문제점을 해결하기 위하여, 2017년 4월 "제조업자가 제조물의 결함을 알면서도 그 결함에 대하여 필요한 조치를 취하지 아니한 결과로 생명 또는 신체에 중대한 손해를 입은 자가 있는 경우에는 그 자에게 발생한 손해의 3배를 넘지 아니하는 범위에서 배상책임을 진다"고 하는 내용으로 「제조물책임법」 제3조제2항에 3배배상제도가 도입되었다.[125)126)]

2. 로마법과 게르만법

(1) 로마법

독일의 법학자 루돌프 폰 예링(Rudolf von Jhering)은 「로마법의 정신」

---

125) 대한변협신문 2017.4.3. "징벌적 배상 도입 … 변협 역점사업 1호 달성", 1면.
126) 대륙법계국가 가운데 중국은 '소비자권익보호법', '식품안전법', '권리침해책임법' 등에서 징벌적 배상제를 도입·시행하였으며, 일본도 징벌적 배상제 도입을 논의하고 있다. 프랑스는 2005년 징벌적 배상제를 입법으로 도입할지에 관하여 논의하였으나 도입하지 않기로 하여서, 프랑스 대법원(Cour de cassation)은 현재까지 '완전한 실손해배상'(tout le dommage, mais rien que le dommage)만을 부여하는 완전배상(réparation intégrale) 원칙을 따르고 있다. Jean-Sébastien Borghetti, *Punitive Damages in France in: Common Law and Civil Law Perspectives*, p. 55 n. 2(Cass. 2e civ., 8 July 2004, Bulletin des arrêts de la Chambre civile de la Cour de Cassation (Bull. civ.) II, no. 393).

(Geist des römischen Rechts auf den verschiedenen Stufen seiner Entwicklung) (1852)에서 "로마는 세계를 무력, 기독교, 그리고 법으로 지배하였다"고 기술하였다. 로마법은 대륙법계 국가들에 전승되었고, 영미법계 국가들에도 형평법을 통하여 이론적 영향을 미쳤다.

로마는 로믈로스(Romulus)와 레무스(Remus)의 쌍둥이가 B.C. 753년 건국하였다는 설화가 전해진다. 그 정치체제는 처음에는 왕정이었으나 B.C. 6세기에 공화정이 수립되었다.[127] 로마의 사회계급은 시민권자인 귀족(Patrici), 재산의 소유는 인정되었으나 참정권이 없고 귀족과의 결혼은 금지되었으며 병역과 납세의 의무를 부담한 피지배계급 평민(Plebs), 재산권은 없고 귀족의 보호하에 그 토지를 경작하고 전쟁시 종군의무를 부담한 피보호민(Clients), 그리고 노예(Servus)로 구성되었다. 그러나 크게 보면 로마인은 자유인과 노예로 나눌 수 있다. 자유는 힘이나 법으로 금지된 것이 아니라면 어떤 것이나 할 수 있는 자연적 권한이었고 자유인은 이 자유를 누리고, 공무담임권·투표권·상소권·자유인과의 통혼권 등의 시민권을 향유하였다.[128] 이에 반하여 노예는 인격이 인정되지 않고 소유할 수 있는 재산으로 치부되어 매매, 증여, 상속의 대상이었다. 그러나 로마법은 큰 틀에서 노예도 인간이라는 전제하에 노예의 가정을 가족이 서로 헤어지지 않도록 보호하였다. 다만 노예간의 결합은 혼인으로 인정하지 않아서 그들 계급 사이의 사실혼 정도로 간주했다.[129]

로마의 공화정은 처음에 귀족정이었으나 평민이 오랜 투쟁을 거쳐서 평민

---

127) 타르퀴니우스 왕조 축출 사건으로 공화정이 시작되었는데 제사왕(rex sacrorum)은 그대로 유지되었지만 실제 정치권력은 집정관(consul), 법무관(praetor) 등 다수의 선출된 관리들에게 집중되었다.
128) 유스티니아누스 대제때 편찬된 「법학제요(Institutiones)」의 정의라고 한다. 한동일, 「로마법 수업」 2019, 33면.
129) 한동일, 위의 책, 70면(그러나 노예의 주인(dominus)은 재산 증식을 위하여 노예가 가정을 갖고 출산하기를 장려하였다고 한다. 오늘날 극도의 출산율 저하로 인구감소를 걱정하는 여론이 있지만 젊은 세대들에게 국가경제나 생산력 유지라는 관점에서 결혼과 출산을 장려하는 것이라면 마치 로마시대 주인의 노예에 대한 태도와 비견되는 점에서 인격 모독이고 잘못이라는 취지의 저자 신부님의 의견에 공감한다.).

100인마다 1표의 참정권 부여, 호민관(Tribunas) 제도의 도입(B.C. 493), 12표법 제정(B.C. 449), 평민회의 의결은 원로원(Senatus)의 승인이 없어도 효력을 발휘하게 되는 과정을 거쳐서 결국 B.C. 3세기경에는 평민은 귀족과 법률상 완전히 동등한 시민권을 획득하였다.

고대 로마법은 관습법(로마시민의 관습을 법제화한 관습법), 칙령(왕정시대에 왕이 내린 명령. 주로 종교적 사항), 법률(민회의 의결을 거쳐 만들어진 법)의 세 가지 형태로 이루어져 있었다. 그러다가 B.C. 5세기에 사법권을 독차지하고 있던 귀족이 관습법을 악용하여 평민을 억압하는 폐단을 막고자 관습법을 성문화하여 '12표법'(Laws of 12 Tables)이 제정되었다(B.C. 449). 이 법전은 12개의 동판에 기록하여 시장에 게시한 것에서 그 명칭이 유래되었다. 현대의 법 분류로는 물권법, 채권법, 가족법, 민사소송법 등에 해당하는 내용이 포함되었다. 12표법에 의하여 평민은 드디어 귀족과 평등한 권리를 획득하였다. 그러나 12표법은 채무자가 심판관이 정한 기일 이내에 빚을 갚지 못하면 채권자가 채무자를 감금하거나 노예시장에서 팔아버릴 수 있고 심지어 살해하는 것도 허용하는 잔혹한 면도 갖고 있다.[130]

학문으로서의 법학(jurisprudence)은 고대 로마에서 최초로 탄생하였다. 소송을 담당하던 법무관(praetor)[131]에게 소송절차에 관하여 조언을 하고 소송당사자의 소송행위를 돕는 법률전문가들이 생겨났고 이들을 법률가(jurist)라고 불렀다. 법률가들이 법에 관하여 수립한 소송기술 등이 축적되어 법학교육이 시작되었다. 12표법에 대한 해석모음으로 시작된 '법률가의 해답'(responsa prudentium)은 공화정기 법발달의 주역이었는데, 나중에는 법에 관한 다른 성

---

130) 노예의 신분은 노예인 어머니가 출산한 경우, 전쟁포로, 범죄를 저질러 유죄판결을 받은 경우 등에 부여되었다. 채무를 변제하지 못하는 일은 신의를 중시하는 로마인들에게는 중대한 범죄였다. 한동일, 위의 책, 74~77면.
131) 법무관은 재판업무 및 전시 군사지휘를 맡은 직책으로 집정관(consul)과 마찬가지로 켄투리아 민회(comitia centuriata)에서 선출되었다. 법무관으로는 법정변론가(orator)나 사무법률가(iurisconsultus)가 선출될 수도 있지만 그냥 일반 정치가나 군인인 경우도 많았고 따라서 법률가의 조언을 필요로 하였다. Henry S. Maine 저/ 김도현 역, 「고대법(Ancient Law)」, 25면 주 2.

문의 문헌들을 해석하는 주석서로서 법이론을 집약하였다.132)

로마는 기원전 3세기에 카르타고와의 전쟁에서 승리하여 지중해를 무대로 하는 세계국가가 되어 상업이 발달하기 시작하였다. 고대 로마 공화국은 기원전 1세기경에 국력이 최고조에 이르렀다. 이 때는 귀중품을 가득 실은 지중해의 선단들이 그 전 선조들은 상상하지 못했을 정도로 로마인들을 부유하게 만들어주던 시기였다.133) 로마인들은 법체계가 두 부분으로 구성되다고 보았다. 유스티니아누스 대제의 법학제요는 "법과 관습으로 규율되는 모든 민족들은 부분적으로는 그들 자신의 고유한 법으로, 부분적으로는 모든 인류에 공통되는 법으로 통치된다. 당해 인민이 제정하는 법은 그 민족의 시민법(civil law)이라 부르고, '자연의 이치'(natural reason)가 모든 인류에게 지시하는 법은 만민법(萬民法, law of nations)이라 부른다."고 하였다.134) 만민법은 로마인들이 관찰할 수 있었던 모든 민족들-옛 이탈리아 부족들-의 관습 가운데 공통된 요소의 총합이었다.

공화정기 로마법은 법무관법(Edict of Julianus)135)·학설법136), 그리고 제정시대에는 아우구스투스, 콘스탄티누스 등 로마 황제들이 편찬한 칙법(勅法, constitution)

---

132) Henry S. Maine 저/ 김도현 역, 위의 책, 28면(법률가의 해답은 키케로와 같은 저명한 법률가들이 직접 저술한 것이 아니라 이들의 변론을 제자들이 기록한 것들이었다.).
133) 유발 하라리 저/조현욱 역, 「사피엔스」, 2011, 154면.
134) Insttutione 1.2.1. Henry S. Maine 저/ 김도현 역, 위의 책, 32면.
135) 법무관을 포함한 임기 1년인 선출직 정무관들은 매년 취임시 장차 자신이 맡은 업무를 어떻게 수행할지 선언하는 고시(edict)를 선포해야 하였다. 법무관법이란 법무관이 선포한 고시에 담긴 법을 말하는데, 메인은 법무관들이 해마다 새로운 법원칙들을 고안해내는 것은 사실상 불가능하므로 전임자의 고시를 거의 답습하여 재공표하고, 다만 약간의 추가와 변경을 가하는 데 그쳤던 듯하다고 추측한다. 법무관 고시는 하드리아누스(Publius Aelius Hadrianus) 황제 재임기(117~138) 법무관이었던 살비우스 율리아누스(Salvius Julianus)의 임기에 이르러 더 이상의 확장이 중단되고 이후 법무관 고시는 율리아누스 고시(Edict of Julianus)로 인용되었다. Henry S. Maine 저/ 김도현 역, 위의 책, 44면.
136) 하드리아누스 황제 재임기부터 알렉산데르 세베루스(Alexander Severus) 황제 재임기(222~235)까지 법무관 고시에 대하여 발간된 주해서가 중심이 된 법률가들의 저서들, responsa prudentium을 말하며 유스티니아누스의 학설휘찬에 남아있다. 알렉산데르 세베루스 황제는 울피안(Ulpian)과 같은 저명한 법률가들을 임명하였으나 파르티아와 게르만족의 침입으로 위기에 몰렸고 그의 암살과 더불어 로마 법률가들의 시대는 종말을 맞았다.

등으로 구성되었다. 로마법은 동로마제국의 유스티니아누스 대제(Justinian the Great, 527~565 재위)에 의하여 530년경 최종적이고 체계적으로 정리되었다. 유스티니아누스 대제가 편찬한 학설휘찬(學說彙纂, Digesta, Pandectae), 법학제요(法學提要, Institutiones), 칙법휘찬(勅法彙纂, Codex)과 더불어 황제 사후 누군가가 황제 재위 중 선포된 칙법을 모아 편찬한 신칙법집(Novellae)을 통칭하여 로마법대전(Corpus Iuris Civilis)이라 부른다.

후대 로마는 전주제(專主制)에 의한 로마의 쇠퇴·분열·멸망이 있었던 시기였다. 로마는 정복전쟁 이후 점령한 토지를 국유화하였으나 일부 귀족이 이를 사유화하여 대토지(Latifundium)를 소유하고 노예를 사용하여 경작하였고 로마시민의 다수를 차지하던 자유소농은 몰락하였다. 또한 동방세계와 접촉하여 받아들인 헬레니즘 문화가 개인주의의 만연과 국가봉사 관념의 박약화를 가져왔다. 로마 시민권자의 급증으로 민회의 소집이 불가능해지고 원로원의 권력이 강화되어 소수의 명문가 출신의 귀족들이 벌족(閥族)(Optimates)을 형성하여 모든 권력을 독차지하였다. 이무렵 로마의 공화정은 사실상 벌족의 과두정이었다.

로마 총독(Roman general) 가이우스 율리우스 카이사르(Gaius Julius Caesar)(BC. 100~44)는 B.C. 60년경 빈민당의 수령으로서 포퓰리즘(popularist tactics)을 이용하여, 부호 크랏수스와 벌족당의 폼페이우스와 3두정이라는 초법적 협정에 의하여 로마를 지배하였다. 크랏수스가 죽은 뒤 폼페이우스는 원로원과 손잡고 음모를 꾸몄으나 씨저는 군대에게 "루비콘강(the Rubicon)을 건너라"는 명령을 내려 B.C. 49년 내전을 벌여 로마의 유일한 지도자가 되었다. 폼페이우스가 죽은 뒤 씨저는 클레오파트라를 이집트의 여왕으로 임명하고 시리아·아프리카를 제압한 후 로마로 돌아왔다(B.C. 45). 씨저는 정부의 지배권을 장악한 후, 로마사회와 정부의 개혁에 착수하였다. 그는 공화국의 관료들을 중앙집중화하고 결국 종신통령 '영원한 지도자'(dictator perpetuo)로 불리었다. 씨저는 원로원을 900명으로 증원하여 자기의 지배하에 두고, 시민의 생활 안정을 위하여 식민과 상공업을 장려하고 많은 토목공사를 일으켰으며. 역법을 개정하여 지금의 달력과 거의 유사한 태양력 율리우스력을 만들었다.

브루투스(Marcus Junius Brutus)를 중심으로 하는 일단의 원로원 의원들은 로마의 공화정을 지키려고 B.C. 44년 씨저를 암살하였으나 로마는 내전에 시달리다가 씨저의 양자 옥타비아누스(Gaius Octavianus)(B.C. 63~A.D. 14)가 원로원으로부터 '존귀한 자'(Augustus)라는 칭호를 받은 데 이어 황제의 지위에 올라 로마는 공화정이 붕괴하고 제정로마가 되었다. 이후 약 2백년간 로마제국은 이른바 '로마의 평화'(Pax Romana)시대를 구가하면서 라틴문화의 번성을 이루었다. 특히 네르바(Nerva)에서 마르쿠스 아우렐리우스까지의 5현제시대는 그 정점이었고, 로마제국의 영토는 최대로 확대되어 유럽전역에 이르렀다.

철학자 황제 마르쿠스 아우렐리우스(Marcus Aurelius)가 180년 사망한 후 로마는 번영기가 끝나고 정치적 혼란기로 접어든다. 150년 후 등장한 디오클레티아누스 황제(245~312)는 284년 제위에 오른 후 제국을 2개로 분할해 위기를 타개하려고, 286년 동료인 막시미아누스를 서방 황제로 삼고 자신은 동방 황제가 돼 2명의 정제(正帝)가 되고 각각 한 명씩 제위 계승자를 정해 부제(副帝)로 임명해 총 4명의 황제가 통치하는 4두(頭)체제를 도입했다. 콘스탄티누스의 아버지인 콘스탄티우스는 서방 부제로 임명됐다. 일단 위기가 봉합되자 디오클레티아누스는 305년 서방 정제와 함께 정계 은퇴를 선언하고 고향으로 돌아갔으나 곧바로 권력투쟁이 시작됐다. 마침 아버지가 306년 브리타니아 원정에서 사망해 서방 부제 자리를 이어받은 콘스탄티누스는 20년간의 내전을 통해 경쟁자를 제압하고 324년에 40년 만의 단독 황제로 제위에 올랐다. 콘스탄티누스 대제(274~337)는 정치·행정 중심인 수도 로마와 경제·문화 중심인 동방 간의 불일치를 타개하기 위하여 330년 유럽과 아시아의 중간 지점에 도시를 건설해 자신의 이름을 따서 콘스탄티노플로 명명하였고, 기독교의 유일신 사상이 추락한 황제의 위상 회복에 도움이 될 것으로 판단하고 313년 밀라노 칙령으로 기독교를 공인하였다. 이후 기독교는 476년 서로마제국 멸망 이후 서양 중세 시대를 지배하는 정치·종교적 권력을 확보해 오늘날 세계적 종교로 발전할 수 있었다. 그러나 이러한 일시적 재편으로 로마제국은 회생하지 못하였고 테오도시우스 대제 사후 로마제국은 두 아들에 의하여 분할되어 동로마제국과 서로마제국으로 나뉘었다. 서로마제국은 476년 게르만 출신의 용병대장 Odoacer에 의하여, 동로마제국은 1453년 오스만투르크의 침입에 의하여 망하였다.

이후 로마법은 중세에 로마법 연구로 부활할 때까지 전면에 나서지 못하였다.

로마멸망의 원인으로 지목되고 있는 것은 지도층의 사치와 성적 문란, 조세 징수 행정의 부패, 인플레로 인한 화폐경제의 현물경제로의 퇴행, 판도 확장의 한계에 따른 노예공급의 중단, 게르만민족의 침입과 이민족 용병의 배신 등이다. 대토지 라티푼디움의 지주들은 노예를 해방하여 주위에 살게 하고 토지를 대여해서 소작료를 받았다. 이들이 토지와 함께 매매되는 예농(Colonus)으로서 중세 봉건사회의 농노의 기원이다.

(2) 게르만법

게르만법은 관습법이요, 게르만공동체를 우선시하는 단체주의적인 법으로서 개인주의적인 로마법과 비교된다. 게르만족은 대이동을 통하여 서로마제국을 멸망시키고 유럽에 다수의 부족국가를 성립시키고 각기 부족법전을 만들었지만, 그 법은 주로 형벌과 소송절차에 관한 내용에 국한되었고, 사법(私法)으로는 물권법과 가족법에 관한 내용만이 포함되었다. 게르만은 로마인에게는 로마법을 적용하도록 허용하여 로마법은 끊어지지 아니하고 존속할 수 있었다. 그러나 로마법도 게르만관습법의 영향으로 변질되어갔다.

근대법의 '점유'제도는 로마법의 관념적인 포제시오(posessio)와 게르만법의 게베레(Gewere)의 이론적·제도적 결합의 산물이다.[137] 물건에 대한 사실적 지배는 그 사실성을 권리의 표현형식으로 보아서 그것과의 관련하에 관찰하는 방법을 취한 것이 게르만법의 게베레이고 그 권리와의 관련을 완전히 떠

---

137) 곽윤직, 「물권법(신정판)」, 1992, 239~240면.

나서 그 사실적인 면만을 포착해서 법이론을 구성한 것이 로마법의 포제시오이다. 즉 로마법에서는 물건에 대한 법률적 지배인 소유권(dominium)과 물건에 대한 사실적 지배인 포제시오는 서로 완전히 분리되었고 점유는 소유권 기타의 본권의 유무와 관계없이 사실적 지배 그 자체로서 보호되었으며 이를 위하여 점유소권이 인정되어 있었다. 반면 게르만법은 본권과 점유의 분리를 알지 못했으며, 외형에 나타난 사실적 지배라는 형상형태를 통하여 본권을 파악한다는 사유방법으로 관철되어 있다. 게베레는 그 권리의 옷, 즉 권리를 그 속에 둘러싸고 있는 외장이며, 게베레의 체계는 그대로 물권의 체계이기도 하였다. 게베레에는 1) 게베레를 수반하는 물적 지배는 재판에서 깨뜨려지기 전까지는 정당한 것으로 간주되는 방어적 효력, 2) 게베레를 수반하는 물적 지배가 침해되는 때에 그 침해를 배제해서 권리의 내용을 실현할 수 있는 공격적 효력, 3) 물건에 대한 지배권의 이전은 게베레의 이전이 있을 때에 비로소 완성된다는 이전적 효력이 있다고 인정된다.

근대 민법상의 점유보호청구권은 포제시오의 이론을 승계한 것이며, 권리의 추정, 자력구제, 선의취득, 물권의 공시 등은 게베레의 이론을 승계한 것이다.

3. 중세법

(1) 중세의 사회제도와 교회법

봉건제도(feudalism)는 영주와 농노로 이루어진 장원(莊園)을 기초 단위로 하여 각 장원의 통치자인 영주(Lord)는 쌍무적 계약을 통해 상위 영주(대영주)의 가신(家臣)이 되어 충성(loyalty)을 바치고 대영주 또한 더 상위의 영주로 다층적으로 이어져 궁극적으로 국왕 또는 황제와 쌍무적 계약 관계를 맺어 가신관계가 형성된 체제였다. 기사(Knight)는 말과 창으로 무장한 군인으로서 국왕이나 귀족의 군사력의 원천이었다. 국왕을 포함한 모든 계층의 지배자들은 모두 장원을 다스리는 영주이며, 국왕 등의 대영주는 소유하에 있는 다수의 장원을 영주에게 분봉하여 경작권(농노에게 농사를 시키고 수조

하는 권한)을 수여하거나, 한 단계 낮은 중소영주의 충성을 얻음으로써 광대한 영토를 유지하였다.

중세의 '교회법'(Canon Law)은 로마카톨릭 교회의 기독교 교리를 바탕으로 한 것으로 성직자에 대한 서품, 성직자 및 신도의 의무, 성직자 및 신도의 잘못에 대한 징계 등에 관한 내용을 담고 있었다, 교회법의 내용은 본래 교회 안에서만 효력을 갖는 것이었으나 중세 교권이 왕권을 능가함에 따라 고리대금의 금지, 노예해방, 유아보호, 가장권의 제한과 가족평등의 원칙 등 세속의 법제에 영향을 미쳤다. 교회법은 볼로냐대학의 Gratian에 의하여 기록되어 12세기에 「교회법대전(Corpus Iuris Canonici)」으로 법전화되었다.

토마스 아퀴나스(Thomas Aquinas)(1225~1274)는 나폴리대학에서 수학하고 도미니코회 수도사로 「신학대전(Summa theologiae)」을 집필하였다. 그는 파리대학에서 강의한 중세 최고 명성의 신학자였다. 아퀴나스는 기독교 교리와 아리스토텔레스의 철학을 종합하여 스토아철학을 집대성한 것으로 인정받으며, 인간에 대한 자유 보장의 이념적 기초를 마련하였지만 신의 절대성을 강조한 교부철학자로서 인권신장과 배치되는 성격도 공유한다.

(2) 도시법의 탄생

중세 후기, 12~13세기를 전후하여 유럽의 봉건사회는 일대 전환기를 맞았다. 화폐경제와 도시의 발달, 시민계급·길드수공업의 성장, 원격지상업의 번영, 장원제도의 해체, 국민국가의 성립이 그것이다. 그 가운데 법적 관점에서는 그 무렵 도시의 성립과 그 도시에 적용되는 '도시법'의 출현이 중요하다.

중세초기의 원시도시는 종교 중심지이자 봉건영주의 군사적·정치적 중심지였다. 농촌보다 인구는 많으나 상공업자들이 사는 진정한 도시가 아직 아니었다. 봉건영주들은 경제적 이익 때문에 도시 건설을 보호·장려하고 때로는 스스로 이를 건설하기도 하였다. 국왕 및 봉건영주의 지배하에 놓인 봉건도시들은 봉건영주의 영역안의 도시와 농촌간만의 교환경제가 제한적으로 이루어졌고, 농촌의 농노의 지위나 봉건체제에는 변함이 없었다. 그러다가 농업기술의 진보와 생산력 향상으로 잉여생산물이 나오자 사회적 분업이 발달하였고, 농민의 부업이던 수공업이 농업에서 분리되어 전업화되어 수공업자들이 출현하였다. 중세의 장원경제는 자급자족의 자연경제였으나 도시의 발달로 지역간의 교역이 조금씩 이루어지기 시작하였다. 수공업품의 교환장소로 시장이 개설되었다. 처음에는 부정기적이었으나 차츰 정기적이 되고 상설적이 되어 수공업상인이 많이 모여들어 정주하여 인구가 조밀한 취락을 이루고 12~13세기에 제대로 된 도시가 발생하였다.

자유도시 안에서 시민권을 가진 자는 지주인 도시귀족 혹은 상인 길드의 구성원이었다. 수공업자나 외래인은 시민권에서 배제되어 있었으나 시민권이 없더라도 인격적으로는 자유가 인정되었다. 그리고 도시는 국왕이나 란트의 영주들로부터 시민들의 권리를 보호함으로써 평등권 등 시민의 기본권에 관한 사상이 생겨나게 되었다. 중세도시는 누구든지 도시에 거주한 지 1년이 넘으면 영주권을 부여하고 그 출신성분에 관계없이 평등하게 대접하였다. 장원에서 도망해 온 농노도 1년 하루만 체류하면 자유인이 될 수 있었다. "도시의 공기는 자유를 준다(City air gives freedom)"는 말은 거기에서 나왔다. 그 결과 중세도시에서는 사회적 신분질서를 기초로 하는 봉건제도나 엄격한 형식주의에 기초하였던 관습법의 규정과 다른 새로운 법원칙들이 탄생하였다. 중세전기에 게르만 관습법은 사법 중 물권법과 가족법을 내용으로 하였으나, 중세후기에는 상인이나 수공업자의 상품 거래와 무역을 위한 상법이 만들어지게 되었다.

도시가 발전하려면 광범한 지역 및 농촌과의 교역이 필요하므로 여러 봉건영주의 분할된 지배는 걸림돌이 되었다. 이에 도시의 시민들이 자치권을 얻기 위한 영주와의 투쟁을 통하여 자유도시가 성립되었다. 국왕은 이 투쟁에 있어서 대개 도시를 원조하거나 중개자의 역할을 자임하였다. 도시의 시민들의 영주와의 투쟁에 있어 지도적 세력이 된 것은 길드(Guild)의 상인이었고, 수공업자, 하층민이 이를 지지하였다. 중세 도시가 획득한 권리는 각 지역마다 달라서 지중해연안의 Amalfi, Venice, Pisa, Firenze, Genova 등의 자유도시는 완전한 자치를 얻었지만, 영국의 도시는 정치적 독립성이 약하여 국왕으로부터 특허장(Carta)을 받아 부분적 특권을 얻은 데 불과하였다.

도시는 자체의 참사회, 재판소를 가지고 지배되었고, 도시법으로서 행정법, 국제법, 부동산 등기제도 등이 탄생하였다. 도시의 발전에 따라 자치도시, 도시동맹 등이 만들어졌고, 도시문화가 발생하여 세속의 지식인이 발생하였다.

(3) 로마법의 계수

세계최초의 대학으로 일컬어지는 이탈리아 볼로냐(Bolona)대학에서 12세기에 로마법의 연구가 왕성하게 행해졌다. 이들은 유스티니아누스의 로마법대전의 해석을 위주로 로마법을 연구하였고 이들을 '주석학파'(註釋學派)라 부른다. 로마법은 이를 계수한 서유럽 국가들의 사법제도의 근간이 되었다. 14세기에는 북부 이탈리아와 남부 프랑스를 중심으로 '후기주석학파'가 탄생하여 로마법을 연구하여 게르만의 관습법에 접목시켜 보통법, 즉 커먼로가 탄생하였고 이들 커먼로는 재판규범으로 실제 적용되었다.

한편 오스만투르크의 10대 술탄 쉴레이만 대제(1494~1566)는 15세기말에서 16세기 이 나라 전성기의 지도자로 흑해 일대 유럽과 베오그라드 등 발칸 전체, 모로코를 제외한 북아프리카 전역, 이라크, 아르메니아 등 아랍 전역, 그리고 동쪽으로는 아나톨리아의 러시아에 이르는 넓은 지역을 판도로 하여 대제국을 건설하였고 통치를 위하여 「군하총회」, 「이집트 법전」, 「쉴레이만 법전」 등의 법전을 편찬하였다.

19세기 주석학파의 로마법이 학문적으로 수정된 형태로서 보통법(gemeines Recht)으로서 독일에 계수되었다. 이 보통법은 「학설휘찬」(Pandektae)을 주요 전거로 삼은 점에서 '판덱텐의 근대적 관용'이라고 불리었다. 사비니(Friedrich Carl von Savigny)로 대표되는 독일의 '역사법학파'는 법이론 정립에 힘쓰면서 판덱텐을 연구하여 독일민법의 성립에 결정적 역할을 하였다. 이들이 수립한 '판덱텐시스템'은 유스티니아누스법전을 '총칙·물권·채권·친족·상속'의 5편으로 재편성하였고 독일민법은 이에 따랐다. 우리나라 민법도 판덱텐시스템의 편제를 따르고 있다. 이와 달리 유스티니아누스

법전의 「법학제요」(Institutiones)는 '사람(人), 소유권 및 소유권의 변경, 소유권의 취득방법'의 3편으로 편성되어 있는데, 이러한 편제를 '인스티투치오넨시스템'이라고 부르며 프랑스민법은 이에 따랐다.

4. 근대사회의 법

(1) 근대의 시작

14세기 자유도시 피렌체에서 시작된 이탈리아 르네상스, 독일 구텐베르크의 활판인쇄술의 개발로 가능해진 서적의 보급과 지식의 전파에 의한 16세기의 계몽주의(啓蒙主義), 동로마제국의 멸망(1461)후 유럽으로 이동한 이슬람학자들의 화학, 지리학 등의 과학기술의 유입, 카톨릭교회의 부패와 타락을 비판한 프랑스의 칼뱅(Jean Calvin)(1509~1564)과 독일의 마틴 루터(Martin Luther)(1483~1546)가 주도한 청교도의 종교개혁(Protestant Reformation), 구체제(Ancien Régime)를 타파한 프랑스혁명(1789), 나폴레옹 전쟁(1796~1815) 등을 동력으로 하여 근대가 시작되었다.

르네상스(Renaissance)는 회화, 조각, 문학 등의 예술분야에서 신이 아닌 인간의 눈으로 사물을 바라보기 시작한, 인간과 세계에 대한 인식 전환의 혁명이었다. 르네상스인은 중세신분제에서 벗어난 자유롭고 주체적인 인간이며, 중세의 속죄형 인간 혹은 토지에 매인 농노적 인간에서 자유도시에 사는 신흥 상공인 중심의 근대인으로 변모하였다.[138] 화약과 대포의 발명으로 기사계급은 몰락하였고, 시민계급에서 징집한 상비군인 보병과 기마병의 양성과 훈련을 통하여 국군이 무력의 원천으로 되었다.

(2) 근대법의 출현

14세기부터 16세기에 르네상스와 계몽주의의 영향으로 인간 이성과 자연법을 강조하는 자유주의 인권사상이 출현하였다. '국제법의 아버지' 네덜란드

---

[138] 스위스의 역사학자 부르크하르트(J.C. Burckhardt)는 르네상스인을 "근대유럽의 첫 아이"라고 불렀다. 「이탈리아 르네상스의 문화」 (Die Kultur der Renaissance in Italien)(1860).

의 그로티우스(Hugo Grotius)는 자연법론과 천부인권론에 입각하여 저서 「자유해론(Mare Libervm)」에서 바다, 즉 영해가 아닌 공해(公海)는 맹수·어류·조류와 같은 무주물과 달리 어느 나라도 배타적 권리를 주장할 수 없이 누구나 보편적으로 사용할 수 있는 점으로 인하여 전인류의 총의로서 선점에 의한 사적 소유의 대상으로부터 영원히 제외되는 존재로서 만인의 공통물(res communis)로 파악하고, 이러한 해양의 귀속으로부터의 자유의 당연한 귀결로 해양사용의 자유 즉 항해의 자유, 통상의 자유, 그리고 어업의 자유를 주장하고 설파하였다.[139] 영국의 사상가 존 로크(John Locke)의 자유주의 인권사상은 "생명, 자유, 재산"의 권리를 신분과는 관계없는 인간의 천부적 권리로 인정하였는데, 이는 1776년 '버지니아 권리장전'과 같은 해 '미국 독립선언'의 기초자들에게 큰 영향을 미쳤다. 토머스 제퍼슨이 계몽주의의 언어로 작성한 미국독립선언문은 아메리카 식민지에 대한 대영제국의 정치적 지배를 공식적으로 거부하고, 로크의 천부적 자유의 사상에 입각하여 독립혁명을 선언했다. 1787년 제정된 미국 연방헌법에는 권리장전이 포함되지 않았으나 1791년 수정 10개조(the First ten Amendments)의 인권조항을 추가하였다. 이것이 인권을 수용한 최초의 근대국가의 헌법이었다.

  18세기 후반 프랑스는 루이 16세의 절대왕정하에서 여러 차례의 전쟁과 왕실의 사치로 인한 재정위기, 인구의 2%에 불과한 제1계급(고위 성직자)과 제2계급(귀족)은 특권을 누리면서 권력과 부를 독점하였지만 제3계급과 평민은 무거운 세금을 부담해야 하는 신분제의 모순으로 인하여 국민의 불만이 팽배한 상황에서 1789년 소집된 삼부회에서 제3계급 대표들은 베르사이유 궁전의 테니스 코트 건물에서 헌법 제정을 요구하는 국민의회를 조직하였고, 진보적 사고를 갖고 있던 일부 가톨릭 사제와 자유주의 귀족도 이에 합류하여 제헌국민의회라 칭하여, 프랑스헌법 제정에 착수하였다. 왕당파가 제헌국민의회의 무력 탄압을 기도하자, 1789년 7월 14일 파리 민중들은 혁명에 필요한 무기를 탈취하기 위하여 바스티유 감옥을 습격하였다. 8월 4일 제

---

139) 휴고 그로티우스 저/김석현 역, 「자유해론」, 1984, 27~38면.

헌국민의회는 봉건적 특권이 폐지되었음을 선언하고, 8월 26일 '프랑스 인권선언'을 채택하였다.

프랑스 인권선언은 전통적인 신분제도와 특권질서의 개선이나 개량이 아니라 구체제(Ancien Régime)의 폐지와 사회적 평등을 실현하기 위한 새로운 사회질서의 확립이었다. 동 선언은 인권의 자연권성·천부성·불가양성을 선언하고 "인권보장과 권력분립이 되어 있지 아니한 나라는 헌법을 가졌다고 볼 수 없다"고 선포하였다. 프랑스혁명의 주체인 제3계급 유산시민(bourgeois)은 도시, 즉 bourg에 거주하는 사람들이라는 말이지만 상당한 재산을 가진 사람이란 뜻이다. 귀족과 성직자가 아닌 새로이 부를 축적한 제3계급, 즉 유산계급이 주도한 18세기의 시민혁명으로 귀족의 특권과 신분에 의한 차별은 폐지되고, 국민의 자유와 평등을 헌법상 보장하는 근대국가가 성립하였다.

코르시카출신 군인 나폴레옹(Napoléon Bonaparte)(1769~1821)은 뛰어난 전략으로 이집트 정복 등 여러 전쟁의 승리를 기록한 후 프랑스대혁명(1789)으로 수립된 프랑스 제1공화국에서 사령관의 지위에 올라, 제1차 및 제2차 대불동맹군과의 전쟁을 승리로 이끌었다. 그러나 영국의 넬슨(Horatio Nelson)제독이 지휘하는 대영제국의 해군에 프랑스 지중해함대 주력은 괴멸당하고 이집트 원정군은 아프리카에 고립되고 말았다. 1799년 10월에 나폴레옹은 단신으로 이집트를 탈출하여 파리로 돌아온 후, 5백인회와 원로원의 승인을 얻지 못하자 쿠데타를 일으켜 제1통령의 자리에 올랐고, 알프스산맥을 넘어 이탈리아 북부로 진격하여 전쟁을 승리로 이끌었다. 나폴레옹은 마침내 황제의 지위에 올랐다(1804). 그후 10여년간 지속된 나폴레옹전쟁의 승리를 통하여 나폴레옹은 스페인, 포르투칼 등 대항해시대와 식민지개척시대의 패권국가들의 절대주의 봉건군주들을 정복하여 자신의 친족을 스페인, 스웨덴 왕위에 앉히고 유럽대륙에 근대적 자유와 프랑스대혁명의 이상을 전파하여 유럽의 봉건제도는 완전히 붕괴하였다.[140]

---

140) 1805년 트라팔가 해전에서 프랑스해군은 넬슨제독의 대영제국 함대에 참패하여 영국에는 상륙하지 못하였다. 1812년 러시아 원정에서 실패하고 귀환한 후 1813년 제6차 대불동맹

보나파르트 나폴레옹이 황제에 즉위한 후 편찬한 「프랑스 민법전」(Code civil des Français)(1804)[141]이 근대법의 시초이다. 이 법은 로마법, 프랑스의 관습법, 봉건법 등의 내용을 집대성하였다. 이 법이 근대법이라고 평가받는 이유는 중세사회의 봉건제를 타파한 프랑스대혁명 이후에 자유, 평등, 박애의 프랑스혁명의 정신을 이어받고 만인의 법앞의 평등, 국가의 세속성과 종교의 자유, 경제활동의 자유 등의 개인의 자유와 권리보호라는 근대 시민적 가치를 반영하고 근대시민사회의 원리를 법적으로 규범화한 것이기 때문이다.[142] 이외에도 나폴레옹 시기에 입법된 「형법」, 「절차법」, 「상법」, 「범죄법」(code of criminal instructio) 등을 합쳐 '나폴레옹 5법전'(cinq codes napoléoniens)이라고 부른다. 나폴레옹은 세인트 헬레나에서 말년을 보낼 때 "내 진정한 영광은 40여개 전쟁에서 얻은 것이 아니었다. 워털루는 그 많은 전쟁에서 승리하였던 기억을 모두 지워버릴 것이다. 무엇으로도 지울 수 없고 영원히 살아남을 것은 오직 나의 민법전이다"고 비망록에 남겼다.

【Theme- 근대법의 원칙】

일반적으로 근대공법의 일반원칙으로는 국민의 자유(기본권)의 보장, 법치주의, 국민주권주의, 권력분립주의, 법앞의 평등원칙 그리고 형사법에 있어서의 죄형법정주의 등이 인정되고, 근대사법의 일반원칙으로는 사유재산권(소유권) 절대존중의 원칙, 사적 자치의 원칙[143], 과실책임의 원칙[144] 등이 꼽힌다. 이러한 근대법원칙들은 오늘날의 시각으로는 너무나 당연한 것이지만, 전근대적인 신조와 사상을 깨뜨리기 위한 위대한 사상가들의 발상의 전환과 연구의 산물이었고, 현실에서 이것들을 제도

에 패한 나폴레옹은 엘바섬에 유배되었다. 1년 후 탈출한 나폴레옹은 재기를 무색하였지만 1815년 6월 워털루 전투에서 대패하여 세인트 헬레나섬에 유배되어 6년후 사망하였다. 사인은 위암이었으나 비소중독설도 제기되었다.

141) 이 법은 1807년에 나폴레옹법전(Code Napoléon)으로 명칭이 바뀌었다.
142) 강철규, 「강한 나라는 어떻게 만들어지는가: 역사를 움직이는 사회적 기술의 힘」, 사회평론, 2016, 334~336면.
143) 개인의 사적 법률관계는 자신의 자유의사에 의한 법률행위로 스스로 결정할 수 있다는 것. 법률행위 가운데 대표적인 것이 계약이므로 이를 '계약자유의 원칙'이라고도 부른다.
144) 누군가에 의하여 다른 사람의 손해가 유발되었다 하더라도 행위자의 과실(잘못)이 없으면 손해에 대하여 책임지지 아니한다는 것을 의미한다.

로서 쟁취하고 확립하기 위하여 많은 피가 흘렸다는 사실을 잊을 수는 없다.

(3) 산업혁명

산업혁명(Industrial Revolution)[145]은 1760년에서 1820년 사이에 영국에서 시작된 산업의 기술혁신과 새로운 제조공정으로의 전환, 이로 인해 일어난 사회경제적 변화를 일컫는다. 증기기관과 방직기, 면직기 등의 기계의 발명을 통하여 영국에서 시작된 산업혁명은 노동자계급이라는 새로운 사회계층의 탄생과 농업보다 상공업이 중심이 되는 산업구조의 재편 등 사람들의 생활방식의 커다란 변화를 가져왔다. 산업혁명은 후에 전 세계로 확산되어 세계를 크게 바꾸어 놓았다.

당시 산업혁명의 발단이 된 것은 섬유였다. 18세기 영국에서 그때까지 유럽에 없던 새로운 종류의 섬유인 인도의 면직물이 인기를 끌어 다량 소비되기 시작하였다. 면은 가볍고 부드러우며 무엇보다 견직물보다 저렴하면서도 섬세한 색조를 염색할 수 있다는 장점을 가졌다. 영국은 처음에 자국의 전통산업인 모직물 산업을 보호할 필요와 인도로부터 면직물을 구입하기 위한 막대한 양의 은의 유출을 막기 위하여 면직물의 수입·사용을 금지하는 법을 제정하기까지 하였으나 상류층들이 여러 가지 방법으로 이를 회피함으로써 면직물의 인기를 막지 못하였다. 그러자 영국은 인도정부를 압박하여 조세권을 강탈하여 세금을 부과하여 그 돈으로 면직물을 구매하였다. 이 수지맞는 사업을 하기 위하여 일단의 기업가들이 인도로부터 목화를 수입하여 직접

---

[145] '산업혁명'(產業革命)이란 용어는 1844년 프리드리히 엥겔스가 The Condition of the Working Class in England에서 처음 사용하였고, 이후 아놀드 토인비가 1884년 Lectures on the Industrial Revolution of the Eighteenth Century in England에서 이를 보다 구체화 하였다. 토인비는 산업혁명은 격변적인 변화가 아니라 점진적이고 연속적인 기술혁신의 과정이라고 하였다. 2016년 스위스 다보스에서 열린 세계경제포럼(World Economic Forum)은 4차 산업혁명(the 4th Industrial Revolution)을 대주제로 진행되었다. 역사적으로 제1차 산업혁명(증기기관), 제2차 산업혁명(조립라인, 대량생산), 제3차 산업혁명(PC와 인터넷)에 의하여 가능하였던 인류의 도약이 이제 빅데이터, 인공지능(A.I.), 플랫폼, 핀테크와 디지털경제 등의 특징적 요소들로 인하여 4차 산업혁명 단계에 접어들고 있다는 것이다. 김정욱·박봉권·노영우·임성현, 「2016 다보스 리포트: 인공지능발 4차 산업혁명」, 매일경제신문사, 2016.

면직물을 제조하기 위하여 면직기를 개발하여 생산에 들어갔다. 스코틀랜드의 발명가이자 기계공학자인 제임스 와트(James Watt)는 1769년 다른 사람이 발명한 증기기관에 응축기를 추가하여 출력을 크게 개량하여 특허권을 취득하였다. 영국은 자국에 풍부하게 매장된 석탄을 채굴하여 이를 동력원으로 하여 증기기관을 사용하여 면직물을 대량생산하여 국부를 창출하게 되었다.

산업혁명의 영향으로 노동자 계급이라는 새로운 사회계층이 탄생하였고, 상공업이 산업의 중심이 되었으며, 유산계급이 시민혁명을 주도하여 귀족의 특권을 폐지하고 신분에 의한 차별을 폐지하고 국민의 자유와 평등을 헌법상 보장하는 근대국가 성립의 기틀을 마련하였다.

제5절 법의 효력, 해석과 적용

1. 법의 효력

 법은 국가권력에 의해 뒷받침되어 그 적용이 강제되고 있다. 그런데 법이 완전히 준수되고 있는 경우, 즉 아무도 법을 위반하지 않는 경우에는 그 내용은 법으로 규범화되어 준수를 강요할 필요가 없다. 정반대로 아무도 법을 준수하지 아니하는 경우에는 그 법은 생명을 잃고 '사문화된 법'이다. 이처럼 아무도 위반하지 않는 법이나 아무도 준수하지 않는 법은 존재의의가 없다. 즉 법은 사회구성원이 위반할 가능성이 있으면서 그 위반에 대하여 제재를 가하여 준수를 강제할 필요가 있는 것이 존재의의를 가지는 것이다.
 '법의 실질적 효력'을 발휘하려면 어떻게 하면 가능한 한 많은 국민으로 하여금 이를 지키게 할 것인가에 초점을 맞추게 된다. 이에 대하여 하나의 국가의 실정법은 시간적·인적·장소적으로 일정한 한정된 범위 안에서만 효력을 가지는데 이러한 법의 효력범위를 '법의 형식적 효력'이라고 한다.

(1) 법의 실질적 효력

 실정법이 실질적 효력을 가지려면 그 타당성과 실효성이 확보되어야 한다.

1) 법의 타당성

 법의 타당성이란 법의 내용이 입법목적을 달성하기 위하여 필요한 내용을 담고 있는 것을 말한다. 이는 법의 존립의 근거이고 법이 구속력을 가질 수 있는 정당한 자격 내지 권능이다. 타당한 법이라야 수범자는 그 법을 지키게 된다.
 법의 타당성의 근거가 무엇인지에 관해서는 견해가 갈린다. 신의(神意)설은 법은 신의 뜻에 맞아야 타당하다는 아주 옛날의 주장이다. 자연법설은 자연법의 존재에서 실정법의 타당성을 찾는 입장으로서 실정법은 자연법에 비추어서 타당하여야 한다는 자연법론자들의 주장이다. 사회계약설은 국민의 합의에서 실정법의 타당성을 찾는 입장으로서 사회계약에 의해 국가에 입법권이 부여된 것이므로, 국가에 의하여 제정되는 실정법은 그 뿌리가 국민의 의사에 의한 것이므로 타당하다는 사회계약론자들의 주장이다. 역사법설은 법의 역사성을 강조하며 "역사적으로 형성된 민족정신"에서 타당성의 근거를 찾으려는 사비니(F.C. von Savigny) 등의 역사법학파의 견해이다. 법단계설은 순수법학을 주장한 법실증주의자 한스 켈젠(H. Kelsen)의 주장으로 상위규범에 의한 수권을 법의 타당성의 근거로 든다. '사실의 규범적 효력설'은 규범으로 바뀔 수 있는 사실의 힘, 즉 실력에서 법의 타당성의 근거가 있다고 한다. 이 설은 게오르그 옐리네크(G. Jellinek)가 주장한 견해인데, 관행이 관습이 되고 규범으로 바뀔 수 있는 실력이 더해지면 관습법으로 되며, 혁명에 의한 입법의 정당성은 혁명주체의 실력에 있다고 주장하였다. 승인설은 다수인에 의한 법규의 자발적 또는 비자발적 승인이 법의 타당성의 근거라고 주장한다. 법이념설(정당성설)은 법의 타당성의 근거는 정의, 형평과 같은 법이념이라고 한다.

　이상의 학설들을 검토해보면, 자연법설은 자연법은 너무 관념적이고 추상적이어서 객관성과 구체성을 결여하여 자연법론자마다 주장하는 자연법의 내용이 다르다는 문제점이 있다. 역사법설은 관습법만이 유일한 법의 존재형식이라고까지 주장하므로 실정법 전체에 대한 설명으로는 부족하다. 법단계설은 상위법에서 하위법의 타당성의 근거를 찾는 주장이며, 구체적으로 명령·규칙은 법률에서, 법률은 헌법에서, 그리고 최상위법인 헌법은 '근본규범'의 수권에서 그 타당성의 근거를 찾는다. 결국 법의 준수는 그 자체가 목적이 아니라 분쟁의 해결, 질서의 유지, 공익의 추구, 정의와 인권의 수호 등과 같은 법의 기능을 구현하기 위한 것이다. 즉 정의와 형평이라는 법이념의 관점에서 정당성이 있는 내용의 법률이어야 타당성이 인정된다.

　예컨대, "살인을 하면 아니 된다"는 법은 인간은 생명을 잃으면 모든 권리와 이익을 상실하는 점에서 누구나 지지하는 타당한 법이다. 고대사회의 함무라비법전과 기독교의 구약성경의 십계명 중 제5계명도 살인을 금하고 있고, 오늘날의 모든 국가의 법도 살인을 금지하고 있다.

2) 법의 실효성

법의 실효성이란 그 수범자인 사회 구성원들이 준수하도록 강제할 수 있는 실질적 힘이 확보되는 것을 말한다. 실효성이 없는 법률은 개정되거나 폐지되어야 한다. 법의 실효성 확보수단은 위반자에 대한 공권력에 의한 제재이다. 법치국가에서는 법 위반자에 대한 사력에 의한 제재는 금지된다.

3) 법의 타당성과 실효성의 관계

법의 타당성과 실효성은 실정법의 실현을 담보하는 두 개의 기둥이다. 양자의 차이점은 첫째, 발현되는 방향이 타당성은 내부이나 실효성은 외부라는 점, 둘째, 존재가 요구되는 시기가 타당성은 입법시와 집행시에 모두 필요하나 실효성은 집행시에만 요구된다는 점이다. 양자의 관계를 정리하면 법의 타당성은 실효성을 부여하기 위한 전제이다.

(2) 법의 형식적 효력

법의 형식적 효력은 법이 효력을 갖는 범위가 어디까지 인가 하는 문제이다.

1) 법의 시간적 효력

(가) 법의 시행·폐지

법의 시행일에 관하여 부칙에 다른 정함이 없으면 법률은 공포한 날로부터 20일이 경과함으로써 발효된다(헌법 §53⑦). 그러나 "이 법은 공포일로부터 시행한다"는 식으로 부칙에 정하는 경우가 대부분이다.

'주지기간'이란 입법자가 정한 공포일로부터 시행일까지의 기간을 말한다. '입법예고제'는 법령등을 제·개정 또는 폐지하려면 "입법이 긴급을 요하거나 상위 법령등의 단순한 집행을 위하거나 또는 입법내용이 국민의 권리·의무 또는 일상생활과 관련이 없는 경우" 등의 예외를 제외하고는 해당 입법안을 마련한 행정청이 원칙적으로 이를 예고하도록 한 제도이다(행정절차법 §41①). 주지기간과 입법예고기간은 수범자인 국민에게 법의 내용에 대하여 알 수 있는 시간적 여유를 준 다음에 법을 시행하려는 상호 보완적인 제도이다.

법의 폐지에는 처음부터 시한을 정하여 입법된 '한시법'이나 기존 법을 폐지한다는 규정을 둔 후속입법에 의한 폐지와 같은 명시적 폐지도 있고, 묵시적 폐지도 있다. 법의 묵시적 폐지란 동일한 사항에 대한 구법과 신법이 존재할 때 신법은 구법을 폐지한다는 '신법우선의 원칙'에 따라 구법이 묵시적으로 폐지되는 경우이다. '법의 사문화'는 법의 실효성이 상실된 경우로서 법의 폐지와는 다르다.

(나) 법률불소급의 원칙

법률불소급의 원칙이란 법은 시행일 이후에 발생한 사항에 대하여만 적용되고 시행일 이전에 발생한 사항에 대해서는 소급해서 적용되지 아니한다는 원칙이다. 형사법에서는 죄형법정주의를 구성하는 하나의 소원칙이다. 소급입법에 의한 형사처벌은 국민이 행위시에는 알 수 없었던 금지를 정한 사후입법에 근거하여 위반자를 처벌하는 것은 부당하게 국민의 기본권을 침해하는 것이기 때문에 금지된다. 또한 헌법 제13조 제2항은 "모든 국민은 소급입법에 의하여 참정권의 제한을 받거나 재산권을 박탈당하지 아니한다"고 선언하는데, 마찬가지 이유이다.

한편 법률불소급의 원칙은 절대적인 것은 아니어서 민사법에서는 그 예외가 흔히 인정된다. 예컨대, 2017년에 개정된 「민법」 부칙 제2조는 "제854조의2 및 제855조의2의 개정규정은 이 법 시행 전에 발생한 부모와 자녀의 관계에 대해서도 적용한다. 다만, 이 법 시행 전에 판결에 따라 생긴 효력에는 영향을 미치지 아니한다"고 하여 부분적으로 신법의 소급적용을 인정하고 있다.

또한 신법을 적용하는 것이 본인에게 유리한 경우에는 형사법에 있어서도 신법을 소급적용한다. 즉 「형법」 제1조 제1항은 "범죄의 성립과 처벌은 행위 시의 법률에 의한다"고 하여 법률불소급의 원칙을 선언하고 있지만, 제2항에서는 "범죄후 법률의 변경에 의하여 그 행위가 범죄를 구성하지 아니하거나 형이 구법보다 경한 때에는 신법에 의한다"고 하고, 제3항에서는 "재판확정후 법률의 변경에 의하여 그 행위가 범죄를 구성하지 아니하는 때에는 형의 집행을 면제한다"고 하고 있다.

법률불소급의 원칙은 실체법에 대한 것이고 절차법은 소급이 가능하다는 것이 통설이다. 따라서 예컨대 「형사소송법」상의 공소시효에 관한 규정이 개정되어 시효가 연장된 경우에는 원칙적으로 개정전 행한 범죄사건의 피고인에게도 변경된 시효가 적용된다. 그러나 확실하게 하기 위하여 부칙으로 소급적용 여부를 정하는 것이 보통이다.[146]

(다) 경과규정

경과규정이란 신법 시행 이전에 발생하였으나 시행 이후에도 계속 이어지는 사항에 대하여 신법과 구법 중 어느 것을 적용할지를 정하는 부칙 규정이다.

2) 법의 인적 효력

(가) 속인주의와 속지주의

'법의 인적 효력'은 법의 효력이 누구에게까지 미치는가 하는 문제이다. 이에 관해서는 크게 두 가지 입장이 있어서 속지주의와 속인주의가 있다. 속지주의란 국가의 영토주권을 기초로 자국의 영토안에 있는 외국인을 포함하는 모든 사람에게 자국의 법이 적용된다는 주의이다. 속인주의란 국가의 대인주권을 기초로 세계 어느 곳에 있던지 모든 자국민에게 자국의 법이 적용된다는 주의이다.

---

[146] 예컨대, 살인죄의 공소시효를 25년으로 연장한 2007년 개정 「형사소송법」 부칙 제3조는 "이 법 시행 전에 범한 죄에 대하여는 종전의 규정을 적용한다." 고 하여 소급적용을 막았고, 살인죄에 대한 공소시효를 폐지한 2015년 개정 「형사소송법」 부칙 제2조는 "제253조의2 개정규정은 이 법 시행 전에 범한 범죄로 아직 공소시효가 완성되지 아니한 범죄에 대하여도 적용한다."고 소급적용을 규정하였다.

공법관계에 대해서는 속지주의가 원칙이지만, 참정권·청원권 등의 정치적 기본권이나 병역의무에 한해서는 속인주의에 의한다. 사법관계에 대해서는 「국제사법」에 의하여 준거법을 정하는데, ① 권리능력, 행위능력, 혼인, 상속 등의 신분에 관한 사항은 속인주의에 따라 '당사자의 본국법'을 적용하고(동법 §§11·13·36·37·49), ② 동산 및 부동산에 관한 물권 또는 등기하여야 하는 권리, 부당이득, 불법행위 등 재산에 관한 사항은 속지주의에 따라 '목적물의 소재지법', '부당이득지법' 또는 '불법행위지법'을 적용하며(동법 §§19·31·32), ③ 계약의 준거법은 당사자 자치에 따라 '당사자가 명시적 또는 묵시적으로 선택한 법'에 의한다(동법 §25).

(나) 속인주의의 예외

우리 국민이라도 법이 적용되지 않는 예외로는 대통령, 국회의원의 직무수행이 방해받지 않도록 하기 위하여 헌법에 의하여 인정되는 불기소특권, 불체포특권, 면책특권 등과 교원의 교육과 학생의 학습을 동시에 보호하기 위하여 특별법에 의하여 인정되는 교원의 불체포특권이 있다.

대통령은 내란죄·외환죄를 범한 경우가 아니고는 재직중 형사상 소추되지 아니한다(헌법 §84). 국회의원은 현행범인인 경우를 제외하고는 회기중 국회의 동의 없이 체포 또는 구금되지 아니한다(헌법 §44①). 국회의원이 회기전에 체포 또는 구금된 때에는 현행범인이 아닌 한 국회의 요구가 있으면 회기중 석방된다(동조②). 국회의원은 국회에서 직무상 행한 발언과 표결에 관하여 국회외에서 책임을 지지 아니한다(헌법 §45).

또한 교원은 현행범인인 경우 외에는 소속 학교의 장의 동의 없이 학원 안에서 체포되지 아니한다(「교원의 지위 향상 및 교육활동 보호를 위한 특별법」 §4). 이는 교육자에 대한 예우이고 피교육자를 보호하는 취지이다.

3) 법의 장소적 효력

(가) 원칙

우리나라의 법은 영토주권에 의하여 영토, 영해, 영공 등 우리나라의 모든 영역에 그 효력이 미친다. 공해에 있는 우리나라 국적의 항공기나 선박에 대해서는 우리나라 법률이 효력을 미친다. 또한 외국에 주재하는 우리나라의 대사관이나 외국에 파병한 국군의 주둔지에 대해서는 우리나라 법률이 효력을 미친다.

다만 법률이 특정한 지역에 대해서만 적용되도록 예정하고 있는 경우에는 당연히 그 지역에 대해서만 적용된다. 예컨대, 「제주특별자치도 설치 및 국제자유도시 조성을 위한 특별법」은 제주도에만, 「세종특별자치시 설치 등에 관한 특별법」은 세종시에만 효력이 미친다. 또한 지방자치단체의 자치법규는 그것을 제정한 자치단체내에만 효력을 미친다.

(나) 속지주의의 예외

외국 원수, 외국의 외교사절, 외국 군대는 우리 영토안에 있더라도 우리나라의 법이 적용되지 아니한다. 예컨대 주한 외국대사 및 우리나라 국민이 아닌 그의 가족은 우리나라 법의 적용에 대하여 치외법권(治外法權)을 가진다.[147]

주한미군·군속 또는 그들의 가족의 범죄의 경우에 피의자를 우리나라 당국이 구금하거나 구금인도를 요청하는 것은 「대한민국과 아메리카 합중국간의 상호 방위조약 제4조에 의한 시설과 구역 및 대한민국에서의 합중국 군대의 지위에 관한 협정」[148]에 따라 일정한 사유가 있는 중대범죄로 제한된다.

2. 법의 해석과 적용

법의 적용은 1단계로 사실을 확정하고, 2단계로 그 확정사실에 법을 해석·적용하여, 3단계로 결론(판결)을 내리는 과정을 거친다. 즉 법의 적용에 있어서 소전제는 사실의 확정이고, 대전제는 법의 해석이며 결론은 확정된 사실

---

[147] 외교관계에 관한 비엔나협약 제29조 외교관의 신체는 불가침이다. 외교관은 어떠한 형태의 체포 또는 구금도 당하지 아니한다.
동협약 제37조 ① 외교관의 세대를 구성하는 가족은, 접수국의 국민이 아닌 경우, 제29조에서 제36조까지 명시된 특권과 면제를 향유한다.
[148] 한·미 SOFA(Status of Forces Agreement)라고도 불리며 조약 제232호로 체결, 1967.2.9. 발효되었다가 조약 제1038호(1991.2.8.)로 일부 개정되었다.

에 법규를 적용하여 (민사소송에서는) 가치·권리·의무 등의 존부, (형사소송에서는) 유죄·무죄의 법적 효과의 판단을 내린다.

(1) 법의 해석

1) 법 해석의 필요성

법은 일반적·추상적 규범이어서 구체적인 사실관계에 적용되기 위해서는 그 의미와 내용을 파악하는 것이 필요하다. 법의 해석은 그래서 필요하다. 일반적으로 보다 구체성을 띠게 되는 하위규범보다는 더 추상적인 내용으로 구성되어 있는 상위규범에서 해석이 상대적으로 더 필요하다. 특히 헌법은 개념적으로 개방성을 특징으로 하기 때문에, 내용을 확정하기 위해서는 해석이 필수적이다.

2) 법해석의 이념

어떤 구체적 사건의 해결을 위하여 가장 적당하게 법을 해석하는 것이 필요한데, 이를 '구체적 타당성을 기하는' 것이라고 한다. 그러나 법은 누구에게나 또 어떠한 경우에나 객관적이고 일관성 있게 적용되어야 하므로 통일적으로 해석하는 것도 필요하다. 후자를 '법적 안정성을 기하는' 것이라고 한다.

구체적 타당성과 법적 안정성은 양자택일적인 선택관계에 있는 것은 아니므로 조화를 이룰 수 있지만, 대체로 반비례관계에 있다. 즉 구체적 타당성을 기하기 위하여 법을 사례에 맞게 해석할수록 법적 안정성은 지켜지지 아니하며, 법적 안정성을 중시하는 법해석을 할수록 구체적 타당성은 희생될 가능성이 커진다. 대체로 학자들은 법적 안정성을 보다 중시하나, 법관들은 구체적 타당성을 보다 추구하는 편이다.

3) 법해석의 방법론

법해석의 기본적인 방법은 실정법의 법문에 포함된 개념을 통일적·논리적으로 해석하여 법적 안정성을 추구하는 것이다. 개인의 자유를 보장하고, 소유권의 절대보호, 계약자유의 원칙, 죄형법정주의를 보장하는 근대법이 성립된 후 이러한 개념법학(Begriffsjurisprudenz)이 특히 독일, 프랑스 등의 대륙법계국가에서 주류가 되었다. 이는 법개념에 대한 객관적 정의(定義)를 전제로 자의적 법해석을 피하여 법적 안정성의 확립에 크게 도움이 되는 입장이다. 다만, 개념법학이 지나치게 형식논리에 기울게 되면 구체적 타당성이 결여될 수 있다는 한계는 인식해야 한다.

(가) 유권해석과 무권해석

법의 유권해석(有權解釋)이란 입법기관, 행정기관, 사법기관과 같이 법을 해석할 권한이 있는 주체가 법을 해석하는 것으로서 입법해석, 행정해석, 사법해석을 말한다.

민법 제98조는 "본법에서 물건이라 함은 유체물 및 전기 기타 관리할 수 있는 자연력을 말한다"고 물건의 정의를 직접 내리고 있는데 이것이 '입법해석'의 한 예이다. 사법해석이나 행정해석은 입법해석을 변경할 수 없으므로 입법해석이 사법해석이나 행정해석보다 우위에 있다. 그러나 입법해석 역시 하나의 입법이므로 그 해석에 대한 해석이 필요할 수 있다.

'행정해석'이란 행정관청이 소관하는 법의 집행을 하면서 하는 해석이나 상급관청이 하급관청에 대하여 회답·훈령·지령의 형식으로 하는 법 해석을 말한다.

'사법해석'이란 법원이 판결로 하는 법 해석이다. 행정관청의 법해석은 최종적인 것이 아니고 행정소송에 의하여 취소될 수 있으므로 사법적 해석이 행정해석보다 우위에 있다. 영미법계 국가에서는 선례구속의 원칙과 법원의 입법기능이 인정되므로 판례법은 법원이다. 그러나 대륙법계 국가에서는 판례법의 법원성은 부정되고 있다.

무권해석(無權解釋)이란 유권해석과 달리 법을 해석할 권한이 없는 사인이 학문적으로 행하는 법의 해석을 말한다. 흔히 법학자가 학설의 전개를 통하여 행하므로 '학리해석'(學理解釋)이라고도 불린다.

(나) 문리해석과 논리해석

유권해석 가운데 행정해석이나 사법해석, 그리고 무권해석은 법문의 의미에 국한하여 법을 해석하느냐 여부에 따라 문리해석과 논리해석으로 나누어 볼 수 있다. '문리해석'이란 법조문의 자구에 나타난 의의에 따라 법의 의미를 해석하는 방법이다. 예컨대, "마차의 통행을 금지한다"는 법문을 말이 끄는 마차의 통행을 금지하는 것이고 소가 끄는 수레의 통행은 허용되는 것으로 문언의 의미대로 해석하는 것과 같다.

'논리해석'이란 법조문의 자구에 구애받지 않고 법질서 전체와 법전 전체의 체계를 유기적·논리적으로 관련시키고, 입법정신과 연혁, 법규적용의 효과 등을 고려하여 논리적으로 법의 의미를 해석하는 방법이다. 논리해석에는 아래와 같은 확장·축소·반대·물론·유추·보정·비교·의사(연혁) 해석 등이 포함된다.

(a) 확장해석은 "마차의 통행을 금지한다"는 법문의 '馬'를 '牛'에까지 확장하여 소가 끄는 수레의 통행도 금지된다고 해석하는 것과 같다.

(b) 축소해석은 "제차통행을 금지한다"의 '車'는 자동차(自動車)만을 말하므로 자전거(自轉車)의 통행은 허용된다고 해석하는 것과 같다.

대법원 1992.2.14. 선고 90도2310 판결

국가공무원법 제66조에서 금지한 '노동운동'은 헌법과 국가공무원법과의 관계 및 우리 헌법이 근로3권을 집회, 결사의 자유와 구분하여 보장하면서도 근로3권에 한하여 공무원에 대한 헌법적 제한규정을 두고 있는 점에 비추어 헌법 및 노동법적 개념으로서의 근로3권, 즉 단결권, 단체교섭권, 단체행동권을 의미한다고 해석하여야 할 것이고, 제한되는 단결권은 종속근로자들이 사용자에 대하여 근로조건의 유지, 개선 등을 목적으로 조직한 경제적 결사인 노동조합을 결성하고 그에 가입, 활동하는 권리를 말한다고 할 것이며 또한 같은 법상의 '공무 이외의 일을 위한 집단적 행위'는 공무가 아닌 어떤 일을 위하여 공무원들이 하는 모든 집단적 행위를 의미하는 것은 아니고 언론, 출판, 집회, 결사의 자유를 보장하고 있는 헌법 제21조 제1항, 헌법상의 원리, 국가공무원법의 취지, 국가공무원법상의 성실의무 및 직무전념의무 등을 종합적으로 고려하여 '공익에 반하는 목적을 위하여 직무전념의무를 해태하는 등의 영향을 가져오는 집단적 행위'라고 축소해석하여야 할 것이다. 피고인이 관련한 강원교사협의회 내지 그 산하인 동해교사협의회는 보충수업 확대 실시 반대, 스승의 날 문제, 교사들의 대한교련 탈퇴촉구 등 교육 내부의 문제와 모순점들을 지적하거나 그 개선을 주장하기 위한 교사들의 임의단체인 것으로 보이고 설사 강원교사협의회가 전교조 설립의 필요성을 교사들에게 홍보하는 등의 활동을 하였다고 할지라도 그러한 활동만으로 그 표현행위 자체가 노동조합의 설립행위 내지 노동조합의 통상활동이라고 볼 수 없으므로 피고인의 각 행위는 노동운동에 해당한다고 볼 수 없고 또한 피고인이 행한 강원교사협의회 대의원대회 및 상임위원회 개최, 강연회에서의 연설, 동해교사협의회 소식지의 작성, 배포는 모두 휴일이나 근무시간 이외에 이루어졌고 달리 공익에 반하는 목적을 위하여 직무전념의무를 해태하였다고 볼 자료가 없으므로 피고인이 '공무 이외의 일을 위한 집단적 행위'를 하였다고 볼 수 없다.

(c) 반대해석은 "야간집회를 금지한다"에 대하여 역으로 주간에는 집회할 수 있는 것으로 해석하는 것과 같다.

(d) 물론해석은 다리의 안전을 위하여 "사람의 통행을 금지한다"는 법문에 대해 당연히 더 무거운 자동차의 통행도 금지하는 것으로 해석하는 것과 같다. 이것은 大는 小를 포함한다는 논리이다.

(e) 유추해석(類推解釋)이란 법령에 규정되지 않은 사항에 대하여 그와 유사한 다른 사항에 대한 법을 적용하도록 해석하는 것이다. "운전면허를 받지 아니하고 자동차 등을 운전하여서는 아니된다"는 규정을 "운전면허를 받았으나 그 후 운전면허의 효력이 정지된 경우에는 자동차 등을 운전하여서는 아니된다"고 해석하는 것과 같다. 사법(私法)에서는 확장해석이나 유추해석이 허용될 수 있으나 죄형법정주의가 적용되는 형벌법규에 대한 확장해석이나 유추해석은 금지된다.

대법원 2011.8.25. 선고 2011도7725 판결

죄형법정주의는 국가형벌권의 자의적인 행사로부터 개인의 자유와 권리를 보호하기 위하여 범죄와 형벌을 법률로 정할 것을 요구한다. 그러한 취지에 비추어 보면 형벌법규의 해석은 엄격하여야 하고, 명문의 형벌법규의 의미를 피고인에게 불리한 방향으로 지나치게 확장해석하거나 유추해석하는 것은 죄형법정주의의 원칙에 어긋나는 것으로서 허용되지 아니한다.
도로교통법 제43조는 무면허운전 등을 금지하면서 "누구든지 제80조의 규정에 의하여 지방경찰청장으로부터 운전면허를 받지 아니하거나 운전면허의 효력이 정지된 경우에는 자동차 등을 운전하여서는 아니된다"고 정하여, 운전자의 금지사항으로 운전면허를 받지 아니한 경우와 운전면허의 효력이 정지된 경우를 구별하여 대등하게 나열하고 있다. 그렇다면 '운전면허를 받지 아니하고'라는 법률문언의 통상적인 의미에 '운전면허를 받았으나 그 후 운전면허의 효력이 정지된 경우'가 당연히 포함된다고는 해석할 수 없다.

피고인이 '원동기장치자전거면허의 효력이 정지된 상태에서' 원동기장치자전거를 운전하였다고 하며 도로교통법 위반(무면허운전)으로 기소된 사안에서, 도로교통법 제43조 해석상 '운전면허를 받지 아니하고'라는 법률문언의 통상적 의미에 '운전면허를 받았으나 그 후 운전면허의 효력이 정지된 경우'가 당연히 포함된다고는 해석할 수 없는데, 자동차의 무면허운전과 관련하여 도로교통법 제152조 제1호 및 제2호가 운전면허의 효력이 정지된 경우도 운전면허를 애초 받지 아니한 경우와 마찬가지로 형사처벌된다는 것을 명문으로 정하고 있는 반면, 원동기장치자전거의 무면허운전죄에 대하여 규정한 제154조 제2호는 처벌의 대상으로 " 제43조의 규정을 위반하여 제80조의 규정에 의한 원동기장치자전거면허를 받지 아니하고 원동기장치자전거를 운전한 사람"을 정하고 있을 뿐, 운전면허의 효력이 정지된 상태에서 원동기장치자전거를 운전한 경우에 대하여는 아무런 언급이 없다는 이유로 위 행위가 도로교통법 제154조 제2호, 제43조 위반죄에 해당하지 않는다.

대법원 2012.10.25. 선고 2012도3575 판결

구 농산물품질관리법(2009.5.8. 법률 제9667호로 개정되기 전의 것, 이하 '법'이라 한다) 제2조제1호…의 내용과 체제에다가 농산물의 적정한 품질관리를 통하여 농산물의 상품성을 높이고 공정한 거래를 유도함으로써 농업인의 소득증대와 소비자보호에 이바지한다는 법의 입법 목적을 종합적으로 고려하면, 국내산 쇠고기에 특정 시·도명이나 시·군·구명을 원산지로 표시하여 판매할 때 해당 소가 출생·사육·도축된 지역과 전혀 무관한 지역을 원산지로 표시하거나 출생·사육은 타 지역에서 이루어진 후 오로지 도축만을 위하여 도축지로 이동된 후 곧바로 도축되었을 뿐인데도 도축지를 원산지로 표시하였다면, 이는 법 제34조의2 …에 규정된 '원산지 표시를 허위로 하거나 이를 혼동하게 할 우려가 있는 표시를 하는 행위 및 원산지를 위장하여 판매하는 행위'에 해당된다고 해석하여야 한다. 한편 형벌법규는 문언에 따라 엄격하게 해석·적용하여야 하고 피고인에게 불리한 방향으로 지나치게 확장해석하거나 유추해석하여서는 안 되는 것이 원칙이므로, 국내에서 출생한 소가 출생지 외의 지역에서 사육되다가 도축된 경우 해당 소가 어느 정도의 기간 동안 사육되면 비로소 사육지 등을 원산지로 표시할 수 있는지에 관하여 관계 법령에 아무런 규정이 없다면 특정 지역에서 단기간이라도 일정 기간 사육된 소의 경우 쇠고기에 해당 시·도명이나 시·군·구명을 원산지로 표시하여 판매하였다고 하더라도 이를 곧바로 위와 같은 원산지 표시 규정 위반행위에 해당한다고 단정할 수는 없다.

범행 당시 원산지 표시 관계 법령에서 별도의 규정을 두고 있지 않았던 이상 국내산 소 도축을 위하여 출생지나 사육지로부터 특정 지역으로 이동시켰으나 이동과정에서 감소된 체중 회복이나 도축시기 조정 등의 이유로 이동 당일 도축하지 않고 일정 기간 동안 그 특정

지역에서 사료 등을 먹이다가 도축한 경우, 이를 단순한 도축의 준비행위에 불과하다고 볼 것인지 아니면 사육으로 볼 것인지에 관하여는 해당 소의 종류와 연령, 건강상태, 이동 후 도축 시까지 기간, 이동 후 해당 소에게 사료를 먹이며 머물게 한 장소의 형태와 제공된 사료의 종류와 제공방법, 체중의 변동 여부 등을 종합적으로 고려하여 개별 사안에 따라 합리적으로 판단할 수밖에 없고, 이와 달리 이동 후 도축 시까지의 기간을 임의로 설정하여 일률적으로 원산지 표시 규정 위반 여부를 판단할 수는 없다.
피고인들이 강원도 횡성군 지역이 아닌 다른 지역에서 생산된 소를 구매하여 도축한 후 '횡성한우'로 표시하여 판매함으로써 구 법상 원산지 표시 규정을 위반하였다는 내용으로 기소된 사안에서, 횡성군 아닌 다른 지역에서 출생·사육된 소를 횡성군 인근의 도축업체로 이동시켜 이동 당일 그곳에서 도축하였을 뿐인데도 '횡성한우'로 표시하여 판매한 행위는 명백히 원산지 표시 규정 위반행위에 해당하나, 이와 달리 일단 도축을 위해 횡성군 지역으로 이동시켰으나 이동 당일 도축하지 않은 채 횡성군 지역 내 축산농가에서 1, 2개월 이상 사료를 먹이며 머물게 하다가 도축한 경우에는 이동 후 도축 시까지의 기간, 이동 후 해당 소에게 사료를 먹이며 머물게 한 장소의 형태와 제공된 사료의 종류와 제공방법, 체중의 변동 여부 등 구체적 사정에 대한 충분한 심리를 거쳐 그것이 단순히 도축을 위한 준비행위에 불과한지 아니면 특정 지역 사육에 해당하는지를 판단하여야 하는데도, 이에 이르지 아니한 채 횡성군 지역에서 출생·사육되지 아니한 소를 횡성군 지역으로 이동시킨 후 도축 시까지의 기간이 2개월 미만인 경우는 모두 일률적으로 도축의 준비행위 또는 단순한 보관행위에 불과하다고 보아 유죄를 인정한 원심판결에는 법…에 대한 해석과 법률적용을 그르쳐 필요한 심리를 다하지 아니한 잘못이 있다.

(f) 변경(보정)해석이란 법문의 전후문맥 및 배경을 살펴보아서 오류가 있는 경우에 이를 보정하여 해석하는 방법을 말한다. 형법 제55조제1항제6호는 "벌금을 감경할 때에는 그 다액의 2분의 1로 한다"고 규정한다. 그런데 예컨대, 벌금액이 법에 "3천만 원 이상 5천만 원 이하"로 규정된 경우에는 이를 감경하면 "3천만 원 이상 2천5백만 원 이하"가 되어 벌금액을 정할 수 없는 기묘한 결과가 되어 버린다. 이 때문에 대법원은 '다액'을 '금액'으로 보정해석하여 "1천5백만 원 이상 2천5백만 원 이하"로 감경하였다.[149]

(g) 비교해석이란 구법이나 외국법을 비교하여 우리나라 법문을 해석하는 방법을 말한다.

---

149) 이를 '법에 따른'(secundum legem) 법발견이 아니라 '법의 한계를 벗어나는'(contra legem) 법발견으로 보는 김문현 외 11인 공저 「법학입문(제3판)」, 2007, 47~48면.

(h) 의사(연혁)해석이란 법안의 이유서와 입안자의 의견, 의사록 및 정부위원의 설명 등 법제정의 연혁을 가지고 법의 의미를 보충하여 그 의미를 해석하는 방법을 말한다.

4) 주의할 법률용어

법학에서 '선의(善意)'란 "어떠한 사실을 모른다"(不知)는 의미로 사용되고 '악의(惡意)'란 "어떠한 사실을 안다"(認知)는 의미로 사용된다. 민법 제249조는 "평온, 공연하게 동산을 양수한 자가 선의이며 과실 없이 그 동산을 점유한 경우에는 양도인이 정당한 소유자가 아닌 때에도 즉시 그 동산의 소유권을 취득한다."고 하여 동산의 선의취득에 관하여 규정하고 있다. 예컨대 A가 친구 B에게 맡긴 자전거를 그 사정을 모르는 C에게 판 경우에 그 자전거를 산 C는 선의라면 다른 요건(평온, 공연, 무과실)을 충족하는 경우 자전거를 선의취득하게 된다. 여기에서의 선의는 C가 B가 자기에게 파는 그 자전거가 B의 소유물이 아니라는 사실에 대하여 몰랐다는 것을 의미한다.

【Theme- 준용(準用)】

'준용'(準用)한다는 용어는 법에 있는 다른 규정을 경우에 맞게 바꾸어 적용한다는 의미이다. 이 용어는 하나의 법에서 유사한 내용을 여러 군데 기계적으로 반복 규정하는 것을 피하려고 사용하는 용어이다. 유추적용이 해석의 방법인데 반하여 준용은 법문에서 사용하는 입법기술의 하나이다.

민법 제9조(성년후견개시의 심판) ① 가정법원은 질병, 장애, 노령, 그 밖의 사유로 인한 정신적 제약으로 사무를 처리할 능력이 지속적으로 결여된 사람에 대하여 본인, 배우자, 4촌 이내의 친족, 미성년후견인, 미성년후견감독인, 한정후견인, 한정후견감독인, 특정후견인, 특정후견감독인, 검사 또는 지방자치단체의 장의 청구에 의하여 성년후견개시의 심판을 한다.
② 가정법원은 성년후견개시의 심판을 할 때 본인의 의사를 고려하여야 한다.
제12조(한정후견개시의 심판) ① 가정법원은 질병, 장애, 노령, 그 밖의 사유로 인한 정신적 제약으로 사무를 처리할 능력이 부족한 사람에 대하여 본인, 배우자, 4촌 이내의 친족, 미성년후견인, 미성년후견감독인, 성년후견인, 성년후견감독인, 특정후견인, 특정후견감독인, 검사 또는 지방자치단체의 장의 청구에 의하여 한정후견개시의 심판을 한다.

② 한정후견개시의 경우에 제9조제2항을 준용한다.
위의 경우 민법 제12조제2항은 제9조제2항을 준용한 결과, "가정법원은 한정후견개시의 심판을 할 때 본인의 의사를 고려하여야 한다."고 읽어야 한다.

【Theme- 열거조항】

법에서 일정한 자격을 인정하는 어떤 목록에 들어있는 대상들이 반드시 거기에 명시된 것에 국한하여 인정되는 것인지 아니면 그것들은 하나의 예일 뿐이고 그 외에도 그와 유사한 대상들도 모두 인정되는 것인지를 기준으로 전자를 '한정적 열거', 후자를 '예시적 열거'라고 한다.

중앙행정기관을 방송통신위원회, 공정거래위원회, 국민권익위원회, 금융위원회 등 8개로 규정하고 있는 아래의 정부조직법 제2조제2항은 한정적 열거의 예이다.

> 정부조직법 제2조(중앙행정기관의 설치와 조직 등) ② 중앙행정기관은 이 법에 따라 설치된 부·처·청과 다음 각 호의 행정기관으로 하되, 중앙행정기관은 이 법 및 다음 각 호의 법률에 따르지 아니하고는 설치할 수 없다.
> 1. 「방송통신위원회의 설치 및 운영에 관한 법률」 제3조에 따른 방송통신위원회
> 2. 「독점규제 및 공정거래에 관한 법률」 제54조에 따른 공정거래위원회
> 3. 「부패방지 및 국민권익위원회의 설치와 운영에 관한 법률」 제11조에 따른 국민권익위원회
> 4. 「금융위원회의 설치 등에 관한 법률」 제3조에 따른 금융위원회
> 5. 「개인정보 보호법」 제7조에 따른 개인정보 보호위원회
> 6. 「원자력안전위원회의 설치 및 운영에 관한 법률」 제3조에 따른 원자력안전위원회
> 7. 「신행정수도 후속대책을 위한 연기·공주지역 행정중심복합도시 건설을 위한 특별법」 제38조에 따른 행정중심복합도시건설청
> 8. 「새만금사업 추진 및 지원에 관한 특별법」 제34조에 따른 새만금개발청

예시적 열거는 아래의 예처럼 몇 가지 목록을 열거한 후 법문상 "그밖의" 그에 준하는 항목을 뒤에 규정하거나 "… 등"의 표현을 사용하는 형식을 취한다.

> 독점규제 및 공정거래에 관한 법률 제2조(정의) 이 법에서 사용하는 용어의 뜻은 다음과 같다.
> 1. "사업자"란 제조업, 서비스업 또는 <u>그 밖의 사업을 하는 자</u>를 말한다. 이 경우 사업자의 이익을 위한 행위를 하는 임원, 종업원(계속하여 회사의 업무에 종사하는 사람으로서 임원 외의 사람을 말한다. 이하 같다), 대리인 및 <u>그 밖의 자</u>는 사업자단체에 관한 규정을 적용할 때에는 사업자로 본다.

(2) 사실의 인정

1) 증거에 의한 사실인정

재판에서 행위자가 언제 어디에서 어떠한 행위를 하였다는 사실의 인정(fact finding)은 증거에 의하여 하여야 한다. 이를 '증거재판주의'라고 한다. 「형사소송법」은 "사실의 인정은 증거에 의하여야 한다"(동법 §307①)고 직접적으로 이를 규정하고, 「민사소송법」은 "법원은 변론 전체의 취지와 증거조사의 결과를 참작하여 자유로운 심증으로 사회정의와 형평의 이념에 입각하여 논리와 경험의 법칙에 따라 사실주장이 진실한지 아닌지를 판단한다"(동법 §202)고 하여 간접적으로 이를 규정한다.

예컨대, A는 B에게 돈 천만원을 빌려주었으나 B는 이를 갚지 않고 있다고 가정하자. 「민사소송법」제248조에 따라 원고 A는 피고 B를 상대로 제1심 관할법원에 소장(訴狀)을 제출함으로써 소를 제기할 수 있다. 위의 사례에서 A는 부산광역시 남구에 살고, B는 서울특별시 강남구에 사는 경우에 B의 주소지를 관할하는 서울중앙지방법원에 소장을 제출하여 제소할 수 있다.

【Theme- 토지관할】

같은 종류의 직분관할에 속하는 사건을 소재지가 다른 같은 종류의 법원 중 어느 법원에 담당시킬 것인가 하는 관할을 토지관할이라고 한다. 소(訴)는 피고의 보통재판적이 있는 곳의 법원이 관할한다(민소법 §2). 토지관할에 있어서 관할법원은 피고가 자연인인 경우에는 주소지(주소가 없다면 거소, 거소가 일정하지 아니하거나 거소도 알 수 없으면 마지막 주소)를 관할하는 법원이고(동법 §3), 피고가 법인 그 밖의 사단 또는 재단인 경우에는 주된 사무소 또는 영업소가 있는 곳에 따라 정하고, 사무소와 영업소가 없는 경우에는 주된 업무담당자의 주소를 관할하는 법원이다(동법 §5). 피고가 국가인 경우에는 소송에서 국가를 대표하는 관청인 법무부장관 또는 대법원이 있는 곳이다(동법 §6, 「국가를 당사자로 하는 소송에 관한 법률」§2). 이외에 보통재판적에 대한 일정한 예외 또는 보충으로 인정되는 특별재판적이 있다. 즉 어음·수표에 관한 소라면 어음·수표의 지급지(민소법 §9), 불법행위에 관한 소라면 그 행위지(동법 §18), 부동산에 관한 소라면 부동산 소재지(동법 §20) 등이 기준이다.

소장에는 당사자와 법정대리인, 청구의 취지와 원인을 적어야 한다(민소법 §249①). 그러므로 위의 예에서 A는 소장에 다음 그림과 같이 당사자와 법정대리인, 청구취지, 청구원인을 기재하여야 한다. 그리고 소장에는 소가(訴價), 즉 소송목적의 가치에 따라 정해진 인지를 붙여야 한다. 그 액수는 '민사소송 등 인지규칙'에 의하여 산정한다. 이러한 인지대는 국가의 소송제도를 이용하는 것에 대하여 서비스에 대한 수익자 부담원칙에 따른 것이다. 재판장은 소장이 당사자와 법정대리인, 청구의 취지와 원인을 적어야 하는 「민사소송법」제249조 제1항의 규정에 어긋나는 경우와 소장에 법률의 규정에 따른 인지를 붙이지 아니한 경우에는 상당한 기간을 정하고, 그 기간 이내에 흠을 보정하도록 명하여야 한다(동법 §254①). 원고가 제1항의 기간 이내에 흠을 보정하지 아니한 때에는 재판장은 명령으로 소장을 각하하여야 한다(동조②).

【Theme~ 소장(訴狀)의 형식】

소 장

원고 A (주민등록번호)
  주소 부산광역시 남구 용소로 500 M아파트 501호
  위 소송대리인 변호사 김철수
  주소/전화번호 팩스 번호 전자우편주소

피고 B (주민등록번호)
  주소 서울특별시 강남구 일원로 7
  위 소송대리인 변호사 이영희
  주소/전화번호 팩스 번호 전자우편주소

대여금청구의 소

청 구 취 지

1. 피고는 원고에게 금1,000만원 및 이에 대하여 이 사건 소장부본 송달 다음날부터 다 갚을 때까지 연 20%의 비율에 의한 돈을 지급하라.
2. 소송비용은 피고의 부담으로 한다.
3. 위 제1항은 가집행 할 수 있다.
  라는 판결을 구합니다.

청 구 원 인

1. 원고는 피고에게 2015.1.5. 돈 1,000만원을 대여하면서 2015.5.5.에 변제받기로 하였습니다.
2. 그런데 피고는 변제기가 지난 현재에 이르기까지 지불하지 않고 있습니다.
3. 따라서 원고는 피고로부터 청구취지와 같은 돈을 지급받기 위하여 이 사건 청구에 이르게 되었습니다.

입 증 방 법

1. 갑 제1호증 무통장입금증
1. 갑 제2호증 차용증서

첨 부 서 류

1. 위 입증방법   각 1통
1. 소장부본   1통
1. 송달료납부증   1통

```
                          2022. 5. 20.

                    위 원고 소송대리인
                    변호사   김철수 (서명 또는 날인)

  서울중앙지방법원 귀중
```

법원은 소장 부본(副本)을 피고에게 송달한다(민소법 §255①). 소장 부본을 받은 피고는 원고의 청구를 다투는 경우에는 소장의 부본을 송달받은 날부터 30일 이내에 '답변서'를 제출하여야 하고(동법 §256①), 법원은 답변서의 부본을 원고에게 송달하여야 한다(동조③). 피고가 원고의 주장에 이의가 없다면 답변서를 제출할 필요가 없고 이 경우에는 변론 없이 원고에게 승소판결이 선고될 수 있다(민소법 §257①).

소송에서 사실을 주장하려면 증거에 의하여 그 존재를 입증해야 하며, 입증책임을 지는 당사자가 증명을 못하면 법원은 그 사실을 인정하지 않을 수 있다. 민사소송에서 요증사실은 그 사실이 증명되면 이익을 보는 당사자가 입증해야 하는 것이 원칙이다. 그러나 "법원에서 당사자가 자백한 사실과 현저한 사실은 증명을 필요로 하지 아니한다"(민소법 §288본문).

위의 사례에서 원고 A와 피고 B 사이에서 다툼이 있는 사실은 예컨대, 금전차입, 변제, 소멸시효의 완성 등일 수 있다. 변론기일에 원고 A는 "원고가 피고에게 돈 1,000만원을 빌려주었다"는 사실과 "피고가 현재까지 이를 갚지 않고 있다"는 사실을 주장한다고 하자. 피고는 이에 대하여 "빌린 사실이 있다"(자백) 또는 "빌린 사실이 없다"(부인)는 식의 답변을 한다. 대답하지 않으면(침묵) 자백으로 취급되고, "모르겠다"(不知)고 답변하면 부인으로 취급된다.

그런데 피고는 "돈을 빌린 사실이 있으나(자백) 그 후에 갚았다(변제)" 또는 "돈을 빌린 사실이 있으나(자백) 내가 받을 빚을 상계했다"라는 식으로 새로운 사실을 내놓아 항변(抗辯)할 수 있다. 사실의 존부는 원칙적으로 그 사실의 존부를 주장하거나 항변하는 자가 입증(증거를 가지고 증명하는 것)

하여야 한다. 따라서 원고의 주장을 피고가 부인하면 원고는 "원고가 피고에게 돈 1,000만원을 빌려주었다"는 것과 "피고가 현재까지 이를 갚지 않고 있다"는 자기가 주장한 사실을 입증해야 하며, 피고는 빌렸지만 "그 후에 갚은 사실(변제)" 또는 "내가 받을 빚을 상계했다(상계)"는 자기가 주장한 사실(항변사실)을 입증해야 한다.

인적 증거의 경우 증인 신문(민소법 §303 이하)[150], 당사자 본인 신문(동법 §367 이하), 물적 증거인 경우 서증의 신청(동법 §343 이하), 증거물의 검증(동법 §364 이하), 학식과 경험이 있는 전문가의 감정(동법 §333 이하) 등에 의한 증거조사가 입증을 하는 데 흔히 쓰이는 방법들이다. 법원은 당사자가 신청한 증거를 필요하지 아니하다고 인정한 때에는 조사하지 아니할 수 있으나 그것이 당사자가 주장하는 사실에 대한 유일한 증거인 때에는 반드시 조사해야 한다(동법 §290). 법원은 당사자가 신청한 증거에 의하여 심증을 얻을 수 없거나, 그 밖에 필요하다고 인정한 때에는 직권으로 증거조사를 할 수 있다(동법 §292).

2) 증거의 증명력 및 입증책임

법관은 자유심증주의에 따라 증거의 증명력에 대하여 인정할 수 있다. 즉 민사소송에서 법원은 변론 전체의 취지와 증거조사의 결과를 참작하여 자유로운 심증으로 사회정의와 형평의 이념에 입각하여 논리와 경험의 법칙에 따라 사실주장이 진실한지 아닌지를 판단하고(민소법 §202), 형사소송에서

---

150) 증인에 대하여는 먼저 신청한 당사자가 신문(주신문)하고 그 다음 상대방이 신문(반대신문)하는 교호신문(cross-examination)의 방식으로 이루어진다. 반대신문은 주신문에 의한 증언의 진실성을 알아보고 탄핵하려는 것이므로 주신문에 나타난 사항과 이에 관련되는 사항 및 증언의 신빙성에 관한 사항이 아니면 신문할 수 없다. 자기가 신청하지 않은 증인에 대해서는 유도신문도 할 수 있다. 법원은 '증인이 멀리 떨어진 곳 또는 교통이 불편한 곳에 살고 있거나 그 밖의 사정으로 말미암아 법정에 직접 출석하기 어려운 경우' 또는 '증인이 나이, 심신상태, 당사자나 법정대리인과의 관계, 신문사항의 내용, 그 밖의 사정으로 말미암아 법정에서 당사자 등과 대면하여 진술하면 심리적인 부담으로 정신의 평온을 현저하게 잃을 우려가 있는 경우'에는 상당하다고 인정하는 때에는 당사자의 의견을 들어 비디오 등 중계장치에 의한 중계시설을 통하여 신문할 수 있다(민소법 §327의2①).

증거의 증명력은 법관의 자유판단에 의하나(형소법 §308), 범죄사실의 인정은 "합리적인 의심이 없는 정도의"(beyond resonable doubt) 증명에 이르러야 한다(동법 §307②).

요증사실에 대하여 입증이 되지 않아서 진위불명인 경우에는 입증책임을 부담하는 자에게 불리하게 판단한다. 민사소송에서는 통상 그 사실을 주장하거나 그 사실을 증명하면 유리한 자가 입증책임을 지고, 형사소송에서는 검사가 범죄사실의 주장과 증명의 책임을 진다. 그러므로 민사소송에서 요증사실이 입증되지 않으면 그 사실의 존재는 부정된다. 형사소송에서 피고인의 범죄사실은 검사가 입증할 책임이 있으므로 검사가 범죄사실을 입증하지 못하면 피고인은 무죄가 된다.

【Theme- 용어정리: 원고, 피고, 피고인, 피의자, 용의자 】

민사소송의 당사자는 소를 제기한 '원고'(Plaintiff)와 그 상대방인 '피고'(Defendant)이다. 당사자주의와 변론주의에 따라 법원은 원고가 제출한 청구취지의 당부에 대하여 원고와 피고가 제출한 증거에 의거하여 판결한다.

형사소송의 당사자는 공소를 제기한 '검사'(Public Prosecutor)와 그 상대방인 '피고인'(Criminal Defendant)이다. 형사소송에도 당사자주의는 채택되어 있지만 실체진실주의에 따라 검사가 공소장에 기재하여 제출한 피고인의 죄명 및 적용법조에 대하여 증거가 그에 부합되는지 여부에 대하여 법원이 판단하게 된다. 형사소송절차에서 '피의자'(Criminal Suspect)란 수사가 개시되어 범인으로 의심받아 수사기관의 수사대상이 되어 있는 자로서 아직 공소가 제기되지 않은 자를 말한다. 따라서 피고인이란 수사의 결과 피의자에게 범죄혐의가 있고 형사처벌을 받을 필요가 있다고 판단되어 공소가 제기된 피의자라고 말할 수 있다. '용의자'란 범죄의 혐의가 아직 뚜렷하지 않아 정식으로 입건되어 수사가 개시되지는 않았으나, 내부적으로 조사의 대상이 된 사람을 말하며 '피내사자'라고도 한다.

용의자나 피의자는 물론 피고인도 유죄판결이 확정될 때까지는 무죄로 추정하여야 하며 이를 '무죄추정의 원칙'(Principle of Presumption of Innocence)이라고 한다. 무죄추정의 원칙은 3천7백여년전의 고대국가 바빌론의 함무라비법전, 1789년 프랑스 인권선언 제9조[151], UN의 세계인권선언(Universal Declaration of Human Rights)(1948) 제11조

---

151) 시민의 권리 선언 제9조. 유죄판결을 받을 때까지는 무죄로 추정되는 사람을 체포할 필요가 없는데 그의 신병을 확보하기 위하여 필요하지 않은 법집행을 하는 것은 법에 의하여 엄격히 금지된다.

제1항[152])에도 그 규정이 있으며, 「대한민국헌법」은 1980년 개정헌법부터 이를 명시하여 왔다. 현행 헌법 제27조제4항은 "형사피고인은 유죄의 판결이 확정될 때까지는 무죄로 추정된다"고 선언하고 있다.

【Theme~ 증거능력】

　　형사소송에서는 일정한 증거는 증명력을 논하기 전에 아예 법정에서 증거로 사용할 자격인 증거능력이 부정된다. 그러한 증거로는 예컨대, '선거관리위원회 위원·직원이 선거범죄를 조사하면서 관계인에게 진술이 녹음된다는 사실을 미리 알려 주지 아니하고 진술을 녹음한 경우의 녹음파일'[153]) 또는 '진술거부권을 고지받지 아니한 피의자의 진술'[154])과 같이 적법한 절차에 따르지 아니하고 수집한 위법수집증거(형소법 §308의2), 고문, 폭행, 협박, 신체구속의 부당한 장기화 또는 기망 기타의 방법으로 임의로 진술한 것이 아니라고 의심할 만한 이유가 있는 피고인의 자백(§309), 피고인에게 불이익한 유일의 증거인 피고인의 자백(§310) 등이 있다. 또한 '공판준비 또는 공판기일에서의 진술에 대신하여 진술을 기재한 서류'나 '공판준비 또는 공판기일 외에서의 타인의 진술을 내용으로 하는 진술'을 의미하는 전문(傳聞)증거의 경우에는 엄격한 요건을 갖춘 경우에 한하여 증거능력이 인정된다.[155])

---

152) 형법위반으로 기소된 모든 사람은 자신의 변호에 필요한 모든 권리를 보장받은 공개재판에서 법에 따라 유죄가 입증될 때까지 무죄로 추정될 권리가 있다.
153) 대법원 2014.10.15. 선고 2011도3509 판결.
154) 그러나 피고인들이 중국에 있는 A와 공모한 후 중국에서 입국하는 B를 통하여 필로폰이 들어 있는 곡물포대를 배달받는 방법으로 필로폰을 수입하였다고 하여 기소되었는데 검사가 B에게서 곡물포대를 건네받아 피고인들에게 전달하는 역할을 한 참고인 C에 대한 검사 작성 진술조서를 증거로 신청한 사안에서, 피고인들과 공범관계에 있을 가능성만으로 C가 참고인으로서 검찰 조사를 받을 당시 피의자 지위에 있지 않고, 피고인들이 수사과정에서 필로폰이 중국으로부터 수입되는 것인지 몰랐다는 취지로 변소하였기 때문에 피고인들의 수입에 관한 범의를 명백하게 하기 위하여 C를 참고인으로 조사한 것이라면, C는 수사기관에 의해 범죄혐의를 인정받아 수사가 개시된 피의자의 지위에 있었다고 할 수 없고 참고인으로서 조사를 받으면서 수사기관에게서 진술거부권을 고지받지 않았다는 이유만으로 그 진술조서가 위법수집증거로서 증거능력이 없다고 할 수 없다(대법원 2011.11.10. 선고 2011도8125 판결)(이 사건 평석으로 이성, "진술거부권 고지 대상과 위법수집증거배제법칙", 「부산판례연구」 제30집 493면 이하.
155) 예외로 '법원 또는 법관의 조서'는 증거로 할 수 있고(형소법 §311), '검사가 작성한 피의자신문조서'(형소법 §312) 또는 '검사 이외의 수사기관이 작성한 피의자신문조서'는 적법한 절차와 방식에 따라 작성된 것으로서 공판준비 또는 공판기일에 그 피의자였던 피고인 또는 변호인이 그 내용을 인정할 때에 증거로 할 수 있다(동법 §312①·③). '검사 또는 사법경찰관이 피고인이 아닌 자의 진술을 기재한 조서'는 적법한 절차와 방식에 따라 작성된 것으로서 그 조서가 검사 또는 사법경찰관 앞에서 진술한 내용과 동일하게 기재되

【Theme- 급발진 의심 사건156)】

　자동세차를 하고 나온 차량이 갑자기 앞으로 튀어나가 사람을 친 사고에서 법원이 차량 급발진이 의심된다며 운전자에게 무죄를 선고했다. 서울중앙지법 형사10단독 이환승 부장판사는 교통사고처리특례법 위반으로 기소된 회사원 A(48)씨에게 무죄를 선고했다고 8일 밝혔다. A씨는 지난해 2월 오후 3시께 자신의 SUV 차량을 한 세차장에서 자동세차했다. 그런데 세차가 끝난 뒤 차량이 앞으로 돌진해 다른 차를 손세차하고 있던 B(43)씨를 들이받았다. B씨는 이 사고로 숨졌다. 이 부장판사는 "피고인의 주장과 같이 차량의 조향장치와 제동장치가 제대로 작동하지 않은 상태에서 일어난 불가항력적인 사고일 가능성을 배제할 수 없고 검사가 제출한 증거들만으로 피고인에게 과실이 있다고 인정하기 어렵다"고 판단했다. 국립과학수사연구원은 이 사고 감정 결과 "해당 차량에서 급발진 현상이 발생했다고 볼 수 있는 특이점이 발견되지 않았다"고 회신했다. 그러나 이 부장판사는 "국과수 감정도 현재까지 이른바 '급발진 현상'이라는 것의 실체와 그 원인이 과학적으로 밝혀져 있지 않아 급발진 여부를 직접 증명하기는 곤란하다는 것이고, 차량이 뭔가 이상을 일으켰지만 사후에 흔적이 발견되지 않을 가능성이 부정되지 않으므로 감정결과는 본질적인 한계를 지녔다"고 지적했다. 이어 "변호인이 제출한 증거를 보면 비록 학술적으로 증명된 것은 아니지만 세차 중인 차량의 시동이 켜져 있을 경우 차량 내 공기와 연료, 수분이 뒤섞이면서 엔진 상태가 변화해 급발진 사고의 원인이 될 수 있다는 의견이 있다"고 인정했다. 아울러 A씨가 10년 이상 별다른 사고 경력 없이 운전해왔고 사고 당시 가속페달을 최대로 밟아 급가속시킬 만한 특별한 이유나 사람을 칠 위험을 알고도 그대로 차량을 돌진시킬 만한 정신적·신체적 장애가 없다는 점도 고려됐다. 이전에도 법원은 급발진 의심 사고 관련 형사사건에서 줄곧 무죄를 선고해왔다. 형사소송에서 피고인의 과실에 대한 입증 책임은 검사에게 있기 때문이다. 급발진 의심 사고는 운전자의 과실에 관한 증거가 없는 경우들이어서 "합리적 의심을 배제할 정도의 증명이 없다"는 이유로 무죄가 선고됐다.

【Theme- 의사가 발급한 상해진단서의 증명력】

　A씨는 2013년 11월 27일 한 오피스텔 관리사무실에서 세입자인 B씨와 보증금 반환 문제로 언쟁을 벌이다 B씨가 앞을 가로막자 비키라고 하면서 양손으로 B씨의 상의를 잡아 당겨 옆으로 밀어 넘어뜨렸다. B씨는 7개월이 지난 2014년 6월 A씨를 고

어 있음이 원진술자의 공판준비 또는 공판기일에서의 진술이나 영상녹화물 또는 그 밖의 객관적인 방법에 의하여 증명되고, 그 조서에 기재된 진술이 특히 신빙할 수 있는 상태하에서 행하여졌음이 증명되면 피고인 또는 변호인이 공판준비 또는 공판기일에 그 기재 내용에 관하여 원진술자를 신문할 수 있었던 때에는 증거로 할 수 있다(동법 §312④).

156) 임미나 기자, "세차 후 급발진 의심 차량에 사망사고 … 운전자 무죄", 연합뉴스 2016.4.8.

소하면서 2013년 11월 28일자로 발행된 상해진단서를 제출했다. 병명은 '요추부 염좌'로 기록돼 있고, 2주간 치료를 요한다고 적혀 있었다. 진단서를 발급한 의사 C씨는 상해진단서 발행일이 사건 이튿날로 기록돼 있는 이유에 대해 "상해진단서가 2013년 11월 28일 이미 발급돼 있었으나 피해자가 찾아가지 않고 있다가 2014년 6월 내원해서 발급받아 갔다"고 설명했다. 1,2심은 B씨의 진술과 진단서 등을 토대로 상해죄를 인정해 벌금 50만원을 선고했다.

    그러나 대법원은 "B씨가 C씨로부터 진료를 받기는 했으나, 문진과 방사선 촬영검사 외에 물리치료 등 통증에 대해 별다른 치료를 받지 않았고 처방받은 약품도 구입하지 않았으며 이후 다시 병원을 방문하거나 허리 부위와 관련해 치료를 받은 흔적을 찾아볼 수 없다"며 "상해진단서의 발급 경위, 진단 내용과 치료 경과, 의사가 진술하는 진단서 발급의 근거 등 여러 사정을 볼 때 B씨가 A씨의 행위로 요추부 염좌라는 상해를 입었다고 쉽게 단정하기 어렵다"고 보았다. 대법원은 상해진단서의 증명력을 판단하는 구체적인 기준도 제시했다. 대법원은 의사가 발급한 "상해진단서가 주로 통증이 있다는 피해자의 주관적인 호소 등에 의존해 의학적인 가능성만으로 발급된 때에는 그 진단 일자 및 진단서 작성일자가 상해 발생 시점과 시간상으로 근접하고 상해진단서 발급 경위에 특별히 신빙성을 의심할 만한 사정은 없는지, 상해진단서에 기재된 상해 부위 및 정도가 피해자가 주장하는 상해의 원인 내지 경위와 일치하는지, 피해자가 호소하는 불편이 기왕에 존재하던 신체 이상과 무관한 새로운 원인으로 생겼다고 단정할 수 있는지, 의사가 그 상해진단서를 발급한 근거 등을 두루 살피는 외에도 피해자가 상해 사건 이후 진료를 받은 시점, 진료를 받게 된 동기와 경위, 그 이후의 진료 경과 등을 면밀히 살펴 논리와 경험법칙에 따라 그 증명력을 판단해야 한다"면서 "상해진단서의 객관성과 신빙성을 의심할 만한 사정이 있는 때에는 그 증명력을 판단하는 데 매우 신중해야 한다"고 하면서 상해 혐의로 기소된 피고인에게 무죄를 선고하였다.[157]

3) 사실의 추정과 의제

(가) 사실의 추정

사실의 '추정'(推定)이란 전제사실이 입증되면 반증이 없는 한 추정사실의 존재가 입증된 것으로 보게 되는 것을 말한다.

법률상의 사실추정 규정의 예로는 「민법」 제30조(동시사망)가 있다.

---

157) 대법원 2016.11.25. 선고 2016도15018 판결.

> 민법 제30조(동시사망) 2인 이상이 동일한 위난으로 사망한 경우에는 동시에 사망한 것으로 추정한다.

A는 가족으로 배우자 B가 있고, 슬하에 자식 C, 모친 D를 모시고 있다고 하자. 어느 날 A가 C를 데리고 여행을 떠났다가 승선한 배가 침몰하여 사망하였다고 하면, A와 C가 사망한 순서에 따라 A의 재산을 상속할 사람이 달라진다. 상속에 있어서는 "1. 피상속인의 직계비속, 2. 피상속인의 직계존속" 등의 순위로 상속인이 되고(「민법」§1000①) 피상속인의 배우자는 위 제1호와 제2호의 규정에 의한 상속인이 있는 경우에는 그 상속인과 동순위로 공동상속인이 되고 그 상속인이 없는 때에는 단독상속인이 되므로(「민법」§1003①), 1) 사고 현장에서 A가 먼저 사망하고 C가 나중에 사망하였다고 하면 B와 C가 공동상속인이 되었다가 C는 사망하였으므로 결국 B가 모든 A의 재산을 상속한다. 그와 달리 2) C가 먼저 사망하고 A가 나중에 사망하였다고 하면 B와 D가 공동상속인이 된다. 그러나 3) A와 C의 사체는 발견되었지만 위 1)과 2) 중 어느 경우인지 알 수 없다면 A와 C가 동시에 사망한 것으로 추정되어(「민법」§30) B와 D가 공동상속인이 된다.

추정은 전제사실이 증명된 경우 추정사실이 존재한다고 보는 것이므로 추정사실과 다른 사실이 반대사실의 증거(본증)에 의하여 증명된다면 추정은 깨어진다. 예컨대, 위의 사례에서 침몰하는 배에서 A가 C를 구명보트에 먼저 태우고 익사하고, 이어서 다시 구명보트가 침몰하여 C가 사망하였다는 사실이 동승자가 찍은 휴대전화 영상으로 확인된 경우와 같이 동일한 위난으로 사망한 두 사람이 각기 다른 시기에 사망한 사실이 밝혀진 경우에는 추정은 번복된다.

또 다른 법률상의 사실추정 규정의 예로는 「민법」 제262조 제2항이 있다. 물건이 지분에 의하여 수인의 소유로 된 때에는 공유로 하는데(동조 ①), 공유자의 지분은 균등한 것으로 추정한다(동조②). 이에 따라 X와 Y가 함께 산 골동품은 두 사람의 공유로 되고, X와 Y는 각각 50%의 지분을 가지는 것으로 추정한다. 그러나 X가 70%, Y가 30%의 돈을 내고 골동품을 샀고, X와 Y가 출연금의 차이만큼 지분을 갖기로 합의하였다는 사실이 증명된다면 그러한 추정은 깨어진다.

(나) 사실의 의제

사실의 의제(擬制)란 전제사실의 입증에 의하여 의제사실의 존재가 입증된 것으로 보게 되는 것을 말한다. 의제는 흔히 법문상 "…으로 본다"는 표현이 사용되나 반드시 그런 것은 아니다. 사실의제의 예로 실종선고의 효과로 사망을 의제하는 것이 있다.

> 민법 제27조(실종의 선고) ① 부재자의 생사가 5년간 분명하지 아니한 때에는 법원은 이해관계인이나 검사의 청구에 의하여 실종선고를 하여야 한다.
> ② 전지에 임한 자, 침몰한 선박 중에 있던 자, 추락한 항공기 중에 있던 자 기타 사망의 원인이 될 위난을 당한 자의 생사가 전쟁종지후 또는 선박의 침몰, 항공기의 추락 기타 위난이 종료한 후 1년간 분명하지 아니한 때에도 제1항과 같다.
> 제28조(실종선고의 효과) <u>실종선고를 받은 자는 전조의 기간이 만료한 때에 사망한 것으로 본다.</u>

앞서 사실추정의 사례에서와 같이 A와 자식 B가 승선한 선박이 2018년 8월 10일에 침몰한 경우 A와 C의 사체가 발견되지 않고 실종되어 이들의 생사가 선박의 침몰 후 1년간 분명하지 아니한 때에는 법원은 이해관계인이나 검사의 청구에 의하여 실종선고를 하여야 하고, 배우자 B가 2019년 10월 5일에 법원에 실종선고를 청구하였다면 「민법」 제28조에 따라 실종선고를 받은 A와 C는 침몰 사고 후 1년이 경과한 2019년 8월 10일에 이미 사망한 것으로 보게 된다.

의제된 사실은 추정된 사실과 달리 반증을 들더라도 번복되지 아니하며 법이 정한 특정한 절차를 거치지 않으면 번복할 수 없다. 실종선고는 취소하여야(민법 §29)[158] 의제사실을 번복할 수 있다. 따라서 A가 침몰사고 후 수

---

158) 민법 제29조(실종선고의 취소) ① 실종자의 생존한 사실 또는 전조의 규정과 상이한 때에

일이 지난 후에 사망한 사실이 다른 증거에 의하여 밝혀지더라도 법원이 실종선고를 취소할 때까지는 의제된 사실, 즉 A가 2019년 8월 10일에 사망한 사실은 바뀌지 아니한다.

사실의제의 다른 예로 성년의제(민법 §826의2)가 있다. 미성년자는 사리를 변별할 능력이 부족하므로 그 보호를 위하여 행위능력이 제한되어 법정대리인이나 후견인의 동의를 받아야 법률행위를 할 수 있는데 혼인을 한 미성년자는 성년으로 보아 행위능력의 제한이 해제된다. 일단 혼인한 후 이혼하더라도 성년의제의 효력은 유지된다.

법적 의제는 "개선 욕구를 충족시키면서도 변화에 대한 상존하는 거부감을 거스르지 않기 때문에" 고대법에서 활발히 사용되었던 도구이며 "사회진보의 특정단계에서 법의 엄격함을 극복하는 유용한 수단이 된다."159) 이방인 혈통의 사람을 가족의 일원으로 편입시키는 입양은 "가장 널리 사용된 법적 의제"였다.160) 입양 아동은 양부모의 친생자와 같은 자식으로 의제된다(민법 §88의2①).161) 입양 사실을 번복하려면 협의상 파양(민법 조898) 또는 재판상

사망한 사실의 증명이 있으면 법원은 본인, 이해관계인 또는 검사의 청구에 의하여 실종선고를 취소하여야 한다. 그러나 실종선고후 그 취소전에 선의로 한 행위의 효력에 영향을 미치지 아니한다.
② 실종선고의 취소가 있을 때에 실종의 선고를 직접원인으로 하여 재산을 취득한 자가 선의인 경우에는 그 받은 이익이 현존하는 한도에서 반환할 의무가 있고 악의인 경우에는 그 받은 이익에 이자를 붙여서 반환하고 손해가 있으면 이를 배상하여야 한다.
159) Henry S. Maine 저/ 김도현 역, 「고대법(Ancient Law)」, 19면.
160) Maine은 입양은 "기본 집단인 가족에 다른 집단을 흡수하여 편입되는 집단이 편입하는 집단과 동일한 계통의 후손이라고 가장하는" 의제였고 "지속성과 공고함을 가진 모든 초기 사회는 그러한 후손들 또는 그러한 후손들이라고 의제된 사람들로 구성되었다."고 하며, 위의 책, 90~91면. 로마법이 유스티니아누스 황제에 의하여 완성되었을 때 고대에 혈통, 입양에 의한 신분에 의하여 전승되던 "가족 집단내 가부장의 권리"는 "개인들간의 자유로운 합의", 즉 계약으로 대체되었다고 한다. 위의 책, 116~117면.
161) 입양시 입양아동과 입양전 친생부모와의 관계는 존속된다(민법 §882의2②). 그러나 친양자 입양의 경우에는 친양자는 부부의 혼인중 출생자로 본다(민법 §908의3①). 따라서 친양자의 입양 전의 친족관계는 단절된다. 다만, 부부의 일방이 그 배우자의 친생자를 단독으로 입양한 경우에 있어서의 배우자 및 그 친족과 친생자간의 친족관계는 그러하지 아니하다(동조②).

파양(민법 §905)을 하여야 한다. 입양을 하려면 요건을 갖추어 입양신고를 하여야 하는데 우리 대법원 판례는 입양 사실을 숨기고 비밀입양을 위하여 입양신고 대신 입양아동을 양부모의 친생자로 출생신고 하는 경우에도 입양의 효력을 인정하였다.162)

(3) 소송제도

소송은 법원에서 다툼이 있는 사실에 대하여 확인하고 법적 해석을 통하여 소송대상인 권리관계나 범죄의 유무 등에 대하여 판결이나 결정으로 판정하는 제도이다. 법원이 담당하는 사건의 종류별로 민사소송, 가사소송, 형사소송, 행정소송, 특허소송, 군사소송 등이 있다. 각각 「민사소송법」, 「가사소송법」, 「형사소송법」, 「행정소송법」, 「특허법」「군사소송법」이 그 소송절차에 관하여 정하고 있다. 이들 사건의 재판은 각각 관할권이 있는 일반 법원이 담당하는데, 행정사건은 행정법원, 특허사건은 특허법원, 군사사건은 군사법원이 특별법원으로 설치되어 있다.

다툼이 있는 사건이라고 해서 모두 소송으로 해결하는 것은 아니고 민법 제44조에 따른 재단법인의 정관 보충 사건, 임시이사 또는 특별대리인의 선임 사건 등 비송사건은 법원이 비송사건으로서 「비송사건절차법」에 따라 처리하고, 소년보호사건은 「소년법」에 따라 법원의 소년부에서 처리한다.

1) 공통요소

소송사건은 그 적용법률에서 정한 절차에 따라 처리되지만, 기본적으로 모든 소송절차에서 공통되는 점은 다음과 같다.

첫째, 법원은 증거에 의하여 사실을 확정해야 한다. 둘째, 당사자주의에 따라 무엇에 관하여 재판할지는 기본적으로 당사자가 정한 범위에 국한된다. 그러나 여기에는 예외가 있어서 예컨대 행정소송은 직권심리주의가 적용되어서 행정소송에서 법원은 필요하다고 인정할 때에는 직권으로 증거조사를

---

162) 대법원 2001.5.24. 선고 2000므1493 전원합의체 판결.

할 수 있고, 당사자가 주장하지 아니한 사실에 대하여도 판단할 수 있다(행정소송법 §26). 셋째, 재판의 심리와 판결은 공개하되 심리는 국가의 안전보장 또는 안녕질서를 방해하거나 선량한 풍속을 해할 염려가 있을 때에는 법원의 결정으로 공개하지 아니할 수 있다(헌법 §109).[163] 넷째, 심급제도가 적용되어 사건마다 원칙적으로 최고법원인 대법원과 각급법원에서 세 번의 심판 기회가 주어진다(3심제).[164] 제1심보다 제2심이, 제2심보다 제3심이 각각 더 넓은 범위의 관할지역을 가진 법원에 의하여 심판됨으로써 법원의 판결이 지역별로 또는 관할법원별로 달라지는 것을 교정하여 국가 전체의 법적용의 통일성이 보장되게 된다. "법관은 헌법과 법률에 의하여 그 양심에 따라 독립하여 심판"하지만(헌법 §103), 법관의 실수로 잘못된 판결이 내려질 수도 있고, 그러한 경우 각 심급에서의 법원의 재판에서 패소한 당사자는 항소·상소를 통하여 불복할 수 있다. 1심 법원의 판결에 불복하면 2심 법원에 항소할 수 있고(민소법 §390, 형소법 §357), 2심 법원의 판결에 승복할 수 없다면 대법원에 상고할 수 있다(민소법 §422, 형소법 §371).[165] 그리고 항소와

---

[163] 예외로서 소년보호사건의 심리는 공개하지 아니하며, 다만, 소년부 판사는 적당하다고 인정하는 자에게 참석을 허가할 수 있다(소년법 §24②).

[164] 군사소송은 특별법원으로서 군사법원에서 관할하지만, 그 상고심은 대법원에서 관할하므로(헌법 §110①·②) 마찬가지로 3심제가 적용되는데, 예외적으로 비상계엄하의 군사재판은 군인·군무원의 범죄나 군사에 관한 간첩죄의 경우와 초병·초소·유독음식물공급·포로에 관한 죄 중 법률이 정한 경우에 한하여 단심으로 할 수 있다(헌법 §110④본문). 다만, 사형을 선고한 경우에는 3심제를 적용한다(동항 단서). 「독점규제 및 공정거래에 관한 법률」 (약칭: 공정거래법)위반사건에서 법위반 사업자에 대한 공정거래위원회의 처분에 대하여 그 사업자가 불복하는 행정소송은 서울고등법원의 전속관할이며(동법 §100), 서울고법의 판결 결과에 대하여 그 사업자가 불복하면 대법원이 심판한다. 특허·실용신안에 관한 취소신청, 특허·실용신안·디자인·상표에 관한 결정은 특허청장 소속의 특허심판원에서 하고(「특허법」 §132의14), 특허취소결정 또는 심결에 대한 소 및 특허취소신청서·심판청구서·재심청구서의 각하결정에 대한 소는 특허법원의 전속관할이다(동법 §186①). 해양사고사건에서 해양사고의 원인을 밝히기 위한 심판은 해양수산부장관 소속의 해양심판원(제1심은 지방해양심판원, 제2심은 중앙해양심판원)에서 하며(「해양사고의 조사 및 심판에 관한 법률」 (약칭: 해양사고심판법) §§3, 21), 중앙해양심판원의 재결에 대한 소송은 세종시를 관할하는 고등법원의 전속관할이다(동법 §74). 대통령, 국회의원, 비례대표시·도의원·시도지사 선거소송은 대법원에 제기하며(「공직선거법」 §222①) 그밖의 지방의회의원·지방자치단체장의 선거소송은 해당 선거구 관할 고등법원에 제기한다(동조②).

상고를 통틀어 상소라고 한다. 상소는 서면에 의하여 제기하여야 하며(민소법 §397) 상소장이 상소기간 내에 법원에 도달하여야만 효력이 있다. 지방법원 또는 지방법원지원의 단독판사의 판결에 대한 항소사건은 지방법원 본원 합의부 등에서 관할하고(법원조직법 §32②), 지방법원 합의부의 1심 판결에 대한 항소사건은 고등법원에서 관할한다(동법 §28ⅰ). 상고사건은 대법원의 관할에 속한다(법원조직법 §14, 형소법 §372).[166]

민사사건에서는 소송비용 및 가집행에 관한 재판에 대하여는 독립하여 항소를 하지 못하며(민소법 §391), 상고는 판결에 영향을 미친 헌법·법률·명령 또는 규칙의 위반이 있다는 것을 이유로 드는 때에만 할 수 있다(동법 §423). 형사사건의 항소심에서는 원심판결 기재 범죄를 저지른 사실이 없다거나 양형이 무겁다는 등의 이유로 자유롭게 항소이유로 할 수 있지만, 상고심에서는 사형, 무기 또는 10년 이상의 징역이나 금고가 선고된 사건이 아니면 양형이 무겁다는 사유를 상고이유로 할 수 없다(형소법 §357). 검사는 상소하지 않고 피고인만이 상소한 경우에는 '불이익변경금지의 원칙'에 따라 상소심 법원은 피고인에게 원심판결의 형보다 중한 형을 선고하지 못한다(동법 §368).

1심과 2심 법원의 재판은 민사사건의 경우 그 불복기간인 판결서가 송달된 날부터 2주가 경과하거나 항소권·상고권을 포기하면(민소법 §396·425) 확정되고, 형사사건의 경우 재판을 선고 또는 고지한 날로부터 7일의 상소 제기기간을 경과하면(형소법 §§343·358·374) 확정된다. 최종심인 대법원의 판결은 선고되면 바로 확정된다. 형사사건의 경우 "형사피고인은 유죄의 판결이 확정될 때까지는 무죄로 추정된다"(헌법 §27④)는 무죄추정의 원칙(Principle of Presumption of Innocence)과 관련하여 판결이 언제 확정되는지는

---

165) 소송절차에 관한 신청을 기각한 결정이나 명령에 대하여 불복하는 절차는 '항고', 항고심의 결정에 다시 불복하는 것은 '재항고'라고 한다(민사소송법 §439, 442). 항고는 법원의 결정이나 명령이 고지된 1주 이내에 하여야 한다(동법 §444).

166) ① 원심판결이 인정한 사실에 대하여 법령을 적용하지 아니하였거나 법령의 적용에 착오가 있는 때 또는 ② 원심판결이 있은 후 형의 폐지나 변경 또는 사면이 있는 때에는 제1심판결에 대하여 항소를 제기하지 아니하고 바로 상고할 수 있는데 이를 비약상고라 한다.

매우 중요하다.

확정된 법원의 판결은 원칙적으로 다툴 수 없고, 예외적으로 당사자에게 유리한 새로운 증거가 발견되는 등 확정판결의 전제에 잘못이 있다는 사유가 밝혀진 경우에 '재심'을 청구할 수 있다. 민사사건과 형사사건의 재심사유는 다음과 같다.167)

> 민사소송법 제451조(재심이유) ① 다음 각호 가운데 어느 하나에 해당하면 확정된 종국판결에 대하여 재심의 소를 제기할 수 있다. 다만, 당사자가 상소에 의하여 그 사유를 주장하였거나, 이를 알고도 주장하지 아니한 때에는 그러하지 아니하다.
> 1. 법률에 따라 판결법원을 구성하지 아니한 때
> 2. 법률상 그 재판에 관여할 수 없는 법관이 관여한 때
> 3. 법정대리권·소송대리권 또는 대리인이 소송행위를 하는 데에 필요한 권한의 수여에 흠이 있는 때. 다만, 제60조 또는 제97조의 규정에 따라 추인한 때에는 그러하지 아니하다.
> 4. 재판에 관여한 법관이 그 사건에 관하여 직무에 관한 죄를 범한 때
> 5. 형사상 처벌을 받을 다른 사람의 행위로 말미암아 자백을 하였거나 판결에 영향을 미칠 공격 또는 방어방법의 제출에 방해를 받은 때
> 6. 판결의 증거가 된 문서, 그 밖의 물건이 위조되거나 변조된 것인 때
> 7. 증인·감정인·통역인의 거짓 진술 또는 당사자신문에 따른 당사자나 법정대리인의 거짓 진술이 판결의 증거가 된 때
> 8. 판결의 기초가 된 민사나 형사의 판결, 그 밖의 재판 또는 행정처분이 다른 재판이나 행정처분에 따라 바뀐 때
> 9. 판결에 영향을 미칠 중요한 사항에 관하여 판단을 누락한 때
> 10. 재심을 제기할 판결이 전에 선고한 확정판결에 어긋나는 때
> 11. 당사자가 상대방의 주소 또는 거소를 알고 있었음에도 있는 곳을 잘 모른다고 하거나 주소나 거소를 거짓으로 하여 소를 제기한 때
>
> 형사소송법 제420조(재심이유) 재심은 다음 각 호의 어느 하나에 해당하는 이유가 있는 경우에 유죄의 확정판결에 대하여 그 선고를 받은 자의 이익을 위하여 청구할 수

---

167) 그밖에 「소송촉진 등에 관한 특례법」 제23조의2 제1항은 "유죄판결을 받고 그 판결이 확정된 자가 책임을 질 수 없는 사유로 공판절차에 출석할 수 없었던 경우 … 그 판결이 있었던 사실을 안 날부터 14일 이내에 제1심 법원에 재심을 청구할 수 있다"고 규정하고 있다. 「헌법재판소법」 제47조 제4항은 "위헌으로 결정된 법률 또는 법률의 조항에 근거한 유죄의 확정판결에 대하여는 재심을 청구할 수 있다" 고 재심사유를 규정하고 있다.

제5절 법의 효력, 해석과 적용

있다.
1. 원판결의 증거가 된 서류 또는 증거물이 확정판결에 의하여 위조되거나 변조된 것임이 증명된 때
2. 원판결의 증거가 된 증언, 감정, 통역 또는 번역이 확정판결에 의하여 허위임이 증명된 때
3. 무고(誣告)로 인하여 유죄를 선고받은 경우에 그 무고의 죄가 확정판결에 의하여 증명된 때
4. 원판결의 증거가 된 재판이 확정재판에 의하여 변경된 때
5. <u>유죄를 선고받은 자에 대하여 무죄 또는 면소를, 형의 선고를 받은 자에 대하여 형의 면제 또는 원판결이 인정한 죄보다 가벼운 죄를 인정할 명백한 증거가 새로 발견된 때</u>
6. 저작권, 특허권, 실용신안권, 디자인권 또는 상표권을 침해한 죄로 유죄의 선고를 받은 사건에 관하여 그 권리에 대한 무효의 심결또는 무효의 판결이 확정된 때
7. <u>원판결, 전심판결 또는 그 판결의 기초가 된 조사에 관여한 법관, 공소의 제기 또는 그 공소의 기초가 된 수사에 관여한 검사나 사법경찰관이 그 직무에 관한 죄를 지은 것이 확정판결에 의하여 증명된 때.</u> 다만, 원판결의 선고 전에 법관, 검사 또는 사법경찰관에 대하여 공소가 제기되었을 경우에는 원판결의 법원이 그 사유를 알지 못한 때로 한정한다.

【Theme- 삼례 나라슈퍼 강도치사 사건】

1999년 2월 6일 새벽, 전라북도 완주군 삼례읍의 나라슈퍼에 3명의 강도가 당시 잠들어 있던 박씨와 아내 최씨, 장모 유씨 할머니를 위협하여 테이프로 묶은 뒤 금품을 훔치고 달아났는데, 이때 77세였던 유씨는 질식사하였다. 9일 후 인근에 살던 청년 3명(임명선, 최대열, 강인구. 이하 "삼례 3인조")이 잡혔다. 이들 삼례 3인조는 수사기관에서 범행 사실을 자백하였고 기소되었다. 1심 법원은 피고인들에게 강도치사죄의 유죄판결을 선고하였고 대법원의 상고심에서도 이들에게 유죄가 인정되어 각각 3~6년의 징역형을 선고받았다. 한편 1999년 11월 부산지검은 제보를 받고 용의자 3명을 검거한 후 자백을 받아낸 뒤 전주지검으로 넘겼으나, 전주지검은 이들에게 무혐의 처분을 내린 일이 있었다. 그렇게 이 사건은 세상의 관심 속에서 잊히는가 싶었다.

2015년에 박준영 변호사가 삼례 3인조를 변호하면서 법원에 재심을 청구하였다. 이 과정에서 유씨의 사위인 박씨가 사건 직후인 1999년 2월 18일에 촬영한 당시 경찰의 현장검증 영상이 제출되었는데 이 영상에는 경찰이 3인조를 다그치면서 이렇게 해라 저렇게 해라 강요하는 장면이 있었다. 결국 법원은 재심청구를 받아들였고, 검찰이 항고를 포기하면서 전주지방법원에서 재심이 진행되었다. 2016년 1월 말, 자신이 이 사

건의 진범이라고 주장하는 사람이 등장했다. 그는 1999년에 무혐의 처분을 받은 용의자 3명 중 한 명이었다. 그는 유족 앞에서 사죄를 하고, 자신 대신 무고하게 살인 누명을 쓴 3인의 무죄를 입증하기 위해 협력하겠다고 하였다. 이에 따라 상황이 급격히 뒤집어졌다. 나머지 진범 중에서 한 명은 2015년 말에 자살하였고 남은 한 명은 자신의 범죄를 부인하였다. 2016년 2월 11일에 뉴스타파, 2016년 6월 23에 KBS가 이러한 내용을 보도하였다. 이 프로그램에 박준영 변호사가 직접 출연하였고 삼례 3인조의 처지와 수사기관이 증거로 제출한 자술서 등을 비교하였는데, 3인조 중 한 명은 언어나 논리 구사능력이 낮아서 긴 문장을 쓸 수 없는 정도임이 의학적으로 드러났는데 자술서가 매우 긴 장문으로 작성되었다는 점이 방송을 타며 의구심이 늘어났다.

2016년 10월 28일에 전주지방법원 제1형사부에서 열린 재심 공판에서 법원은 강도치사죄목으로 복역을 했던 3명에 대하여 형사소송법 제420조 제5호의 재심사유를 적용하여 무죄를 선고하였다. 그리고 11월 4일 검찰이 항소를 최종포기하여 삼례 3인조는 17년 만에 최종적으로 무죄가 확정되었다. 이 사건 1심 배석판사였던 더불어민주당 박범계 의원은 2017년 2월 14일에 피해자들을 국회로 초청해 사과하고, 재발방지와 피해배상을 약속하였다. 2017년 6월 9일, 전주지법 제2형사부는 억울하게 11년간 감옥살이를 한 3인에게 총 11억여 원의 형사보상 금액을 결정하였다.

대법원 2024.12.18.자 2021모2650 결정(재심기각결정에 대한 항고)

이 사건은 61년전 자신을 성폭행하려던 남성의 혀를 깨물어 1.5cm 가량 절단되게 한 중상해죄 혐의로 징역형을 선고받았던 피해자가 재심을 청구한 사건이다.

(1) … 형사소송법 제422조는 "전 2조의 규정에 의하여 확정판결로써 범죄가 증명됨을 재심청구의 이유로 할 경우에 그 확정판결을 얻을 수 없는 때에는 그 사실을 증명하여 재심의 청구를 할 수 있다."라고 규정하고 있다. 여기서 '그 사실을 증명하여'란 확정판결을 얻을 수 없다는 사실과 형사소송법 제420조와 제421조가 재심이유로 규정한 범죄행위 등이 행하여졌다는 사실을 각 증명하여야 한다는 의미이고, 이때의 증명은 '확정판결을 대신하는 증명'이다. '확정판결을 대신하는 증명'이 있는지를 판단할 때는, 재심은 확정판결의 중대한 오류를 시정하고 일반적인 형사재판절차에서 형사소송원칙에 따른 권리를 제대로 보장받지 못한 억울한 피고인을 구제하여 인권을 옹호하기 위한 제도라는 점, 확정판결을 얻을 수 없는 이유가 매우 다양한 점 등을 유념하고 구체적인 사건에서 비상구제절차인 재심제도의 목적과 이념, 형사소송법 제420조 제7호의 취지 등을 두루 고려하여 신중하게 판단하여야 한다.

<u>재심청구인이 형사소송법 제420조 제7호에서 규정한 범죄의 피해자로서 하는 진술 그 자체가 재심이유인 '직무에 관한 죄'의 존재를 뒷받침하는 핵심적 증거로 제출되었음에도 그 범죄의 공소시효가 이미 완성하여 확정판결로 증명할 수 없는 경우가 있다. 이때 재심청구인의 범죄 피해에 관한 진술 내용이 논리와 경험칙에 비추어 합리적이고, 진술 자체로 모순되</u>

거나 객관적으로 확인된 사실이나 사정과 모순되지 않으며, 재심청구인이 허위로 진술할 뚜렷한 동기나 이유를 찾을 수 없는 등 그 진술에 충분한 신빙성이 있을 뿐만 아니라, 그 진술에 부합하는 직접·간접의 증거들이 상당수 제시된 반면, 그 진술과 모순되거나 진술 내용을 탄핵할 수 있는 다른 객관적인 증거가 없어 그 진술만으로 법이 정한 재심사유가 있다고 인정하기에 충분하다는 정도에 이를 경우에는 원칙적으로 재심청구가 이유 있다고 인정하여 재심의 심판을 받을 기회를 보장하여야 한다.

재심의 청구를 받은 법원은 재심청구의 이유가 있는지 판단하는 데에 필요한 경우에는 사실을 조사할 수 있고(형사소송법 제37조 제3항), 이때 공판절차에 적용되는 엄격한 증거조사 방식을 따라야만 하는 것은 아니다. 사실조사가 필요한지 여부의 판단은 법원의 재량이지만, 재심청구인의 진술 그 자체가 재심이유의 존재를 뒷받침하는 핵심적 증거로서 신빙성이 있고 그 진술의 내용 자체나 전체적인 취지에 부합하는 직접·간접의 증거들이 상당수 제시된 경우에는, 그 신빙성을 깨뜨릴 충분하고도 납득할 만한 반대되는 증거나 사정이 존재하는지에 관한 별다른 사실조사도 없이 만연히 '재심청구인의 진술' 외에 다른 객관적 증거가 없다는 이유로 재심청구를 기각하는 것은 타당하지 않다.

(2) 재항고인(1945. 6.생)은 1964. 5. 6. 오후 8시경 생면부지인 청구외인이 재항고인을 넘어뜨리고 배 위에 올라타 강제로 입을 맞추려고 하면서 혀를 재항고인의 입 속으로 넣자 청구외인의 혀를 1.5cm 물어 끊게 되었다. … 그 후 청구외인이 1964. 5.23.경 10여 명의 친구들과 재항고인의 집에 침입하여 위와 같이 혀에 상처를 입힌 것에 대하여 항의하면서 식칼을 들고 재항고인의 부친을 죽인다고 하는 등 협박하고 나서 재항고인을 중상해로 고소하자, 재항고인도 청구외인을 강간미수와 특수주거침입 및 협박으로 고소하였다. 두 사건을 조사한 경찰은 재항고인의 정당방위 주장을 받아들여 죄가 없다고 판단하고 청구외인에 대하여는 강간미수와 특수주거침입 및 협박의 혐의를 인정하여 그러한 내용으로 검찰에 송치하였다. 그런데 검찰에서 담당 검사는 경찰 수사 단계에서 구속되어 있던 청구외인을 석방한 다음 강간미수 혐의는 불기소처분하고 특수주거침입 및 협박죄만을 기소하였으며, 오히려 불구속 상태였던 재항고인을 중상해죄의 피의사실로 구속하였다.

재항고인은 이 사건 재심청구를 하면서 위와 같이 구속된 과정에서 검사의 직무상 범죄가 있었다는 증거로 진술서를 거듭 제출하였다. 그 내용은 재항고인이 1964. 7. 초순경 부친과 함께 처음 부산지방검찰청에 출석하였는데 당일 검찰청 소속 수사관이 아무런 설명도 없이 소년으로 19세에 불과한 재항고인을 독방에 구금하고 수갑을 채운 다음 검사의 신문을 받도록 한 사실, 검사의 신문 과정에서 구속영장을 제시받지 못하였고 구속사유나 변호인 선임권, 진술거부권에 대한 아무런 설명을 듣지 못한 사실, 첫 조사 후 수갑을 차고 작은 방에 있다가 다른 죄수들과 양손에 줄을 메고 버스를 타고 구금시설로 갔고 부친은 혼자 집으로 돌아간 사실, 구금시설에 부친이 사식을 넣어 주었으나 3일을 굶었고 이후 구속되고 처음 2, 3주간은 일주일에 두 번 정도 조사를 자주 받은 사실 등으로 그 내용이 상당히 구체적이고 일관된다. 재항고인은 재심청구 계기에 대하여 60세가 넘어 검정고시를 거쳐 방송통신

대학에서 공부를 시작하면서 여성의 삶과 역사, 인권에 대한 수업을 듣게 되었고 학우에게 자신의 경험담을 이야기하고 그와 여성단체의 도움으로 이 사건 재심을 청구하게 되었다고 밝히고 있다. 이러한 재심청구의 동기에 부자연스럽거나 억지스러운 부분이 발견되지 않고 재항고인이 수사 및 재판 과정에서 겪은 일을 허위로 진술하여 재심청구를 할 다른 이유가 있다고 보이지도 않는다.

재심대상 판결문에는 "검사가 만든 피고인 재항고인에 대한 피의자신문조서(제1, 2, 3, 4회) 가운데 각 중상해 사실 중 상해의 부위 및 정도를 제외한 나머지 사실과 같은 내용의 말을 한 것이 적혀져 있는 것"을 유죄의 증거로 채택하였다고 기재되어 있으므로, 검찰에서 재항고인에 대한 피의자신문은 적어도 4회 이상 이루어졌음을 알 수 있다. 1964. 10. 22. 자 부산일보 기사에는 '담당 검사는 근 두 달 동안의 수사 끝에 경찰조사를 번복, ○양(재항고인)을 유죄로 단정 중상해 혐의로 구속기소'하였다는 내용이 실려 있다. 1964. 12. 18. 자 부산일보 기사에는 '검사에 의해 50여 일간의 조사 끝에 사건이 완전히 전복, 처녀를 유죄로 단정, ○양을 정식 구속기소하였다.'는 내용이 기재되어 있다. 이러한 내용과 앞서 라)항에서 본 재항고인의 진술을 종합하여 살펴보면 재항고인은 검찰에서 사실상 체포·구금되어 신체적 활동 내지 장소적 선택의 자유가 침해된 상태에서 약 2달간 조사를 받았음을 추단하여 볼 수 있다. 그런데 재소자인명부, 형사사건부, 집행원부 등 제출된 자료에 의하면 재항고인이 1964. 9. 1. 자로 구속되어 1964. 9. 3. 중상해죄로 기소되었다고 기재되어 있어, 1964. 7. 초순경부터 1964. 9. 1.경까지는 재항고인의 진술과 같이 형사소송법이 정한 적법절차를 준수하지 않은 채 영장 없는 체포·감금이 이루어졌다고 볼 여지가 충분하다.

이후 진행된 소송절차에서 재항고인은 정당방위를 주장하였는데 정당방위의 성립 여부와 별다른 관계가 없는 순결성 여부, 즉 성관계 경험 유무에 관한 감정을 받아야 했고, 공개된 재판에서 그 결과가 공개되어 언론에 보도되기도 하였다. 아무리 형사피고인이라고 하더라도 형사소송절차에서 공소사실이나 위법성조각사유를 구성하는 사실 등과 관련 있다고 보기 어려운 개인의 성경험이나 성생활 등에 관한 사실의 증명을 위한 강제처분으로서 신체의 감정을 받도록 하고 그 결과를 공개하는 것은, 형사피고인의 인간으로서의 존엄과 가치, 인격권 또는 사생활의 비밀과 자유 및 신체의 자유에 대한 중대한 침해가 된다. 소년으로 19세에 불과하였던 재항고인에 대한 재판 과정에서조차 이와 같이 중대한 기본권의 침해가 있었던 당시의 상황은, 수사 과정 등에서 적법절차를 보장받지 못한 채 구속되어 조사받았다는 재항고인의 일관되고 구체적인 피해 진술이 신빙성이 있음을 방증하는 또 하나의 사정이다.

(3) 이 사건은 재항고인이 노년에 이르러 18세 당시 성폭력범죄의 피해를 겪고 그 과정에서 자신을 방어하기 위하여 가해자에게 행한 행위를 이유로 중상해죄로 처벌받았던 약 60년 전의 재판에 대하여 권리구제의 기회를 얻고자 재심을 청구한 사건이다. 이를 통해 수사와 재판 과정에서 불법 구금 등 적법절차를 지키지 않은 공권력에 제대로 대항할 수 없었던 억울함을 토로하고 당시 묵살되었던 정당방위 등의 무죄 사유를 다시 주장하여 잘못된 재

판을 바로잡아 달라고 요청하고 있다. 재항고인은 경찰 수사 단계에서는 성폭력범죄의 피해자로서 정당방위 주장을 인정받았음에도 돌연 검찰 수사 단계에서는 구속되어 수사받은 다음 중상해죄로 기소되었고, 재판 과정에서 정당방위를 주장한다는 이유로 순결성 감정을 받았으며, 재항고인의 성경험 여부가 언론을 통하여 공표되기도 하였다. 이러한 일련의 수사 및 재판 과정에 더하여, 재항고인이 스스로 밝히고 있는 재심청구의 의도나 동기 등에서 부자연스럽고 비합리적이라거나 재심제도를 악용한다고 볼 만한 사정은 전혀 나타나지 않는다. 재항고인의 일관된 진술 내용은 논리와 경험에 비추어 합리적이고, 진술 자체로 모순되거나 객관적으로 확인된 사실이나 사정과 특별히 모순되지 않으며, 재심청구인으로서 허위로 진술할 뚜렷한 동기나 이유도 찾을 수 없으므로, 불법 구금 등에 관한 재항고인의 피해 진술은 충분히 신빙성이 있다고 볼 여지가 크다. 재심대상 판결문, 당시의 신문기사, 재소자인명부, 형사사건부, 집행원부 등의 기재에 의하면, 재항고인은 검찰에서 약 50여 일 이상 구속되어 있으면서 4회 이상의 피의자신문 등 수사를 받다가 기소된 사실, 반면 청구외인은 강간미수로 기소되지 않은 사실을 인정할 수 있다. 이러한 증거들은 재항고인 진술의 전체적 취지에 부합한다.

재항고인의 진술은 범죄피해자의 진술로서 형사소송법 제420조 제7호에서 정한 재심이유의 존재를 뒷받침하는 핵심적 증거가 됨이 엄연함에도 이를 도외시한 채 '재심청구인의 진술 외에는 수사기관의 불법 구금 등에 대한 객관적인 자료를 현재 찾을 수 없거나 그 자료가 남아 있지 않다.'는 이유로 재항고인의 진술의 신빙성을 배척하는 것은, 수십 년 전에 발생한 수사기관의 범죄혐의에 대하여 그로 인한 피해를 입었다고 진술하는 재항고인 개인에게 '수사기관이 수사하여 공소를 제기하고 적극적으로 공소유지를 하여 유죄판결을 받는 경우'와 동일한 수준의 엄격한 증명을 요구함으로써 재심사유를 부정하는 것이나 마찬가지여서 수긍하기 어렵다. 이는 오랜 세월이 지나 재심대상사건의 기록이 이미 폐기되거나 또는 멸실되는 등으로 인해 수사기관의 직무상 범죄에 관한 증거가 산일된 것이 재심청구인의 귀책사유라고 볼 수 없음에도 이를 순전히 재심청구인의 불이익으로 돌리는 결과가 되어 부당하다.…

따라서 재항고인은 검찰에 처음 소환된 1964. 7. 초순경부터 구속영장이 발부되어 집행된 것으로 보이는 1964. 9. 1.까지의 기간 동안 불법으로 체포·감금된 상태에서 조사를 받았다고 볼 여지가 충분하다. 이와 같은 검사의 행위는 인신구속에 관한 직무를 행하는 자가 그 직권을 남용하여 사람을 체포 또는 감금하는 행위를 한 것으로서 형법 제124조의 직권남용에 의한 체포·감금죄를 구성한다. 형법 제124조의 직권남용에 의한 체포·감금죄…에 대하여는 공소시효가 이미 완성되어 유죄판결을 얻을 수 없는 사실상·법률상의 장애가 있는 경우로서 형사소송법 제422조의 '확정판결을 얻을 수 없는 때'에 해당한다(대법원 2010. 10. 29. 자 2008재도11 전원합의체 결정 등 참조).

… 원심은, 재항고인이 중상해죄로 기소된 후 사선 변호인을 선임하여 그 조력 아래 재판을 받으면서도 수사기관의 불법 구금, 협박, 자백강요 등을 주장한 적이 없었던 점, 불법 구금

등을 증명할 객관적이고 분명한 자료가 제시되지 않은 점 등을 들어 재항고인의 주장을 배척하면서 형사소송법 제420조 제7호의 재심사유가 증명되지 않았다는 이유로 재항고인의 재심청구를 기각한 제1심결정을 그대로 유지하였다. 이러한 원심결정에는 형사소송법 제420조 제7호, 제422조의 재심사유에 관한 법리를 오해함으로써 필요한 심리를 다하지 아니한 채 재판에 영향을 미친 위법이 있다. 이 점을 지적하는 재항고이유 주장은 이유 있다.[168]

2) 형사소송의 절차

범죄에 대하여 국가의 형벌권을 실현하는 절차인 형사소송절차에 관하여 소개한다. 형사소송절차는 연속적으로 이루어지는 수많은 소송행위의 총집합이며 이때의 소송행위는 소송절차를 형성하는 소송주체나 소송관계인의 행위로서 소송법상 일정한 효과가 인정되는 행위이다.[169] 형사소송절차는 수사절차와 형사재판 절차로 구성된다. 종래 수사절차에서 피의자나 피고인의 기본권이 침해된 사례에 대한 반성으로 헌법은 형사소송절차에서의 기본권을 신체의 자유의 일환으로 선언하고 있다.

> 헌법 제12조 ① 모든 국민은 신체의 자유를 가진다. 누구든지 법률에 의하지 아니하고는 체포·구속·압수·수색 또는 심문을 받지 아니하며, 법률과 적법한 절차에 의하지 아니하고는 처벌·보안처분 또는 강제노역을 받지 아니한다.
> ② 모든 국민은 고문을 받지 아니하며, 형사상 자기에게 불리한 진술을 강요당하지 아니한다.
> ③ 체포·구속·압수 또는 수색을 할 때에는 적법한 절차에 따라 검사의 신청에 의하여 법관이 발부한 영장을 제시하여야 한다. 다만, 현행범인인 경우와 장기 3년 이상의 형에 해당하는 죄를 범하고 도피 또는 증거인멸의 염려가 있을 때에는 사후에 영장을 청구할 수 있다.
> ④ 누구든지 체포 또는 구속을 당한 때에는 즉시 변호인의 조력을 받을 권리를 가진다. 다만, 형사피고인이 스스로 변호인을 구할 수 없을 때에는 법률이 정하는 바에 의하여 국가가 변호인을 붙인다.

---

168) 대법원은 2014. 12. 18. 재심청구를 기각한 이 사건 원심결정을 파기하고, 사건을 원심법원에 환송하였다. 2025. 7. 23. 부산지법의 재심 공판에서 검찰은 최말자(79)씨에게 "정당방위가 인정된다"며 무죄를 구형했다. 재심 재판부의 선고 공판은 2025. 9. 10. 열릴 예정이다. 손형주 기자, "검찰, '강제 키스 혀 절단' 사건 최말자씨 재심서 무죄 구형", 연합뉴스 2025.7.23. https://www.yna.co.kr/view/AKR20250723083351051?section=search.
169) 배종대·이상돈, 「형사소송법(제4판)」, 2001, 136~137면.

> ⑤ 누구든지 체포 또는 구속의 이유와 변호인의 조력을 받을 권리가 있음을 고지받지 아니하고는 체포 또는 구속을 당하지 아니한다. 체포 또는 구속을 당한 자의 가족등 법률이 정하는 자에게는 그 이유와 일시·장소가 지체없이 통지되어야 한다.
> ⑥ 누구든지 체포 또는 구속을 당한 때에는 적부의 심사를 법원에 청구할 권리를 가진다.
> ⑦ 피고인의 자백이 고문·폭행·협박·구속의 부당한 장기화 또는 기망 기타의 방법에 의하여 자의로 진술된 것이 아니라고 인정될 때 또는 정식재판에 있어서 피고인의 자백이 그에게 불리한 유일한 증거일 때에는 이를 유죄의 증거로 삼거나 이를 이유로 처벌할 수 없다.

형사사건에 대한 수사는 검사와 사법경찰관이 수행한다. 사법경찰관이란 경찰 직급 가운데 경무관·총경·경정·경감·경위를 말하며, 경사·경장·순경은 사법경찰리로서 수사의 보조를 한다(형사소송법 §197).

수사기관이 피의자를 체포하거나 구속하지 않고 수사하는 임의수사가 원칙이며, 필요한 경우에는 판사로부터 영장을 발부받아 체포·구속하는 강제수사를 할 수 있다. 다만 현행범이거나 긴급한 사유가 있는 경우에는 사후에 영장을 발부받을 수 있는데, 판사는 피의자가 죄를 범하였다고 의심할 만한 상당한 이유가 있고 수사기관의 출석요구에 응하지 아니하거나 응하지 아니할 우려가 있을 때에는 체포영장을(동법 §200의2), 피의자가 죄를 범하였다고 의심할 만한 상당한 이유가 있고 피의자의 주거가 없거나 도망 또는 증거인멸의 염려가 있는 경우 구속영장을 발부한다(동법 §73).

형사소송은 검사의 공소제기, 즉 기소에 의하여 시작되며, 만일 범죄의 혐의가 인정되지 않거나, 범죄의 혐의가 인정되더라도 고소가 없거나 공소 시효가 지난 때 등은 기소하지 않는다는 불기소 처분을 하게 된다. 검사는 벌금형에 처할 사안이라고 생각하는 경우 법원에 약식명령을 청구할 수 있는데 이 경우 판사는 공판절차 없이 약식명령을 하는 것이 부적절하다고 인정되는 경우에는 공판에 회부할 수 있다.[170]

---

170) 이규호, "공소제기 후의 수사범위에 관한 연구", 「법학논총」, 2012, 11~13면.

(가) 공소제기

공소제기 또는 기소(indictment)란 검사가 법원에 특정 피고인의 형사사건에 관하여 범죄의 혐의가 있고 처벌할 필요하다고 판단하여 유죄판결을 요구하는 것이다. 기소는 검사가 다음의 형식으로 공소장을 작성하여 관할 법원에 제출함으로써 이루어진다.

【Theme~ 공소장(公訴狀)의 형식】

서울중앙지방검찰청

2024. 3. 15.

사건번호   2023년 형제14725호
수신자   서울중앙지방법원
제 목   공소장
             검사 갑은 아래와 같이 공소를 제기합니다.

1. 피고인 관련사항
 피고인   을 (주민등록번호), 29세
         직업 A
         주거 부산광역시 수영구 광안해변로 100 S아파트 501호
 죄명   사기
 적용법조   형법 제347조
 구속여부   불구속
 변호인   법무법인 B (담당변호사 병)

서울중앙지방법원 귀중

법원은 공소장 부본(副本)을 피고인 또는 피고인의 변호인에게 지체없이 (늦어도 제1회 공판기일 전 5일까지는) 송달한다(형사소송법 §266). 실무상 수사단계에서 변호인이 선임되어 있다면 그 변호인이 형사공판에 관한 선임계를 아직 제출하지 않은 상태라고 하더라도 공소장 부본이 그에게 송달된다. 공소장 부본을 받은 피고인 또는 변호인은 공소장 부본을 송달받은 날

부터 7일 이내에 '의견서'를 법원에 제출하여야 하는데, 만일 피고인이 진술을 거부하는 경우에는 그 취지를 기재한 의견서를 제출할 수 있다(동법 §266의2①). 의견서에는 법원은 의견서 부분을 검사에게 송부한다(동조②). 의견서에는 공소사실에 대한 인정 여부, 공판준비절차에 관한 의견, 피고인의 성행 및 환경, 정상(情狀)에 관한 의견 등이 기재된다. 의견서가 제출되지 않더라도 제1회 공판기일에 피고인 및 변호인은 공소사실을 인정하는지 여부 또는 진술거부권의 행사, 피고인에게 이익이 되는 사실 등에 대하여 진술하도록 되어 있으므로 공판은 진행된다(동법 §286).

공소가 제기되면 해당 사건을 심판할 법원이 구성되고, 피의자는 피고인이 되어 검사와 더불어 형사공판의 당사자가 된다.[171] 공소가 제기된 사건에 관하여는 다시 이중으로 공소를 제기할 수 없고, 공소가 제기되면 공소시효의 진행이 정지된다.

(나) 공판절차

공판절차란 넓은 의미로는 공소가 제기되어 사건이 법원에 계속된 이후 그 소송절차가 종결될 때까지의 전체 절차를 말한다. 이 가운데 특히 공판기일의 절차만을 가리켜 좁은 의미의 공판절차라고 한다.[172]

법원은 공소장부본의 송달, 공판기일의 지정 및 변경 등과 관련된 공판의 준비를 하고, 필요한 때에는 재판장이 공판기일 전에 공판준비기일을 열어 공판준비절차를 진행할 수 있다. 법원은 공판준비절차에서 검사나 피고인, 변호인의 주장 및 입증계획 등을 서면으로 준비하게 할 수 있다(형사소송법 §§266의5·266의6).

소송당사자는 증거의 열람·등사 제도를 통하여 제1회 공판기일 전에 서로 상대방이 보관하고 있는 증거자료를 취득할 수 있고(동법 §266의3), 소송당사자는 상대방이 서류 등의 열람·등사 또는 서면의 교부를 거부하거나 그 범

---

171) 임동규, 「형사소송법(제6판)」, 2009, 269면.
172) 배종대·이상돈, 앞의 책, 397면.

위를 제한하는 때에는 법원에 그 서류 등의 열람·등사 또는 서면의 교부를 허용하도록 할 것을 신청할 수 있다(동법 §266의4). 또한 공판준비기일에 신청하지 못한 증거는 공판기일에 그 신청이 일부 제약될 수도 있다.

형사공판은 공판기일에 공판정에서 공개로 진행된다. 먼저 재판장이 피고인에게 진술거부권이 있음을 알려준 다음 성명과 연령 등을 묻는 인정신문을 하게 된다.

① 피고인의 진술거부권 고지

피고인은 진술하지 아니하거나 개개의 질문에 대하여 진술을 거부할 수 있고(형사소송법 §283의2), 재판장은 인정신문[173]에 앞서 피고인에게 진술을 거부할 수 있음을 고지한다. 이는 피고인의 인권을 보장할 뿐만 아니라 공판절차에서 피고인의 중요한 방어권의 하나이다. 피고인에게는 진실을 진술할 의무가 없게 됨에 따라 검사와의 관계에서 당사자주의의 전제인 당사자평등의 원칙(무기평등의 원칙)을 실질적으로 실현시켜주는 것이다.[174]

② 검사와 피고인의 모두(冒頭)진술

검사는 공소장에 의하여 공소사실·죄명 및 적용 법조를 낭독한다. 다만, 재판장은 필요하다고 인정하는 때에는 검사에게 공소의 요지를 진술하게 할 수 있다(형사소송법 §285). 검사의 모두진술이 끝나면 재판장은 피고인에게 공소사실을 인정하는지 여부에 관하여 묻고, 피고인은 공소사실의 인정 여부를 진술하여야 한다. 다만, 피고인이 진술거부권을 행사하는 경우에는 그러하지 아니하다(동법 §286).

③ 쟁점정리 및 검사·변호인의 증거관계 등에 대한 진술

피고인의 모두진술이 끝나면 재판장은 피고인 또는 변호인에게 쟁점의 정리를 위하여 필요한 질문을 할 수 있고, 증거조사를 하기에 앞서 검사 및 변호

---

[173] 재판장이 피고인의 성명, 주민등록번호, 직업, 주거, 등록기준지를 물어서 출석한 사람이 피고인이 틀림이 없는지를 확인하는 일.
[174] 이재상·조균석, 「형사소송법(제8판)」, 2017, 119면.

인으로 하여금 공소사실 등의 증명과 관련된 주장 및 입증계획 등을 진술하게 할 수 있다. 다만, 증거로 사용할 수 없는 등의 자료에 기초하여 사건에 대한 예단 또는 편견을 발생하게 할 만한 사항은 진술할 수 없다(형소법 §287).

④ 증거조사

증거조사란 법원이 공판기일 및 공판기일 외에서 사건에 관한 사실을 인정함에 있어 필요한 심증을 얻기 위해 다양한 증거방법을 조사하여 그 내용을 감지하는 소송행위를 말하며, 넓은 의미로는 증거조사의 시행과 관련되는 증거신청, 증거결정[175], 이의신청 등 모든 관련 절차의 일체를 말한다. 증거신청의 채택 여부는 법원의 재량으로서 법원이 이미 확보된 증거만으로 충분하므로 필요하지 않다고 인정할 때에는 이를 조사하지 아니할 수 있다.[176] 이와 같이 증거조사는 법원이 사실에 대한 심증형성과 함께 검사나 피고인에게 증거의 내용을 알게 하여 공격과 방어의 기회를 제공하는 기능을 한다.[177]

형사소송에서는 당사자주의와 함께 직권탐지주의가 적용되어 증거조사의 주체는 법원이다. 법원은 사건의 사실인정과 양형에 관한 심증을 얻기 위하여 증인, 물증, 서류증거 등 각종의 증거를 조사하는데, 피고인 신문이 끝나고 재판장의 쟁점정리 및 검사·변호인의 증거관계 등에 대한 진술이 끝난 후에 증거조사 단계에 들어간다(형사소송법 §290).

피고인이 자백한 때에는 간이공판절차에 의하여 증거조사를 하고, 피고인이 범죄사실을 부인할 경우에도 검사가 제출한 증거에 대하여 동의하면 그 증거들을 바탕으로 판결하며, 동의하지 않으면 법정에서 그 증거를 다시 조사한다. 증거조사의 순서는 검사가 신청한 증거를 조사한 후 피고인 또는 변호인이 신청한 증거를 조사하고, 이것이 끝난 후 법원이 직권으로 결정한 증

---

175) 증거결정은 법관이 증거능력을 인정하고 나아가 증거조사의 필요성을 인정하여 내리는 증거채택과 같은 개념이다.
176) 대법원 2003.10.10. 선고 2003도3282 판결.
177) 오경식, "한국의 형사재판에서 증거조사 절차에 대한 소고", 「형사소송이론과 실무」, 2016, 126면.

거를 조사한다(동법 §291의2).

⑤ 피고인신문

피고인신문은 증거조사 종료 후 피고인에게 공소사실과 그 정상에 관하여 필요한 사항을 물을 수 있는 절차이다. 피고인신문의 순서는 검사와 변호인이 순차적으로 하고 재판장은 검사와 변호인의 신문이 끝난 뒤에 신문한다(형사소송법 §296의2).

⑥ 구형과 변론

피고인신문과 증거조사를 마친 때에는 검사는 사실과 법률적용에 관하여 의견을 진술하는 검사의 구형이 있게 되고 재판장은 검사의 의견을 들은 후 피고인과 변호인에게 최종 의견을 진술할 기회를 주게 된다.

⑦ 판결선고

위의 절차를 마치면 변론을 종결하고, 정해진 기일에 판결을 선고하게 된다. 판결의 선고는 재판장이 하며 공판정에서 주문을 낭독하고 이유의 요지를 설명한다.

【Theme- 국민참여재판제도】

「국민의 형사재판 참여에 관한 법률」 (약칭: 국민참여재판법)에 따라 2008년부터 도입된 국민참여재판제도는 "사법의 민주적 정당성을 강화하고 투명성을 높임으로써 국민으로부터 신뢰받는 사법제도를 확립하기 위하여"(동법 제1조) 국민이 배심원 또는 예비배심원으로서 참여하는 형사재판을 의미한다. 배심원은 피고인의 유·무죄에 관한 평결을 내리고 적정한 형을 토의하면 재판부가 이를 참고하여 판결을 선고한다.

배심제(Grand Jury)는 일반 국민으로 구성된 배심원이 재판에 참여하여 직업법관으로부터 독립하여 유·무죄의 판단에 해당하는 평결을 내리고 법관은 그 평결에 기속되는 제도로서 영미법계 국가에서 시행되고 있다. 반면 참심제는 일반 국민인 참심원이 직업법관과 함께 재판부의 일원으로 참여하여 직업법관과 동등한 권한을 가지고 사실문제 및 법률문제를 판단하는 제도로서 독일, 프랑스 등에서 시행되고 있다. 우리나라의 국민참여재판제도는 ① 배심제와 참심제 중 어느 한 제도를 그대로 도입하지 않고 양 제도를 혼합하였을 뿐 아니라, 우리의 현실을 고려하여 양 제도에 일정한 수정을 가한 제도이고, ② 배심원은 원칙적으로 법관의 관여 없이 평의를 진행한 후 만장일치로 평결에 이르러야 하지만, 만장일치의 평결에 이르지 못한 경우 법관의 의견을 들은 후 다수결로 평결을 할 수 있고, ③ 배심원은 심리에 관여한 판사와 함께 양형에 관해 토의를 하면서도 표결을 통하여 양형결정에 참여하는 것이 아니라 단지 양형에 관한 의견만을 개진할 수 있을 뿐이며, ④ 배심원의 평결은 법원을 기속하지 않고 단지 권고적 효력만을 가진다는 특징이 있다.

국민참여재판법상 ⅰ) 「법원조직법」 제32조제1항(제2호 및 제5호는 제외한다)[178]에 따른 합의부 관할 사건, ⅱ) 위 제1호에 해당하는 사건의 미수죄·교사죄·방조죄·예비죄·음모죄에 해당하는 사건, ⅲ) 위 제1호 또는 제2호에 해당하는 사건과 「형사소송법」 제11조[179]에 따른 관련 사건으로서 병합하여 심리하는 사건은 국민참여재판 대상 사건이다(국민참여재판법 §5①).

그러나 ① 피고인이 국민참여재판을 원하지 아니하거나(동법 §5②) ② 배심원·예비배심원·배심원후보자 또는 그 친족의 생명·신체·재산에 대한 침해 또는 침해의 우려가 있어서 출석의 어려움이 있거나 이 법에 따른 직무를 공정하게 수행하지 못할 염려가 있다고 인정되는 경우, ③ 공범 관계에 있는 피고인들 중 일부가 국민참여재판을 원

---

[178] 법원조직법 제32조(합의부의 심판권) ① 지방법원과 그 지원의 합의부는 다음의 사건을 제1심으로 심판한다.
1. 합의부에서 심판할 것으로 합의부가 결정한 사건
3. 사형, 무기 또는 단기 1년 이상의 징역 또는 금고에 해당하는 사건. 다만, 다음 각 목의 사건은 제외한다.
  가. 「형법」 제258조의2제1항, 제331조, 제332조(제331조의 상습범으로 한정한다)와 그 각 미수죄, 제350조의2와 그 미수죄, 제363조에 해당하는 사건
  나. 「폭력행위 등 처벌에 관한 법률」 제2조제3항제2호·제3호, 제6조(제2조제3항제2호·제3호의 미수죄로 한정한다) 및 제9조에 해당하는 사건
  다. 「병역법」 위반사건
  라. 「특정범죄 가중처벌 등에 관한 법률」 제5조의3제1항, 제5조의4제5항제1호·제3호 및 제5조의11에 해당하는 사건
  마. 「보건범죄 단속에 관한 특별조치법」 제5조에 해당하는 사건
  바. 「부정수표 단속법」 제5조에 해당하는 사건
  사. 「도로교통법」 제148조의2제1항·제2항, 같은 조 제3항제1호 및 제2호 해당 사건
  아. 「중대재해 처벌 등에 관한 법률」 제6조제1항·제3항 및 제10조제1항 해당 사건
4. 제3호의 사건과 동시에 심판할 공범사건
6. 다른 법률에 따라 지방법원 합의부의 권한에 속하는 사건
[179] 형사소송법 제11조(관련사건의 정의) 관련사건은 다음과 같다.
1. 1인이 범한 수죄
2. 수인이 공동으로 범한 죄
3. 수인이 동시에 동일장소에서 범한 죄
4. 범인은닉죄, 증거인멸죄, 위증죄, 허위감정통역죄 또는 장물에 관한 죄와 그 본범의 죄

하지 아니하여 국민참여재판의 진행에 어려움이 있다고 인정되는 경우, ④ 성폭력범죄로 인한 피해자가 국민참여재판을 원하지 아니하는 경우 또는 ⑤ 그 밖에 국민참여재판으로 진행하는 것이 적절하지 아니하다고 인정되는 경우 등에는 법원이 국민참여재판 배제결정 또는 통상절차 회부결정을 할 수 있다(동법 §§9·11).

법원은 배심원후보예정자명부로부터 일정 수의 배심원후보자를 무작위로 추출하여 선정기일을 통지하고, 출석한 배심원후보자에게 결격사유[180], 직업 등에 따른 제외사유[181], 제척사유[182], 면제사유[183]가 있는지 여부 또는 불공평한 판단을 할 우려가 있는지 여부 등을 판단하기 위해 배심원후보자에게 질문하여 그 자격을 확인한 후 배심원과 예비배심원을 선정한다(동법 §§22-28).[184] 법정형이 사형·무기징역 또는 무기금고에 해당하는 대상사건에 대한 국민참여재판에는 9인의 배심원이 참여하고, 그 외의 대상사건에 대해서는 7인의 배심원이 참여한다. 다만, 법원은 피고인 또는 변호인이 공소사실의 주요내용을 인정하는 경우에는 5인의 배심원이 참여하게 할 수 있다(동법 §13①).

<국민참여재판의 공판 순서>

---

① 재판장의 사건 호명 및 소송관계인의 출석확인
② 배심원과 예비배심원[185]의 선서
③ 재판장의 배심원과 예비배심원에 대한 배심원과 예비배심원의 권한·의무·재판절차, 그 밖에 직무수행을 원활히 하는데 필요한 사항 최초설명
④ 재판장의 피고인에 대한 진술거부권의 고지
⑤ 검사 및 피고인의 모두진술
⑥ 재판장의 쟁점 정리 또는 검사 변호인의 주장 및 입증계획 진술

---

180) 피성년후견인 또는 피한정후견인, 파산선고를 받고 복권되지 않은 사람, 금고 이상의 실형을 선고받고 그 집행이 종료(종료된 것으로 보는 경우 포함)되거나 집행이 면제된 후 5년을 경과하지 않은 사람 등(국민참여재판법 §17).
181) 대통령, 국회의원·지방자치단체의 장 및 지방의회의원, 법관·검사, 변호사·법무사, 법원·검찰 공무원, 경찰·교정·보호관찰 공무원, 군인·군무원·소방공무원 등(국민참여재판법 §18).
182) 피해자, 피고인 또는 피해자의 친족, 피고인 또는 피해자의 법정대리인, 사건에 관한 검사 또는 사법경찰관의 직무를 행한 사람 등(국민참여재판법 §19).
183) 만 70세 이상인 사람, 과거 5년 이내에 배심원후보자로서 선정기일에 출석한 사람, 중병·상해 또는 장애로 인해 법원에 출석하기 곤란한 사람 등(국민참여재판법 §20).
184) 검사와 변호인은 각자 [① 배심원이 9인인 경우는 5인, ② 배심원이 7인인 경우는 4인 ③ 배심원이 5인인 경우는 3인]의 범위 내에서 배심원후보자에 대하여 이유를 제시하지 아니하는 기피신청(이하 "무이유부기피신청"이라 한다)을 할 수 있다. 무이유부기피신청이 있는 때에는 법원은 당해 배심원후보자를 배심원으로 선정할 수 없다(국민참여재판법 §30).

⑦ 증거조사[186]
⑧ 피고인의 신문
⑨ 검사의 의견진술
⑩ 피고인과 변호인의 최종 의견진술
⑪ 재판장의 배심원에 대한 최종설명[187]

공판절차가 끝난 후 배심원들은 피고인의 유·무죄에 관한 논의하는 평의를 진행하게 된다. 먼저 배심원대표를 선출하고, 배심원대표는 평의를 주재하고 재판부 의견 진술 요청, 평결 결과 집계, 평결서 작성 및 전달의 역할을 한다. 법정에서 보고 들은 증거와 재판장 설명에 기초하여 유·무죄를 논의하며, 유·무죄 의견이 나뉘면 토론과 설득을 통하여 만장일치에 이르도록 노력해야 한다. 만장일치 평결이 내려지면 평결서를 작성하여 재판부에 전달하고, 만장일치가 안 된다면 재판부 의견을 듣고 다시 평결하게 된다. 배심원의 평결과 양형의견은 법원을 기속하지 않고 '권고적 효력'만을 가진다. 이와 같이 배심원의 평결결과는 국민참여재판에서는 법관을 기속하지 않는다(국민참여재판법 §46②). 하지만, 배심원의 평결결과와 다른 판결을 선고하는 때에는 판결서에 그 이유를 기재하여야 하기 때문에(동법 §49②), '강한' 권고적 효력을 가지는 것으로 이해할 수 있다.[188]

국민참여재판의 낮은 사용률[189]을 제고하기 위해서 대상을 확대하고, 배심원 평결의 효력을 강화하고, 배심원의 소환 및 선정절차를 효율적으로 개선하고[190], 법학교육을 받지 않은 배심원들이 감성이나 여론으로부터 흔들리

---

185) 배심원의 해임·사임으로 배심원이 부족하게 된 경우 예비배심원은 미리 정한 순서에 따라 배심원이 된다(국민참여재판법 §34).
186) 배심원과 예비배심원은 공판정 외에서 검증, 증인신문 등 증거조사가 이루어지는 경우에도 출석하여야 한다(국민의 형사재판 참여에 관한 규칙 §36①).
187) 재판장은 변론이 종결된 후 법정에서 배심원에게 공소사실의 요지와 적용법조, 피고인과 변호인 주장의 요지, 증거능력, 그 밖에 유의할 사항에 관하여 설명하여야 한다. 이 경우 필요한 때에는 증거의 요지에 관하여 설명할 수 있다(국민참여재판법 §46①).
188) 한상훈, "국민참여재판에서 배심원 평결의 기속적 효력에 관한 검토", 「형사정책」, 2012, 27면.
189) 2008년부터 2022년까지의 국민참여재판 접수사건은 피고인의 수를 기준으로 10,113건이었고 그 중 국민참여재판으로 진행된 사건은 2,989건(30.0%)이었다. 법원행정처, 「2008-2022년 국민참여재판 성과분석」 2024, 2면.
190) 한상훈, "국민참여재판의 성과와 활성화 방안", 「저스티스」 제172호, 2019, 123~133면.

지 않고 공정한 평결을 하도록 하기 위하여 배심원 교육을 충실하게 실시하자는 개선방안[191] 등이 학자들에 의하여 제안되고 있다. 국민참여재판은 일반 재판에 비하여 법원에 상당한 업무 부담이 되고, 이는 국민참여재판을 기피하게 하는 원인이 되고 있다.[192] 국민참여재판의 높은 항소율[193]을 낮추기 위하여 '배심원 전원이 일치된 의견으로 무죄를 평결하고 법원이 무죄를 선고한 사건'에 대하여 검사는 '사실의 오인이 있어 판결에 영향을 미칠 때'라는 이유로 항소할 수 없도록 제한하는 규정을 신설하는 국민참여재판법 개정안이 제20대 국회에 제출되었으나 통과되지 않았다.

【Theme- 기소인부절차】
　　기소인부(Arraignment)절차란 형사소송에서 피고인에게 범죄 혐의 사실을 알려주고 피고인에게 유죄의 답변(plea of guilty)이나 무죄의 답변을 요구하는 미국법의 절차이다. 피고인이 유죄를 인정하면 배심원들의 유죄평결이 있었던 것과 동일한 효력을 인정하여 법원은 더 이상의 증거조사를 하지 않고 형을 선고하는 판결을 한다. 우리 형사소송법은 대륙법계에 속하여 실체진실주의를 적용하므로 형사소송의 당사자인 검사와 피고인간에 범죄 혐의와 형량에 관하여 거래(deal)를 하는 기소인부절차를 허용하지 아니한다. 그러나 특히 증거수집이 어려운 마약범죄나 집단범죄에 있어 기소인부절차에 의하여 핵심 범죄자를 단죄하는데 유용하므로 도입론이 제기되고 있다.

---

191) 김병수, "배심원 교육을 통한 공정한 국민참여재판의 실현", 「부산대학교 법학연구」 제59권제3호, 2018, 42~54면.
192) 이를 개선하기 위하여 법원은 2017. 3.부터 국민참여재판을 진행하는 경우 사건배당에 있어서 가중치를 부여하거나 가중치를 상향 조정하도록 하는 한편, 배심원들의 평결과 재판부의 심증이 일치하는 경우 판결서의 이유 기재를 간략화하는 판결서 작성 적정화 방안을 시행하였다. 위의 「국민참여재판의 현황 및 활성화 방안에 관한 연구」 59면.
193) 2008년부터 2022년까지 국민참여재판 평균 항소율은 81.1%로서 지방법원 본원 1심 형사합의사건의 평균 항소율 63.0%에 비하여 상당히 높은 편인데, 피고인 항소율은 57.7%로 지방법원 본원 1심 형사합의사건의 항소율보다 약 5% 높지만 검사의 항소율은 49.8%로서 지방법원 본원 1심 형사합의사건의 항소율 29.5%를 20% 이상 상회한다. 사법정책연구원, 「국민참여재판의 현황 및 활성화 방안에 관한 연구」 2024, 44면.

제6절 법률관계

1. 권리·의무관계로서의 법률관계

(1) 법률관계의 의의

법률관계라 함은 법의 규율을 받는 권리·의무로 구성되는 사회적 생활관계를 말한다. 예컨대 당사자 사이에 어떤 일을 해주기로 약속을 하여 서로 권리와 의무가 발생하였다면 이는 계약에 의한 법률관계이다.

(2) 구별개념

이와 달리 신사협정의 당사자에게는 법적 권리·의무가 생기지 아니한다. 우리나라는 1996년 12월에 국제기구인 경제협력개발기구(Organization for Economic Co-operation and Development: OECD)에 가입하였는데, OECD 회원국[194]은 민주주의와 시장경제가 발달한 국가들로서 모든 사람의 번영, 형평, 기회와 복지를 육성하기 위한 정책을 수립하는 OECD의 권고를 받아들이지만 이는 일종의 신사협정으로서 위반시에도 회원 자격의 제명을 제외하고는 어떠한 강제도 없다.

또한 호의관계는 단순히 호의로 어떤 일을 해주는 생활관계로서 호의관계에서는 통상의 법률관계에서의 권리·의무가 그대로 인정되지는 않는다. 예컨대, A가 개인택시 기사 B가 운행하는 택시에 승차하여 가다가 C가 모는 자가용차와 충돌하는 교통사고가 나서 피해를 입은 경우, A는 B와 운송계약을 맺은 승객으로서 계약위반책임이나 불법행위책임을 물어서 B에게 손해배상을 청구할 법적 권리가 있다. 그러나 지인 또는 친구를 대가 없이 자기 차에 태워준 호의동승의 경우에는 법원은 운행 목적, 동승자와 운행자의 인적관계, 그가 차에 동승한 경위, 특히 동승을 요구한 목적과 적극성 등 여러 사정

---

[194] 2025년 8월 현재 OECD 회원국은 미국, 캐나다, 독일, 프랑스, 영국, 우리나라와 일본 등 38개국이다. https://www.oecd.org/en/about/members-partners.html.

에 비추어 가해자에게 일반 교통사고와 동일한 책임을 지우는 것이 신의법칙이나 형평의 원칙으로 보아 매우 불합리하다고 인정될 때에는 그 배상액을 경감할 수 있다.

대법원 1997.11.14. 선고 97다35344 판결

차량의 운행자가 아무런 대가를 받지 아니하고 동승자의 편의와 이익을 위하여 동승을 허락하고, 동승자도 그 자신의 편의와 이익을 위하여 그 제공을 받은 경우, 운행의 목적, 동승자와 운행자의 인적 관계, 그가 차에 동승한 경위, 특히 동승을 요구한 목적과 적극성 등 제반 사정에 비추어 가해자에게 일반의 교통사고와 같은 책임을 지우는 것이 신의칙이나 형평의 원칙에 비추어 매우 불합리한 것으로 인정되는 경우에는 그 배상액을 감경할 사유로 삼을 수 있고, 이 경우 그 책임감경 사유에 관한 사실인정이나 책임감경의 비율을 결정하는 것은 그것이 현저히 형평의 원칙에 비추어 불합리하다고 인정되지 아니하는 한 사실심의 전권에 속하는 사항이라고 할 것이다(대법원 1990.4.25. 선고 90다카3062 판결 참조).

원심판결 이유에 의하면, 원심은 거시 증거에 의하여 소외 박현미는 소외 1와 결혼을 약속한 사이로서 1996.9.4. 밤 소외 1의 거처에 와서 잠을 자고, 그 다음날 새벽 자신이 근무하는 회사에 출근하기 위하여 소외 1가 운전하는 화물자동차에 동승한 사실, 소외 1는 같은 날 06:05경 위 화물자동차를 운전하여 광주 북구 중흥2동 소재 모아타운 건너편 앞길을 직진하여 가다가 진행 방향 오른쪽에 있는 전신주를 들이받아 위 차에 타고 있던 박현미를 사망하게 한 사실 등을 인정한 다음, 위 차량의 운행 목적, 망 박현미와 소외 1와의 인적 관계, 망 박현미의 동승 경위 등 여러 가지 사정을 종합하여 보면 위 화물자동차의 소유자, 혹은 위 화물자동차에 관하여 자동차종합보험계약을 체결한 보험자인 피고들에게 일반의 교통사고와 같은 책임을 지우는 것이 신의칙이나 형평의 원칙에 비추어 매우 불합리하므로 피고들의 책임을 제한하기로 하되, 위 여러 사정에 비추어 볼 때 피고들의 책임은 85%로 정함이 상당하다고 판단하였는바, 기록에 의하여 살펴보면 원심의 위 책임감경의 비율은 적정한 것으로 보여지고, 거기에 소론과 같이 책임감경에 관한 법리를 오해하거나 책임감경의 비율을 정함에 있어 현저하게 형평의 원칙에 위배된 위법이 있다 할 수 없다.

대법원 1999.02.09. 선고 98다53141 판결

차량의 운행자가 아무런 대가를 받지 아니하고 동승자의 편의와 이익을 위하여 동승을 허락하고 동승자도 그 자신의 편의와 이익을 위하여 그 제공을 받은 경우 그 운행 목적, 동승자와 운행자의 인적관계, 그가 차에 동승한 경위, 특히 동승을 요구한 목적과 적극성 등 여러 사정에 비추어 가해자에게 일반 교통사고와 동일한 책임을 지우는 것이 신의법칙이나 형평의 원칙으로 보아 매우 불합리하다고 인정될 때에는 그 배상액을 경감할 수 있으나, <u>사고 차량에 단순히 호의로 동승하였다는 사실만 가지고 바로 이를 배상액 경감사유로 삼을 수 있는 것은 아니다.</u>

2. 권리와 의무

모든 법은 사회나 개인의 이익을 보호한다. 어떤 법규정이 보호하는 이익 또는 가치를 그 법규정의 법익(Rechtsgut)이라 한다. 법익에는 공익과 사익이 있다. 일정한 경우에 사익을 보호하는 법규정을 근거로 하여 개인은 권리를 주장할 수 있고 소를 제기할 수 있다.

앞서 법률관계는 권리와 의무의 관계라고 하였는데, 권리(權利)는 법에 의하여 보장된 일정한 행위를 할 수 있는 의사의 힘, 이익 또는 권능을 말한다(법력설). 그에 대응하여 의무(義務)는 법에 의하여 일정한 행위를 하거나(작위의무) 하지 않아야 할(부작위의무) 구속을 받는 경우의 그 구속을 말한다. 권리와 의무는 서로 대응하는 것이므로 동일한 법률관계를 권리의 면으로 규정할 수도 있고, 의무의 면으로 규정할 수도 있다. 예컨대, 채권은 채무와 대응하고, 급부이행청구권은 급부의무와 대응한다. 그러나 자유주의와 개인주의의 발전에 따라 법은 점차 의무본위에서 권리본위로 변하여 오고 있다. 나아가서 경제법이나 노동법과 같은 사회법에서는 개인본위의 성격을 탈피하고 사회본위의 입장에 서서 권리와 의무가 융합되는 현상이 나타나고 있다. 예컨대, 헌법상 모든 국민은 근로의 권리를 갖지만 동시에 근로의 의무를 진다(헌법 §32).

3. 권리

(1) 권리의 본질

권리(權利)가 무엇인지는 견해가 갈려서 권리란 법률에 의하여 보호된 이익이라는 견해(이익설), 법질서에 의해 승인, 보호된 인간의 요구라는 견해(승인설), 법에 의하여 확립된 사회질서 속에서 특정한 의사에 할당된 행동의 범위라는 견해(의사설), 특정한 이익을 향유할 수 있는 법률상의 힘 또는 권능이라는 견해(법력설) 등이 있다.

권리와 구별되는 개념으로서 법이 보호하지 않는 '반사적 이익'이 있다.

반사적 이익은 법에 의하여 금지가 해제되어 자유가 허용되어있지만 아직까지 그 강도가 사인이 보호를 직접 요구하거나 청구할 수는 없는 것이고, 법이 일정한 질서를 보호하는 것에 부수하여 반사적으로 얻게 되는 이익에 불과하다.

또한 권한(權限)이란 조직내에서의 특정한 지위 또는 직책에 부여되는 행동범위를 말한다. 예컨대 대통령의 국군통수권이나 외교사절의 신임·접수권은 권한이지 대통령의 개인적인 권리가 아니다.

(2) 권리의 종류

권리에는 그것을 부여하는 법률의 성질에 따라 공권, 사권, 그리고 사회권이 있다. 공권(公權)은 공법에 의하여 부여되는 권리로서 이에는 국가나 그 밖의 공공단체가 공법인으로서 그 자체의 존립을 위하여 가지는 권리와 국민에 대하여 가지는 권리인 '국가적 공권'과 국민이 국가나 그밖의 공공단체에 대하여 가지는 권리인 '개인적 공권'이 있다. 입법권, 사법권, 행정권 등은 국가적 공권에 속하고, 평등권, 참정권, 청원권, 재판절차진술권 등은 개인적 공권에 속한다.

【Theme- 공권과 반사적 이익】

권리와 '반사적 이익'을 구별하는 것은 흔히 행정법 영역에서 이루어진다. 개인적 공권의 성립요소로 종전에는 1) 강행법규가 행정권에 대하여 일정한 행위의무를 부과하고, 2) 해당 법규가 공익만이 아니라 사익도 보호하고, 3) 재판을 통하여 권리를 실현시킬 수 있는 청구권능이 부여될 것의 세 가지를 들었다. 따라서 공권의 성립요소 가운데 앞의 두 가지 요소는 갖추었으나 마지막 요소인 청구권능의 부여가 충족되지 않은 경우는 법이 보호하는 이익이라고 보았다. 그러나 오늘날에는 헌법상 재판청구권이 보장되고, 행정소송법상 개괄적 권리구제제도가 보장되므로 마지막 요소인 청구권능의 부여는 특별히 문제되지 않는다. 따라서 공권과 법률상 이익은 구별되지 아니한다.[195]

---

195) 박균성, 「행정법강의(제7판)」, 2010, 94~96면; 홍정선, 「행정법특강(제9판)」, 2010, 80~81면. 이처럼 공권과 '법률상 보호이익'을 구별하지 않는 견해가 다수설이나, 판례는 양자를 구별하는 입장이다.

다음 두 개의 대법원 판결은 일정한 법률이 공권과 반사적 이익 가운데 어느 것을 보호하는지에 관하여 참고할 수 있게 해준다.

대법원 1974.4.9. 선고 73누173 판결

행정소송에서 소송의 원고는 행정처분에 의하여 직접 권리를 침해당한 자임을 보통으로 하나 직접 권리의 침해를 받은자가 아닐지라도 소송을 제기할 법률상의 이익을 가진자는 그 행정처분의 효력을 다툴 수 있다고 해석되는 바(1969.12.30 선고 69누106 판결 참조), 자동차 운수사업법 제6조제1호에서 당해 사업계획이 당해 노선 또는 사업구역의 수송수요와 수송력 공급에 적합할 것을 면허의 기준으로 한 것은 주로 자동차 운수사업에 관한 질서를 확립하고 자동차운수의 종합적인 발달을 도모하여 공공복리의 증진을 목적으로 하고 있으며, 동시에, 한편으로는 업자간의 경쟁으로 인한 경영의 불합리를 미리 방지하는 것이 공공의 복리를 위하여 필요하므로 면허조건을 제한하여 기존업자의 경영의 합리화를 보호하자는 데도 그 목적이 있다할 것이다. 따라서 이러한 기존업자의 이익은 단순한 사실상의 이익이 아니고, 법에 의하여 보호되는 이익이라고 해석된다. 원심이, 당해 노선에 관한 기존업자인 원고에게 본건 행정처분의 취소를 구할 법률상의 이익이 있다고 판단한 것은 정당하다.

대법원 2014.2.21. 선고 2011두29052 판결

환경부장관이 생태·자연도 1등급으로 지정되었던 지역을 2등급 또는 3등급으로 변경하는 내용의 생태·자연도 수정·보완을 고시하자, 인근 주민 갑이 생태·자연도 등급변경처분의 무효 확인을 청구한 사안에서, 대법원은 생태·자연도의 작성 및 등급변경의 근거가 되는 구 자연환경보전법(2011.7.28. 법률 제10977호로 개정되기 전의 것) 제34조제1항 및 그 시행령 제27조제1항·제2항에 의하면, 생태·자연도는 토지이용 및 개발계획의 수립이나 시행에 활용하여 자연환경을 체계적으로 보전·관리하기 위한 것일 뿐, 1등급 권역의 인근 주민들이 가지는 생활상 이익을 직접적이고 구체적으로 보호하기 위한 것이 아님이 명백하고, 1등급 권역의 인근 주민들이 가지는 이익은 환경보호라는 공공의 이익이 달성됨에 따라 반사적으로 얻게 되는 이익에 불과하므로, 인근 주민에 불과한 갑은 생태·자연도 등급권역을 1등급에서 일부는 2등급으로, 일부는 3등급으로 변경한 결정의 무효 확인을 구할 원고적격이 없다고 본 원심판결이 옳다고 보았다.

위의 첫째 판례는 부산광역시에서 출발하여 경남으로 가는 노선을 가진 버스운수사업자 A가 노선을 연장하려는 사업계획을 세워서 경상남도지사에게 신청하여 노선연장인가처분을 하자 같은 지역에서 사업을 하는 다른 버스운수사업자 B가 A의 노선연장으로 자신의 운수사업에 경영상 어려움을 줄 것을 우려하여 행정소송으로 인가처분의 취소를 구한 사건이다. 법원은 이 경우 「자동차운수사업법」의 자동차 운수사업 면허 기준을 정한 규정은 공익("자동차운수의 종합적 발전을 도모하여 공공복리의 증진")만이 아니라 사익("기존 업자의 경영상 이익")도 보호하는 규정이라고 보아 B는 원고적격이 있다고 인정하였다.[196] 그와 달리 둘째 판례는 「자연환경보전법」의 환경부장관이 생태·자연도의 등급을 지정하는 규정은 공익("토지이용 및 개발계획의 수립이나 시행에 활용하여 자연환경을 체계적으로 보전, 관리하기 위한 것")일 뿐, 사익("1등급 권역의 인근 주민들이 가지는 생활상 이익")을 직접적이고 구체적으로 보호하기 위한 것이 아니므로, 1등급 권역의 인근 주민들이 가지는 이익은 환경보호라는 공공의 이익이 달성됨에 따라 반사적으로 얻게되는 이익에 불과하다고 보아 인근 주민들은 등급 지정을 다투는 행정소송에서 원고적격이 없다고 판시하였다.[197]

행정청의 처분으로 공권 등 자신의 법률상 이익이 침해당한 국민은 그 행정청을 피고로 행정소송을 제기하여 다툴 수 있다. 여기에서 '처분'이란 행정청이 행하는 구체적 사실에 관한 법집행으로서의 공권력의 행사 또는 그 거부와 그 밖에 이에 준하는 행정작용을 말한다(행정소송법 §2①ⅰ). 행정소송에서 행정청의 처분으로 법률상 이익이 침해된 자에게는 원고적격이 인정되고 해당 공권력주체인 국가나 지방자치단체에게는 피고적격이 인정된다.

권리 가운데 사권(私權)은 사법에 의하여 부여되는 권리로서 다시 ① 권리의 효력범위를 기준으로 하여 절대권(세상 누구에게나 행사할 수 있다는 의미에서는 대세권(對世權)이라고도 한다)(예컨대, 물권, 인격권)과 상대적으로 행사할 수 있는 상대권(특정인에 대하여 행사할 수 있다는 의미에서 대인권(對人權)이라고도 한다)(예컨대, 채권, 친권), ② 권리의 내용을 기준으로 하여 재산권(예컨대, 물권, 지적재산권), 신분권(예컨대, 부양청구권, 거소지정권), 인격권(예컨대, 성명권, 상호권), 사원권(예컨대, 주주권), ③ 권리의 작용을 기준으로 하여 지배권(대상을 지배할 수 있는 권리· 예컨대, 물권, 친권),

---

196) 다만, 대법원은 이 사건처럼 노선이 부산시의 행정구역에 걸치는 경우에 부산시장과의 협의를 거치게 되어 있는 「자동차운수사업법」의 절차를 지키지 않은 것을 이유로 경남지사의 해당 노선연장인가처분을 취소하였다.
197) 이와 유사하게 국토해양부가 발표한 '4대강 살리기 마스터플랜'에 따른 '한강 살리기 사업' 구간 인근에 거주하는 주민들이 각 공구별 사업실시계획승인처분에 대한 효력정지를 신청한 사건에서 '4대강 살리기 마스터플랜'은 행정기관 내부에서 사업의 기본방향을 제시하는 계획일 뿐 해당 주민들의 권리·의무에 직접 영향을 미치는 것이 아니어서 행정처분에 해당하지 않는다고 판시하였다(대법원 2011.4.21. 선고 2010무111 전원합의체결정).

청구권(의무자에 대하여 특정한 급부·행위를 요구할 수 있는 권리. 예컨대, 금전지급청구권, 점유보호청구권, 부동산명도청구권), 형성권(권리자가 일방적 의사표시에 의하여 일정한 법률관계를 형성시키는 권리. 예컨대, 취소권, 주식매수청구권), 항변권(권리자의 청구에 대하여 청구를 거절할 수 있는 권리. 예컨대, 동시이행의 항변권) 등으로 세분할 수 있다.

마지막으로 권리 가운데 사회권(社會權)은 사회법에 의하여 부여되는 권리로서 사회적 영역에서 국가를 상대로 일정한 보장을 받을 권리를 말한다. 예컨대, 교육을 받을 권리, 근로의 권리, 근로자의 단결권·단체교섭권·단체행동권, 인간다운 생활을 할 권리 등이 이에 속한다. 경우에 따라 국민 개개인에게 '구체적 청구권'이 주어지는 경우(예컨대, 근로기본권)도 있지만 대체로 국가의 재정상태, 여건 등에 따라 보장수준이 달라지는 '추상적 청구권'에 그친다.

4. 법위반에 대한 구제

사인의 행위가 법에 위반된 경우에는 법은 이를 구제하여 강제적으로 국가권력에 의하여 의무가 이행된 것과 동일한 결과를 가져오게 한다. 법위반에 대한 구제(remedies)는 해당 의무가 어떤 법에 근거하여 생긴 것인가에 따라서 민사법상의 구제, 행정법상의 제재, 형사법상의 제재[198]로 나누어 볼 수 있다. 의무자가 법을 위반하여 의무를 이행하지 않은 경우에는 직·간접 강제력을 행사(강제집행)하거나 재산적·신체적 불이익을 주는 제재(손해배상, 형사처벌, 행정벌)가 따른다. 권리자가 법을 위반한 경우에는 법을 제대로 준수한 경우에 발생되는 법적 효과를 부여하지 아니하는 제재(권리나 의무의 부정)를 가할 수 있다.

---

198) 형벌과 보안처분이 대표적이다. 제6장 범죄와 법률 제4절 범죄에 대한 제재 참조.

(1) 민사법상의 구제

1) 강제집행과 손해배상

그 위반이 법적 의무를 이행하지 않은 것이면 의무를 이행한 것과 동일한 결과를 가져오게 하거나(강제집행), 다른 사람에게 발생시킨 손해를 배상하여 주게 한다(손해배상). 손해는 ① 그것이 어디에 발생했는지를 기준으로 재산에 발생한 '물적 손해'와 피해자의 생명·신체·정신에 발생한 '인적 손해', ② 가해행위로 유발된 피해자의 재산상실인 '적극적 손해'와 가해행위가 없었다면 얻을 수 있었던 이익(일실이익)을 얻지 못한 '소극적 손해', 그리고 피해자가 입은 정신적 고통에 대한 '위자료', ③ 배상범위를 기준으로 항상 배상받을 수 있는 '통상손해'(민법§§393①·763)와 가해자가 알았거나 알수있었을때에 한하여 배상받을 수 있는 '특별손해'(동법§§393②·763) 등으로 구분할 수 있다. 특히 일실이익의 산정이 어려운데 가해행위에 의하여 피해자에게 발생한 현재의 상태와 가해행위 이전의 상태 사이의 차이로 산정하는 방법(차액설)과 피해자의 노동능력의 상실로 인한 피해를 평가하는 방법(평가설) 등이 있다. 위법행위로 인한 손해에 대해서는 '배상'이 요구되나 적법행위로 인한 '손실'에 대해서는 '보상'이 요구된다. 예컨대 채무자가 채무이행이 가능함에도 불구하고 자발적으로 이행하지 않는 경우에는 채권자는 국가권력에 의존하여 강제적으로 급부의 내용을 실현하거나 손해배상을 받을 수 있다. 또한 물권을 가진 권리자는 자신이 지배하는 물건을 제3자가 침해한 경우에는 물권에 근거하여 목적물반환청구권, 방해배제청구권, 손해배상청구권 등을 행사할 수 있다.

물론 사인간의 관계는 대등한 관계이므로, 권리자인 사인이 의무자인 사인에게 직접 강제력을 행사하는 것(자력구제)은 점유의 침탈 또는 방해와 같이 예외적으로 법이 허용하는 경우 이외에는 원칙적으로 금지되어 있다.[199] 따

---

[199] 민법 제209조(자력구제) ① 점유자는 그 점유를 부정히 침탈 또는 방해하는 행위에 대하여 자력으로써 이를 방위할 수 있다.
② 점유물이 침탈되었을 경우에 부동산일 때에는 점유자는 침탈후 즉시 가해자를 배제하

라서 권리자는 이러한 채권을 실현하기 위한 강제집행이나 물권의 보호 또는 손해배상을 받아내기 위해서는 법원과 같은 국가기관의 도움을 받아야만 한다. 즉 권리자가 강제집행을 하려면 법원에 의무자를 제소하여 이행판결을 얻거나 기타의 채무명의에 의거하여 민사집행법의 규정에 따라 강제집행을 신청하여야 한다. 강제집행에는 직접강제, 간접강제, 대체집행 등이 있다.

(가) 직접강제

직접강제는 의무자의 의사가 어떠한 것이든 그에 상관없이 직접적으로 권리의 내용을 실현하는 것이다. 이것은 금전지급채무, 유아인도의무처럼 물건·금전 또는 그밖의 객체 등을 인도할 채무와 같은 '주는 채무'에 한해서 사용가능하다. '하는 채무'의 경우에는 직접강제를 하면 의무자의 인격에 대한 침해가 되기 때문에 선택할 수가 없다. 나아가서 직접강제가 허용되는 채무에 관해서는 직접강제에 의해야 하고 대체집행이나 간접강제는 허용되지 않는다.

(나) 대체집행

대체집행은 의무자로부터 비용을 받아내서 이 비용으로 권리자 또는 제3자가 의무자에 대신하여 권리의 내용을 실현하는 것이다. 이것은 담장을 넘어간 수목을 제거할 의무(민법 §240①) 또는 부정한 목적으로 타인의 영업으로 오인할 수 있는 상호를 적은 위법간판과 같은 공작물을 철거할 의무(상법 §23)와 같이 꼭 의무자가 아니더라도 다른 사람이 그 의무를 대신하여 이행할 수 있는 '대체적 작위채무' 위반의 경우에 선택할 수 있는 강제집행 방법이다. 대체집행을 할 수 있으면 그에 의하여야 하고 간접강제는 허용되지 아니한다.

(다) 간접강제

간접강제는 손해배상의 지급을 명하고 벌금을 부과하거나 채무자를 구금

여 이를 탈환할 수 있고 동산일 때에는 점유자는 현장에서 또는 추적하여 가해자로부터 이를 탈환할 수 있다.

하는 등의 간접적 수단에 의하여 의무자에 대한 심리적 압박을 가하여 의무자가 의무를 이행하게 강제하는 방법이다. 예컨대 어떤 물건을 제작하는 채무에 대하여 일정기간을 정하여 그 안에 이행하지 않으면 지체기간에 따라 지연강제금을 지급할 것을 명하는 판결을 하는 것과 같다. 전교조 교사 명단을 홈페이지에 공개한 국회의원에 대하여 그것을 내릴 때까지 1일당 3천만원을 손해배상하도록 명한 법원의 판결도 같다. 간접강제는 '비대체적 급부의무'에 관하여 사용 가능한 강제집행 방법이다.

그러나 비대체적 급부의무라도 예술가에게 작곡을 하게 하거나 회화를 그리도록 하는 채무와 같이 의무자의 자유의사에 반하여 강제한다면 채무의 내용에 좇은 급부가 실현될 수 없는 것, 의무자 혼자서는 실현할 수 없고 이행을 위하여 제3자의 협력이나 특수한 설비·비용을 요하는 것, 부부간의 동거의무와 같이 간접강제를 동원하면 의무자의 인격에 대한 침해가 되는 것 등은 성질상 간접강제를 할 수 없다.

(라) 손해배상

계약관계의 채권자는 채무자에게 본래의 채무이행을 하는 것에 갈음하여 권리자가 입은 손해를 배상하게 할 수 있다(민법 §390). 또한 서로 아무런 계약관계가 없는 사람들 사이에서도 어떤 사람의 행위로 인하여 다른 사람에게 손해가 발생하면 피해자는 가해자에 대하여 손해배상을 청구할 수 있다(민법 §750). 자기의 토지를 무단으로 사용하는 사람에게 대하여 그 토지의 주인은 자신이 소유한 토지의 무단사용을 하지 말아 달라고 점유보호청구권을 행사하면서 동시에 그로 인한 손해배상도 청구할 수 있다(민법 §§213·214). 또한 손해배상은 성질상 간접강제를 할 수 없는 비대체적 급부의무의 불이행에 대해서는 유일한 권리구제 방법이기도 하다.

2) 권리의 박탈·부정

권리를 올바로 행사하지 않고 남용하거나 너무 오랫동안 행사하지 않은 경우와 같이 법 위반이 권리자에 의하여 행해진 것이라면 권리를 박탈하거나 상대방의 의무를 부정하는 제재가 따른다. 예컨대 부 또는 모가 친권을 남용하여 자녀의 복리를 현저히 해치거나 해칠 우려가 있는 경우에는 가정법원은 자녀, 자녀의 친족, 검사 또는 지방자치단체의 장의 청구에 의하여 그 친권의 상실 또는 일시 정지를 선고할 수 있다(민법 §924①).

권리의 행사와 의무의 이행은 신의에 좇아 성실히 하여야 한다(신의성실의 원칙)(민법 §2①). 또한 권리는 남용하지 못한다(권리남용금지의 원칙)(동조②). 따라서 채무자가 채무이행을 불성실하게 하는 경우에는 채무불이행으로 해석되어 의무위반에 대한 법적 효과가 따르고, 권리를 남용한 경우에는 무효가 되어서 정당하게 권리를 행사할 때 생기는 법적 효과가 발생하지 아니한다. 그런데 토지소유자가 토지의 소유권을 행사하는 것이 권리남용에 해당한다고 하려면, 주관적으로 권리행사의 목적이 오직 상대방에게 고통을 주고 손해를 입히려는 데 있을 뿐 행사하는 사람에게 아무런 이익이 없을 경우이어야 하고, 객관적으로는 권리행사가 사회질서에 위반된다고 볼 수 있어야 한다.

대법원 2017.7.11. 선고 2017다5310 판결

원고는 2014년 10월 2일 누나로부터 순천시 주소 a 대지 49㎡(이하 '이 사건 토지'라 한다)에 관하여 매매를 원인으로 하는 소유권이전등기를 마쳤다. 피고는 이 사건 토지와 인접한 순천시 주소 b 대지 195㎡(이하 '주소 b 토지'라 한다) 및 그 지상 주택을 소유하고 있다. 이 사건 토지 중 판시 도면 표시 부분에 피고 주택의 이 사건 담장 및 대문이 설치되어 있고, 그 담장 왼쪽 부분인 40㎡[이하 '(가)부분 토지'라 한다]는 피고 주택의 마당으로, 담장 오른쪽 부분인 9㎡[이하 '(나)부분 토지'라 한다]는 도로로서 인근 주민과 일반 공중의 교통에 사용되고 있다. 원고의 누나 S는 피고 소유의 주소 b 토지에 인접한 주소 c 토지와 지상주택 및 이 사건 토지를 매수하여 2011. 9. 2. 소유권이전등기를 마친 직후 기존 주택을 철거하고 주택을 신축하였는데, 그 과정에서 S가 피고 주택의 옆에 있는 골목길을 통행로로 사용하는 문제로 피고와 분쟁이 발생하였다. 그 후 원고는 2014. 10. 2. 이 사건 토지에 관하여 매매를 원인으로 소유권이전등기를 마쳤는데, 이 사건 토지에 관하여 S가 채무자로 된 근저당권설정등기와 지상권설정등기는 그대로 남아 있다. 원고는 이 사건 토지에 건물을 신축하기 위하여 피고 주택의 이 사건 담장 및 대문을 철거할 것을 청구하는 소를 제기하였다. 원심은 "① 피고는 2008. 12. 26. 주소 b 토지 및 지상 주택을 매수한 이후 현재까지 토지의 경계를 변경한 적이 없고, 피고 주택은 그 형상에 비추어 훨씬 이전부터 존재해 온 것으로 보인다. ② 이 사건 토지는 면적과 형태로 보아 원고 주장과 같이 신축주택의 대지로 사용될 수 있는지 의문스럽고, 특히 (나)부분 토지는 인접한 순천시 주소 d 도로와 함께 인근 주민과 일반 공중이 사용하는 도로로서, 이를 침범하여 주택을 신축하는 것은 공중의 교통에 지장을 초래하여 허용되기 어려우며, 원고 주장대로 주택을 신축할 경우 피고 주택은 원고 및 S의 주택에 의하여 둘러싸이는 형태가 된다. ③ 피고 주택의 옆면에 접한 진입로는 계단식 골목길이어서 피고가 그 쪽으로 출입구를 개설할 경우 상당한 비용이 소요되고, 이 사건 토지와 달리 위 골목길로는 차량이 통행할 수 없어 주택의 효용이 크게 감소될 것으로 보여, 이 사건 청구가 받아들여져 원고 주장처럼 주택이 신축될 경우 사실상 피고 토지는 맹지가 될 것으로 보인다."는 이유에서 원고의 청구는 권리남용이라는 피고의 항변을 받아들였다.

그러나 대법원은 다음과 같은 이유로 원고의 청구가 권리남용이라는 원심법원의 판단을 파기하고 사건을 환송하였다:

① 이 사건 토지가 길고 가운데가 꺾인 형태여서 그 위에 독립된 주택을 신축하기는 어려워 보이지만, 원고의 모 M이 소유한 순천시 (주소 5 생략) 토지 및 위 (주소 4 생략) 도로와 인접하고 있어 이용하기에 따라서는 M의 토지 및 그 주택의 가치를 높일 수 있을 것이다. ② 원고 소유의 이 사건 토지는 49㎡인데 그중 대부분인 40㎡를 피고가 이 사건 담장 및 대문의 부지와 마당으로 사용하고 있다. 원고의 이 사건 청구는 피고 주택의 담장과 대문을 철거하고 마당의 일부를 인도하라는 것으로서, 이로 인해 피고 주택 본채의 전부 또는 일부가 철거되거나 훼손되는 것은 아니며, 또한 원고가 도로로 사용되고 있는 (나)부분 토지의 인도를 구하는 것도 아니다. ③ 원고에게 이 사건 토지를 인도하더라도 피고는 그 주택에 인접한 계단식 골목길 쪽으로 새로운 출입구를 개설하여 공로에 이를 수 있다. ④ 사정이 이와 같다면, 원심이 인정한 여러 사정을 고려하더라도 <u>원고가 이 사건 담장 및 대문의 철거와 (가)부분 토지의 인도를 청구한다고 하여 주관적으로 그 권리행사의 목적이 오직 피고에게 고통을 주고 손해를 입히려는 데 있을 뿐 원고에게는 아무런 이익이 없다거나, 위 청구가 객관적으로 보아 사회질서에 위반된다고 보기 어렵다.</u> 원고의 이 사건 청구로 인해 피고의 주택이 원고 측의 주택으로 둘러싸인다거나, 피고가 새로운 출입구를 개설하는 데에 비용이 소요되고, 그곳으로는 차량이 통행할 수 없어 피고 주택의 가치가 감소하는 등 원고가 얻을 이익보다 피고가 입을 손해가 훨씬 크다고 하더라도 그러한 사정만으로 원고의 이 사건 청구가 권리남용이라고 할 수 없다. 그럼에도 이와 달리 원고의 이 사건 담장 등 철거 및 토지인도 청구가 권리남용에 해당한다고 판단한 원심판결에는 권리남용에 관한 법리를 오해하여 판결 결과에 영향을 미친 잘못이 있고, 이 점을 지적하는 상고이유 주장은 이유 있다.

권리자가 권리를 너무 오랫동안 행사하지 않은 경우에는 소멸시효가 완성되어 권리를 상실할 수 있다. 소멸시효 제도는 법률관계의 주장에 일정한 시간적 한계를 설정함으로써 그에 관한 당사자 사이의 다툼을 종식시키려는 것을 취지로 하는 것으로서 권리자가 오랜 기간 권리를 행사하지 않은 경우 의무자나 다른 제3자가 그에 대하여 갖는 신뢰나 법적 안정성을 보호하기 위한 제도이다.

소멸시효 기간은 권리마다 차이가 있어서 채권은 10년간 행사하지 아니하면 소멸시효가 완성한다(민법 §162①). 채권 이외의 재산권은 20년간 행사하지 아니하면 소멸시효가 완성한다(동조②). 다만, 소유권은 아무리 오래 행사하지 않더라도 시효로 소멸하지 않지만 반대로 취득시효 제도가 있어서 자기의 토지를 너무 오래 방치하는 경우 다른 사람이 그 토지에 대하여 시효로 소유권을 취득하는 수가 있고 원래의 권리자는 그 반사효과로서 소유권을 상실할 수 있다. 점유로 인한 부동산소유권의 취득시효기간은 20년이고, 등기로 인한 부동산소유권의 취득시효기간은 10년이다. 즉 20년간 소유의 의사로 평온, 공연하게 부동산을 점유하는 자는 등기함으로써 그 소유권을 취득하며(민법 §245①), 부동산의 소유자로 등기한 자가 10년간 소유의 의사로 평온, 공연하게 선의이며 과실없이 그 부동산을 점유한 때에는 소유권을 취득한다(동조②).

소멸시효에 있어서 시효기간의 기산점은 "권리를 행사할 수 있었던 때"이다. 소멸시효는 객관적으로 권리가 발생하고 그 권리를 행사할 수 있는 때로부터 진행하고 그 권리를 행사할 수 없는 동안에는 진행하지 아니한다. 여기서 "권리를 행사할 수 없다"라고 함은 그 권리행사에 법률상의 장애사유, 예컨대 기간의 미도래나 조건불성취 등이 있는 경우를 말하는 것이고, 사실상 그 권리의 존부나 권리행사의 가능성을 알지 못하였거나 알지 못함에 과실이 없다고 하여도 이러한 사유는 법률상 장애사유에 해당한다고 할 수 없다.[200]

---

[200] 대법원 2010.9.9. 선고 2008다15865 판결(국립대학 교원이 재임용거부처분을 당한 경우 임용기간이 만료된 후에는 그에 대하여 다툴 수 없다는 것이 종전의 대법원 판례였다. 이

권리를 행사하면 소멸시효 진행은 중단되고 다시 처음부터 기산하게 된다.

전술한 바와 같이 일제 강점기 강제징용 노동자의 인권침해에 대한 위자료 청구 사건(대법원의 2018년 판결 및 그 후속 판결들)에서 소멸시효의 기산점이 문제된 바 있다.

(2) 행정법상의 제재

1) 행정상 강제집행

행정법상의 의무를 위반한 경우에 행정청이 위반자의 신체·재산 등에 실력을 행사하여 의무를 이행하게 하거나 의무가 이행된 것과 같은 상태가 되게 하는 것을 행정상 강제집행이라고 한다. 이에는 대집행, 강제징수, 집행벌, 직접강제 등의 종류가 있다. 사법상의 제재와 크게 다른 점은 국가의 행정청은 (사력구제가 금지되는) 사인과 달리 스스로 공권력을 발동하여 의무를 강제집행할 수 있다는 점이다. 따라서 이 경우에는 그러한 행정청의 처리에 대하여 불복하는 사인이 행정심판이나 행정소송을 제기하여 다투어야 한다.

(가) 대집행

행정법상의 의무 가운데 '대체적 작위의무'를 의무자가 이행하지 아니하는 경우에는 대집행법에 의하여 대집행이 행해진다. 대집행은 계고, 대집행영장에 의한 통지, 대집행의 실행, 비용징수 등의 순서로 행해진다. 예컨대 위법건축물에 대해 철거명령과 함께 소정기간내에 자진철거를 하지 아니한 경우에는 대집행할 뜻을 미리 계고하고, 의무자가 계고에서 지정한 기간까지 의무를 이행하지 않는 경우에는 대집행의 실행시기, 대집행책임자의 성명과 대집행비용의 개산액을 대집행영장에 의하여 통지한 후 철거의 대집행을 하게 된다.

후 대법원이 전원합의체 판결(대법원이 2004.4.22. 선고 2000두7735 전원합의체 판결)로 임용기간이 만료된 국공립대학 교원에 대한 재임용거부처분에 대하여 이를 다툴 수 없다는 종전의 견해를 변경하자 원고는 대법원의 종전 견해를 국공립대학 교원에 대한 재임용거부처분이 불법행위임을 원인으로 한 손해배상청구에 대한 법률상 장애사유에 해당한다고 주장하였으나 대법원은 이를 기각하였다.).

대집행에 있어서 다투어지는 주요 문제는 대집행 책임자가 사인이 저항하는 경우에 대집행의 일부로서 실력을 행사하여 그 저항을 배제하는 것이 허용되는가 이다. 이에 대해서는 긍정설과 부정설이 있다. 대집행은 대체적 작위의무를 행정청이나 그 위탁을 받은 자가 대신 행하는 것이고, 의무자에게 실력을 행사하는 것은 그것에 포함된다고 볼 수 없으므로 부정설이 타당하다. 다만 의무자는 적법한 대집행에 대하여 수인할 의무가 있으므로 실무상 저항하는 자를 경찰로 하여금 공무집행방해죄의 현행범으로 체포하게 하여 대집행을 하는 경우가 있다.

(나) 강제징수

강제징수는 국민이 세금납부 등 국가에 대한 '금전급부의무'를 이행하지 않는 경우에 행정청이 의무자의 재산에 실력을 가하여 징수하는 것이다. 강제징수는 국세의 경우 「국세징수법」, 지방세의 경우 「지방세징수법」에 의하여 독촉, 재산의 압류에 의한 체납처분, 압류재산의 매각, 청산의 순서에 의하여 행해진다.

예컨대 국세를 그 납부기한까지 완납하지 아니하였을 때에는 세무서장은 납부기한이 지난 후 10일 내에 납부기한을 발급일부터 20일 내로 하여 독촉장을 발급하여야 한다(국세징수법 §23①,③). 세무서장은 제2차 납세의무자가 체납액을 그 납부기한까지 완납하지 아니하였을 때에는 10일 내에 납부최고서(納付催告書)를 발급하여야 한다(동조②). 세무서장은 납세자가 독촉장(납부최고서를 포함한다)을 받고 지정된 기한까지 국세를 완납하지 아니한 경우에는 납세자의 재산을 압류한다(동법 §24①). 세무서장은 압류한 동산, 유가증권, 부동산, 무체재산권등과 체납자의 채무자로부터 체납자를 대위하여 받은 물건을 대통령령으로 정하는 바에 따라 공매한다(동법 §61①). 세무서장은 압류된 재산이 증권시장에 상장된 증권일 때에는 해당 시장에서 직접 매각할 수 있으나(동조②), 압류한 재산의 공매에 전문 지식이 필요하거나 그 밖에 특수한 사정이 있어 직접 공매하기에 적당하지 아니하다고 인정할 때에는 한국자산관리공사(캠코)로 하여금 공매를 대행하게 할 수 있다 (동조⑤). 예외적으로, 수의계약으로 매각하지 아니하면 매각대금이 체납처분비에 충당하고 남을 여지가 없는 경우, 부패·변질 또는 감량되기 쉬운 재산으로서 속히 매각하지 아니하면 그 재산가액이 줄어들 우려가 있는 경우, 압류한 재산의 추산(推算) 가격이 1천만원 미만인 경우, 법령으로 소지 또는 매매가 규제된 재산인 경우, 제1회 공매 후 1년간 5회 이상 공매하여도 매각되지 아니한 경우 또는 공매하는 것이 공익을 위하여 적절하지 아니한 경우 등에는 수의계약에 의하여 매각한다(동법 §62①). 체납액의 징수 순위는 체납처분비, 국세(가산세는 제외한다), 가산세의 순서에 따른다(동법 §4).

(다) 집행벌

집행벌은 행정법상 작위나 부작위의무를 위반한 사람에 대하여 일정한 기간 안에 의무이행이 없을 경우 일정한 액수의 '이행강제금'을 부과할 것을 계고하여 심리적 압박을 주어 그 의무를 간접적으로 이행하게 하고, 그 기간 안에 이행이 없는 경우에는 이행할 때까지 이행강제금을 부과하는 것이다. 이행강제금의 부과는 권력적·침해적 행정행위이므로 개별법률에서 특별히 이를 규정하고 있는 경우에만 그것을 근거로 하여 부과할 수 있다.

예컨대 「건축법」상 허가권자(특별시장·광역시장·특별자치시장·특별자치도지사 또는 시장·군수·구청장)는 동법 또는 동법에 따른 명령이나 처분에 위반되는 대지나 건축물에 대하여 동법에 따른 허가 또는 승인을 취소하거나 그 건축물의 건축주·공사시공자·현장관리인·소유자·관리자 또는 점유자(이하 "건축주등"이라 한다)에게 공사의 중지를 명하거나 상당한 기간을 정하여 그 건축물의 철거·개축·증축·수선·용도변경·사용금지·사용제한, 그 밖에 필요한 조치를 명할 수 있는데(건축법 §79①) 시정명령을 받은 후 이를 이행하지 아니한 건축주등에 대하여는 이행강제금을 부과한다(동법 §80).

(라) 직접강제

직접강제란 행정법상의 의무의 불이행이 있는 경우에 의무자의 신체·재산에 직접 실력을 행사하여 의무이행이 된 것과 동일한 상태를 실현하는 작용이다. 직접강제는 행정상 강제집행 수단 가운데 국민의 인권을 가장 크게 제약하는 수단이기 때문에 다른 강제집행수단으로 의무이행을 확보할 수 없을 때 개별 법률상의 근거에 의하여 최후적으로 사용되어야 한다.

예컨대 「먹는물관리법」상 먹는샘물등의 제조업을 하려는 자는 시·도지사의 허가를 받아야 하고, 수처리제 제조업이나 먹는샘물등의 수입판매업을 하려는 자는 시·도지사에게 등록하여야 하고, 먹는샘물등의 유통전문판매업을 하려는 자는 환경부령으로 정하는 바에 따라 시·도지사에게 신고하여야 하고, 정수기의 제조업 또는 수입판매업을 하려는 자는 환경부장관이 지정한 기관의 검사를 받고 시·도지사에게 신고하여야 하는데(동법 §21), 만일 먹는물관련영업자가 이러한 진입규제에 위반하여 허가를 받지 아니하거나, 등록 또는 신고를 하지 아니하고 영업을 하거나, 허가 또는 등록이 취소되거나 영업정지처분을 받은 후에도 계속해서 영업을 하면, 시·도지사는 그 사업장을 폐쇄하기 위하여 관계 공무원에게 그 사업장의 간판이나 그 밖의 영업표지물의 제거 또는 삭제, 그 사업장이 적법한 사업장이 아님을 알리는 게시문의 부착, 그 사업장의 시설물이나 그 밖의 영업에 사용하는 기구 등을 사용할 수 없게 하는 봉인(封印) 등의 폐쇄조치를 하게 할 수 있다(동법 §46①).

2) 행정벌

행정벌이란 법에 정해져 있는 의무 위반에 대하여 위반자에게 제재로서 가하는 처벌이다. 이에는 행정형벌과 행정질서벌이 있다.

(가) 행정형벌

행정형벌은 중대한 법 위반자에 대하여 형법에 규정되어 있는 종류의 형벌을 부과하여 형사처벌하는 것이다. 행정형벌이 규정되어 있는 의무 부과 규정에 위반하는 것은 형사범죄이고 해당 규정은 특별형법에 해당한다. 예컨대, 「도로교통법」은 자동차의 음주운전자에 대하여 위반횟수, 혈중알코올농도에 따라 징역형이나 벌금형에 처한다(동법 §148의2). 행정형벌은 일반적인 형벌의 경우와 마찬가지로 검사의 기소와 형사법원의 재판을 거쳐 유죄가 확정되면 부과된다.

(나) 행정질서벌

행정질서벌은 국가의 법률이나 지방자치단체의 조례에 정해진 행정상 의무를 위반한 자에게 과태료를 부과하는 제재이다. 부과형태에는 법원이 과태료 재판에 의하여 부과하는 경우, 행정청이 1차로 부과하고 그에 대하여 수범자가 이의제기시 법원이 과태료 재판에 의하여 부과하는 경우, 그리고 행정청이 부과하는 경우 등이 있다. 예컨대, 자동차 운전자가 물이 고인 곳을 운행할 때 고인 물을 튀게 하여 다른 사람에게 피해를 준 경우 20만원 이하의 과태료를 부과한다(도로교통법 §§49① ⅰ, 160② ⅰ).

(다) 범칙금

행정형벌과 행정질서벌의 중간에 있는 것으로서 통고처분에 의한 범칙금의 부과가 있다. 이는 행정청이 신원이 확실한 법위반자에 대하여 그 이유를 명백히 나타낸 서면으로 일정한 기간내에 범칙금을 납부하라는 통고를 하고, 범칙금을 낸 사람은 범칙행위에 대하여 다시 벌을 받지 아니하는 제도이다.

통고처분은 조세범칙사건(조세범 처벌절차법 §15), 관세범(관세법 §311), 불법입국·체류 등 출입국사범(출입국관리법 §102), 불법주·정차, 신호위반·차로위반·속도위반 등 교통사범(도로교통법 §163), 폭행죄, 도박죄, 경범죄[201] 등의 경우에 인정되는 절차이다. 그 이유를 명백히 나타낸 서면으로 통고처분을 하는 것은 모두 같지만, 그에 따르지 않는 경우의 처리방법은 다음과 같이 법마다 조금씩 다를 수 있다:

경범죄의 경우 경찰서장·해양경찰서장·제주특별자치도지사 또는 철도특별사법경찰대장은 범칙자에 대하여 그 이유를 명백히 나타낸 서면으로 범칙금을 부과하고 이를 납부할 것을 통고할 수 있다(경범죄 처벌법 §7). 통고를 받은 사람은 통고처분서를 받

---

[201] 경범죄는 특별형법인 「경범죄 처벌법」 제3조에 규정된 47개 행위유형(ex, 관명사칭, 물품강매· 호객행위, 광고물 무단부착, 쓰레기투기, 노상방뇨, 자연훼손, 구걸행위, 음주소란 등)의 범죄들로서 벌금·구류·과료의 법정형이 부과된다.

은 날부터 10일 이내에 범칙금을 납부하여야 하는데(동법 §8), 통고처분서 받기를 거부한 사람이나 납부기간에 범칙금을 납부하지 아니한 사람에 대하여는 지체 없이 즉결심판을 청구한다. 다만, 즉결심판이 청구되기 전까지 통고받은 범칙금에 그 금액의 100분의 50을 더한 금액을 납부한 사람에 대하여는 그러하지 아니하다(동법 §9①).

경찰서장·제주특별자치도지사는 「도로교통법」 위반의 범칙자에 대하여 이유를 분명하게 밝힌 범칙금 납부통고서로 범칙금을 낼 것을 통고할 수 있고(도로교통법 §163 ①본문), 통고를 받은 사람은 10일 이내에 범칙금을 내야 한다(동법 §164). 범칙자 가운데 성명이나 주소가 확실하지 아니한 사람, 달아날 우려가 있는 사람 또는 범칙금 납부통고서 받기를 거부한 사람 또는 범칙금 납부통고서를 받고도 납부기간에 범칙금을 납부하지 아니한 사람에 대해서는 지체 없이 즉결심판을 청구한다. 다만, 즉결심판이 청구되기 전까지 통고받은 범칙금액에 100분의 50을 더한 금액을 납부한 사람에 대해서는 그러하지 아니하다.(동법 §§163①단서, 165①).

관세청장·세관장은 관세범을 조사한 결과 범죄의 확증을 얻었을 때에는 그 대상자에게 그 이유를 구체적으로 밝히고 벌금·추징금에 상당하는 금액이나 몰수에 해당하는 물품을 납부할 것을 통고할 수 있고(관세법 §311), 관세범이 통고서의 송달을 받은 날부터 15일 이내에 이행하지 아니하였을 때에는 즉시 고발한다(동법 §316).

즉결심판은 20만원 이하의 벌금, 구류 또는 과료에 처할 피고인에 대하여 관할경찰서장 또는 관할해양경찰서장이 관할법원에 이를 청구하여 행해진다(「즉결심판에 관한 절차법 §§2, 3). 경찰서장은 즉결심판의 청구와 동시에 필요한 서류 또는 증거물을 판사에게 제출하여야 한다(동법 §4).

즉결심판에서는 특례가 인정되어서 ① 벌금 또는 과료를 선고하는 경우 또는 ② 피고인 또는 즉결심판출석통지서를 받은 자가 요청하고 법원이 이를 허가한 경우에는 불출석심판이 허용된다(동법 §8의2). 판사는 필요하다고 인정할 때에는 적당한 방법으로 법정에 있는 증거에 한해 조사할 수 있고(동법 §9②), §310(피고인의 자백이 그 피고인에게 불이익한 유일의 증거인 때에는 이를 유죄의 증거로 하지 못한다)·§312③(피의자신문조서의 증거능력)·§313(진술서의 증거능력) 등 증거능력에 관한 형사소송법 규정은 적용되지 않는다(동법 §10). 피고인 또는 경찰서장(무죄·면소·공소기각 판결이 내려진 경우에 한한다)은 즉결심판의 선고·고지를 받은 날부터 7일 이내에 정식재판을 청구할 수 있다(동법 §14).

【Theme- 용어정리: 벌금, 과료, 과태료, 과징금, 범칙금】

벌 금 (罰金)	범죄인에게서 5만원 이상 일정한 금액을 징수하는 형벌이다. 벌금을 납부하지 않은 자는 3년의 한도에서 노역으로 대신한다(노역장유치)[202]
과 료 (科料)	범죄인에게서 5만원 미만 일정액의 금액을 징수하는 형벌이다. 과료를 납부하지 않은 자는 30일의 한도에서 1일 1만원씩 노역으로 대신한다.
과태료 (過怠料)	행정청이 행정법상 의무위반자를 제재하기 위하여 부과하는 금전 행정질서벌이다.
과징금 (過徵金)	행정청이 공정거래법·환경법 등 위반자에 대하여 위반행위로 인한 불법적인 경제적 이익을 박탈할 목적으로 부과하는 금전적 제재이다.
범칙금 (犯則金)	도로교통법·경범죄처벌법 위반 등 일상생활에서 흔히 일어나는 경미한 범죄행위를 방지하기 위하여 행위자에게 부과하는 금전 행정벌이다. 통고된 범칙금을 내지 않을 경우 즉결심판에 회부되어 금고형이나 벌금형이 부과될 수도 있다.

---

[202] 이른바 황제노역이라고 비판받은 사건으로 대주그룹 허재호 회장 사건이 있다. 2007년 5백억대 탈세, 백억대 횡령 혐의(특정범죄가중처벌에 관한 법률 위반)로 재판에 넘겨진 허씨는 2011년 대법원의 판결(징역 2년 6개월 집행유예 4년, 벌금 254억원)이 확정되었는데, 해외에 머물던 허씨는 2014년 3월 국내로 강제송환되어 구속전피의자심문(영장실질심사) 하루, 노역장 닷새 등 총 엿새간 구금으로 일당 5억원씩 합산 30억원의 벌금을 탕감받았다. 논란이 커지자 대검찰청은 닷새 만에 허씨의 노역형 집행을 중단했고, 노역 중단 후 허씨는 224억원의 남은 벌금을 2014년 9월까지 반년 동안 수십억원씩 나눠 완납했다. 정회성 기자, "강제송환 허재호 전 대주회장, 일당 5억원 '황제노역' 당사자" 2025. 5. 26. 연합뉴스, https://www.yna.co.kr/view/AKR20250526063351054.

제7절 법과 문화

1. 비교법과 법계

세계 각국의 법제(legal system)를 비교하면 크게 네 가지의 법계(法系), 즉 대륙법계, 영미법계, 이슬람법계, 혼합법계 중 하나로 분류될 수 있다.

(1) 대륙법계

대륙법(continental law)은 법의 역사에서 서양의 중세에 로마법을 계수한 유럽대륙의 국가들의 법을 말하며, 고대 로마법에서 시민권을 가진 시민(citizen)에게 적용되는 법의 명칭에서 유래한 '시민법'(jus civile; civil law), '신로마법'(neo-Roman law) 또는 '로마·게르만법'(Romano-Germanic law) 등으로 불리기도 한다. 후술하는 영미법계의 커먼로가 사례 중심적이어서 법관이 중심이 되어 경우에 따라 특정 문제에 대하여 실용주의적인 접근을 허용하는 것과 비교하여 시민법은 법관의 재량을 통제하는 일반·추상적 원칙을 법전화한 것이라는 특징을 가진다.[203] 프랑스, 독일, 스페인, 포르투칼, 이탈리아, 스위스, 스웨덴, 핀란드, 덴마크, 노르웨이, 오스트리아, 벨기에, 네덜란드, 룩셈부르크, 그리스, 아이슬란드, 폴란드, 헝가리, 체코, 루마니아, 불가리아, 알바니아, 슬로바키아, 러시아, 우크라이나, 에스토니아, 라트비아, 리투아니아, 크로아티아 등 유럽대륙의 대부분의 국가들과 근대법의 계수 과정에서 이들 유럽국가들로부터 직접 또는 간접으로 법을 전수한 우리나라, 일본, 중국, 베트남, 캄보디아, 타이완 등의 주요 아시아국가들, 남미의 멕시코, 브라질, 아르헨티나, 파나마, 컬럼비아, 쿠바, 페루, 칠레, 파라과이, 에쿠아도르, 엘살바도르, 과테말라, 아이티, 아프리카의 이집트, 가봉, 이디오피아 등이 모두 대륙법계에 속한다. 대륙법계는 성문법을 위주로 한 법제를 가지고 있다.

---

[203] Gary Slapper & Dvid Kelly, The English Legal System, 7th ed., Cavendish Publishing Ltd., 2004, p. 3.

(2) 영미법계

영미법(Anglo-American law)은 불문법을 위주로 한 법계에 속하는 국가의 법을 말하며, 오랜 기간 적용되어 온 법원 판례의 집약인 커먼로(Common Law)라고도 지칭된다. 영미법계국가에서 판사들은 "모든 사건을 결정해야 하며, 국법에 따라 재판할 것을 선서한 살아 있는 신기판관(Oracle)이며, 모든 법의 보관자"이다.[204] 커먼로란 대대손손에 걸쳐 법원이 판결 당시 존재하는 법원칙에 의거하여 내린 실제의 판결을 통하여 판사에 의하여 형성·정제·시험·변화된 법이다. 커먼로는 원칙적으로 선례에 의존하지만 선례가 잘못되었다고 판단하는 때에는 판사들은 언제든지 이를 번복할 권한이 있다.[205] 영미법계 국가라고 해서 실정법이 없는 것은 아니고, 전체 법제는 커먼로, 형평법(Equity) 외에 성문법인 실정법으로 구성되어 있으나 불문법인 커먼로와 형평법이 법의 중심을 이룬다. 중세가 시작될 무렵 동로마제국으로부터 수입된 현대화된 형태의 로마법은 유럽대륙을 휩쓸었지만 영국은 섬나라로서 대륙의 로마법 계수에 완강하게 저항하였다. 이러한 이유로 대륙법계와 달리 불문법을 위주로 한 법제를 가지게 된 영국 이외에 과거 영국의 식민지였던 미국[206], 그리고 영연방(Common Wealth) 국가들인 캐나다, 호주, 뉴질랜드, 말레이시아, 싱가폴, 인도, 파키스탄, 라이베리아, 남아공화국 등도 영국법의 전통을 이어받아서 영미법계에 속한다. 그밖의 영미법계 국가로 아일랜드, 이스라엘, 도미니카, 자메이카, 방글라데시, 미얀마, 통가, 피지, 가나, 그레나다, 우간다 등이 있다.

【Theme- 배심제도】

영미법계 국가의 사법제도로 가장 특징적인 것은 배심제도이다. 배심제는 법관이 아닌 일반 시민이 형사소송이나 민사소송의 재판과정에 배심원(jury)으로서 참여하여 혐의자에 대한 기소여부나 피고인에 대한 범죄의 유무, 원고 주장의 당부를 판단하는

---

204) Sir William Blackstone, *Commentaries on the Laws of England*, 1756, p. 69.
205) Lawrence M. Friedman, *A History Of American Law*, 2001, pp. 13~14.
206) 다만 후술하듯이 루이지애나주, 푸에르토리코는 예외이다.

사법제도를 말한다.

　영국은 중세에 소송당사자에게 선서, 신판, 결투재판, 증거에 의한 재판 등의 방법으로 스스로 유무죄를 입증하도록 하는 게르만의 재판방법을 사용하다가 12세기 헨리 2세때 국왕의 평화를 해친 중대한 범죄자에 대하여 인근 주민들로 선출된 배심원들이 범죄의 혐의를 인정한 경우에만 공소하도록 하는 대배심제도를 도입하였다. 이후 범죄자에 대하여 사소와 공소가 병존하다가 16세기 이후부터는 사소는 금지되었다.[207]

　미국 연방 헌법상 배심에 의한 재판을 받을 권리는 탄핵심판이나 형평법원 심판을 제외하고는 보장된다(수정헌법 §§5, 7). 미국의 경우 만장일치로 기소여부를 평결하는 대배심(grand jury)[208]과 사실에 관한 평결을 하는 소배심(trial jury; petit jury)으로 나뉜다. 검사나 피고인측에서는 배심원을 심사하여 편견이 의심되는 부적격자를 걸러낼 수 있다. 법관은 배심원들에게 판단에 필요한 법리를 지도(instruction)할 수 있으나 일정한 결론을 내리도록 강제할 수는 없다. 이러한 배심제는 법원의 판결이라는 사법작용도 국민주권을 바탕으로 법관에게 부여된 권한을 행사하는 것이므로 국민이 가능한 범위에서 참여하게 하는 것으로서 민주주의에 부합한다는 점에서 이상적이다.

　대륙법계국가인 프랑스는 프랑스혁명 직후인 1791년에 영국의 배심제를 기소배심과 판결배심 모두 도입하였다가 이후 기소배심제는 수사판사제로 대체하고 형사재판 중죄사건에 한하여 12인의 배심원 중 10인이 찬성하는 경우 유죄평결을 내리는 절대다수결 방식으로 운영하여왔다. 다만 20세기초에는 배심제의 축소경향을 보였고 2023년부터는 재판지연에 대한 대비책으로 중죄법원 사건의 일부는 법관만으로 구성된 형사법원에게 맡기고 있다.[209]

(3) 이슬람법계

　법의 역사상 한때 종교법이 세속에 적용되었다. 예컨대 중세에 로마 가톨릭의 교세가 강함에 따라 모든 유럽인에게 교회법(jus canonicum, Canon Law)이 적용되었고, 이슬람세계에서는 이슬람법(sharia)이 모든 사람에게 적용되었다. 그러다가 근대 이후에 세계 대다수의 국가에서 정교분리의 원칙이 수립되어[210] 종교법은 국가법이 아니고 오직 해당 종교를 믿는 신자들에게만 적용되는 사회규범의 일종일 뿐으로 되었다. 그러나 현대에도 중동지역의 이

---

[207] 이상윤, 「영미법」 박영사, 2000, 42, 45면.
[208] 대배심제를 운영하는 국가로는 미국과 라이베리아가 있다. 다른 영미법계국가들은 과거에는 대배심제를 운영하다가 현재는 기소위원회와 같은 다른 제도로 대체하였다.
[209] 박우경, 「프랑스 형사배심제에 관한 연구」, 사법정책연구원, 2023, 10~11면.
[210] 우리 헌법도 "국교는 인정되지 아니하며 종교와 정치는 분리된다"(§20②)고 선언한다.

슬람국가들은 종교법인 이슬람법계로 남아 있다. 이슬람법계 국가로는 사우디아라비아, 이란, 아프가니스탄, 나이지리아, 예맨 등이 있다.

이슬람법계 국가에서는 이슬람법이 국법에 우선하여 모든 시민들에게 적용된다. 이슬람법은 샤리아(sharia)[211]이다. 샤리아의 법원(法源)은 이슬람경전 코란(Quran), 마호메트의 언행록인 하디스(hadith), 하디스에 기록된 관습 순나(Sunnah), 공동체의 합의인 이즈마(ijma), 유추해석을 통한 추론법인 키야스(qiyas)이다.[212] 샤리아를 연구하는 법학 피크(fiqh)는 법학자 울레마(ulema)들에 의하여 행해지는데, 이들은 코란과 하디스에 대하여 합의(ijma), 연구(ijtihad) 및 공동관행(urf)의 방법으로 fatwā(법적 의견)를 도출한다. 샤리아에는 배교(背敎)·강도·절도·간음·음주·무고 등 공익침해행위에 대한 가혹한 형벌이 규정되어 있고,[213] 국가는 의식주, 의료, 교육, 실업문제, 질병에 관한 인간의 기본필요를 국민에게 보장할 의무를 지고 종교·인종을 이유로 한 차별이 금지되며, 시민은 "샤리아에 따라 인정된 법의 테두리 내에서"[214] 생존권, 재산권, 양심과 종교의 자유, 표현의 자유, 직업선택의 자유, 거주이전의 자유, 평등권, 변호인의 조력을 받을 권리 및 재판청구권 등을 가지며 비무슬림시민은 "샤리아에 따라 인정된 법의 테두리 내에서" 종교의 자유를 향유한다고 해석되고 있다.[215] 샤리아에 따라 성문화하지 않은 범죄 혐의에 대

---

[211] 샤리아는 "마실수 있는 물의 원천지" 또는 "올바른 길, 똑바른 길"이라는 뜻의 단어로 통상 '이슬람법'과 혼용된다. 8~9세기에 체계화되었으며 샤리아 이외의 국법인 '이슬람국가의 법'(law in islamic country)과는 구별된다. 샤리아는 신이 만들었으므로 개정될 수 없는 영원성을 가진 존재로 인식된다. 박규환, 「이슬람과 법」 북셀프, 2019, 12~14면.
[212] 코란, 하디스, 순나가 샤리아의 법원임에는 이론이 없으나 이즈마, 키야스가 샤리아의 법원인지에 관해서는 논란이 있다. 박규환, 「아랍세계의 법문화-코란, 샤리아, 이슬람 국가의 법」 한국학술정보, 2014, 52면.
[213] 코란과 순나에 정해진대로 배교행위·노상강도·혼외정사는 사형, 절도는 손 절단형 등의 고정형에 처하되, 코란과 순나에 형벌이 정해지지 않은 경우에는 피크 법학자 울레마들이 사회제반현상을 감안하여 형벌을 정한다. 박규환, 「아랍세계의 법문화」 47면.
[214] 이슬람국가에서는 국법이 샤리아에 따라 인정된 테두리 내에서 효력을 가진다.
[215] 1951년 31명의 이슬람법학자들에 의하여 이슬람헌법의 기본원칙이 합의되었다. Maudoodi, Islamic Law and Constitution, p. 197, 199; 박규환, 위의 책, 50면.

해서도 법관이 판결을 하고 형량을 정할 수 있다. 사우디아라비아의 사형제도에 반대하는 유럽사우디인권기구(European Saudi Organization for Human Rights, ESOHR)가 2023년말에 공개한 보고서에 따르면 사우디에서는 2015년부터 2022년 사이 연평균 129.5건의 사형을 집행하였는데, 2023년 집행된 147건 중 55%인 81건이 3월 12일 하루에 집행되었다.[216]

(4) 혼합법계

국가 전체 또는 일부가 위의 세 가지 법계 중 둘 이상의 영향을 받은 법제를 보유하는 경우 다원적인 혼합법계 국가로 분류된다. 예컨대 교황청이 소재한 바티칸시국은 로마법과 이탈리아 민법 및 카톨릭 교회법을 혼합한 법제를 갖고 있다. 과거 영국, 프랑스, 스페인 또는 미국의 식민지였던 역사로 인하여 아프리카의 보츠와나, 카메룬, 케냐, 모리셔스 등은 커먼로와 시민법이 혼합된 법제를 보유하고 있고, 아시아의 필리핀은 스페인법과 미국 커먼로의 영향을 받은 법제를 갖고 있다. 연방국가인 미국의 법제는 독립 이전 영국의 식민지였던 영향으로 커먼로에 기초하지만, 예외적으로 루이지애나주의 법제는 형사법·행정법 분야에서는 커먼로에 의거하나 다른 분야는 프랑스와 스페인의 시민법에 기초하고 있고, 푸에르토리코 속주는 1898년 미국-스페인전쟁의 결과로 미국령이 되기 전에 스페인의 식민지였기 때문에 스페인 시민법에 기초하되 커먼로의 영향을 받은 법제를 갖고 있다.[217] 캐나다의 퀘벡주는 변천을 거쳐 현재 형사법은 영국의 커먼로에 기초하고, 공법 및 사법은 프랑스의 시민법과 커먼로 가운데 적절한 것을 적용하고 있다.

알제리, 이집트, 요르단, 모로코, 바레인, 카타르, 시리아, 아랍에미리트,[218]

---

216) 정철환 특파원, "사우디 빈 살만 집권후 사형 2배... 年평균 130건씩 집행", 조선일보 2024.1.8(유엔은 이를 죄형법정주의와 양형기준에 따른 형의 선고 등 근대적 사법원칙이 지켜지지 않고 있는 것으로 보고 있다고 한다.).
217) 물론 루이지애나주와 푸에르토리코에도 미국의 연방법은 당연히 적용된다.
218) 1853년 이래 영국의 보호국이던 여러 토호국들이 1971년 영국정부가 걸프지역의 각 부족들과의 조약을 파기할 것을 선언하자 카타르와 바레인을 제외한 토호국들이 1971년 임시 연방헌법을 제정하여 결성한 연방국가이다. 박규환, 「이슬람과 법」 130~132면.

인도네시아 등은 프랑스의 시민법에 기초하되 이슬람법이 혼합된 법제를 보유하고 있으며, 브루나이, 파키스탄, 방글라데시, 말레이시아, 나이지리아 등은 영국의 커먼로에 기초하되 이슬람법이 혼합된 법제를 보유하고 있다.

2. 법문화

세계 각국은 법계의 차이, 법을 둘러싼 전통과 환경의 차이 등으로 인하여 법원(法源), 법원(法院) 및 사법제도, 사법권 독립의 정도, 법관·검사·변호사 등 법조인의 교육제도와 자격요건, 소송외적 분쟁해결방법(ADR)을 포함한 민사 사법의 민간화 정도 등이 다를 수 있다. 예컨대 전세계에서 영국, 인도, 호주의 일부 주, 아일랜드, 뉴질랜드, 남아공화국 등 6개국에서는 법정변호사(barristers, advocates)와 사무변호사(solicitors)로 변호사의 종류가 나뉜다.[219] 이와 달리 우리나라를 포함한 나머지 국가에서는 면허를 받은 변호사는 위임인을 위하여 취급할 수 있는 법적 사항에 이론적으로 제한이 없다.[220]

각국의 법문화는 하드웨어만이 아니라 소프트웨어 측면에서도 질적 차이가 두드러질 수 있다. 예컨대, 모든 인간관계를 법과 소송으로 해결하는 경향이 강한 미국과 같은 국가가 있는가 하면 법에 호소하는 것보다 일종의 배경을 의미하는 guanxi(關係)에 의하여 일의 성패가 좌우된다고 생각하는 중국과 같은 나라도 있다. 한국법제연구원에서 2023년에 실시한 실태조사에 따

---

[219] 배리스터(barrister)는 법정에서 고객(client)을 대리하여 소송행위를 할 수 있지만, solicitor는 오직 고객에게 법적 자문 제공이나 법률문서 작성만을 할 수 있다. Gary Slapper & Dvid Kelly, The English Legal System, 7th ed., Cavendish Publishing Ltd., 2004, pp. 541~542.

[220] 미국도 마찬가지인데 실제로는 고객이나 고용주의 수요에 맞추어 파산변호사(Bankruptcy attorney), 형사변호사(Criminal defense attorney), (유언·신탁·부동산 등을 처리하는) 상속변호사(Estate planning attorney), (로펌이나 회사에 고용되어 계약서 작성, 상거래 등 회사법적 문제를 처리하는) 회사변호사(Corporate attorney), (이혼·입양·자녀양육 등 문제를 처리하는) 가족법변호사(Family law attorney), 정부기관에 고용된 변호사(Government attorney), 노동변호사(Labor attorney), (법정 변론을 전문으로 하는) 송무변호사(Litigator), 손해배상전문변호사(Personal injury attorney), 검사(Prosecutor), 조세변호사(Tax attorney) 등 영역별로 특화되어 활동한다. Timothy L. Hall, The U.S. Legal System, Vol. 1, Salem Press, Inc., 2004, pp. 60~65.

르면 우리나라 사람들은 법이 보장하는 것은 인간의 존엄성(69.1%), 개인의 권리(66.3%), 공익(64.9%), 개인의 자유(62.7%), 개개인의 평등(61.3%)이라고 인식하고 있다.221) 또한 법이 분쟁을 해결하고(65.2%), 힘 있는 사람의 이익을 대변한다(64.5%)고 보는 비율이 높은 반면 법이 국민의 이익을 대변하고(56.5%), 권력을 통제하며(53.8%) 공정하게 집행된다(52.9%)고 보는 비율은 상대적으로 낮았다.222) 우리나라는 인구수에 비례한 소송사건의 총수, 민사본안사건 상소율 등에 있어서 상당히 높은 통계수치를 보인다.223)

이슬람법계의 국가에서는 흔히 모든 이의 음주가 금지되고 여성의 복장 규제가 엄격히 행해진다. 예컨대 2022년 카타르 월드컵 당시 경기장내 음주는 금지하되 지정된 팬존에서는 제한적으로 주류를 판매하였지만 2034년 월드컵을 개최할 사우디아라비아는 음주를 전면 금지할 것으로 예상되고 있다.224) 대부분의 이슬람국가에서는 여성들에게 차도르, 부르카, 히잡 등을 착용하도록 강제한다. 이는 "여성 인권침해 사례의 대명사로 여겨져서 비판받아 왔"지만 "중동지방의 뜨거운 태양 광선과 숨막히는 모래바람이라는 중동의 풍토에서 비롯된 것"임을 인식한다면 이를 달리 평가할 수 있다는 견해도

---

221) 한국법제연구원, 「2023년 국민법의식 실태조사」 2024, 105면.
222) 위의 자료, 108면.
223) 2023년도에 우리나라 전국 법원에 접수된 사건은 총 16,399,629건이다. 그 가운데 소송사건이 6,667,442건으로 전체의 41%를 차지하며(나머지는 비송사건), 소송사건은 다시 본안사건(민사·가사·행정·지식재산·선거·형사공판·치료감호사건) 1,266,734건(19%)과 본안외사건(민사조정·독촉·집행·비송사건, 가사비송·조정사건, 행정신청, 지식재산신청, 형사약식·성매매관련보호·즉결·영장사건, 소년보호사건, 피해자보호명령, 아동보호명령, 감치·과태료사건 등) 5,400,708건(81%)으로 구성된다. 우리나라는 전체사건수는 인구 100명당 31건의 비율이고, 민사본안사건수는 인구 1,000명당 15건, 형사공판사건수는 인구 1,000명당 5건의 비율이다. 같은 자료, p. 719. 우리나라 민사본안사건 상소율은 2023년 판결된 사건 중 상소된 사건의 비율이 제1심은 11.2%, 항소심은 28.2%였다. 법원행정처, 「2024 사법연감」, 713, 733면.
224) 칼리드 빈 반다르 알 사우드 주영 사우디 대사는 영국 LBC 라디오 방송과 인터뷰에서 "사우디는 현재 술을 허용하지 않는다. 월드컵을 개최하더라도 예외는 없다. 호텔뿐만 아니라 식당과 경기장에서도 술은 허용되지 않을 것"이라고 말했다. 박상경 기자, "음주? 절대 안돼! 카타르와는 다르다…2034 사우디월드컵에선 술 못 마신다", 조선일보 2025. 2. 13. https://www.chosun.com/sports/world-football/2025/02/13/EFCCLRVIP7MT5OGT4ONWFCUFIQ/.

있다.225) 그러나 히잡 등의 강제 착용이 여성을 보호하려는 목적에서 행해진 것이라면 여성들에게 그 착용 여부를 본인의 자유로운 선택에 맡겼어야 할 것이다. 사우디아라비아에서는 2017년 무함마드 빈 살만이 왕세자가 된 후 온건한 이슬람을 지향하여 여성들이 검은색 진 아바야를 착용하지 않아도 되도록 허용하고 여성의 자동차 운전을 허용하였다. 그렇지만 아직도 여성이 혼자 차를 운전하는 것은 위법이다. 2022년 9월 이란의 수도 테헤란에서는 히잡을 쓰지 않았다는 이유로 종교경찰에 체포된 20대 여성 마흐사 아미니가 의문사하였고, 이를 계기로 히잡 착용을 거부하는 여성들의 전국적인 시위가 6개월간 지속되었고 이란 정부가 이를 무력으로 진압하는 과정에서 보안군의 총격으로 시민 551명이 사망하였다.226)

우리나라는 좁은 국토, 부족한 지하자원 등의 불리한 여건을 국제무역을 통하여 극복하여 왔다. 우리나라의 무역규모는 2013년 이래 세계 9위권을 유지하고 있다.227) 외국인과의 국제거래에서의 교섭 성공을 위해서는 특히 '문화적 역량'(cultural competence)과 언어의 중요성이 강조된다. 이는 외국인과의 교섭에서 성공하려면 상대방의 문화가 자신의 문화와 어떻게 다른지 그 차이에 대하여 충분히 인식해야 하고, 상대방의 에티켓, 어조, 매너, 요구되는 정식절차의 수준 등을 확인해야 한다는 것이다. 예컨대, 어떤 문화권에서는 교섭에 변호사를 당연히 동반해야 하는 반면에 다른 문화권에서 그러한 행위는 상대방에 대한 모욕으로 간주될 수 있다. 또한 교섭시 상대방에게 공개해야 하는 내용이나 범위는 문화권마다 차이가 있어서 예컨대, 일본에서는 실

---

225) 박규환, 「아랍세계의 법문화-코란, 샤리아, 이슬람 국가의 법」 pp. 181~182(이슬람법을 제대로 이해하려면 그들이 그러한 제도를 만들게 된 문화적 배경과 그들의 핵심가치에 대한 이해가 바탕이 되어야 한다는 점을 강조하고 있다.).
226) 2025년에는 이란에서 히잡 착용거부를 지지하는 노래를 발표한 가수 메흐디 아라히에게 태형 74회가 집행되었다. 태형은 유엔 국제 인권 규약이 비인도적 행위로 규정하고, 엄격히 금지한 전근대적 처벌 방식이다. 김지아 기자 "머리카락 휘날려라 노래 불렀다가 74대 채찍질… 男가수가 남긴 글" 조선일보 2025.3.7.
227) 2021년에는 브렉시트로 인하여 영국의 국제무역 규모가 급감한 상황에서 한국은 수출액 6445억 달러와 수입액 6150억 달러로 세계 8위를 기록하였다.

제 반응, 위치 등을 불문하고 듣고자 하는 것을 상대방에게 밝히는 것이 공손한 것으로 간주지만, 다른 문화권에서 그러한 행위는 무례한 행위로 간주될 수도 있다. 중국, 일본, 대만 등에서는 우리나라와 마찬가지로 명함을 주고 받는 일이 국제거래의 교섭을 위하여 만난 사람들 사이에서 당연히 해야 하는 의례로 간주되며, 그것을 하지 않으면 세련되지 못하거나 혹은 상스러운 것으로 간주될 수 있다.[228] 교섭 상대방의 문화가 개인주의와 단체주의, 평등주의와 위계질서(hierarchy), 교섭밀접도가 낮은 문화와 높은 문화 가운데 상대방이 어느 문화적 범주에 포함되는지에 따라 국제거래의 교섭전략과 방식에 반영하여야 한다는 견해[229]도 있다. 예컨대 미국과 같이 개인주의, 평등주의 및 낮은 교섭밀접도의 문화권에 속한 협상자는 직접적이고, 대립적인 스타일의 교섭방식을 사용하지만, 중국과 같이 단체주의적이고 guanxi와 같은 위계질서를 중시하는, 높은 교섭밀접도의 문화권의 교섭자는 대립을 피하는 간접적 교섭 방식을 선호한다는 식이다. 이처럼 상이한 교섭방식을 가진 협상자들 사이의 교섭이 필요한 경우에 방식의 차이가 소통의 부족을 낳고 양 당사자에게 최적이 아닌 결과를 도출하게 할 수 있고 반대로 이러한 문화의 차이를 이해하고 협상에 이용하면 좋은 결과를 달성할 수 있다.

대다수 아프리카 국가들에서는 과거 제국주의시대의 피해에 대한 정서적 반감으로 인하여 "Whereas …"라는 문구를 사용하여 대화하는 일을 제국주의적 태도로 간주하여 적대시하므로 절대 피해야 한다. 유사한 맥락에서, 교섭 성공을 위하여 상대방에게 선물을 주는 행위는 과거 우리나라의 '떡값', 중국의 'guanxi', 인도나 중동의 'baksheesh'와 같이 상대방의 당연한 요구나 기대의 대상일 수도 있지만, 우리나라의 청탁금지법이나 외국의 그와 상응하는 부패방지법 등의 실행에 따라 뇌물이나 부정한 재물의 수수로서 위법행위로 간주될 수 있다는 점을 주의해야 한다.

---

228) Ralph H. Folsom, Michael Wallace Gordon & Michael D. Ramsey, International Business Transactions in a Nutshell, 11th ed., West Academic Publishing, 2020, p. 23.

229) Jeanne M. Brett, Negotiating Globally: How to Negotiate Deals, Resolve Disputes, and Make Decisions Across Cultural Boundaries pp. 15~20 (2001).

외국인과 거래할 때 교섭 당사자들이 식사를 함께하는 일은 상대국의 문화에 대한 관심을 표현하는 일일 수 있고, 미국에서는 거부감 없이 당연시되고 문화권에 따라 만찬을 하면서 거래를 교섭하는 것이 중요한 결정을 도출하는 데 큰 도움을 주기도 하지만, 문화권에 따라서는 식사 중에 비즈니스에 관하여 언급하는 일이 무례하거나 공격적인 언행 또는 적어도 부적절한 일로 간주된다.[230]

또한 이슬람 문화권에서의 성일인 라마단(Ramadan), 일부 유럽국가에서의 12월말의 크리스마스와 신년 사이의 휴가기간처럼 문화권마다 거래 교섭이 예의에 어긋나거나 허용되지 않는 기간도 고려해야 한다. 일부 국가에서는 "주말"이 토요일과 일요일 이외의 다른 날일 수 있다. 나라마다 표준적인 근무시간은 다를 수 있으며, 점심 식사 후 낮잠을 자는 풍습이 있는 지역도 있다. 일부 아프리카 국가에서는 "정오(noon)"는 오전 10시부터 오후 2시 사이의 모든 시간을 의미한다. 또한 일부국가는 "오전, 오후(a.m., p.m.)" 12시간제를 사용하는 대신에 24시간제를 사용하기도 한다.

---

[230] Ralph H. Folsom, Michael Wallace Gordon & Michael D. Ramsey, op. cit. at 24.

제 2 장
사회생활과 법률

제1절 헌법이 갖는 의미

1. 헌법의 의의·연혁

 우리 헌법(constitution; Verfassung)의 명칭은 「대한민국헌법」이다. 우리 나라의 실정법 가운데 최상위의 규범이며, 전문(前文)과 본문, 부칙 6개조로 구성되어 있다.

 해방후 1948. 7. 17., 제정된 '건국헌법'은 1952. 7. 7., 최초 개헌인 이른바 발췌개헌헌법[1], 1954. 11. 29., 이승만 대통령의 장기집권을 위하여 초대대통령에 한하여 3선제한을 폐지하는 내용을 담고 있었던 제2차 개헌 헌법[2], 1960. 3. 15. 개최된 정·부통령선거가 부정선거로 치러진데 대한 4·19 의거로 이승만독재정권이 붕괴하고 같은 해 5.2. 수립된 과도정부하에서 1960. 6. 15., 통과된 제3차 개헌 헌법[3], 3·15 부정선거 주모자들을 소급처벌하는 입법을 하기 위한 헌법적 근거를 만들기 위한 1960. 11. 29., 제4차 개헌 헌법, 1961. 5. 16. 군사쿠데타로 집권한 군사정부(제3공화국)가 민정이양을 위하여

---

[1] 공고되지 않은 개헌안이 국회에서 의결된 점에서 이렇게 불리고 있다.
[2] 1954.5. 실시된 민의원의원(民議院議員) 총선거에서 승리한 자유당정부는 같은 해 8월 6일 소속의원 135명의 찬성으로 개헌안을 제출하였으나 203명의 의원 정수 가운데 3분의 2인 136표에 미달하여 부결되었다. 그러나 여당측은 다음날 203명의 3분의 2는 135.33인데 사사오입(四捨五入)으로 반올림하면 135명이라고 강변하면서 가결된 것으로 처리하였다. 이런 연유로 이 헌법개정은 '사사오입개헌'이라고 불린다.
[3] 이에 의하여 제2공화국이 수립되었고, 이승만독재에 대한 반성으로 권력구조가 대통령제에서 의원내각제로 변경되었고, 기본권을 확대·보장하고 복수정당제를 보장하고 중앙선거관리위원회를 헌법기관으로 승격하고, 경찰의 중립성을 선언하고, 지방자치단체의 장을 종래의 임명제에서 선거에 의하여 직선하도록 하였다.

1962. 12. 26., 단행한 제5차 개헌 헌법4), 1969. 10. 21., 박정희 대통령의 3선 개헌을 위한 제6차 개헌 헌법, 1972. 10. 17. 박정희 대통령이 전국에 비상계엄을 선포하고 국회해산, 정당의 정치활동의 중지 등 헌법의 일부조항의 효력을 정지시킨 채 통과시킨 1972. 12. 27., 제7차 개헌 헌법5), 이른바 '10월유신(維新)' 헌법으로 개정되어 왔다. 현행헌법은 18년 장기집권으로 부패한 박정희 대통령이 1979. 10. 26., 중앙정보부장 김재규의 총탄으로 서거하자 도래한 '서울의 봄' 하에서 12·12 혼란을 거쳐 집권한 전두환 국가보위비상대책위원회 상임위원회 위원장이 1980. 9. 1., 통일주체국민회의에서 대통령으로 선출되어 취임한 후, 1980. 10. 27., 공포·시행된 제8차 개헌 헌법6)을 박종철군·이한열군의 억울한 죽음으로 촉발된 국민의 대통령직선제와 민주화를 요구한 시위와 대행진으로 압박을 받은, 당시 집권 민정당의 노태우 대표가 1987. 6. 29. 요구를 수용하여 1987. 10. 29. 개정하여 1988. 2. 25.부터 시행한 제9차 개헌 헌법이다.

2. 헌법의 구성

헌법은 전문(preamble), "총강, 국민의 권리와 의무, 국회, 정부, 법원, 헌법재판소, 선거관리, 지방자치, 경제, 헌법개정"에 관한 10개의 장으로 이루어진 본문, 그리고 부칙으로 되어 있다.

---

4) 그 내용은 양원제이던 국회를 단원제로 하고, 다시 대통령제로 환원하는 것이 골자였다.
5) 10월유신을 단행한 명분은 북한 공산정권과 대치하고 있는 우리나라에서는 국론이 분열될 수 있는 본래의 민주주의는 시행하기 위험하다는 것이었다. 그 내용은 헌법상 기본권의 보장을 약화시키고, 통일주체국민회의에서의 대통령간선제와 국회의원정수의 ⅓의 선출(維政會), 국회의 견제를 받지 않는 대통령의 비상조치권·국회해산권 부여, 대통령의 연임제한규정 삭제 등 제왕적 대통령제를 담고 있었다.
6) 헌법전문에서 제5공화국의 출범을 명시하였고, 대통령선거를 선거인단에 의한 간선제로 약간 변경하고, 대통령의 임기를 7년단임제로 하고, 임기연장이나 중임변경을 위한 개헌은 그 개헌안 제안 당시의 대통령에게는 적용되지 않도록 하고, 행복추구권·형사피고인의 무죄추정·연좌제의 폐지·사생활의 비밀과 자유의 불가침·환경권 등의 신설과 "국가는 개인이 가지는 불가침의 기본적 인권을 확인하고 이를 보장할 의무를 진다."고 하여 기본권의 보장을 강화하고, 국회의 국정조사권을 신설하는 내용을 담고 있었다.

헌법 전문에는 헌법제정권력의 주체가 "3·1운동으로 건립된 대한민국임시정부의 법통과 4·19민주이념을 계승한 대한국민"임을 선언하고, 국민주권주의, "사회적 폐습과 불의의 타파, 정치·경제·사회·문화의 모든 영역에 있어서 각인의 기회를 균등히 하고 능력을 최고도로 발휘하게 하며 자유와 권리에 따르는 책임과 의무를 완수하게 하여 안으로는 국민생활의 균등한 향상을 기하는 정의사회"의 지향, "자율과 조화를 바탕으로 한 자유민주적 기본질서", "항구적인 세계평화와 인류공영에 이바지함으로써 우리들과 우리들의 자손의 안전과 자유와 행복을 영원히 확보"하려는 국제평화추구의 이념이 우리 헌법이 추구하는 이념과 가치지표임을 명시하고 있다.

제1장 총강에는 우리나라의 정부형태, 국민주권주의, 국민, 영토, 통일의 지향과 자유민주적 기본질서, 국제평화주의, 국군의 사명과 정치적 중립성, 국제법규, 외국인의 지위, 공무원의 책임과 정치적 중립성, 정당제도, 전통문화의 계승·발전과 민족문화의 창달에 관하여 규정하고 있다.

제2장에는 국민의 기본권의 내용과 그 보장을 위한 기본권제한의 원리와 한계, 국민의 의무가 담겨 있다. 제3장부터 제8장까지는 입법부인 국회와 국가원수이자 행정부의 수반인 대통령, 행정부의 국무총리와 국무위원, 국무회의, 행정각부 및 그 장인 장관, 감사원, 사법부인 대법원과 각급법원 및 헌법재판소, 선거관리위원회의 조직 및 기능에 관한 통치구조(governance)가 선언되어 있고,[7] 제9장은 지방자치제도, 제10장은 우리나라의 경제질서, 제11장은 헌법개정절차에 관하여 규정하고 있다.

3. 헌법이 우리 삶에 미치는 함의

국가와 정부가 운영되기 위한 통치구조에 관한 헌법규정들은 동시에 우리 헌법의 존재의 이유이자 목표가치인 "국민의 기본권의 보장"을 위한 국민주

---

[7] 이처럼 헌법 자체가 그 설치근거를 언급하고 있는 국가기관들을 '헌법기관'이라고 부른다. 예컨대 헌법 제2장의 제12조와 제16조는 영장제도와 함께 검사를 언급하고 있어서 단독관청인 검사는 헌법기관이다.

권주의, 대의제 민주주의, 권력분립주의, 법치주의를 위하여 설계된 수단이요 장치들이다.

헌법은 헌법제정권력이 내린 정치적 결단의 산물이며, 우리나라 정부와 국가가 지향해야 할 정치·경제·사회·문화의 모든 영역에서의 헌법적 가치에 대한 목표와 그 실현을 위한 프로그램을 담고 있다는 점에서 우리는 헌법규정이 그 하위에 있는 다른 개별법률 규정과 달리 추상성과 폭넓은 개방성, 이념성을 띤 규범일 수밖에 없는 이유를 이해할 수 있다.

따라서 우리 시민들은 각자의 기본권을 행사하고 보장받음으로써 헌법적 가치가 우리의 생활 속에서 구현되고 있는지 감시하고 주권자로서 국민투표나 각종 선거제도에서 각자에게 주어진 참정권을 값지게 행사함으로써 대의제 민주주의가 꽃필 수 있게 힘을 보태고, 때로는 공무원으로서 국민전체에 대한 봉사자로서 역할에 최선을 다하며 국민에 대하여 책임을 지고, 때로는 선출된 국가기관이나 지방자치단체의 장이나 의원으로서 정책의 수립이나 결정된 정책의 집행에 직접 참여하고, 때로는 시민단체의 일원이나 후원자로서 활동함으로써 미완성의 개방적 헌법규정들이 구체화될 수 있도록 사회 각분야에서 적극적으로 참여하여야 할 것이다.

제2절 국민주권주의

1. 국민주권주의의 의의

국민주권주의란 주권은 신이나 왕이 아니라 국민에게서 나온다는 것을 뜻한다. 여기에서 주권(主權)이란 헌법제정권력 또는 통치권과 동의어로서 주인으로서 국가의사를 최종적으로 결정하는, 독립적이고 불가분적이며 누구에게도 양보할 수 없는 최고의 국가권력을 말한다.[8]

국민주권주의를 처음 주장한 사상가는 장 자크 루소(J. J. Rousseau)와 존 로크(J. Locke)이다. 이들은 군주주권론이나 법주권론, 국가주권론이 아니라 국민에게 주권이 있다는 사상을 확립하는 데 크게 공헌하였다. 1789년 프랑스 인권선언은 "모든 주권의 연원은 본질적으로 국민에게 있고 어떠한 단체도 국민으로부터 발생하지 아니한 권력을 행사할 수 없다"고 선언하였다.

헌법은 제1조제1항에서 "대한민국은 민주공화국이다" 동조제2항에서 "대한민국의 주권은 국민에게 있고, 모든 권력은 국민으로부터 나온다"고 규정함으로써 국민주권주의를 선언하고 있다.

2. 국민주권주의의 내용

국민주권주의에 의할 때 국가권력의 정당성은 국민에게 있고, 국가내의 모든 통치권력의 행사는 이념적으로 국민의 의사에 귀착된다. 따라서 국민주권주의에서는 국민의 정치적 의사는 직접민주주의를 구현하는 국민투표나 간접민주주의를 구현하는 각종 선거제도에 의하여 자유로운 분위기에서 상향식으로 이루어질 것이 요청된다. 대의제에 의하여 국가기관을 선출하고 그 국가기관이 하는 국가정책의 결정에 민주적 정당성을 부여하는 것도 국민주권주의에 부합된다.[9]

---

[8] 김철수, 「헌법학개론」, 1994, 98면; 권영성, 「헌법학원론(개정판)」, 2009, 132면; 허영, 「한국헌법론(신정판)」, 1997, 135면.

우리 헌법은 인간의 존엄과 가치를 핵으로 하는 국민의 기본권을 최대한 보장함으로써 국민주권의 이념을 실현하기 위하여 국가기관에 의한 입법권·행정권·사법권 등의 모든 국가권력의 행사를 기본권에 기속시키고 있다.10) 따라서 국회는 기본권보장에 역행하는 내용의 법률을 제정하거나 개정할 수 없다. 행정부는 헌법과 법률에서 인정하지 않는 기본권 침해적 내용의 법집행을 할 수 없다. 사법부도 소관 업무를 국민의 기본권을 보장하기 위하여 수행하여야 한다.

대통령은 헌법과 법률이 정하는 바에 의하여 국군을 통수하고(헌법 §74①), 국군의 조직과 편성은 법률로 정하고(동조②), 대통령은 법률에서 구체적으로 범위를 정하여 위임받은 사항과 법률을 집행하기 위하여 필요한 사항에 관하여 대통령령을 발할 수 있고(헌법 §75), 대통령은 헌법과 법률이 정하는 바에 의하여 공무원을 임면하고(헌법 §78), 대통령은 법률이 정하는 바에 의하여 사면·감형 또는 복권을 명할 수 있고(헌법 §79①), 대통령은 법률이 정하는 바에 의하여 훈장 기타의 영전을 수여하고(헌법 §80), 대통령의 자문기구인 국가안전보장회의·민주평화통일자문회의·민주평화통일자문회의의 조직·직무범위 기타 필요한 사항은 법률로 정하고(헌법 §§91·92·93), 행정각부의 설치·조직과 직무범위는 법률로 정하고(헌법 §96), 감사원의 조직·직무범위·감사위원의 자격·감사대상공무원의 범위 기타 필요한 사항은 법률로 정하고(헌법 §100), 각급 선거관리위원회의 조직·직무범위 기타 필요한 사항은 법률로 정한다(헌법 §114조⑦). 이상은 모두 법치행정의 원칙을 실현시키기 위한 헌법의 배려이다.

헌법상 사법권의 독립을 보장하고(헌법 §§101~106), 헌법재판소에 의한 법률에 대한 위헌심사제도(헌법 §§107①, 111~113), 명령·규칙·처분에 대한 위헌·위법심사제도(헌법 §107②)를 마련한 것은 기본권실현에 역행하는 통치권의 행사에 대한 제동장치이다.

---

9) 허영, 「한국헌법론(신정판)」, 137~138면.
10) 위의 책, 139면.

【Theme- 영화로 배우는 헌법 제1조/ "대한민국의 주권은 국민에게 있고 모든 권력은 국민으로부터 나온다."】

　2013년 개봉한 영화 <변호인>은 1980년대 초 부산을 배경으로 돈 없고, 빽 없고, 가방끈 짧은 세무 변호사 송우석(송강호 분)의 인생을 송두리째 바꾼 다섯 번의 공판과 이를 둘러싼 사람들의 이야기를 그린 양우석 감독의 작품이다. 1981년 제5공화국 정권 초기 부산 지역에서 벌어진 '부림사건'을 모티브로 사건과 인물 모두를 재구성하여 새롭게 탄생한 영화이다. 상고를 나와 아파트를 짓는 노동을 하여 생활비를 벌어가며 힘들게 사법고시에 합격한 송우석은 다른 변호사들이 손대지 않던 등기사건이나 세무사건을 맡아서 돈을 번다. 송우석은 자신이 고시생일 때 막노동을 하며 지었던 아파트를 구입하여 꿈을 이룬다. 돈 잘 버는 변호사로 당시 혼란한 시국에 대해서는 도외시하던 변호사 송우석은 가족같이 정을 나누던 단골 국밥집 주인(김영애 분)의 부탁으로 그녀의 아들 진우의 사건 변호를 맡으며 차가운 현실에 대하여 눈을 뜨게 된다. 대학생 진우는 어려운 학생들을 위하여 야학을 하며 친구들과 독서회를 조직하여 사회서적들을 공부하였는데, 정보기관은 이들이 공산주의 불온서적을 공부하는 반국가단체를 결성하여 국가보안법을 위반하였다는 혐의를 씌우고 고문을 하며 거짓 자백을 강요하고 부모나 변호사와의 접견도 막는다. 변호인 송우석은 선입견을 갖고 이미 모든 판단을 끝낸 듯한 재판부에 법이 허용하는 모든 피고인의 권리를 주장하고 뜨거운 변론으로 피고인의 무죄를 주장한다. 1차 공판기일에는 송우석이 국가보안법위반사건의 변호인이 되어 처음 접하게 되는 법정의 냉랭한 분위기와 법이 인정한 피고인의 권리가 국가안보라는 명분 앞에서 무시당하는 모습이 노출되고, 송변은 그동안 자신이 이룩한 것들이 국보법위반사건을 변호하면서 허물어질 수도 있다는 사무장(오달수 분)의 충고와 이 사건 변호인에서 사퇴하면 큰 돈을 벌 다른 일거리를 주겠다는 선의의 재력가의 제안 앞에 망설이다가 양심에 따라 그 제안을 거부하고 다음 공판기일에 출석하여 변호사로서의 법적 지식과 능력을 총동원하여 피고인 진우를 위한 변론에 노력한다. 법정에서 송변은 선배변호사의 만류에도 불구하고 증인 신청을 받아들이지 않는 재판부에 대하여 기피신청을 내기도 하고, 양심적인 경찰관 한 명의 증언을 이끌어내어 피고인 진우에 대한 이 사건의 실체가 허구이고 고문에 의한 조작이 이루어졌음을 폭로하여 반전의 계기를 만들어내고, 독선적인 애국자인 사건의 수사를 주도한 차동영 경감(곽도원 분)을 증인대에 세워서 진실을 밝히라는 추궁을 하게 된다. 차경감의 이를 부정하는 거짓말과 "무슨 변호사가 법도 모르면서 변론을 하느냐?"는 조롱 앞에 송변은 분노하여 외친다. "법? 알지요. … 내, 잘 압니더. 대한민국 헌법 제1조 대한민국의 주권은 국민에게 있고 모든 권력은 국민으로부터 나옵니다."

제3절 자유민주주의와 시장경제

1. 자유민주주의

우리가 알 듯이 역사적으로 국민은 피치자(被治者)가 아닌 적은 없었다. 민주주의는 에이브러험 링컨(Abraham Lincoln) 대통령이 말한 대로 국민이 자신에 대한 통치자인 정부형태를 지향하는 정치이념[11]이다.

우리 헌법은 국민주권의 이념을 실현시키기 위한 정치적 이데올로기로서 자유민주주의원리를 채택하고 있다.[12] '자유민주주의'란 자유주의와 민주주의가 결합된 정치원리로서 '프롤레타리아 인민민주주의'나 '사회민주주의'와 구별된다.[13] 국가권력의 간섭을 배제하고 개인의 자유와 자율을 존중하는 것을 의미하는 '자유주의'와 국민에 의한 지배 또는 국가권력의 창설이나 행사가 최종적으로 국민적 합의에 귀착될 수 있는 직접민주주의와 간접민주주의(대의제)를 포용하는 '민주주의'가 조화적으로 결합된 상태가 자유민주주의라고 할 수 있다.

독일연방헌법재판소는 자유민주주의는 "모든 폭력적 지배와 자의적 지배를 배제하고, 그때그때의 다수의 의사와 자유 및 평등에 의거한 국민의 자기결정을 토대로 하는 법치국가적 통치질서"로서 인간의 존엄과 인격의 존중

---

11) 미국남북전쟁(American Civil War)(1861~1865)을 승리로 이끌어 흔들리던 미국의 연방제를 수호하고 노예제도를 폐지한 에이브러험 링컨 미국 제16대 대통령(1809~1865)은 1863.11.19. 게티스버그 전쟁용사추모묘원에서 "국민의, 국민에 의한, 국민을 위한 정부(government of the people, by the people, for the people)는 없어지지 않을 것"이라고 널리 인용되는 명언을 하였다. 그는 "세계는 우리가 여기에서 말한 것에 대하여 거의 알지 못할 것이고 아무도 기억하지 못할 것"이라고 이 역사에 남을 3분간의 연설을 시작한 후 미국은 "자유(Liberty)의 신념과 만인이 평등하게 창조되었다는 사상에 바탕을 두고 1776년에 건국되었으며", 거기 묻힌 "용감한 군인들의 죽음은 헛된 것이 아니고 노예제는 폐지될 것이고 민주주의 미래는 밝다"고 전망하였다. 그는 남군의 Lee 장군의 항복 선언 5일 후이자 흑인에게 참정권을 부여할 것이라는 연설을 한지 3일 후인 1865.4.14., 워싱턴 D.C.의 Ford's Theater에서 암살되었다.
12) 허영, 앞의 「한국헌법론(신정판)」, 140~142면.
13) 권영성, 앞의 「헌법학원론(개정판)」, 136면.

을 기본으로 하는 기본권의 보장, 국민주권의 원리, 권력분립의 원리, 책임정치의 원리, 법치행정, 사법권의 독립, 복수정당제, 정당활동의 자유, 국민투표제, 대의제도, 선거제도, 지방자치제도 등을 그 요소로 한다고 보았다.14)

우리 헌법재판소도 "자유민주적 기본질서라 함은 모든 폭력적 지배와 자의적 지배, 즉 반국가단체의 1인독재 내지 1당독재를 배제하고 다수의 의사에 의한 국민의 자치·자유·평등의 기본원칙에 바탕한 법치국가적 통치질서이고, 이를 보다 구체적으로 말하면 기본적 인권의 존중, 권력분립, 의회제도, 복수정당제도, 선거제도, 사유재산제와 시장경제를 골간으로 하는 경제질서 및 사법권의 독립 등이다"라고 하였다.15)

2. 사회적 시장경제

세계 각국의 경제체제는 자유방임적 자본주의 시장경제(free market economy)와 사회주의 계획경제(socialist planned economy)를 양극단으로 하여 그 사이에 자본주의 계획경제, 사회주의 시장경제(socialist market economy), 사회적 시장경제가 위치하는 스펙트럼상의 어느 한 곳에 위치하고 있다. 그 가운데 '사회적 시장경제'는 계획경제를 배격하여 자본주의 경제체제를 기본으로 하면서도, 자유방임주의(laissez-faire)를 지양하고, 적극적인 국가의 경제에 대한 개입을 통하여 사회복지국가를 건설하는 것을 목적으로 하는 경제체제를 말한다. 이 체제는 제2차세계대전 종전후 독일 프랑크푸르트학파가 패전국 독일이 "신속한 재건, 만족스러운 물자조달, 사회적 평화, 그리고 인간의 자유를 보장"하기 위하여 이미 그 효과가 파탄된 나찌치하의 통제경제 또는 19세기의 자유주의적 시장경제가 아니라 '사회적 시장경제'(soziale Wirtschaft)로 가야한다는 이른바 질서자유주의(Ordo-Liberalismus)를 주장한 것에서 비롯된 개념이다.16)

---

14) BVerfGE 2,1[12]; 12, 45[51].
15) 헌법재판소 1990.4.2. 선고 89헌가113 결정.
16) 이러한 제안들은 1949년 독일의 헌법인 「본 기본법」(Grundgesetz)의 제정 등을 통하여 모

헌법은 "대한민국의 경제질서는 개인과 기업의 경제상의 자유와 창의를 존중함을 기본으로 한다"(헌법 §119①)고 규정하고, "국가는 균형 있는 국민경제의 성장 및 안정과 적정한 소득의 분배를 유지하고, 시장의 지배와 경제력의 남용을 방지하며, 경제주체간의 조화를 통한 경제의 민주화를 위하여 경제에 관한 규제와 조정을 할 수 있다"(동조②)고 선언하고 있다.

사회적 시장경제는 자유방임적 시장경제질서를 의미하는 것은 아니며 사유재산제를 바탕으로 하여 자유경쟁에 의한 가격기구의 작동을 통하여 재화의 생산과 소비가 이루어지는 자본주의 경제질서를 기본으로 하면서 시장의 실패와 모순을 제거하고 사회정의를 실현하기 위해서 국가의 규제와 조정을 용인하는 경제체제를 말한다. 우리나라 헌법재판소와 법원은 여러 차례 우리 헌법상의 경제질서를 '사회적 시장경제'로 이해하여 왔다.[17]

두 실제 독일의 국가정책으로 수용되었다.

[17] 헌법재판소 1989.12.22. 선고 88헌가13 결정('국토이용관리법' 제21조의3 제1항의 토지거래허가제에 대한 위헌심판제청 사건에서 "사유재산제도의 보장은 타인과 더불어 살아가야 하는 공동체생활과의 조화와 균형을 흐트려뜨리지 않는 범위 내에서의 보장이다. 토지재산권의 본질적인 내용이라는 것은 토지재산권의 핵이 되는 실질적 요소 내지 근본요소를 뜻한다. … 토지거래허가제는 사유재산제도의 부정이 아니라 그 제한의 한 형태이고 토지의 투기적 거래의 억제를 위하여 그 처분을 제한함은 부득이한 것이므로 재산권의 본질적인 침해가 아니며, 헌법상의 경제조항에도 위배되지 아니하고 현재의 상황에서 이러한 제한수단의 선택이 헌법상의 비례의 원칙이나 과잉금지의 원칙에 위배된다고 할 수도 없다."); 대법원 1992.10.23. 선고 92누2387 판결(조합의 구역 내에는 같은 업종의 조합을 2개 이상 설립할 수 없다는 축산업협동조합법 제99조 제2항의 규정은 같은 구역 내에 2개 이상의 조합이 설립될 경우 동일지역 내에서의 조합 상호간에 경업으로 인한 불필요한 경쟁이나 다툼이 있게 되므로 이를 제도적으로 예방하여 조합의 건전한 육성 발전을 도모함으로써 축산업의 진흥과 구성원의 경제적, 사회적 지위의 향상을 도모하기 위한 것이라 할 것이므로 조합 간의 구역이 완전히 일치하는 경우에만 새로운 조합을 설립할 수 없게 한 것은 아니고 기존의 조합구역의 일부를 조합구역으로 하는 새로운 조합의 설립까지도 금하는 취지라 할 것이다. 위 법조항은 같은 구역 내에 조합 간의 부당한 경쟁으로 인하여 조합의 건전한 발전을 저해하는 폐해를 방지하기 위한 것으로, 이 정도의 규제는 사회적 시장경제질서를 위하여 헌법상 허용되는 범위 내에서 규정된 것으로서 필요하고도 합리적인 제한이라 할 것이므로 위 조항이 경제질서에 관한 이념을 규정한 헌법 제119조 제1, 2항 및 농민의 자조조직을 보호하는 헌법 제123조 제5항의 규정에 위반하는 것이라 할 수 없다.); 헌법재판소 1995.7.21. 선고 94헌마125 결정('영화법' 제26조의 국산영화의무상영제에 대한 헌법소원 사건에서 "(해당 조항은) 개봉관의 확보를 통하여 국산영화의 제작과 상영의 기회를

제 3 절 자유민주주의와 시장경제

헌법재판소 2001.1.18. 선고 2000헌바7 전원재판부 결정(이자제한법 위헌소원)

청구인은 1997. 3. 청구외 삼성카드주식회사의 신용카드회원으로 가입하여 신용카드를 발급받아 사용한 후 그 이용대금, 수수료 및 연체료 등 합계 금 450여만원을 제때에 납부하지 아니하였다. 이에 삼성카드주식회사가 1999. 8. 부산지방법원에 청구인을 상대로 위 금원 및 그 중 이용대금원금(290여만원)에 대한 연 2할 9푼의 약정연체이자율에 의한 지연손해금의 지급을 구하는 지급명령(99차27628)을 신청하였고, 여기에 청구인이 이의신청함으로써 소송(99가소256817)으로 이행되었다. 위 소송사건에서 청구인은 신용카드이용대금에 대한 지연손해금으로 구하여지는 연 2할 9푼의 이율이 지나치게 높다고 다투면서, 이러한 고율의 이자율 중 연 2할을 초과하는 부분은 이자제한법(1962.1.15. 법률 제971호)에 따라 무효로 되어야 할 것인데, 정부가 이자제한법중개정법률(1965.9.24. 법률 제1710호, 이하 '개정법률'이라 한다)로 최고이자율을 연 4할 범위내에서 대통령이 정하도록 하여 한도를 상향 조정하고, 다시 이자제한법폐지법률(1998.1.13. 법률 제5507호, 이하 '폐지법률'이라 한다)로써 이자제한법 자체를 폐지하여 최고이자율의 제한을 철폐함으로써 가능하게 된 것인바, 이러한 개정법률과 폐지법률은 금융업자들을 위하여 일반국민을 희생하는 것으로 헌법 제10조의 인간으로서의 존엄과 가치·행복추구권, 제11조의 평등권, 제23조 제1항의 재산권보장규정에 위배된다는 등의 이유를 들어, 위 개정법률 및 폐지법률에 대한 위헌법률심판제청신청(99카기7596)을 하였으나, 1999. 11. 17. 기각되자, 2000. 1. 14. 이 사건 헌법소원심판을 청구하기에 이르렀다.

청구인은 "우리나라의 경제사정, 국민정서 및 생활수준 등을 고려할 때 연 2할을 넘는 이자

보장하여 국산영화의 존립과 발전의 터전을 마련하여 주기 위한 것으로 공연장의 경영자에 대하여 직업의 자유를 제한하고 있는 것이기는 하나, 그 제한 목적의 정당성과 방법의 적정성이 인정될 뿐 아니라, 연간상영일수의 5분의 2에 한정하여 직업수행의 자유를 제한하고 있으므로, 과잉금지의 원칙에 반하여 직업의 자유의 본질적 내용을 침해한 것이라 할 수 없고, 위와 같은 제한이 공연장의 경영자에게 주어진 것은 영상상품을 최종적으로 공급하는 위치에 있다는 점에 기인한 것이므로 영화인, 영화업자 혹은 영화수입업자와 비교하여 합리적인 이유 없이 자의로 공연장의 경영자만을 차별한 것이라고 할 수도 없(고), … 위임입법의 한계(限界)를 벗어난 것이라 할 수 없(으며) <u>헌법 제119조 제2항의 규정은 대한민국의 경제질서가 개인과 기업의 창의를 존중함을 기본으로 하도록 하고 있으나, 그것이 자유방임적 시장경제질서를 의미하는 것은 아니다. 따라서 입법자가 외국영화에 의한 국내 영화시장의 독점이 초래되고, 국내 영화의 제작업은 황폐하여진 상태에서 외국영화의 수입업과 이를 상영하는 소비시장만이 과도히 비대하여질 우려가 있다는 판단하에서, 이를 방지하고 균형있는 영화산업의 발전을 위하여 국산영화의무상영제를 둔 것이므로, 이를 들어 헌법상 경제질서에 반한다고는 볼 수 없다.</u> 헌법이 보장하는 행복추구권이 공동체의 이익과 무관하게 무제한의 경제적 이익의 도모를 보장하는 것이라고 볼 수 없으므로, 위와 같은 경제적 고려와 공동체의 이익을 위한 목적에서 비롯된 국산영화의무상영제가 공연장 경영자의 행복추구권을 침해한 것이라고 보기 어렵다.").

율이 허용되어서는 아니될 것인데, 헌법 제119조 제2항은 국가에 대하여 금리에 관한 규제를 하도록 하고 있으므로 국가는 고율의 이자율을 규제할 권리와 의무가 있음에도, 국가는 개정법률과 폐지법률로 이를 저버리고 금융업자들만을 위하여 고율의 이자를 허용하는 것은, 헌법 제10조(기본적 인권의 보장), 제11조(평등권), 제23조(재산권), 제37조(기본권의 제한), 제119조(경제질서), 제124조(소비자보호)에 위배된다"고 주장하였다.

그러나 헌법재판소는 "'개정법률'과 '폐지법률'은 사인간의 계약내용에 국가가 관여하여 그 효력을 부인하는 것을 내용으로 하는 이자제한법을 완화하거나 폐지함으로써, 국민의 사적자치권 또는 계약의 자유에 대한 제한을 제거하였다고 할 것이지, 이로써 오히려 국민의 기본권을 제한하는 것이라고 할 수 없다. 나아가 … 우리 헌법은 그 전문에 '각인의 기회를 균등히 하고(중략) 국민생활의 균등한 향상을 기하고…'라고 선언하고, 제10조에서 '모든 국민은 인간으로서의 존엄과 가치를 가지며, 행복을 추구할 권리를 가진다', 제34조에서는 '모든 국민은 인간다운 생활을 할 권리를 가진다'라고 각 규정하며, 제119조에서는 경제주체간의 조화를 통한 경제민주화를 다짐하고 있으므로, <u>국가는 이러한 복지국가를 실현하기 위하여 가능한 수단을 동원할 책무를 진다</u>고 할 것이다. 그러나, 가능한 여러가지 수단들 가운데 구체적으로 어느 것을 선택할 것인가는 기본적으로 입법자의 재량에 속하는 것이고, 따라서 입법자는 그 목적을 추구함에 있어 그에게 부여된 입법재량권을 남용하였거나 그 한계를 일탈하여 명백히 불공정 또는 불합리하게 자의적으로 입법형성권을 행사하였다는 등 특별한 사정이 없는 한 헌법위반의 문제는 야기되지 아니한다고 할 것이다. 그런데, <u>이 사건에서 입법자가 사인간의 약정이자를 제한함으로써 경제적 약자를 보호하려는 직접적인 방법을 선택할 것인지, 아니면 이를 완화하거나 폐지함으로써 자금시장의 왜곡을 바로잡아 경제를 회복시키고 자유와 창의에 기한 경제발전을 꾀하는 한편 경제적 약자의 보호문제는 민법상의 일반원칙에 맡길 것인가는 입법자의 위와 같은 재량에 속하는 것이라 할 것이고, 이 사건에서 입법자가 입법 당시의 여러가지 경제적, 사회적 여건을 고려하여 후자를 선택한 것이 입법재량권을 남용하였거나 명백히 불공정 또는 불합리하게 자의적으로 행사한 것이라고 볼만한 자료를 찾을 수 없다. 결국 이 사건 개정법률과 폐지법률은 헌법에 위반된다고 할 수 없다.</u>"고 결정하였다.

제4절 권력분립주의

1. 권력분립주의의 의의

권력분립주의란 국가의 권력을 나누고 분리하여 독립된 국가기관으로 하여금 분장하게 하는 이념을 말한다. 이는 견제와 균형(check and balance)을 통하여 하나의 국가기관에 과도하게 큰 힘이 쏠리는 것을 막는 것이고, 그 목적은 국민의 기본권의 실현에 있다.[18]

존 로크(John Locke)는 국민들이 사회계약에 의하여 위임한 권력 가운데 입법권이 최고의 권력이어야 하며 행정권과 연합권은 그것에 종속되어 있어야 한다고 하여 입법부우위의 권력분립론을 제안하였다.[19] 프랑스의 법학자 몽테스키외(Montesquieu)는 저서 「법의 정신」(De L'Esprit des Lois)(1748)에서 개인적 자유를 보장하고 권력남용을 억제하기 위한 수단으로서 입법권은 국민의 대표인 의회가 행사하고, 행정권은 집행기관에 부여하고, 사법권은 법원에 부여하여야 한다고 하여 3권분립론을 주장하였다.[20]

1789년 프랑스 인권선언문은 "인권보장과 권력분립이 되어 있지 아니한 나라는 헌법을 가졌다고 볼 수 없다"고 선언하였다.

---

[18] 영국의 정치인 액튼 경(Lord Acton)(1834~1902)은 성공회 주교에게 보낸 편지에서 "절대권력은 절대적으로 부패한다. 위대한 인물은 거의 항상 악인이다(Absolute power corrupts absolutely. Great men are almost always bad men.)"라는 유명한 말을 남겼다.

[19] John Locke, *An Essay Concerning the True Original Extent and End of Civil Government*, Chapter XI para. 134~141, Chapter XII para. 143~144, Chapter XIII para. 149~156. 존 로크 저/이극찬 역, 「통치론」, 1979, 145~162면.

[20] 그는 「법의 정신」에서 국가의 정체를 공화정, 군주정, 전제정으로 구분하고, 다시 공화정은 집단을 이룬 국민이 주권을 갖는 민주정과 일부 국민이 주권을 갖는 귀족정으로 세분하였다. 몽테스키외 저 이재형 역, 「법의 정신」, 2015, 29~30면. 그는 이 책에서 자신의 조국 프랑스가 어떤 정체를 택하는 것이 바람직한지에 관하여 역사와 국제적 관점에서 고찰하였는데, "자유란 원하는 일을 행할 수 있고 원하지 않는 일을 억지로 하지 않는 데 있다"고 하고, 시민이 정치적 자유를 가지려면 입법권, 집행권, 사법권이 결합되지 않고 분리되어 있어야 한다고 하였다. 위의 책, 131~134면.

2. 권력분립주의의 변화

우리나라 헌법도 입법권은 국회에 속하고(동법 §40), 행정권은 대통령을 수반으로 하는 정부에 속하며(동법 §66④), 사법권은 법관으로 구성된 법원에 속한다(동법 §101①)고 규정하여 권력분립의 원칙을 채택하고 있다.

그러나 20세기에 권력분립주의의 배경이 된 개인주의와 자유주의 사조가 점차 퇴조함에 따라 입헌주의와 의회민주주의가 위기에 처하게 되고, 현대국가가 당면한 비상사태의 만성화와 정당정치의 발달로 말미암은 권력통합현상, 위기상황을 타개하기 위하여 세계 각국에서의 출현한 독재체제, 자유민주적 평등사회의 실현, 사회적 압력단체의 출현과 그 영향력의 증가, 급부국가적 기능의 확대 등에 의하여 고전적 권력분립론은 변질되게 되었다.[21]

그러므로 오늘날에는 지방자치제도, 직업공무원제도, 복수정당제도, 헌법재판제도 등의 권력분립 내지 권력통제적 기능에 주목하고 있고, 칼 뢰벤슈타인(Karl Loewenstein)의 기능적·동태적 권력통제론은 국가의 정책결정, 정책집행, 정책통제 기능에 대한 정치동태적 분류를 전제로 이들 기능이 헌법에 의하여 여러 권력주체에 의하여 독자적으로 또는 협동적으로 행해지는 경우에 '기관 내의 통제', '기관간의 통제'와 같은 수평적 통제와 '수직적 통제'가 항상 잘 작동하여야 한다는 점을 강조하고 있다.[22]

---

[21] 권영성, 앞의 「헌법학원론(개정판)」, 747~748면; 허영, 앞의 「한국헌법론(신정판)」, 651~655면.
[22] Karl Loewenstein, *Verfassungslehre*, 2 Aufl., 1969, S. 69 ff.; 허영, 위의 책, 657~664면.

제5절 기본권의 보장

1. 기본권의 주체

기본권이란 국민에게 인정된 헌법상의 기본적인 권리를 의미한다. 인간이 살아가는 데 기본적으로 충족되어야 하는 이익을 헌법상 권리의 형식으로 보호하는 것이다. 따라서 국민은 기본권을 침해받으면 국가에게 이에 대한 권리를 주장하여 보호받을 수 있다.

기본권의 주체라고 하는 것은 헌법이 인정하고 있는 기본권을 가지는 자를 말한다. 헌법 제10조에서는 기본권의 주체가 자연인으로서의 '국민'임을 밝히고 있으며[23] 기본권을 주장하고 누릴 수 있는 주체는 원칙적으로 대한민국 국적을 가진 자연인이다. 이러한 헌법상 규정에도 불구하고 법인이나 국내거주 외국인이 기본권의 주체가 될 수 있는지 문제가 제기되고 있다. 학설의 다수설과 헌법재판소의 주류적 판례는 헌법에는 외국인의 기본권주체성을 명시적으로 뒷받침하는 실정헌법조항이 없다는 것을 전제로, 기본권을 그 성질에 따라 '인간의 권리'(인권)와 '국민의 권리'로 구별하여 외국인에게는 평등권, 신체의 자유, 주거의 자유 등 인권에 한하여 기본권주체성을 인정하고 그 외의 개별 기본권 영역에서는 제한의 법리로써 제한이 가능한데, 선거권, 공무담임권 등은 외국인이 원칙적으로 주체가 될 수 없다고 한다.[24] 다만 인권과 국민의 권리의 경계가 모호할 수 있어서 특히 집회·결사의 자유나 거주·이전의 자유, 직업의 자유의 경우 이를 '인간의 권리'로 보아 외국인의 기본권주체성을 인정할 수 있는지에 대해서는 다수설 내에서도 견해가

---

23) 헌법 제10조. 모든 국민은 인간으로서의 존엄과 가치를 가지며, 행복을 추구할 권리를 가진다. 국가는 개인이 가지는 불가침의 기본적 인권을 확인하고 이를 보장할 의무를 진다.
24) 헌법재판소 2007.8.30. 선고 2004헌마670 결정("외국인에게 모든 기본권이 무한정 인정될 수 있는 것이 아니라 원칙적으로 '국민의 권리'가 아닌 '인간의 권리'의 범위 내에서만 인정될 것인바, 인간의 존엄과 가치 및 행복추구권은 '인간의 권리'로서 외국인도 그 주체가 될 수 있고, 평등권도 인간의 권리로서 참정권 등에 대한 성질상 제한 및 상호주의에 의한 제한이 있을 수 있을 뿐이다.").

엇갈리는 상황이며, 헌법재판소 판례도 한편으로 '직업의 자유'를 '국민의 권리'로 보아 이에 대한 외국인의 주체성을 부정하는가 하면,25) 다른 한편으로 '직장선택의 자유'는 '인간의 권리'이므로 외국인의 주체성이 인정된다고 하여,26) 일관성이 없는 모습을 보이고 있다는 비판을 받고 있다.27)

---

25) 헌법재판소 2014.8.28. 선고 2013헌마359 결정(대한민국 국민이었다가 현재 미국국적을 가진 외국국적동포로서, 미국에서 한의원을 운영하다가 재외동포(F-4) 사증을 발급받아 대한민국에서 침술치료를 하려는 사람이 의료법 제27조, 제81조, 제87조가 비의료인의 모든 의료행위를 금지하여 청구인의 직업선택의 자유를 침해하고, 침술치료를 의료인이 행하는 경우에만 허용하고 오히려 침술을 깊이 연구한 전문가가 같은 행위를 한 경우에는 금지하여 평등원칙에 반한다고 주장한 헌법소원 사건에서 "직업의 자유는 국가자격제도정책과 국가의 경제상황에 따라 법률에 의하여 제한할 수 있고 인류보편적인 성격을 지니고 있지 아니하므로 국민의 권리에 해당한다. 이와 같이 헌법에서 인정하는 직업의 자유는 원칙적으로 대한민국 국민에게 인정되는 기본권이지, 외국인에게 인정되는 기본권은 아니다. 국가정책에 따라 정부의 허가를 받은 외국인은 정부가 허가한 범위 내에서 소득활동을 할 수 있는 것이므로, 외국인이 국내에서 누리는 직업의 자유는 법률 이전에 헌법에 의해서 부여된 기본권이라고 할 수는 없고, 법률에 따른 정부의 허가에 의해 비로소 발생하는 권리이다."라고 판시).

26) 헌법재판소 2011.9.29. 선고 2007헌마1083 결정(인도네시아, 필리핀, 베트남 국적의 외국인들이 외국인근로자는 자신이 근로하는 사업 또는 사업장(이하 '사업장'이라 한다)을 3회 초과하여 변경하는 것을 금지하고 있는 「외국인근로자의 고용 등에 관한 법률」 제25조 제4항 및 동법 시행령 제30조 제2항이 청구인들의 직업선택의 자유, 근로의 권리 등을 침해하여 위헌이라고 주장하면서 헌법소원심판을 청구한 사건에서 "직업의 자유 중 이 사건에서 문제되는 직장 선택의 자유는 인간의 존엄과 가치 및 행복추구권과도 밀접한 관련을 가지는 만큼 단순히 국민의 권리가 아닌 인간의 권리로 보아야 할 것이므로 외국인도 제한적으로라도 직장 선택의 자유를 향유할 수 있다고 보아야 한다. 청구인들이 이미 적법하게 고용허가를 받아 적법하게 우리나라에 입국하여 우리나라에서 일정한 생활관계를 형성, 유지하는 등, 우리 사회에서 정당한 노동인력으로서의 지위를 부여받은 상황임을 전제로 하는 이상, 이 사건 청구인들에게 직장 선택의 자유에 대한 기본권 주체성을 인정할 수 있다 할 것이다."라고 판시. 다만, "이 사건 법률조항은 외국인근로자의 무분별한 사업장 이동을 제한함으로써 내국인근로자의 고용기회를 보호하고 외국인근로자에 대한 효율적인 고용관리로 중소기업의 인력수급을 원활히 하여 국민경제의 균형 있는 발전이 이루어지도록 하기 위하여 도입된 것이(고) 일정한 사유가 있는 경우에 외국인근로자에게 3년의 체류기간 동안 3회까지 사업장을 변경할 수 있도록 하고 대통령령이 정하는 부득이한 사유가 있는 경우에는 추가로 사업장변경이 가능하도록 하여 외국인근로자의 사업장 변경을 일정한 범위 내에서 가능하도록 하고 있으므로 이 사건 법률조항이 입법자의 재량의 범위를 넘어 명백히 불합리하다고 할 수는 없다. 따라서 이 사건 법률조항은 청구인들의 직장 선택의 자유를 침해하지 아니한다"고 보았다.)

【Theme- 자연인과 법인】

　자연인(Natural Person)은 출생에 의하여 당연히 인격과 권리능력이 인정되는 사람을 말한다. 법인(Legal Person)은 자연인과 달리 일정한 단체가 법적 요건을 갖추어 설립되면 비로소 인격과 권리능력이 부여되는 사람이다. 법인은 사람들의 단체인 '사단(社團)법인'과 재산이 모인 단체인 '재단(財團)법인'이 있으며, 그 목적이 영리인지 여부에 따라 비영리법인과 영리법인으로 나뉜다. 학술, 종교, 자선, 기예, 사교 기타 영리아닌 사업을 목적으로 하는 사단 또는 재단은 주무관청의 허가를 얻어 이를 법인으로 할 수 있다(민법 §32)(비영리사단법인 또는 비영리재단법인). 법인은 설립자가 목적, 명칭, 사무소의 소재지, 자산에 관한 규정 및 이사의 임면에 관한 규정 등을 정관으로 작성하고(동법 §§40, 43), 그 주된 사무소의 소재지에서 설립등기를 함으로써 성립한다(동법 §33). 경제활동을 하는 기업 가운데 주식회사·유한회사·합명회사·합자회사·유한책임회사 등 상사회사는 「상법」에 따라 설립되는 영리법인이며 정관 작성과 설립등기를 하면 (주식회사의 경우에는 출자 등 실체형성도 요구된다) 설립되고 따로 주무관청의 허가는 필요하지 않다.

　'법인 아닌 사단'('권리능력 없는 사단'이라고도 한다)이나 '법인 아닌 재단'은 사단법인이나 재단법인의 실질을 갖추고 활동하면서도 설립등기를 마치지 않은 단체를 가리키며 선조가 같은 성인 종중원들의 단체인 종중(宗中), 기독교 신도들의 모임인 교회, 동리(洞里)나 부락 등 주민공동체 등이 이에 속한다. 이것들은 법인이 아니지만 민법의 사단법인이나 재단법인에 관한 규정이 유추적용되며, 법인 아닌 사단의 재산은 사원의 공동소유인 총유에 속한다(민법 §275). 또한 종중(宗中), 문중(門中), 그 밖에 대표자나 관리인이 있는 법인 아닌 사단이나 재단에 속하는 부동산의 권리자로서 등기를 할 수 있다(민소법 §26).

---

27) 정광현, "외국인의 기본권주체성-두 가지 판단기준의 제안-", 「헌법실무연구」 제18권, p. 167(기본권의 주체에 관하여 "누구든지"라는 단어를 사용하는 평등권(헌법 §11①제2문); 법률에 의하지 않은 체포·구속·압수·수색·심문의 금지, 법률과 적법절차에 의하지 않은 처벌·보안처분·강제노역의 금지(헌법 §12①제2문); 변호인조력을 받을 권리(헌법 §12④본문); 미란다 고지권(헌법 §12⑤제1문); 체포·구속적부심사를 받을 권리(헌법 §12⑥)의 경우, 기본권의 주체에 관하여 국적중립적 개념을 사용하고 있는 변호인선임권(헌법 §12④단서); 체포·구속의 이유·일시·장소 통지를 받을 권리(헌법 §12⑤제2문); 자백의 증거능력 제한(헌법 §12⑦); 저작자·발명가·과학기술자·예술가의 권리(헌법 §22②); 공개형사재판을 받을 권리(헌법 §27③제2문); 무죄추정의 원칙(헌법 §27④); 형사보상청구권(헌법 §28); 국가의 근로자의 고용증진·적정임금 보장의무(헌법 §32①제2문); 여자의 근로에 대한 보호 및 차별금지(헌법 §32④); 연소자의 근로에 대한 특별한 보호(헌법 §32⑤); 근로자의 노동기본권(헌법 §33①) 등의 경우 등에는 외국인의 기본권주체성을 부여하는 조항으로 해석하자는 주장.).

헌법재판소는 법인, 단체에게도 일정한 요건 하에 제한적으로 기본권의 주체가 될 수 있음을 인정하고 있다.28) 기본권의 성질상 법인에 적용할 수 있는 기본권(평등권, 언론·출판의 자유, 재산권 등)에 한하여 사법인의 기본권주체성을 인정하고 있다.29) 다만, 인간의 권리인 인간의 존엄과 가치, 생명권과 같은 기본권은 법인에게 인정되지 않는다. 헌법재판소는 국가기관으로서 공법상의 영조물인 서울대학교가 공권력행사의 주체인 동시에 학문의 자유와 대학의 자율권이라는 기본권의 주체가 됨을 인정하였다.30) 그러나 헌법재판소는 국가나 지방자치단체 등의 공법인은 기본권 보호를 위하여 구성하고 운영되는 기본권 보장의 주체이므로 스스로 기본권의 주체가 될 수 없다고 하여, 사법인과는 달리 공법인에 대해서는 그 기본권 주체성은 원칙적으로 부인하면서도 공법인성과 사법인성을 함께 가지는 특수법인의 기본권주체성은 인정하는 입장을 취하고 있다.31)

---

28) 헌법재판소 1991.6.3. 선고 90헌마56 결정(한국영화인협회 감독위원회는 한국영화인협회의 내부에 설치된 8개의 분과위원회 가운데 하나에 지나지 아니하며, 달리 단체로서의 실체를 갖추어 당사자능력이 인정되는 법인아닌 사단으로 볼 자료가 없으므로 헌법소원심판청구 능력이 없다.).
29) 헌법재판소 1991.6.3. 90헌마56 결정("우리 헌법은 법인의 기본권향유능력을 인정하는 명문의 규정을 두고 있지 않지만, 본래 자연인에게 적용되는 기본권규정이라도 언론·출판의 자유, 재산권의 보장 등과 같이 성질상 법인이 누릴 수 있는 기본권을 당연히 법인에게도 적용하여야 할 것으로 본다. 따라서 법인도 사단법인·재단법인 또는 영리법인·비영리법인을 가리지 아니하고 위 한계 내에서는 헌법상 보장된 기본권이 침해되었음을 이유로 헌법소원심판을 청구할 수 있다. 또한, 법인 아닌 사단·재단이라고 하더라도 대표자의 정함이 있고 독립된 사회적 조직체로서 활동하는 때에는 성질상 법인이 누릴 수 있는 기본권을 침해당하게 되면 그의 이름으로 헌법소원심판을 청구할 수 있다(민소법 제48조 참조)").
30) 헌법재판소 1992.10.1. 선고 92헌마68 결정(서울대학교가 1994학년도 대학입학고사주요요강을 정함에 있어 인문계열의 대학별고사과목에서 일본어를 선택 과목에서 제외시킨 것은 교육법 및 교육법시행령의 제한범위(법률유보)내에서의 적법한 대학의 자율권 행사이고 고등학교에서 일본어를 선택하여 공부한 학생이 다른 제2외국어를 선택한 학생에 비하여 입시경쟁에서 불리한 입장에 놓이는 것은 사실이나 이러한 불이익은 서울대학교가 학문의 자유와 대학의 자율권이라고 하는 기본권의 주체로서 자신의 주체적인 학문적 가치판단에 따른, 법률이 허용하는 범위내에서의 적법한 자율권행사의 결과 초래된 반사적 불이익이어서 부득이하다.). 서울대학교는 2011년에 「국립대학법인 서울대학교 설립·운영에 관한 법률」의 발효로 국립대학법인화되었다.

2. 기본권의 종류

기본권은 헌법 제10조부터 제36조까지 그 개별적인 내용이 규정되어 있다. 우리 헌법은 인간의 존엄과 가치 및 행복추구권을 포괄적 기본권으로 규정하고, 이를 구체적으로 실현할 수 있도록 평등권, 자유권적 기본권, 사회권적 기본권, 참정권적 기본권, 청구권적 기본권 등을 보장하고 있다.

(1) 인간의 존엄과 가치 및 행복 추구권

헌법 제10조는 "모든 국민은 인간으로서의 존엄과 가치를 가지며, 행복을 추구할 권리를 가진다" 고 규정하고 있다. 인간의 존엄과 가치는 우리 헌법의 존재 이유이며, 헌법의 최고원리이자 근본 규범이다. 이는 우리 사회의 가치적인 공감대에 해당하는 '인간으로서의 존엄과 가치'가 존중되고 보호되지 않고는 우리 사회가 동화되고 통합되는 것을 기대할 수 없기 때문이다.[32]

행복추구권은 안락하고 만족스러운 삶을 추구할 수 있는 권리로서, 국민이 행복을 추구하기 위한 활동을 국가 권력의 간섭 없이 자유롭게 할 수 있는 권리이다. 인간의 존엄과 가치 및 행복 추구권은 추상적이고 포괄적인 규정으로서 기본권 보장 체계에 있어서 모든 개별적인 기본권의 이념적 전제가 된다.

(2) 평등권

헌법 제11조 제1항은 "모든 국민은 법 앞에 평등하다. 누구든지 성별·종교 또는 사회적 신분에 의하여 정치적·경제적·사회적·문화적 생활의 모든 영역에 있어서 차별을 받지 아니한다"고 규정하여 국민이 평등권을 인정하고 있다. 평등권은 모든 인간은 법 앞에서 평등하며, 국가에 의하여 차별대우를 받지 아니할 권리와 국가에 대하여 평등하게 대우하여 줄 것을 요구할 수 있는 권리를 내용으로 한다.

---

31) 허영, 「한국헌법론(전정15판)」, 2019, 267면.
32) 위의 책, 349면.

평등의 원칙은 본질적으로 같은 것은 같게, 다른 것은 다르게 취급할 것을 요구한다.33) 이러한 평등은 일체의 차별적 대우를 부정하는 절대적 평등을 의미하는 것이 아니라, 입법과 법의 적용에 있어서 정당한 이유가 없는 차별을 배제하는 상대적 평등을 뜻하고 따라서 정당한 이유가 있는 차별은 평등의 원칙에 반하는 것이 아니다.34)

평등권에는 남녀의 평등(헌법 §§11①·36), 특수계급의 금지(동법 §11②), 선거권의 평등(동법 §24), 교육의 기회균등(동법 §31), 노동기회의 균등(동법 §32) 등의 내용이 포함된다.

(3) 자유권적 기본권

자유권적 기본권은 국민이 자신의 자유로운 영역에 관하여 부당하게 국가의 간섭이나 침해를 받지 않을 것을 보호하는 기본권이다. 자유권적 기본권은 가장 오래된 기본권이며, 소극적이고 방어적인 성격의 기본권이다. 헌법에 열거된 자유권적 기본권에는 신체의 자유(헌법 §12), 거주·이전의 자유(동법 §14), 직업선택의 자유(동법 §15), 사생활의 비밀과 자유(동법 §17), 통신의 비밀과 자유(동법 §18), 양심의 자유(동법 §19), 종교의 자유(동법 §20), 언론·출판·집회·결사의 자유(동법 §21), 학문과 예술의 자유(동법 §22①), 재산권(동법 §23) 등이 있다.

(4) 사회권적 기본권

사회권적 기본권은 국민이 인간다운 삶을 위하여 필요한 사회적 보장책을 국가에 요구할 수 있는 권리를 말한다. 생존을 위한 기본권의 성격을 가지고 있어 생존권적 기본권이라고도 한다. 자유권적 기본권이 국민의 자유를 위해 국가의 부당한 간섭과 침해를 방지하는 소극적 권리인데 반해 사회권적 기

---

33) 손상식, 「평등권의 침해 여부에 대한 심사기준」, 2013, 23면.
34) 헌법재판소 2001.6.28. 99헌마516 결정; 헌법재판소 1998.9.30. 98헌가7 등 결정; 헌법재판소 1994.2.24. 92헌바43 결정.

본권은 국민이 생존을 유지하거나 생활을 향상시켜 인간다운 생활을 하기 위하여 국가에 대하여 적극적인 배려를 요구할 수 있는 적극적 성격의 권리이다.

근대의 자본주의 국가는 개인의 사회적·경제적 자유를 보장함으로써 자본주의 사회의 발전에 지대한 공헌을 하였으나, 자본주의가 발전하면 할수록 빈부의 차는 더욱 벌어져 갔고, 사람들은 결코 자유롭지도 않았고 평등하지도 않았으며, 자유방임적인 시장경제로 인한 자본주의는 모순을 보이기 시작했다. 이에 모든 국민의 인간다운 생활의 보장을 위하여 국가의 개입을 원하는 목소리가 커져갔고 사회문제를 해결하여야 한다는 사회적 요구가 대두되었다. 이에 국가가 적극적인 급부 기능을 수행하여 사회 혼란을 막고 사회적 약자들의 인간다운 생활의 권리를 법적으로 보장하기 시작한 것을 사회적 기본권이라고 한다.

교육기본권(헌법 §31), 근로의 권리(동법 §32), 근로3권(동법 §33), 인간다운 생활을 할 권리(동법 §34), 환경권(동법 §35), 혼인과 가족생활의 보장·보건권(동법 §36) 등이 사회권적 기본권에 속한다.

(5) 참정권적 기본권

헌법은 국민주권주의를 채택하고 있으므로,[35] 모든 국민은 능동적으로 국가기관의 구성과 의사결정 및 운영에 참여할 권리를 가진다. 참정권적 기본권은 국민이 국가의 의사 형성이나 정책결정에 참여하는 것을 보호하는 기본권이며 민주 시민의 정치적 기본권을 뜻한다. 따라서 능동적인 기본권의 성격을 가진다.

기본권 중 선거권(헌법 §24), 공무담임권(동법 §25)[36], 국민투표권(동법 §72) 등이 참정권적 기본권에 속한다.

---

[35] 헌법은 제1조 제2항에서 "대한민국의 주권은 국민에게 있고, 모든 권력은 국민으로부터 나온다"고 규정하여 국민주권을 직접 명시하고 있다.
[36] 국민이 국가나 지방 자치 단체의 구성원이 되어 국가나 공공 단체의 일을 담당할 수 있는 권리이다.

헌법은 모든 국민은 법률이 정하는 바에 의하여 선거권을 가진다(동법 §24)고 규정하고 있고 2020년 개정된 「공직선거법」은 18세 이상의 국민에게 대통령·국회의원, 지방자치단체의 의회의원 및 장의 선거권을 인정하였다(동법 §15). 선거일 현재 5년 이상 국내에 거주하고 있는 40세 이상의 국민은 대통령의 피선거권이 있고, 25세 이상의 국민은 국회의원·지방자치단체의 의회의원 및 장의 피선거권이 있다(동법 §16).

(6) 청구권적 기본권

청구권적 기본권은 국민이 자신의 권리나 이익을 침해당했을 때 또는 그 우려가 있을 때에 국가에 이를 구제하여 달라고 청구할 수 있는 기본권이다. 청구권적 기본권은 다른 기본권을 보장하기 위한 수단적 성격을 가지며 적극적인 기본권이라 할 수 있다. 따라서 다른 기본권을 위한 기본권, 이를 보장하기 위한 절차적 측면을 강조한 기본권이다.

기본권 중 청원권(헌법 §26), 재판청구권(동법 §27), 형사보상청구권(동법 §28), 국가배상청구권(동법 §29), 범죄피해자국가구조청구권(동법 §30) 등이 청구권적 기본권에 속한다.

공무원의 직무상 불법행위로 손해를 받은 국민은 법률이 정하는 바에 의하여 국가 또는 공공단체에 정당한 배상을 청구할 수 있다(헌법 §29). 이를 위하여 제정된 법률로 「국가배상법」이 있다. 국가나 지방자치단체는 공무원 또는 공무를 위탁받은 사인이 직무를 집행하면서 고의 또는 과실로 법령을 위반하여 타인에게 손해를 입히거나, 「자동차손해배상 보장법」에 따라 손해배상의 책임이 있을 때에는 국가배상법에 따라 그 손해를 배상하여야 하며(국가배상법 §2), 도로·하천, 그 밖의 공공의 영조물(營造物)의 설치나 관리에 하자(瑕疵)가 있기 때문에 타인에게 손해를 발생하게 하였을 때에는 국가나 지방자치단체는 그 손해를 배상하여야 한다(동법 §5).

대법원 2022.8.30. 선고 2018다212610 전원합의체 판결

이 사건은 유신헌법하에서의 대통령의 「국가안전과 공공질서의 수호를 위한 대통령 긴급조치」(긴급조치 제9호) 위반혐의로 구속되거나 기소되어 유죄판결을 선고받아 형을 복역한 이 사건 원고들[37])이 대통령의 긴급조치 제9호 발령행위 또는 그에 근거한 수사 및 재판이 불법행위에 해당한다고 주장하면서 피고 대한민국을 상대로 국가배상을 청구한 사건이다.

<배경> 1954년 4월부터 7월까지 스위스 제네바회담이 개최되어 프랑스령 인도차이나 지역은 전 황제 바오다이를 국가원수로 한 남베트남과 사회주의자 호치민을 주축으로 하는 북베트남으로 분할하였다. 그러나 이후 북베트남과 남베트남 간에는 군사적 충돌과 교전이 발생하였고, 1964년 8월초 미국 해군의 구축함 두 척이 북베트남의 통킹만에서 무장 공격을 받은 사건이 발생하자 미국 연방의회는 같은 해 8월 7일 미군의 베트남에 대한 군사개입을 의결하였다. 이후 대한민국과 태국은 베트남 지원군을 파병하였고, 소련은 북베트남을 지원하여 베트남 전쟁은 당시 냉전을 벌이던 소련을 중심으로 한 공산주의체제와 미국을 중심으로 한 자본주의체제 양 세력간에 열전이 벌어지는 대리전쟁의 양상을 띠었다. 1969년 취임한 미국의 닉슨 대통령은 닉슨독트린을 발표하면서 베트남전에서 발을 빼기 시작하여 40만명에 달하던 베트남 참전 미군을 철수시키기 시작하였다. 1973년 1월 27일 미국, 북베트남, 남베트남 간에 파리 평화협정이 체결되었고, 11월 1일 미군의 전투부대와 군사 기지의 철수가 완료되었다. 1975년 4월 월맹군이 사이공에 진입하면서 남베트남은 붕괴하여 베트남전쟁이 종료되고 베트남은 통일되었다.

1971년 우리나라 대통령선거에서 1961년 5·16 군사쿠데타 이후 장기집권하고 있던 박정희 대통령은 야당의 김대중 후보를 상대로 신승하였지만 직후 실시된 국회의원 선거에서 야당의 득표율이 상승하고 저항운동이 심해지자 같은 해 12월에 국가보위에 관한 특별조치법을 만들어 국가비상사태를 선언하고 국민의 기본권을 제한하고 권력을 유지하였다. 1972년 10월 17일 박정희 대통령은 엄중한 국제정세를 근거로 국가안보와 사회질서를 유지하고 경제성장을 이룩하기 위하여 강력하고 안정적인 정부가 필요하다는 구실로 비상계엄을 선포하고 국회를 해산시킨 후 비상국무회의에서 유신헌법안을 의결한 후 11월에 국민투표에 부쳐 확정시켰다. 1945년 해방 이후 저널 「사상계」를 창간하여 인권보장 운동을 하던 장준하가 중심이 된 재야세력은 유신헌법을 기본권을 침해하는 반민주적인 성격으로 보고 1973년 12월에 개헌청원 백만인 서명운동을 벌였다. 박정희 대통령은 1974년 1월부터 1975년 5월까지 유신헌법 하에서 국회의 견제를 받지 않고 국민의 기본권을 제한할 수 있는 긴급조치권을 모두 9차례 행사하였다. 긴급조치 9호는 1975년 5월 13일 선포된 것으로 유신헌법을 부정·반대·비방하는 행위 등을 금지하고 이를 어길 경우 1년 이상의 징역에 처한다는 내용

---

[37]) 1979. 10. 25. 긴급조치 제9호 위반 혐의로 구속되었다가 1979. 11. 21. 구속취소로 석방된 원고 5를 제외한 이 사건 본인들(이 사건 원고들 중 사망한 이를 제외한 사람들)은 유죄확정판결에 대한 재심청구를 하여 재심개시결정을 받았고, 이에 따라 개시된 재심절차에서 이들에게 적용된 긴급조치 제9호가 위헌·무효라는 이유로 형사소송법 제325조 전단에 의한 무죄판결이 선고되었으며, 그 판결이 그대로 확정되었다.

등을 담고 있다.

헌법재판소는 2013년 긴급조치 9호에 대해 재판관 전원 일치 의견으로 '국민의 기본권을 과도하게 제한해 위헌'이라고 결정했으며,[38] 대법원도 같은 해 긴급조치 9호가 유신헌법은 물론 현행 헌법에도 위반돼 무효라고 결정하였다.[39] 하지만 민사소송에서는 대법원이 2015년 긴급조치 9호 피해자들이 정부를 상대로 낸 손해배상 소송에서 대통령의 긴급조치 제9호 발령 및 적용·집행행위가 국가배상법 제2조 제1항에서 말하는 공무원의 고의 또는 과실에 의한 불법행위에 해당하지 않는다고 보아 국가배상책임을 부정한 원고 패소 판결[40]을 내린 이후 이를 계속 유지해 왔다.[41]

이 사건 원심은 기존의 대법원 판례를 따라 대통령의 긴급조치 제9호 발령이 그 자체로 불법행위에 해당한다고 볼 수 없고, 긴급조치 제9호에 근거한 수사와 재판이 공무원의 고의 또는 과실에 의한 불법행위에 해당한다고 할 수 없으며, 긴급조치 제9호의 위헌·무효 등 형사소송법 제325조 전단에 의한 무죄사유가 없었더라면 형사소송법 제325조 후단에 의한 무죄사유가 있었음에 관하여 고도의 개연성 있는 증명이 이루어졌다고 보기도 어렵다는 이유로 원고들의 청구를 기각한 제1심판결을 유지하였다.[42] 그러나 대법원은 이 사건에서 종래의 판례를 변경하여 긴급조치 제9호는 '천재·지변 또는 중대한 재정·경제상의 위기에 처하거나 국가의 안전보장 또는 공공의 안녕질서가 중대한 위협을 받거나 받을 우려가 있어 신속한 조치를 할 필요가 있을 때'라는 유신헌법상 긴급조치 발령 요건을 갖추지 못하였고, 따라서 국민의 자유와 권리를 지나치게 제한하여 헌법상 보장된 국민의 기본권을 침해하였다. 다만 긴급조치 제9호 발령행위만으로는 개별 국민에게 손해가 현실적으로 발생하였다고 보기는 어렵고, 긴급조치 제9호를 그대로 적용·집행하는 추가적인 직무집행을 통하여 그 손해가 현실화될 수 있는데, "긴급조치 제9호는 위헌·무효임이 명백하고 긴급조치 제9호 발령으로 인한 국민의 기본권 침해는 그에 따른 강제수사와 공소제기, 유죄판결의 선고를 통하여 현실화되었다. 이러한 경우 긴급조치 제9호의 발령부터 적용·집행에 이르는 일련의 국가작용은, 전체적으로 보아 공무원이 직무를 집행하면서 객관적 주의의무를 소홀히 하여 그 직무행위가 객관적 정당성을 상실한 것으로서 위법하다고 평가되고, 긴급조치 제9호의 적용·집행으로 강제수사를 받거나 유죄판결을 선고받고 복역함으로써 개별 국민이 입은 손해에 대해서는 국가배상책임이 인정될 수 있다."고 판시하였다.

---

38) 헌법재판소 2013.3.21. 선고 2010헌바70, 132, 170(병합) 결정.
39) 대법원 2013.4.8. 자 2011초기689 전원합의체 결정.
40) 대법원 2014.10.27. 선고 2013다217962 판결.
41) 대법원 2015.3.26. 선고 2012다48824 판결 등.
42) 서울고법 2018.1.10. 선고 2015나2026588 판결. 형사소송법 제325조(무죄의 판결) 피고사건이 범죄로 되지 아니하거나 범죄사실의 증명이 없는 때에는 판결로써 무죄를 선고하여야 한다.

공공필요에 의한 재산권의 수용·사용 또는 제한 및 그에 대한 보상은 법률로써 하되, 정당한 보상을 지급하여야 한다(헌법 §23③). 이를 위하여 제정된 법률로 「공익사업을 위한 토지 등의 취득 및 보상에 관한 법률(약칭: 토지보상법)」이 있다. 예컨대 관계 법률에 따라 공익을 목적으로 시행하는 철도·도로·공항·항만·주차장·공영차고지·화물터미널·댐·운하·수도·하수도·전기·전기통신·방송·가스 및 기상 관측에 관한 사업 등으로 토지가 수용된 국민은 토지보상법에 따라 정당한 보상을 지급받을 수 있다. 수용대상 토지는 수용재결 당시의 현실 이용상황을 기준으로 평가하여야 하고, 그 현실 이용상황은 법령의 규정이나 토지소유자의 주관적 의도 등에 의하여 의제될 것이 아니라 관계 증거에 의하여 객관적으로 확정되어야 한다.[43]

3. 기본권의 효력

(1) 대국가적 효력과 대사인적 효력

국가는 우월적 지위에서 공권력을 행사하게 되고, 그 과정에서 개인의 자유는 침해될 가능성이 높다. 따라서 헌법은 국민의 기본권을 규정함으로써, 국가 권력의 자의적 지배로부터 국민의 자유와 권리를 보호하는 기능을 수행한다. 이 과정에서 국가에 대하여 구속력을 발휘하는 힘을 기본권의 대국가적 효력이라고 한다.

기본권은 국가의 강제력인 공권력 행사에 대항하는 항의적 성격을 가진다. 즉 기본권은 국가권력에 대한 방어권의 기능을 수행한다. 따라서 모든 국가적 작용은 기본권에 구속되며, 입법·사법·행정 활동은 국민의 기본권을 침해해서는 안 된다.

---

[43] 대법원 2004.6.11. 선고 2003두14703 판결(수용된 이 사건 토지의 현실 이용상황이 임야이므로 그 손실보상액은 이 사건 토지가 임야로 이용되고 있음을 기준으로 평가하여야 하고, 물류창고 부지로 사용하기 위하여 취득하였다는 사정은 토지소유자인 원고의 주관적 의도에 불과하므로 고려될 수 없고, 토지수용으로 인한 손실보상액을 산정함에 있어서는 당해 공공사업의 시행을 직접 목적으로 하는 계획의 승인·고시로 인한 가격변동은 이를 고려함이 없이 수용재결 당시의 가격을 기준으로 하여 정하여야 한다.).

국민의 기본권이 사인 사이의 관계에 있어서도 효력을 가지는지, 즉 기본권의 대사인적 효력에 대해서는, 국가와의 관계에서 주장되는 기본권은 사인 사이에는 그 적용이 없다는 것이 종래 전통적인 견해였다. 기본권은 국가와 개인 간의 관계에서 국가에 대해 국민이 주장할 수 있는 권리이고, 개인 간의 권리 의무 관계를 규율하는 사법영역에서는 개인의 사적 자치가 존중되므로 국민의 기본권이 사인 사이에는 효력을 미치지 않는다는 것이다.

하지만 오늘날 사회가 발달함에 따라 증가된 사인과 사인 사이의 여러 행위들로 인해 개인의 기본권을 침해하는 일이 빈번하게 발생하고, 힘의 크기가 대등하지 못한 관계인 사회적 세력(단체)과 사인 사이에서도 기본권 침해 문제가 나타나게 되었다. 이로써 기본권에 대한 위협이 국가권력뿐 아니라 여러 형태의 사인으로부터도 나올 수 있게 되어 기본권의 대사인적(對私人的) 효력의 문제인 사인 간에 발생하는 기본권 침해에 대해서도 기본권을 보장해야 할 필요성이 등장하게 되었다. 그 결과 현재는 경우에 따라서 사인간의 관계에 있어서도 기본권을 주장할 수 있고, 자신의 권리를 침해하는 타인에 대하여 기본권을 행사할 수 있다고 보고 있다(통설·판례).44) 다만 성질상 사인간의 관계에 적용될 수 없는 기본권(청원권, 재판청구권, 형사보상청구권 등)은 배제된다. 헌법의 명문 규정상 사인 상호간의 관계에 직접적인 효력을 미치는 기본권인 인간의 존엄과 가치 및 행복추구권, 근로3권 등은 직접 적용되며, 그 밖의 기본권은 사법상의 일반원칙을 규정한 민법 제750조, 제751조 등의 내용을 형성하고 그 해석기준이 되어 간접 적용된다.45)

(2) 기본권의 상충

서로 다른 국민이 각각 자신의 기본권을 행사하는 결과 그 효력이 서로 충돌하는 경우 이른바 '기본권의 상충' 문제가 발생한다. 예컨대 표현의 자

---

44) 윤태영, "기본권의 대사인적 효력과 위법성 판단", 「재산법연구」, 2018, 38~40면.; 김종일, "기본권의 대사인적 효력에 관한 검토", 「한양법학」, 2014, 245면.
45) 대법원 2010.4.22. 선고 2008다38288 전원합의체 판결.

유와 개인의 명예에 관한 인격권 사이에서 기본권의 상충이 자주 일어난다. 우리는 언론·출판·집회·결사의 자유(헌법 §21①)를 '표현의 자유'라 부르며 민주주의에 있어서 필수불가결한 기본권으로 간주한다. 한편 헌법 제10조는 "모든 국민은 인간으로서의 존엄과 가치를 가지며, 행복을 추구할 권리를 가진다. 국가는 개인이 가지는 불가침의 기본적 인권을 확인하고 이를 보장할 의무를 진다."고 하여 인간으로서의 존엄과 가치, 행복추구권을 보장하며, 그 외에도 생명권·인격권 등 헌법에 따로 열거되지 아니한 기본권들이 보장된다고 해석하는 근거규정이기도 하다. 만일 언론기관의 보도나 잡지의 기사 또는 개인의 글에 의하여 어떤 특정인의 명예와 같은 인격권이 침해된다고 주장되는 경우에 표현의 자유와 인격권간 기본권의 충돌이 발생한다. 그러한 충돌에 대하여 나라마다 헌법 규정, 정치·사회·문화적 상황, 언론산업의 현황, 국민들의 권리의식 등에 따라 표현의 자유를 보호하는 정도가 차이가 있기 때문에 각국의 해결방법에는 차이가 있다.[46]

가장 언론의 자유를 넓게 인정하는 미국 법원은, 원고가 피고의 가해행위로 자신의 사회적 평가를 해치는 사실을 공표하였다는 것만 증명하면 피고가 명예훼손에 대하여 손해배상책임을 진다는 커먼로상 엄격책임의 원리를 수정하여, 연방대법원은 리딩케이스인 1964년 *New York Times Co. v. Sullivan* 판결에서 연방헌법 수정제1조의 언론의 자유 보장을 근거로 "언론이 현실적 악의(actual malice)를 갖고 공직자(public official)에 관하여 허위 진술을 만들어냈다는 것을 원고가 증명해야 손해배상을 받을 수 있다"고 판시하였다.[47]

---

[46] 이상윤, "공적 영역에서 표현의 자유와 인격권의 충돌-명예훼손 소송에서의 위법성 판단기준을 중심으로-", 「저스티스」 통권 제168호, 2018, 8~23면.

[47] 376 U.S. 254(흑인 민권운동가 Martin Luther King Jr. 목사의 주도로 앨라배마주의 몽고메리시에서 흑인들의 비폭력시위가 있었고 경찰이 이를 진압하였는데, 민권운동가들이 1960. 3. 29. 경찰의 가혹한 진압방법을 비난하는 내용이 포함된 전면광고를 뉴욕타임스 신문에 게재하였고 경찰국장이 신문사와 광고주를 상대로 명예훼손소송을 제기한 사건). 이후 *Curtis Publishing Co. v. Butts*, 388 U.S. 130 (1967) 판결은 공적 인물(public figure)에 대한 보도에, *Rosenbloom v. Metromedia*, 403 U.S. 29 (1971) 판결은 사인(private person)에 대한 보도라도 공공의 관심사(matter of public concern)에 관한 것이라면 그러한 법리가 적용되는 것으로 범위를 점차 확대하였다.

독일은 형법상 '진실임을 입증할 수 없는 사실 적시에 의한 명예훼손죄'[StGB §186(Üble Nachrede)]와 '허위사실(unwahre Tatsache) 적시에 의한 명예훼손죄'[§187 (Verleumdung)]를 규정하고 다만 진실인 사실임이 입증되더라도 해당 표현행위의 형식 또는 상황으로부터 모욕을 인정할 수 있는 경우에는 모욕죄[StGB §185(Beleidigung)]로 처벌하도록 규정하고 학문적·예술적·영업적 업적에 대한 비판, 권리의 행사나 방어 또는 정당한 이익의 주장 등을 목적으로 하는 비판적 의사표명, 상관의 부하에 대한 징계·견책, 공무원의 직무상 지적·평가와 같은 '정당한 이익의 주장'(Wahrnehmung berechtigter Interessen)인 경우에는 (모욕죄가 인정되는 경우를 제외하고는) 처벌할 수 없도록 명시하고 있다(StGB §193).48) 독일의 헌법인 기본법(GG) 제5조는 표현의 자유를, 제2조는 인격권을 보장하고 있으나 양자의 충돌시 독일 연방헌법재판소는 구체적인 법익형량 과정의 지침으로서 문제의 표현이 공익에 관한 중대한 문제에 대하여 여론을 형성하는 사안이고 표현행위자의 동기가 사회일반의 여론형성에 기여하려는 목적인 '공적토론의 경우, 원칙적으로 표현의 자유의 우위가 추정되고, 개인의 명예나 인격권을 보호받기 위해서는 특별한 예외가 인정된다는 반증을 들어야 한다'는 원칙[이른바 '추정공식'(Vermutungsformel)]을 확립하였다.49) 또한 연방헌법재판소는 발언의 내용을 '가치판단'(의견)과 '사실주장'으로 구분하여 전자의 경우에는 공격을 하거나 도발을 하는 상대방에 대한 언론기관의 방어를 위한 의견표현의 허용, 정치인 등 시사적 인물의 공격감수의무, 자유로운 발언의 즉흥성 보장 필요 등의 기준을 제시하여 표현의 자유를 넓게 인정하였다.50) 사실주장의 경우

---

48) 법무부 「독일형법」, 2008, 154, 447~449면; 승이도, "사실 적시 명예훼손죄와 표현의 자유-헌재 2021. 2. 25. 2017헌마1113등 결정-", 「형사판례연구」 제30권, 2022, 275~276면.
49) BVerfGE 82, 43; 82, 272; 85, 1; 한수웅, "표현의 자유와 명예의 보호: 한국독일과 미국에서의 명예훼손 법리에 관한 헌법적 고찰과 비판을 겸하여", 「저스티스」 제84호, 2005, 25면; 이상윤, 앞의 논문, 19면 각주 56.
50) 한수웅, 위의 논문, 34~36면; 손원선, "독일법상의 언론·출판의 자유와 명예 내지 인격권 보호", 「민사법학」 제17호, 1999, 442~443면; 전원열, "공인에 대한 명예훼손(1)", 「언론관계소송재판실무연구」 (한국사법행정학회), 2008, 157면; 이상윤, 앞의 논문, 21면.

허위사실의 주장 또는 전파는 원칙적으로 허용되지 아니하나, 표현행위자가 주의의무를 다하였음에도 허위임을 인식할 수 없었던 사실 주장은 보호될 수 있다. 언론보도의 진위가 밝혀지지 않는 경우, 원고가 '당해 언론보도가 허위임'을 증명해야할 입증책임을 지는 반면, 언론기관인 피고는 단지 사실 주장의 근거가 되는 상황을 설명하고 납득할 수 있게끔 소명해야 할 책임을 진다.[51] 독일 연방헌법재판소와 법원은 언론매체의 주의의무 준수 여부를 판단하는 척도로서, 명예의 침해 가능성의 크기, 당해 사실의 주장 또는 전파에 대한 특별한 공익 및 시사성, 보도 상대방에 대한 의견 제시의 기회 제공 여부, 혐의 유무가 불확실한 범죄 사건 보도에 있어서 그 불확실성의 표시 여부 등을 기준으로 삼았다.

우리나라에서 기본권 상충 문제는 헌법 자체가 정한 기준이 있으면 그에 의하여 해결한다. 예컨대 헌법 제21조 제4항은 "언론·출판은 타인의 명예나 권리 또는 공중도덕이나 사회윤리를 침해하여서는 아니된다. 언론·출판이 타인의 명예나 권리를 침해한 때에는 피해자는 이에 대한 피해의 배상을 청구할 수 있다."고 규정하고 있다. 만일 헌법 자체가 명시적으로 처리 기준을 정하고 있지 않은 기본권의 상충 문제는 충돌하는 기본권간을 형량하여 그에 의하여 처리한다. 예컨대, '인간의 존엄과 가치'(헌법 §10)는 우리 헌법의 존재 이유이며, 헌법의 최고원리이자 근본 규범이므로 원칙적으로 다른 어떤 기본권보다 우선한다. 자유권은 원칙적으로 참정권이나 사회권보다 우선한다. 또한 자유권 중 인격이나 양심과 관련한 기본권이 경제적 자유권보다는 우선한다. 충돌하는 기본권 간의 서열이나 우선순위를 판단하기 어려운 경우에는 어느 하나의 기본권만을 보호하고 다른 기본권을 전적으로 배제하는 방법보다는 헌법에 대한 규범조화적 해석 또는 가치조화적 해석을 통하여 최대한 양 기본권의 본질적인 부분을 함께 보장하는 방법을 찾아내어야 할 것이다. 헌법재판소는 헌법소원 사건에서 "표현의 자유와 인격권의 충돌시 명예의 보호는 인격의 자유로운 발전과 인간의 존엄성 보호뿐만 아니라 민

---

51) 손원선, 앞의 논문, 445면; 이상윤, 앞의 논문, 21면 각주 65.

주주의의 실현에 기여하며, 명예의 보호가 제대로 이루어지지 않는 경우에는 개인이 다수 의견과 다른 견해를 공적으로 표명하는 것에 큰 부담을 느끼게 되어 오히려 표현의 자유가 위축될 수도 있다는 점에서 표현의 자유와 인격권의 우열은 쉽게 단정할 성질의 것이 아니"라고 하면서, 언론매체가 아닌 이 사건 "(다음 블로그에서의) 개인의 표현행위도 공공성·사회성을 갖춘 사실을 전달하고, 그에 대한 자신의 의견을 개진함으로써 여론형성이나 공개토론에 기여할 수 있다. 특히 각종 홈페이지 게시판, 블로그, 소셜네트워크서비스(SNS) 등 인터넷상 의사표현의 매체가 다양해진 환경에서 개인은 적극적으로 글이나 동영상 등을 게시하여 자신의 의견을 개진하고 있고, 인터넷 공간에서 이에 대한 토론과 반론이 활발하게 이루어지고 있다. 이처럼 개인의 표현도 공공적·사회적·객관적인 의미를 지닌다면 개인의 인격형성과 자기실현은 물론 정치적 의사형성과정에 참여하여 자기통치를 실현하는 공적 성격을 아울러 가진다"고 보았다.52) 허위사실적시 명예훼손죄에 관한 형법 제307조 제2항에 대한 위헌 헌법소원 사건에서 청구인은 심판대상조항으로 인하여 금지되지 않는 표현까지 사실상 하지 못하게 되는 현상이 발생하고 추상적 위험범의 특성상 처벌이 지나치게 광범위하게 이루어질 수 있으며, 형벌 외에도 명예를 보호하고 회복시킬 수 있는 다른 덜 침해적인 수단이 있는데

---

52) 헌법재판소 2013.12.26. 선고 2009헌마747 결정(대통령인 피해자를 비방할 목적으로 피해자에 대한 거짓의 사실이 포함되어 있는 동영상(이른바 쥐코 동영상)을 청구인이 개설한 인터넷 블로그에 게시함으로써 「정보통신망 이용촉진 및 정보보호에 관한 법률」 위반혐의로 받은 검사의 기소유예처분(이 사건 기소유예처분)에 대한 헌법소원 사건에서 "공적 인물의 공적 활동에 대한 명예훼손적 표현은 그 제한이 더 완화되어야 하고 … 공직자의 자질·도덕성·청렴성에 관한 사실은 그 내용이 개인적인 사생활에 관한 것이라 할지라도 순수한 사생활의 영역에 있다고 보기 어렵고 … 공직자 등의 사회적 활동에 대한 비판 내지 평가의 한 자료가 될 수 있고, 업무집행의 내용에 따라서는 업무와 관련이 있을 수도 있으므로, 이에 대한 문제제기 내지 비판은 허용되어야 한다"하고 "제3자의 표현물을 게시한 행위가 (실질적으로 이용·지배함으로써 피해자의 전과와 토지소유에 관한 사실을 직접 적시한 것과 다름없는 것으로 평가할 수 있는 것이 아니라) 전체적으로 보아 단순히 그 표현물을 인용하거나 소개하는 것에 불과한 경우"이고, 비방의 목적이 인정되지 않는 것으로 보아 이 사건 기소유예처분을 청구인의 평등권과 행복추구권을 침해한 것으로 보아 취소하였다.).

심판대상조항에 의하여 형사처벌을 하는 것으로서 과잉금지원칙에 반하여 표현의 자유를 침해한다고 주장하였으나 헌법재판소는 심판대상조항이 입법목적의 정당성 및 수단의 적합성, 침해의 최소성과 법익균형성 원칙을 충족하여서 합헌이라고 결정하였다.[53] 대법원은 1988년에 월간잡지사의 표현의 자유의 행사에 의하여 타인의 명예가 침해되었다고 주장하면서 제기된 불법행위에 대한 손해배상청구소송에서 "구체적인 경우에 사회적인 여러가지 이익을 비교하여 표현의 자유로 얻어지는 이익, 가치와 인격권의 보호에 의하여 달성되는 가치를 형량하여 그 규제의 폭과 방법을 정해야 할 것"이라고 하고 "형사상이나 민사상으로 타인의 명예를 훼손하는 행위를 한 경우에도 그것이 공공의 이해에 관한 사항으로서 그 목적이 오로지 공공의 이익을 위한 것일 때에는 진실한 사실이라는 증명이 있으면 위 행위에 위법성이 없으며 또한 그 증명이 없더라도 행위자가 그것을 진실이라고 믿을 상당한 이유가 있는 경우에는 위법성이 없다고 보아야 할 것"이라는 해결기준을 제시한 바 있고,[54] 2002년 이후에는 "어떤 표현이 타인의 명예를 훼손하더라도 그 표현이 공공의 이해에 관한 사항으로서 그 목적이 오로지 공공의 이익을 위한 것일 때에는 진실한 사실이거나 행위자가 그것을 진실이라고 믿을 상당

---

[53] 헌법재판소 2021.2.25. 선고 2016헌바84 결정(청구인이 시사프로그램에 출연하여 연예인 고 장자연의 소속사 대표이던 피해자 김○○이 마치 청구인에게 성상납 제의를 한 사실이 있는 것처럼 발언하여 허위사실을 적시하여 피해자의 명예를 훼손하였다는 범죄사실로 기소되어 벌금 500만원을 선고받고 항소하여 항소법원에 형법 제307조 제2항에 대하여 위헌법률심판제청을 하였으나 항소심법원이 이를 기각하자 제기한 위헌헌법소원 사건.).

[54] 대법원 1988.10.11. 선고 85다카29 판결(일정한 입장에 있는 인물에 관한 행위가 공적 비판의 대상이 된다고 하더라도 신문에 비하여 신속성의 요청이 덜한 잡지에 인신공격의 표현으로 비난하는 내용의 기사를 게재함에 있어서는 기사내용의 진실여부에 대하여 미리 충분한 조사활동을 거쳐야 할 것인바, 잡지발행인이 수기를 잡지에 게재함에 있어 그 내용의 진실성에 대하여는 전혀 검토하지 아니한 채 원문의 뜻이 왜곡되지 않는 범위내에서 문장의 일부만을 수정하여 피해자가 변호사로서의 본분을 망각한 악덕변호사인 것처럼 비방하는 내용의 글을 그대로 잡지에 게재하였다면 잡지발행인으로서는 위 수기의 내용이 진실한 것으로 믿는데 상당한 이유가 있었다고 할 수 없고, 잡지에 이 수기를 게재하여 반포하였다면 위 피해자의 사회적 평가가 저하되었다 할 것이므로 위 잡지발행인은 위 피해자에 대한 명예훼손의 책임을 면할 수 없다고 판시.).

한 이유가 있는 경우에는 위법성이 없다고 할 것인바, 여기서 '그 목적이 오로지 공공의 이익을 위한 것일 때'라 함은 적시된 사실이 객관적으로 볼 때 공공의 이익에 관한 것으로서 행위자도 공공의 이익을 위하여 그 사실을 적시한 것을 의미하는데, 행위자의 주요한 목적이나 동기가 공공의 이익을 위한 것이라면 부수적으로 다른 사익적 목적이나 동기가 내포되어 있더라도 무방하고, 여기서 '진실한 사실'이라고 함은 그 내용 전체의 취지를 살펴볼 때 중요한 부분이 객관적 사실과 합치되는 사실이라는 의미로서 세부에 있어 진실과 약간 차이가 나거나 다소 과장된 표현이 있더라도 무방하다"고 하고 "언론·출판의 자유와 명예보호 사이의 한계를 설정함에 있어서 표현된 내용이 사적 관계에 관한 것인가 공적 관계에 관한 것인가에 따라 차이가 있는바, 즉 당해 표현으로 인한 피해자가 공적인 존재인지 사적인 존재인지, 그 표현이 공적인 관심사안에 관한 것인지 순수한 사적인 영역에 속하는 사안에 관한 것인지, 그 표현이 객관적으로 국민이 알아야 할 공공성, 사회성을 갖춘 사안에 관한 것으로 여론형성이나 공개토론에 기여하는 것인지 아닌지 등을 따져보아 공적 존재에 대한 공적 관심사안과 사적인 영역에 속하는 사안 간에는 심사기준에 차이를 두어야 하며, 당해 표현이 사적인 영역에 속하는 사안에 관한 것인 경우에는 언론의 자유보다 명예의 보호라는 인격권이 우선할 수 있으나, 공공적·사회적인 의미를 가진 사안에 관한 것인 경우에는 그 평가를 달리하여야 하고 언론의 자유에 대한 제한이 완화되어야 하며, 피해자가 당해 명예훼손적 표현의 위험을 자초한 것인지의 여부도 또한 고려되어야 한다."고 공적 영역에서의 표현의 자유와 인격권의 상충에 대하여 표현의 자유를 우선시하는 입장을 취하였다.[55]

(3) 기본권 제한의 법률유보

국민의 자유와 권리는 최대한 보장되며 헌법에 열거되지 아니한 것(예컨대

---

55) 대법원 2002.1.22. 선고 2000다37524,37531 판결; 대법원 2002.12.24. 선고 2000다14613 판결; 대법원 2003.7.8. 선고 2002다64384 판결.

생명권)이라도 그러한 이유로 경시되지 아니한다(헌법 §37①). 그러나 국민의 모든 자유와 권리는 국가안전보장·질서유지 또는 공공복리를 위하여 필요한 경우에 한하여 법률로써 제한할 수 있다(헌법 §37②본문).

기본권은 "국가안보·질서유지 또는 공공복리"를 위한 목적으로 "법률이라는 수단으로"만(기본권제한의 법률유보의 원칙) 또한 "목적 달성을 위하여 필요한 최소한의 부분에 대해서만" 침해가 인정된다(과잉금지의 원칙, 최소침해의 원칙).[56] 다만 제한하는 경우에도 자유와 권리의 본질적인 내용을 침해할 수 없다(헌법 §37②단서). 예를 들어 형사재판을 통하여 유죄판결을 받은 범죄자를 교도소에 가두어 형벌을 집행하고 교화하는 경우에도 「행형법」에서 인정하는 자유에 대한 제한만이 가능하고 만일 교도소장이나 교도관이 그것을 넘어서 수형자의 자유를 제한하는 것은 금지된다.

---

56) 예컨대, 직업선택의 자유를 제한하는 세법 조항에 대한 헌법재판소 2019.8.29. 선고 2018헌바265 결정(제1장 제2절 1.) 참조.

제6절 출생과 국적 및 국민의 의무

1. 태아의 권리능력

사람은 출생한 때부터 권리능력(權利能力)을 취득하게 되므로, 아직 출생하지 않은 태아에게는 권리능력이 인정되지 않는다. 일반적으로 사람의 시기(始期)에 관해서는 태아가 모체로부터 전부 노출된 때 출생한 것으로 보는 '전부노출설'이 통설이다.[57] 따라서 태아는 출생 이전의 존재이므로 민법상 권리능력의 주체가 되지 못하는 것이 원칙이다. 사망의 시기에 관해서는 종래 사람의 호흡과 심장의 기능이 영구적으로 정지하는 '심장기능 정지설'이 통설이었으나 장기이식 수술이 시행되는 현실을 반영하여 '뇌사설'이 입법화되었다.[58]

「민법」과 「상법」 등의 사법상 태아는 '사람이 아닌' 상태이므로 계약체결, 채무이행 등과 같은 법률행위를 수행할 능력이 없다. 하지만 모든 경우에 있어서 태아의 권리능력을 인정하지 않으면 태아에게 불리하거나 공평에 반하는 경우가 생길 수 있으므로 「민법」은 몇몇 법률관계에 대해 태아의 권리능력을 인정하고 있는데, 불법행위로 인한 손해배상청구,[59] 상속,[60] 유증[61], 인지[62]의 경우가 해당된다. 즉, 법은 이들 일정한 경우에 태아가 이

---

[57] 그러나 형사법에서는 사람의 시기를 임산부의 분만진통이 시작된 때로 보는 진통설이 통설이다. 이에 따라 태아를 살해하면 분만진통이 시작되기 전이라면 임부에 대한 중상해죄 및 낙태죄가 되지만, 분만진통이 시작된 때부터는 살인죄가 된다.
[58] 「장기등 이식에 관한 법률」 제21조 제2항에 따르면 심장박동이 정지하지 않았더라도 뇌사자로 판정된 때에 사망한 것으로 한다.
[59] 태아는 손해배상의 청구권에 관해서는 이미 출생한 것으로 본다(민법 §762).
[60] 태아는 상속순위에 관해서는 이미 출생한 것으로 본다(민법 §1000③), 또한 상속인이 될 직계비속 또는 형제자매가 상속 개시 전에 사망하거나 결격자가 된 경우 그 직계비속인 태아가 있으면 태아는 사망하거나 결격된 사람의 순위에 갈음해서 상속인이 된다(민법 §1001).
[61] 태아도 유언의 효력 발생 당시 출생한 것으로 본다(민법 §§1064·1000③). 따라서 태아도 유증을 받을 수 있다.
[62] 부(父)는 포태 중에 있는 자에 대하여도 이를 인지할 수 있다(민법 §858). 그리고 태내에

미 출생한 것으로 보고 그 권리능력을 인정해서 태아의 이익을 보호하고 있다. 다만 태아가 법률상 권리능력을 가진다고 하더라도 자연인으로 출생하지 않는다면 어떠한 경우에도 보호되는 권리를 취득할 수 없다.63) 예를 들어 A의 운전과실로 B의 자동차와 교통사고가 발생했고 사고 당시 B가 임신 중이었다면 ① B가 사망하면서 태아가 함께 사망한 경우와, ② B가 사망하지는 않았으나 사고 이후에 태아가 장애를 가지고 출생한 경우 각각의 태아가 받을 수 있는 법적 보호는 다를 수 있다. 태아의 권리능력이 인정되려면 '살아서 출생하는 것'을 전제로 하므로 ①의 경우처럼 태아가 모체와 함께 사망하였으므로 태아의 권리능력은 인정되지 않으므로 가해자에 대하여 손해배상청구권을 행사할 수 없다. 반면에 ②의 경우처럼 태아가 사고로 인하여 장애를 가지고 '출생한 경우'에는 태아의 권리능력이 인정이 되고, 그에 대한 손해배상청구권을 행사할 수 있다.

2. 출생신고와 주민등록

(1) 출생신고

출생신고는 신생아의 출생 시 가족관계등록부 및 주민등록에 등록하기 위해 시·읍·면의 장에게 신고하는 것을 말한다. 그에 관한 사항은 「가족관계의 등록 등에 관한 법률」(약칭: 가족관계등록법)에 규정되어 있다. 출생신고는 출생 후 1개월 이내에 하여야 한다(가족관계등록법 §46①). 만약 출생의 신고 전에 자녀가 사망한 때에는 출생의 신고와 동시에 사망의 신고를 하여야 한다(동법 §51).

있는 자녀를 인지하는 것으로 부(父) 또는 모(母)가 신고적격자이다(가족관계등록법 §56).
63) 대법원 1993.4.27. 선고 93다4663 판결; 대법원 1976.9.14. 선고 76다1365 판결 등(태아가 권리능력을 언제 취득하는가에 대해 판례는 태아로 있는 동안에는 권리능력을 취득하지 못하지만, 살아서 출생하면 권리능력을 취득하고 그 권리능력 취득의 효과가 문제의 사건의 시기까지 소급해서 생긴다고 보고 있다.).

1) 출생신고 의무자

혼인 중 출생자의 출생신고는 부 또는 모가 하여야 하고(가족관계등록법 §46①), 혼인 외 출생자64)의 출생신고는 모가 하여야 한다(동조②). 양 경우에 신고를 하여야 할 사람이 출생신고를 할 수 없는 때에는 동거하는 친족, 분만에 관여한 의사, 조산사 또는 그 밖의 사람이 순위에 따라 출생신고를 하여야 한다(동조③). 신고의무자가 출생 후 1개월 이내에 신고를 하지 아니하여 자녀의 복리가 위태롭게 될 우려가 있는 경우에는 검사 또는 지방자치단체의 장이 출생의 신고를 할 수 있다(동조④).

2) 신고기한

출생신고는 출생 후 1개월 이내에 해야 하고, 신고의무자가 정당한 사유없이 출생신고를 기간 내에 하지 않은 경우에는 5만원 이하의 과태료가 부과된다(가족관계등록법 §122).

3) 신고장소

출생신고는 출생지에서 할 수 있고, 기차나 그 밖의 교통기관 안에서 출생한 때에는 모가 교통기관에서 내린 곳, 항해일지가 비치되지 아니한 선박 안에서 출생한 때에는 그 선박이 최초로 입항한 곳에서 신고할 수 있다(가족관계등록법 제45조). 또한 출생신고는 출생자의 등록기준지 또는 신고인의 주소지나 현재지에서 할 수 있다(동법 §20①).

4) 출생신고 신청서 작성

신고서에는 다음 사항을 기재하여야 한다(가족관계등록법 §44②):
    1. 자녀의 성명·본·성별 및 등록기준지
    2. 자녀의 혼인 중 또는 혼인 외의 출생자의 구별
    3. 출생의 연월일시 및 장소
    4. 부모의 성명·본·등록기준지 및 주민등록번호(부 또는 모가 외국인인 때에는 그 성명·출생연월일·국적 및 외국인등록번호)

---

64) '법률상 부부'가 아닌 자 사이에서 출생한 자녀를 말한다.

5. 「민법」 제781조제1항 단서65)에 따른 협의가 있는 경우 그 사실
6. 자녀가 복수국적자(複數國籍者)인 경우 그 사실 및 취득한 외국 국적

(2) 주민등록

주민등록이란 「주민등록법」에 의하여 모든 주민이 그 주소지의 시·군 또는 구에 등록하는 제도이다. 주민등록은 행정기관이 관할구역 안에 거주하는 주민의 거주관계 등 인구의 동태를 항상 명확하게 파악하여 기록하는 제도로써 주민생활의 편익을 증진시키고 행정사무를 적정하게 처리하도록 하는 것을 목적으로 한다(주민등록법 §1).

서양의 로마시대에는 지금과 같은 형태의 주소가 없었고 18세기 오스트리아 합스부르크 왕가의 마리아 테레지아가 프로이센과의 전쟁을 위해 병사를 차출하고 집에 숫자를 붙인 것이 시작이었다고 한다.66) 우리나라는 조선 세조때부터 실시된 오가작통법(五家作統法)이 시작이었다.67)

1) 주민등록번호

국가나 지방자치단체가 국민을 특정하게 구분 및 식별하기 위하여 발급하는 일종의 개인식별번호(PIN, Personal Identification Number)이다. 모두 13자리의 숫자로 되어 있으며, 앞의 여섯 자리는 생년월일로 이루어지며, 뒤의 일곱 자리 숫자는 출생연대와 성별, 최초 주민등록번호 발급지 등으로 조합

---

65) 제781조(자의 성과 본) ① 자는 부의 성과 본을 따른다. 다만, 부모가 혼인신고시 모의 성과 본을 따르기로 협의한 경우에는 모의 성과 본을 따른다.
66) 이대영, "「주소이야기: 거리 이름에 담긴 부와 권력, 정체성에 대하여」(디어드라 마스크 저/연아람 역)(민음사, 2021)에 대한 서평", 「금주의 서평」(국회도서관) 제2022-28호, 2022 (주소는 병역, 조세 및 범죄자 색출 등에 활용되었기에 초기에 주소는 자유를 박탈당하고 정부로부터 감시를 받는 통로로 생각해서 이를 거부하는 풍조가 만연했다고 한다.).
67) 1485년에 한명회가 「경국대전」에 등재한 내용에 의하면 수도인 한성에서는 5개의 호(戶)를 1개의 통(統)으로 구성하고 리(里)는 5개의 통(統)으로 구성하며 면(面)은 3~4개의 리로 구성하였다. 주로 호구를 밝히는 동시에 범죄자의 색출과 조세 징수, 부역 동원 등을 목적으로 만들었으며 조선 후기에 이르러서는 신분증인 호패와 함께 호적의 보조수단이 되었으며 역(役)을 피하여 호구의 등재없이 이사와 유랑을 반복하는 유민과 도적들의 행태를 방지하는 데 주로 이용되었다. https://ko.wikipedia.org/wiki/.

된다. 특히 뒤의 첫 번째 숫자는 출생연대와 성별을 나타내는데, 1800년대에 태어난 남자는 9번, 여자는 0번, 1900년대에 태어난 남자는 1번, 여자는 2번, 2000년대에 태어난 남자는 3번, 여자는 4번이 부여된다.68)

주민등록번호는 개인 식별 번호로서 부여대상자 간에 중복되지 않고, 일생동안 변하지 않으며(종신성), 개인을 특정 하는데 사용되는 특성을 가진다. 또한 본인의 여부나 일정한 신분을 확인하거나 증명해주며(인증기능), 그 속에 담긴 여러 정보를 통해 개인이 가진 특징을 묘사하기도 한다(묘사기능).69) 주민등록번호는 출생신고 시 동사무소에서 부여하게 된다. 주민등록번호는 고유한 것이고 동시에 다른 사람과 구별하여 특정인을 지시할 수 있는 식별기능을 가지기 때문에 본인 확인 수단으로 가장 널리 쓰인다.

2) 주민등록 발급 및 재발급

「주민등록법」상 시장, 군수, 구청장은 관할 구역에 주민등록이 된 자 중 17세 이상인자에 대해 주민등록증을 발급한다. 주민등록증을 발급받을 나이가 된 자는 시장·군수 또는 구청장에게 주민등록증의 발급을 신청하여야 한다(주민등록법 §24). 주민등록증이 분실되거나 훼손된 경우, 성명이나 생년월일 또는 성별이 변경된 경우, 주민등록증의 변경 내용란이 부족한 경우 등의 사유가 있을 때는 주민등록을 재발급한다(동법 §27①). 주민등록증에는 성명, 사진, 주민등록번호, 주소, 지문, 발행일, 주민등록기관을 수록한다.

3. 국적 및 국민의 의무

(1) 국적

개인은 특정 나라의 국적을 가짐으로써 그 나라의 국민이 된다. 그러므로 언제 우리나라의 국민이 되는가는 국적의 취득시기의 문제이다. 우리나라의 경우 종전의 「호적법」이 폐지되면서 가족관계등록법이 제정되었다. 이에 따라 국

---

68) 고문현, "주민등록제도의 문제점과 개선방안", 「공법학연구」, 2012, 275면.
69) 송희준 외, "주민등록제도 발전방안 연구", 「행정자치부」, 2007, 53~55면.

적의 취득과 상실에 관련한 신고제는 2008년 8월까지만 적용하였고 이후 이 신고제는 가족관계등록법에 의한 통보제로 바뀌었다. 통보제는 당사자의 신고를 요하지 아니하고 법무부장관의 통보에 의하여 가족관계등록부를 작성하는 방식이다(가족관계등록법 §§93·94·95·98).

1) 국적의 취득

국적의 취득에 대해서는 출생에 의한 것과 출생 후의 사정에 의한 것이 있다. 출생 후의 사정에 의한 것에는 귀화와 신분행위(혼인, 입양, 인지 등)의 효과로서 국적을 취득하는 경우이다.

(가) 출생에 의한 국적취득

다음 각 호의 어느 하나에 해당하는 자는 출생과 동시에 대한민국 국적(國籍)을 취득한다(국적법 §2):

1. 출생 당시에 부 또는 모가 대한민국의 국민인 자
2. 출생하기 전에 부가 사망한 경우에는 그 사망 당시에 부가 대한민국의 국민이었던 자
3. 부모가 모두 분명하지 아니한 경우나 국적이 없는 경우에는 대한민국에서 출생한 자

대한민국에서 발견된 기아는 대한민국에서 출생한 것으로 추정한다(동조 ②).

(나) 인지에 의한 국적취득

대한민국 국민인 부 또는 모에 의하여 인지[70]된 자가 일정한 요건(대한민국 「민법」상 미성년자일 것, 출생당시에 부 또는 모가 대한민국 국민일 것)을 갖춘 때에는 대한민국의 국적을 취득할 수 있다(국적법 §3).

(다) 귀화에 의한 국적취득

대한민국의 국적을 취득하고자 하는 외국인은 「국적법」 제5조부터 제7조

---

70) 혼인외의 출생자에 대하여 그가 자신의 친생자임을 인정하는 신분행위를 말한다. 혼인외의 출생자는 그 생부나 생모가 이를 인지할 수 있다(민법 §855).

에서 정하고 있는 귀화요건(5년 이상 계속하여 대한민국에 주소가 있을 것, 만 20세 이상으로서 국어능력과 대한민국의 풍습에 대한 이해 등 대한민국 국민으로서의 기본 소양을 갖추고 있을 것, 품행이 방정 할 것, 독립적 생계를 유지할 만한 자산 또는 기능이 있을 것 등)을 구비한 후, 법무부장관의 허가를 얻어 귀화할 수 있으며, 귀화요건의 차이에 따라 귀화는 일반귀화·간이귀화[71]·특별귀화[72]로 구별된다.

(라) 복수국적자의 국적선택

「국적법」에 규정된 사유들로 인해 대한민국 국적과 외국 국적을 함께 가지게 된 복수국적자는 국적선택 기간 안에 반드시 하나의 국적을 선택하여야 한다.[73]

만 20세가 되기 전에 복수국적자가 된 사람은 만 22세가 되기 전까지, 만 20세가 된 후에 복수국적자가 된 사람은 그 때부터 2년 내에 하나의 국적을 선택해야 한다. 다만 이 경우에도 「병역법」 제8조에 따라 병역준비역[74]에 편입된 사람은 편입된 때부터 3개월 이내에 하나의 국적을 선택하거나 그 병역 의무가 종료된 후 2년 이내에 하나의 국적을 선택해야 한다(국적법 §12).[75]

---

[71] 국적법 제6조에 의하여 부 또는 모가 대한민국의 국민이었던 사람, 대한민국에서 출생한 사람으로서 부 또는 모가 대한민국에서 출생한 사람, 대한민국 국민의 양자로서 입양 당시 대한민국의 민법상 성년이었던 사람에 해당하는 외국인으로서 대한민국에 3년 이상 계속하여 주소가 있는 사람이거나, 배우자가 대한민국의 국민인 외국인으로서 특정 요건을 갖춘 사람을 말한다.

[72] 국적법 제7조에 의하여 특별귀화는 한국 국민과 친목관계가 있거나 한국과 특별한 관계가 있음으로써 대한민국에 특별한 공로가 있는 사람, 과학·경제·문화·체육 등 특정 분야에서 매우 우수한 능력을 보유한 사람으로서 대한민국의 국익에 기여할 것으로 인정되는 사람 등의 경우에 귀화의 조건을 보통귀화의 경우에 비하여 완화시킬 수 있다.

[73] 법무부 출입국·외국인정책본부, 「국적법 해설」, 2007, 153면.

[74] 대한민국 국민인 남자는 18세가 되는 해의 1월 1일부터 병역의무가 발생하여 병역준비역에 편입하고, 거주지 지방병무청장에 의한 병적관리가 시작된다. 또한 병역의무자는 19세가 되는 해에 병역을 감당할 수 있는 지의 여부를 판정받기 위해 지방병무청장이 지정하는 일시 및 장소에서 병역판정검사를 받아야 한다(병무청 홈페이지, 병역이행안내).

[75] 예를 들어 2002년 9월 1일 출생한 자는 18세가 되는 해인 2020년의 1월 1일이 병역준비역 편입일이며 편입된 때부터 3개월 이내인 2020년 3월 31일까지 국적선택을 하여야 한다. 18

2) 국적의 상실

대한민국의 국민으로서 자진하여 외국 국적을 취득한 자는 그 외국 국적을 취득한 때에 대한민국 국적을 상실한다(국적법 §15①).

대한민국의 국민으로서 다음 각 호의 어느 하나에 해당하는 자는 그 외국 국적을 취득한 때부터 6개월 내에 법무부장관에게 대한민국 국적을 보유할 의사가 있다는 뜻을 신고하지 아니하면 그 외국 국적을 취득한 때로 소급하여 대한민국 국적을 상실한 것으로 본다(동조②):

1. 외국인과의 혼인으로 그 배우자의 국적을 취득하게 된 자
2. 외국인에게 입양되어 그 양부 또는 양모의 국적을 취득하게 된 자
3. 외국인인 부 또는 모에게 인지되어 그 부 또는 모의 국적을 취득하게 된 자
4. 외국 국적을 취득하여 대한민국 국적을 상실하게 된 자의 배우자나 미성년의 자(子)로서 그 외국의 법률에 따라 함께 그 외국 국적을 취득하게 된 자

국적을 상실하였을 때에는 국민으로서의 권리·의무도 동시에 상실한다. 대한민국 국적을 상실한 사람은 법무부장관의 허가를 받아 이를 다시 회복할 수 있다.

(2) 국민의 의무

국민은 국가권력의 구성과 유지를 위하여 일정한 의무를 부담한다. 이러한 의무 중에서 헌법이 규정하고 있는 의무를 기본의무라고 하며, 기본권에 대응하는 개념이다. 우리 헌법은 제38조에서 "모든 국민은 법률이 정하는 바에 의하여 납세의 의무를 진다"고 하여 납세의 의무를, 제39조에서 "모든 국민은 법률이 정하는 바에 의하여 국방의 의무를 진다"고 하여 국방의 의무를 규정하고 있다.

세 생일이 지나 18세가 도달한 2020년 9월 1일로부터 3개월 이내가 아님을 주의해야 한다. 4월 1일 이후에는 병역의무가 해소된 날부터 2년 이내까지 국적선택기간이 연장되며 이 경우 병역의무 해소 사실을 증명하는 서류를 제출하여야 한다.

납세의무와 국방의무는 고전적 의무로서, 두 의무는 근대헌법 이래 국민에게 부과되어 온 의무이다.

조세의 종목과 세율은 법률로 정한다(헌법 §59). 따라서 국가나 지방자치단체는 일정한 세법에 근거하여 세금을 부과하며, 납세의무자는 법률로 정해진 세금을 납부할 의무가 있다. 조세에는 국세와 지방세[76]가 있다. 국세에 대한 일반법으로는 「국세기본법」과 「국세징수법」이 있으며, 「관세법」, 「소득세법」, 「법인세법」, 「상속세 및 증여세법」 등 각 세목에 대한 단행법이 있고, 우리나라와 관세협정을 체결한 외국과의 사이에 이중관세를 방지하고 외국에 소재하는 납세자에 대한 세금부과를 위한 「국제조세조정에관한법률」, 세법을 위반한 사람을 처벌하기 위한 「조세범처벌법」 및 「조세범처벌절차법」 등이 있다. 지방자치단체는 「지방세법」에 정하는 바에 의하여 지방세를 부과·징수할 수 있다(동법 §2).

국방의무와 관련해서는 「병역법」, 「군인사법」, 「대체역의 편입 및 복무 등에 관한 법률」 등이 있다. 대한민국 국민인 남성은 「대한민국헌법」과 병역법에서 정하는 바에 따라 병역의무를 성실히 수행하여야 한다(병역법 §3①전단). 여성은 지원에 의하여 현역 및 예비역으로만 복무할 수 있다(동항 후단).

병역의 종류는 현역, 예비역, 보충역, 병역준비역, 전시근로역, 대체역으로 나누며 병역의무자는 각각 그 병역의 병적에 편입된다(병역법 §5).

---

[76] 국세(國稅)란 국가의 재정수입을 위하여 국가가 부과·징수하는 조세를 말하며 지방세(地方稅)란 지방자치단체가 당해 지방자치단체의 재정수요에 충당하기 위하여 부과·징수하는 조세를 말한다. 국세는 국경을 통과하는 객체에 대하여 부과하는 관세(關稅)와 국내에 있는 객체에 부과하는 내국세(內國稅)로 구분된다. 내국세에는 소득세·법인세, 상속세와 증여세, 부가가치세·개별소비세·주세(酒稅)·인지세(印紙稅)·증권거래세·교육세·교통세·농어촌특별세·종합부동산세 등이 있다(국세기본법 제2조). 지방세의 세목은 부과주체에 따라 특별시세·광역시세·도세·구세·시·군세로 하며(지방세법 제6조). 취득세·레저세·담배소비세·지방소비세·주민세·지방소득세·자동차세·지역자원시설세·지방교육세·등록면허세·재산세 등이 있다.

현역(병역법 §5①ⅰ)	징집이나 지원에 의하여 입영한 병 「병역법」 또는 「군인사법」에 따라 현역으로 임용 또는 선발된 장교(將校)·준사관(準士官)·부사관(副士官) 및 군간부후보생
예비역(병역법 §5①ⅱ)	현역을 마친 사람 「병역법」에 따라 예비역에 편입된 사람
보충역(병역법 §5①ⅲ)	병역판정검사 결과 현역 복무를 할 수 있다고 판정된 사람 중에서 병력수급(兵力需給) 사정에 의하여 현역병입영 대상자로 결정되지 아니한 사람 사회복무요원 예술·체육요원 공중보건의사 병역판정검사전담의사 공익법무관 공중방역수의사 전문연구요원 산업기능요원 그 밖에 「병역법」에 따라 보충역에 편입된 사람
전시근로역(병역법 §5①ⅳ)	병역판정검사 또는 신체검사 결과 현역 또는 보충역 복무는 할 수 없으나 전시근로소집에 의한 군사지원업무는 감당할 수 있다고 결정된 사람 그 밖에 「병역법」에 따라 전시근로역에 편입된 사람
대체역(병역법 §5①ⅴ)	병역의무자 중 「대한민국헌법」이 보장하는 양심의 자유를 이유로 현역, 보충역 또는 예비역의 복무를 대신하여 병역을 이행하고 있거나 이행할 의무가 있는 사람으로서 「대체역의 편입 및 복무 등에 관한 법률」에 따라 대체역에 편입된 사람
병역준비역(병역법 §5①ⅵ)	병역의무자로서 현역, 예비역, 보충역, 전시근로역 및 대체역이 아닌 사람

대체역은 병역에 대한 '양심적 거부'(Conscientious Objection)를 허용한 2018년 헌법재판소 결정[77])에 따라 2019년 법 개정으로 신설된 것이다.[78])

---

77) 헌법재판소 2018.6.28. 선고 2011헌바379 등(병합) 전원재판부 결정(양심적 병역거부자의 수는 병역자원의 감소를 논할 정도가 아니고, 이들을 처벌한다고 하더라도 교도소에 수감할 수 있을 뿐 병역자원으로 활용할 수는 없으므로, 대체복무제를 도입하더라도 우리나라의 국방력에 의미 있는 수준의 영향을 미친다고 보기는 어렵다. 국가가 관리하는 객관적이고 공정한 사전심사절차와 엄격한 사후관리절차를 갖추고, 현역복무와 대체복무 사이에 복무의 난이도나 기간과 관련하여 형평성을 확보해 현역복무를 회피할 요인을 제거한다면, 심사의 곤란성과 양심을 빙자한 병역기피자의 증가 문제를 해결할 수 있으므로, 대체복무제를 도입하면서도 병역의무의 형평을 유지하는 것은 충분히 가능하다. 따라서 대체복무제라는 대안이 있음에도 불구하고 군사훈련을 수반하는 병역의무만을 규정한 구 「병역법」 제5조 제1항(병역종류 조항)은 양심의 자유(헌법 제19조)라는 기본권 침해의 최소성원칙에 어긋난다. 양심적 병역거부자들에게 공익 관련 업무에 종사하도록 한다면, 이들을 처벌하여

【Theme- 이른바 양심적 병역거부】

　양심적 병역거부란 종교적·윤리적·도덕적·철학적 또는 이와 유사한 동기에서 형성된 양심상 결정을 이유로 집총이나 군사훈련을 수반하는 병역의무의 이행을 거부하는 행위를 말한다. 양심적 병역거부자들은 현역병입영통지서를 받고도 입영하지 않게 되는데, 종래 그러한 행위에 대한 형사처벌을 규정한 병역법 제88조 위반으로 기소되어 대부분 병역법 시행령 제136조 제1항 제2호 (가)목에서 정한 전시근로역 편입 대상에 해당하는 1년 6개월 이상 징역형의 실형을 일률적으로 선고하여 오고 있었다. 부자(父子) 또는 형제가 모두 실형을 선고받아 복역하는 상황도 적지 않게 발생하였다. 이러한 형사처벌이 계속되는데도 양심적 병역거부자는 우리 사회에서 2018년 헌법재판소 결정이 나서 대체복무가 가능해지기 전까지 매년 평균 약 600명 내외로 발생하고 있었다. 2018년 11월 대법원은 종교적 이유로 병역을 거부하여 제1심에서 징역 1년 6개월 형을 선고받은 피고인의 항소를 기각한 원심에 대하여 원심판결을 파기하였다.[79] 아래는 그 판결이유이다.

　헌법상 국가의 안전보장과 국토방위의 신성한 의무, 그리고 국민에게 부여된 국방의 의무는 아무리 강조해도 지나치지 않다. 국가의 존립이 없으면 기본권 보장의 토대가 무너지기 때문이다. 국방의 의무가 구체화된 병역의무는 성실하게 이행하여야 하고 병무행정 역시 공정하고 엄정하게 집행하여야 한다. 헌법이 양심의 자유를 보장하고 있다고 해서 위와 같은 가치를 소홀히 해서는 안 된다. 따라서 양심적 병역거부의 허용 여부는 헌법 제19조 양심의 자유 등 기본권 규범과 헌법 제39조 국방의 의무 규범 사이의 충돌·조정 문제가 된다. … 양심적 병역거부자들은 헌법상 국방의 의무 자체를 부정하지 않는다. 단지 국방의 의무를 구체화하는 법률에서 병역의무를 정하고 그 병역의무를 이행하는 방법으로 정한 집총이나 군사훈련을 수반하는 행위를 할 수 없다는 이유로 그 이행을 거부할 뿐이다.

　헌법 제10조는 모든 국민은 인간으로서의 존엄과 가치를 가지며 국가는 개인이 가지는 불가침의 기본적 인권을 확인하고 이를 보장할 의무를 진다고 선언하고 있다. 양심의 자유는 도덕적·정신적·지적 존재로서 인간의 존엄성을 유지하기 위한 필수적 조건이다. … 자유민주주의는 다수결의 원칙에 따라 운영되지만 소수자에 대한 관용과 포용을 전제로 할 때에만 정당성을 확보할 수 있다. 국민 다수의 동의를 받지 못

　　교도소에 수용하고 있는 것보다는 넓은 의미의 안보와 공익실현에 더 유익한 효과를 거둘 수 있을 것이므로 병역종류 조항은 법익의 균형성 요건을 충족하지 못한다. 또한 병역종류 조항은 과잉금지원칙에 위배하여 양심적 병역거부자의 양심의 자유를 침해한다고 결정하였다.).

78) 대체복무제는 2020년 10월에 시행되었는데, 육군 현역병 복무기간 18개월의 두 배인 36개월간 교도소에 배치되어 교정시설의 급식, 시설관리 등 보조업무를 수행하게 되어 있다.
79) 대법원 2018.11.1. 선고 2016도10912 전원합의체 판결.

하였다는 이유로 형사처벌을 감수하면서도 자신의 인격적 존재가치를 지키기 위하여 불가피하게 병역을 거부하는 양심적 병역거부자들의 존재를 국가가 언제까지나 외면하고 있을 수는 없다.

정당한 사유로 인정할 수 있는 양심적 병역거부를 심리하여 판단하는 것은 중요한 문제이다. 여기에서 말하는 양심은 그 신념이 깊고, 확고하며, 진실하여야 한다. … 설령 병역거부자가 깊고 확고한 신념을 가지고 있더라도 그 신념과 관련한 문제에서 상황에 따라 다른 행동을 한다면 그러한 신념은 진실하다고 보기 어렵다.

구체적인 병역법위반사건에서 피고인이 양심적 병역거부를 주장할 경우, 그 양심이 과연 위와 같이 깊고 확고하며 진실한 것인지 가려내는 일이 무엇보다 중요하다. 인간의 내면에 있는 양심을 직접 객관적으로 증명할 수는 없으므로 사물의 성질상 양심과 관련성이 있는 간접사실 또는 정황사실을 증명하는 방법으로 판단하여야 한다. 예컨대 종교적 신념에 따른 양심적 병역거부 주장에 대해서는 종교의 구체적 교리가 어떠한지, 그 교리가 양심적 병역거부를 명하고 있는지, 실제로 신도들이 양심을 이유로 병역을 거부하고 있는지, 그 종교가 피고인을 정식 신도로 인정하고 있는지, 피고인이 교리 일반을 숙지하고 철저히 따르고 있는지, 피고인이 주장하는 양심과 동일한 양심을 가진 사람들이 이미 양심적 병역거부를 이유로 실형으로 복역하는 사례가 반복되었다는 등의 사정은 적극적인 고려요소가 될 수 있다. 그리고 위와 같은 판단 과정에서 피고인의 가정환경, 성장과정, 학교생활, 사회경험 등 전반적인 삶의 모습도 아울러 살펴볼 필요가 있다. 깊고 확고하며 진실한 양심은 그 사람의 삶 전체를 통하여 형성되고, 또한 어떤 형태로든 그 사람의 실제 삶으로 표출되었을 것이기 때문이다. 정당한 사유가 없다는 사실은 범죄구성요건이므로 검사가 증명하여야 한다. … 따라서 양심적 병역거부를 주장하는 피고인은 자신의 병역거부가 그에 따라 행동하지 않고서는 인격적 존재가치가 파멸되고 말 것이라는 절박하고 구체적인 양심에 따른 것이며 그 양심이 깊고 확고하며 진실한 것이라는 사실의 존재를 수긍할 만한 소명자료를 제시하고, 검사는 제시된 자료의 신빙성을 탄핵하는 방법으로 진정한 양심의 부존재를 증명할 수 있다.

양심의 자유를 이유로 대체복무를 신청한 사람은「대체역의 편입 및 복무 등에 관한 법률」에 따라 대체역심사위원회의 심사를 받는다.[80]

한편, 헌법 제31조에서는 교육을 받을 권리와 함께 "모든 국민은 그 보호

---

[80] MBC TV, "대체복무 신청 첫 기각 사례," 2021. 5. 3(여호와의 증인 신도 A씨가 종교적 신념을 이유로 대체복무를 신청하였으나 초등학생 성폭행 혐의로 재판 중이라는 사실이 밝혀져서 대체역심사위원회는 A씨의 신청을 기각한 사례가 보도되었다. 심사위는 "전쟁에서 성폭력이 군사적 전략으로 널리 활용되어 왔고, 성범죄 행위는 전쟁행위와 유사한 폭력성이 인정되는 행위"라는 UN 보고서를 근거로 제시하였다.).

하는 자녀에게 적어도 초등교육과 법률이 정하는 교육을 받게 할 의무를 진다."고 하여 '교육의 의무'(헌법 §31②)를, 제32조에서는 근로의 권리와 함께 "모든 국민은 근로의 의무를 진다. 국가는 근로의 의무의 내용과 조건을 민주주의원칙에 따라 법률로 정한다."고 하여 '근로의 의무'(헌법 §32②)를 규정하고 있다.

납세의무, 국방의무, 교육의 의무, 근로의 의무, 이 네 가지를 국민의 4대 의무라고 한다. 이 외에도 헌법은 제35조에서 '건강하고 쾌적한 환경에서 생활할 권리'와 함께 깨끗한 환경을 지키기 위해 노력해야 할 '환경 보전의 의무'(헌법 §35①)도 규정하고 있다.

제7절 헌법재판

1. 헌법재판의 의의 및 기능

개인 간의 법률관계에서 다툼이 발생한 때에는 대체로 법원의 재판을 통해 그 다툼을 해결하게 된다. 그런데 법률관계의 근거가 되는 법률이 헌법에 위반되거나 국민에게 의무를 지우고 국민의 자유를 제한하는 국가 공권력의 작용이 헌법에 위반될 때에는 법원의 재판을 통해 해결하는 것이 아니라, 헌법에 정한 권한이 있는 재판 기관이 무엇이 헌법에 합치되는 것이고 합치되지 않는 것인지를 판단하고 바로 잡음으로써 해결하게 되는데, 바로 이러한 것이 헌법재판이다. 헌법재판제도는 국가의 기본적이고 으뜸가는 헌법을 보호하고, 국가권력을 통제하여 국민의 기본권을 보호하는 기능을 한다.

2. 헌법재판소

헌법재판소는 사법적 헌법보장기관인 동시에 헌법과 관련된 최종심판기관이다.[81] 헌법재판소는 법관의 자격을 가진 9인의 재판관으로 구성한다(헌법 §111②). 이 가운데 3인은 국회에서 선출하는 자, 3인은 대법원장이 지명하는 자를 대통령이 임명한다(헌법 §111③). 헌법재판관의 임기는 6년이며, 정당 가입이나 정치 관여를 금지하고, 강력한 신분보장을 받아 탄핵 또는 금고 이상의 형의 선고에 의하지 아니하고는 파면되지 아니 함(헌법 §112)으로써 "헌법재판소의 중립성과 독립성을 보장한다."[82] 헌법재판소장은 헌법재판관 중에서 대통령이 국회의 동의를 얻어 임명한다(헌법 §111④). 헌법재판소는 법원의 일부가 아니며 사법부와 별개의 정치적인 국가권력기관의 성질을 갖는다.

---

81) 그러나 명칭이 헌법법원이 아니라 헌법재판소인 것에서 보이는 것처럼 헌법재판소는 행정부나 입법부는 물론 사법부의 일부가 아니라 제4부이다.
82) 김철수, 「헌법학개론(제11판)」, 1999, 1283~1284면.

헌법재판소는 다음 사항을 관장한다(헌법 §111①):
1. 법원의 제청에 의한 법률의 위헌여부 심판
2. 탄핵의 심판
3. 정당의 해산 심판
4. 국가기관 상호간, 국가기관과 지방자치단체간 및 지방자치단체 상호간의 권한쟁의에 관한 심판
5. 법률이 정하는 헌법소원에 관한 심판

재판부는 재판관 7명 이상의 출석으로 사건을 심리하고, 종국심리에 관여한 재판관의 과반수의 찬성으로 사건에 관한 결정을 하지만, 법률의 위헌결정, 탄핵의 결정, 정당해산의 결정 또는 헌법소원에 관한 인용결정을 하는 경우와 종전에 헌법재판소가 판시한 헌법 또는 법률의 해석 적용에 관한 의견을 변경하는 경우에는 재판관 6명 이상의 찬성이 있어야 한다(헌법 §113①, 헌법재판소법 §23). 헌법재판소의 결정은 심판에 관여한 재판관 전원이 이에 서명, 날인한 결정서로 하며 심판에 관여한 재판관은 결정서에 의견을 표시하여야 한다(헌법재판소법 §36②·③).

3. 헌법재판의 종류

헌법재판의 종류에는 헌법소원심판, 위헌법률심판, 탄핵심판, 정당해산심판, 권한쟁의심판이 있다.

(1) 헌법소원심판

국가 권력이 헌법상 보장된 국민의 기본권을 침해하는 경우에 헌법재판소에 제소하여 그 침해된 기본권의 구제를 청구하는 제도이다(헌법재판소법 §§68~75). 헌법소원은 국민이 직접 심판청구의 주체가 되고 기본권 침해에 대한 직접적인 구제를 목적으로 하므로, 우리 헌법이 마련한 기본권 보장의 장치 중 핵심적인 것이다. 자연인은 물론 법인도 헌법소원을 청구할 수 있다.[83]

간통죄의 위헌 여부와 관련하여 2015년 헌법재판소는 2건의 위헌법률심판 사건과 15건의 헌법소원심판 사건을 병합해 "형법 241조(간통죄)는 헌법에 위반된다"는 결정을 선고하였다.[84]

헌법재판소 2015.2.26. 선고 2009헌바17등 결정

사회 구조 및 결혼과 성에 관한 국민의 의식이 변화되고, <u>성적 자기결정권을 보다 중요시하는 인식이 확산됨에 따라 간통행위를 국가가 형벌로 다스리는 것이 적정한지에 대해서는 이제 더 이상 국민의 인식이 일치한다고 보기 어렵고</u>, 비록 비도덕적인 행위라 할지라도 본질적으로 개인의 사생활에 속하고 사회에 끼치는 해악이 그다지 크지 않거나 구체적 법익에 대한 명백한 침해가 없는 경우에는 국가권력이 개입해서는 안 된다는 것이 현대 형법의 추세여서 전 세계적으로 간통죄는 폐지되고 있다. … 부부 간 정조의무 및 여성 배우자의 보호는 간통한 배우자를 상대로 한 재판상 이혼 청구, 손해배상청구 등 민사상의 제도에 의해 보다 효과적으로 달성될 수 있고, 오히려 <u>간통죄가 유책의 정도가 훨씬 큰 배우자의 이혼수단으로 이용되거나 일시 탈선한 가정주부 등을 공갈하는 수단으로 악용되고 있기도 하다</u>. 결국 심판대상조항은 과잉금지원칙에 위배하여 국민의 성적 자기결정권 및 사생활의 비밀과 자유를 침해하는 것으로서 헌법에 위반된다.

(2) 위헌법률심판

입법부가 만든 법률이 헌법에 위반되는지를 심사하고, 헌법에 위반된다고 판단하는 경우에 그 효력을 상실시키는 제도이다(헌법재판소법 §§41~47).

과거 「민법」 제809조제1항은 "동성동본의 혈족끼리는 혼인하지 못한다"고 규정하고 있었다. 이에 대해 헌법재판소는 1997년 동성동본금혼 조항이 혼인의 자유와 평등권, 행복추구권을 침해한다며 입법자가 1998.12.31.까지 개정할 때까지 적용하지 말아야 하고 만일 개정하지 아니하면 1999.1.1. 그 효력을 상실한다는 헌법불합치[85] 결정을 내렸다.[86]

---

83) 헌법재판소 1992.10.1. 92헌마68 등 결정(서울대학교의 청구인 적격을 인정하였다.).
84) 헌법재판소 2015.2.26. 선고 2009헌바17등 결정.
85) 헌법불합치는 해당 법률이 사실상 위헌이기는 하지만 즉각적인 무효화에 따르는 법의 공백과 사회적 혼란을 피하기 위해 국회가 그 법을 개정할 때까지 한시적으로 그 법을 존속시키는 변형결정이다. 후술하는 바와 같이 헌법재판소는 종국심리(終局審理)에 관여한 재판관 과반수의 찬성으로 사건에 관한 결정을 하지만, 위헌 결정을 위해서는 헌법재판관 6

헌법재판소 1997.7.16. 선고 95헌가6 결정

동성동본금혼을 규정한 민법 제809조 제1항은 이제 사회적 타당성 내지 합리성을 상실하고 있음과 아울러 "인간으로서의 존엄과 가치 및 행복추구권"을 규정한 이념 및 "개인의 존엄과 양성의 평등"에 기초한 혼인과 가족생활의 성립·유지라는 규정에 정면으로 배치될 뿐 아니라 남계혈족에만 한정하여 성별에 의한 차별을 함으로써 헌법상의 평등의 원칙에도 위반되며, 또한 그 입법목적이 이제는 혼인에 관한 국민의 자유와 권리를 제한 할 "사회질서"나 "공공복리"에 해당될 수 없다는 점에서 헌법 제37조제2항에도 위반된다 할 것이다.[87]

헌법재판소는 2019년 자기낙태죄 조항(형법 §269①) 및 의사낙태죄 조항(형법 §270①)은 입법목적을 달성하기 위하여 필요한 최소한의 정도를 넘어 임신한 여성의 자기결정권을 제한하고 있어 침해의 최소성을 갖추지 못하였고, 태아의 생명 보호라는 공익에 대하여만 일방적이고 절대적인 우위를 부여함으로써 법익균형성의 원칙도 위반하였다고 할 것이므로, 과잉금지원칙을 위반하여 임신한 여성의 자기결정권을 침해하는 위헌적인 규정이라고 하여 헌법불합치 결정을 내렸다.[88]

① 자기낙태죄조항은 「모자보건법」이 정한 일정한 예외를 제외하고는 임신기간 전체를 통틀어 모든 낙태를 전면적·일률적으로 금지하고, 이를 위반할 경우 형벌을 부과하도록 정함으로써 임신한 여성에게 임신의 유지·출산을 강제하고 있으므로, 임신한 여성의 자기결정권을 제한하고 있다.
② 산부인과 학계에 의하면 현재 최선의 의료기술과 의료 인력이 뒷받침될 경우 태아

인 이상이 동의해야 하므로(「헌법재판소법」 §23②) 위헌 의견이 재판관의 과반수이면서도 6인 미만인 경우에는 헌법불합치 결정이라는 변형결정을 내려왔다.
86) 해당 조항은 2005년 「민법」 개정시 삭제되었다.
87) 헌법재판소 1997.7.16. 선고 95헌가6 결정.
88) 헌법재판소 2019.4.11. 선고 2017헌바127 결정(재판관 4(헌법불합치) : 3(단순위헌) : 2(합헌)으로 의견이 갈렸다. 헌재는 태아의 생명을 보호하기 위하여 낙태를 금지하고 형사처벌하는 것 자체가 모든 경우에 헌법에 위반된다고 볼 수는 없는바 자기낙태죄조항과 의사낙태죄조항에 대하여 각각 단순위헌결정을 할 경우, 임신 기간 전체에 걸쳐 행해진 모든 낙태를 처벌할 수 없게 됨으로써 용인하기 어려운 법적 공백이 생기게 되므로 입법자의 개선입법이 이루어질 때까지 해당조항의 계속적용을 명하고, 입법자는 2020. 12. 31.까지는 개선입법을 이행하여야 하고, 그때까지 개선입법이 이루어지지 않으면 위 조항들은 2021년부터 효력을 상실한다고 결정하였다.

는 '마지막 생리기간으로부터 기산하여 22주'(이하 '임신 22주'라한다) 내외부터 독자적인 생존이 가능하다고 한다. 자기결정권이 보장되려면 임신한 여성이 임신 유지와 출산 여부에 관하여 결정을 하고 그 결정을 실행함에 있어서 충분한 시간이 확보되어야 한다. 이러한 점들을 고려하면, 태아가 모체를 떠난 상태에서 독자적으로 생존할 수 있는 시점인 임신 22주 내외에 도달하기 전이면서 동시에 임신 유지와 출산 여부에 관한 자기결정권을 행사하기에 충분한 시간이 보장되는 시기(이하 착상 시부터 이 시기까지를 '결정가능기간'이라 함)까지의 낙태에 대해서는 국가가 생명보호의 수단 및 정도를 달리 정할 수 있다.
③ 낙태갈등 상황에서 형벌의 위하가 임신한 여성의 임신종결 여부 결정에 미치는 영향이 제한적이라는 사정과 실제로 형사처벌되는 사례도 매우 드물다는 현실에 비추어 보면, 자기낙태죄 조항이 낙태갈등 상황에서 태아의 생명 보호를 실효적으로 하지 못하고 있다고 볼 수 있다.
④ 「모자보건법」이 정한 예외에 해당하지 않으면 모든 낙태가 전면적·일률적으로 범죄행위로 규율됨으로 인하여 낙태에 관한 상담이나 교육이 불가능하고, 낙태에 대한 정확한 정보가 충분히 제공될 수 없다.
⑤ 낙태 수술과정에서 의료 사고나 후유증 등이 발생해도 법적 구제를 받기가 어려우며, 비싼 수술비를 감당하여야 하므로 미성년자나 저소득층 여성들이 적절한 시기에 수술을 받기 쉽지 않다. 또한 자기낙태죄조항은 헤어진 상대 남성의 복수나 괴롭힘의 수단, 가사·민사 분쟁의 압박수단 등으로 악용되기도 한다.
⑥ 「모자보건법」상의 정당화사유에는 다양하고 광범위한 사회적·경제적 사유에 의한 낙태갈등 상황이 전혀 포섭되지 않고 있다.
⑦ 자기낙태죄 조항으로 인해 임신한 여성은 임신 유지로 인한 신체적·심리적 부담, 출산과정에 수반되는 신체적 고통·위험을 감내하도록 강제당할 뿐 아니라 이에 더하여 다양하고 광범위한 사회적·경제적 고통까지도 겪게 강제당하는 결과에 이르게 된다.
⑧ 자기낙태죄 조항은 「모자보건법」상 사유에 해당하지 않으면 결정가능기간 중에 다양하고 광범위한 사회적·경제적 사유를 이유로 낙태갈등 상황을 겪고 있는 경우까지도 예외 없이 전면적·일률적으로 임신의 유지 및 출산을 강제하고, 이를 위반한 경우 형사처벌하고 있다.[89]

정부는 임신 14주까지는 임신부의 낙태를 허용하는 내용의 입법안을 예고하였다.[90] 그러나 이에 대하여 낙태죄 존속을 주장하는 종교계와 폐지를 주

---

[89] 이는 자기낙태죄 조항에 대한 이유들이지만, 자기낙태와 동일한 목표를 실현하기 위하여 임신한 여성의 촉탁 또는 승낙을 받아 낙태하게 한 의사를 처벌하는 의사낙태죄 조항도 같은 이유에서 위헌이라고 보아야 한다고 보았다.

장하는 여성계 모두의 반발이 이어졌고,[91] 국회는 시한인 2020년말까지 법개정을 하지 않았다. 이에 따라 우리나라에서는 자기낙태나 의사낙태에 대한 형사처벌은 폐지되었다.

2017년 기준으로 전세계 국가의 낙태 허용사유를 보면, 칠레, 멕시코, 브라질 등 66개국은 "임부의 생명을 구하기 위한 경우"만 허용하며, 콜럼비아, 이스라엘, 뉴질랜드, 폴란드, 우리나라 (형법 낙태죄 조항의 헌법불합치결정 이전) 등 59개국은 "임부의 생명이나 건강 보호 목적으로만" 허용하며, 핀란드, 아이슬란드, 일본, 영국, 홍콩 등 13개국은 '임부의 생명·건강, 태아의 건강 보호' 및 '사회경제적 배경'[92]에 따른 낙태를 허용하며, 미국, 프랑스, 독일, 이탈리아, 캐나다, 오스트리아, 호주 등 61개국은 낙태사유를 제한하지 않고 임부의 요청에 따른 낙태를 허용하고 있었다.[93] 이 가운데 아일랜드는 카톨릭의 영향으로 1983년 헌법개정을 통하여 낙태를 전면금지하다가 2018년 국민투표를 통하여 이를 폐지하고 낙태를 전면 허용하였고, 멕시코는 임

---

[90] 법무부, 형법 개정안 입법예고, 2020. 10. 7.~11. 16. 보건복지부, 모자보건법 개정안 입법예고, 2020. 10. 7.~10. 20. 그 골자는 다음과 같다.

임신기간별	낙태 허용 요건
임신 14주 이내	별도의 사유나 상담 등 절차 없이 임신부 본인 의사로 낙태 결정
임신 14주 초과 24주 이내	현행 「모자보건법」이 허용하고 있는 성폭력에 의한 임신이나 건강상의 이유 등 외에 "사회·경제적 사유"가 있을 경우 상담 및 숙려기간(24시간)을 거쳐서 의사가 의학적으로 인정된 방법에 의하여 시술하여 낙태 가능

[91] 예컨대, 여성교수 174인은 "대부분 낙태가 12주 안에 이뤄지는 만큼, 사실상 모든 낙태를 허용해 태아의 생명권을 완전히 무시하는 처사"라면서 이번 개정안이 '태아 살인'을 정당화하는 것이라며 반발하였고, 종교계는 무분별한 낙태 합법화를 통해 생명 경시를 법제화하는 것이라고 반대 입장을 나타냈다. 낙태죄 전면 폐지를 주장해온 여성계는 "여성이 자신이 왜 임신중지를 해도 되는가에 대한 승인을 받으라는 것이고, 숙려기간도 거치게 되기 때문에 오히려 제약하는 조항"이라면서 조건부 허용에 반발하였다.

[92] "사회경제적 배경"이란 강간·근친상간 등 범죄에 의한 임신, 임부의 연령과 경제적 상황상 아동 양육 능력의 결여 등을 말한다.

[93] Marge Berer, Abortion Law and Policy Around the World: In Search of Decriminalization (2017); 김주경·이재명, "낙태죄 헌법불합치결정 관련 쟁점 및 입법과제", NARS 현안분석 Vol. 52.

신 12주 이후의 낙태를 금지하다가 2021년 대법원 판결로 낙태죄에 대한 형사처벌규정에 대하여 위헌판결을 내렸다.[94]

미국의 경우 낙태(abortion) 문제는 각종 선거의 단골 메뉴이며, 종교적 이유나 태아의 생명보호를 위하여 금지를 주장하는 보수측과 여성의 자기결정권을 이유로 폭넓게 허용하자는 진보측의 논란이 뜨거운 쟁점이다. 2022년 7월 미국 연방대법원은 임부의 낙태권을 헌법상 권리로 인정하여 "임신 1/3분기(임신 14주)까지의 낙태 결정 및 실행은 임부와 의사에 맡겨야 한다"고 선언한 1973년 *Roe v. Wade* 판결[95]을 대법관 5 대 4의 결정으로 반세기만에 파기하여 전세계적인 추세에 역행하였다.[96]

(3) 탄핵심판

탄핵제도는 형벌이나 징계 절차로 처벌하기 곤란한 고위 공무원이나 특수직 공무원이 맡은 직무와 관련하여 헌법이나 법률에 어긋나는 행위를 하였을 경우 그에 대한 소추를 통해 재판으로 파면하는 제도이다(헌법재판소법 §§48~54). 탄핵제도는 영국에서 기원한 것으로 영국의회는 주로 국가기능의 훼손이나 정부시스템의 전복에 대하여 탄핵제도를 활용하여 왔다.[97] 전세계적으로 탄핵제도에는 두 가지 유형이 있어서, 영국·미국·러시아·리투아니아

---

94) *Abortion Laws Around the World*, Int'l New York Times 2022.7.7. p. 12.
95) Jane ROE v. Henry WADE, 93 S.Ct. 705 (1973)(그밖에 "1/3분기 종료시부터 태아의 모체 밖 생존가능성이 인정되는 때(대략 임신 22-24주) 전까지"는 임부의 건강을 보호하기 위하여 정부가 낙태의 절차 규제를 할 수 있으며, "태아의 모체밖 생존이 가능한 후"에는 낙태를 금지할 수 있다고 하는 기준을 제시하면서, 임부의 건강을 구하기 위한 경우 외에는 낙태를 금지한 텍사스주 낙태법을 위헌으로 판시하였다.).
96) Dobbs v. Jackson Women's Health Organization, 142 S.Ct. 2228 (2022)(임신 15주 이후의 낙태를 금지하는 미시시피 주법에 대하여 낙태서비스를 제공하는 기구와 종사자들이 제기한 소송에서 연방대법원은 낙태권은 헌법상 권리가 아니며, 주정부가 낙태에 대한 규제권을 가져야 한다고 판시하면서 Roe v. Wade 판결을 파기하였다.).
97) Congressional Research Service, Impeachment and the Constitution, CRS Report, Nov. 20, 2019, 3면; 김선화, "탄핵제도의 주요 쟁점과 입법개선방안", NARS 현안분석, 제119호, 2020.2.24. (탄핵사유, 절차, 권한대행의 권한범위 등에 관하여 논란이 있을 수 있으므로 법으로 구체적 기준과 요건을 마련할 것을 제안하고 있다.).

등은 의회가 탄핵소추와 심판을 담당하는 정치형 탄핵제도를 채택하고 있고, 우리나라는 독일·오스트리아·이탈리아·헝가리·체코·폴란드 등과 함께 의회가 탄핵소추를 맡고 헌법재판소가 탄핵심판을 담당하는 사법형 탄핵제도를 채택하고 있다. 즉 헌법은 탄핵심판에 관해서 소추기관과 심판기관을 나누어서 국회가 탄핵의 소추를 의결하고(헌법 §65①), 헌법재판소가 탄핵 심판을 한다(동법 §111①).

탄핵소추는 국회재적의원 3분의 1 이상의 발의가 있어야 하며, 그 의결은 국회재적의원 과반수의 찬성이 있어야 한다. 다만, 대통령에 대한 탄핵소추는 국회재적의원 과반수의 발의와 국회재적의원 3분의 2 이상의 찬성이 있어야 한다(헌법 §65②). 탄핵소추의 의결을 받은 자는 헌법재판소에서 탄핵심판이 있을 때까지 그 권한행사가 정지된다(헌법§65③).

헌법은 탄핵사유를 "직무집행에 있어서 헌법이나 법률에 위배한 때"로 규정하고 있는데 헌법재판소는 노무현 대통령 탄핵 사건에서 다른 공직자의 경우와 달리 대통령 탄핵시에는 중대한 위헌행위와 위법행위가 있어야 파면할 수 있다는 입장을 취하였고, 이는 박근혜 대통령 탄핵 사건 및 윤석열 대통령 탄핵 사건에서도 유지되었다.

헌법재판소 2004.5.14. 선고 2004헌나1 결정

헌법재판소는 대통령도 '선거에서의 중립의무'를 지는 공무원이므로 2004. 2. 18. 경인지역 6개 언론사와의 기자회견, 2004. 2. 24. 한국방송기자클럽 초청 기자회견에서 특정 정당을 지지한 행위는 대통령의 지위를 이용하여 선거에 대한 부당한 영향력을 행사하고 이로써 선거의 결과에 영향을 미치는 행위를 한 것이므로, 공직선거법 제9조의 '공무원의 중립의무'에 위반했다고 보았다. 또한 청와대 홍보수석이 중앙선거관리위원회의 선거법위반 결정에 대하여 유감을 표명하면서, 현행 선거법을 '관권선거시대의 유물'로 폄하한 행위는 대통령이 국민 앞에서 현행법의 정당성과 규범력을 문제삼는 행위로서 법치국가의 정신에 반하는 것이자, 헌법을 수호해야 할 의무를 위반한 것으로 보았다. 그러나 "대통령에 대한 파면결정은, 국민이 선거를 통하여 대통령에게 부여한 '민주적 정당성'을 임기 중 다시 박탈하는 효과를 가지며, 직무수행의 단절로 인한 국가적 손실과 국정 공백은 물론이고, 국론의 분열현상 즉, 대통령을 지지하는 국민과 그렇지 않은 국민간의 분열과 반목으로 인한 정치적 혼란을 가져올 수 있다. 따라서 대통령에 대한 파면효과가 이와 같이 중대하다면, 파면

결정을 정당화하는 사유도 이에 상응하는 중대성을 가져야 한다. '대통령을 파면할 정도로 중대한 법위반이 어떠한 것인지'에 관하여 일반적으로 규정하는 것은 매우 어려운 일이나, 대통령의 직을 유지하는 것이 더 이상 헌법수호의 관점에서 용납될 수 없거나 대통령이 국민의 신임을 배신하여 국정을 담당할 자격을 상실한 경우에 한하여, 대통령에 대한 파면결정은 정당화되는 것이다."고 하고, 이 사건에서는 대통령에 대한 파면결정을 정당화하는 사유가 존재하지 않는다고 보아 탄핵청구를 기각하였다.

헌법재판소 2017.3.10. 선고 2016헌나1 결정

헌법 제65조는 대통령이 '그 직무집행에 있어서 헌법이나 법률을 위배한 때'를 탄핵사유로 규정하고 있다. 여기에서 '직무'란 법제 상 소관 직무에 속하는 고유 업무와 사회통념상 이와 관련된 업무를 말하고, 법령에 근거한 행위뿐만 아니라 대통령의 지위에서 국정수행과 관련하여 행하는 모든 행위를 포괄하는 개념이다. 또 '헌법'에는 명문의 헌법규정뿐만 아니라 헌법재판소의 결정에 따라 형성되어 확립된 불문헌법도 포함되고, '법률'에는 형식적 의미의 법률과 이와 동등한 효력을 가지는 국제조약 및 일반적으로 승인된 국제법규 등이 포함된다.
헌법재판소법 제53조 제1항은 '탄핵심판 청구가 이유 있는 경우' 피청구인을 파면하는 결정을 선고하도록 규정하고 있다. 대통령을 탄핵하기 위해서는 대통령의 법 위배 행위가 헌법질서에 미치는 부정적 영향과 해악이 중대하여 대통령을 파면함으로써 얻는 헌법 수호의 이익이 대통령 파면에 따르는 국가적 손실을 압도할 정도로 커야 한다. 즉, '탄핵심판청구가 이유 있는 경우'란 대통령의 파면을 정당화할 수 있을 정도로 중대한 헌법이나 법률 위배가 있는 때를 말한다.

헌법재판소 2025.4.4. 선고 2024헌나8 결정

<탄핵요건 (1) 직무집행에 있어 헌법이나 법률을 위배하였는지>
① 계엄 선포. 헌법 및 계엄법에 따르면 비상계엄 선포의 실체적 요건 중 하나는 '전시·사변 또는 이에 준하는 국가비상사태로 적과 교전 상태에 있거나 사회질서가 극도로 교란되어 행정 및 사법 기능의 수행이 현저히 곤란한 상황이 현실적으로 발생하여야' 한다. 피청구인은 야당이 다수 의석을 차지한 국회의 이례적인 탄핵소추 추진, 일방적인 입법권 행사 및 예산 삭감 시도 등의 전횡으로 인하여 위와 같은 중대한 위기상황이 발생하였다고 주장하나 국회의 권한 행사가 위법·부당하더라도, 헌법재판소의 탄핵심판, 피청구인의 법률안 재의요구 등 평상시 권력행사 방법으로 대처할 수 있으므로, 국가 긴급권의 행사를 정당화할 수 없다. 피청구인은 부정선거 의혹을 해소하기 위하여 이 사건 계엄을 선포하였다고도 주장하나 어떠한 의혹이 있다는 것만으로 중대한 위기사항이 현실적으로 발생하였다고 볼 수는 없다. 헌법과 계엄법은 비상계엄 선포의 실체적 요건으로 '병력으로써 군사상의 필요에

응하거나 공공의 안녕질서를 유지할 필요와 목적이 있을 것'을 요구하고 있다. 피청구인이 주장하는 국회의 권한 행사로 인한 국정마비 상태나 부정선거 의혹은 정치적·제도적·사법적 수단을 통하여 해결하여야 할 문제이지 병력을 동원하여 해결할 수 있는 것이 아니다. 피청구인은 이 사건 계엄이 야당의 전횡과 국정 위기 상황을 국민에게 알리기 위한 '경고성 계엄' 또는 '호소형 계엄'이라고 주장하지만, 이는 계엄법이 정한 계엄 선포의 목적이 아니다. 또한 피청구인은 계엄 선포에 그치지 아니하고 군경을 동원하여 국회의 권한행사를 방해하는 등의 헌법 및 법률 위반 행위로 나아갔으므로, 경고성 또는 호소형 계엄이라는 피청구인의 주장을 받아들일 수 없다. 따라서 이 사건 계엄 선포는 헌법 및 계엄법이 정한 비상계엄 선포의 실체적 요건을 위반하였다.

계엄 선포 및 계엄사령관 임명은 국무회의의 심의를 거쳐야 하나 피청구인은 계엄사령관 등 이 사건 계엄의 구체적인 내용을 설명하지 않았고 다른 구성원들에게 의견을 진술할 기회를 부여하지 않은 점 등을 고려하면 이 사건 계엄 선포에 관한 심의가 이루어졌다고 보기도 어려우며, 피청구인은 국무총리와 관계 국무위원이 비상계엄 선포문에 부서하지 않았음에도 이 사건 계엄을 선포하였고, 그 시행 일시, 시행 지역 및 계엄사령관을 공고하지 않았으며, 지체 없이 국회에 통고하지도 않았다. 따라서 이 사건 계엄 선포는 헌법 및 계엄법이 정한 비상계엄 선포의 절차적 요건을 위반하였다.

② 국회에 대한 군경 투입. 피청구인은 군경을 투입하여 국회의원의 국회 출입을 통제하는 한편, 이들을 끌어내라고 지시함으로써 국회의 권한 행사를 방해하였으므로, 국회에 계엄해제요구권을 부여한 헌법 조항을 위반하였고, 국회의원의 심의·표결권, 불체포특권을 침해하였다. 또한 각 정당의 대표들에 대한 위치 확인 시도에 관여함으로서 정당 활동의 자유를 침해하였다. 피청구인은 정치적 목적으로 병력을 투입함으로써, 국가 안전보장과 국토방위를 사명으로 하여 나라를 위해 봉사하여 온 군인들이 일반 시민들과 대치하도록 만들었으므로 국군의 정치적 중립성을 침해하고 헌법에 따른 국군통수의무를 위반하였다.

③ 포고령 발령. 피청구인은 이 사건 포고령을 통하여 국회, 지방의회, 정당의 활동을 금지함으로써 국회에 계엄해제요구권을 부여한 헌법 조항, 정당 제도를 규정한 헌법 조항과 대의민주주의, 권력분립 원칙을 위반하였다. 비상계엄하에서 기본권을 제한하기 위한 요건을 정한 헌법 및 계엄법 조항, 영장주의를 위반하여 국민의 정치적 기본권, 단체행동권, 직업의 자유 등을 침해하였다.

④ 중앙선관위에 대한 압수·수색. 영장주의를 위반하였고, 선관위의 독립성을 침해하였다.
⑤ 직전 대법원장 등 법조인에 대한 위치 확인 시도. 사법권의 독립을 침해하였다.

<탄핵요건 (2) 법 위반 행위가 피청구인을 파면할 만큼 중대한 것인지>
피청구인은 국회와의 대립 상황을 타개할 목적으로 이 사건 계엄을 선포한 후 군경을 투입시켜 국회의 헌법상 권한 행사를 방해함으로써 국민주권주의 및 민주주의를 부정하고, 병력을 투입시켜 중앙선관위를 압수·수색하도록 하는 등 헌법이 정한 통치구조를 무시하였으며, 이 사건 포고령을 발령함으로써 국민의 기본권을 광범위하게 침해하였다. 이러한 행위

는 법치국가 원리와 민주국가 원리의 기본 원칙들을 위반한 것으로 그 자체로 헌법질서를 침해하고 민주공화정의 안정성에 심각한 위해를 끼쳤다. 한편 국회가 신속하게 비상계엄 해제 요구를 결의할 수 있었던 것은 시민들의 저항과 군경의 소극적인 임무 수행 덕분이었으므로, 이는 피청구인의 법 위반에 대한 중대성 판단에 영향을 미치지 않는다. 대통령의 권한은 어디까지나 헌법에 의하여 부여받은 것이다. 피청구인은 가장 신중히 행사되어야 할 권한인 국가긴급권을 헌법에서 정한 한계를 벗어나 행사하여 대통령으로서의 권한 행사에 대한 불신을 초래하였다.

피청구인이 취임한 이래 야당이 주도하고 이례적으로 많은 탄핵소추로 인하여 여러 고위공직자의 권한행사가 탄핵심판 중 정지되었다. 2025년도 예산안에 관하여 헌정 사상 최초로 국회 예산결산특별위원회에서 증액 없이 감액에 대해서만 야당 단독으로 의결하였다. 피청구인이 수립한 주요 정책들은 야당의 반대로 시행될 수 없었고, 야당은 정부가 반대하는 법률안들을 일방적으로 통과시켜 피청구인의 재의 요구와 국회의 법률안 의결이 반복되기도 하였다. 그 과정에서 피청구인은 야당의 전횡으로 국정이 마비되고 국익이 현저히 저해되어 가고 있다고 인식하여 이를 어떻게든 타개하여야만 한다는 막중한 책임감을 느끼게 되었을 것으로 보인다. 피청구인이 국회의 권한 행사가 권력 남용이라거나 국정 마비를 초래하는 행위라고 판단한 것은 정치적으로 존중되어야 한다. 그러나 피청구인과 국회 사이 발생한 대립은 일방의 책임에 속한다고 보기 어렵고, 이는 민주주의 원리에 따라 해소되어야 할 정치의 문제이다. 이에 관한 정치적 견해의 표명이나 공적 의사결정은 헌법상 보장되는 민주주의와 조화될 수 있는 범위에서 이루어져야 한다. 국회는 소수 의견을 존중하고 정부와의 관계에서 관용과 자제를 전제로 대화와 타협을 통하여 결론을 도출하도록 노력하였어야 한다. 피청구인 역시 국회의 대표인 국회를 협치의 대상으로 존중하였어야 한다. 그럼에도 불구하고 피청구인은 국회를 배제의 대상으로 삼았는데 이는 민주정치의 전제를 허무는 것으로 민주주의와 조화된다고 보기 어렵다. 피청구인은 국회의 권한 행사가 다수의 횡포라고 판단했다 하더라도 헌법이 예정한 자구책을 통해 견제와 균형이 실현될 수 있도록 하였어야 한다. 피청구인은 취임한 때로 필히 약 2년 후에 치러진 국회의원 선거에서 피청구인이 국정을 주도하도록 국민을 설득할 기회가 있었다. 그 결과가 피청구인의 의도에 부합하지 않더라도 야당을 지지한 국민의 의사를 배제하려는 시도를 하여서는 안 되었다. 그럼에도 불구하고 피청구인은 헌법과 법률을 위반하여 이 사건 계엄을 선포함으로써 국가긴급권 남용의 역사를 재현하여 국민을 충격에 빠뜨리고, 사회·경제·정치·외교 전 분야에 혼란을 야기하였다. 국민 모두의 대통령으로서 자신을 지지하는 국민을 초월하여 사회공동체를 통합시켜야 할 책무를 위반하였다. 군경을 동원하여 국회 등 헌법기관의 권한을 훼손하고 국민의 기본적 인권을 침해함으로써 헌법 수호의 책무를 저버리고 민주공화국의 주권자인 대한국민의 신임을 중대하게 배반하였다.

결국 피청구인의 위헌·위법 행위는 국민의 신임을 배반한 것으로 헌법 수호의 관점에서 용납될 수 없는 중대한 법 위반 행위에 해당한다. 피청구인의 법 위반 행위가 헌법 질서에 미친 부정적 영향과 파급 효과가 중대하므로, 피청구인을 파면함으로써 얻는 헌법 수호의 이익이 대통령 파면에 따르는 국가적 손실을 압도할 정도로 크다고 인정된다.
　재판관　문형배 이미선 김형두 정정미 정형식 김복형 조한창 정계선

　탄핵결정은 피청구인을 "공직으로부터 파면함에 그친다"(헌법 §65④). 따라서 헌법재판소의 탄핵심판 계속 중 피청구인이 임기만료로 퇴직하여 더 이상 공직에 있지 아니한 경우에는 탄핵심판의 이익이 없어서 각하된다.[98]

(4) 정당해산심판

　민주주의의 발전을 위하여 정당은 큰 역할을 한다. 그래서 정당의 설립은 자유이며, 복수정당제는 보장된다(헌법 §8①). 위헌정당해산제도는 어떤 정당의 목적이나 활동이 민주적 기본질서에 위배될 때에는 정부가 헌법재판소에 그 해산을 제소할 수 있고, 정당은 헌법재판소의 심판에 의하여 해산하는 제도를 말한다(헌법 §8④, 헌법재판소법 §§55~60). 이는 민주주의의 적에 대해서는 민주주의도 스스로 방어하여야 한다는 '방어적 민주주의'(abwehrbereite Demokratie)에 기초한 제도이다.

　다만 방어적 민주주의의 남용은 오히려 민주주의의 자기부정을 가져올 수 있기 때문에 위헌정당의 해산은 일반결사와는 달리 법률이 아니라 헌법이 직접 정한 엄격한 요건과 절차에 따라서만 행해지도록 하고 있다. 이처럼 정당은 헌법이 정한 특별한 요건과 절차에 따라서만 해산될 수 있다는 점에서 헌법 제8조제4항은 오히려 '정당특권'(Parteienprivileg)으로 일컬어진다.[99]

　헌법 제8조제4항의 '민주적 기본질서'가 무엇을 의미하는지에 대해서는 학설상 논란이 있었다. 이는 헌법 제8조제4항 이외에도 헌법 전문과 제4조에서 '자유민주적 기본질서'라는 용어를 사용하고 있고, 그로 인하여 '민주적 기본질서'와 '자유민주적 기본질서'가 어떤 관계에 있는 것인지에 대한 견해

---

[98] 헌법재판소 2021.10.28. 선고 2021헌나1 결정(법관 임성근 탄핵 사건).
[99] 장영수, "위헌정당해산의 요건과 통합진보당의 위헌성 여부에 대한 판단기준", 「헌법재판자료집」 제20집, 2015, 26면.

가 나뉘었기 때문이다. 이와 관련하여 '민주적 기본질서'와 '자유민주적 기본질서'를 같은 개념으로 이해할 것인가(제1설), 아니면 민주적 기본질서는 '자유민주적 기본질서'와 '사회민주적 기본질서'를 포함하는 상위개념으로 이해되어야 하는가(제2설)에 관하여 논란이 있었다. 그러나 현행 헌법 제8조제4항의 뿌리를 독일 기본법 제21조제2항에서 찾을 수 있고, 그 취지가 위헌적 정당에 대한 해산요건의 엄격성을 갖추기 위한 것이라고 이해할 때, 헌법 제8조제4항의 '민주적 기본질서'는 독일 기본법 제21조제2항의 '자유민주적 기본질서'와 다르지 않은 것으로 이해되어야 한다.100) 또한 제2설에 의한다면 사회민주적 기본질서에 반하는 보수적 정당도 위헌정당으로서 해산되어야 한다는 결론이 되어 부당한 결과를 가져오게 된다. 즉, 헌법 제8조제4항의 '민주적 기본질서'는 자유민주적 기본질서이므로 정당의 목적과 활동은 자유민주적 기본질서에 위배되지 않아야 하는 것이다.

헌법재판소 2014.12.19. 선고 2013헌다1 전원재판부 결정

대한민국 정부는 2013년 11월 통합진보당에 대한 정당해산심판을 헌법재판소에 청구하였다. 헌법재판소는 2014년 12월 피청구인의 목적과 활동은 민주적 기본질서에 위배된다고 판단하고 피청구인의 해산과 피청구인 소속 국회의원 5인의 의원직 상실을 결정하였다.
'정당의 목적'이란, 어떤 정당이 추구하는 정치적 방향이나 지향점 혹은 현실 속에서 구현하고자 하는 정치적 계획 등을 통칭한다. 이는 주로 정당의 공식적인 강령이나 당헌의 내용을 통해 드러나겠지만, 그밖에 정당대표나 주요 당직자 등의 공식적 발언, 정당의 기관지나 선전자료와 같은 간행물, 정당의 의사결정과정에서 일정한 영향력을 가지거나 정당의 이념으로부터 영향을 받은 당원들의 행위 등도 정당의 목적을 파악하는 데에 도움이 될 수 있다. 만약 정당의 진정한 목적이 숨겨진 상태라면 이 경우에는 강령 이외의 자료를 통해 진정한 목적을 파악해야 한다. 한편 '정당의 활동'이란, 정당 기관의 행위나 주요 정당관계자, 당원 등의 행위로서 그 정당에게 귀속시킬 수 있는 활동 일반을 의미한다.
헌법 제8조제4항이 의미하는 '민주적 기본질서'는, 개인의 자율적 이성을 신뢰하고 모든 정치적 견해들이 각각 상대적 진리성과 합리성을 지닌다고 전제하는 다원적 세계관에 입각한 것으로서, 모든 폭력적·자의적 지배를 배제하고, 다수를 존중하면서도 소수를 배려하는 민

---

100) 장영수, 위의 논문, 28면; 허영, 「한국헌법론(전정15판)」, 924면(위헌정당해산의 제소사유를 엄격히 해석하지 않으면 자유민주주의를 지키기 위한 제도가 오히려 자유민주주의를 파괴하는 제도로 역기능을 할 가능성이 있다고 지적한다.).

주적 의사결정과 자유·평등을 기본원리로 하여 구성되고 운영되는 정치적 질서를 말하며, 구체적으로는 국민주권의 원리, 기본적 인권의 존중, 권력분립제도, 복수정당제도 등이 현행 헌법상 주요한 요소라고 볼 수 있다.

헌법 제8조제4항은 정당해산심판의 사유를 "정당의 목적이나 활동이 민주적 기본질서에 위배될 때"로 규정하고 있는데, 여기서 말하는 민주적 기본질서의 '위배'란, 민주적 기본질서에 대한 단순한 위반이나 저촉을 의미하는 것이 아니라, 민주사회의 불가결한 요소인 정당의 존립을 제약해야 할 만큼 그 정당의 목적이나 활동이 우리 사회의 민주적 기본질서에 대하여 실질적인 해악을 끼칠 수 있는 구체적 위험성을 초래하는 경우를 가리킨다. 강제적 정당해산은 헌법상 핵심적인 정치적 기본권인 정당활동의 자유에 대한 근본적 제한이므로, 헌법재판소는 이에 관한 결정을 할 때 헌법 제37조제2항이 규정하고 있는 비례원칙을 준수해야만 한다. 따라서 헌법 제8조제4항의 명문규정상 요건이 구비된 경우에도 해당 정당의 위헌적 문제성을 해결할 수 있는 다른 대안적 수단이 없고, 정당해산결정을 통하여 얻을 수 있는 사회적 이익이 정당해산결정으로 인해 초래되는 정당활동 자유 제한으로 인한 불이익과 민주주의 사회에 대한 중대한 제약이라는 사회적 불이익을 초과할 수 있을 정도로 큰 경우에 한하여 정당해산결정이 헌법적으로 정당화될 수 있다. 대한민국은 북한이라는 현실적인 적으로부터 공격의 대상으로 선포되어 있고, 그로부터 체제 전복의 시도가 상시적으로 존재하는 상황인데, 우리의 민주적 기본질서도 궁극적으로 대한민국과 동일한 운명에 있다. 따라서 남북이 대립되어 있는 현재 한반도의 상황과 무관하지 않은 이 사건에서 우리는 입헌주의의 보편적 원리에 더하여, 우리 사회가 처해 있는 여러 현실적 측면들, 대한민국의 특수한 역사적 상황 그리고 우리 국민들이 공유하는 고유한 인식과 법 감정들의 존재를 동시에 숙고할 수밖에 없다.

피청구인이 추구하는 가치 내지 이념적 지향점은 '진보적 민주주의'다. 그런데 '진보적 민주주의'의 개념은 시대적 상황 등에 따라 다양하게 해석되어 왔고, 정당이 추구하는 바는 사실상 정당을 주도적으로 이끄는 세력의 이념적 성향 및 지향점과 상통할 수밖에 없으므로, 피청구인이 추구하는 '진보적 민주주의'의 진정한 의미를 파악하기 위해서는 강령 등의 문언적 의미 외에 그 도입경위, 현재 피청구인을 주도하고 있는 세력의 이에 대한 인식 및 이념적 지향점이 무엇인지를 살펴볼 필요가 있다. 피청구인은 민주노동당과 국민참여당, 그리고 진보신당에서 탈당한 당원들로 구성된 '새로운 진보정당 건설을 위한 통합연대'가 통합하여 창당되었는데, '민주주의민족통일전국연합' 내 지역조직이었던 경기동부연합, 부산울산연합, 광주전남연합 등을 대표하는 이른바 자주파 계열의 사람들이 진보적 민주주의 도입을 주장하거나 지지하였고, 피청구인 창당도 주도하였다. 피청구인 주도세력은 우리 사회를 외세에 예속된, 천민적 자본주의 또는 식민지반자본주의사회로 보고, 이러한 모순이 국가의 주권을 말살하고 민중들의 삶을 궁핍에 빠뜨리고 있다고 주장하면서 새로운 대안체제이자 사회주의로 이행하기 위한 과도기 단계로서 '진보적 민주주의 체제'를 제시하고 있다. 피청구인 주도세력의 강령상 목표는 1차적으로 폭력에 의하여 진보적 민주주의를 실현하고, 이를 기초로 통일을 통하여 최종적으로는 사회주의를 실현하는 것이다. 피청구인이 추구하는 북한식 사회주의 체제는 조선노동당이 제시하는 정치 노선을 절대적인 선으로 받아들이고 그 정당의 특정한 계급노선과 결부된 인민민주주의 독재방식과 수령론에 기초한 1인 독재를 통치의 본질로 추구하는 점에서 민주적 기본질서와 근본적으로 충돌한다. 또한 피청구인은 진보적 민주주의를 실현하기 위해서는 전민항쟁 등 폭력을 행사하여 자유민주주의체제를 전복할 수 있다고 하는데 이 역시 민주적 기본질서에 정면으로 저촉된다. 한편 내란관련 사건, 비례대표 부정경선 사건, 중앙위원회 폭력 사건 및 관악을 지역구 여론조작 사건 등 피청구인의 활동들은 내용적 측면에서는 국가의 존립, 의회제도, 법치주의 등을 부정하는 것이고, 수단이나 성격의 측면에서는 자신의 의사를 관철하기 위해 폭력 등을 적극적으로 사용하여 민주주의 이념에 반하는 것이다. 내란관련 사건 등 앞서 본 피청구인의 여러 활동들은 그 경위, 양상, 피청구인 주도세력의 성향, 구성원의 활동에 대한 피청구인의 태도 등에 비추어 보면, 피청구인의 진정한 목적에 기초하여 일으킨 것으로서, 향후 유사상황에서 반복될 가능성이 크다. 더욱이 피청구인이 폭력에 의한 집권 가능성을 인정하고 있는 점에 비추어 피청구인의 여러 활동들은 민주적 기본질서에 대해 실질적인 해악을 끼칠 구체적 위험성이 발현된 것으로 보인다. 특히 내란관련 사건에서 피청구인 주도세력이 북한에 동조하여 대한민국의 존립에 위해를 가할 수 있는 방안을 구체적으로 논의한 것은 피청구인의 진정한 목적을 단적으로 드러낸 것으로서, 표현의 자유의 한계를 넘어 민주적 기본질서에 대한 구체적 위험성을 배가한 것이다. 결국 피청구인의 위와 같은 진정한 목적이나 그에 기초한 활동은 우리 사회의 민주적 기본질서에 대해 실질적 해악을 끼칠 수 있는 구체적 위험성을 초래하였다고 판단되므로, 민주적 기본질서에 위배된다. 헌법재판소의 해산결정으로 정당이 해산되는 경우에 그 정당 소속 국회의원이 의원직을 상실하는지에 대하여 명문의 규정은 없으나, 정당해산심판제도의 본질은 민주적 기본질서에 위배되는 정당을 정치적 의사형성과정에서 배제함으로써 국민을 보호하는 데에 있는데 해산정당 소속 국회의원의 의원직을 상실시키지 않는 경우 정당해산결정의 실효성을 확보할 수 없게 되므로, 이러한 정당해산제도의 취지 등에 비추어 볼 때 헌법재판소의 정당해산결정이 있는 경우 그 정당 소속 국회의원의 의원직은 당선 방식을 불문하고 모두 상실되어야 한다.

(5) 권한쟁의심판

권한쟁의심판은 헌법과 법률에 따라 일정한 권한과 의무를 가지고 있는 국가기관이나 지방자치단체 상호간의 권한의 존부 또는 범위에 대하여 다툼이 생기는 경우 이를 해결하기 위한 제도이다(헌법재판소법 §§61~67). 권한쟁의심판의 의의와 목적은 "국가기능의 원활한 수행을 도모하고 권력 상호간의 견제와 균형을 유지시켜 헌법질서를 보호" 하는데 있다.[101] 권한쟁의심판의 청구는 피청구인의 처분 또는 부작위가 헌법과 법률에 의하여 부여받은 청구인의 권한을 침해하였거나 침해할 현저한 위험이 있는 때에 할 수 있다(헌법재판소법 §61②).

헌법재판소 2024.8.29. 선고 2022헌라1 결정

이 사건은 남해군과 통영시 사이에 위치한 특정 해수면이 어느 자치단체 관할인지에 관한 다툼에서 남해군이 통영시를 상대로 청구하였던 권한쟁의심판 사건이다.

A풍력 주식회사는 2021. 7. 23. 통영시(피청구인)에게, 새우조망어업구역(남해군이 관리)에 포함되지 않은 동쪽 해역(관리청이 어디인지에 관하여 불명)에 관한 공유수면 점용·사용 허가를 신청하였고, 피청구인은 2021. 9. 28. 허가처분을 하였다. 위 허가기간이 만료되자 A풍력은 다시 피청구인에게 기간 연장을 신청하였고, 피청구인은 2021. 12. 30. 기간 연장처분을 하였다. 남해군(청구인)은 "위 해역에 관하여 피청구인이 장래에 대상 처분을 내릴 경우 청구인의 자치권한이 침해될 현저한 위험이 있다"고 주장하면서, 2022. 3. 29. 권한쟁의심판을 청구하였다.

지방자치단체 사이의 해상경계에 관한 권한쟁의심판에서 헌법재판소는 통상 '㉠성문법상 해상경계 확인, ㉡불문법상 해상경계 확인, ㉢형평원칙상 해상경계 획정'의 순서로 결론에 이르는데, 다만 ㉠은 현재까지 존재하지 않았으므로, 실제 사건은 ㉡→㉢의 순서로 결론에 이르게 된다. 이 사건에서 헌법재판소는 ㉡ 쟁송해역 중 일부(구돌서북·남·서쪽)에는 불문법상 해상경계가 성립하나, 그 대부분 영역(구돌서동쪽)에는 불문법상 해상경계가 성립하지 아니함을 확인한 다음, ㉢ 기존 선례(2016헌라8등)의 법리에 따라 쟁송해역을 둘러싼 유인도들과 중요 무인도(구돌서)를 기점에 포함하여 동등한 가중치를 부여함으로써, 형평의 원칙에 의한 해상경계를 획정하기로 결정하였다.[102]

---

101) 헌법재판소 1995.2.23. 선고 90헌라1 결정.
102) 헌법재판소는 경상남도의 구돌서와 두미도, 욕지도, 갈도, 상노대도, 하노대도 사이의 해역 중 [별지1] 도면 표시 1부터 121 사이의 각 점을 순차적으로 연결한 선의 왼쪽(서쪽) 부분에 대한 관할권한은 청구인에게 있고, 위 선의 오른쪽(동쪽) 부분에 대한 관할권한은 피청구인에게 있음을 확인하였다.

제 3 장
가정생활과 법률

제1절 총설

1. 가족관계와 법

 법은 출생·혼인·사망 등과 같은 가족관계의 발생과 그 구성원들의 가정생활에 밀접한 관련이 있으며 가족 및 친족 상호간의 부양과 상속에 특정한 법률상의 효과를 인정하고 있다. 이러한 가족의 생활 관계를 규정한 법인 '가족법'(Family Law)은 「민법」 제4편 친족법, 제5편 상속법을 통칭하여 이르는 말이며 '신분법'이라고 부르기도 한다. 가족법은 이미 사회적으로 형성되고 승인된 가족관계를 유지함을 그 목적으로 하므로, 가족관계 자체의 질서에 관한 규정은 대부분 강행규정이다.[1]

 국민의 인권의식의 변화, 여성의 교육수준 향상과 활발한 사회참여, 산업화·정보화의 가속화는 핵가족을 비롯하여 다문화가정, 한부모가정과 같은 다양한 모습의 가족을 만들어 냈다. 이러한 변화에 따라 가족법 분야에서는 새로운 쟁점들이 제기되어 왔고 그와 관련한 몇 차례의 개정이 이루어졌다.[2] 가족법 내의 성차별적 규정이 사라지기 시작하고 호주제가 폐지되면서 가족관계등록제도가 도입되는 등 양성평등을 기초로 한 가족생활을 보장하게 되

---

1) 지원림, 「민법강의(제19판)」, 홍문사, 2022, 1912면.
2) 2005년 개정에서는 호주제폐지, 동성동본불혼 제도의 폐지, 친양자제도의 신설, 친권행사의 기준(자의 복리를 우선하는)신설 등이 있었고, 2007년에는 이혼숙려기간제도의 도입, 재산분할청구권 보전을 위한 사해행위취소권의 신설, 약혼과 혼인의 연령을 남녀 모두 만18세로 조정하는 등의 개정이 있었다. 2011년에는 성년후견제도를 개정하여 성년의 연령을 19세로 하향하고 기존의 금치산자, 한정치산자제도를 대신하는 성년후견, 한정후견, 특정후견제도를 도입하였다. 2012년에는 양자법에 큰 폭의 개정이, 2017년에는 친생부인의 허가청구제도와 인지의 허가청구제도가 신설되었다.

었다. 그리고 무엇보다도 '자녀의 복리'는 최우선적 고려 대상으로서 가족법의 최대 이념으로 자리 잡게 되면서, 친권자의 징계권 규정(민법 §915)을 삭제하여 아동의 권리와 인권을 보호하고자 하는 등의 노력을 계속해 나가고 있다.3)

2. 친족관계

(1) 친족의 종류

법적으로 친족이라 함은 배우자, 혈족 및 인척을 포함하는 개념이다.

1) 혈족

혈족은 혈연관계를 맺고 있는 사람을 가리킨다. 혈족은 다시 출생이라는 자연적인 사실에 의해 발생하는 자연혈족과 입양으로 맺어진 양친자관계 같이 법률로 인해 혈연관계가 있는 것으로 의제된 법정혈족으로 나누어진다. 자기의 직계존속과 직계비속을 직계혈족이라 하고, 자기의 형제자매와 형제자매의 직계비속, 직계존속의 형제자매 및 그 형제자매의 직계비속을 방계혈족이라 한다(민법 §768). 또한 아버지 계통(친가)의 혈족을 부계혈족, 어머니 계통(외가)의 혈족을 모계혈족이라 한다.

2) 인척

인척관계는 혼인, 인지로 성립하고, 인척의 종류에는 혈족의 배우자, 배우자의 혈족, 배우자의 혈족의 배우자가 있다(민법 §769). 혼인이 취소되거나 이혼, 부부 일방의 사망 후 생존 배우자가 재혼하게 되면 인척관계는 종료된다(동법 §775). 1990년 「민법」 개정으로 인척의 범위에서 '혈족의 배우자의 혈족'은 제외되었다.

올해 서른이 된 A(여성)는 직장에서 만난 B(남성)와 사귀던 중 혼인을 결

---

3) 친권자의 징계권 규정은 아동학대 가해자인 친권자의 항변사유로 이용되는 등 아동학대를 정당화하는 데 악용될 소지가 있어, 2021년 1월 민법의 개정을 통해서 친권자의 징계권에 관한 규정을 삭제하였다.

심하게 되었는데, 두 집안이 상견례를 하던 날 B(남성)의 형이 A(여성)의 언니와 혼인을 앞두고 있던 예비 형부라는 사실을 알게 되었다면, 이들이 혼인을 할 수 있을까? 위 문제는 1990년 「민법」 개정으로 그 답이 바뀌게 되었다. 1990년 개정 이전 「민법」에서는 '혈족의 배우자의 혈족'이란 일반적으로 말하는 '사돈' 관계를 의미하며 인척에 포함되었고, 4촌 이내의 인척 사이의 혼인은 금지되기 때문에 혼인할 수 없었다. 그러나 「민법」 개정으로 인해 현재 사돈은 인척에 포함되지 않는다. 따라서 위의 A(여성)와 B(남성)는 그들의 형과 언니가 혼인을 하더라도 혼인할 수 있다.

3) 배우자

배우자는 혼인의 상대방으로 남편이나 아내를 말한다. 배우자는 법률상 부부를 의미하며, 배우자의 신분은 혼인신고에 의하여 취득되고 혼인의 해소에 의하여 상실한다. 따라서 혼인관계의 실체는 있으나 혼인신고가 없는 사실혼 부부는 배우자가 아니기 때문에 법률상 보호를 받지 못하는 것이 원칙이다.4)

〈친족의 분류〉

구분		친족의 예시
혈족	직계혈족	직계존속(증조부모, 조부모, 부모 등), 직계비속(아들, 딸, 손자, 손녀 등)
	방계혈족	형제자매, 형제자매의 직계비속(조카, 생질 등), 직계존속의 형제자매(백부, 숙부, 이모 등) 및 그 형제자매의 직계비속(종형제자매, 고종사촌, 이종사촌 등)
인척		혈족의 배우자(계모, 적모, 사위, 며느리, 형수, 형부, 제수, 매부, 고모부, 이모부 등), 배우자의 혈족(장인, 장모, 시아버지, 시어머니, 처제, 처형, 처남, 시동생 등), 배우자의 혈족의 배우자(동서, 처남댁, 배우자의 계모 또는 적모 등)
배우자		법률혼 배우자

---

4) 다만 주택임대차보호법 제9조제1항, 공무원 연금법 제3조제1항제2호, 군인연금법 제3조제1항제4호와 같은 민법 이외의 법률이나 학설과 판례에 의하여 사실혼 부부의 관계에 법률상 부부에 준하는 보호를 하기도 한다.

(2) 친족의 범위

1) 친족의 범위

「민법」에 규정된 친족의 범위는 ① 8촌 이내의 혈족, ② 4촌 이내의 인척, ③ 배우자이며(동법 §777), 일정한 범위의 친족은 부양의무와 상속권이 있으며 혼인이 금지된다.

2) 촌수의 계산

혈족의 촌수의 계산은 직계혈족은 자기로부터 직계존속에 이르고 자기로부터 직계비속에 이르러 그 세수를 정한다. 방계혈족은 자기로부터 동원의 직계존속에 이르는 세수와 그 동원의 직계존속으로부터 그 직계비속에 이르는 세수를 통산하여 그 촌수를 정한다(민법 §770). 인척의 촌수의 계산은 배우자의 혈족에 대하여는 배우자의 그 혈족에 대한 촌수에 따르고, 혈족의 배우자에 대하여는 그 혈족에 대한 촌수에 따른다.

3. 가족의 범위

「민법」상 가족은 ① 배우자·직계혈족 및 형제자매, ② 생계를 같이 하는 직계혈족의 배우자·배우자의 직계혈족 및 배우자의 형제자매를 말한다(동법 §779).

제2절 부모와 자녀

혼인한 부부 사이에 자녀가 출생하면 부모와 자 사이에 친자관계가 성립한다. 부모와 자녀의 관계는 혈연에 기초하는 친생친자관계와 입양에 의해 이루어지는 법정친자관계로 나뉜다. 친생친자관계는 부모의 혼인관계에 따라서 혼인 중의 출생자와 혼인 외의 출생자로 구별되며, 법정친자관계는 양자와 양부모의 관계로서 일반양자 입양과 법률상으로 완전히 양부모의 친생자가 되는 친양자 입양이 있다.

1. 친자관계

(1) 혼인 중의 출생자

1) 의의

혼인 중의 출생자는 혼인관계에 있는 부모사이에 태어난 자(子)를 의미한다. 혼인 중의 출생자에는 출생시에는 혼인 외의 출생자이었으나 이후에 부모의 혼인에 의하여 혼인 중의 출생자의 지위를 취득하는 준정(準正)(민법 §855②)에 의한 것도 있다. 혼인 중의 출생자는 다시 친생추정을 받는 혼인 중의 출생자와 친생추정을 받지 않는 혼인 중의 출생자로 나뉜다. 혼인이 성립된 날부터 200일 후 또는 혼인이 종료된 날부터 300일 이내에 출생한 자녀는 전자이고, 혼인이 성립된 날부터 200일 전에 출생한 자녀는 후자이다.

2) 친생자의 추정

아내가 혼인 중에 임신하면 그 태아는 혼인 중인 남편의 친생자로 추정된다(민법 §844①). 이는 부부가 동거하여 처가 부의 자를 포태할 수 있는 상태에서 자를 포태한 경우에 적용되는 것이고 부부의 한쪽이 장기간에 걸쳐 해외에 나가 있거나 사실상의 이혼으로 부부가 별거하고 있는 경우 등으로 처가 남편의 자를 포태할 수 없는 것이 외관상 명백한 사정이 있는 경우에는 그 추정이 미치지 않는다.5) 「민법」은 ① 혼인이 성립된 날부터 200일 후 또는 ② 혼인이 종료된 날부터 300일 이내에 출생한 자녀는 혼인 중에 임신한 것으로 추정한다(동법 §844②·③). 혼인 성립의 날은 혼인신고일이고6) 혼인이 종료된 날은 이혼신고일 또는 이혼심판확정일을 말한다. 재혼 후 자녀가 출생한 경우에는 부부가 재혼을 한 날 또는 전혼(前婚)이 종료된 날을 기산해서 자녀의 친생부를 추정할 수 있다(동법 §845). 그러나 그 자(子)의 부(夫)를 추정할 수 없는 때에는 부를 정하는 소를 통하여 이를 정한다(동법 §845).

3) 친생부인의 소

친생추정을 받는 혼인 중의 자녀가 명백한 사유에 의해 친생자가 아니라고 여겨지면 친생자임을 부인하는 소송을 제기해서 그들 사이에 부자 관계가 없음을 확인하고 단절시킬 수 있는데, 이를 친생부인의 소라고 한다(민법 §846).

친생부인의 소를 제기하려면 먼저 가정법원에 조정을 신청해야 하고 조정이 성립하지 않으면 소송절차로 넘어간다(가사소송법 §49, 민사조정법 §36). 다만 조정이 성립하면 부(夫)가 자(子)의 친생을 승인하는 조정이 성립된 것으로 조정 조서에 기재되어 자(子)는 부(夫)의 친생자로 추정된다. 그러므로 친생부인의 조정의 성립만으로 친생부인의 효력이 발생하는 것은 아니다.7)

친생부인의 소는 남편 또는 아내가 상대방 또는 자녀를 상대로 그 사유가 있음을 안 날로부터 2년 이내에 제기하여야 한다(민법 §847). 친생부인청구를 인용(認容)하는 판결이 확정되면 자녀와의 부자관계가 소급해서 소멸되

---

5) 대법원 1983.7.12. 선고 82므59 전원합의체 결정.
6) 우리 나라의 옛 관습에 의하면 혼인신고를 하지 아니한 채 내연관계로서 동거생활 중 처가 포태된 자의 출생일자가 그 부모의 혼인신고일 뒤에 있고 그 사이의 기간이 200일이 못된다 하여도 이러한 자는 출생과 동시에 당연히 그 부모의 적출자로서의 신분을 취득한다(대법원 1963.6.13., 선고 63다228 판결). 즉 혼인신고시가 원칙이지만 사실혼 관계가 성립한 날을 포함한다.
7) 송덕수, 「신민법강의(제13판)」, 박영사, 2020, 1559면.

어 자녀는 혼인 외의 출생자가 된다.

4) 친생자관계부존재확인의 소

혼인 중에 출생하였으나 친생추정을 받지 않는 자와의 친생자관계를 부인하기 위해서는 친생자관계부존재확인의 소를 통해서 친생자관계를 해소할 수 있다(민법 §865).

친생자관계부존재확인의 소는 허위의 출생신고를 한 경우, 친생추정을 받지 않는 혼인 중의 자의 경우, 부부가 사실상 동거하지 않는 상태에서 자가 포태된 경우, 다른 사람의 친자로 등기되어 있는 경우, 허위의 친생자출생신고가 입양의 효력을 갖는 경우에 8촌 이내의 혈족, 4촌 이내의 인척 중에서 확인의 이익이 인정되는 자가 청구할 수 있다. 판결이 확정되면 친자관계가 소멸하게 된다.

5) 친생부인의 허가 청구

친생부인의 허가청구란 혼인관계가 종료된 날부터 300일 이내에 출생한 자녀 중에서 아직 혼인중의 자녀로 출생신고가 되지 않은 자녀에 대하여 어머니 또는 어머니의 전 남편이 가정법원에 친생부인의 허가를 받아 전 남편의 자녀가 아님을 증명하여 자녀를 출생신고하기 위한 가사비송사건 절차이다.

혼인관계가 종료된 날부터 300일 이내에 출생한 자녀는 친생추정의 조항에 따라 친생추정을 받는 것이 원칙이지만, 친생추정을 받는 기간에 태어난 자라고 하더라도 아직 혼인 중의 출생자로 출생신고가 이루어지지 않았다면 친생부인의 소가 아닌 친생부인의 허가 청구절차에 의해서 친생을 부인할 수 있다(민법 §854의2①).

친생부인의 허가청구에 따라 가정법원의 허가를 받은 경우에는 친생추정의 효력이 배제된다. 따라서 생부가 어머니와 혼인한 경우 생부와 어머니를 부모로 하여 출생신고 할 수 있고, 자녀가 부 없이 출생신고 된 경우 생부는 인지신고를 할 수 있다.

(2) 혼인 외의 출생자

1) 의의

혼인 외의 출생자란 부모가 혼인하지 않은 상태에서 출생한 자녀를 말한다. 혼인 외의 출생자와 모(母) 사이에는 출생과 동시에 친자관계가 인정되지만 부(父) 사이에는 인지에 의하여 친자관계가 발생한다(민법 §854).

2) 인지

인지는 생부나 생모가 혼인 외의 출생자를 자기의 자녀로 인정하는 것이며, 친자관계를 발생시키는 임의인지와 소송에 의하여 친자관계가 발생하는 강제인지가 있다.

(가) 임의인지

임의인지란 혼인 외의 자를 그 부 또는 모가 스스로 자기의 자라고 인지하는 것을 말한다. 「가족관계의 등록 등에 관한 법률」(이하 '가족관계등록법'이라 함)에 따라 신고함으로써 그 효력이 발생하며(민법 §859①), 인지의 효력은 출생 시로 소급하여 발생한다.

(나) 강제인지

강제인지란 혼외자와 그 직계비속 또는 법정대리인이 그 부 또는 모를 상대로 하여 인지청구의 소를 제기하여 가정법원의 판결을 얻어 인지되는 것을 의미한다(민법 §863). 인지청구소송이 제기된 경우에는 법원은 가능한 한 직권으로 사실조사와 증거조사를 하여야 하고, 다른 증거조사에 의하여 심증을 얻지 못한 때에는 검사를 받을 사람의 건강과 인격의 존엄을 해치지 않는 범위 안에서 당사자 또는 관계인에게 혈액채취에 의한 혈액형의 검사 등 유전인자의 검사나 그 밖에 상당하다고 인정되는 방법에 의한 검사를 받을 것을 명할 수 있다(가사소송법 §29①).

3) 인지의 효과

인지의 효력은 출생 시로 소급하여 발생하므로 자녀가 태어났을 때부터

부 또는 모와의 사이에 법률상 친자관계가 있었던 것으로 다루어진다. 따라서 인지 전에 어머니가 혼자서 자녀를 양육해왔다면 아버지에 대하여 과거의 양육비의 상환을 청구할 수 있다. 또한 인지된 자는 출생시에 소급하여 상속권을 갖는다. 혼인 외의 출생자가 인지된 경우 자는 부모의 협의에 따라 종전의 성과 본을 계속 사용할 수 있다. 다만, 부모가 협의할 수 없거나 협의가 이루어지지 아니한 경우에는 자는 법원의 허가를 받아 종전의 성과 본을 계속 사용할 수 있다(민법 §781⑤).

(3) 입양제도

1) 입양

입양이란 사실상 혈연관계가 없는 사람 사이에 법률적으로 친자관계를 맺는 신분행위를 말한다. 입양은 양부모가 되려는 사람과 양자가 될 사람 사이에 합의가 있거나(민법 §883ⅰ), 가정법원의 허가(동법 §867①)를 얻은 때에 가족관계등록법에 따라 입양신고를 함으로써 양부모와 양자사이에는 법적 친자관계가 생기며, 부양이나 상속 등에서 자연혈족의 경우와 동일한 권리가 인정된다(동법 §772①). 다만 가정법원은 양자가 될 사람의 복리를 위하여 그 양육 상황, 입양의 동기, 양부모의 양육능력, 그 밖의 사정을 고려하여 입양의 허가를 결정한다(동법 §§873②·867).

2) 일반양자제도

(가) 요건

양자를 입양하기 위해서는 양부모가 되려는 자는 일정한 요건을 갖추어야 한다. 우선 양부모는 성년이어야 한다(민법 §866). 양부모가 성년자이면 남녀, 기혼, 미혼, 자녀의 유무를 불문하고 입양할 수 있고, 피성년후견인의 경우에는 성년후견인의 동의를 받아야 한다. 배우자가 있는 사람의 경우에는 배우자와 공동으로 하여야 한다(동법 §874①).

한편 양자는 양부모의 존속 또는 연장자가 아니어야 한다(동법 §877). 따라서 동갑인 경우라도 생일이 늦다면 양자가 될 수 있다. 또한 조부모가 손자녀를 입양하는 것은 친생부모의 동의를 얻는 등 입양의 요건을 갖추고 "입양이 자녀의 복리에 부합한다면" 허가될 수 있다.8) 양자가 될 사람이 13세 이상의 미성년자인 경우에는 법정대리인의 동의를 받아 입양을 승낙해야 하고(동법 §869①), 13세 미만인 경우에는 법정대리인이 그를 갈음하여 입양을 승낙해야 한다(동법 §869②). 양자가 될 자는 미성년자, 성년 모두 부모의 동의가 필요하며(동법 §§870·871), 배우자가 있다면 그의 동의를 얻어야 한다(동법 §874②).

대법원 2021.12.23. 선고 2018스5 전원합의체 결정

딸이 고2때 가출하여 혼인후 출산한 후 이혼하여 맡긴 손자(사건본인)를 양육하고 있는 조부모가 사건본인의 친생부모인 딸과 이혼한 사위의 동의를 받는 등 입양의 요건을 모두 갖추어 사건본인의 입양을 신청한 사건에서 제1심(울산지방법원 2017.10.23. 선고 2016느단1226 판결)은 "청구인들이 사건본인을 입양할 경우, 청구인들은 외조부모이자 부모가 되고, 생모는 어머니이자 누나가 되는 등 가족내부 질서와 친족관계에 중대한 혼란이 초래될 것이 분명한 점, ② 현재 상태에서 청구인들이 사건본인을 양육함에 있어 어떠한 제약이나 어려움이 있다고 보기 어렵고, 설령 사건본인의 양육에 법률상 또는 사실상의 장애가 있다 하더라도 입양이 아니라 미성년후견을 통하여 그 장애를 제거할 수 있다고 보이는 점, ③ 장래에 사건본인이 진실을 알게 됨으로써 받을 충격 등을 고려하면, 신분관계를 숨기기보다 정확히 알리는 것이 사건본인에게 이롭다고 볼 여지도 충분한 점, ④ 청구인들의 입양을 통해 생부모가 사건본인에 대한 책임을 회피할 수 있게 하는 것이 사건본인의 복리를 위하여 바람직하다고 보기도 어려운 점 등을" 이유로 입양을 불허하였고(이 때 사건본인은 만3세 무렵이었다), 항고심(울산지방법원 2017.12.18. 선고 2017브10 판결)도 1심을 인용, 항고를 기각하였다.

대법원 2021.12.23. 선고 2018스5 전원합의체 결정은 "입양은 출생이 아니라 법에 정한 절차에 따라 원래는 부모·자녀가 아닌 사람 사이에 부모·자녀 관계를 형성하는 제도이다. 조부모와 손자녀 사이에는 이미 혈족관계가 존재하지만 부모·자녀 관계에 있는 것은 아니다. 민법은 입양의 요건으로 동의와 허가 등에 관하여 규정하고 있을 뿐이고 존속을 제외하고는 혈족의 입양을 금지하고 있지 않다(민법 §877 참조). 따라서 조부모가 손자녀를 입양하여 부모·자녀 관계를 맺는 것이 입양의 의미와 본질에 부합하지 않거나 불가능하다고 볼 이유

---

8) 대법원 2021.12.23. 선고 2018스5 전원합의체 결정.

가 없다. 조부모가 자녀의 입양허가를 청구하는 경우에 입양의 요건을 갖추고 입양이 자녀의 복리에 부합한다면 이를 허가할 수 있다."고 파기환송하였다(다수의견. 이에 대하여 소수의견은 "다수의견은 '우리의 전통적인 입양이 남계 혈족을 양자로 입양하는 것이었음'을 근거로 현대에도 혈족인 조부모의 입양이 가능하다고 (하나) 입양제도의 변천 과정을 고려하면, 미성년 자녀의 복리가 중심이 되는 현재의 입양제도하에서 과거의 가(家)를 위한 입양을 근거로 조부모의 입양을 정당화하려는 것은 옳지 않(다는 점), 입양허가 사건은 비대심적 구조로서 입양청구인만이 사건의 당사자로서 전면적으로 재판을 수행(하며) 미성년 자녀는 '사건본인'이지만 사건의 당사자가 아니고, 13세 미만의 자녀는 재판 절차에서 의견을 진술할 수 있는 기회도 보장되어 있지 않(고)(가사소송법 §45의9①). 자녀의 친생부모 역시 사건의 당사자가 아니(란 점에서) 법원은 재판을 수행하는 입양청구인의 주장에 구애되어서는 안 되고 그 뒤에 숨어 있는 실질적인 당사자인 사건본인과 그 친생부모의 입장을 고려하여야 한다(는 점), 조부모는 이미 미성년 손자녀에 대하여 부양의무를 부담하고 있(는데), 이처럼 이미 가까운 혈족인 조부모가 미성년 손자녀를 입양하는 것은 법정 친자관계의 개념에 비추어 부자연스러운 것으로서, 입양의 이유나 목적을 세심하게 심사할 필요가 있다(는 점), 다수의견은 사건본인에게 입양 사실을 묵비하려는 경우에도 입양 의사를 인정함에 아무런 지장이 없다는 견해를 취하면서, 그 근거로 우리나라에서 과거 비밀 입양이 많았고 판례도 허위의 출생신고에 입양의 효력을 부여하였다는 점을 들고 있(으)나 우리나라의 전통적 혈연 중시 의식과 이를 반영한 비밀 입양 태도는, 자녀의 복리를 위한 현대 입양제도하에서 극복해야 할 관념이지 유지·계승할 만한 것이 될 수 없다(는 점)을 이유로 반대하였다.). 그러나 환송후 항고심(울산가정법원 2023.2.2. 선고 2022브1 결정)은 "사건본인은 아동으로서 가능한 한 자신의 부모를 알고 부모에 의하여 양육 받을 권리를 가지고 있고(아동권리협약 제7조), 사건본인은 현재 13세 미만이기는 하나 곧 초등학교 3학년이 될 나이여서 입양에 대한 자신의 의견을 형성할 능력이 있는 아동으로 자신에게 영향을 미치는 모든 문제에 대하여 의견을 자유롭게 표현할 권리가 있으므로(아동권리협약 제12조) 사건본인의 입양에 대한 의견을 들어볼 필요가 있다. 그러나 청구인들은 지속적인 설득에도 불구하고 가사조사관이나 상담위원 등을 통하여 사건본인의 입양에 대한 의사를 확인하는 절차에 협조하지 않겠다면서 이른바 '비밀입양'을 고집하고 있어 사건본인의 의사를 확인할 수 없게 되었다. 청구인들은 사건본인이 실제 친생부모의 존재를 알게 될 경우 받을 정신적 충격을 염려한 것으로 보이나, <u>사건본인과 친생모가 현재까지도 교류가 유지되고 있는데다 그 유대관계가 나쁘지 않아 보이고 사건본인이 아직 초등학교 2학년에 재학 중인 어린 나이여서 현재 상태에서 사실관계를 알리고 입양에 대한 의사를 확인하는 것이 사건본인의 복리에 더 적합한 것으로 보이고, 혹여 사건본인이 더 성장한 상태에서 친생부모의 존재를 알게 될 경우 받을 정신적 충격이나 방황의 정도보다는 현재 이를 알게 될 경우 받을 정신적 충격이나 방황의 정도가 훨씬 덜 할 것으로 보인다. 따라서 '자녀에게 입양 사실을 알리는 것'이 입양의 요건은 아니라 하더라도 적어도 이 사건 입양에서 이른바 '비밀입</u>

양' 즉 사건본인의 입양의사를 확인하지 않는 입양허가는 사건본인의 복리에 부합하지 않는 것으로 판단된다(는) 사정들을 고려하면 이 사건 입양이 사건본인의 복리에 더 이익으로 되기보다는 사건본인의 복리에 반하는 것으로 보인다."고 항고를 기각하여 입양불허 결정을 내렸고, 재상고심에서 대법원 2023.6.30. 선고 2023스526 결정은 이를 인용하여 입양을 불허하였다.).[9]

미성년자를 입양하려는 사람은 가정법원의 허가를 받아야 하고(동법 §867①), 가정법원은 양자가 될 미성년자의 복리를 위하여 그 양육 상황, 입양의 동기, 양부모의 양육능력, 그 밖의 사정을 고려하여 입양의 허가를 하지 아니할 수 있다(동법 §867②).[10]

(나) 효과

일반양자는 입양의 신고를 한 날로부터 양부모의 혈족·인척과도 친족관계가 발생한다(민법 §772). 또한 친생부모의 친자녀로서의 지위와 양부모의 양자로서의 지위를 모두 갖게 되고, 친생부모와의 친족관계는 친권 이외에는 유지되므로[11] 입양이 된 이후에도 친생부모의 성과 본을 그대로 유지한다.[12] 양자는 친생부모와 양부모 쌍방의 상속인이 될 수 있으며, 반대로 양자가 직계비속 없이 사망한 경우에는 친생부모와 양부모가 모두 공동상속인

---

[9] 이 사건 판례의 평석으로 정현숙, "조부모에 의한 미성년 손자녀 입양의 허용 여부-대법원 2021.12.23. 2018스5 전원합의체 결정과 이후 사안 경과에 따른 최종 결론(대법원 2023.6.30. 2023스526결정)에 대한 검토", 부산판례연구회 제368차 월례발표회, 2024.2(아동권리협약을 인용하고 비밀입양을 부정적으로 평가하여 비밀입양이 아동의 부모를 알 권리, 아동의 의견을 표현할 권리 등을 침해하여 결국 자녀의 복리에 부합하지 않다고 판단하여 입양불허가라는 결론에 이른 항고심 판단의 결론이 의미하는 바가 매우 중요하다.).
[10] 종래 미성년자의 입양과 파양은 당사자의 합의와 관공서에 신고만으로 성립하기 때문에 아동학대를 하는 사람이나 재산적 이익만을 취득하려고 하는 사람 등도 손쉽게 입양을 할 수 있었다. 아동의 복리가 매몰되는 사례가 빈번하게 발생하게 됨에 따라 이러한 문제를 예방하기 위하여, 2012년 미성년자를 입양할 때에는 가정법원의 허가를 받도록 법을 개정하였다.
[11] 양자가 미성년자인 경우에는 친생부모의 친권에서 벗어나 양부모의 친권에 따르게 된다(민법 §909①).
[12] 다만 양자의 복리를 위해 필요한 경우에는 일반양자의 성과 본도 양부모의 성과 본으로 변경할 수 있다(민법 §781⑥).

이 된다. 또한 양부모와 친생부모에 대한 부양의무도 진다.

3) 친양자제도

(가) 의의

친양자 입양은 자녀의 복리를 위해 양자를 법률상 완전한 친생자로 인정하는 제도이며, 2005.3.31. 「민법」 개정을 통하여 새로 도입되어 2008.1.1.부터 시행된 제도이다. 일반양자와 달리 친양자는 입양이 되면 양친의 성과 본을 따르게 되며, 친생부모와의 관계는 종료된다. 이와 같이 친양자로 입양되면 양자와 친생자 간에 차별이 없어지기 때문에 친생자와 같은 조건에서 성장할 수 있는 환경이 조성되는 장점이 있다. 친양자 입양은 당사자의 합의만으로는 성립하지 않으며, 반드시 가정법원의 허가를 받아야 법률상 친자관계가 인정된다.

(나) 친양자 입양의 요건

친양자를 입양하려고 하는 양부모는 3년 이상 혼인 중의 부부로서 부부가 공동으로 입양해야 한다(민법 §908의2①). 부부는 실질적으로 혼인생활을 지속하여야 하며 배우자가 없는 독신자는 양친이 될 수 없고 여기에서의 혼인이란 법률혼을 의미한다.[13] 이때 부부는 가정법원에 친양자 입양청구를 공동으로 해야 하는데, 예외적으로 1년 이상 혼인 중인 부부의 일방이 그 배우자의 친생자를 친양자로 입양하는 경우에는 단독으로 할 수 있다(동법 §908의2① i 단서).

한편 친양자가 될 사람은 미성년자이어야 한다(동항 ii). 또한 그의 친생부모가 친양자 입양에 동의해야 한다(동항 iii). 친양자가 될 자가 13세 이상인 경우에는 법정대리인의 동의를 받아 입양을 승낙해야 하고(동항 iv), 13세 미만인 경우에는 법정대리인이 그를 갈음하여 입양을 승낙해야 한다(동항 v). 다만 친생부모가 자신에게 책임이 있는 사유로 3년 이상 자녀에 대한 부양의

---

13) 이것은 혼인관계가 어느 정도 성숙된, 부모 쌍방이 모두 있는 가정에 입양되게 함으로써 친양자의 복지를 도모하기 위한 취지로 볼 수 있다.

무를 이행하지 않고 면접교섭을 하지 않은 경우, 친생부모가 자녀를 학대 또는 유기하거나 그 밖에 자녀의 복리를 현저히 해친 경우에는 가정법원은 법정대리인의 동의 또는 승낙 없이 입양을 청구할 수 있다(동법 §908의2②).

(다) 친양자 입양의 효과

친양자는 양친의 혼인중의 출생자의 지위를 취득한다(민법 §908의3①). 따라서 친생자와 마찬가지의 친족관계가 발생한다. 양부모가 친권을 가지고 양육에 관한 포괄적 권리의무를 지며, 부양과 상속에 대한 권리의무를 부담한다. 친양자는 양부모에 대하여 상속 및 부양에 대한 권리의무를 진다. 종래의 성과 본을 버리고 양친의 친생자로서 양부의 성과 본을 따르게 된다.

친양자는 친양자 입양이 확정된 때에 친양자의 입양전의 친족관계가 소멸한다(동법 §908의3②본문). 친생부모와 친족관계, 부양, 상속에 관한 권리의무도 소멸한다. 다만 부부의 일방이 그 배우자의 친생자를 단독으로 입양한 경우에는 배우자 및 그 친족과 친생자 간의 관계는 단절되는 것이 아니다(동항 단서).

친양자 입양과 일반양자 입양의 차이점은 아래의 표와 같다.[14]

〈일반 양자와 친양자의 비교〉

	일반 양자	친양자
법률근거	「민법」 제866조 ~ 제908조	「민법」 제908조의2 ~ 제908조의8
성립요건	협의	재판
양자의 성과 본	친생부모의 성과 본을 유지	양친의 성과 본으로 변경
친생부모와의 관계	유지	종료
입양의 효력	입양한 때부터 혼인 중의 자로서의 신분을 취득하나, 친생부모와 관계는 친권 이외는 유지됨	재판이 확정된 때부터 혼인 중의 자로서의 신분을 취득하며, 친생부모와의 관계는 종료됨

---

14) 표의 내용은 <찾기 쉬운 생활법령 정보> 홈페이지의 내용 참조.

4) 파양

파양(罷養)은 입양성립 후에 발생한 원인으로 입양관계를 소멸시키는 행위이다. 파양은 양부모와 양자의 합의로 가능하고, 합의가 불가능한 경우에는 재판으로 양부모와 양자관계를 해소할 수 있다. 다만 양자가 미성년자 또는 피성년후견인인 경우에는 양부모와 양자의 합의로 파양할 수 없다(민법 §898단서). 이 경우 미성년자와 피성년후견인의 보호를 위해 재판상 파양만 가능하다.

친양자의 경우에는 협의상 파양을 할 수 없고, 양부모가 친양자를 학대 또는 유기하거나 그 밖에 친양자의 복리를 현저히 해하는 때, 친양자의 양부모에 대한 패륜행위로 친양자 관계를 유지시킬 수 없게 된 때와 같은 일정한 파양사유가 있을 때 재판상 파양이 가능하다. 친양자 파양판결이 확정되면, 친양자와 양부모 및 그 친족과의 관계는 소멸하고, 입양 전의 친족관계는 파양이 확정된 때부터 부활한다(동법 §§898~908, 908의5·908의7)

(4) 자의 성과 본

1) 친생자

자는 부의 성(姓)과 본을 따른다. 다만, 부모가 혼인 신고시 모의 성과 본을 따르기로 협의한 경우에는 모의 성과 본을 따른다(민법 §781①). 부가 외국인인 경우에는 자는 모의 성과 본을 따를 수 있다(동조②). 부를 알 수 없는 자는 모의 성과 본을 따른다(동조③). 부모를 알 수 없는 자는 법원의 허가를 받아 성과 본을 창설한다. 다만, 성과 본을 창설한 후 부 또는 모를 알게 된 때에는 부 또는 모의 성과 본을 따를 수 있다(동조④). 혼인외의 출생자가 인지된 경우 자는 부모의 협의에 따라 종전의 성과 본을 계속 사용할 수 있다. 다만, 부모가 협의할 수 없거나 협의가 이루어지지 아니한 경우에는 자는 법원의 허가를 받아 종전의 성과 본을 계속 사용할 수 있다(동조⑤). 자의 복리를 위하여 자의 성과 본을 변경할 필요가 있을 때에는 부, 모 또는 자의 청구에 의하여 법원의 허가를 받아 이를 변경할 수 있다. 다만, 자가 미성년자이고 법정대리인이 청구할 수 없는 경우에는 일정한 범위의 친족 또는 검사가 청구할 수 있다(동조⑥).

2) 양자

양자의 성과 본에 대해서는 민법에 규정이 없다. 따라서 성불변의 원칙에 따라 양자의 성은 바뀌지 않는다. 「입양촉진 및 절차에 관한 특례법」에 의하여 입양한 자는 양친이 원하는 때에는 양친의 성과 본을 따를 수 있다. 양자의 복리를 위하여 양자의 성과 본을 변경할 필요가 있을 때에는 부, 모 또는 자의 청구에 의하여 가정법원의 허가를 받아 변경할 수 있을 것이다(민법 §781⑥ 준용).

3) 친양자

친양자는 부부의 혼인 중의 출생자로 간주되기 때문에 양부의 성과 본을 따르게 된다.

(5) 위기임신보호출산제

위기임신보호출산제는 경제적·심리적·신체적 사유 등으로 인하여 출산 및 양육에 어려움을 겪고 있는 임산부가 자신의 신원을 밝히지 않고 의료기관에서 출산할 수 있도록 함으로써 안전한 출산을 지원하고, 그 태아 및 자녀인 아동의 안전한 양육환경을 보장함으로써 생모 및 생부와 그 자녀의 복리 증진에 이바지하기 위하여 2023년 10월 31일에 「위기 임신 및 보호출산 지원과 아동 보호에 관한 특별법」(약칭 「위기임신보호출산법」)을 제정하여, 2024년 7월 19일부터 시행되고 있다.

이 제도는 출생하였으나 출생신고되지 않은 아동에 대한 문제를 해결하기 위하여 아동이 의료기관에서 출생하면 즉시 그 사실을 의료기관이 지자체에 통보하도록 하는 '출생통보제'를 도입하게 됨에 따라 위기상황에 처한 임산부가 병원 밖에서 아동을 출산하고 유기하는 사례가 발생할 것을 대비하기 위하여 도입된 제도이다.

보호출산을 하게 되면 위기임산부(임신 중인 여성 및 분만 후 6개월 미만인 여성)는 자신의 개인정보에 대하여 관리번호 부여 후 가명처리를 하는 비식별화를 하여 출산을 할 수 있게 된다. 따라서 자신의 출산 사실을 숨기려 불법적인 낙태를 하거나 아동을 의료시설이 아닌 곳에서 출산하고 유기하는 일을 줄일 수 있게 된다.

보호출산을 통하여 아동이 출생한 경우 비식별화된 생모의 가명·관리번호 및 아동의 성별·수·출생 연월일시 등의 출생정보를 의료기관, 건강보험심사평가원, 중앙상담지원기관, 지역상담, 시·읍·면 순으로 제출 또는 통보하도록 하고, 시·읍·면의 장이 아동의 성과 본을 창설한 후 이름과 등록기준지를 정하여 가족관계등록부에 기록하도록 하며, 출생기록 사실 및 아동의 성명 등을 지역상담기관의 장에게 통보하도록 하고 있다(위기임신보호출산법 §11).

보호출산 신청인이 출산일부터 7일 이상의 숙려기간 후에 시장·군수·구청장에게 아동을 인도하거나, 지역상담기관의 장에게 인도하여 줄 것을 요청할 수 있도록 하고, 아동이 인도된 때부터 친권의 행사는 정지되며, 아동을 인도받은 시장·군수·구청장이 그 아동의 미성년후견인이 되고, 「아동복지법」에 따른 적절한 보호조치를 하게 된다(동법 §12). 보호출산 신청인은 신청을 철회할 수 있고, 아동을 다시 인도받은 때부터 친권을 행사할 수 있다(동법 §13). 위기임부가 아동을 출산한 후 출생신고를 마치지 아니하고 비식별화 및 아동의 보호조치를 희망하는 경우 출산일부터 1개월 내에 지역상담기관에 신청할 수 있다(동법 §14).

보호출산을 통하여 태어난 사람의 부모를 알 권리를 보호하기 위하여 제한적으로나마 출생증서를 공개할 수 있도록 하고 있다. 보호출산을 통하여 태어난 사람이 출생증서 공개 청구를 하면 아동권리보장원의 장은 보호출산 신청인 또는 생부의 동의 여부가 확인되지 아니하거나, 동의하지 아니하는 경우에는 그 인적사항을 제외하고 출생증서를 공개하되, 보호출산 신청인 또는 생부가 사망 등의 사유로 동의할 수 없는 경우로서 보호출산을 통하여 태어난 사람의 의료상 목적 등 특별한 사유가 있는 경우에는 보호출산 신청인 또는 생부의 동의 여부와 관계없이 출생증서를 공개할 수 있도록 하고 있다(동법 §17).

2. 친권과 후견

(1) 친권

1) 친권의 의의

친권이란 부모가 미성년인 자녀에 대해 가지는 신분·재산상 권리와 의무를 말한다. 친권은 자(子)에 대한 지배권이나 부모의 개인적 이익을 위한 권리가 아니라 자(子)의 복리를 위하여 그를 보호하고 교양할 수 있는 지위이자 권리이다.[15] 판례는 "친권은 미성년인 자의 양육과 감호 및 재산관리를 적절히 함으로써 그의 복리를 확보하도록 하기 위한 부모의 권리이자 의무의 성격을 갖는 것"이라고 밝히고 있다.[16]

2) 친권의 효력

친권자는 자녀를 보호·교양할 권리와 의무(동법 §913), 자녀가 거주하는 장소를 지정할 수 있는 거소지정권(동법 §914), 자녀의 특유재산에 관한 관리권(동법 §916), 자녀의 재산에 관한 법률행위의 대리권(동법 §920)을 가진다.

3) 친권의 지정

친권은 부모가 혼인 중인 때에는 부모가 공동으로 행사하고, 이혼한 때에는 친권자를 지정해야 한다(민법 §909). 부부가 이혼을 하는 경우에는 부부가 합의하여 친권자를 지정해야 하고, 합의할 수 없거나 합의가 이루어지지 않는 경우에는 가정법원이 이를 정한다. 친권자가 지정된 후에도 자녀의 복

---

15) 지원림, 앞의 책, 2056면.
16) 대법원 1993.3.4. 선고 93스3 결정.

리를 위해 필요한 경우에는 가정법원이 친권자를 변경할 수 있다(동법 §909 ⑥, 가사소송법 §2①ⅱ나목).

4) 친권의 제한 및 회복

① 친권의 상실 또는 일시 정지의 선고

부 또는 모가 친권을 남용하여 자녀의 복리를 현저히 해치거나 해칠 우려가 있는 경우에 자녀를 보호하기 위하여 일정한 자의 청구가 있으면 가정법원은 친권의 상실 또는 일시 정지를 선고할 수 있다.

친권의 일시 정지를 선고하는 경우에는 자녀의 상태, 양육상황, 그 밖의 사정을 고려하여 그 기간을 정하여야 하며, 그 기간은 2년을 넘지 못하도록 하고 있다. 자녀의 복리를 위하여 친권의 일시 정기 기간의 연장이 필요하다고 인정하는 경우 일정한 자의 청구에 의하여 2년의 범위에서 그 기간을 한 차례만 연장할 수 있다.

② 친권의 일부 제한의 선고

친권자가 친권을 행사하는 것이 곤란하거나 부적당한 사유가 있어 자녀의 복리를 해치거나 해칠 우려가 있는 경우에는 자녀의 보호를 위하여 거소의 지정이나 그 밖의 신상의 결정 등 특정한 사항에 관하여 일정한 자의 청구가 있으면 가정법원이 구체적인 범위를 정하여 친권의 일부 제한을 선고할 수 있다.

③ 대리권, 재산관리권 상실의 선고

법정대리인인 친권자가 부적당한 관리로 인하여 자녀의 재산을 위태롭게 한 경우에는 자녀의 친족, 검사 또는 지방자치단체의 장의 청구에 의하여 그 법률행위의 대리권과 재산관리권의 상실을 선고할 수 있게 된다.

④ 실권의 회복 및 사퇴와 회복

친권의 상실 또는 일시 정지의 선고, 친권의 일부 제한의 선고 및 대리권, 재산관리권 상실의 선고가 있더라도 선고의 원인이 소멸되었다면 일정한 자의 청구에 의하여 실권(失權)의 회복을 선고할 수 있다.

법정대리인인 친권자는 정당한 사유가 있는 때에는 법원의 허가를 얻어 그 법률행위의 대리권과 재산관리권을 사퇴할 수 있고, 사유가 소멸한 때에는 그 친권자는 법원의 허가를 얻어 사퇴한 권리를 회복할 수 있다.

(2) 후견제도

후견은 친권에 의한 보호를 받지 못하는 미성년자 또는 장애·질병·노령 그 밖의 사유로 인한 정신적 제약으로 사무처리 능력에 도움이 필요한 성인을 돌보고 보호하기 위한 제도이며, 후견제도에는 미성년후견제도와 성년후견제도가 있다. 후견인은 제한능력자의 법정대리인으로서 이들의 법률행위를 동의하거나 대리하고 재산을 관리하는 권한을 가진다.

1) 미성년후견

미성년후견인의 순위는 제1순위가 지정후견인, 제2순위가 선임후견인이다. 지정후견인은 친권자인 부모가 유언으로 지정하고(민법 §931본문), 선임후견인은 피후견인의 친족 및 기타 이해관계인의 청구로 가정법원이 선임한다(동법 §932). 미성년후견인의 수는 한 명으로 하고 자연인에 한한다.

미성년후견인은 피후견인의 보호, 교양, 거소지정 내지 영업의 허락에 관하여 친권자와 마찬가지의 권리와 의무가 있다(동법 §945본문). 미성년후견인은 피후견인의 신분행위에 대하여 동의하거나 법정대리를 할 수 있으며 미성년자를 대신하여 미성년자의 자녀에 대한 친권을 행사한다(동법 §948①). 또한 피후견인의 재산을 관리하고 그 재산에 관한 법률행위에 대하여 피후견인을 대리한다(동법 §949①).

2) 성년후견

성년후견인은 가정법원이 직권으로 선임하고, 피성년후견인의 신상과 재산에 관한 모든 사정을 고려하여 필요하다고 인정되면 여러 명을 둘 수 있다(민법 §930②). 성년후견인은 자연인뿐만 아니라 법인도 가능하다(동조③).

가정법원이 성년후견인을 선임할 때에는 피성년후견인의 의사를 존중하여야 하며, 그 밖에 피성년후견인의 건강, 재산상황, 성년후견인이 될 사람의 직업과 경험 등의 사정도 고려하여야 한다(동조④).

성년후견인은 피후견인의 재산을 관리하고 그 재산에 관한 법률행위에 대하여 피후견인을 대리한다(동법 §949①). 신상결정에 대해서는 피성년후견인은 자신의 신상에 관하여 그의 상태가 허락하는 범위에서 단독으로 결정한다(동법 §947의2①).

성년자에 대한 후견제도에는 성년후견 외에도 한정후견, 특정후견 그리고 임의후견이 있다.

〈성년자에 대한 후견제도〉

분류	내용
성년후견	질병, 장애, 노령, 그 밖의 사유로 인한 정신적 제약으로 사무를 처리할 능력이 지속적으로 결여된 사람(치매증상, 식물인간상태 등)에 대하여 법원이 일정한 자들의 청구에 따라 후견인을 선임하는 것이다(민법 § 9). 가정법원이 취소할 수 없는 피성년후견인의 법률행위를 정한 경우 그 한도 내에서 예외적으로 행위능력을 가진다(동법 § 10②). 일용품 구입 등 일상생활에 필요하고 그 대가가 과도하지 않은 법률행위는 성년후견인이 취소할 수 없다(동조④).
한정후견	질병, 장애, 노령, 그 밖의 사유로 인한 정신적 제약으로 사무를 처리할 능력이 부족한 사람에 대하여 법원이 일정한 자들의 청구에 따라 후견인을 선임하는 것이다(동법 § 12). 가정법원은 한정후견인의 동의를 받아야 하는 행위의 범위를 정할 수 있고(동법 § 13①) 피한정후견인은 그 범위 밖의 행위는 단독으로 할 수 있다.
특정후견	질병, 장애, 노령, 그 밖의 사유로 인한 정신적 제약으로 일시적 후원 또는 특정한 사무에 관한 후원이 필요한 사람에 대하여 법원이 일정한 자들의 청구에 따라 후견인을 선임하는 것이다(동법 § 14의2). 성년후견이나 한정후견에서의 제약이 지속적이고 포괄적이라면 특정후견에서의 제약은 일시적이고 한정적이다.
임의후견	질병, 장애, 노령, 그 밖의 사유로 인한 정신적 제약으로 사무를 처리할 능력이 부족한 상황에 있거나 부족하게 될 상황에 대비하여

	자신의 재산관리 및 신상보호에 관한 사무의 전부 또는 일부를 스스로 다른 자에게 위탁하고 그 위탁사무에 관하여 대리권을 수여하는 계약을 체결하도록 하는 것이다.(동법 § 959의14)[17]

3. 부양의무

「민법」 상 일정한 범위의 친족 사이에는 상호 부조할 권리와 의무가 있다. 「민법」 은 자기의 자력 또는 노동에 의하여 생활을 유지할 수 없는 경우에 가족 간의 부양의무를 인정하고 있는데(동법 §975), 부양에는 1차적 부양과 2차적 부양이 있다. 1차적 부양이란 생활유지의 부양으로 부모와 미성년의 자 사이 및 부부 사이의 부양을 말한다. 2차적 부양이란 생활부조의 부양으로 생계를 같이 하는 친족 간의 부양을 의미한다. 따라서 형제·자매라도 생계를 같이하지 않으면 서로 부양의무가 없다. 1차적 부양을 하고 여력이 있는 경우에 2차적 부양의무를 진다.

부양할 의무가 있는 사람과 부양받을 권리가 있는 사람이 여러 명이 있는 경우에 부양의 순위는 당사자 간의 협정에 의하여 정하고, 협정이 없는 때에는 법원이 당사자의 청구에 의하여 그 순위를 정한다. 부양받을 권리자가 수인인 경우에 부양의무자의 자력이 그 전원을 부양할 수 없는 때에도 같다(동법 §976).

부양의 정도 또는 방법은 당사자 간의 협정에 의하여 정하고, 협정이 이루어지지 않으면 법원은 당사자의 청구에 의하여 부양을 받을 자의 생활정도와 부양의무자의 자력 기타 제반사정을 참작하여 이를 정한다(동법 §977). 부양의 구체적인 방법으로는 동거부양과 금전급부부양이 있다.

【Theme- 권리능력과 행위능력】

권리능력이란 권리를 행사하고 의무를 부담하는 지위 내지 자격을 말한다. 권리능력을 가지는 자를 권리주체 또는 권리능력자라고 하며, 권리능력을 가진 자는 이에 따른 의무를 부담하게 됨으로써 권리능력이 있는 자는 동시에 의무능력자이기도 하다. 「민

---

[17] 2011년 민법 개정 시 임의후견제도를 신설하였다.

법」에서 권리능력을 보유할 수 있는 자 즉 권리주체는 자연인과 법인이다. 자연인은 생존하는 동안 권리와 의무의 주체가 된다(동법 §3). 자연인은 출생으로 인하여 권리능력을 취득하고, 사망과 동시에 권리능력을 상실한다. 법인은 사람(사단법인) 또는 재산(재단법인)으로 구성된 구성물이며 법률에 의해 인격이 부여된다. 그리고 법인의 권리능력은 자연인과 달리 성질, 법률 규정, 그리고 정관상 목적에 따라 제한을 받는다.

행위능력이란 단독으로 완전히 유효한 법률행위를 할 수 있는 지위 또는 자격을 말한다. 그러나 행위능력은 모든 자연인이 보유할 수 있는 능력이 아니다. 「민법」은 자신의 권리를 스스로 행사하거나 의무를 이행하지 못하는 사람을 규정하고 있는데 이를 행위 무능력자라 한다. 행위무능력자제도는 「민법」 일부개정에 의하여 확대·개편되었다. 2011년 3월 개정된 「민법」은 미성년자의 연령을 종전 만20세에서 만19세로 하향하고, 획일적으로 행위능력을 제한하는 문제점을 내포한 종전의 행위무능력자 제도를 폐지하고, 행위능력의 일부를 제한하는 제한능력자제도를 도입하였다. 이로써 기존의 금치산·한정치산 제도를 폐지하고 더욱 능동적인 사회복지체계인 성년후견·한정후견·특정후견 제도를 도입하였다. 새로운 제도 하에서는 사무처리 능력에 도움이 필요한 성인의 재산보호뿐만 아니라 의료행위, 거주지 결정 등에도 폭넓은 지원이 이루어지게 되었다.

【Theme- 미성년자와 성년의제】

제한능력자란 의사능력이 없거나 만약 있더라도 불완전하여 단독으로 권리를 행사하거나 의무를 부담하는 데 손해를 당할 우려가 있어 행위능력의 일부가 제한된 자를 일컫는다. 제한능력자에는 성년자로는 피성년후견인, 피한정후견인, 피특정후견인, 피임의후견인이 있고, 아직 성년에 이르지 못한 18세 미만의 미성년자가 있다.

미성년자가 혼인을 한 때에는 성년이 된 것으로 본다(민법 §826의2).(성년의제) 따라서 혼인을 한 미성년자는 부모 또는 법정대리인의 동의 없이 스스로 금전적인 거래를 할 수 있고 성년자와 동일하게 법률행위를 할 수 있으며 자녀에 대해서 친권을 행사할 수 있다. 그러나 「민법」이외의 법률, 예컨대, 「청소년 보호법」에서는 여전히 미성년자로 취급되며, 「근로기준법」에는 소년근로자에 대한 특별한 보호제도가 마련되어 있다. 일단 성년의제가 된 미성년자가 이혼을 하더라도 성년의제 효과는 소멸되지 않고 계속 유지된다. 예컨대, 미성년자인 A는 고등학교 동창생인 B와 혼인을 하고 혼인신고를 마쳤다. 아들 부부의 안정적인 생활을 위해 A의 아버지는 작은 아파트를 A의 명의로 장만해 주었다. 그러나 얼마 지나지 않아 A는 이 아파트를 팔아 생활자금을 마련하기로 하고, C와 아파트 매매계약을 체결하여 중도금까지 받았다. 이 소식을 들은 A의 아버지가 C에게 A는 미성년자이므로 계약을 취소하겠다고 통보하였다. 그러나 A는 혼인하여 성년으로 의제 되었으므로 A는 부모의 동의가 없어도 매매계약을 체결할 수 있다. 따라서 A의 아버지는 일방적으로 그 매매계약을 취소할 수 없다.

제3절 혼인과 이혼

1. 약혼

(1) 약혼의 형식과 효력

약혼이란 장차 혼인을 성립시키려는 당사자 사이의 약속이다. 약혼에 특별한 방식이 있는 것은 아니며 당사자의 의사표시에 의해 이루어지는 계약이다. 그러므로 법률상 신고를 필요로 하는 혼인 및 실질적으로 부부공동생활을 하고 있으나 혼인신고를 하지 않은 경우인 사실혼[18]과는 구별된다.

1) 약혼의 성립요건

(가) 당사자 간의 합의가 있을 것

약혼이 유효하게 성립하기 위해서는 약혼하려는 당사자 사이에 약혼에 대한 합의가 있어야 한다. 따라서 양가의 어른들끼리 정혼(定婚)하는 것은 본인의 승낙이 없는 한 무효이다.

(나) 약혼연령(만 18세)에 이를 것

당사자의 연령이 만 18세에 이르러야 하고(민법 §801), 미성년자가 약혼하려면 부모 또는 후견인의 동의를 받아야 한다(동법 §808①).

(다) 근친간의 약혼이 아닐 것

근친 간에는 혼인이 금지된다(민법 §815ⅱ). 따라서 약혼은 머지않은 장래에 혼인을 성립시키려는 약속이므로 근친 간의 약혼도 인정되지 않는다.

---

[18] 대법원 1998.12.8. 선고 98므961 판결(판례에 의하면 "일반적으로 약혼은 특별한 형식을 거칠 필요 없이 장차 혼인을 체결하려는 당사자 사이에 합의가 있으면 성립하는 데 비하여, 사실혼은 주관적으로는 혼인의 의사가 있고, 또 객관적으로는 사회통념상 가족질서의 면에서 부부공동생활을 인정할 만한 실체가 있는 경우에 성립한다"고 하여 약혼의 경우는 사실혼과 달리 부부공동생활의 실체가 없음을 밝히고 있다).

(라) 약혼 상대방은 배우자가 있는 사람이 아닐 것

중혼(重婚)은 혼인 취소 사유이므로(민법 §816ⅰ) 배우자가 있는 사람이 다른 사람과 혼인을 전제로 약혼을 하는 것은 인정되지 않는다.

2) 약혼의 효과

약혼을 한 당사자에게는 혼인할 의무가 발생한다. 그러나 이 의무의 이행을 강제할 수는 없고(민법 §803), 혼인할 의무를 위반한 상대방에 대하여 손해배상을 청구할 수 있을 뿐이다(동법 §806). 약혼을 하였다고 하여도 친족관계는 발생하지 않으며 약혼 중에 출생한 자녀는 혼인 외의 출생자가 된다. 다만 그 후 약혼자가 혼인하게 되면 혼인 중의 출생자가 된다(동법 §855②).

(2) 약혼의 해제와 약혼예물의 반환

약혼한 당사자 사이에 합의가 있다면 언제든지 약혼을 해제할 수 있다. 그러나 당사자 사이에 합의 없이 약혼자 일방의 의사로 약혼을 해제하기 위해서는 「민법」이 정하고 있는 약혼의 해제사유가 있어야 한다.

1) 약혼 해제 사유

당사자 한쪽에 다음 각 호의 어느 하나에 해당하는 사유가 있는 경우에는 상대방은 약혼을 해제할 수 있다(민법 §804):

   1. 약혼 후 자격정지 이상의 형을 선고받은 경우
   2. 약혼 후 성년후견개시나 한정후견개시의 심판을 받은 경우
   3. 성병, 불치의 정신병, 그 밖의 불치의 병질(病疾)이 있는 경우
   4. 약혼 후 다른 사람과 약혼이나 혼인을 한 경우
   5. 약혼 후 다른 사람과 간음(姦淫)한 경우
   6. 약혼 후 1년 이상 생사(生死)가 불명한 경우
   7. 정당한 이유 없이 혼인을 거절하거나 그 시기를 늦추는 경우
   8. 그 밖에 중대한 사유가 있는 경우

약혼의 해제는 상대방에 대한 의사표시로 한다(민법 §805). 약혼의 해제가 당사자 일방의 과실로 인한 것이라면 상대방은 그에 대해 재산상 손해뿐만

아니라 정신적 고통에 대한 위자료를 청구할 수 있다(동법 §806②). 한편 정신적 고통에 대한 배상청구권(위자료청구권)은 양도 또는 승계하지 못하지만(동조③), 당사자 사이에 배상에 관한 계약이 성립되거나 소를 제기한 후에는 양도 또는 승계할 수 있다(동항 단서). 따라서 소 제기 후 사망한 경우에는 상속이 된다.

대법원 1995.12.8. 선고 94므1676·1683 판결

약혼은 혼인할 것을 목적으로 하는 혼인의 예약이므로 당사자 일방은 자신의 학력, 경력 및 직업과 같은 혼인의사를 결정하는 데 있어 중대한 영향을 미치는 사항에 관하여 이를 상대방에게 사실대로 고지할 신의성실의 원칙상의 의무가 있다.

종전에 서로 알지 못하던 갑과 을이 중매를 통하여 불과 10일간의 교제를 거쳐 약혼을 하게 되는 경우에는 서로 상대방의 인품이나 능력에 대하여 충분히 알 수 없기 때문에 학력이나 경력, 직업 등이 상대방에 대한 평가의 중요한 자료가 된다고 할 것인데 갑이 학력과 직장에서의 직종·직급 등을 속인 것이 약혼 후에 밝혀진 경우에는 갑의 말을 신뢰하고 이에 기초하여 혼인의 의사를 결정하였던 을의 입장에서 보면 갑의 이러한 신의성실의 원칙에 위반한 행위로 인하여 갑에 대한 믿음이 깨어져 갑과의 사이에 애정과 신뢰에 바탕을 둔 인격적 결합을 기대할 수 없어 갑과의 약혼을 유지하여 혼인을 하는 것이 사회생활관계상 합리적이라고 할 수 없으므로 민법 제804조 제8호 소정의 '기타 중대한 사유가 있는 때'에 해당하여 갑에 대한 약혼의 해제는 적법하다고 본 사례이다.

약혼관계가 해소됨으로 인하여 을이 상당한 정신적 고통을 받았을 것임은 경험칙상 명백하므로 갑은 을에게 위자료를 지급할 의무가 있다.

이 경우 을로서도 갑의 학력이나 직급 등을 시간을 갖고 정확히 확인하여 보지 아니한 채 경솔히 약혼을 한 잘못은 있다고 할 것이지만, 이를 가리켜 을에게 중대한 과실이 있다고 할 수 없고 약혼의 해제에 대한 귀책사유가 갑에게 있는 이상 이러한 을의 잘못은 갑의 을에 대한 위자료 액수를 산정함에 있어 참작할 사정에 불과하다.

2) 약혼예물의 반환

약혼예물의 반환에 대해서는 당사자 사이의 합의가 있을 시에는 그 합의된 내용에 따르게 되지만 합의가 이루어지지 않은 경우에는 부당이득으로서 서로 반환해야 한다. 약혼 시 받은 예물 등은 약혼의 성립을 증명하는 증거인 동시에 혼인의 불성립을 해제조건으로 하는 증여의 성질을 가진다.[19] 따라서 약혼이 해제되면 예물은 부당이득이 되므로 그 반환을 청구할 수 있다.

당사자 일방의 잘못으로 약혼이 해제되면, 책임이 있는 당사자는 상대방에게 예물반환을 청구할 수 없으며 상대방만 예물반환청구권을 가진다.[20]

2. 혼인

(1) 혼인의 성립

혼인이란 두 남녀가 하나의 생활공동체를 형성하여 부부관계를 맺기로 하는 법률행위를 말한다. 혼인이 유효하게 성립하기 위해서는 일정한 요건이 구비되어야 한다. 「민법」이 규정하고 있는 혼인의 성립요건은 다음과 같다.

1) 실질적 요건

(가) 혼인할 의사의 합의

혼인이 유효하기 위해서는 당사자 사이에 혼인의 합의가 있어야 하고(민법 §815①), 이러한 혼인의 합의는 혼인신고를 할 당시에도 존재하여야 한다. 따라서 당사자 간의 합의가 없는 혼인, 가장혼인, 일방적인 혼인신고에 의한 혼인 등은 혼인의 의사가 없기 때문에 무효이다.

(나) 혼인적령(만 18세)에 이를 것

혼인을 하려면 혼인적령인 만 18세에 이르러야 하며(민법 §807), 미성년자(만 19세에 이르지 않은 자)가 혼인하려면 부모 또는 미성년후견인의 동의를 받아야 하고, 피성년후견인은 부모나 성견후견인의 동의를 받아야 한다(동법 §808①·②).

(다) 근친혼이 아닐 것

8촌 이내의 혈족(친양자의 입양 전의 혈족을 포함)인 경우, 6촌 이내의 혈족의 배우자, 배우자의 6촌 이내의 혈족, 배우자의 4촌 이내의 혈족의 배우자인 인척이거나 이러한 인척이었던 경우, 6촌 이내의 양부모계의 혈족이었

---

19) 대법원 1996.5.14. 선고 96다5506 판결.
20) 대법원 1976.12.28. 선고 76므41, 76므42 판결.

던 경우와 4촌 이내의 양부모계의 인척이었던 경우의 혼인은 금지된다. 근친혼은 우생학적 이유와 도덕적 이유에서 금지된다(민법 §809).

(라) 중혼이 아닐 것

배우자가 있는 사람이 다른 사람과 다시 혼인하는 중혼은 법적으로 인정되지 않는다(민법 §810). 이 경우 전혼(前婚)과 후혼(後婚) 모두 법률혼을 말하는 것이므로 전혼 또는 후혼이 혼인신고를 하지 않은 사실혼에 해당하는 경우는 중혼에 해당하지 않는다. 따라서 사실혼 관계에 있는 자가 다른 자와 혼인하는 경우나, 혼인을 한 당사자 일방이 다른 자와 사실혼관계를 맺는 경우는 중혼에 해당하지 않는다.[21]

2) 형식적 요건

혼인은 가족관계등록법에 정한 바에 의하여 '혼인신고'를 함으로써 그 효력이 생긴다. 혼인신고는 두 당사자와 성년자인 증인 2명이 연서한 서면으로 한다(민법 §812). 다만 가족관계등록법은 말로 하는 구술신고를 인정한다(동법 §§23①·31).[22]

(2) 혼인의 무효와 취소

혼인 당사자 사이에 혼인이 성립되었으나 일정한 사항으로 혼인이 무효 또는 취소가 될 수 있다. 각 당사자는 '혼인무효확인소송'이나 '혼인취소소송'을 제기하여 혼인을 무효로 하거나 취소할 수 있으며, 혼인무효확인소송은 법원의 조정절차를 거치지 않는 반면에 혼인취소소송은 우선 가정법원의

---

21) 송덕수, 앞의 책, 1503면.
22) 가족관계등록법 제23조(신고방법) ① 신고는 서면이나 말로 할 수 있다.
가족관계등록법 제31조(말로 하는 신고 등) ① 말로 신고하려 할 때에는 신고인은 시·읍·면의 사무소에 출석하여 신고서에 기재하여야 할 사항을 진술하여야 한다. ② 시·읍·면의 장은 신고인의 진술 및 신고연월일을 기록하여 신고인에게 읽어 들려주고 신고인으로 하여금 그 서면에 서명하거나 기명날인하게 하여야 한다. ③ 제1항 및 제2항의 경우에 신고인이 질병 또는 그 밖의 사고로 출석할 수 없는 때에는 대리인으로 하여금 신고하게 할 수 있다. 다만, 제55조, 제56조, 제61조, 제63조, 제71조 및 제74조의 신고는 그러하지 아니하다.

조정절차를 거쳐야 한다(가사소송법 §§2①·50①).

1) 혼인의 무효

(가) 혼인무효의 사유

혼인은 「민법」 제815조의 혼인무효사유에 해당되면 무효가 된다. 혼인 무효 사유로는 ① 당사자 사이에 혼인에 대한 합의가 없는 경우(예를 들어, 가장혼인), ② 8촌 이내의 혈족(친양자의 입양 전 혈족을 포함) 간 혼인인 경우, ③ 당사자 사이에 직계인척관계가 있거나 있었던 경우(예를 들어, 시아버지와 며느리, 장모와 사위, 계모자 사이), ④ 당사자 사이에 양부모계의 직계혈족관계가 있었던 경우(예를 들어, 양부와 양녀, 양모와 양자 사이)가 있다. 혼인의 무효는 무효사유가 있으면 혼인이 처음부터 효력을 잃게 된다.

(나) 혼인무효의 효과

혼인이 무효가 되면 당사자는 처음부터 부부가 아니었던 것으로 되므로 일상가사대리권, 상속권 등 혼인에 의한 법률관계는 모두 무효로 된다. 따라서 당사자는 재산분할 청구를 할 수 없다. 한편 당사자 일방의 과실로 무효가 되었다면 상대방은 그 과실있는 상대방에 대하여 재산상·정신상의 손해배상을 청구할 수 있다(민법 §§806·825). 당사자 사이에 출생한 자녀도 혼인 외의 출생자가 된다(동법 §855①). 이 경우 출생신고는 인지신고한 것으로 본다.

2) 혼인의 취소

(가) 혼인취소의 사유

「민법」 제816조, 제819조 및 제820조에는 혼인의 취소에 대한 사항을 정하고 있으며, 혼인의 취소사유에 해당하는 경우에는 그 혼인은 취소할 수 있다. 혼인의 취소 사유는 다음과 같다(민법 §§816 i ~iii, 807~809):

　　① 혼인적령(만 18세)에 도달하지 않은 경우
　　② 미성년자 또는 피성년후견인이 부모 또는 성년후견인의 동의 없이

혼인한 경우
③ 6촌 이내의 혈족의 배우자, 배우자의 6촌 이내의 혈족, 배우자의 4촌 이내의 혈족의 배우자인 인척이거나 이러한 인척이었던 사람과 혼인한 경우
④ 6촌 이내의 양부모계의 혈족이었던 사람과 4촌 이내의 양부모계의 인척이었던 사람과 혼인한 경우
⑤ 중혼(重婚)인 경우
⑥ 혼인 당시 당사자 일방에게 부부생활을 계속할 수 없는 악질이나 그 밖의 중대 사유가 있음을 알지 못한 경우
⑦ 사기 또는 강박으로 인해 혼인의 의사표시를 한 경우[23]

위 ①, ②의 경우 당사자 또는 그 법정대리인이, ③, ④의 경우 당사자 및 그 직계존속 또는 4촌 이내의 방계혈족이, ⑤의 경우 당사자, 그 직계혈족, 4촌 이내의 방계혈족 또는 검사가 ⑥, ⑦의 경우 혼인 당사자가 그 혼인의 취소를 청구할 수 있다(동법 §§817, 818).

대법원 2015.2.26. 선고 2014므4734 · 4741 판결

혼인은 남녀가 일생의 공동생활을 목적으로 하여 도덕 및 풍속상 정당시되는 결합을 이루는 법률상, 사회생활상 중요한 의미를 가지는 신분상의 계약으로서 본질은 양성 간의 애정과 신뢰에 바탕을 둔 인격적 결합에 있다고 할 것이고, **특별한 사정이 없는 한 임신가능 여부는 민법 제816조 제2호의 부부생활을 계속할 수 없는 악질 기타 중대한 사유에 해당한다고 볼 수 없다.** 그리고 '혼인을 계속하기 어려운 중대한 사유'에 관한 민법 제840조 제6호의 이혼사유와는 다른 문언내용 등에 비추어 민법 제816조 제2호의 '부부생활을 계속할 수 없는 중대한 사유'는 엄격히 제한하여 해석함으로써 그 인정에 신중을 기하여야 한다.

혼인의 취소청구권은 위 ①(연령미달 혼인)과 ⑤(중혼)를 제외하고는 제척기간이 정해져 있다. ②는 당사자가 19세가 된 후 또는 성년후견종료의 심판이 있은 후 3개월이 지나거나 혼인 중에 임신한 경우에는 혼인의 취소를 청

---

[23] 사기혼인이란 혼인할 상대방에게 고의적으로 재산, 신분, 건강 등에 관하여 알려야 할 일을 알리지 않거나 거짓을 이야기하여 혼인을 하는 경우이다. 강박에 의한 혼인이란 혼인 상대방을 고의로 위협하여 공포감을 일으켜 혼인을 하는 경우이다. 제3자에 의한 사기 또는 강박의 경우에는 상대방의 선의·무과실을 묻지 않고 혼인을 취소할 수 있다.

구할 수 없다(민법 §819). ③, ④는 그 당사자간에 혼인중 포태(胞胎)한 때에는 그 취소를 청구하지 못한다(민법 §820). ⑥은 상대방이 취소사유가 있음을 안 날부터 6개월이 경과한 때에는 취소를 청구할 수 없다(민법 §822). ⑦은 사기를 안 날 또는 강박을 면한 날부터 3개월이 경과한 때에는 취소를 청구할 수 없다(민법 §823).

위 ①(연령미달 혼인)은 제819조를 유추적용하여 당사자가 18세에 달하거나 임신하면 취소할 수 없다고 해석한다. 그러나 ⑤(중혼)은 반사회성 때문에 기간 제한 없이 취소가 가능하며 중혼을 무효로 규정하는 나라도 많이 있다. 대법원은 중혼자가 사망한 후에도 전혼 배우자가 후혼 배우자를 상대로 취소청구하는 것을 허용하였고,24) 이처럼 중혼은 아무리 시간이 오래 지나도 취소청구를 허용하는 것이 원칙이다. 그러나 대법원은 한 여성(피고)이 남성(E)과의 혼인이 사실상 파탄이 난 후 이혼을 하지 않은 채 이중호적을 만들어 다른 남성(C)과 중혼을 하고 살다가 후혼 남성(C)이 사망한 후 C의 동생(원고)이 혼인취소를 구한 사건에서 다음과 같이 여러 사정을 종합하여 중혼을 이유로 한 혼인취소 청구가 권리남용이 된다고 판시한 바 있다.

대법원 1993.8.24. 선고 92므907 판결

(배경사실) 망 C는 D생으로 경북 문경군에 본적을 둔 자로서 1955.5.18. 망 E와 혼인신고를 하고 그 사이에 1959년생의 딸 1명을 두었다. C는 E와의 사이가 원만하지 못하여 위 딸을 출산한 직후부터 별거하였으며 그 사이에 이혼을 추진하는 등 사실상 이혼상태에 있었다. 그런 상태에서 C는 친지의 소개로 피고를 만나 위 혼인사실을 숨긴 채 1965.11.8.경 피고와 결혼식을 올리고 동거에 들어갔으며 그 사이에 2남 2녀를 출산하였다. C는 중혼에 대한 피고의 항의를 받고 1975.1.30. 자신이 재외국민인 것처럼 가장하여 재외국민취적·호적정정및호적정리에관한임시특례법에 의한 취적신고를 함으로써 서울 성북구를 본적지로 하는 새로운 호적을 편제하게 한 후 1978.9.28. 피고와의 혼인신고를 하여 위 새로운 호적에 등재하게 하였다. C와 피고 사이에 출생한 2남 2녀는 원래의 호적과 새로운 호적에 2중으로 출생신고되었다가 1985.11.29. C가 사망한 후 법원의 허가를 얻어 호적정리되었으며 C와 피고 사이의 혼인관계 기재사항도 원래의 호적에 이기되었다. E는 C와 사실상 이혼상태에 들어간 후 1987. 3. 29. 사망할 때까지 C와 아무런 연락이 없었으며, 피고는 C와의 혼인관계를

---
24) 대법원 1991.12.10. 선고 91므535 판결.

유지하면서 자녀를 양육하는 등 처로서의 할일을 다하여 왔다. 한편 원고는 C의 이복동생으로서 C와 피고가 결혼식을 올린 직후부터 약 4년간 피고의 집에 기거하면서 학교를 다닌 일이 있는 등으로 양인의 혼인경위 및 혼인신고경위 그리고 C와 E와의 혼인파탄 경위등을 잘 알고 있으면서도 이 사건 소송을 제기하기까지는 C와 피고의 혼인에 대하여 별다른 이의를 제기하지 아니하였다. C의 친척 중 원고를 제외한 나머지 친척들은 모두 C와 피고의 혼인을 인정하고 아무도 그에 대하여 이의를 제기하지 아니하고 있다.

원심은 C와 피고 사이의 혼인관계는 중혼으로서 취소의 대상이 되는 것이기는 하나, 그 사실관계에 비추어 볼 때 원고로서는 C가 이중호적을 편제하여 피고와의 혼인신고를 한 이래 10여년 동안 충분히 이 사건 소와 같은 내용의 소를 제기할 수 있었고 현실적으로 그와 같은 소제기를 기대할 수 있었음에도 불구하고 이를 하지 아니하여 특히 C와 E가 모두 사망한 이제는 피고로서도 원고가 더 이상 그 취소권을 행사하지 아니할 것으로 믿을 만한 정당한 사유가 있게 되었거나 또는 원고가 이 사건 소를 제기하기까지는 피고를 C의 처로서 인정함으로써 그 권리행사를 하지 아니할 것으로 추인하게 하였으니, 원고가 새삼스럽게 그 혼인취소청구권을 행사하는 것은 신의성실의 원칙에 반하는 결과가 되고 그 권리는 실효 또는 실권의 법리에 따라 소멸되었다고 보아야 할 것이라고 하여, 원고의 이 사건 소를 각하하였다. 대법원은 다음과 같은 이유에서 원고의 상고를 기각하였다.

원고가 중혼 성립 후 10년간 그 취소청구권을 행사하지 아니하였다 하여 피고의 입장에서 법정의 취소청구권자인 원고가 더 이상 그 권리행사를 하지 아니할 것으로 믿을 만한 정당한 사유를 갖게 되었다거나 원고의 그 동안의 언동에 의하여 피고가 원고는 취소청구권을 행사하지 아니할 것으로 추인할 수 있게 되었다고 단정하기는 어렵다 할 것이다. 민법의 관계규정에 의하면 민법 소정의 혼인취소사유 중 동의 없는 혼인, 동성혼, 재혼금지기간위반혼인, 악질등 사유에 의한 혼인, 사기, 강박으로 인한 혼인등에 대하여는 제척기간 또는 권리소멸사유를 규정하면서도(민법 제819조 내지 제823조) 중혼과 연령미달 혼인에 대하여만은 권리소멸에 관한 사유를 규정하지 아니하고 있는바, 이는 중혼등의 반사회성, 반윤리성이 다른 혼인취소사유에 비하여 일층 무겁다고 본 입법자의 의사를 반영한 것으로 보이고, 그렇다면 중혼의 취소청구권에 관하여 장기간의 권리불행사등 사정만으로 가볍게 그 권리소멸을 인정하여서는 아니될 것이다. 이 점을 지적하는 상고논지는 일응 이유 있다.

그러나 한편 권리의 행사가 사회생활상 도저히 용인할 수 없는 부당한 결과를 야기하거나 타인에게 손해를 줄 목적만으로 하여지는 것과 같이 공서양속에 위반하고 도의상 허용될 수 없는 때에는 권리의 남용으로서 허용될 수 없는 것이다. 이 사건에서 원심인정의 위 사실에다가 기록에 의하여 알 수 있는 다음과 같은 사정, 즉 피고와 그 소생의 2남2녀는 C의 사망 후 정리된 호적을 바탕으로 일가를 이루어 원만하게 사회생활을 하고 있는데 만일 이 사건 혼인이 취소된다면 피고는 C와의 혼인관계가 해소됨과 동시에 C의 호적에서 이탈하여야 하고 위 2남2녀는 혼인외 출생자로 되고 마는 등 신분상 및 사회생활상 큰 불편과 불이익을 입어야 하는 점, 이에 비하여 원고는 이 사건 혼인이 존속하든지 취소되든지 간에 경제적으로나 사회생활상으로 아무런 이해관계를 가지지 아니하며 신분상으로도 별다른 불이익을 입을 것으로 보이지는 아니하는 점, E는 생존하는 동안 피고와 C 사이의 혼인에 대하여 아무런 이의를 제기한 일이 없으며 현재 생존하고 있는 E 소생의 딸도 다른 친척들과 마찬가지로 피고와 C 사이의 혼인을 인정하고 있는 점, 그리고 C와 E가 이미 사망한 지금에 와서 구태여 피고와 C 사이의 혼인을 취소하여야 할 공익상의 필요도 없는 점 등을 종합적으로 참작한다면, 원고의 이 사건 혼인취소청구는 권리 본래의 사회적 목적을 벗어난 것으로서 권리의 남용에 해당한다고 아니할 수 없다. 그렇다면 원고의 이 사건 청구는 이유 없어 기각되어야 할 것인바, 소를 각하한 원심판결을 파기하여 원고의 청구를 기각하도록 하는 것은 원고에게 불이익한 결과가 되므로 결국 원고의 상고는 받아들일 수 없는 것으로 된다.

(나) 혼인취소의 효과

취소원인이 있는 혼인도 법원의 판결에 의하여 취소될 때까지는 유효한 혼인으로 본다.[25] 혼인취소판결이 확정되면 혼인은 장래를 향하여 소멸하며, 소급효는 인정되지 않는다(민법 §824). 따라서 혼인 중에 출생한 자녀는 혼인 중의 출생자로서의 지위를 잃지 않는다. 그리고 배우자 사이에 재산상속이 이루어진 후에 그 혼인이 취소되더라도 상속은 무효로 되지 않는다.[26] 혼인이 취소되면 가정법원이 직권으로 친권자를 정하며(동법 §909⑤), 자녀에 대한 양육은 당사자가 협의해서 정하고, 협의가 이루어지지 않을 경우에는 가정법원이 정한다. 자녀를 직접 양육하지 않는 부모의 일방은 면접교섭권을 가질 수 있는데, 자녀의 복리를 위해 필요한 경우에는 당사자의 청구 또는 직권으로 가정법원이 면접교섭권을 제한·배제·변경할 수 있다(동법 §§824의2·837의2①, ③). 혼인이 취소되면 인척관계는 종료된다. 당사자 일방의 과실로 혼인이 취소되었다면 상대방은 그에 대한 재산상·정신상의 손해를 배상할 것을 청구할 수 있다.

---

25) 송덕수, 앞의 책, 1512면.
26) 지원림, 앞의 책, 1949면.

대법원 1996.12.23. 선고 95다48308 판결

대법원은 "부부의 일방이 사망하여 상대방 배우자가 상속받은 후에 그 혼인이 취소된 경우, 이미 이루어진 상속관계가 소급하여 무효로 되거나 부당이득으로 되는지 여부에 대하여 민법 제824조는 '혼인의 취소의 효력은 기왕에 소급하지 아니한다.'고 규정하고 있을 뿐 재산상속 등에 관해 소급효를 인정할 별도의 규정이 없는바, 혼인 중에 부부 일방이 사망하여 상대방이 배우자로서 망인의 재산을 상속받은 후에 그 혼인이 취소되었다는 사정만으로 그 전에 이루어진 상속관계가 소급하여 무효라거나 또는 그 상속재산이 법률상 원인 없이 취득한 것이라고는 볼 수 없다"고 판시하였다. 이에 따라 배우자 사이에 재산상속이 있은 후에 혼인이 취소되면 그 상속은 무효로 되지 않는다.

(3) 혼인의 효과

1) 혼인의 일반적 효과

혼인으로 부부는 부부공동생활상 의무가 발생하며 서로 동거의무·부양의무·협조의무·정조의 의무를 부담한다. 한편 미성년자가 혼인하게 되면 성년으로 의제된다.

(가) 동거의무

부부는 동거할 의무가 있다. 다만, 해외근무, 출장, 전근, 해외유학, 입원(요양치료)등의 정당한 이유로 일시적으로 동거하지 않는 경우에는 서로 인용(認容)해야 한다(민법 §826①). 부부의 동거는 정신적 의미 외에 육체적 동거까지 수반하는 것으로써 한 집에 살아가면서 잠자리를 같이하지 않거나, 다른 방을 쓰면서 생활하는 것은 동거라고 볼 수 없다. 배우자가 동거의무를 위반한 때에는 법원에 동거에 관한 심판을 청구할 수 있으며(가사소송법 §2①ⅱ(나)목1), 악의를 가지고 상대방을 유기했다는 이유로 이혼을 청구할 수 있다(동법 §840ⅱ). 그리고 정당한 이유 없이 동거를 거부한 배우자는 원칙적으로 상대방에 대하여 부양료의 지급을 청구할 수 없다.[27]

---

[27] 대법원 1991.12.10. 선고 91므245 판결.

(나) 부양의무

부부는 서로 부양할 의무를 진다(민법 §826①). 부부 간에 부양은 부부공동생활을 유지하기 위해 필요한 것을 서로 제공하는 것으로서 신체적·정신적·경제적 부양을 포함한다. 그리고 부양은 부부의 사회적 지위나 재산상태, 생활정도 및 경제적 능력을 고려하여 부양을 받을 자의 생활을 자기의 생활과 같은 수준으로 보장하는 것이어야 한다.[28]

별거 중인 부부 사이에도 원칙적으로 부양의무가 인정되는바, 부양이 필요함에도 불구하고 배우자가 부양의무를 다하지 않으면 법원에 부양에 관한 심판을 청구할 수 있고(가사소송법 §2①), 악의를 가지고 상대방을 유기했다는 이유로 이혼을 청구할 수 있다(민법 §840ⅱ).

부양의무자가 상대방에게 생활비를 지급하지 않았거나 자녀의 양육비를 지급하지 않았다면 과거의 부양료 상환 및 앞으로의 부양료 지급을 청구할 수 있다.[29] 그러나 과거의 부양료 지급의무가 인정되더라도 그 인정범위는 경우에 따라 달라질 수 있다.

대법원 2008.6.12. 선고 2005스50 결정

대법원은 "민법 제826조 제1항에 규정된 부부간의 상호부양의무는 부부의 일방에게 부양을 받을 필요가 생겼을 때 당연히 발생하는 것이기는 하지만, 과거의 부양료에 관하여는 부양을 받을 자가 부양의무자에게 부양의무의 이행을 청구하였음에도 불구하고 부양의무자가 부양의무를 이행하지 아니함으로써 이행지체에 빠진 이후의 것에 대하여만 부양료의 지급을 청구할 수 있을 뿐, 부양의무자가 부양의무의 이행을 청구받기 이전의 부양료의 지급은 청구할 수 없다고 보는 것이 부양의무의 성질이나 형평의 관념에 합치된다"고 판시하였다. 즉 부양이 필요한 배우자가 타방배우자(부양 의무자)에게 부양의무에 해당하는 생활비의 지급을 요구했음에도 불구하고 타방 배우자가 이에 응하지 않았을 경우, 그 시점으로부터 현재에 이르기까지의 과거 부양료 지급을 요구할 수 있다.

(다) 협조의무

부부는 서로 협조할 의무를 부담한다(민법 §826①). 부부는 혼인 공동생활

---

28) 대법원 2012.12.27. 선고 2011다96932 판결.
29) 대법원 1994.5.13. 선고 92스21 판결.

에서 각자의 능력, 자력, 직업 등을 고려하여 가사 또는 육아 등의 역할을 분담할 수 있다. 그러나 배우자가 협조의무를 다하지 않으면 법원에 협조에 관한 심판을 청구할 수 있으며(가사소송법 §2①), 혼인생활을 지속하기 어려운 중대한 사유에 해당함을 이유로 이혼을 청구할 수 있다(민법 §840ⅵ).

(라) 정조의무

혼인한 부부는 서로에 대하여 서로 성적인 순결을 유지할 의무, 즉 정조의무를 진다. 부부의 일방이 정조의무를 위반한 경우에는 부정행위로서 이혼사유에 해당하고, 이에 대하여 상대배우자는 손해배상을 청구할 수 있으며(민법 §§806·843), 이혼을 청구할 수도 있다(동법§840ⅰ). 그러나 전술한 바와 같이 간통죄가 폐지됨에 따라 형사처벌 사유는 아니다.

2) 혼인의 재산상 효과

「민법」은 부부의 재산관계에 대하여 혼인 성립 전에 부부가 미리 계약에 의해 정하는 부부재산계약제와, 이러한 계약이 없는 경우 적용되는 법정부부재산제(별산제)를 인정하고 있다.

(가) 부부재산계약제

부부는 혼인성립 전에 재산에 관하여 자유롭게 계약을 체결할 수 있다(민법 §829①). 혼인 전에 취득한 고유재산과 혼인 중 자신의 명의로 취득한 재산은 특유재산으로 인정되고, 귀속이 불분명한 재산은 부부공유재산으로 추정된다(동법 §830). 그러나 혼인 전에 미리 혼인 당사자가 재산관계에 대해 계약을 체결하고 등기하면 그 재산에 대해서는 위의 「민법」 제830조의 규정들이 적용되지 않는다(동법 §829①·④).

부부재산계약은 부부의 혼인 중의 재산관계를 미리 정하는 것이며, 혼인성립 전에 체결되어야 효력이 있으므로 혼인신고를 한 후에는 변경할 수 없는 것이 원칙이다(동법 §829②). 그러나 부부 일방이 배우자의 재산에 대하여 부적당한 관리로 그 재산을 위태롭게 한 경우와 같이 정당한 사유가 발생하면 법원의 허가를 받아 그 내용을 변경할 수 있다(동법 §829②·③). 부부재산계약은 혼인신고 전까지 등기해야 부부의 승계인 또는 제3자에게 대항할 수 있다(동법 §829④).

(나) 법정부부재산제

부부재산계약이 체결된 경우가 아니라면 부부재산의 귀속과 관리는 「민법」이 정함에 따라 법정부부재산제(부부별산제)가 적용된다.

가) 특유재산

부부의 일방이 혼인 전부터 가진 고유재산과 혼인 중 자신의 명의로 취득한 재산은 그의 특유재산으로 하며, 각자가 관리, 사용, 수익한다(민법 §§830·831). 특유재산은 이혼 시 재산분할청구의 대상에서 제외되는 것이 원칙이지만, 다른 일방이 그 재산을 유지하는데 적극적으로 협력하여 재산이 감소되는 것을 방지했거나 재산을 증식시키는데 기여했다면 재산분할의 대상이 될 수 있다.

특유재산은 그 명의자의 재산으로 추정되므로, 상대 배우자의 재산이 사실상 본인의 소유라거나 공동소유라는 것을 주장하기 위해서는 그 재산취득을 위한 비용을 부담한 사실 등을 증명해야 하며,[30] 재산의 취득과 유지에 있어 통상 기대되는 정도를 넘어 특별히 기여한 경우에 해당되지 않고[31] 막연히 재산취득에 협력했다거나 상대 배우자를 내조(內助)했다는 것만으로는 추정을 번복할 수 없다.[32] 특유재산의 추정을 번복하기 위해서는 관련 증거들을

---

[30] 대법원 1995.10.13. 선고 95다25695 판결.
[31] 대법원 1996.7.10. 선고 95스30·31 결정(망인은 공무원으로 종사하면서 적으나마 월급을 받아 왔고, 교통사고를 당하여 치료를 받으면서 처로부터 간병을 받았다고 하더라도 이는 부부간의 부양의무 이행의 일환일 뿐, 망인의 상속재산 취득에 특별히 기여한 것으로 볼 수 없으며…위 부동산의 취득과 유지에 있어 위 망인의 처로서 통상 기대되는 정도를 넘어 특별히 기여한 경우에 해당한다고는 볼 수 없다고 보았다).
[32] 대법원 1998.6.12. 선고 97누7707 판결(부부 중 일방의 명의로 된 농지나 예금 등 재산은 그의 특유재산으로 추정되는바, 그 취득에 상대방 배우자가 대가나 채무를 부담하였다거나 적극적인 재산증식의 노력이 있었다는 등의 실질적인 사유에 관한 아무런 입증이 없는 이상 상대방 배우자가 가정주부로서 남편의 약국 경영을 도왔다는 것만으로는 그 추정을 번

통해 명백히 증명하고 모든 사정을 종합해서 구체적으로 판단하여야 한다.[33]

나) 공유재산

부부 중 누구에게 속하는 것인지 분명하지 않은 재산은 부부의 공유재산으로 추정된다(민법 §830①). 그러므로 이 재산을 사용, 관리, 수익하려면 상대 배우자의 동의가 필요하고, 혼인 중에 부부가 공동으로 협력해서 취득한 재산은 비록 그 명의가 부부 일방으로 되어 있어도 실질적으로 공유재산으로 보아 이혼 시 재산분할의 대상이 될 수 있다.

판례에 의하면 부동산의 명의가 부부 중 일방의 명의로 되어 있는 경우에도 부동산을 부부 각자가 대금의 절반 정도씩을 분담하여 매수하였다는 실질적 사유가 입증된다면 그 부동산을 부부의 공유로 인정할 수 있다고 한다.[34]

(다) 부부의 일상가사 대리권

일상가사란 부부의 공동생활에 필요한 통상의 사무를 말하며, 부부는 일상가사에 관하여 서로 대리권이 있다(민법 §827). 부부는 혼인으로 이루어진 공동체이고, 이 공동체의 유지와 운영을 위한 대외 거래는 필수적이기 때문에 대리권이 인정되는 것이며, 동시에 부부와 일상가사의 거래를 하는 상대방의 신뢰를 보호하기 위함이다.

일상가사의 범위는 부부의 직업·재산·수입·생활수준·지역차이·사회적 지위

복하기에 부족하다고 한 사례로 부부 일방의 특유재산으로 추정되는 경우, 상대방 배우자의 적극적 재산증식 노력 등의 실질적 사유에 관한 입증이 없으면 그 추정을 번복하기에 부족하다고 보았다).

[33] 대법원 2008.9.25. 선고 2006두8068 판결(민법 제830조제1항에 정한 '특유재산의 추정'을 번복하기 위해서는 다른 일방 배우자가 실제로 당해 부동산의 대가를 부담하여 그 부동산을 자신이 실질적으로 소유하기 위해 취득하였음을 증명하여야 하므로, 단순히 다른 일방 배우자가 그 매수자금의 출처라는 사정만으로는 무조건 특유재산의 추정이 번복되어 당해 부동산에 관하여 명의신탁이 있었다고 볼 것은 아니고, 관련 증거들을 통하여 나타난 모든 사정을 종합하여 다른 일방 배우자가 당해 부동산을 실질적으로 소유하기 위하여 그 대가를 부담하였는지 여부를 개별적·구체적으로 가려 명의신탁 여부를 판단하여야 한다고 판시하였다).

[34] 대법원 1995.2.3. 선고 94다42778 판결.

등 모든 생활형태를 종합적으로 고려해 사회통념에 따라 개별적·구체적으로 결정되는데, 식료품, 연료, 보통 의류, 생활용품의 구입, 주택의 월세지급, 전기료, 수도료, 전화 요금 등의 지급, 가족의 보건비(병원비, 약품 구입비 등), 자녀의 양육비 등이 여기에 포함된다. 지나친 고가품 구입, 큰 빚을 얻는 일, 부동산 처분, 어음을 발행하는 일 등은 일상가사에 포함되지 않는다.

　일상의 가사에 대해 부부의 일방이 제3자와 법률행위를 한 경우에 이로 인해 발생한 채무는 부부가 함께 책임진다(민법 §832전단). 즉 부부가 생활필수품 구입 등 일상생활에 필요한 지출 때문에 은행이나 다른 사람에게 빚을 지게 된 경우는 공동으로 갚아야 한다. 다만, 이미 제3자에게 부부의 다른 일방의 책임 없음을 명시한 경우에는 연대책임을 지지 않는다(동조 후단).

　예컨대, 남편 A는 평범한 공무원이고, 그의 아내 B는 전업주부이다. 아내 B는 최근들어 다시 사회 여가 활동을 시작하고자 수입 자동차를 할부로 구입하였다. 남편 A는 본인과 상의 없이 자동차를 구입한 아내의 행동에 대하여 기분이 상했고, 본인의 월급으로 감당하기엔 할부금이 과하다는 생각에 자동차 할부금을 내줄 수 없다고 말했다. 아내 B가 본인의 명의로 구입한 자동차 할부금을 갚지 못하게 된다면 자동차 회사는 B의 남편인 A에게 할부금을 청구할 수 있는가? 「민법」 제832조에서 말하는 '일상의 가사에 관한 법률행위'라 함은 부부의 공동생활에서 필요로 하는 통상의 사무에 관한 법률행위를 말하는 것으로, 그 구체적인 범위는 부부공동체의 사회적 지위나 재산, 수입, 능력 등 현실적 생활상태뿐만 아니라 그 부부의 생활 장소인 지역사회의 관습 등에 의하여 정하여지나, 당해 구체적인 법률행위가 일상의 가사에 관한 법률행위인지 여부를 판단함에 있어서는 그 법률행위를 한 부부공동체의 내부 사정이나 그 행위의 개별적인 목적만을 중시할 것이 아니라 그 법률행위의 객관적인 종류나 성질 등도 충분히 고려하여 판단하여야 할 것이다.[35]

　이 사례에서 아내가 수입 자동차를 구입하는 것도 일상가사에 속한다고

---

35) 대법원 2009.2.12. 선고 2007다77712 판결 참조.

보아야 하는 것인가의 여부는 그 가정의 재산, 수입, 부부의 사회적 지위를 기준으로 결정되어야 한다. 남편의 사회적 지위가 공무원이고, 자동차가 가정용이라기보다는 아내의 사회 여가 활동에 사용할 목적이라면 이는 일상가사에 속한다고 볼 수 없다. 따라서 남편은 자동차 할부금을 갚을 책임이 없다.

(4) 사실혼

1) 사실혼의 의의

사실혼이란 혼인의 형식적 요건을 갖추지 않은, 즉 혼인신고를 하지 않고 부부 공동생활을 하는 것을 말한다. 다만 사실혼은 혼인의사의 합치가 있고 부부 공동생활을 하고 있어서 혼인신고가 없다는 점 이외에는 법률혼과 차이가 없다. 그러므로 공동생활을 하고 있지만 서로 혼인할 의사가 없는 동거와는 차이가 있다.

민법은 혼인신고에 의해 부부관계를 인정하는 법률혼주의를 채택하고 있어서 사실혼 상태의 부부에게는 법률혼에서 인정되는 권리와 의무가 일부 제한되며 일정한 범위 내에서만 보호하고 있다.

2) 사실혼의 효과

사실혼 상태에서도 부부 공동생활을 전제로 하는 일반적인 혼인의 효과가 인정되는 한편, 혼인신고를 전제로 하는 혼인의 효과는 인정되지 않는다.

(가) 사실혼 관계에서 제한되는 사항

사실혼 상태에서는 친족관계가 발생하지 않으므로 상속권이 발생하지 않지만 상속인이 없는 경우 특별연고자로서 상속재산을 분여 받을 수는 있다.

중혼은 원칙적으로 금지되는 사항이지만 사실혼은 혼인신고가 되지 않은 상태이므로 사실혼 배우자가 다른 사람과 혼인하더라도 중혼에 해당하지 않는다. 또한 사실혼관계에서는 성년의제가 인정되지 않으며, 사실혼 부부 사이에서 출생한 자녀는 혼인 외의 출생자 된다(민법 §781③).[36]

(나) 사실혼 관계에서 인정되는 사항

사실혼관계의 부부 사이에 정조·동거·부양·협조의 의무가 있고, 부부 일방이 혼인 전부터 가진 고유재산과 혼인 중 자신의 명의로 취득한 재산은 특유재산으로 인정된다. 상대 배우자가 정당한 이유 없이 사실혼 관계를 파기한 경우 그로 인해 입은 정신적·재산적 손해에 대해 위자료와 손해배상을 청구할 수 있다.

「근로기준법」, 「공무원연금법」, 「군인연금법」, 「사립학교교직원연금법」, 「산업재해보상보험법」, 「국가유공자 등 예우 및 지원에 관한 법률」, 「독립유공자예우에 관한 법률」과 같은 일부 특별법에서는 사실혼의 배우자를 법률혼의 배우자와 동일하게 취급하여 배상청구권을 인정한다. 또한 「주택임대차보호법」에서도 사실혼관계에 있는 자를 보호하고 있는데, 상대 배우자의 명의로 주택을 임차해서 같이 살던 중 상대 배우자가 상속인 없이 사망한 경우, 그 주택에서 가정공동생활을 하던 사실혼 배우자가 임차인으로서의 권리와 의무를 승계한다(동법 §9①).

사실혼은 혼인관계의 실체가 없어지거나 당사자 사이의 혼인해소의 합의, 일방당사자의 사망 그리고 일방당사자의 해소의 의사표시로 사실혼 관계는 해소된다. 사실혼 관계가 해소되면 재산분할청구권을 행사할 수 있다. 다만 사실혼관계가 일방 당사자의 사망으로 인하여 종료된 경우에는 그 상대방에게 재산분할청구권이 인정되지 않는다.[37]

(다) 사실혼 관계에서 인정되지 않는 사항

혼인신고를 전제로 하는 상속권이 인정되지 않고, 사실혼 관계에서 출생한 자는 혼인 외의 출생자가 된다. 또한 사실혼 상태에 있는 자가 다른 사람과 혼인을 하더라도 중혼이 성립하지 않으며 사실혼 배우자의 친족들과 인

---

36) 다만, 아버지가 혼인 외의 출생자를 자신의 자녀로 인지(認知)한 경우에는 아버지의 성과 본을 따를 수도 있고, 부모의 협의에 따라 종전대로 어머니의 성과 본을 따를 수도 있다 (민법 §781①·⑤).
37) 대법원 2006.3.24. 선고 2005두15595 판결.

척관계가 발생하지 않는다. 미성년자가 사실혼을 하더라도 성년으로 의제되지 않는다.

(라) 사실상혼인관계존재확인의 청구

사실혼의 성립이 인정되는 경우에 상대 배우자가 혼인신고에 협력하지 않으면 다른 일방은 가정법원에 '사실상 혼인관계 존부 확인'을 청구할 수 있으며, 확정판결이 있으면 단독으로 혼인신고를 할 수 있게 되어(가사소송법 §2① i (나)목 1 및 가족관계등록법 §72) 사실혼을 법률혼으로 만들 수 있다.

3. 혼인의 해소

혼인의 해소란 일단 완전하고 유효하게 성립된 즉, 혼인 무효나 취소 사유에 해당되지 않고 성립된 혼인이 그 성립 이후에 발생한 사유로 종료되는 것을 의미한다. 그 해소 원인으로는 사망과 이혼이 있다.

(1) 사망에 의한 혼인의 해소

배우자 일방이 자연사한 경우 뿐만 아니라 실종선고를 받은 경우에도 사망한 것으로 의제되므로 혼인 해소의 원인이 된다.

1) 사망에 의한 혼인의 해소

배우자가 사망하여 혼인이 해소되면 부부관계는 종료하고 이에 따라 부부 사이의 동거·부양·협조·정조의 의무는 소멸한다. 생존배우자는 재혼할 수 있고, 사망한 배우자의 상속인이 될 수 있다(민법 §1003). 한쪽 배우자가 사망했다는 사실만으로 생존한 배우자와 사망한 배우자의 혈족 및 그 혈족의 배우자 사이에 발생한 인척관계가 소멸하는 것은 아니며 생존한 배우자가 재혼을 하게 되면 종전의 인척관계는 소멸한다(동법 §775②).

2) 실종선고에 의한 혼인의 해소

실종선고제도란 종전의 주소나 거소를 떠난 이후로 그 행방을 알 수 없는 사람(부재자)의 생사가 일정기간 동안 불분명한 경우에 이해관계인이나 검사의 청구에 따라 가정법원이 부재자에 대하여 실종선고를 하게 되면, 그 일정기간(실종선고기간)이 만료한 때에 사망한 것으로 간주하는 제도이다(민법 §§27·28).

부재자에 대하여 가정법원의 실종선고가 내려지면 그 부재자는 법적으로 실종선고기간이 만료한 때에 사망한 것으로 간주되며, 부재자에 관한 모든 법률관계를 정리하게 된다. 보통실종은 5년, 특별실종(전쟁, 선박침몰, 항공기추락 그 밖의 위난 등)은 1년이 지나면 실종선고기간이 만료된다. 부부의 일방에 대한 실종선고에 의하여 혼인이 해소되면 '배우자 일방이 실제로 사망한 경우'와 같은 효과가 발생하여 상속이 개시된다(동법 §997).

예컨대, 바다에서 선박사고로 가족 A가 실종되었고 1년이라는 시간이 흘렀다면 어떻게 해야 할까? 부재자의 생사가 5년간 분명하지 않은 경우 실종선고를 하게 된다. 그러나 전쟁에 임한 사람, 침몰한 선박 중에 있던 사람, 추락한 항공기 중에 있던 사람, 그 밖에 사망의 원인이 될 위난을 당한 사람의 생사가 전쟁이 끝난 후 또는 선박의 침몰, 항공기의 추락 그 밖의 위난이 종료한 후 1년간 분명하지 않은 경우에도 법원은 실종선고를 한다. 위의 사례에서 해양에서의 사고로 실종선고를 받은 A는 실종 후 1년이 종료되는 시기에 사망한 것으로 간주된다.

(2) 이혼

이혼이란 혼인으로 성립된 부부의 신분관계와 재산관계를 청산하는 법률행위이다. 이혼하는 방법에는 크게 '협의이혼'과 '재판상 이혼' 두 가지가 있다. 부부가 이혼에 합의한 경우에는 협의이혼을 할 수 있으며, 합의가 이루어지지 않는 경우에는 당사자 일방의 청구에 의해 법원의 재판으로 이혼하는 재판상 이혼을 할 수 있다. 재판상 이혼은 조정전치주의의 대상이므로 조정을 우선하고 조정이 이루어지지 않는 경우 이혼 소송을 진행하게 된다.

1) 협의이혼

(가) 협의이혼의 요건

가) 실질적 요건

부부가 협의이혼을 하기 위해서는 법에서 정하고 있는 요건과 절차가 필요하다. 부부가 협의이혼을 하려면 진정한 이혼의사의 합치(合致)가 있어야 한다(민법 §834). 이혼에 대한 합의는 이혼 신고서를 제출하고 수리될 때까지 유지되어야 한다. 이때 협의이혼은 부부가 자유로운 의사에 따라 합의한 것으로 충분하며 그 외의 이혼사유는 묻지 않는다. 그러나 진정으로 혼인 관계를 해소할 의사가 없고, 혼인 파탄의 사실도 없이 다른 목적을 위하여 일시적으로 형식상 이혼 신고를 하는 경우인 '가장 이혼'의 경우에는 그 협의이혼은 무효로 되지 않는다. 피성년후견인은 부모나 성견후견인의 동의를 받아 이혼할 수 있고(동법 §835), 미성년자는 성년으로 의제되므로 단독으로 이혼할 수 있다(동법 §826의2).

협의이혼을 하려면 가정법원에 '협의이혼 의사 확인 신청'을 하여야 한다. 신청을 하는 곳은 부부의 등록 기준지 또는 주소지를 관할하는 가정법원이며 이 신청에는 부부가 함께 출석하여야 한다. 협의이혼 의사 확인 신청 시 미성년의 자녀가 있는 경우에는 자녀의 양육권자, 양육비 부담, 면접교섭에 관한 사항, 친권자를 협의하여 결정한 경우에는 그 협의서도 함께 제출하여야 하고 협의가 없는 경우에는 가정법원에 그 지정을 청구하여야 한다(동법 §836의2④). 위자료나 재산분할에 관한 사항도 부부가 합의하여 정하고, 합의가 이루어지지 않는 경우에는 법원이 당사자의 청구에 의해 정하게 된다(동법 §839의2①·②). 또한 가정법원이 제공하는 이혼에 관한 안내를 받아야 하고, 가정법원은 필요한 경우 전문상담인의 상담을 받을 것을 권고할 수 있다(민법 §836의2①). 가정법원으로부터 이혼에 관한 안내를 받은 부부는 안내를 받은 날부터 이혼숙려(熟慮)기간이 지난 후에 이혼의사를 확인받을 수 있다(민법 §836의2②). 그러나 가정 폭력으로 당사자 일방에게 참을 수 없는 고통이 예상되는 등 이혼해야 할 급박한 사정이 있는 경우에는 이혼숙려기간을 단축 또는 면제할 수 있다(동조③).

〈이혼숙려기간〉

구분	기간
미성년인 자녀(임신 중인 자를 포함)가 있는 경우	3개월
성년 도달 전 1개월 후 3개월 이내 사이의 미성년인 자녀가 있는 경우	성년이 된 날
성년 도달 전 1개월 이내의 미성년인 자녀가 있는 경우	1개월
자녀가 없거나 성년 자녀만 있는 경우	1개월

이혼시 양육비를 효율적으로 확보하기 위해 양육비의 부담에 대하여 당사자가 협의하여 그 부담내용이 확정된 경우, 가정법원은 당사자가 협의한 양육비부담에 관한 내용을 확인하는 '양육비부담조서'를 작성하여야 한다(민법 §836의2⑤). 양육비부담조서는 가사소송법 제41조에 따라 집행력이 부여된다. 따라서 이 조서를 집행권원으로 하는 모든 종류의 강제집행이 가능해진다.

나) 형식적 요건

부부는 위의 실질적 요건을 갖추었다면 이혼신고를 하여야 한다(민법 §836①). 이혼신고를 하지 않으면 협의이혼이 성립하지 않는다. 법원에 이혼신청을 하고 일정 기간이 지난 후 법원으로부터 협의 이혼 의사 확인서 등본을 교부 또는 송달받으면 받은 날로부터 3개월 이내에 그 등본을 첨부해서 등록기준지 또는 주소지 관할 시청·구청·읍사무소 또는 면사무소에 신고해야 한다(가족관계등록법 §75).

법관의 협의이혼 의사 확인, 친권과 양육에 대한 협의, 이혼 숙려기간 등과 같이 강화된 협의상 이혼의 요건과 절차는 성급하고 경솔한 이혼을 방지하고 부부간의 불평등을 방지하며 이혼과정에서 자의 복리를 우선적으로 고려하기 위함이다.

(나) 협의이혼의 무효와 취소

가) 협의이혼 무효

당사자 사이에 이혼의사의 합치가 없는 때에는 그 협의이혼은 무효가 된다. 그 예로는 부부 일방 또는 쌍방이 모르는 사이에 누군가에 의해 이혼신고가 된 경우, 이혼신고가 수리되기 전에 부부 일방 또는 쌍방이 이혼의사를 철회했는데 이혼신고가 수리된 경우[38] 등이 있다.

나) 협의이혼 취소

이혼의 합의가 사기 또는 강박으로 인하여 이혼의 의사표시를 한 경우에는 그 취소를 가정법원에 청구할 수 있다(민법 §838). 이혼취소판결이 확정되면 그 이혼은 처음부터 없었던 것과 같아지므로 협의이혼이 취소된 경우 취소 전에 맺어진 새로운 혼인은 중혼이 된다.[39]

2) 재판상 이혼

협의가 되지 않아서 협의이혼이 불가능할 때 부부 중 한 사람이 법원에 이혼소송을 제기해서 판결을 받아 이혼할 수 있는데, 이것을 재판상 이혼이라고 한다. 부부의 일방은 다음 각호의 사유가 있는 경우에는 가정법원에 이혼을 청구할 수 있다(민법 §840):

    1. 배우자에 부정한 행위가 있었을 때
    2. 배우자가 악의로 다른 일방을 유기한 때
    3. 배우자 또는 그 직계존속으로부터 심히 부당한 대우를 받았을 때
    4. 자기의 직계존속이 배우자로부터 심히 부당한 대우를 받았을 때
    5. 배우자의 생사가 3년 이상 분명하지 아니한 때
    6. 기타 혼인을 계속하기 어려운 중대한 사유가 있을 때

(가) 배우자의 부정한 행위

'배우자의 부정행위'란 혼인한 이후에 부부 일방이 자유로운 의사로 부부

---

[38] 대법원 1994.2.8. 선고 93도2869 판결.
[39] 대법원 1984.3.27. 선고 84므9 판결.

의 정조의무, 성적 순결의무를 충실히 하지 않은 일체의 행위를 말하는 것으로 성관계를 전제로 하는 간통보다 넓은 개념이다.40) 따라서 비록 간통을 하지는 않았으나 그 행동이 순결의무, 정조의무에 충실하지 못한 것으로 볼 수 있다면 부정한 행위가 된다.

(나) 악의의 유기

'배우자의 악의의 유기'란 배우자가 정당한 이유 없이 부부의 의무인 동거·부양·협조의무를 이행하지 않는 것을 말한다. 남편이 정신이상의 증세가 있는 처를 두고 가출하여 비구승이 된 것은 악의의 유기에 해당한다.41)

(다) 배우자 또는 그 직계 존속에 의한 심히 부당한 대우

'심히 부당한 대우'란 혼인관계의 지속을 강요하는 것이 가혹하다고 여겨질 정도의 폭행, 학대 또는 모욕을 하는 경우를 말한다.42) 처가 아기를 낳을 수 없다는 것을 이유로 한 남편의 학대 행위, 시어머니로부터의 구박, 심한 폭언 등이 그 예에 해당한다.43)

(라) 자기의 직계 존속에 대한 배우자의 심히 부당한 대우

예컨대 혼인을 한 이후, 아내가 지참금을 가지고 오지 않았다는 이유로 구타하여 상처를 입힌 일이 있을 뿐 아니라 아내의 친가 아버지에게까지 행패를 부린 남편의 행위는 배우자 및 그 직계존속을 심히 부당하게 대우한 경우 이에 해당한다.44)

(마) 배우자의 생사가 3년 이상 분명하지 아니한 때

배우자가 살아있는지 여부를 전혀 증명할 수 없는 상태가 이혼 청구 당시까지 3년 이상 계속되는 경우 재판상 이혼사유가 된다.45) 다만 배우자의 생

---

40) 대법원 1992.11.10. 선고 92므68 판결.
41) 대법원 1990.11.9. 선고 90므583, 90므590 판결.
42) 대법원 2004.2.27. 선고 2003므1890 판결.
43) 대법원 1990.11.27. 선고 90므484 판결.
44) 대법원 1986.5.27. 선고 86므14 판결.

사불명으로 인한 이혼은 실종선고에 의한 혼인해소와는 관계가 없다. 즉, 실종선고에 의한 혼인의 해소는 배우자가 살아 돌아온 경우에 실종선고 취소를 통해 전혼(前婚)이 부활하지만, 생사가 3년 이상 불분명하여 이혼판결이 확정되고 이혼 신고까지 이루어진 뒤에는 배우자가 생환하더라도 혼인은 부활하지 않는다.

(바) 기타 혼인을 계속하기 어려운 중대한 사유

'기타 혼인을 계속하기 어려운 중대한 사유'라는 것은 부부의 공동생활 관계가 회복할 수 없을 정도로 파탄되고, 그 혼인생활의 계속을 강제하는 것이 일방 배우자에게 참을 수 없는 고통이 되는 것을 말한다.46) 혼인을 계속하기 어려운 중대한 사유가 있는지는 혼인파탄의 정도, 혼인계속의사의 유무, 혼인생활의 기간, 당사자의 책임유무, 당사자의 연령, 이혼 후의 생활보장이나 그 밖에 혼인관계의 여러 가지 사정을 고려해서 판단된다.47) 강간, 강도, 살인 등의 범죄를 저지른 경우, 채무와 같은 경제 갈등, 사치와 낭비, 도박, 약물중독, 종교갈등, 불치의 정신병 등은 기타 혼인을 계속하기 어려운 중대한 사유로 인정되었으나, 회복이 가능한 가벼운 정신질환, 우울증, 출산불능, 무정자증, 혼인 전의 사적인 과거(이혼경력 등) 등은 인정되지 않는다. 기타 혼인을 계속하기 어려운 중대한 사유로 이혼하는 경우 그 사유를 안 날로부터 6개월, 그 사유가 있은 날로부터 2년이 지나면 이혼을 청구하지 못한다(민법 §842).

3) 유책배우자의 이혼청구

재판상 이혼을 하는 경우 혼인파탄에 대해 주된 책임이 있는 유책배우자는 그 파탄을 이유로 스스로 이혼청구를 할 수 없도록 하고 있는데 이를 유책주의라 하고 우리나라는 유책주의를 원칙으로 하고 있다. 그러나 예외적으로 다음의 경우에는 유책배우자의 이혼청구를 인정하고 있다.

---

45) 김주수·김상용, 「친족·상속법(제8판)」, 법문사, 2006, 191면.
46) 대법원 2005.12.23. 선고 2005므1689 판결.
47) 대법원 2000.9.5. 선고 99므1886 판결.

(가) 오기나 보복적 감정

유책 배우자에게 이혼 청구를 당한 배우자도 혼인을 지속할 의사가 없음이 객관적으로 명백함에도 불구하고 오기나 보복적 감정에서 이혼에 불응하는 등의 특별한 사정이 있는 경우에는 유책배우자의 이혼청구를 인정한다.[48] 상대방도 이혼할 의사가 있고 그 의사가 소송 중 표시되었으나 오기나 보복적 감정에 사로잡혀 표면적으로만 이혼을 거부하고 있다면 유책 배우자가 청구한 이혼 청구는 받아들여진다.

(나) 책임이 동등하거나 경중을 가리기 어려운 경우

부부 쌍방의 책임이 동등하거나 그 경중을 가리기 어려운 경우 유책 배우자는 이혼을 청구할 수 있다. 이에 대하여 판례는 "부부의 혼인관계가 돌이킬 수 없을 정도로 파탄된 경우, 그 파탄의 원인이 이혼청구인에게 전적으로 또는 주된 책임을 물어야 할 사유로 조성되었거나 청구인의 책임이 피청구인의 책임보다 더 무겁다고 인정되지 않는 한 청구인의 이혼청구는 인용되어야 한다"고 하여, 혼인파탄의 '전적인' 또는 '주된' 책임자가 아닌 경우에는 유책배우자의 이혼청구가 허용된다고 하였다.[49]

대법원 2015.9.15. 선고 2013므568 전원합의체 판결

유책배우자의 이혼청구를 허용하지 아니하는 것은 혼인제도가 요구하는 도덕성에 배치되고 신의성실의 원칙에 반하는 결과를 방지하려는 데 있으므로, <u>혼인제도가 추구하는 이상과 신의성실의 원칙에 비추어 보더라도 책임이 반드시 이혼청구를 배척해야 할 정도로 남아 있지 아니한 경우에는 그러한 배우자의 이혼청구는 혼인과 가족제도를 형해화할 우려가 없고 사회의 도덕관·윤리관에도 반하지 아니하므로 허용될 수 있다.</u> 그리하여 상대방 배우자도 혼인을 계속할 의사가 없어 일방의 의사에 따른 이혼 내지 축출이혼의 염려가 없는 경우는 물론, 나아가 이혼을 청구하는 배우자의 유책성을 상쇄할 정도로 상대방 배우자 및 자녀에 대한 보호와 배려가 이루어진 경우, 세월의 경과에 따라 혼인파탄 당시 현저하였던 유책배우자의 유책성과 상대방 배우자가 받은 정신적 고통이 점차 약화되어 쌍방의 책임의 경중을 엄밀히 따지는 것이 더 이상 무의미할 정도가 된 경우 등과 같이 <u>혼인생활의 파탄

---

48) 대법원 2004.9.24. 선고 2004므1033 판결; 대법원 1996.6.25. 선고 94므741 판결.
49) 대법원 1991.7.9. 선고 90므1067 판결.

에 대한 유책성이 이혼청구를 배척해야 할 정도로 남아 있지 아니한 특별한 사정이 있는 경우에는 예외적으로 유책배우자의 이혼청구를 허용할 수 있다.

유책배우자의 이혼청구를 예외적으로 허용할 수 있는지 판단할 때에는, 유책배우자 책임의 태양·정도, 상대방 배우자의 혼인계속의사 및 유책배우자에 대한 감정, 당사자의 연령, 혼인생활의 기간과 혼인 후의 구체적인 생활관계, 별거기간, 부부간의 별거 후에 형성된 생활관계, 혼인생활의 파탄 후 여러 사정의 변경 여부, 이혼이 인정될 경우의 상대방 배우자의 정신적·사회적·경제적 상태와 생활보장의 정도, 미성년 자녀의 양육·교육·복지의 상황, 그 밖의 혼인관계의 여러 사정을 두루 고려하여야 한다.

〈유책주의 vs 파탄주의〉

구 분	내 용
유책주의	유책주의는 배우자가 동거·부양·정조 등 혼인 의무에 위반되는 행위를 저질러 이혼 사유가 명백하면 상대 배우자에게만 재판상 이혼청구권을 인정하는 것으로, 부정을 저지른 배우자의 이혼 청구를 엄격하게 제한해 가정 파탄에 책임이 없는 배우자를 보호할 수 있도록 한 제도이다.
파탄주의	혼인관계가 사실상 회복될 수 없을 만큼 파탄 났다면 책임의 소재와 관계없이 이혼을 허용하는 제도로, 혼인 파탄의 책임이 있는 배우자도 이혼을 청구할 수 있다. 우리 법원은 유책주의 입장을 유지해 왔는데, 종래의 가부장적 사회에서 경제권을 가진 남편이 가정을 파탄 내고서도 아내를 빈손으로 내쫓는, 이른바 '축출 이혼'을 막기 위해서였다. 그러나 시대가 변하면서 현실적으로 혼인 생활을 이어갈 수 없다면 이혼을 인정해야 한다는 파탄주의를 적용하자는 견해가 있어왔고, 이에 대법원은 유책주의를 원칙으로 하면서 예외적으로 파탄주의의 적용을 점차 늘려가는 추세이다.

4) 이혼의 효과

(가) 위자료청구권

위자료는 이혼의 책임이 있는 배우자에게 청구하는 정신적 고통에 대한 배상이다. 이혼으로 인한 위자료청구는 재판상 이혼뿐만 아니라 협의이혼, 혼인의 무효·취소의 경우에도 할 수 있으며, 당사자 쌍방에게 비슷한 정도의 책임이 있는 경우에는 상호간 위자료청구권은 존재하지 않는다.

유책배우자 이외에도 혼인의 파탄에 책임이 있는 제3자(상간자 등)에 대하여도 손해배상을 청구할 수 있는데, 다만, 부부가 아직 이혼하지 않았지만 실질적으로 부부공동생활이 파탄되어 회복할 수 없을 정도의 상태에 이르렀다면, 제3자가 부부의 일방과 외도를 하더라도 상대 배우자는 제3자에게 손해배상을 청구할 수 없다.[50]

위자료청구권은 원칙적으로 양도 또는 승계하지 못하지만, 당사자 사이에 이미 그 배상에 관한 계약이 성립되거나 소송을 제기한 이후에는 양도 또는 승계할 수 있다(민법 §§806③·843). 이와 관련한 판례는 "이혼위자료청구권은 원칙적으로 일신전속적 권리로서 양도나 상속 등 승계가 되지 않지만 그 청구권자가 위자료의 지급을 구하는 소송을 제기함으로써 청구권을 행사할 의사가 외부적 객관적으로 명백하게 된 이상 양도나 상속 등 승계가 가능하다"고 보았다.[51]

위자료청구권은 그 손해 또는 가해자를 안 날부터 3년이 지나면 시효로 인해 소멸한다(민법 §766).

(나) 재산분할청구권

부부가 이혼하면 그 효과로 재산분할청구권이 발생한다.

가) 재산분할청구권의 개념

이혼한 부부 일방이 상대 배우자에 대해 재산분할을 청구할 수 있는 권리가 재산분할청구권이며, 위자료청구권과는 별도로 유책 여부와 상관없이 이혼당사자의 한쪽이 다른 쪽에 대하여 혼인중의 부부공동으로 이룬 재산의 분할을 청구할 수 있는 권리이다(민법 §839의2). 재산분할청구권은 본질적으로 부부가 혼인 중에 공동의 협력으로 형성된 공동재산의 청산이라는 성격에, 경제적으로 곤궁한 상대방에 대한 부양적 성격이 보충적으로 가미된 제도라고 할 수 있다.[52] 재산분할청구권은 협의이혼, 재판상 이혼 모두에 인정되며, 부부 사이에 합의로 정하고 그렇지 않은 경우에는 가정법원에 재산분

---

50) 대법원 2014.11.20. 선고 2011므2997 판결.
51) 대법원 1993.5.27. 선고 92므143 판결.
52) 헌법재판소 1997.10.30. 선고 96헌바14 결정.

할심판을 청구할 수 있다. 재산분할청구는 이혼과 별개의 소송물에 해당하므로 이혼 후에 별도로 재산분할청구를 할 수 있다. 재산분할청구권은 이혼한 날부터 2년을 경과하면 소멸한다(민법 §839의2③).

나) 재산분할의 대상이 되는 재산

① 쌍방의 협력으로 이룩한 재산

재산분할의 대상이 되는 재산은 원칙적으로 혼인 중 부부가 공동으로 협력해서 모은 재산으로서 부부 중 누구의 소유인지가 불분명한 공동재산도 재산분할의 대상에 포함된다. 부부의 공동 협력에는 맞벌이, 육아, 가사노동이 포함된다.[53]

부부의 실질적인 공동재산은 부동산은 물론 현금 및 예금자산 등도 포함한다. 부부의 일방이 별거 후에 취득한 재산이라도 그것이 별거 전에 쌍방의 협력에 의하여 형성된 유형·무형의 자원에 기한 것이라면 재산분할의 대상이 된다.[54]

② 고유재산

혼인 전부터 부부가 각자 소유하고 있던 재산을 고유재산이라고 한다. 고유재산은 분할의 대상이 되지 않는다.

③ 특유재산

혼인 중에 부부 일방이 상속·증여·유증으로 취득한 재산은 부부 일방의 특유재산으로서(민법 §830①) 원칙적으로 재산분할의 대상에서 제외되지만 다른 일방이 그 특유재산의 유지 또는 증가에 기여했다면 그 증가분에 대하여 재산분할대상 재산에 포함시킬 수 있다.[55] 혼인 후 당사자 일방의 명의로 된 특유재산이라고 하더라도 타방 배우자가 적극적으로 그 특유재산의 유지에 협력하여 그 감소를 방지하였거나 그 증식에 협력하였다고 인정되는 경우에

---

53) 대법원 1993.5.11. 선고 93스6 판결.
54) 대법원 1999.6.11. 선고 96므1397 판결.
55) 대법원 2002.8.28. 선고 2002스36 판결.

는 분할의 대상이 될 수 있다.56)

④ 제3자 명의의 재산

재산이 비록 부부 일방의 명의로 되어 있거나 제3자 명의로 명의신탁되어 있으면 원칙적으로 재산분할의 대상에서 제외되지만 실제로 부부의 협력으로 획득한 재산임을 증명하면 재산분할의 대상이 된다.57)

⑤ 퇴직금

이혼 당시에 이미 수령한 퇴직금·연금 등은 재산분할의 대상이 될 수 있다.58) 그러나 장래에 수령할 퇴직금이 재산분할 대상인지의 여부에 관하여 종래의 판례는 부부 일방이 아직 퇴직하지 아니한 채 직장에 근무하고 있는 경우 그의 퇴직일과 수령할 퇴직금이 확정되었다는 등의 특별한 사정이 없다면, 그가 장차 퇴직금을 받을 개연성이 있다는 사정만으로 장래의 퇴직금을 청산의 대상이 되는 재산에 포함시킬 수 없고, 장래 퇴직금을 받을 개연성이 있다는 사정은 「민법」 제839조의2 제2항 소정의 재산분할의 액수와 방법을 정하는 데 필요한 '기타 사정'으로 참작되면 족하다고 하여 이를 부정하는 입장이었다.59) 그러나 최근에 그 입장을 바꾸어 퇴직금이 재산분할의 대상이 된다고 한다.

대법원은 퇴직급여를 수령하기 위하여는 일정기간 근무할 것이 요구되는 바, 그와 같이 근무함에 있어 상대방 배우자의 협력이 기여한 것으로 인정된다면 그 퇴직급여 역시 부부 쌍방의 협력으로 이룩한 재산으로서 재산분할의 대상이 될 수 있다고 한 뒤, 아직 퇴직하지 않은 경우에 퇴직급여채권을 재산분할의 대상에서 제외하고 단지 장래의 수령가능성을 재산분할의 액수와 방법을 정하는 데 필요한 기타 사정으로만 참작하는 것은 재산분할제도의 취지에 맞지 않고, 당사자 사이의 실질적 공평에도 반하여 부당하다고 하

---

56) 대법원 1998.2.13. 선고 97므1468 판결.
57) 대법원 1998.4.10. 선고 96므1434 판결.
58) 대법원 1995.5.23. 선고 94므1713,1720 판결.
59) 대법원 2002.8.28. 자 2002스36 판결.

였다. 이혼 당시 부부 일방이 아직 재직 중이어서 실제 퇴직급여를 수령하지 않았더라도 이혼소송의 사실심 변론종결 시에 이미 잠재적으로 존재하여 경제적 가치의 현실적 평가가 가능한 재산인 퇴직급여채권은 재산분할의 대상에 포함시킬 수 있으며, 구체적으로는 이혼소송의 사실심 변론종결 시를 기준으로 그 시점에서 퇴직할 경우 수령할 수 있을 것으로 예상되는 퇴직급여 상당액의 채권이 그 대상이 된다고 한다.[60]

⑥ 채무

혼인 중 부부 일방이 채무가 있는 경우 그것이 부부의 공동재산형성에 따른 채무이거나 일상가사에 관한 채무라면 재산분할의 대상이 될 수 있다.[61]

소극재산의 총액이 적극재산의 총액을 초과하여 재산분할을 한 결과가 결국 채무의 분담을 정하는 것이 되는 경우에도 법원의 채무의 성질, 채권자와의 관계, 물적 담보의 존부 등 일체의 사정을 참작하여 채무의 성질, 채권자와의 관계, 물적 담보의 존부 등 일체의 사정을 참작하여 이를 분담하는 것이 적합하다고 인정되는 경우 재산분할의 대상이 된다.[62]

【Theme- 재산분할청구를 면탈하기 위한 재산처분】

부부 A와 B는 잉꼬부부로 소문이 나 있었지만 사실은 잦은 불화로 인하여 각방을 쓰고 있다. 그러던 중 B는 A의 외도 사실을 알게 되었고 이혼을 결심하였다. B가 이혼을 결심한 후 변호사와 상담하고 있다는 것을 알게 된 A는 다수의 부동산을 B가 알지 못하게 미리 처분하기 시작하는데, 이 경우 B는 어떤 법적 조취를 취할 수 있는가?

위의 사례는 배우자 일방(A)이 재산분할 청구에 대비하여 재산을 다른 사람 앞으로 이전시켜 실제로 재산분할을 할 수 없게 만드는 경우에 해당된다. 이와 같이 부부 일방이 다른 일방의 재산분할청구권 행사를 해함을 알면서도 재산권을 목적으로 하는 법률행위, 즉 사해행위(詐害行爲)를 한 경우, 다른 일방은 「민법」의 채권자취소권(민법 §406①)을 준용하여 그 사해행위의 취소 및 원상회복을 청구할 수 있다(동법 §839의3①). 이러한 사해행위취소권은 이혼당사자 일방이 이혼에 따른 재산분할을 회피할 목적으로 제3자에게 재산을 이전하는 것을 막기 위한 제도이며, B는 이에 따라 A의 재산처분에 대하여 그 취소 및 원상회복을 가정법원에 청구할 수 있다.

---

60) 대법원 2014.7.16. 선고 2013므2250 판결.
61) 대법원 2002.8.28. 자 2002스36 판결.
62) 대법원 2013.6.20. 선고 2010므4017 전원합의체 판결.

(다) 면접교섭권

이혼 후 자녀를 직접 양육하지 않는 부모 일방과 자녀는 서로 만나고 대화할 수 있는 권리를 가지는데(민법 §837의2①) 이를 면접교섭권이라고 한다. 면접교섭권은 부모만 행사할 수 있는 것이 아니라 자녀도 행사할 수 있다. 면접교섭에는 직접적인 만남, 서신교환, 전화통화, 선물교환, 주말동안에 숙박하는 등 일정기간의 체재 등의 방법이 활용될 수 있다.

면접교섭권의 행사는 자녀의 복리를 우선적으로 고려해서 이루어져야 하며(민법 §912), 따라서 자녀가 부모를 만나고 싶어 하지 않거나 부모가 상습도박, 폭행 등의 친권상실사유에 해당하여 자녀의 복리를 위해 필요한 경우에는 당사자의 청구 또는 가정법원의 직권에 의해 면접교섭이 제한되거나 배제될 수 있다(동법 §837의2③).

면접교섭의 행사방법과 범위에 관해서는 부부가 협의해서 정하고, 협의가 이루어지지 않거나 협의할 수 없을 때에는 가정법원에서 정한다.

이혼 후 자녀를 직접 양육하지 않는 부모 일방의 직계존속은 그 부모 일방이 사망하였거나 질병, 외국거주, 그 밖에 불가피한 사정으로 자녀를 만나볼 수 없는 경우 가정법원에 자녀와의 면접교섭을 청구할 수 있다(민법 §837의2②전단). 이는 특별한 경우 친가 또는 외가 조부모의 면접교섭권을 인정하고 있는 것이며, 이 경우 가정법원은 자녀의 의사, 면접교섭을 청구한 사람과 자녀와의 관계, 청구의 동기, 그 밖의 사정을 참작해서 면접교섭의 허용여부를 결정하게 된다.

【Theme- 가장혼인과 가장이혼의 법적 효력】

가장혼인은 혼인신고를 하여 형식적인 혼인의 요건을 갖추었지만 실제로는 부부의 관계를 유지하지 않고 진정한 부부공동체를 형성할 목적이 아닌 다른 목적을 위한 혼인을 말한다. 이와 반대로 가장이혼은 실제로는 부부의 관계를 유지하면서 재산 은닉이나 탈세의 목적 등으로 서류상으로만 이혼하는 것을 말한다. 가장혼인과 가장이혼의 법적 효력은 다르며 아래의 사례를 살펴보며 그 차이점을 구별해보도록 한다.

<가장혼인 사례 1> 전문직 종사자인 A는 싱글라이프를 즐기며 살아가던 중 혼인적령기를 넘기자 부모님과 주변의 성화에 못 이겨 평소 잘 알고 지내던 동료 B에게

고민상담을 하게 되었다. 마침 비슷한 상황에 놓여있던 B는 서로의 사생활에 간섭하지 않고, 동거하지 않는다는 조건으로 계약 혼인을 할 것을 제안했고 A와 B는 약소하게 혼인식을 올리고 혼인신고도 마쳤다.

<가장혼인 사례 2> 중국 국적의 조선족 여성인 A는 한국에 들어와 취업을 하고 싶었고, 중국에서 가이드 일을 하던 한국인 남성 B는 A의 사정을 듣고 도와주고자 하였다. 둘은 진정한 부부관계를 형성할 의사 없이 형식상 혼인하기로 한 후 혼인신고를 하였고, A는 B와 함께 한국으로 입국하였지만 각자 다른 집에서 생활하면서 취업을 하게 되었다.

「민법」 제815조 제1호는 '당사자 간에 혼인의 합의가 없는 때'에는 그 혼인은 무효로 한다고 규정하고 있다. 판례에 따르면 당사자 사이에 비록 혼인에 관하여 의사의 합치가 있었다고는 하나 그것이 단지 '다른 목적을 달성하기 위한 방편에 불과한 것'으로서 당사자 사이에 정신적, 육체적 결합을 할 의사를 갖고 있지 않은 경우 그 혼인은 효력이 없다고 밝히고 있다(대법원 1996.11.22. 선고 96도2049 판결). 따라서 실질적 성립요건인 '혼인의 합의'를 갖추지 않고 형식적으로 혼인신고를 한 위의 사례 1, 2 모두 가장혼인으로서 '무효'이다.

<가장이혼 사례> 사업가 A는 자신이 하던 사업이 잘 운영되어 사업을 더욱 크게 확장할 목적으로 많은 채무를 지게 되었는데 최근 사업이 잘 되지 않자 빚 독촉을 받는 일이 잦아졌다. 이에 아내 B와 짜고 협의이혼을 하기로 결정하고, 자신 명의의 부동산을 모두 아내의 명의로 등기를 이전하였다. 그 이후 고의적으로 부도를 낸 후 A는 채권자들을 피해 잠시 집을 나와 시골로 내려가 살면서 아내가 있는 집에는 수시로 오고가며 지내고 있었다. 그러나 1년 후 아내 B는 새로운 사람 C를 만나 새 출발을 하게 되었고 그와 혼인하기 위해 A에게 받은 집을 처분하려고 할 때 A는 자신들의 이혼이 가장이혼이었음을 주장하기에 이르렀다.

「민법」 제834조에 따르면 부부는 협의에 의하여 이혼할 수 있다고 규정하고 있으나 부부일방의 빚이나 재산의 은닉, 그리고 여러 가지 다른 목적으로 가장이혼을 하는 경우가 발생한다. 판례에 의하면 협의이혼에 있어서의 '이혼의 의사'는 '법률상의 부부관계를 해소하려는 의사'를 말한다 할 것이므로, 일시적으로나마 그 법률상의 부부관계를 해소하려는 당사자 사이의 합의하에 이혼신고가 된 이상, 그 협의이혼에 다른 목적이 있다 하더라도 당사자사이에 이혼의 의사가 없다고는 말할 수 없고 따라서 그 협의이혼은 무효로 되지 않는다고 한다(대법원 1993.6.11. 선고 93므171 판결). 또한 판례는 협의상 이혼이 가장이혼으로서 무효로 인정되려면 누구나 납득할 만한 특별한 사정이 인정되어야 하고, 그렇지 않으면 이혼당사자 간에 일시적으로나마 법률상 이혼을 할 의사가 있었다고 보는 것이 이혼신고의 법률상 및 사실상의 중대성에 비추어 상당하다고 판단하였다(대법원 1997.1.24. 선고 95도448 판결). 따라서 위 사례의 가장이혼은 '유효'하다.

제4절 사망과 상속

1. 상속제도

법은 사망한 사람의 유족에게 일정한 몫을 남겨줄 수 있는 상속을 규정하고 있다. 상속이란 사람이 사망한 경우 그가 살아있을 때의 재산상의 지위가 법률의 규정에 따라 특정한 사람에게 포괄적으로 승계되는 것을 말한다(민법 §1005). 여기에서의 사망에는 실종선고와 인정사망이 포함된다. 상속은 사람(피상속인)이 '사망'한 때로부터 개시된다(동법 §997). 피상속인이란 사망으로 인하여 상속재산을 물려주는 사람을 말하며, 상속인이란 피상속인의 사망으로 상속재산을 물려받는 사람을 말한다. 상속은 법정상속과 유언에 의하여 지정되는 지정상속으로 나뉜다. 유언이 있는 경우 유언에 의해서 상속하고 유언이 없는 경우 법정상속에 따른다. 상속은 피상속인의 주소지에서 개시된다(동법 §998).

〈실종선고와 인정사망의 비교〉

	실종선고	인정사망
의의	부재자의 생사불명 상태가 일정기간 계속되어 사망을 증명할 수 없으나 사망의 가능성이 높아 생존을 기대할 수 없는 경우에 이해관계인이나 검사의 청구에 의한 가정법원의 선고(민법 §27)	수해·화재 그 밖의 사변으로 인하여 사망한 것이 확실하다고 인정되나 시체의 미발견 등으로 사망을 확신할 수 없는 경우에 그 조사를 집행한 관공서가 이를 사망이라고 인정하고 가족관계등록부에 사망을 기재하는 것 (가족관계의 등록 등에 관한 법률 §87)
사망시점	실종기간이 만료된 때	가족관계등록부에 기록된 사망일
효과	사망으로 의제(간주)	사망으로 추정
번복	실종선고 취소 청구	사실의 입증

(1) 상속인과 상속의 순위

상속인으로 되는 자는 자연인이어야 하므로 법인은 상속을 받을 수 없고 유언을 통한 재산처분인 유증만 받을 수 있다. 상속인은 상속개시 시점에 생존하고 있어야 하며, 태아는 상속순위에 관하여 이미 출생한 것으로 본다(민법 §1000③). 따라서 태아, 이혼 소송 중인 배우자, 인지된 혼외자, 양자, 양부모, 친양자, 친양부모, 양자를 보낸 친생부모 등은 상속인이 될 수 있고, 적모서자·계모자 관계, 사실혼의 배우자, 상속결격자, 친양자를 보낸 친생부모는 상속인이 될 수 없다.

상속에 있어서는 다음 순위로 상속인이 된다(동법 §1000①):

> 1. 피상속인의 직계비속
> 2. 피상속인의 직계존속
> 3. 피상속인의 형제자매
> 4. 피상속인의 4촌 이내의 방계혈족

피상속인에게 4순위 상속인까지 모두 없는 경우 피상속인의 재산은 국가에 귀속된다. 이때는 피상속인의 적극재산만 국가에 귀속되고 소극재산인 채무는 귀속되지 않는다.

자녀가 여러 명인 경우와 같이 같은 순위 내에서 촌수가 같은 자가 여러 명일 때 이들은 공동상속인이 된다.

배우자의 상속순위는 유동적이어서 1순위인 직계비속이 있는 경우에는 직계비속과 같은 순위로 공동상속인이 되며, 직계비속이 없는 경우에는 2순위인 직계존속과 공동상속인이 된다. 직계비속과 직계존속이 모두 없는 경우에는 배우자가 단독상속인이 된다(동법 §1003①).

(2) 대습상속

대습상속(代襲相續)이란 "상속인이 될 직계비속 또는 형제자매(피대습인)"가 상속개시 전에 사망하거나 결격자가 된 경우에 그의 직계비속이나 배우자가 있는 때에는 피대습인의 직계비속이 사망하거나 결격된 사람의 순위에 갈음하여 상속인이 되는 제도이다.

상속포기는 대습원인이 아니므로 대습상속이 발생하지 않는다. 이에 대하여 판례는 상속포기의 효력은 피상속인의 사망으로 개시된 상속에만 미치고, 그 후 피상속인을 피대습자로 하여 개시된 대습상속에까지 미치지는 않는다고 하면서 대습상속은 상속과는 별개의 원인으로 발생하는 것인 데다가 대습상속이 개시되기 전에는 이를 포기하는 것이 허용되지 않기 때문이라고 하였다.63)

대습상속인은 피대습인의 직계비속 또는 배우자이고(동법 §§1001·1003②), 직계비속에는 친손자녀, 외손자녀 모두가 포함된다. 상속인이 될 직계비속이 피상속인과 동시에 사망한 경우에도 대습상속이 인정된다.64)

【Theme- 항공기추락으로 인한 대습상속 사례】
　　재력가 A는 아내의 생일을 맞이하여 아내, 딸, 아들, 며느리, 손자, 손녀를 데리고 괌으로 여행을 떠났고 사위 B는 회사일로 함께 가지 못하였다. 불행하게도 괌으로 향하던 비행기는 기상악화로 인하여 미합중국의 자치령 괌의 니미츠 언덕(Nimitz Hill)에서 추락하게 되었고 탑승 중이던 가족 전원은 모두 사망하였다. 당시 A에게는 다른 직계비속이나 직계존속은 없었고, A의 재산을 두고 A의 형제(형 C와 동생 D)들과 사위 B 사이에는 다툼이 있었다. 이 경우 A의 재산은 누구에게 상속되는가?
　　「민법」 제30조 (동시사망)에 의하여 동일한 위난에 의하여 사망한 수인의 사망자 중 사망의 전후를 증명할 수 없을 때에는 '동시에 사망한 것'으로 추정한다. 이 경우에 사망의 전후관계는 상속에 있어서 중요한 문제이지만 누가 먼저 사망하였는지 증명하기 곤란하다. 엄밀한 의미의 동시사망은 상상하기 어려운 것이나 사망의 선후를 입증할 수 없는 경우 동시에 사망한 것으로 다루는 것이 결과에 있어 가장 공평하고 합리적이라고 볼 수 있다. 위 사례는 다음의 두 가지 경우를 검토해볼 수 있다.
　　<상속인(딸)이 피상속인(아버지)보다 먼저 사망한 경우>
　　상속인이 될 직계비속(딸)이 상속 개시(아버지의 사망) 전에 사망하였다면 「민법」 제1001조에 의하여 대습상속이 이루어진다. 따라서 사위 B가 상속인이 된다.
　　<피상속인이 상속인보다 먼저 사망한 경우>
　　아버지 A가 딸보다 먼저 사망하게 되면 아버지의 재산은 법정상속인인 딸에게 상속되고, 그 이후 딸이 사망하게 되면 본위상속에 따라 남편인 사위 B가 법정상속인이 된다.

---

63) 대법원 2017.1.12. 선고 2014다39824 판결. 2인 이상이 동일한 위난으로 사망한 경우에는 동시에 사망한 것으로 추정한다(민법 §30).
64) 대법원 2001.3.9, 99다13157 판결.

따라서 두 가지 경우 모두에서 상속인은 사위 B가 되므로, 사위 B는 단독상속을 받게 된다. 대법원에 따르면 대습상속제도는 대습자의 상속에 대한 기대를 보호함으로써 공평을 꾀하고 생존 배우자의 생계를 보장하여 주려는 것이고, 또한 동시사망 추정규정도 자연과학적으로 엄밀한 의미의 동시사망은 상상하기 어려운 것이나 사망의 선후를 입증할 수 없는 경우 동시에 사망한 것으로 다루는 것이 결과에 있어 가장 공평하고 합리적이라고 보았다. 또한 「민법」 제1001조의 상속인이 될 직계비속이 '상속개시 전에 사망한 경우'에는 상속인이 될 직계비속이 '상속개시와 동시에 사망한 것으로 추정되는 경우'도 포함하는 것으로 보았다.[65]

(3) 상속결격

상속결격이란 상속인에게 법이 정한 사유가 발생하게 되면 이를 확정하는 재판상의 선고를 기다리지 않고 법률상 당연히 상속인이 피상속인을 상속할 지위를 잃는 것을 말한다. 다음 각 호의 어느 하나에 해당한 자는 상속인이 되지 못한다(민법 §1004):

1. 고의로 직계존속, 피상속인, 그 배우자 또는 상속의 선순위나 동순위에 있는 자를 살해하거나 살해하려한 자
2. 고의로 직계존속, 피상속인과 그 배우자에게 상해를 가하여 사망에 이르게 한 자
3. 사기 또는 강박으로 피상속인의 상속에 관한 유언 또는 유언의 철회를 방해한 자
4. 사기 또는 강박으로 피상속인의 상속에 관한 유언을 하게 한 자
5. 피상속인의 상속에 관한 유언서를 위조·변조·파기 또는 은닉한 자

상속결격사유에 해당하는 상속인은 상속결격자가 되어 상속을 받지 못하며, 유증을 받을 수도 없다. 다만 대습상속에는 영향을 끼치지 아니하므로 결격자의 직계비속이나 배우자는 대습상속을 받을 수 있다. 결격은 상속이 개시되기 전에 결격된 경우뿐만 아니라 상속이 개시된 후에 결격이 된 경우도 포함된다. 상속결격의 효과는 상속 개시시에 소급하기 때문이다.[66]

---

[65] 대법원 2001.3.9. 선고 99다13157 판결.
[66] 송덕수, 앞의 책, 1650면.

(4) 상속권 상실 선고

상속권 상실 선고제도[67]란 피상속인의 직계존속으로서 상속인이 될 사람이 피상속인에 대한 부양의무를 중대하게 위반하거나 중대한 범죄행위 또는 그 밖에 심히 부당한 대우를 한 경우 등에는 피상속인의 유언 또는 공공상속인 등의 청구에 따라 가정법원이 상속권의 상실을 선고할 수 있도록 하는 제도이다. 이 제도는 자녀가 어린 시절 양육의무를 제대로 다하지 않은 부모가 자녀의 사망으로 자녀의 상속인이 되는 경우가 발생하지 않도록 상속자격을 제한해야 한다는 사회적 요청이 받아들여진 결과이다.

상속권을 상실시키는 방법에는 피상속인의 유언에 의한 방법과 가정법원의 선고에 의한 방법이 있다.

유언에 의하여 상속권을 상실시키기 위해서는 상속인으로 될 자가 미성년자인 자녀에 대한 부양의무를 중대하게 위반하였거나, 자녀 또는 자녀의 배우자나 손자녀에게 중대한 범죄행위를 하거나 그밖에 심히 부당한 대우를 한 경우에 자녀는 공정증서에 의한 유언으로 상속권 상실의 의사를 표시할 수 있다. 상속이 개시되면 유언집행자는 가정법원에 그 사람의 상속권 상실을 청구하여야 한다.

피상속인이 유언을 남기지 않고 사망한 경우에는 공동상속인은 가정법원에 상속권 상실을 청구할 수 있다. 이 경우 상속인에게는 미성년 자녀에 대한 부양의무를 심히 부당히 위반하였거나 또는 자녀에게 중대한 범죄행위를 하거나 그밖에 심히 부당한 대우를 한 사유가 있는 경우에 한하여 가정법원에 상속권 상실의 청구를 할 수 있게 되고, 상속권 상실 청구는 위와 같은 사유가 있는 사람이 상속인이 되었음을 안 날부터 6개월 이내에 청구하여야 한다.

가정법원은 상속권 상실을 청구하는 원인이 된 사유의 경위와 정도, 상속인과 피상속인의 관계, 상속재산의 규모와 형성 과정 및 그 밖의 사정을 종

---

[67] 2026년 1월 1일부터 시행.

합적으로 고려하여 제1항, 제3항 또는 제4항에 따른 청구를 인용하거나 기각할 수 있다.

(5) 상속회복청구권

1) 상속회복청구권의 개념

상속회복청구권이란 진정한 상속인이 아님에도 사실상의 상속을 한 참칭상속인으로 인하여 상속권이 침해된 경우에 상속권자 또는 그 법정대리인이 그 침해의 회복을 위해 갖게 되는 청구권을 말한다(민법 §999①). 이는 전적으로 진실한 상속인을 보호하기 위해서 인정된 권리이다.

2) 상속회복청구의 상대방

상속회복청구의 상대방은 참칭상속인이다. 참칭상속인이란 상속권이 없으면서 자기가 상속권이 있는 상속인이라고 주장하여 재산상속인인 것을 신뢰하게 하는 외관을 갖추고 있는 자뿐만 아니라 진정한 상속인의 상속 재산의 전부나 일부를 소유 또는 점유하는 사람을 말한다.[68] 공동상속인의 한 사람이 다른 상속인의 상속권을 부정하고 자기만이 상속권이 있다고 주장하거나 자기의 상속 지분을 넘어 다른 공동상속인의 상속분을 침해하여도 참칭상속인에 해당한다.[69] 또한 상속결격자, 무효혼인의 배우자, 무단으로 상속재산의 전부나 일부를 점유하고 있는 사람도 여기에 해당한다. 상속재산이 참칭상속인 등에 의하여 제3자에게 처분된 경우에도 상속 회복 청구권의 행사가 가능하다.[70]

3) 상속회복청구권의 소멸

상속회복청구권은 그 침해를 안 날부터 3년, 상속권의 침해행위가 있은 날부터 10년을 경과하면 소멸한다(민법 §999②).

---

68) 대법원 1991.2.22. 선고 90다카19470 판결.
69) 김주수·김상용, 앞의 책, 529면.
70) 대법원 1981.1.27. 선고 79다854 전원합의체 판결.

(6) 상속의 승인과 포기

상속인이 상속재산을 조사한 뒤 상속으로 인하여 물려받을 재산과 채무를 비교하여 다음과 같이 상속의 승인·포기 등을 결정하는 것이 좋다. 상속은 피상속인의 모든 재산상의 권리의무를 상속인에게 승계하는 것으로, 피상속인의 적극재산 뿐만 아니라 소극재산인 채무까지도 상속된다. 그러므로 상속인은 상속으로 인하여 물려받을 재산과 채무를 비교하여 상속의 승인과 포기를 결정할 수 있다.

1) 단순승인

상속의 단순승인은 상속의 효과를 거부하지 않는다는 의사표시를 말하는 것으로 피상속인의 권리와 의무를 제한 없이 상속받는 것이다(민법 §1025). 상속인이 상속재산에 대한 처분행위를 한 때, 상속인이 상속개시가 있음을 안 날로부터 3개월 이내에 한정승인 또는 포기를 하지 아니한 때, 상속인이 한정승인 또는 포기를 한 후에 상속재산을 은닉하거나 부정소비하거나 고의로 재산목록에서 누락시킨 경우에는 단순승인을 한 것으로 본다(동법 §1026).

상속인은 상속개시 있음을 안 날로부터 3개월 내에 단순승인을 할 수 있고, 이해관계인 또는 검사의 청구에 의하여 가정법원이 이 기간을 연장할 수 있다(동법 §1019①).

2) 한정승인

상속의 한정승인은 상속으로 취득하게 될 재산의 한도에서 피상속인의 채무와 유증을 변제하는 것을 조건으로 상속을 승인하는 것이다. 상속인이 여러 명인 때에는 각 상속인은 그 상속분에 따라 취득할 재산의 한도에서 그 상속분에 의한 피상속인의 채무와 유증을 변제할 것을 조건으로 상속을 승인할 수 있다(민법 §1029). 한정승인을 하게 되더라도 상속채무 자체가 감축되는 것은 아니고 채무는 그대로 유지된 채로 한정승인자의 책임이 감축될 뿐이다.

한정승인은 상속개시가 있음을 안 날로부터 3개월 이내에 상속재산의 목록을 첨부하여 상속개시지의 가정법원에 한정승인의 신고를 하여야 한다(민법 §1030①). 한편 상속인이 상속채무가 상속재산을 초과하는 사실을 중대한 과실 없이 상속개시가 있음을 안 날로부터 3개월 이내에 알지 못하고 단순승인을 한 경우에는, 상속인은 그 사실을 안 날부터 3개월 이내에 특별히 한정승인을 할 수 있는데 이를 '특별한정승인'이라고 한다(동법 §1019③). 특별한정승인은 상속채무를 뒤늦게 발견한 상속인의 재산권을 보호하려는 데 그 입법 취지가 있고, 상속채무의 내용이나 법적 성격에 따라 상속인 간에도 채무초과사실을 알게 되는 시점이 달라질 수 있는 점 등을 고려할 때, 위에서 말하는 '중대한 과실'은 상속인의 나이, 직업, 피상속인과의 관계, 친밀도, 동거 여부, 상속개시 후 생활 양상, 생활의 근거지 등 개별 상속인의 개인적 사정에 비추어 상속재산에 대한 관리의무를 현저히 결여한 것을 뜻한다.[71]

미성년자가 상속인이 된 경우 미성년자를 보호하기 위해서 비록 미성년자인 상속인이 상속채무가 상속재산을 초과하는 상속을 성년이 되기 전에 단순승인한 경우에는 성년이 된 후 그 상속의 상속채무 초과사실을 안 날부터 3개월 내에 한정승인을 할 수 있도록 하였다(동법 §1019④ 전단). 미성년자인 상속인이 한정승인을 하지 아니하였거나 할 수 없었던 경우에도 성년이 된 후 그 상속의 상속채무 초과사실을 안 날로부터 3개월 내에 한정승인을 할 수 있다(동법 §1019④ 후단).

3) 상속포기

상속포기란 상속채무가 상속재산보다 많은 경우에 상속인이 피상속인의 재산상의 권리의무를 승계하는 것을 거부하는 의사표시를 말한다. 상속인이 상속을 포기할 때에는 상속개시 있음을 안 날로부터 3개월 이내에 가정법원에 상속포기 신고를 하여야(민법 §1041) 법률상 유효한 포기가 된다. 상속의 포기는 상속재산 전부에 대해 해야 한다. 포기에 기한이나 조건을 붙여서도

---

[71] 서울가법 2006.3.30. 자 2005브85 판결.

안 되며 일단 포기신고가 수리된 때에는 원칙적으로 취소할 수 없다. 이러한 요건 하에 상속을 포기하면 상속 개시 당시에 소급하여 상속의 효력은 없어지고(동법 §1042), 상속인이 수인인 경우, 자기 상속분을 포기하면 포기된 상속분은 다른 상속인들이 자기 상속분의 비율대로 인수하게 된다(동법 §1043). 따라서 채무에 대한 책임을 면하기 위해서는 상속순위에 있는 모든 상속인들이 포기하여야 한다.

예컨대, 사업가인 아버지는 어머니와 이혼을 한 후 지방으로 떠났고, 외아들인 A는 사업에 바쁜 아버지를 잘 만나지 못한 채 자랐다. 어느 날 아버지가 병으로 돌아가셨다는 소식을 듣게 되었고 아버지는 사시던 집의 임차보증금인 3,000만 원을 남기고 유언 없이 돌아가셨다. 아직 직장이 없어 모아둔 돈이 없던 A는 아버지의 임차보증금으로 장례식을 치르게 되었는데, 며칠 뒤 사채업자가 찾아와 아버지의 빚이 3억 원이라며 차용증을 들이밀며 이를 A에게 갚을 것을 독촉하였다면 A는 아버지의 빚을 갚아야 할까? 상속재산보다 채무(빚)가 많은 경우 상속포기를 할 수 있다. 그러나 A가 상속포기 신고를 하기 전에 이미 아버지의 임차보증금을 처분하여 장례식 비용으로 사용했고 이는 「민법」 제1026조에 의해 상속인이 상속재산에 대한 처분행위를 한 때에 해당되어 단순승인을 한 것이 된다. 따라서 A는 상속포기를 할 수 없고 아버지의 빚 3억 원을 갚아야 한다. 하지만 이 경우에도 상속채무가 상속재산을 초과하는 사실을 중대한 과실 없이 알지 못한 채 상속재산에 대한 처분행위를 한 상속인은 그 사실을 안날부터 3월 내에 특별한정승인을 할 수 있다(동법 §1019③). 특별한정승인을 하게 되면 아버지의 빚 3억 원은 갚지 않아도 된다.

(7) 상속분

공동상속인이 상속재산에 대해 가지는 비율을 상속분이라고 한다. 누구에게 얼마를 상속받게 할 것인지 생전에 유언으로 지정해 놓은 경우에는 이 지정상속분이 우선하여 적용되고, 유언이 없는 경우에는 법에서 정한 비율(법정상속분)대로 상속된다. 「민법」은 동순위의 상속인이 수인일 때 그 상속분은 균분상속 한다고 정하고 있다(§1009①). 다만 배우자의 상속분은 직계비속과 공동으로 상속하는 때에는 직계비속의 상속분에 5할을 가산하고, 직계존속과 공동으로 상속하는 때에는 직계존속의 상속분에 5할을 가산한다(민법 §1009②). 예를 들면 상속인이 배우자와 아들, 딸이라면 1.5 : 1 : 1 의 비율로 상속받게 된다.

1) 특별수익자의 상속분

공동상속인 중에 피상속인으로부터 재산의 증여 또는 유증을 받은 특별수익자가 있는 경우에는 이러한 증여 또는 유증의 가액을 참작하지 않으면 공동상속인들 사이에 불공평이 발생할 수 있다.[72] 따라서 공동상속인 중에 피상속인으로부터 재산의 증여 또는 유증을 받은 특별수익자가 있는 경우에 그 수증재산이 자기의 상속분에 달하지 못한 경우에는 그 부족한 부분의 한도에서 상속분이 있다고 규정하고 있다(민법 §1008). 특별수익에는 주택구입, 혼수비용 등 혼인 준비자금, 학비, 유학자금 등 다른 자녀에게는 증여되지 않은 교육비용 등이 있다.

공동상속인 중에 특별수익자가 있는 경우의 구체적인 상속분의 산정을 하기 위해서는, 우선 피상속인이 상속개시 당시에 가지고 있던 재산의 가액에 생전 증여의 가액을 가산한 후, 이 가액에 각 공동상속인별로 법정상속분율을 곱하여 상속분의 가액을 정한다. 이때 산출된 상속분의 가액이 각각의 공동상속인의 법정상속분이 되고, 특별수익자는 이 가액에서 수증재산인 증여 또는 유증의 가액을 공제한 것이 된다.[73]

2) 기여분

상속인 중에서 상당한 기간 동거·간호 그 밖의 방법으로 피상속인을 특별히 부양하거나 피상속인의 재산의 유지 또는 증가에 특별히 기여한 자가 있다면, 공동상속인들과의 협의로 '그 기여에 대한 일정 보상액'(기여분)을 정할

---

72) 지원림, 앞의 책, 2022, 2149면.
73) 대법원 1995.3.10. 선고 94다16571 판결.

수 있다.

공동상속인 중에서 기여자가 있는 경우에는 상속개시 당시의 피상속인의 재산가액에서 기여자의 기여분을 공제한 것을 상속재산으로 보고 법정 상속분에 따라 산정한다. 이때 기여자의 경우에는 그 법정상속분에 기여분을 가산하여 상속분을 계산한다(민법 §1008의2①).

기여분제도는 공동상속인 사이의 실질적 공평을 도모하려는 것이므로, 기여분을 인정하기 위해서는 공동상속인 사이의 공평을 위하여 상속분을 조정하여야 할 필요가 있을 만큼 피상속인을 특별히 부양하였다거나 피상속인의 상속재산의 유지 또는 증가에 특별히 기여하였다는 사실이 인정되어야 한다.[74]

기여분을 얼마로 정할 것인지에 대한 협의가 되지 않거나 협의할 수 없는 때에는 기여자는 가정법원에 기여분을 결정해 줄 것을 청구할 수 있고, 가정법원은 기여의 시기·방법·그 밖의 사정 등을 고려하여 기여분을 정한다(동조②).

기여분은 상속이 개시된 때의 피상속인의 재산가액에서 유증의 가액을 공제한 액을 넘지 못한다(동조③). 이는 기여분보다 유증을 우선시키기 위함이다.[75] 한편 기여분은 유류분반환청구의 대상이 아니다. 따라서 기여분으로 인하여 유류분의 부족이 생겨도 기여분에 대하여 반환 청구할 수 없다. 기여분은 상속재산분할의 전제 문제로서의 성격을 가지는 것으로서, 상속인들의 상속분을 일정 부분 보장하기 위하여 피상속인의 재산처분의 자유를 제한하는 유류분과는 서로 관계가 없다.[76]

(8) 상속인의 부존재와 상속재산의 처리

1) 상속인 부존재시의 상속재산의 처리

상속인의 부존재는 상속인의 존부가 분명하지 않은 것을 말한다. 상속인

---

[74] 서울가법 2006.5.12. 자 2005느합77 결정.
[75] 송덕수, 앞의 책, 1664면.
[76] 대법원 2015.10.29. 선고 2013다60753 판결.

의 부존재시에는 피상속인의 친족(8촌 이내의 혈족, 4촌 이내의 인척 및 배우자), 이해관계인(상속채권자, 유증 받은 사람 등), 검사의 청구에 의하여 상속재산관리인을 선임하여 이를 공고하여야 한다(민법 §1053). 공고일로부터 3개월 내에 2개월 이상의 기간을 정하여 상속채권자는 채권을 신고할 것과 유증 받은 자는 이를 신고할 것을 공고하여야 한다(동법 §1056①). 2개월의 기간이 경과하여도 상속인의 존부를 알 수 없는 때에는 법원은 관리인의 청구에 의하여 상속인이 있으면 일정한 기간 내에 그 권리를 주장할 것을 공고하여야 하고, 그 기간은 1년 이상이어야 한다(동법 §1057). 이를 '상속인 수색 공고'라고 한다. 가정법원에 의한 상속인수색의 공고에 정해진 기간 내에 상속권을 주장하는 자가 없고 상속인수색의 공고기간이 경과된 후 2개월이 지나도 특별연고자가 상속재산분여의 청구를 하지 않은 경우에는 상속재산은 국가에 귀속된다(동법 §1058). 국가는 채무를 제외한 재산만을 취득하며, 이런 절차에 따라 상속 재산이 일단 국가에 귀속되면 그 후에는 상속 채권자나 유증을 받은 자도 국가에 대하여 변제를 청구하지 못한다(동법 §1059).

2) 특별연고자에 대한 분여

상속인수색공고기간 내에 상속권을 주장하는 사람이 없는 때에는 특별연고자는 상속재산분여를 청구할 수 있고, 특별연고자의 심판청구가 타당하다고 인정되면 가정법원은 상속재산의 전부 또는 일부를 분여(分與)할 것을 심판으로 결정한다(민법 §1057의2①). 여기에서 '특별연고자'란 피상속인이 사망할 당시에 특별한 연고가 있는 사람을 말하며, 피상속인과 생계를 같이 하고 있던 사람, 피상속인의 요양간호를 한 사람[77], 사실혼 관계에 있던 사람 등이 해당된다.

2. 유류분

피상속인은 자기의 재산을 자유로이 처분할 수 있다. 그러나 모든 재산을

---

[77] 임금을 받고 요양간호를 한 경우에도 특별연고자에 해당한다.

유족이 아닌 제3자에게 처분하거나 사회에 기부를 하게 된다면 남아 있는 가족들의 생활의 안정을 해치고 상속인의 상속권에 침해를 발생시킬 수 있다. 이에 상속인의 법정상속분 중 일정비율을 상속인의 재산으로 보장하는 유류분제도를 통하여 유언에 의한 재산 처분의 자유를 인정하면서, 다른 한편으로는 유족의 보호를 위해 그 자유를 일정한 범위까지는 제한하고 있는 것이다.

유류분(遺留分)이 인정되는 사람은 배우자, 피상속인의 직계비속(태아도 포함), 피상속인의 직계존속이다. 피상속인의 형제자매에 대한 유류분 규정에 대해서 최근 헌법재판소의 위헌결정[78]이 내려지면서 피상속인의 형제자매는 유류분권리자에서 빠졌다.

상속인의 유류분은 다음 각호에 의한다(민법 §1112)[79]:
    1. 피상속인의 직계비속은 그 법정상속분의 2분의 1
    2. 피상속인의 배우자는 그 법정상속분의 2분의 1
    3. 피상속인의 직계존속은 그 법정상속분의 3분의 1

유류분은 피상속인의 상속개시시에 있어서 가진 재산의 가액에 증여재산의 가액을 가산하고 채무의 전액을 공제하여 이를 산정한다(민법 §1113①).

유류분권리자가 피상속인의 증여 및 유증으로 인하여 그 유류분에 부족이 생긴 때에는 부족한 한도에서 그 재산의 반환을 청구할 수 있고, 이를 유류분반환청구권이라고 한다. 이 경우에 증여를 받은 사람이 여러 명인 때에는 각자가 받은 증여가액의 비례로 반환해야 한다(동법 §1115). 다만 증여를 받은 자와 유증을 받은 자가 모두 존재하는 경우에는 먼저 피상속인의 유언으로 한 '유증'을 먼저 반환받을 수 있고, 그 후에도 부족분이 생기는 경우 피상속인의 생전에 한 '증여'에 대하여 다시 반환을 청구할 수 있다(동법 §1116).

---

[78] 헌법재판소 2024.4.25. 선고 2020헌가4 전원재판부 결정,
[79] 피상속인의 직계비속, 배우자, 직계존속의 유류분에 대해서도 헌법재판소는 유류분상실제도의 미비, 기여분 제도와의 단절 등의 내용에 대하여 헌법불합치 결정을 내림에 따라 민법 제1112조가 개정될 예정이다. 다만 동조는 2025년 12월 31일을 시한으로 입법자가 개정할 때까지 계속해서 효력을 유지한다.

헌법재판소 2024.4.25. 선고 2020헌가4 전원재판부 결정

<배경> 이 헌법재판소 전원재판부 결정은 별개의 소송 계속 중 소송당사자들이 수소법원에 위헌 제청신청을 하여 법원이 이를 받아들여 헌법재판소에 위헌제청한 사건들(2020헌가4, 2021헌가29 등 14개 사건)과 별개의 소송 계속 중 소송당사자들이 수소법원에 위헌 제청신청을 하였으나 수소법원이 이를 받아들이지 않아서 당사자들이 헌법재판소에 헌법소원 신청을 한 사건들(2020헌바295, 2021헌바72, 2021헌바91 등 50개 사건)을 병합하여 심판한 결정이다. 위헌제청 사건들 가운데 2020헌가4 사건의 사실관계는 망 김A(2019. 1. 1. 사망)는 배우자로 이B와 자녀로 딸 김C, 아들 김D를 두었는데, 김D는 2019. 8. 29. 망 김A가 생전에 이B 및 김C에게 부동산 등을 증여하여 자신의 유류분이 침해되었다고 주장하면서 이B 및 김C를 상대로 유류분의 반환을 청구하는 소를 제기하였고(서울중앙지방법원 2019가합559939), 당해사건 법원은 소송계속 중 직권으로 민법(1977. 12. 31. 법률 제3051호로 개정된 것, 이하 같다) 제1112조, 제1113조 및 제1118조에 대하여 2020. 3. 2. 이 사건 위헌법률심판을 제청하였다. 위헌제청 사건인 2021헌가29 사건의 사실관계는 망 이E(2019. 11. 12. 사망)은 자녀로 이F, 이G, 이H, 이I를 두었다. 이G는 2021. 3. 29. 망 E가 토지를 이F에게 유증하여 자신의 유류분이 침해되었다고 주장하면서 이F를 상대로 유류분의 반환을 청구하는 소를 제기하였다(부산지방법원 동부지원 2021가합102248). 이F는 소송계속 중 유류분에 관한 민법 제1112조에 대하여 위헌법률심판제청신청을 하였고(부산지방법원 동부지원 2021카기100939), 당해사건 법원은 이를 받아들여 2021. 11. 17. 이 사건 위헌법률심판을 제청하였다. 헌법소원 사건들 가운데 2020헌바295 사건의 사실관계는 망 유J(2017. 10. 6. 사망)는 자녀로 아들 안K, 딸 안L과 안M을 두었고, 이N는 안K의 배우자(망 유J의 며느리)이며, 안O, 안P는 안K의 아들(망 유E의 손자)인데, 안L과 안M은 망 유J가 생전에 이N, 안O, 안P에게 부동산을 증여하여 자신들의 유류분이 침해되었다고 주장하면서 이N, 안O, 안P를 상대로 유류분의 반환을 청구하는 소를 제기하여 승소하였고(수원지방법원 성남지원 2018가단206188), 이에 이N, 안O, 안P는 항소하였는데(수원지방법원 2019나57372), 이N, 안O, 안P는 항소심 계속 중 민법 제1114조 후문에 대하여 위헌법률심판제청신청을 하였으나, 2020. 4. 21. 기각되었고(수원지방법원 2020카기20232), 2020. 5. 20. 이 사건 헌법소원심판을 청구하였다. 헌법소원 사건인 2021헌바72 사건의 사실관계는 망 김Q(2019. 5. 3. 사망)는 자녀로 김R, 김S, 민T, 민U를 두었다. 망 김L은 생전에 유럽인문학을 전공하는 대학(원)생들을 지원하기 위한 '재단법인 ○○장학재단'(이하 '장학재단'이라 한다)을 설립하였고, 이후 부동산 및 채권을 장학재단에 유증하였다. 김S는 2020. 4. 29. 위와 같은 유증으로 인하여 자신의 유류분이 침해되었다고 주장하면서 장학재단 등을 상대로 유류분의 반환을 청구하는 소를 제기하였다(서울중앙지방법원 2020가합538884). 장학재단 등은 소송계속 중 민법 제1112조 등에 대하여 위헌법률심판제청신청을 하였으나, 2021. 2. 15. 기각 및 각하되었고(서울중앙지방법원 2020카기51679), 2021. 3. 22. 이 사건 헌법소원심판을 청구하였다.

<심판대상> 민법은 유류분과 관련하여, ① 유류분권리자를 직계비속·배우자·직계존속·형제자매로 정하고 각 유류분을 법정상속분의 2분의 1 또는 3분의 1로 규정한 제1112조, ② 유류분 산정의 기초재산 범위 및 조건부·불확정부 권리의 산정을 규정한 제1113조, ③ 유류분 산정 기초재산에 산입되는 증여의 범위를 규정한 제1114조, ④ 유류분반환청구 및 그 범위와 방법을 규정한 제1115조, ⑤ 유류분반환의 순서를 규정한 제1116조, ⑥ 유류분반환청구권의 소멸시효를 규정한 제1117조, ⑦ 대습상속을 규정한 제1001조·특별수익자의 상속분을 규정한 제1008조·대습상속분을 규정한 제1010조를 유류분에 준용하는 제1118조 등 모두 7개의 조항들(이하 '유류분 조항들'이라 한다)을 두고 있다. 헌법재판소는 "민법상 유류분 조항들이 체계적으로 밀접하게 관련되어 유류분제도를 구성하고 있고, 제청법원들과 청구인들이 유류분제도의 입법목적이 부당하다고 하면서 그 제도 자체의 위헌성을 함께 주장하고 있다. 이러한 사정을 고려하고 법적 통일성 및 소송경제의 측면 등에 비추어 보면 민법상 유류분 조항들인 민법 제1112조, 제1113조, 제1114조, 제1115조, 제1116조 및 제1118조를 모두 심판대상으로 삼는 것이 타당하다. 다만, 유류분반환청구권의 소멸시효제도를 규정한 민법 제1117조의 경우 유류분권리자가 유류분제도가 합헌임을 전제로 유류분반환청구권의 단기소멸시효의 위헌성을 주장하는 경우 문제가 된다는 점에서, 유류분반환청구의 상대방이 유류분제도의 위헌성을 다투는 이 사건 헌법소원과는 본질적인 차이가 있(어서) 민법 제1117조는 심판대상에서 제외(하고)" 나머지 유류분 조항들을 심판대상으로 정하였다.

<결정> 헌법재판소는 "민법 제1112조 제4호는 헌법에 위반되고, 민법 제1112조 제1호부터 제3호 및 제1118조는 모두 헌법에 합치되지 아니한다. 위 조항들은 2025. 12. 31.을 시한으로 입법자가 개정할 때까지 계속 적용된다. 민법 제1113조, 제1114조, 제1115조, 제1116조는 모두 헌법에 위반되지 아니한다."고 결정하였다.[80]

<결정이유> 헌법재판소는 "<u>심판대상조항에 따른 유류분제도는 피상속인의 재산처분행위로부터 유족들의 생존권을 보호하고, 법정상속분의 일정비율에 상당하는 부분을 유류분으로 산정하여 상속재산형성에 대한 기여, 상속재산에 대한 기대를 보장하려는 데에 그 취지가 있다</u>(헌재 2010. 4. 29. 2007헌바144). <u>유류분권리자는 일반적으로 혈연이나 가족 공동생활을 통하여 피상속인을 중심으로 긴밀한 유대관계를 가졌던 사람들로서, 유류분은 피상속인이 법정상속에서 완전히 벗어난 형태로 재산을 처분하는 것을 일정 부분 제한함으로써 가족의 연대가 종국적으로 단절되는 것을 저지하는 기능을 갖는다</u>(헌재 2013. 12. 26. 2012헌바467). 오늘날 사회구조가 농업사회에서 산업화·정보화 사회로 급격히 변화하고 있고, 부모와 자녀로만 이루어진 핵가족 중심의 가족제도가 일반화되고 1인 가구의 수도 증가하고

---

[80] 헌법재판소는 "2020헌가4 사건에서의 당해사건 원고가 2024. 1. 23. 당해사건인 서울중앙지방법원 2019가합559939 사건의 소를 취하하여 소송이 종료되었으므로, 심판대상조항은 구체적 사건이 법원에 계속 중이 아니어서 당해사건에 적용될 여지가 없게 되었(고), 따라서 2020헌가4 사건의 위헌법률심판제청은 재판의 전제성 요건을 갖추지 못하여 부적법하다"고 병합된 사건들 가운데 2020헌가4 사건의 위헌법률심판제청을 각하하였다.

있으며, 국민 개개인의 평균수명이 과거보다 훨씬 늘어났고, 여성의 사회적 지위가 향상되고 있기는 하지만, 위와 같은 여러 변화에도 불구하고 사회의 기초단위로서 구성원 스스로 존엄과 행복을 지킬 수 있도록 경제적·물리적·정서적으로 지원하는 가족의 역할은 오늘날에도 중요한 의미를 가진다. 상속인은 유류분제도를 통하여 사망한 피상속인과의 관계가 지속되고 있음을 확인하고 다른 공동상속인과 경제적인 결합체를 이루면서 가족 간의 연대를 유지해 나가고 있다. 오늘날 고령화를 넘어 초고령화 사회에 진입한 현실에 비추어 볼 때 피상속인의 배우자나 직계비속도 상속개시 당시 이미 고령이 되어 특별한 경제적 부양이 필요한 경우가 더 늘어날 것으로 예상되고, 아직은 모든 세대와 지역에서 남녀평등이 완전히 실현되었다고 보기 어려운 상황에서 유류분제도가 상속인의 상속재산에 대한 기대를 일정 부분 보장하는 기능을 수행하고 있는 사실은 부인하기 어렵다. 따라서 피상속인의 재산처분행위로부터 유족들의 생존권 보호, 상속재산형성에 대한 기여 및 상속재산에 대한 기대 보장, 그리고 가족제도의 종국적 단절의 저지라는 유류분제도 입법목적의 정당성은 여전히 수긍할 수 있다. 심판대상조항이 피상속인의 상속재산 중 일정비율을 상속인의 유류분으로 보장하고 유류분 산정 기초재산을 기준으로 하여 유류분에 부족분이 생기는 경우 유류분반환청구를 할 수 있도록 하는 등의 조치는 위와 같은 입법목적 달성에 기여하는 적합한 수단이다."고 설시하면서 유류분제도 자체의 입법목적의 정당성을 인정하였다. 그러나 "민법 제1112조는 유류분권리자와 유류분에 관하여 획일적으로 피상속인의 직계비속과 배우자는 법정상속분의 2분의 1(제1호 및 제2호), 직계존속과 형제자매는 법정상속분의 3분의 1(제3호 및 제4호)로 규정하고 있다. 유류분에 관한 다양한 사례에 맞추어서 유류분권리자와 각 유류분을 적정하게 정하는 입법을 하는 것이 현실적으로 매우 어려운 점, 법원이 재판에서 구체적 사정을 고려하여 유류분권리자와 각 유류분을 개별적으로 정할 수 있도록 하는 것은 심리의 지연 및 재판비용의 막대한 증가 등을 초래할 수 있는 점 등을 고려하면, 민법 제1112조가 유류분권리자와 각 유류분을 획일적으로 규정한 것이 매우 불합리하다고 단정하기 어렵다. 다만, 비록 민법 제1004조 소정의 상속인 결격사유에는 해당하지 않지만 피상속인을 장기간 유기하거나 정신적·신체적으로 학대하는 등의 패륜적인 행위를 일삼은 상속인의 유류분을 인정하는 것은 일반 국민의 법감정과 상식에 반한다고 할 것이다. 따라서 민법 제1112조에서 유류분상실사유를 별도로 규정하지 아니한 것은 불합리하다고 아니 할 수 없다. 원래 유류분제도는 과거 농경 사회에서 여러 가족이 함께 모여 사는 대가족을 중심으로 가족 구성원들이 작물을 수확하고 가축을 기르는 등의 노동을 함께 하면서 재산을 공동으로 형성하는 이른바 '가산'제도가 존재하였던 시절에, 집안의 가장인 피상속인의 무분별한 유언이나 증여에 따른 재산의 무상처분으로부터 각 가족 구성원의 상속재산형성에 대한 기여의 대가를 일정 부분 보장하기 위하여 생겨난 제도이다. 그러나 오늘날 사회구조가 산업화를 거쳐 정보화 사회로 변화하면서 가산의 개념이 사라지고, 가족구조도 부모와 자녀로만 구성되는 핵가족제도로 보편화되었으며, 1인 가구도 증가하는 등 가족의 의미와 형태에 많은 변화가 이루어진 상황에서, 피상속인의 형제자매는 상속재산형성에 대한 기여나 상속재산에 대한 기대 등이 거의 인정되지 않음에도 불구하고 피상속인의 의사를 제한하여 유류분권을 부여하는 것은 그 타당한 이유를 찾기 어렵다. 유류분제도에 관한 외국의 입법례를 살펴보아도, 독일·오스트리아·일본 등에서는 피상속인의 형제자매를 유류분권리자에서 제외하고 있다(독일민법 제2303조 및 제2309조; 오스트리아일반민법 제757조; 일본민법 제1042조 각 참조). 결국 민법 제1112조에서 유류분권리자와 각 유류분을 획일적으로 정하고 있는 것 자체는 불합리하다고 보기 어렵다. 그러나 민법 제1112조 제1호부터 제3호가 유류분상실사유를 별도로 규정하지 않고, 같은 조 제4호가 유류분권리자의 범위에 피상속인의 형제자매를 포함하는 것은 현저히 불합리하다고 할 것이다."는 이유로 "유류분상실사유를 별도로 정하고 있지 않는 부분(민법 §1112 i ~iii)과 피상속인의 형제자매를 유류분권리자에 포함시키는 부분(동조 iv)은 불합리하고 자의적이어서 헌법 제37조 제2항의 기본권제한의 입법한계를 일탈하여 재산권을 침해하므로 헌법에 위반된다. 민법 제1118조의 경우 대습상속에 관한 제1001조 및 제1010조와 공동상속인 중 특별수익자의 상속분에 관한 제1008조를 유류분에 준용하는 부분은 헌법에 위반되지 않지만, 기여분에 관한 제1008조의2를 준용하는 내용을 두지 않아서 결과적으로 기여분과 유류분의 관계를 단절하고 있는 것은 현저히 불합리하고 자의적이어서 헌법 제37조 제2항에 따른 기본권제한의 입법한계를 일탈하여 재산권을 침해하므로 헌법에 위반된다."고 설시하였다.

【Theme- 함께 풀어보는 상속분 계산】
　　<대습상속의 경우>
　　A에게는 어머니(P), 배우자(B), 아들(C)과 딸(D)이 있다. 아들(C)은 혼인하여 배우자(E)와의 사이에 딸(F)가 있었고 아들(C)는 1년 전에 교통사고로 사망하였다. A가 7억의 재산을 남기고 사망하였다면 상속인은 누구이며, 각각의 상속인의 상속분은 어떻게 될까?
　　　1. 법정상속인: A의 배우자인 (B), 딸 (D), 며느리 (E), 손녀 (F)
　　　　상속인인 아들(C)이 상속개시 전에 사망하였으므로 「민법」 제1001조에 따라 그의 배우자와 딸이 대습상속을 받는다.
　　　2. 상속분 계산:　배우자(B) : 7억 × 3/7 = 3억 원
　　　　　　　　　　　 딸(D) : 7억 × 2/7 = 2억 원
　　　　　　　　　　　 며느리(E) : 2억 × 3/5 = 1억 2천만 원
　　　　　　　　　　　 손녀(F) : 2억 × 2/5 = 8천만 원
　　　　이 경우 대습상속인인 며느리(E)와 손녀(F)는 아들(C)의 원래 상속분인 2억 원을 다시 1.5:1 비율로 계산하여 상속받게 된다.
　　<특별수익자의 상속분>
　　A의 가족 구성원은 아내(B), 큰아들(C), 작은아들(D), 딸(E) 이며, A는 15억 원의 재산을 남기고 사망했다. 생전에 큰아들에게는 혼인자금으로 1억 원을, 딸에게는 유학자

금으로 2억 원을 지급했었다. 채무는 없고 유언도 없는 경우, 각각의 상속인들의 상속액은 얼마인가?
1. 법정상속인: 아내(B), 큰아들(C), 작은아들(D), 딸(E)
2. 상속분 계산: 특별수익자의 상속분은 [(사망 당시의 재산가액 + 각 상속인의 특별수익) × 각 상속인의 법정상속분율] - 특별수익을 받은 경우 그 특별수익가액 이므로

아내(B): (15억 + 1억 + 2억) × 3/9 = 6억 원
큰아들(C) : [(15억 + 1억 + 2억) × 2/9] - 1억 원 = 3억 원
작은아들(D) : (15억 + 1억 + 2억) × 2/9 = 4억 원
딸(E) : [(15억 + 1억 + 2억) × 2/9] - 2억 원 = 2억 원

<기여자의 상속분>

A는 몇 년 전 사고로 지병을 얻은 후 치매증세가 나타나기 시작했다. 큰아들(B)은 혼인과 함께 직장 발령으로 A와 멀리 떨어져 살아야 했고 최근 아내의 임신으로 아내가 휴직을 하게 되자 생활비도 빠듯하게 되었다. 그리고 작은아들(C)은 군복무 중이어서 어머니를 돌보지 못하였고, A의 남편인 아버지(P) 또한 건강이 좋지 않아 거동이 불편한 상황이었다. 평소 엄마와 사이가 좋았던 딸(D)이 아버지와 오빠들의 몫까지 대신하여 어머니의 요양병원비와 간병비를 감당했고, 밤낮없이 일하면서 A를 극진히 보살폈다. 그러던 어느 날 병세가 악화되어 A는 사망했고 가족들은 어머니를 극진히 모셨던 D에 대해 늘 고마운 마음을 가지고 있었기에 D의 기여분으로 5천만 원을 정하게 되었다. A가 남긴 재산은 시가 5억 원의 빌라이다. 이 경우 각각의 상속인들의 상속액은 얼마인가?
1. 법정상속인: 큰아들(B), 작은아들(C), 딸(D)
2. 상속분 계산: 기여자의 상속분은 [(사망 당시의 재산가액 - 기여분) × 각 상속인의 법정상속분율] + (기여자인 경우 기여분) 이므로

아버지 (P) : (5억 원 - 5천만 원) × 3/9 = 1억 5천만 원
큰아들(B) : (5억 원 - 5천만 원) × 2/9 = 1억 원
작은아들(C) : (5억 원 - 5천만 원) × 2/9 = 1억 원
딸(D) : (5억 원 - 5천만 원) × 2/9 + 5천만 원 = 1억 5천만 원

<유류분의 경우>

갑(男)과 을(女)은 재혼 후 혼인 신고를 마쳤다. 갑에게는 아들 병이, 을에게는 딸 무가 있었고 을은 갑과의 재혼 후 딸 정을 출산하였다. 얼마 후 갑은 무를 친양자로 들였고, 무의 혼인 자금으로 1억, 병의 유학 자금으로 1억을 주었다. 그러던 어느 날 갑은 음주 운전 차량에 치어 사망하게 된다. 생전에 작성해놓았던 '전 재산 16억 원을 딸 정에게 남긴다'는 법적으로 유효한 유언장이 발견되었다. 남은 가족들이 유류분반환청구를 하고자 한다면 가족들이 받을 수 있는 각각의 상속액은 얼마인가?

1. 법정상속인: 을(아내), 병(아들), 정(딸), 무(친양자)
2. 상속분 계산: 유류분은 (사망 당시에 가진재산 가액 + 증여재산 가액 - 채무) × (각 상속인의 유류분율)

　　이므로 을 : (16억 원 + 1억 원 + 1억 원) × 3/9 × 1/2 = 3억 원
　　　　　병 : (16억 원 + 1억 원 + 1억 원) × 2/9 × 1/2 = 2억 원
　　　　　정 : (16억 원 + 1억 원 + 1억 원) × 2/9 × 1/2 = 2억 원
　　　　　무 : (16억 원 + 1억 원 + 1억 원) × 2/9 × 1/2 = 2억 원
3. 상속인 각각의 상속액은
　　　　을 : 유류분 = 3억 원
　　　　병 : 유류분 - 특별수익 : 2억 원 - 1억 원 = 1억 원
　　　　정 : 유증액 - 공동상속인의 유류분 침해액 = 16억 원 - 5억 원 = 11억 원
　　　　무 : 유류분 - 특별수익 = 2억 원 - 1억 원 = 1억 원
*공동상속인 유류분 침해액 : 5억 원 = 을 3억 원 + 병 1억 원 + 무 1억 원

3. 유언

(1) 유언의 의의

　　유언(遺言)이란 유언자가 사망한 이후의 법률관계를 정하고자 일정한 법률효과를 발생시키기 위하여 법률이 정한 방식에 따라 이루어진 의사표시이다. 유언은 반드시 유언자 본인의 독립한 의사에 따라 행해져야 하고, 상대방 없는 단독행위로 유언자의 사망으로 그 효력이 발생한다. 유언의 내용으로 할 수 있는 법률관계는 법률에 규정되어 있으므로 그와 다른 사항을 유언의 내용으로 하는 것은 효력이 없다. 「민법」상 유언의 내용으로 할 수 있는 사항으로 규정한 것은 가족관계, 재산의 처분, 상속, 유언의 집행에 관한 사항이 있다.

〈유언의 대상〉

종류	내용
가족관계에 관한 사항	친생부인(민법 §850), 인지(동법 §859②), 후견인지정(동법 §931), 미성년후견감독인의 지정(동법 §940의2)
재산처분에 관한 사항	유증(민법 §1074), 재단법인의 설립(동법 §47②), 신탁(신탁법 §2)

재산상속에 관한 사항	상속재산의 분할방법의 지정 또는 위탁, 상속재산의 분할금지(민법 §1012)
유언집행에 관한 사항	유언집행자의 지정 또는 위탁(민법 §1093)

(2) 유언의 방식

유언은 자필증서·녹음·공정증서·비밀증서·구수증서의 5가지의 방식으로 할 수 있고, 요식행위이므로 「민법」이 정한 일정한 방식을 갖추지 않은 유언은 무효이다(동법 §1060).

1) 자필증서에 의한 유언

유언자가 직접 자필로 유언장을 작성하는 것을 말하고, 유언자가 그 전문과 연·월·일, 주소, 성명을 직접 쓰고 날인해야 한다(민법 §1066①). 따라서 타인이 대필한 경우, 문서작성기구(타자기, 워드 프로세서 등)를 이용해서 작성된 경우, 복사본의 경우에는 비록 유언자가 구술, 승인한 것이라 하더라도 직접 쓴 것이 아니므로 효력이 없다. 판례에 의하면 자필유언증서에 연·월만 기재하고 일의 기재가 없는 자필유언증서는 그 작성일을 특정할 수 없으므로 효력이 없다고 본다.[81] 다만 '시월의 마지막 날'과 같이 특정을 할 수 있다면 유효하다. 주소는 유언장의 작성지가 아니라 유언자의 주소를 말하는데 주민등록법에 따라 등록된 곳뿐만 아니라 생활의 근거되는 곳이면 된다. 날인하는 인장 또는 도장은 자신의 것이면 되고, 무인(지장)에 의한 경우에도 유효하다.[82] 성명은 본명뿐만 아니라 예명이나 호를 쓰더라도 유효하다.

2) 녹음에 의한 유언

유언은 유언자가 구술하여 이를 녹음함으로써 할 수 있고, 녹음에 의한 유언은 유언자가 유언의 취지, 그 성명과 연·월·일을 구술하고 이에 참여한 증인이 이 유언의 정확함과 그 성명을 구술하여야 한다(민법 §1067). 유언자는

---

81) 대법원 2009.5.14. 선고 2009다9768 판결.
82) 대법원 1998.5.29. 선고 97다38503 판결.

그의 육성으로 음향의 녹음장치나 기구로 녹음해야 하며 음반, 테이프, 필름 등에 기록하는 것을 말하므로 카세트테이프에 녹음하거나, 비디오 동영상을 촬영하는 것이 여기에 해당한다.

3) 공정증서에 의한 유언

공정증서에 의한 유언은 유언자가 증인 2인이 참여한 공증인의 면전에서 유언의 취지를 구수(口授)하고 공증인이 이를 필기낭독하여 유언자와 증인이 그 정확함을 승인한 후 각자 서명 또는 기명날인하여야 한다(민법 §1068). 공정증서는 일반적으로 공무원이 직무상 작성하는 공문서 중 권리·의무에 관한 사실을 증명하는 효력을 갖는 것을 말한다. 증인은 결격사유가 없어야 하고, 유언자가 유언을 시작할 때부터 증서작성이 끝날 때까지 참여해야 한다. 여기에서 공증인이란 「공증인법」에 의하여 공증에 관한 직무를 수행할 수 있도록 법무부장관으로부터 임명을 받은 사람과 공증인가를 받은 법무법인 등을 말한다(공증인법 §§1의2 i ·15의2).

공정증서에 의한 유언은 유언자가 직접 유언증서를 작성할 필요가 없고 공증인이 유언자의 구술 내용을 필기해서 이를 유언자와 증인에게 낭독해야 한다. 유언자와 증인이 공증인의 필기가 정확함을 승인한 후 각자 서명 또는 기명날인해야 하며 유언자와 증인의 승인이 없으면 무효이다.

4) 비밀증서에 의한 유언

비밀증서에 의한 유언은 유언자가 필자의 성명을 기입한 증서를 엄봉날인하고 이를 2인 이상의 증인의 면전에 제출하여 자기의 유언서임을 표시한 후 그 봉서표면에 제출 년·월·일을 기재하고 유언자와 증인이 각자 서명 또는 기명날인하여야 한다(민법 §1069①). 이 방식은 유언서가 존재한다는 것은 명확하게 해두지만, 유언내용은 유언이 효력을 발생할 때까지 비밀로 하기를 원하는 경우에 이용할 수 있다. 비밀증서에 의한 유언 봉서는 그 표면에 기재된 날로부터 5일 이내에 공증인 또는 법원서기에게 제출하여 그 봉인 상에 확정일자인을 받아야 한다(동조②). 자필증서와 달리 비밀증서에 의한 유언은 유언자가 유언서를 직접 써야 하는 것은 아니고 타인이 쓴 유언서도 유효하다.

'증서를 엄봉'한다는 것은 봉투에 넣거나 종이 등으로 싸서 개봉할 수 없도록 굳게 봉하는 것이며 유언자는 2명 이상의 증인 앞에서 봉서를 제출하여 자기의 유언장임을 표시한 후, 그 봉서의 표면에 제출 내지 제시한 년·월·일을 기재하고, 유언자와 증인이 각자 서명 또는 기명날인한다. 다만 비밀증서에 의한 유언이 그 방식에 흠결이 있는 경우에 그 증서가 자필방식에 적합한 때에는 자필에 의한 유언으로 본다(민법 §1071).

5) 구수증서에 의한 유언

구수증서에 의한 유언은 질병 기타 급박한 사유로 인하여 위의 네 가지 방식에 의할 수 없는 경우에 유언자가 2인 이상의 증인의 참여로 그 1인에게 유언의 취지를 구수하고 그 구수를 받은 자가 이를 필기 낭독하여 유언자의 증인이 그 정확함을 승인한 후 각자서명 또는 기명날인하여야 한다(민법 §1070①). 이때의 급박한 사유는 사망이 시간적으로 가까운 경우, 질병 등으로 위독한 상태를 말하며 이 방식에 의한 유언은 그 증인 또는 이해관계인 급박한 사유의 종료한 날로부터 7일내에 법원에 그 검인을 신청하여야 한다(동조②). 판례는 유언자가 구수증서의 방식으로 유언을 한 경우에는 특별한 사정이 없는 한 유언이 있은 날에 급박한 사유가 종료한 것으로 보아야 하므로 유언이 있은 날로부터 7일 이내에 법원에 검인을 신청해야 하고 그 기간이 경과된 후 검인신청을 하는 것은 부적법하게 된다고 보았다.[83]

【Theme- 유언의 방식】

A는 평소 당뇨병 등의 지병으로 치료를 받아 오던 중 건강이 악화되어 병원에 입원하게 되었고 병원에서의 치료로 다소 호전되던 중 다시병세가 악화되어 의식혼란이 심하여졌다. A의 병세가 더이상 호전되지 않자 그의 가족의 요청으로 변호사 B는 병원으로 와서 증인 C, D의 참여 아래 A가 유언을 하게 되었다. 변호사 B는 A의 재산상속에 관한 의사를 확인하기 위하여 A에게 "재산을 어떻게 할 것인가요? 그 전에

---

[83] 대법원 1989.12.13. 자 89스11 판결.

말한 대로 모든 재산을 셋째 아들에게 유증하여 처리하게 할 것인가요?"라고 묻자 A는 고개를 끄덕끄덕 하였다. 그 이후에도 "그렇소?" 하고 물으면, A는 말은 하지 않고 고개만 끄덕거렸다. 「민법」 제1068조는 공정증서에 의한 유언은 유언자가 증인 2인이 참여한 공증인의 면전에서 유언의 취지를 '구수하고' 공증인이 이를 필기 낭독하여 유언자와 증인이 그 정확함을 승인한 후 각자 서명 또는 기명날인하여야 한다고 규정하여 공정증서에 의한 유언에 관하여 형식과 절차를 엄격히 규정하고 있고, '구수'(口授)란 입으로 말을 해서 상대방에게 전하여 그것을 기억하게 하는 것을 뜻한다. 위 사례에 의하면 유언자인 A는 변호사 B가 일정 내용의 유언취지를 묻자 고개를 끄덕거렸을 따름이므로 유언자가 공증인에게 구수하여 작성된 것으로 볼 수 없고 따라서 A의 공정증서에 의한 유언은 무효이다.[84]

(3) 유언의 효력

유언은 유언자의 사망한 때로부터 그 효력이 생긴다(민법 §1073①). 유언에 조건 또는 기한이 있을 수 있다. 유언에 정지조건이 있는 경우에는 그 조건이 유언자의 사망 후에 성취한 때에는 그 조건성취한 때부터 효력이 발생하고(동조②), 유언에 정지조건이 있는 경우란 유언을 할 때 유언의 효력 발생이 장래의 불확실한 사실에 의존하게 하는 조건(정지조건)을 두는 경우를 말한다. 예를 들어 유언장에 '손자가 혼인을 한다면 아파트를 주겠다'고 유언한 경우에는 유언자가 사망한 후 손자가 혼인한 때부터 유언의 효력이 생긴다. 만약, 유언자가 사망하기 전에 조건이 성취된 경우(유언자의 사망 전 손자가 혼인하는 것)에는 조건 없는 유언이 되어(민법 §151②) 그 유언은 유언자가 사망한 때부터 효력이 생긴다(동법 §1073①). 유증을 받은 자는 유언자의 사망 후에 언제든지 유증을 승인 또는 포기할 수 있다(동법 §1074).

만 17세 미만인 사람 또는 의사능력이 없는 사람의 유언은 효력이 없다. 따라서 유언은 의사능력이 있는 만 17세에 달한 사람이 할 수 있고(민법 §1061), 법정대리인의 동의는 필요하지 않다(동법 §1062). 피한정후견인은 후견인의 동의 없이 모든 유언사항에 대해 유언을 할 수 있고, 후견인의 동의가 없는 유언이라 해서 취소하지 못하며 피성년후견인은 유언을 할 수 있으

---

[84] 대법원 1993.6.8. 선고 92다8750 판결; 대법원 1980.12.23. 선고 80므18 판결.

나, 피성년후견인의 경우에는 의사능력이 없는 것이 보통이므로, 의사능력을 회복하고 있는 때에 한해 유언할 수 있다(동법 §1063①).

유언의 내용이 정의와 윤리에 반하거나, 개인의 자유를 해하는 등 사회질서·강행법규에 위반하는 경우 유언은 효력 없으므로(민법 §103), 유언자가 누군가를 상해를 입히는 것을 조건으로 하는 유언은 무효가 된다. 유언자가 착오 또는 사기·강박에 의해 유언을 한 경우에 그 유언을 취소할 수 있다.

(4) 유언의 철회

유언자가 사망하기 전에 유언자 스스로가 행한 유언을 없었던 것으로 하는 유언자의 일방적인 행위를 유언의 철회라고 한다. 유언의 철회는 자유이며 어떤 원인을 필요로 하지 않는데 유언자의 최종적 의사를 존중하려는데 그 목적이 있다. 유언이 성립한 후에라도 유언자는 자신이 사망하기 전에 언제든지 유언의 일부 또는 전부를 철회할 수 있고, 유언자는 그 유언을 철회할 권리를 포기하지 못한다(민법 §1108). 유언자가 고의로 유언증서 또는 유증의 목적물을 파훼(破毀)한 때에는 그 파훼한 부분에 관한 유언은 이를 철회한 것으로 본다(동법 §1110). 여러 장의 유언이 발견된 경우 제일 마지막에 작성된 유언이 유효하고 그 전에 작성된 유언은 철회된 것으로 본다. 다만 유언자가 유언을 철회한 것으로 볼 수 없는 이상, 유언증서가 그 성립 후에 멸실되거나 분실되었다는 사유만으로 유언이 실효되는 것은 아니고 이해관계인은 유언증서의 내용을 입증하여 유언의 유효를 주장할 수 있다.[85]

---

85) 대법원 1996.9.20. 선고 96다21119 판결.

제 4 장

주거생활과 법률

제1절 건물의 소유

1. 건물의 의의와 종류

(1) 민법상 건물

건물이란 일정한 면적·공간의 이용을 위해 지상·지하에 건설된 것을 의미한다.[1] 우리 「민법」은 토지 및 그 정착물은 부동산이라고 규정하고 있는데(동법 §99①), 건물은 정착물 중 하나로 토지에 고정되어 쉽게 이동할 수 없는 것이면서 토지와 별개의 독립한 부동산으로 토지와 별개로 독립한 거래의 객체로 다루어질 수 있다. 또한 우리 「민법」은 일물일권(一物一權)주의에 따라 하나의 물건에는 하나의 권리가 성립하는 것을 원칙으로 하고 있다. 따라서 건물은 토지와는 별개로 하나의 독립한 물건이므로 토지와 독립하여 소유권의 객체가 된다. 주거생활의 대상이 되는 단독주택의 경우 「민법」에서 의미하는 건물에 해당하게 되고, 이와 관련하여 발생하게 되는 문제는 「민법」의 적용을 받게 된다.

(2) 집합건물법에 따른 건물

아파트와 같은 복층의 건물은 집합건물의 대표적인 유형에 해당하며 이와 관련하여 발생하게 되는 법률관계를 해결하기 위해서는 「집합건물의 소유 및 관리에 관한 법률」(약칭: 집합건물법)의 적용을 받게 된다. 한 동의 건물이라고 하더라도 구조상 구분되어 있고, 건물 일부분이 독립성을 갖춘 것일

---

1) 대법원 1998.3.13. 선고 97다34112 판결.

때에는 구분소유권의 목적으로 될 수 있다(집합건물법 §§1, 1의2).

2. 소유권의 취득

(1) 소유권의 의의 및 종류

1) 소유권의 의의

소유권이란 소유자가 법률의 범위 내에서 그 소유물을 사용・수익・처분할 수 있는 권리를 의미한다.

2) 단독소유와 공동소유

한 건물을 한 사람이 소유하고 있다면 그 건물은 그의 단독소유가 된다. 그와 달리 하나의 건물에 2인 이상이 한 개의 소유권을 공동으로 소유하는 관계를 '공동소유'라고 한다. 공동소유에는 공유・총유・합유 세 가지가 있다. 공유와 합유의 경우에 공동소유권자는 지분을 가지지만, 총유의 경우에는 지분을 가지지 않는다.

3) 구분소유권

집합건물과 같이 한 동의 건물 중 구조상 구분된 여러 개의 부분이 독립한 건물로서 사용될 수 있을 때에는 그 각 부분은 이 법에서 정하는 바에 따라 각각 소유권의 목적으로 할 수 있는데, 이때 소유권을 구분소유권이라 한다.

집합건물법상 건물은 전유부분과 공용부분으로 나뉜다. 구조상 및 이용상의 독립성을 갖춘 건물부분으로 구분소유권의 목적이 되는 부분을 전유부분이라고 한다(집합건물법 §2iii). 전유부분을 제외한 건물부분 즉, 계단과 복도 등은 공용부분에 해당한다. 이 부분은 구분소유자의 배타적 지배의 대상으로 일반소유권과 같다. 공용부분은 구분소유자 전원의 공유에 속하며(동법 §10①), 각 공유자는 공용부분을 그 용도에 따라 사용할 수 있다. 구분소유자 중 일부가 정당한 권원 없이 집합건물의 복도, 계단 등과 같은 공용부분을 배타적으로 점유·사용함으로서 이익을 얻고, 그로 인하여 다른 구분소유자들이 해당공용부분을 사용할 수 없게 되었다면, 공용부분을 무단 점유한 구분소유자는 특별한 사정이 없는 한 해당 공용부분을 점유·사용함으로써 얻은 이익을 부당이득으로 반환할 의무가 있다.[2]

구분소유자는 그의 전유부분을 소유하기 위해서는 대지의 이용이 반드시 수반되어야 한다. 구분소유자가 전유부분을 소유하기 위하여 건물의 대지에 대하여 가지는 일체의 권리를 대지사용권이라 한다. 전유부분과 대지사용권은 일체성을 가지고 있기 때문에 구분소유자의 대지사용권은 그가 가지는 전유부분의 처분에 따른다(집합건물법 §20①). 구분소유자는 규약으로써 달리 정하는 경우가 아니라면 그가 가지는 전유부분과 분리하여 대지사용권을 처분할 수 없다. 이처럼 분리할 수 없는 대지사용권은 건물등기부의 표제부의 표시란에 등기한다.

(2) 소유권의 '취득'

소유권은 법률행위에 의하여 취득할 수 있고, 법률의 규정에 의하여 취득할 수도 있다. 법률행위에 의하여 소유권을 취득하려는 경우에는 반드시 등기를 하여야 한다(민법 §186). 대표적인 법률행위가 매매계약이고 이 경우 반드시 등기를 하여야만 소유권을 취득하게 된다. 따라서 매매계약을 체결하고 대금을 지불한 뒤 점유하여 사용하고 있다고 하더라도 등기를 하지 않았다면 소유권을 취득한 것이 아니다.

법률의 규정에 의하여 소유권을 취득하는 경우에는 등기를 요하지 않는다(민법 §187전단). 즉 상속·공용징수·판결·경매 등의 경우에는 등기를 하지 않는다고 하더라도 소유권을 취득한다. 그러나 등기를 하지 아니하면 이를 처분하지는 못한다(동조 후단).

---

[2] 대법원 2020.5.21. 선고 2017다220744 판결.

1) 건물매매계약

(가) 계약의 성립

매매계약이란 매도인은 목적물의 재산권을 이전하고 매수인은 그 대금을 지급하기로 하는 계약을 말한다(민법 §563). 매매계약이 성립하기 위해서는 매도인과 매수인에게 매매의 의사가 있어야 하고, 상호간에 의사의 합치가 이루어져 매매가 성립한다. 계약의 당사자 사이에 특별한 약정이 없으면 매도인은 매수인에게 부동산을 이전해야 하고 동시에 매수인은 매도인에게 대금을 지급해야 한다(동법 §568).

(나) 계약금

부동산 매매계약을 하는 과정에서 계약의 신뢰성을 높이기 위해 계약금(契約金)을 상대방에게 지급하는 것이 일반적인데 이를 내용으로 하는 계약을 계약금계약이라 한다. 이때 계약금이란 부동산 매매계약을 체결할 경우 일반적으로 계약당사자의 일방이 상대방에게 교부하는 금전 등을 말한다. 일반적으로 매수인은 계약하는 당일에 매매대금의 약 10%를 계약금으로 매도인에게 주는데 이는 매매대금에 포함된다. 계약금은 매매계약이 체결되었음을 증명하는 증거금이며, 매매계약 후 계약당사자 일방이 이행에 착수할 때까지 계약을 해제하는 경우 해약금의 성격을 가진다(민법 §565). 계약금만 지급한 단계에서는 매도인과 매수인에게 권리의 변동은 없으며 양 당사자 중 어느 쪽이든지 계약을 해제할 수 있다.3) 「민법」 제565조 제1항에 정한 바에 따라 당사자 간에 다른 약정이 없는 한 매수인은 매도인이 계약이행에 착수할 때까지 계약금을 포기하고 매매계약을 해제할 수 있고, 매도인은 매매계약금의 배액을 상환하고 매매계약을 해제할 수 있다.4) 다만 동조의 해제권은 당사자 간에 다른 약정이 없는 경우에 한하여 인정되는 것이고, 만일 당사자가 위 조항의 해제권을 배제하기로 하는 약정을 하였다면 더 이상 그

---

3) 곽윤직, 「채권각론(제6판)」, 박영사, 2004, 80~85면.
4) 대법원 1992.2.11. 선고 91다22322 판결.

해제권을 행사할 수 없다.5)

(다) 중도금

중도금(中途金)이란 계약금의 지급 후 최종적으로 잔금을 치르기 전 중간에 지불하는 금전을 말한다. 일반적인 부동산매매계약에 있어서 중도금은 매매대금의 약 50~60% 정도로 정하고 중도금이 지급되면 계약의 이행에 착수한 것으로 보고 있다. 그러므로 중도금이 지급된 이후에 양 당사자는 임의로 계약을 해제할 수 없다.

「민법」 제565조 제1항에 의하여 매수인과 매도인이 계약을 해제할 수 있는 시기는 "당사자의 일방이 이행에 착수할 때까지" 이므로 이행의 착수 시점이 매우 중요한 기준이 된다. 그 취지는 당사자의 일방이 이미 이행에 착수한 때에는 그 당사자는 그에 필요한 비용을 지출하였을 것이고, 또 그 당사자는 계약이 이행될 것으로 기대하고 있는데 만일 이러한 단계에서 상대방으로부터 계약이 해제된다면 예측하지 못한 손해를 입게 될 우려가 있으므로 이행의 착수 이후에는 계약이 해제되지 못하도록 하는 것이다.6) 따라서 매수인이 중도금을 지급한 이후에는 이행의 착수가 있게 되어 매도인은 계약을 해제할 수 없다.

한편 매도인이 중도금 미지급을 이유로 매수인에게 매매계약해제의 통고를 한 경우, 그로부터 상당한 기간이 경과하도록 매수인이 중도금을 지급하지 아니하였다면 매도인은 매매계약을 해제할 수 있다.7)

(라) 잔금

건물 등 부동산 매매계약은 일반적으로 매매대금을 계약금, 중도금, 잔금 등으로 나누어 지급하게 된다. 매매대금 중 계약금과 중도금을 지급한 후 일정기일이 되었을 때 매수인은 매도인에게 잔금을 모두 지불해야 하고, 이와

---

5) 대법원 2009.4.23. 선고 2008다50615 판결.
6) 대법원 2006.2.10. 선고 2004다11599 판결.
7) 대법원 1994.11.25. 선고 94다35930 판결.

동시에 매도인은 매수인에게 매매의 목적이 된 권리를 이전하여야 한다(민법 §568). 매수인의 매매대금 지급과 매도인의 계약목적 부동산의 인도는 동시에 이행되므로 계약당사자 일방은 상대방이 채무를 이행할 때까지 자기의 채무이행을 거절할 수 있다(민법 §§536①·583).

계약일로부터 잔금지급일까지의 기간이 장기인 경우에는 중도금 지급과 잔금의 지급 사이에 부동산등기부를 반드시 재확인하여야 한다. 그 사이에 등기부가 변경되어 있을 수 있기 때문이다.

2) 소유권 등기

(가) 소유권 취득을 위한 등기의 종류

소유권은 원시취득하는 경우도 있고 승계취득하는 경우도 있다. 건물을 처음 축조한 경우에는 그 건물에 대한 소유권을 원시취득하게 되는데, 이 경우에 하는 등기를 소유권보존등기라고 한다. 매매를 통하여 소유권을 취득하게 되는 경우를 승계취득이라 하고, 이 경우에 하는 등기를 소유권이전등기라고 한다.

매수인이 소유권을 취득하기 위해서는 소유권이전등기를 하여야 하고 매도인에 대하여 소유권이전등기청구권을 가진다. 소유권이전등기 시 등기권리자는 매수인이고, 등기의무자는 매도인이 된다.

소유권이전등기는 법률에 다른 규정이 없는 경우, 등기권리자와 등기의무자가 공동으로 신청한다(부동산등기법 §23①). 매수인이 2인 이상인 경우에는 소유권 이전등기신청서에 그 지분(持分)을 기록하여야 한다(동법 §48④). 그리고 소유권을 일부 이전하는 경우에도 소유권 이전등기신청서에 그 지분을 표시하여야 한다(동법 §67①).

매수인의 소유권 이전등기청구권은 10년간 행사하지 않으면 소멸시효가 완성된다(동법 §162①). 그러나 부동산을 인도받아 점유를 계속하는 동안에는 소멸시효가 진행하지 않는다.[8]

---

[8] 대법원 1990.11.13. 선고 90 다카 25352 판결.

대법원 1976.11.6. 선고, 76다148 전원합의체 판결

시효제도의 존재이유에 비추어 보아 부동산 매수인이 그 목적물을 인도받아서 이를 사용수익하고 있는 경우에는 그 매수인을 권리 위에 잠자는 것으로 볼 수도 없고 또 매도인 명의로 등기가 남아 있는 상태와 매수인이 인도받아 이를 사용수익하고 있는 상태를 비교하면 매도인 명의로 잔존하고 있는 등기를 보호하기 보다는 매수인의 사용수익상태를 더욱 보호하여야 할 것이므로 그 매수인의 등기청구권은 다른 채권과는 달리 소멸시효에 걸리지 않는다고 해석함이 타당하다.

【Theme- 부동산등기부의 권리 분석 방법】

부동산등기부는 건물과 토지에 대하여 별도로 작성되어 있고, 표제부, 갑구, 을구로 구성되어 있다.9)

<표제부>

표제부란 해당 부동산의 소재지와 그 내용을 표시하는 부분이다. 토지의 경우에는 지번, 지목, 지적을 기재하고, 건물인 경우에는 지번, 구조, 용도, 면적 등을 기재한다. 단, 아파트 등 집합건물인 경우에는 전체 건물(예: 강남아파트 1동)에 대한 표제부와 구분된 개개의 건물(예: 1동 101호)에 대한 표제부가 따로 있다. 토지의 분할이나 지목의 변경 또는 건물 구조의 변경이나 증축 등에 의한 면적 변경도 표제부에 기재된다.

-건물 표제부

등기를 함에 있어서는 1필의 토지 또는 1동의 건물에 대하여 1등기용지를 사용하는데 이를 "1부동산 1등기용지주의"라고 한다. 즉, 등기부는 권리의 객체인 1개의 부동산을 단위로 편성되어야 한다.

<건물소유권보존등기·단층건물인 경우>

【표제부】		(건물의 표시)		
표시번호	접수	소재지번 및 건물번호	건물내역	등기원인 및 기타사항
❶1	2020년1월5일❷	부산광역시 남구 용소로 45 부경빌딩❸	철근콘크리트조❹	❺

❶ 표시번호 : 등기한 순서를 숫자로 표시한다. 그런데 1, 2 등의 숫자 외에 등기부에 "1(전2)"이라고 기재된 경우가 있는데, 이는 구등기부에서 현재의 등기부로 이기(옮겨 적음)하였다는 의미이다.

❷ 접수 : 등기신청서를 접수한 날짜.

---

9) 대법원 인터넷등기소(www.iros.go.kr)에 소개된 내용을 참조하여 정리하였다.

❸ 소재지번 및 건물번호 : 건물이 위치하고 있는 소재지 및 건물번호.
❹ 건물내역 :구조, 지붕, 층수, 용도, 면적 순으로 표시한다.
❺ 등기원인 및 기타사항 : 표제부에 관한 등기원인 및 행정구역 명칭, 지번 변경 등의 사항을 표시한다.

-집합건물 표제부

【표제부】	(1동의 건물의 표시)			
표시번호	접수	소재지번, 건물명칭 및 번호	건물내역	등기원인 및 기타사항
❶1	2020년1월15일❷	경기도 동두천시 보산로 180 엘지메트로 제110동❸	철근콘크리트조 건물 5층 아파트 104동 1층 500㎡ 1층 500㎡ 1층 500㎡ ❹ 1층 500㎡ 1층 500㎡ 지하실 300㎡	도면편철장 제6책 제65면 ❺
		<대지권의 목적인 토지의 표시>		
표시번호	소재지번	지목	면적	등기원인 및 기타사항
1	경기도 동두천시 보산로 180❻	대❼	50000㎡❽	2005년 1월 25일 ❾

【표제부】	(전유부분의 건물의 표시)			
표시번호	접수	건물번호	건물내역	등기원인 및 기타사항
1	2020년1월15일	제3층 제305호 ❿	철근콘크리트조 ⑪	도면편철장 제6책 제65면
<대지권의 표시>				
표시번호	대지권종류	대지권비율	등기원인 및 기타사항	
1	1 소유권대지권 ⑫	75분의 1⑬	2005년 1월 25일 대지권 2005년 1월 25일	

　　1동 건물에 대한 표제부는 1동 건물의 표시와 대지권의 목적인 토지의 표시만으로 구성되고, 해당 전유부분에 대한 표제부는 위의 그림에서 보는 것처럼 1동 건물의 표제부(1동 건물의 표시, 대지권의 목적인 토지)와 전유부분의 건물의 표시, 대지권의 표시를 모두 표시한다. 단, 대지권이 설정되어 있지 않으면 대지권의 표시는 표시되지 아니한다.

　　-1동 건물의 표시에 대한 표제부 : 집합건물 1동 건물의 표시
　　❶ 표시번호 : 등기한 순서를 숫자로 표시한다.

❷ 접수 : 등기신청서를 접수한 날짜를 표시한다.
❸ 소재지번 및 건물번호 : 건물이 위치하고 있는 토지의 지번 및 건물의 명칭, 건물번호를 표시한다. 건물명칭 및 건물번호가 기재되어 있지 않은 경우도 있다.
❹ 건물내역 : 구조, 지붕, 층수, 용도, 면적 순으로 표시한다.
❺ 등기원인 및 기타사항 : 표제부에 관한 등기원인 및 행정구역 명칭, 지번 변경 등의 사항을 표시한다.

-대지권의 목적인 토지의 표시에 대한 표제부 : 집합건물이 속한 토지 즉 대지권의 목적인 토지에 대한 표시
❻ 소재지번 : 건물이 위치하고 있는 토지의 지번을 표시한다.
❼ 지목 : 토지의 사용목적 (예:대지, 공장 용지, 학교 용지, 도로, 하천, 공원 등)을 표시한다.
❽ 면적 : 토지의 전체 면적을 표시한다. 등기부의 면적은 m^2로 표시되어 있으므로, 평(坪)으로 환산하려면 3.3으로 나누어야 한다.
❾등기원인 및 기타사항 : 표제부에 관한 등기원인 및 행정구역 명칭 및 지번변경, 대지권이 등기된 일자 및 구등기부등본에서 이기된 사항 등을 표시한다.

-전유부분의 건물의 표시 : 집합건물에 속한 한 세대에 대한 건물의 표시
❿ 건물번호 : 해당 건물에 대한 층 및 호수를 표시합니다. (예:1층 101호)
⑪ 건물내역 : 구조, 지붕, 층수, 용도, 면적 순으로 표시한다.

-대지권의 표시 : 집합건물이 속한 대지중 해당 전유세대의 지분에 해당하는 토지에 대한 표시
⑫ 대지권 종류 : 대지권의 대상이 되는 권리를 표시한다. 소유권대지권이 일반적이며 그 밖에 임차권대지권, 지상권대지권도 가능하다.
⑬ 대지권 비율 : 1동 건물이 속한 전체 토지 중 해당 전유부분이 차지하는 지분비율을 표시한다.

<갑구>
부동산등기부의 갑구에는 소유권에 관한 사항을 기재한다. 소유권에 대한 압류, 가등기, 경매개시결정 등기 그리고 소유권의 말소 또는 회복에 관한 재판이 진행 중임을 예고하는 예고등기, 소유자의 처분을 금지하는 가처분등기 등이 모두 갑구에 기재할 사항이다. 그리고 이러한 권리관계의 변경, 소멸에 관한 사항도 역시 갑구에 기재한다. 소유권보존등기는 전술한 대로 건물을 처음 축조한 경우 그 건물에 대한 소유권을 원시취득하여 그 부동산에 대하여 제일 먼저 하는 등기이며, 소유권이 지분으로 이전된 경우에는 그 이전 후에는 2인 이상이 그 부동산을 공동으로 소유한다는 것을 의미한다.

-갑구의 구성
전술한 1부동산 1등기용지주의가 적용되어야 하므로 갑구에는 1필의 토지 또는 1동의 건물에 대한 사항이 기재되어 편성된다.

<토지소유권보존 및 이전등기·단독소유인 경우>

【갑 구】 (소유권에 관한 사항)				
순위번호	등기목적	접수	등기원인	권리자 및 기타사항
1	소유권보전	1002년 3월 5일 제3005호		소유자　　　　　김철수 xxxxxx-xxxxxx 서울시 종로구 원서동 2
2❶	소유권이전❷	2020년 6월 7일 제9923호❸	2020년 6월 5일 매매❹	소유자　　　　　홍길동 xxxxxx-xxxxxx 서울시 종로구 수송동 36-2 거래가액 금700,000,000❺

❶ 순위번호 : 등기한 순서를 숫자로 표시한다. 이 란에 기재된 순위번호에 의하여 갑구 사항란의 권리간에 우선순위가 정해진다. 예컨대 1번으로 소유권의 보전등기, 2번으로 소유권의 이전등기가 등기되어 있다면 소유권을 이전받은 2번 소유권자가 원소유자인 1번 소유권자보다 우선한다.

❷ 등기목적 : 예컨대, 소유권보존, 소유권이전 등 등기의 내용 또는 종류를 표시한다.

❸ 접수 : 등기신청서를 접수한 날짜와 신청서를 접수하면서 부여한 접수번호를 표시한다.

❹ 등기원인 : 예컨대, 매매를 이유로 한 이전등기인 경우의 매매, 계약해지를 이유로 한 말소등기인 경우 해지 등 등기의 원인 및 원인 일자를 표시한다.

❺ 권리자 및 기타사항 : 부동산의 권리자 및 기타 권리 사항을 표시한다. 소유권이전의 경우 거래가액 또는 매매 목록 번호가 기재된다.

<을구>
부동산 등기부의 을구에는 소유권 이외의 권리인 저당권, 전세권, 지역권, 지상권에 관한 등기사항을 기재한다. 즉 저당권, 전세권, 지역권, 지상권 등의 설정 및 변경, 이전, 말소등기를 을구에 기재한다.

-을구의 구성

<근저당권설정·통상의 근저당권설정>

【을 구】 (소유권 이외의 권리에 관한 사항)				
순위번호	등기목적	접수	등기원인	권리자 및 기타사항
1❶	근저당권설정❷	2022년 4월 2일 제3693호❸	2022년 4월 1일 설정계약❹	채권최고액　금6,000,000원❺ 채무자 김상문

					서울시 종로구 원남동 9 근저당권자 이갑돌 xxxxxx-xxxxxx 서울 용산구 청파동 23

❶ 순위번호 : 등기한 순서를 숫자로 표시합니다. 이 란에 기재된 순위번호에 의하여 을구 사항란의 권리간에 우선순위가 결정됩니다. 예컨대 1번 저당권이 2번 저당권보다 우선한다.
❷ 등기목적 : 예컨대, 근저당권설정, 전세권설정, 지역권설정 등 등기의 내용 내지 종류를 표시한다.
❸ 접수 : 등기신청서를 접수한 날짜와 신청서를 접수하면서 부여한 접수번호를 표시한다.
❹ 등기원인 : 예컨대 매매, 설정 계약, 해지 등과 같이 등기의 원인 및 원인 일자를 표시한다.
❺ 권리자 및 기타사항 : 부동산의 권리자 및 기타 권리 사항을 표시한다. 예컨대, 근저당권설정의 경우 채권 최고액, 채무자, 근저당권자 등이 기재된다.

을구에 기재된 근저당권의 채권 최고액은 채무자가 현실로 부담한 채무가 아니고 앞으로 부담할 최대한도의 채무액이란 뜻이며, 실제 채무액은 그 최고액의 80% 정도 되는 것이 일반적인 관행이다. 채무자가 근저당권 채권을 모두 변제하지 않으면 결국 그 부동산은 경매당하는 것이며, 전세권이 설정되어 있는 경우 특별한 사정이 없는 한 전세기간 내에는 전세권자를 임의로 나가게 할 수 없다.

<토지의 일부에 대한 지상권설정>

【을 구】 (소유권 이외의 권리에 관한 사항)				
순위번호	등기목적	접수	등기원인	권리자 및 기타사항
1	지상권설정	2008년 8월 8일 제6005호	2008년 8월 5일 설정계약	목적 철근콘크리트건물의 소유 범위 동남쪽 300㎡ 존속기간 2008년 3월 13일부터 30년 지료 월 800,000원 지상권자　　　　이도령 xxxxxx-xxxxxx 서울 서대문구 성산동 3 도면편철장 제3책 제8면

위의 등기부는 토지의 일부에 대하여 지상권을 설정한 경우를 보여주고 있다. 전세권, 지상권, 지역권 등은 그 토지에 대한 이용 관계를 목적으로 설정되어 있는 권리, 즉 용익물권이다. 이러한 용익물권은 피담보채권의 이행확보를 위하여 그 토지에 대한 전매가치를 담보로 설정하는 담보물권인 저당권과는 달리, 부동산의 일부분에도 성립할 수 있으나 동일 부동산의 같은 부분에 중복하여 성립할 수 없음을 유의하여야 한다.

(나) 등기의 신청방법

등기를 신청하는 방법은 신청인 또는 그 대리인이 등기소에 출석해 서면을 제출하는 방법이 있고(부동산등기법 §24① i 본문), 전산정보처리조직(대법원 인터넷등기소)을 이용해 신청정보 및 첨부정보를 보내는 방법이 있다(동항 제2호). 등기소에 출석하여 부동산 소유권이전등기를 신청을 하는 경우, 등기신청서에는 부동산등기규칙에 따른 신청정보[10]를 적어야 하고 첨부정보[11]를 서면으로 첨부하여야 한다.

---

10) 부동산등기규칙 제43조(신청정보의 내용) ① 등기를 신청하는 경우에는 다음 각 호의 사항을 신청정보의 내용으로 등기소에 제공하여야 한다.
  1. 다음 각 목의 구분에 따른 부동산의 표시에 관한 사항
     가. 토지 : 법 제34조제3호부터 제5호까지의 규정에서 정하고 있는 사항
     나. 건물 : 법 제40조제1항제3호와 제4호에서 정하고 있는 사항
     다. 구분건물 : 1동의 건물의 표시로서 소재지번·건물명칭 및 번호·구조·종류·면적, 전유부분의 건물의 표시로서 건물번호·구조·면적, 대지권이 있는 경우 그 권리의 표시. 다만, 1동의 건물의 구조·종류·면적은 건물의 표시에 관한 등기나 소유권보존등기를 신청하는 경우로 한정한다.
  2. 신청인의 성명(또는 명칭), 주소(또는 사무소 소재지) 및 주민등록번호(또는 부동산등기용등록번호)
  3. 신청인이 법인인 경우에는 그 대표자의 성명과 주소
  4. 대리인에 의하여 등기를 신청하는 경우에는 그 성명과 주소
  5. 등기원인과 그 연월일
  6. 등기의 목적
  7. 등기필정보. 다만, 공동신청 또는 승소한 등기의무자의 단독신청에 의하여 권리에 관한 등기를 신청하는 경우로 한정한다.
  8. 등기소의 표시
  9. 신청연월일
11) 부동산등기규칙 제46조(첨부정보) ① 등기를 신청하는 경우에는 다음 각 호의 정보를 그 신청정보와 함께 첨부정보로서 등기소에 제공하여야 한다.

(다) 명의신탁

명의신탁 약정은 부동산에 관한 소유권 기타 물권을 보유한 자 또는 사실상 취득하거나 취득하려고 하는 자(실권리자)와 타인 사이에 대내적으로 실권리자가 부동산에 관한 물권을 보유하거나 보유하기로 하고 그에 관한 등기는 그 타인의 명의로 하기로 하는 약정을 말한다.

명의신탁약정은 무효로 하며, 명의신탁약정에 따라 행하여진 등기에 의한 부동산에 관한 물권변동은 무효로 한다.

명의신탁의 유형에는 양자간 명의신탁, 중간생략형 명의신탁, 계약명의신탁의 세 종류가 있다.

「부동산 실권리자명의 등기에 관한 법률」(약칭: 부동산실명법)에 따르면 부동산에 관한 물권을 명의신탁약정에 따라 명의수탁자의 명의로 등기하여서는 아니 되며(부동산실명법 §3①) 명의신탁약정은 무효이고(동법 §4①), 명의신탁약정에 따른 등기로 이루어진 부동산에 관한 물권변동은 무효로 한다(동법 §4②본문). 다만, 부동산에 관한 물권을 취득하기 위한 계약에서 명의수탁자가 어느 한쪽 당사자가 되고 상대방 당사자는 명의신탁약정이 있다는 사실을 알지 못한 경우에는 물권변동은 유효하다(동항 단서).

부동산실명법은 명의신탁약정을 한 당사자에 대하여 다음과 같은 과징금이나 이행강제금 그리고 벌칙 등을 부과하도록 규정하고 있다(부동산실명법 §§5·6·7).

---

1. 등기원인을 증명하는 정보
2. 등기원인에 대하여 제3자의 허가, 동의 또는 승낙이 필요한 경우에는 이를 증명하는 정보
3. 등기상 이해관계 있는 제3자의 승낙이 필요한 경우에는 이를 증명하는 정보 또는 이에 대항할 수 있는 재판이 있음을 증명하는 정보
4. 신청인이 법인인 경우에는 그 대표자의 자격을 증명하는 정보
5. 대리인에 의하여 등기를 신청하는 경우에는 그 권한을 증명하는 정보
6. 등기권리자(새로 등기명의인이 되는 경우로 한정한다)의 주소(또는 사무소 소재지) 및 주민등록번호(또는 부동산등기용등록번호)를 증명하는 정보. 다만, 소유권이전등기를 신청하는 경우에는 등기의무자의 주소(또는 사무소 소재지)를 증명하는 정보도 제공하여야 한다.
7. 소유권이전등기를 신청하는 경우에는 토지대장·임야대장·건축물대장 정보나 그 밖에 부동산의 표시를 증명하는 정보

구분	과징금	이행강제금	벌칙
명의신탁자 교사자 장기미등기자	명의신탁 및 장기 미등기 과징금 부동산 평가액 30%의 범위 내	1차 이행강제금 과징금 부과일부터 1년 경과시 부동산 평가액 10%의 범위 내 2차 이행강제금 1차 부과일부터 다시 1년 경과시 부동산 평가액 20%의 범위 내	5년 이하 징역 또는 2억 원 이하 벌금
명의수탁자 및 교사자	-	-	3년 이하 징역 또는 1억 원 이하 벌금

부동산실명법의 특례로서 종중재산의 명의신탁과 배우자의 명의신탁 그리고 종교단체의 명의신탁에 있어서는 그것이 조세포탈, 강제집행의 면탈 또는 법령상 제한의 회피를 목적으로 하지 않는 경우에는 본 법이 적용되지 않는다(동법 제8조). 따라서 종중과 종교단체, 배우자의 명의신탁의 경우에는 명의신탁약정은 유효하고 이로 인한 등기의 효력도 인정된다.

3. 소유권의 효력

건물의 소유권자는 건물에 대하여 배타적으로 사용·수익·처분할 수 있는 권능을 가진다. 그럼에도 불구하고 소유권에 방해가 있는 경우에는 물권적 청구권이 발생하게 되는데, 민법은 소유권에 기한 물권적 청구권으로서 소유물반환청구권(§213), 소유물방해제거청구권(§214), 소유물방해예방청구권(§214)의 세 가지를 규정하고 있다.

예컨대, 갑이 을의 건물을 임차하여 점유하고 있었으나 임대차계약기간이 종료된 경우에 을은 갑을 상대로 소유권에 기한 반환청구권을 행사할 수 있다. 타인의 토지 위에 무단으로 건물을 신축한 경우에 토지소유자는 건물신축자에 대하여 방해제거청구로서 건물의 철거와 반환청구로서 대지의 인도를 청구할 수 있다. 누군가가 자기의 건물에 대한 소유권을 방해할 염려가 있는 경우에는 소유자는 소유권에 기한 방해예방을 청구할 수 있다.

제2절 주택의 임대차

1. 주택임대차보호법

「주택임대차보호법」은 주거용 건물의 임대차에 관하여 「민법」에 대한 특례를 규정함으로써 국민 주거생활의 안정을 보장함을 목적으로 한다(주택임대차보호법 §1). 일반법인 「민법」상의 임대차계약을 체결한 경우 임차권은 채권에 불과하므로 임차인은 임차한 목적물에 대하여 "물권 우선의 원칙"에 따라 물권에 우선하여 보호받지 못하게 된다. 이러한 경우 주거용 건물에 대하여 경제적 약자인 임차인을 보호하기 위하여 「주택임대차보호법」을 제정하여 임차인을 우선하여 보호하여 국민의 주거생활 안정을 보장하고 있다.

주거용 건물(이하 '주택'이라고 함)의 전부 또는 일부의 임대차관계에 대해서는 국민 주거생활의 안정과 임차권 보호를 보장함을 목적으로 제정된 「주택임대차보호법」이 「민법」의 특별법으로서 우선적으로 적용되고, 「주택임대차보호법」에 규정되어 있지 않은 사항에 대해서는 「민법」의 임대차규정이 적용된다(주택임대차보호법 §§1·2).

2. 주택임대차보호법의 적용범위

(1) 인적 범위

「주택임대차보호법」의 보호대상은 대한민국 국민, 특히 법인은 제외하고 대한민국 국적의 자연인이다. 따라서 미성년자가 임대차계약을 체결하고 해당 주택에 거주하는 경우에도 실제 살고 있는 미성년자의 이름으로 전입신고를 하고 확정일자[12]를 받았다면 본 법에 따라 보호받을 수 있다.

주택을 임차한 외국인의 경우에는 외국인이 체류지 변경신고를 했다면 예

---

[12] 확정일자란 임대차계약을 한 이후에 임대차 보증금에 대해 제3자에게 대항력을 갖게 하기 위해 관련 기관에서 주택임대차계약을 체결한 날짜를 확인하여 주는 것을 말한다.

외적으로 「주택임대차보호법」의 보호대상이 된다(출입국관리법 §88의2②). 예를 들어 교환학생으로 온 외국인 대학생이 보증금 5천만 원에 월세 50만 원으로 계약하려고 할 때 외국인등록증을 지참해서 출입국사무소나 해당 구청으로 가서 체류지 변경신고를 하게 되면, 우리나라의 주민등록법과 동일한 '전입신고의 효력'이 발생하게 되고, 그 이후 계약서를 가지고 가까운 등기소나, 지방법원에서 확정일자를 받으면 「주택임대차보호법」의 적용을 받을 수 있게 된다.13)

(2) 물적 범위

1) 주거용 건물

「주택임대차보호법」은 주택의 전부 또는 일부에 대해 임대차하는 경우에 적용되고, 그 임차주택의 일부가 주거 외의 목적으로 사용되어도 적용된다(동법 §2). 이 법에서의 '주거용 건물', 즉 주택인지의 여부는 임대차 목적물의 공부상의 표시만을 기준으로 하는 것은 아니고 그 실제의 용도에 따라서 가려져야 하고, 건물의 일부가 임대차의 목적이 되어 주거용과 비주거용으로 겸용되는 경우에는 구체적인 경우에 따라 합목적적으로 결정하여야 한다.14) '주거용 건물'인지의 여부는 임대차계약 체결 당시를 기준으로 판단할 수 있다. 만일 그 당시에는 주거용 건물부분이 존재하지 아니하였는데 임차인이 그 후 임의로 주거용으로 개조하였다면 특별한 사정이 없는 한 「주택임대차보호법」의 적용대상이 되지 않는다.15)

2) 미등기 또는 무허가 건물

미등기 또는 무허가 건물을 주거의 목적으로 임대차 하는 경우에 대법원 판례16)는 「주택임대차보호법」이 적용된다고 본다.

---

13) 서울특별시, 「알아두면 좋은 주택임대차 상담사례집」, 2017, 9~10면.
14) 대법원 1988.12.27. 선고 87다카2024 판결.
15) 대법원 1986.1.21. 선고 85다카1367 판결.
16) 대법원 2007.6.21. 선고 2004다26133 전원합의체 판결.

3) 미등기주택의 전세계약

주택의 등기를 하지 아니한 전세계약도 대상이 된다. 이 경우 전세금은 '임대차의 보증금'으로 본다(주택임대차보호법 §12).

4) 일시 사용을 위한 임대차

여행을 떠나 여행지의 숙소에서 일시적으로 사용한 경우와 같이 일시사용하기 위한 임대차임이 명백한 경우에는 이 법이 적용되지 않는다(주택임대차보호법 §11).

대법원 2007.6.21. 선고 2004다26133 전원합의체 판결

주택임대차보호법은 주택의 임대차에 관하여 민법에 대한 특례를 규정함으로써 국민의 주거생활의 안정을 보장함을 목적으로 하고 있고, 주택의 전부 또는 일부의 임대차에 관하여 적용된다고 규정하고 있을 뿐 <u>임차주택이 관할관청의 허가를 받은 건물인지, 등기를 마친 건물인지 아닌지를 구별하고 있지 아니하므로, 어느 건물이 국민의 주거생활의 용도로 사용되는 주택에 해당하는 이상 비록 그 건물에 관하여 아직 등기를 마치지 아니하였거나 등기가 이루어질 수 없는 사정이 있다고 하더라도 다른 특별한 규정이 없는 한 같은 법의 적용대상이 된다.</u>

대법원 1995.3.10. 선고 94다52522 판결

건물이 공부상으로는 단층 작업소 및 근린생활시설로 표시되어 있으나 실제로 갑은 주거 및 인쇄소 경영 목적으로, 을은 주거 및 슈퍼마켓 경영 목적으로 임차하여 가족들과 함께 입주하여 그 곳에서 일상생활을 영위하는 한편 인쇄소 또는 슈퍼마켓을 경영하고 있으며, 갑의 경우는 주거용으로 사용되는 부분이 비주거용으로 사용되는 부분보다 넓고, 을의 경우는 비주거용으로 사용되는 부분이 더 넓기는 하지만 주거용으로 사용되는 부분도 상당한 면적이고, 위 각 부분이 갑·을의 유일한 주거인 경우 주택임대차보호법 제2조 후문에서 정한 주거용 건물로 인정하였다.

3. 주택임대차의 성립

주택의 임대차는 임대인이 임차인에게 주택을 사용·수익하게 할 것을 약정하고, 임차인이 이에 대하여 차임(借賃)을 지급한다는 점에 합의가 있으면 성립되고(민법 §618), 계약은 계약당사자에 의해 자유롭게 그 내용을 정할 수 있다. 그러나 「주택임대차보호법」에 위반한 약정으로서 임차인에게 불리한 것은 그 효력이 없다(주택임대차보호법 §10). 이것은 임차인의 보호를 위한 규정이라고 할 것이므로 「주택임대차보호법」에 위반되는 당사자의 약정을 모두 무효라고 할 것은 아니고 그 규정에 위반하는 약정이라도 임차인에게 불리하지 않은 것은 유효하다고 풀이함이 상당하다.[17]

4. 주택임대차보호법상 임차인의 보호

(1) 대항력

주거용 건물의 임차인이 주택을 인도받고 주민등록을 마친 때에는 등기가 없는 경우라고 하더라도 다음 날부터 제3자에게 대항할 수 있다(동법 제3조). 이 경우 전입신고를 한 때에 주민등록이 된 것으로 본다. 주민등록의 신고는 행정청에 도달하기만 하면 신고로서의 효력이 발생하는 것이 아니라 행정청이 수리한 경우에 비로소 신고의 효력이 발생한다.[18] 여기서 "대항할 수 있다"란 자기보다 후순위 권리자에 대하여 임차목적물을 계속 사용·수익하며 인도를 거절할 수 있다는 의미이다.[19] 대항요건을 갖추면 다음 날 오전 0시부터 대항력을 취득한다.[20] 그러나 익일부터 대항력이 발생한다는 규정에 대하여 임대인이 악용해서 임차인이 주택의 인도와 주민등록을 마친 날과 같은 날에 임차주택 등에 대하여 저당권과 같은 다른 유형의 권리등기가 이루어진다면 그와 같은 물권을 취득한 자에 대해서는 대항력을 주장할 수 없게 되며,[21] 이후의 경매나 공매를 통한 우선변제권 행사시에도 주택임차인은 후순위가 되어 보증금 회수가 보장되지 않는다는 점[22] 등의 우려가 있다.

---

17) 대법원 1995.10.12. 선고 95다22283 판결.
18) 대법원 2009.1.30. 선고 2006다17850 판결.
19) 지원림, 앞의 책, 1552면.
20) 대법원 1999.5.25. 선고 99다9981 판결.
21) 박수곤, "임대차법의 개정논의에 대한 관견", 「한양법학」 제27권 제3호, 2016, 112면.
22) 서해용, "주택임대차보호법상의 임차인의 대항력 발생시기-익일조항 폐지를 중심으로-", 「법학연구」(한국법학회) 제60호, 2015, 121면.

1) 주택의 인도

'주택의 인도'는 임차목적물인 주택에 대한 점유의 이전을 말한다. 이때 점유는 사회통념상 어떤 사람의 사실적 지배에 있다고 할 수 있는 객관적 관계를 가리키는 것으로서, 사실상의 지배가 있다고 하기 위해서는 반드시 물건을 물리적·현실적으로 지배할 필요는 없고, 물건과 사람의 시간적·공간적 관계, 본권관계, 타인의 간섭가능성 등을 고려해서 사회통념에 따라 합목적적으로 판단하여야 한다. 임대주택을 인도하는 경우에는 임대인이 임차인에게 현관이나 대문의 열쇠를 넘겨주었는지, 자동문 비밀번호를 알려주었는지, 이사를 할 수 있는지 등도 고려하여야 한다.[23]

2) 주민등록

주민등록은 거래의 안전을 위하여 임차권이 존재한다는 것을 제3자가 명백히 인식할 수 있게 하는 공시방법의 하나이다. 주민등록은 어떤 임대차를 공시하는 효력이 있다고 할 수 있다. 다만 공시의 효력이 있는 가의 여부는 일반 사회통념상 그 주민등록을 통해 임대차 계약이 체결된 건물에 임차인이 주소 또는 거소를 가진 자로 등록되어 있는지를 인식할 수 있는가의 여부에 따라 결정된다.

(가) 주소의 기재

주민등록을 하는 경우 주소의 기재는 등기부와 동일하게 기재하여야 공시방법으로 유효하다. 대법원은 등기부상 동·호수 표시인 "디동 103호"와 불일치한 "라동 103"호로 된 주민등록은 그로써 당해 임대차건물에 임차인들이 주소 또는 거소를 가진 자로 등록되어 있는지를 인식할 수 있다고 보여지지 아니한다고 하여, 위 주민등록이 임대차의 공시방법으로서 유효하다고 할 수 없다고 하였다.[24]

---

23) 대법원 2017.8.29. 선고 2017다212194 판결.
24) 대법원 1999.4.13. 선고, 99다4207 판결.

① 다세대주택

다세대주택의 경우 호수를 기재하여 주민등록을 하여야 공시방법으로 유효하다. 신축중인 연립주택 중 1세대를 임차한 자가 주민등록 전입신고를 함에 있어서 호수를 기재하지 않은 채 그 연립주택 부지의 지번만으로 전입신고를 하였다가 그 후 위 연립주택에 관하여 준공검사가 이루어지면서 건축물관리대장이 작성되자 호수를 기재하여 주소정정신고를 하였다면, 임차인의 최초 전입신고에 따른 주민등록으로는 일반 사회통념상 임차권자가 세대별로 구분되어 있는 위 연립주택의 특정 호수에 주소를 가진 자로 등록되었다고 제3자가 인식할 수는 없을 것이므로, 그 주민등록은 위 임대차의 공시방법으로서 유효한 것이라고 볼 수 없다.25)

② 다가구주택

다가구주택의 경우 주민등록을 할 때 지번만 기재한 경우에도 공시방법으로 유효하다. 다가구용 단독주택의 경우 건축법이나 주택건설촉진법상 이를 공동주택으로 볼 근거가 없어 단독주택으로 보아야 하는 이상 주민등록법시행령 제5조 제5항에 따라 임차인이 위 건물의 일부나 전부를 임차하여 전입신고를 하는 경우 지번만 기재하는 것으로 충분하고, 나아가 위 건물 거주자의 편의상 구분하여 놓은 호수까지 기재할 의무나 필요가 있다고 할 수 없다.26)

③ 다가구주택이 다세대주택으로 변경된 경우

다가구주택으로 처음에 지번만으로 주민등록을 마친 경우에는 다세대주택으로 변경되었다고 하더라도 다가구주택으로 주민등록을 마친때부터 공시방법으로 유효하다. 처음에 다가구용 단독주택으로 소유권보존등기가 경료된 건물의 일부를 임차한 임차인은 이를 인도받고 임차 건물의 지번을 정확히 기재하여 전입신고를 하면 주택임대차보호법 소정의 대항력을 적법하게 취득하고, 나중에 다가구용 단독주택이 다세대 주택으로 변경되었다는 사정

---

25) 대법원 2000.4.7. 선고 99다66212 판결.
26) 대법원 1998.1.23. 선고 97다47828 판결.

만으로 임차인이 이미 취득한 대항력을 상실하게 되는 것은 아니다.[27]

④ 공무원의 실수로 잘못 기재된 경우

임차인이 전입신고를 올바르게 하였다면 공무원의 실수로 주소가 잘못 등록된 경우라도 공시방법으로 유효하다. 임차인이 전입신고를 올바르게(즉 임차건물 소재지 지번으로) 하였다면 이로써 그 임대차의 대항력이 생기는 것이므로 설사 담당공무원의 착오로 주민등록표상에 신거주지 지번이 다소 틀리게 기재되었다 하여 그 대항력에 영향을 미치지는 않는다.[28]

(나) 주민등록의 인적 범위

주택임대차보호법에 의하여 대항력을 갖기 위한 요건으로서의 주민등록은 임차인 본인이 아니라 배우자나 자녀 등 가족이 주민등록을 한 경우라도 공시방법으로 유효하다. 구 주민등록에 의하여서도 임차권의 존재를 제3자가 명백히 인식할 수 있기 때문이다.

또한 주택 임차인이 그 가족과 함께 그 주택에 대한 점유를 계속하고 있으면서 그 가족의 주민등록을 그대로 둔 채 임차인만 주민등록을 일시 다른 곳으로 옮긴 경우라면, 전체적으로나 종국적으로 주민등록의 이탈이라고 볼 수 없는 만큼, 임대차의 제3자에 대한 대항력을 상실하지 아니한다.[29]

(다) 대항요건의 존속

대항요건은 일시적이어서는 아니 되고 계속 존속하여야 한다.

주택임대차보호법 제3조 제1항에서 주택임차인에게 주택의 인도와 주민등록을 요건으로 명시하여 등기된 물권에 버금가는 강력한 대항력을 부여하고 있는 취지에 비추어볼 때 달리 공시방법이 없는 주택임대차에서는 주택의 인도 및 주민등록이라는 대항요건은 그 대항력 취득시에만 구비하면 족한 것이 아니고, 그 대항력을 유지하기 위하여서도 계속 존속하고 있어야 한다.[30]

---

27) 대법원 2007.2.8. 선고 2006다70516 판결.
28) 대법원 1991.8.13. 선고 91다18118 판결.
29) 대법원 1996.1.26. 선고 95다30338 판결.

(라) 대항력이 부정되는 경우

① 임대차계약이 통정허위표시에 해당하는 경우

임대차는 임차인으로 하여금 목적물을 사용·수익하게 하는 것이 계약의 기본 내용이므로, 채권자가 주택임대차보호법상의 대항력을 취득하는 방법으로 기존 채권을 우선변제 받을 목적으로 주택임대차계약의 형식을 빌려 기존 채권을 임대차보증금으로 하기로 하고 주택의 인도와 주민등록을 마침으로써 주택임대차로서의 대항력을 취득한 것처럼 외관을 만들었을 뿐 실제 주택을 주거용으로 사용·수익할 목적을 갖지 아니 한 계약은 주택임대차계약으로서는 통정허위표시에 해당되어 무효라고 할 것이므로 이에 주택임대차보호법이 정하고 있는 대항력을 부여할 수는 없다.31)

② 적법한 임대권한이 없는 사람과 임대차계약을 체결한 경우

주택임대차보호법이 적용되는 임대차가 임차인과 주택의 소유자인 임대인 사이에 임대차계약이 체결된 경우에만 한정되는 것은 아니지만, 적어도 그 주택에 관하여 적법하게 임대차계약을 체결할 수 있는 권한을 가진 임대인이 임대차계약을 체결할 것이 요구된다.

대법원 2014.2.27. 선고 2012다93794 판결

甲이 임의경매절차에서 최고가매수신고인의 지위에 있던 乙과 주택임대차계약을 체결한 후 주택을 인도받아 전입신고를 마치고 임대차계약서에 확정일자를 받았는데, 다음날 乙이 매각대금을 완납하고 丙 주식회사에 근저당권설정등기를 마쳐준 사안에서, 乙이 최고가매수신고인이라는 것 외에는 임대차계약 당시 적법한 임대권한이 있었음을 인정할 자료가 없는데도, 甲이 아직 매각대금을 납부하지도 아니한 최고가매수신고인에 불과한 乙로부터 주택을 인도받아 전입신고 및 확정일자를 갖추었다는 것만으로 주택임대차보호법 제3조의2 제2항에서 정한 우선변제권을 취득하였다고 볼 수는 없다.

---

30) 대법원 1987.2.24. 선고 86다카1695 판결.
31) 대법원 2002.3.12. 선고 2000다24184 판결.

3) 대항력의 내용

(가) 주택양수인과의 관계

임차주택의 양수인은 임대인의 지위를 승계한 것으로 본다(주택임대차보호법 §3④) 주택의 임차인이 제3자에 대한 대항력을 갖춘 후 임차주택의 소유권이 양도되어 그 양수인이 임대인의 지위를 승계하는 경우에는, 임대차보증금의 반환채무도 부동산의 소유권과 결합하여 일체로서 이전하는 것이므로 양도인의 임대인으로서의 지위나 보증금반환 채무는 소멸한다.[32]

임대차가 종료한 경우에도 임차인이 보증금을 반환받을 때까지는 임대차관계는 존속하는 것으로 본다(주택임대차보호법 §4②) 따라서 임대차가 종료하였으나 임차인이 보증금을 반환받지 못한 경우에는 임대차의 대항력이 유지되므로 그 임차주택의 양수인은 임대인의 지위를 승계한다.

(나) 제3자에 대한 관계

대항력을 갖춘 임차인은 저당권자와 같은 물권자와의 관계에서 먼저 성립한 경우라면 "우선의 원칙"에 따라 저당권자와 같은 물권자에 우선하여 자신의 임차권을 보호받을 수 있게 된다. 따라서 주택임차인이 대항요건을 갖춘 경우에도 선순위 권리자가 있을 때는 대항력을 갖지 못한다.

> **대법원 1987.2.24. 선고 86다카1936 판결**
>
> 경매법 제3조에 의하여, 경매의 목적인 부동산 위에 존재하는 권리로서 경매인의 권리보다 후에 등기된 권리는 경락대금의 완납으로 인하여 소멸되고, 한편 저당권의 경우는 경매인의 권리보다 먼저 등기한 것도 소멸하는 것이므로, 후순위저당권의 실행으로 목적부동산이 경락되어 그 선순위저당권이 함께 소멸한 경우라면 비록 후순위저당권자에게는 대항할 수 있는 임차권이더라도 소멸된 선순위저당권보다 뒤에 등기되었거나 대항력을 갖춘 임차권은 함께 소멸한다고 해석함이 상당하고, 따라서 이와 같은 경우의 경락인은 주택임대차보호법 제3조에서 말하는 임차주택의 양수인중에 포함되지 않는다 할 것이므로, 경락인에 대하여 그 임차권의 효력을 주장할 수 없다 할 것이다.

---

[32] 대법원 1996.2.27. 선고 95다35616 판결.

(2) 우선변제권

「주택임대차보호법」에 의하면 주택임차인이 대항력을 위한 요건(주택의 인도 및 전입신고)을 갖추고 임대차계약증서에 확정일자를 받은 경우에는 '우선변제권'을 갖게 된다(동법 §3의2②). 우선변제권이란 임대주택이 경매되었을 때 그 경매대금에서 후순위권리자나 그 밖의 채권자보다 우선하여 보증금을 변제받을 권리이다. 따라서 잔금을 지급하는 당일에 전입신고를 하여 대항력을 갖춘 후 임대차계약서에 확정일자를 받아 우선변제권이 발생하게 하는 것이 좋다.33)

주택임대차보호법은 임차인에게 우선변제권이 인정되기 위하여 대항요건과 임대차계약증서상의 확정일자를 갖추는 것 외에 계약 당시 임차보증금이 전액 지급되어 있을 것을 요구하지는 않는다. 따라서 임차인이 임대인에게 임차보증금의 일부만을 지급하고 주택임대차보호법 제3조 제1항에서 정한 대항요건과 임대차계약증서상의 확정일자를 갖춘 다음 나머지 보증금을 나중에 지급하였다고 하더라도 특별한 사정이 없는 한 대항요건과 확정일자를 갖춘 때를 기준으로 임차보증금 전액에 대해서 후순위권리자나 그 밖의 채권자보다 우선하여 변제를 받을 권리를 갖는다고 보아야 한다.34)

1) 확정일자

확정일자는 임대인과 임차인의 담합으로 임차보증금의 액수를 사후에 변경하는 것을 방지하기 위한 것으로 대항요건으로 규정된 주민등록과 같이 당해 임대차의 존재 사실을 제3자에게 공시하고자 하는 것은 아니다. 따라서 임대차계약서에 임대차목적물을 표시하면서 아파트의 명칭과 그 전유부분의 동·호수의 기재를 누락하였다고 하더라도 확정일자의 요건을 갖추지 못하였다고 볼 수는 없다.35) 우선변제권을 취득한 임차인이 그 계약서를 분실하

---

33) 이준현, "주택임차인의 우선변제권과 임차보증금의 지급-대상 판결: 대법원 2017.8.29. 선고 2017다212194 판결-",「서강법률논총」제8권 제1호, 2019, 151~152면.
34) 대법원 2017.8.29. 선고 2017다212194 판결.
35) 대법원 1999.6.11. 선고 99다7992 판결.

거나 계약서가 멸실되었다고 하여 우선변제권이 소멸하는 것은 아니다.36)

2) 우선변제권의 발생시기

주택의 임차인이 주택의 인도와 주민등록을 마친 이후 확정일자를 갖춘 날부터 우선변제권이 발생한다. 주택의 임차인이 주택의 인도와 주민등록을 마친 당일 또는 그 이전에 임대차계약증서상에 확정일자를 갖춘 경우 주택임대차보호법 제3조의2 제1항에 의한 우선변제권은 같은 법 제3조 제1항에 의한 대항력과 마찬가지로 주택의 인도와 주민등록을 마친 다음날을 기준으로 발생한다.37)

그러나 만약 전세 계약을 체결한 후 전입신고를 하고 확정일자도 받았는데 등기부등본을 확인해보니 전입신고를 하던 날에 근저당이 설정되었다면, 근저당보다 후순위가 된다. 전입신고와 확정일자를 통한 우선변제권의 효력은 '그 다음날 0시'에 나타나는 반면에, 근저당은 '설정 당일'에 효력이 나타나기 때문에, 확정일자를 받은 날과 근저당을 설정한 날이 같은 날이라면 근저당이 선순위가 되는 것이다.38)

대법원 1999.5.25. 선고 99다9981 판결

주택임대차보호법 제3조의 임차인이 주택의 인도와 주민등록을 마친 때에는 그 '익일부터' 제3자에 대하여 효력이 생긴다고 함은 <u>익일 오전 영시부터</u> 대항력이 생긴다는 취지이다. 원심이 적법히 확정한 사실에 의하면 피고 선정자 소외인이 1996. 8. 16. 이 사건 부동산을 보증금 51,000,000원에 임차하여 <u>1996. 8. 27. 주민등록상 전입신고를 마쳤으므로 위에서 본 법리에 따라 익일인 1996. 8. 28. 00:00시부터 대항력이 있어</u> 그 후 1996. 8. 28.자로 주간에 경료된 이 사건 저당권에 기한 경낙인인 원고에게 대항할 수 있다고 할 것이므로 같은 취지의 원심 판단은 정당하고, 이를 다투는 논지는 모두 이유 없다.

---

36) 대법원 1996.6.25. 96다12474 판결.
37) 대법원 1999.3.23. 선고 98다46938 판결.
38) 서울특별시, 앞의 「알아두면 좋은 주택임대차 상담사례집」, 37면.

(3) 소액보증금의 최우선변제

1) 요건

임차인은 임차보증금이 소액인 경우에는 주택의 인도와 주민등록을 마치면 확정일자를 받지 않은 경우에도 임차 주택이 경매되더라도 보증금 중 일정액을 다른 담보물권자보다 우선하여 변제받을 수 있다(주택임대차보호법 §8①). 또한 반드시 최초 임대차계약시부터 소액임차인이어야 하는 것은 아니며, 그 후에 정당하게 보증금을 감액하여 소액임차인에 해당하게 되었다면 그 임대차계약이 통정허위표시에 의한 계약이어서 무효라는 등의 특별한 사정이 없는 한 그러한 임차인은 본법상 소액임차인으로 보호받을 수 있다.[39]

2) 적용범위

최우선변제를 받을 수 있는 임차인은 소액임차인의 범위에 속해야 하며,[40] 보증금이 다음 각 호의 구분에 의한 금액 이하인 임차인은 우선변제를 받을 수 있다(주택임대차보호법 시행령 §11①):

1. 서울특별시: 1억5천만원
2. 「수도권정비계획법」에 따른 과밀억제권역(서울특별시는 제외한다), 세종특별자치시, 용인시, 화성시 및 김포시: 1억3천만원
3. 광역시(「수도권정비계획법」에 따른 과밀억제권역에 포함된 지역과 군지역은 제외한다), 안산시, 광주시, 파주시, 이천시 및 평택시: 7천만원
4. 그 밖의 지역: 6천만원

우선변제를 받을 보증금 중 일정액의 범위는 다음 각 호의 구분에 의한 금액 이하로 한다(주택임대차보호법 시행령 §10①):

1. 서울특별시: 5천만원
2. 「수도권정비계획법」에 따른 과밀억제권역(서울특별시는 제외한다), 세종특별자치시, 용인시, 화성시 및 김포시: 4천300만원

---

39) 대법원 2008.5.15. 선고 2007다23203 판결.
40) 서해용, "경매에 있어서의 소액임차인의 악용에 따른 문제점 및 개선방안-주임법 제8조 개정을 중심으로-", 「강원법학」 제47권, 2016, 240면.

3. 광역시(「수도권정비계획법」에 따른 과밀억제권역에 포함된 지역과 군지역은 제외한다), 안산시, 광주시, 파주시, 이천시 및 평택시: 2천 300만원
4. 그 밖의 지역: 2천만원

예를 들면 서울특별시 소재의 주택은 보증금이 1억5천만 원 이하인 경우에 최우선변제권이 확보되고 그 변제금액은 5천만 원이다.

우선변제권을 가지고 있다면 그 순위에 따라 배당을 받게 되고, 최우선변제권이 있다면 우선변제권보다 앞서서 일정액을 먼저 배당받게 된다. 최우선변제권은 소액보증금 중 일정액을 먼저 배당받을 수 있는 것으로, 보증금 전액을 보장받는 것은 아니다.

(4) 임차권등기명령

임대차가 종료되면, 임차인은 주택을, 임대인은 보증금을 반환하여야 한다. 임대차가 종료되었음에도 임대인이 보증금을 돌려주지 않아 그 상태로 임차인이 이사를 나가게 되면 '주택의 인도'와 '주민등록' 가운데 어느 하나라도 미충족하게 됨으로써 종전에 취득하였던 「주택임대차보호법」에 의한 대항력과 우선변제권이 상실되어 보증금을 돌려받기 어려워지게 된다. 이러한 문제를 해결하기 위하여 임차인에게 대항력과 우선변제권을 유지하게 하면서 자유롭게 이사할 수 있게 하는 제도를 마련하였고 이를 임차권등기명령제도라고 한다.[41]

임대차가 종료된 후 임차보증금의 전액 또는 일부를 돌려받지 못한 임차인은 임차주택의 소재지를 관할하는 지방법원·지방법원지원 또는 시·군 법원에 임차권등기명령을 신청할 수 있고(주택임대차보호법 §3의3①), 임차인은 임차권등기명령의 신청과 그에 따른 임차권등기와 관련하여 든 비용을 임대인에게 청구할 수 있다(동조⑧). 이에 따라 임차권등기명령을 신청한 임차인이 임차권등기 이후에 이사를 가게 되어도 종전의 임차주택에 대한 대

---

[41] 김성욱, "주택임대차에 있어서 임차권등기명령 제도 및 대항요건 등과 관련한 법적 문제", 「경희법학」 제46권 제2호, 2011, 72면.

항력과 우선변제권은 유지되므로 그 임차 보증금을 우선하여 변제받을 수 있다.[42] 한편 임차권등기명령에 의한 임차권등기를 한 주택을 그 이후에 임차한 임차인은 소액임차인이라 할지라도 최우선변제를 받을 수 없다(주택임대차보호법 §3의3⑥). 임차권등기명령을 신청할 때에는 신청의 이유와 임차권등기의 원인이 된 사실을 밝혀야 한다(동조②).

(5) 존속기간의 보장

1) 최단기간의 보장

주택의 임대차 존속기간은 최단 2년으로 당사자가 임대차 기간을 정하지 않았거나 2년 미만으로 정한 때에는 존속기간은 2년으로 본다. 다만, 임차인은 2년 미만으로 정한 기간이 유효함을 주장할 수 있다(주택임대차보호법 §4①). 그리고 임대차기간이 종료한 경우에도 임차인이 보증금을 반환받을 때까지는 임대차관계가 존속되는 것으로 본다(동법 §4②).

2) 법정갱신(묵시의 갱신)

임대인은 계약기간 만료 전 6개월부터 2개월 사이, 임차인은 계약기간 만료 전 2개월 전까지 계약을 종료할 것인지에 대한 의사 표시를 해야 한다. 만약 임대인과 임차인 모두 아무런 통지를 하지 않는다면 자동으로 기존의 계약조건과 동일하게 다시 계약이 이루어지며 이를 '묵시적 갱신'이라고 한다(주택임대차보호법 §6). 묵시적 갱신으로 계약이 갱신된 경우에도 임대차의 존속기간은 2년이며, 그 기간 내에 임차인은 언제든지 임대인에게 계약해지를 통지할 수 있고, 계약해지를 통지하면 3개월 후 계약해지의 효과가 발생하여 계약이 종료된다(동법 §6의2).

---

[42] 민일영, "주택경매에 있어서 임차인보호에 관한 연구", 「민사집행법연구」 제1권, 2005, 333면.

3) 계약갱신요구권(계약갱신청구권)

(가) 요건

임대인은 임차인이 임대차기간 만료 전 6월부터 2월까지 사이 기간 이내에 계약갱신을 요구할 경우 정당한 사유 없이 거절하지 못한다(주택임대차보호법 §6의3①본문). 다만, 다음 각 호의 어느 하나에 해당하는 경우에는 그러하지 아니하다(동항 단서):

1. 임차인이 2기의 차임액에 해당하는 금액에 이르도록 차임을 연체한 사실이 있는 경우
2. 임차인이 거짓이나 그 밖의 부정한 방법으로 임차한 경우
3. 서로 합의하여 임대인이 임차인에게 상당한 보상을 제공한 경우
4. 임차인이 임대인의 동의 없이 목적 주택의 전부 또는 일부를 전대(轉貸)한 경우
5. 임차인이 임차한 주택의 전부 또는 일부를 고의나 중대한 과실로 파손한 경우
6. 임차한 주택의 전부 또는 일부가 멸실되어 임대차의 목적을 달성하지 못할 경우
7. 임대인이 다음 각 목의 어느 하나에 해당하는 사유로 목적 주택의 전부 또는 대부분을 철거하거나 재건축하기 위하여 목적 주택의 점유를 회복할 필요가 있는 경우
    가. 임대차계약 체결 당시 공사시기 및 소요기간 등을 포함한 철거 또는 재건축 계획을 임차인에게 구체적으로 고지하고 그 계획에 따르는 경우
    나. 건물이 노후·훼손 또는 일부 멸실되는 등 안전사고의 우려가 있는 경우
    다. 다른 법령에 따라 철거 또는 재건축이 이루어지는 경우
8. 임대인(임대인의 직계존속·직계비속을 포함한다)이 목적 주택에 실제 거주하려는 경우
9. 그 밖에 임차인이 임차인으로서의 의무를 현저히 위반하거나 임대차를 계속하기 어려운 중대한 사유가 있는 경우

임차인은 계약갱신요구권을 1회에 한하여 행사할 수 있다. 이 경우 갱신되는 임대차의 존속기간은 2년으로 본다(주택임대차보호법 §6의3②).

임대인이 '실제 거주'를 이유로 임차인의 계약갱요구를 거절하고자 하는 경우에 실제 거주하였다는 증명책임은 임대인에게 있다.43)

(나) 효력

갱신되는 임대차는 전 임대차와 동일한 조건으로 다시 계약된 것으로 본다(주택임대차보호법 §6의3③본문). 다만, 차임과 보증금은 이 법 제7조의 범위에서 증감할 수 있다(동항 단서).

임대인이 법에 정하여진 계약갱신 거절 사유로 갱신을 거절하였음에도 불구하고 갱신요구가 거절되지 아니하였더라면 갱신되었을 기간이 만료되기 전에 정당한 사유 없이 제3자에게 목적 주택을 임대한 경우 임대인은 갱신 거절로 인하여 임차인이 입은 손해를 배상하여야 한다(주택임대차보호법 §6의3⑤).

대법원 2023.12.7 선고 2022다279795 판결

[1] 2020. 7. 31. 법률 제17470호 개정으로 신설된 주택임대차보호법 제6조의3 제1항은 "제6조에도 불구하고 임대인은 임차인이 제6조 제1항 전단의 기간 이내에 계약갱신을 요구할 경우 정당한 사유 없이 거절하지 못한다. 다만 다음 각호의 어느 하나에 해당하는 경우에는 그러하지 아니하다."라고 규정하면서 제8호에서 "임대인(임대인의 직계존속·직계비속을 포함한다)이 목적 주택에 실제 거주하려는 경우"를 임차인의 계약갱신 요구를 거절할 수 있는 사유 중 하나로 들고 있다. 이러한 주택임대차보호법 규정의 취지는 임차인의 주거생활 안정을 위하여 임차인에게 계약갱신요구권을 보장하는 동시에 임대인의 재산권을 보호하고 재산권에 대한 과도한 제한을 방지하기 위하여 임대인에게 정당한 사유가 있는 경우 계약갱신을 거절할 수 있도록 함으로써 임차인과 임대인의 이익 사이에 적절한 조화를 도모하고자 함에 있다.

[2] 임대인(임대인의 직계존속·직계비속을 포함한다. 이하 같다)이 목적 주택에 실제 거주하려는 경우에 해당한다는 점에 대한 증명책임은 임대인에게 있다. '실제 거주하려는 의사'의 존재는 임대인이 단순히 그러한 의사를 표명하였다는 사정이 있다고 하여 곧바로 인정될 수는 없지만, 임대인의 내심에 있는 장래에 대한 계획이라는 위 거절사유의 특성을 고려할 때 임대인의 의사가 가공된 것이 아니라 진정하다는 것을 통상적으로 수긍할 수 있을 정도의 사정이 인정된다면 그러한 의사의 존재를 추인할 수 있을 것이다. 이는 임대인의 주거

---

43) 대법원 2023.12.7. 선고 2022다279795 판결.

상황, 임대인이나 그의 가족의 직장이나 학교 등 사회적 환경, 임대인이 실제 거주하려는 의사를 가지게 된 경위, 임대차계약 갱신요구 거절 전후 임대인의 사정, 임대인의 실제 거주 의사와 배치·모순되는 언동의 유무, 이러한 언동으로 계약갱신에 대하여 형성된 임차인의 정당한 신뢰가 훼손될 여지가 있는지 여부, 임대인이 기존 주거지에서 목적 주택으로 이사하기 위한 준비의 유무 및 내용 등 여러 사정을 종합하여 판단할 수 있다.

(6) 차임증감청구권

당사자는 약정한 차임이나 보증금이 임차주택에 관한 조세, 공과금, 그 밖의 부담의 증감이나 경제사정의 변동으로 인하여 적절하지 아니하게 된 때에는 장래에 대하여 그 증감을 청구할 수 있다. 이 경우 증액청구는 임대차계약 또는 약정한 차임이나 보증금의 증액이 있은 후 1년 이내에는 하지 못한다(주택임대차보호법 §7①). 차임증감청구권은 형성권으로서 행사 후 즉시 그 효력이 발생한다.

증액청구는 약정한 차임이나 보증금의 20분의 1의 금액을 초과하지 못한다(주택임대차보호법 §7②본문). 다만, 특별시·광역시·특별자치시·도 및 특별자치도는 관할 구역 내의 지역별 임대차 시장 여건 등을 고려하여 본문의 범위에서 증액청구의 상한을 조례로 달리 정할 수 있다(동항 단서).

(7) 임차권의 승계

임차인이 상속인 없이 사망한 경우에는 그 주택에서 가정공동생활을 하던 사실상의 혼인관계에 있는 자가 임차인의 권리와 의무를 승계한다(주택임대차보호법 §9①). 그러나 임차인이 사망한 때에 사망 당시 상속인이 그 주택에서 가정공동생활을 하고 있지 아니한 경우에는 그 주택에서 가정공동생활을 하던 사실상의 혼인 관계에 있는 자와 2촌 이내의 친족이 공동으로 임차인의 권리와 의무를 승계한다(동법 §9②).

제 5 장
직장생활과 법률

제1절 노동법의 의의 및 적용 범위

1. 노동법의 의의

지금 우리가 살고 있는 법질서는 유럽에서 시작된 시민혁명과 산업혁명의 결과 형성된 것이다. 시민혁명에 의해서 봉건제의 구속이 폐지되면서 비로소 모든 사람은 법적으로 평등하게 대우받고 직업 선택 및 이동의 자유를 비롯한 각종 경제활동의 자유가 보장되었다. 이제 사람들은 이제까지 살던 농촌을 떠나 산업혁명에 의해서 탄생한 도시의 공장에서 새로운 일자리를 찾았다. 산업혁명으로 공장제 생산 방식이 증가하면서 다른 사람의 지시에 따라서 노동을 하고 그 대가를 받아 삶을 유지하는 사람의 수도 급격히 증가하였다. 흔히 노동자라고 부르는 사람들이 사회의 중요한 계층을 형성하는 역사적인 순간이 온 것이다.

그런데, 노동자는 사용자에 비하여 경제적·사회적 지위에서 열세에 놓여 있어서 사용자가 제시한 근로조건이 열악한 수준일지라도 자신 또는 가족의 생존을 위한 일자리를 얻기 위해서는 어쩔 수 없이 감수할 수밖에 없는 상황에 처한 경우가 많았다. 노동자의 이러한 상황은 계약자유의 이름으로 정당화되었다. 즉, 누구도 노동자에게 가혹한 근로조건으로 노동할 것을 강요하지 않았고, 그것은 노동자의 자유로운 선택의 결과라는 것이다.

계약자유의 이름으로 노동자들의 가혹한 노동이 정당화되는 시대는 그리 오래가지 못하였다. 가혹한 노동조건, 산업재해, 실업 등의 문제는 당시 거의 모든 근로자에게 발생하고 있던 문제였기에 점차 국가가 해결하여 할 심각한 "사회적 문제"로 인식되었다. 이러한 인식에 따라서 1802년 영국에서역사에서 기록하는 최초의 노동법이 탄생하였다. 당시 노동법은 공장에서 9세 이하의 아동노동 등을 금지하는 것이었지만, 이후 노동법은 보호 대상이 확대되면서 지속적으로 발전하여 현대 사회의 가장 중요한 법률 중 하나로 자리 잡았다.

이와 같이 노동법은 사회적 법치국가의 입장에서 노동자의 생존권을 보장하고 노동자의 경제적·사회적 지위을 향상하기 위한 법률이다. 따라서 노동법은 「민법」에 대하여 특별법의 지위를 가지며 원칙적으로 강행법이다. 하지만 노동법에 규정된 것보다 노동자에게 유리한 내용으로 사용자와 약정을 맺는 것은 허용된다. 그리고 노동법에서 규정되어 있지 않는 사항에 대해서는 사용자와 노동자가 자유롭게 협의하여 근로계약으로 정할 수 있다. 이는 노동법의 중요한 특징인데, 노동법은 사용자와 근로자와 자유롭게 근로계약을 체결하여 근로조건을 정할 수 있도록 하지만, 중요한 근로조건에 대해서는 근로자를 보호하기 위해서 국가가 개입한다. 따라서 노동법은 법의 분류에서 사회법에 속한다.

2. 헌법과 노동법

우리 헌법의 특징 중 하나는 "노동"에 관한 기본권을 매우 상세히 규정하고 있다는 점이다. 헌법 제32조에서는 "근로의 근로"를, 그리고 제33조에서 "단결권·단체교섭권·단체행동권"을 기본권으로 보장하고 있다.

먼저 헌법에서는 "모든 국민은 근로의 권리를 가진다."고 하여 근로의 권리를 기본권으로 규정하면서 이 권리의 내용을 상세하게 규정하고 있다. 첫째, 국가는 근로의 권리를 실현하기 위하여 사회적·경제적 방법으로 근로자의 고용 증진과 적정임금 보장을 위하여 노력하여야 하며, 법률이 정하는 바에 의하여 최저임금제를 시행하여야 한다(헌법 §32①). 둘째, 근로조건의 기준은 인간의 존엄성을 보장하도록 법률로 정한다(동조③). 셋째, 여성의 근로는 특별한 보호를 받으며, 고용·임금 및 근로조건에 있어서 부당한 차별을 받지 아니한다(동조④). 넷째, 연소자의 근로는 특별한 보호를 받는다(동조 ⑤). 헌법 제32조가 보장하는 근로의 권리를 구체적으로 근로자에게 구체적으로 보장하기 위하여 여러 법률에서 다양한 권리를 상세하게 규정하고 있다. 대표적인 법률로는 「근로기준법」, 「최저임금법」, 「산업안전보건법」, 「중대재해 처벌 등에 관한 법률」(약칭: 중대재해처벌법), 「파견근로자 보호 등에 관한 법률」(약칭: 파견법), 「기간제 및 단시간근로자 보호 등에 관한 법률」(약칭: 기간제법), 「근로자퇴직급여보장법」(약칭: 퇴직급여법), 「임금채권보장법」, 「남녀고용평등과 일·가정 양립 지원에 관한 법률」(약칭: 남녀고용평등법), 「산업재해보상보험법」(약칭: 산재보험법), 「고용보험법」, 「직업안정법」, 「채용절차의 공정화에 관한 법률」(약칭: 채용절차법), 「고용상 연령차별금지 및 고령자고용촉진에 관한 법률」(약칭: 고령자고용법), 「장애인고용촉진 및 직업재활법」(약칭: 장애인고용법) 등이 있다.

다음으로 헌법 제33조 제1항에서는 "근로자는 근로조건의 향상을 위하여 자주적인 단결권·단체교섭권 및 단체행동권을 가진다."고 규정하고 있다. 단결권·단체교섭권, 단체행동권을 흔히 노동3권이라고 부른다. 노동3권을 구체적으로 보장하기 위해서 제정된 법률이 「노동조합 및 노동관계조정법」(약칭: 노동조합법)이다. 그런데 헌법 제33조 제2항에서는 "공무원인 근로자는 법률이 정하는 자에 한하여 단결권·단체교섭권 및 단체행동권을 가진다."고 규정하고 있어서 공무원의 노동3권 보장을 위해서 「공무원의 노동조합 설립 및 운영 등에 관한 법률」(약칭: 공무원노조법)이 제정되었다. 그리고 특별히 교원의 노동3권 보장을 위한 법률로 「교원의 노동조합 설립 및 운영 등에 관한 법률」(약칭: 교원노조법)이 존재한다.

이와 같이 노동법은 헌법 제32조와 제33조가 보장하는 기본권을 구체적으로 보장하기 위해서 제정된 법률의 전체 체계를 말한다고 할 수 있다. 그런데, 이들 법률은 어디까지나 우리나라 국회에서 제정한 것이다. 하지만 노동법에는 이러한 법률 이외에도 노동과 관련된 국제조약도 포함된다. 노동과 관련된 국제조약 중에서 특히 중요한 것이 UN 산하기구인 국제노동기구(International Labour Organization: ILO)의 국제협약(Convention)이다. 2025년 7월 현재 근로시간협약(제1호 협약, 1919년)을 포함하여 총 192개인데, 우리나라는 이 가운데 32개의 협약만을 비준하였다.[1]

2. 노동법의 적용 대상

(1) 노동법은 누구에게 적용되는가?

위에서 설명한 노동법에 속하는 많은 법률은 그 법률이 적용되는 대상이 명확히 정해져 있다. 바로 '근로자'이다. 우리는 '노동자'라는 말이 익숙하지만, 법률에서는 '근로자'라고 쓴다. 그리고 근로자의 노동력을 대가를 지불하고 활용하는 자가 바로 '사용자'이다. 즉, 노동법은 근로자와 사용자 사이에 노동력의 활용에 관한 법이라고 할 수 있다.

따라서 노동법에 따른 보호를 받기 위해서는 그 사람이 '근로자'이어야 한다. 근로자가 아니면 원칙적으로 노동법의 보호를 받을 수 없다.

그런데, '노동'이나 '근로'는 국어사전에서는 "일하다"라는 매우 넓은 뜻으로 이해되기에, 그 의미를 명확히 파악하기 쉽지 않다. 회사를 운영하는 사람도 자신이 "일한다"고 생각할 것이고, 가게나 식당을 운영하는 사람도 마찬가지로 "일한다"라고 생각할 것이다. 하지만, 노동법이 적용되는 근로자의 '일'은 이러한 사람들의 '일'과는 다르다. 회사, 가게, 식당, 카페 등을 운영하

---

[1] ILO협약 가운데 강제노동금지(제29호 및 제105호 협약), 결사의 자유(제87호 및 제98호 협약), 차별금지(제100호 및 제111호 협약)), 아동노동금지(제138호 및 제182호 협약), 산업안전보건(제155호 및 제187호 협약)에 관한 10개의 협약은 다른 협약과는 달리 핵심협약(Fundamental Convention)으로 지정되어 있다. 현재 우리나라는 제105호 협약을 제외한 9개 핵심협약을 비준한 상태이다. 핵심협약은 노동권에 관한 가장 기본적 규율 원칙을 천명한 것으로, 모든 ILO 회원국은 비준에 대한 사실상의 의무를 부담한다. 이에 따라 ILO는 핵심협약 미비준 회원국에 대해서 비준 전망 및 미비준 사유를 매년 보고하도록 하고 있다. 하지만, 국제협약은 우리 헌법이 정한 절차에 따라서 비준되지 않으면 국내에는 법적 효력을 가지지 못하기 때문에 핵심협약이라고 하더라도 비준하지 않으면 국내법과 동일한 효력을 가지지 못한다.

는 이른바 사장님과 노동법이 적용되는 근로자는 대체로 직감적으로 구분할 수 있다. 하지만, 일하는 사람이 노동법이 적용되는 근로자인지가 불명확한 경우도 적지 않다. 심지어 본인은 노동법이 적용되는 근로자라고 생각했지만, 법적으로는 그렇지 않은 경우도 흔히 있다.

(2) 근로기준법상 근로자

노동법 중에서 근로자를 보호하는 데 가장 핵심적인 역할을 하는 법률이 바로 근로기준법이다. 최저임금법, 산업안전보건법 등 많은 법률에서 규정하고 있는 근로자는 「근로기준법」의 근로자와 동일한 의미이다.

「근로기준법」에서는 근로자를 "직업의 종류와 관계없이 임금을 목적으로 사업이나 사업장에 근로를 제공하는 자"(동법 §2ⅰ)라고 정의한다. 따라서 「근로기준법」상 근로자란 특정의 사용자에게 고용되어 임금을 목적으로 사용자의 지휘·감독하에 사업이나 사업장에 취업하여 현실적으로 근로를 제공하고 있는 자를 말하며, "근로"란 정신노동과 육체노동을 모두 포함한다(동법 §2ⅲ).

통상적으로는 어떤 일하는 사람이 근로자에 해당하는지를 판단하는 것은 어렵지 않지만, 직업에 따라서는 그 판단이 매우 어려운 직업군이 있다. 보험회사의 보험설계사, 학습회사의 학습지 교사, 골프장 캐디, 전기·가스검침원, 화장품·서적·자동차의 방문판매원, 방송 출연 연예인, 택배기사, 배달기사, 대리운전기사 등이 대표적인 예이다. 이들은 대체로 도급계약, 위임계약, 위탁계약 등 다양한 명칭의 계약을 체결하고 일한다. 계약의 명칭은 근로계약 또는 고용계약이 아니다. 따라서 보험회사나 학습회사는 보험설계나 학습지 교사는 근로계약을 체결하지 않았기에 근로자가 아니라고 주장한다.

하지만, 계약의 명칭이나 형식이 근로계약이 아니고 도급계약, 위임계약이라고 하더라도 실질적으로는 임금을 목적으로 사용자에게 근로를 제공하고 있다면, 그 계약은 근로계약이고, 그 사람은 근로자이며, 근로자에게는 근로기준법이 적용된다. 처음에 계약을 체결할 때 근로계약이 아니라는 점, 노동법이 적용되는 근로자가 아니라는 점을 알고 계약을 체결했다고 하더라도, 이 점은 달라지지 않는다. 노동법은 강행법이기 때문이다.

우리 대법원 판례에 따르면 「근로기준법」상 근로자에 해당하는지는 "사용종속관계" 아래에서 임금을 목적으로 근로를 제공하는지에 달려있다고 한다. 하지만 사용종속관계에 있는지에 관한 판단은 사실 매우 어렵다. 대법원의 판례에 의하면 업무내용을 사용자가 정하고 취업규칙 또는 복무규정 등의 적용을 받는지, 업무수행 과정에서 사용자가 상당한 지휘·감독하는지, 사용자가 근무시간과 근무장소를 지정하고 근로자가 이에 구속받는지, 노무제공자가 비품·원자재나 작업도구를 소유하거나 제3자를 고용하여 업무를 대행하게 하는 등 독립하여 자신의 계산으로 사업을 영위할 수 있는지, 노무제공을 통한 이윤의 창출과 손실의 위험을 누가 부담하는지, 보수의 성격이 근로 자체의 대상적 성격인지, 기본급이나 고정급 등이 정해져 있는지, 근로제공 관계의 계속성과 사용자에 대한 전속성이 인정되는지, 사회보장제도에 관한 법령에서 근로자로서 인정되고 있는지 등을 종합적으로 고려하여 판단해야 한다.[2]

(3) 노동조합법상 근로자

노동법이 적용되는 근로자의 의미는 각각의 법률에 따라서 다를 수 있다는 점에 주의하여야 한다. 특히 「노동조합법」에서는 근로자의 의미를 「근로기준법」과는 다르게 정의하고 있다. 「노동조합법」에서는 근로자를 "직업의 종류를 불문하고 임금·급료 기타 이에 준하는 수입에 의하여 생활하는 자"라고 정의하고 있다(동법 §2 ⅰ).

대법원 판례에 의하면 「노동조합법」의 근로자는 「근로기준법」의 근로자보다 넓은 개념이라고 한다. 대법원은 「노동조합법」과 「근로기준법」은 법률의 목적이 다르기에 각각의 법률의 근로자 개념도 다르게 이해하여야 한다고 한다. 그 이유에 대해서 대법원 판례는 "노동조합법은 헌법

---

[2] 대법원 2006.12.7. 선고 2004다29736 판결.

에 의한 근로자의 노동3권 보장을 통해 근로조건의 유지·개선과 근로자의 경제적·사회적 지위 향상 등을 목적으로 제정"되었기 때문에 "노동조합법상 근로자에 해당하는지는 노무제공관계의 실질에 비추어 노동3권을 보장할 필요성이 있는지의 관점에서 판단하여야 하고, 반드시 근로기준법상 근로자에 한정되지 않는다고 설명하고 있다3)

대법원 판례에 의하면 구체적으로 「노동조합법」 상 근로자에 해당하는지는, 노무제공자의 소득이 특정 사업자에게 주로 의존하고 있는지, 노무를 제공받는 특정 사업자가 보수를 비롯하여 노무제공자와 체결하는 계약 내용을 일방적으로 결정하는지, 노무제공자가 특정 사업자의 사업 수행에 필수적인 노무를 제공함으로써 특정 사업자의 사업을 통해서 시장에 접근하는지, 노무제공자와 특정 사업자의 법률관계가 상당한 정도로 지속적·전속적인지, 사용자와 노무제공자 사이에 어느 정도 지휘·감독관계가 존재하는지, 노무제공자가 특정 사업자로부터 받는 임금·급료 등 수입이 노무 제공의 대가인지 등을 종합적으로 고려하여 판단하여야 한다.

「노동조합법」 상 근로자가 근로기준법」 상 근로자보다 넓은 개념이기 때문에 「노동조합법」 상 근로자에는 해당하지만 「근로기준법」 상 근로자가 아닌 경우가 있다. 대법원은 학습지교사는 「노동조합법」 상 근로자에는 해당하지만 「근로기준법」 상 근로자에는 해당하지 않는다고 판단한 적이 있다. 따라서 학습지교사에게는 헌법 제33조가 보장하는 노동3권이 보장되고 노동조합법이 적용되지만, 「근로기준법」 은 적용되지 않는다. 즉, 「근로기준법」 에서 정한 보호는 받지 못한다.4) 앞에서 예로 든 보험회사의 보험설계사, 골프장 캐디, 전기·가스검침원, 화장품 방문판매원, 자동차 영업사원, 택배기사, 대리운전기사, 플랫폼 배당기사 등은 대체로 「근로기준법」 상 근로자에 해당하지 않는다고 법원과 정부가 판단하는 경향이 강하지만, 「노동조합법」 의 근로자로는 폭넓게 인정되고 있다.

---

3) 대법원 2018.6.15. 선고 2014두12598 판결.
4) 노동법 중에서 상당히 많은 법률은 「근로기준법」 상 근로자에 대해서만 적용된다. 예를 들어서 「최저임금법」, 「산업안전보건법」 은 「근로기준법」 상 근로자에 대해서만 적용된다.

대법원 2018. 6. 15. 선고 2014두12598

근로기준법상의 근로자에 해당하는지는 계약의 형식이 고용계약인지 도급계약인지보다 근로제공자가 실질적으로 사업 또는 사업장에 임금을 목적으로 종속적인 관계에서 사용자에게 근로를 제공하였는지에 따라 판단하여야 한다. 여기에서 종속적인 관계가 있는지는 업무 내용을 사용자가 정하고 취업규칙 또는 복무(인사)규정 등의 적용을 받는지, 업무 수행 과정에서 사용자가 상당한 지휘·감독을 하는지, 사용자가 근무시간과 근무장소를 지정하고 근로제공자가 이에 구속을 받는지, 근로제공자가 스스로 비품·원자재나 작업도구 등을 소유하거나 제3자를 고용하여 업무를 대행케 하는 등 독립하여 자신의 계산으로 사업을 할 수 있는지, 근로 제공을 통한 이윤의 창출과 손실의 위험을 스스로 안고 있는지 등 근로 제공 관계의 계속성과 사용자에 대한 전속성의 유무 및 그 정도, 보수의 성격이 근로 자체의 대상적 성격인지, 기본급이나 고정급이 정하여졌는지, 근로소득세를 원천징수하였는지 등 보수에 관한 사항, 사회보장제도에 관한 법령에서 근로자로서의 지위를 인정받는지 등의 경제적·사회적 여러 조건을 종합하여 판단하여야 한다. 다만, 기본급이나 고정급이 정하여졌는지, 근로소득세를 원천징수하였는지, 사회보장제도에 관하여 근로자로 인정받는지 등의 사정은 사용자가 경제적으로 우월한 지위를 이용하여 임의로 정할 여지가 크기 때문에, 그러한 점들이 인정되지 않는다는 것만으로 근로자임을 쉽게 부정하여서는 안 된다(대법원 2006.12.7. 선고 2004다29736 판결 참조). … 노동조합법상 근로자는 타인과의 사용종속관계 하에서 노무에 종사하고 대가로 임금 기타 수입을 받아 생활하는 자를 말한다. 구체적으로 노동조합법상 근로자에 해당하는 지는, 노무제공자의 소득이 특정 사업자에게 주로 의존하고 있는지, 노무를 제공 받는 특정 사업자가 보수를 비롯하여 노무제공자와 체결하는 계약 내용을 일방적으로 결정하는지, 노무제공자가 특정 사업자의 사업 수행에 필수적인 노무를 제공함으로써 특정 사업자의 사업을 통해서 시장에 접근하는지, 노무제공자와 특정 사업자의 법률관계가 상당한 정도로 지속적·전속적인지, 사용자와 노무제공자 사이에 어느 정도 지휘·감독관계가 존재하는지, 노무제공자가 특정 사업자로부터 받는 임금·급료 등 수입이 노무 제공의 대가인지 등을 종합적으로 고려하여 판단하여야 한다(대법원 1993.5.25. 선고 90누1731 판결, 대법원 2006.5.11. 선고 2005다20910 판결 참조)

(4) 노동법의 적용 범위

노동법은 근로자에게 적용되지만, 노동법의 근로자라고 하여 반드시 모든 노동법이 적용되는 것은 아니다. 예를 들어 「근로기준법」은 원칙적으로 상시 5명 이상의 근로자를 고용하고 있는 사업 또는 사업장에 대하여만 적용되고, 5인 미만의 근로자를 고용하고 있는 사업 또는 사업장에 대해서는 근로기준법의 일부 규정만 적용된다.

따라서 자신이 「근로기준법」의 근로자에 해당한다고 하여도 자신이 근무하는 직장의 규모가 매우 작은 경우에는 상시 5명 이상의 근로자를 고용하고 있는지를 잘 따져보고, 상시 고용되어 있는 근로자의 수가 5인 미만, 즉 4인 이하라면 「근로기준법 시행령」에서 적용되는 법 규정을 확인해야 한다.

제2절 채용과 근로계약의 체결

1. 채용 과정에서 구직자 보호

사용자는 근로자를 채용하기 위하여 구인을 위한 광고를 하고, 구직자를 평가하는 절차를 밟는다. 이 과정에서 일자리를 원하는 구직자는 종종 구인자에 비하여 상대적으로 약자이기에 불이익이나 권리 침해를 감수할 수밖에 없다. 「채용절차법」은 채용 과정에서 발생하는 구직자의 권익 침해 등을 방지하고 채용 과정의 공정성을 확보하기 위한 사항을 아래와 같이 정하고 있다.5)

첫째, 거짓 채용광고는 금지된다. 구인자는 채용을 가장하여 아이디어를 수집하거나 사업장을 홍보하기 위한 목적 등으로 거짓의 채용광고를 내서는 안 되고6), 구인자는 구직자에게 채용서류 및 이와 관련한 저작권 등의 지식재산권을 자신에게 귀속하도록 강요하여서는 아니 된다.7) 또한, 구인자는 정당한 사유 없이 채용광고의 내용을 구직자에게 불리하게 변경하여서는 안 되고, 구직자를 채용한 후에 정당한 사유 없이 채용광고에서 제시한 근로조건을 구직자에게 불리하게 변경하여서는 안 된다.8)

둘째, 누구든지 채용의 공정성을 침해하는 행위, 즉 법령을 위반하여 채용에 관한 부당한 청탁, 압력, 강요 등을 하는 행위나, 채용과 관련하여 금전, 물품, 향응 또는 재산상의 이익을 제공하거나 수수하는 행위를 할 수 없다.9)

셋째, 구인자는 구직자에 대하여 그 직무의 수행에 필요하지 아니한 개인정보를 채용을 위한 기초심사자료에 기재하도록 요구하거나 입증자료로 수

---

5) 이 법률은 상시 30명 미만의 근로자를 사용하는 사업 또는 사업장의 채용절차와 국가 및 지방자치단체의 공무원 채용 절차에는 적용되지 않는다.
6) 구인자가 이를 위반하는 경우 5년 이하의 징역 또는 2천만원 이하의 벌금에 처한다.
7) 구인자가 이를 위반하는 경우 500만원 이하의 과태료를 부과한다.
8) 구인자가 이를 위반하는 경우 500만원 이하의 과태료를 부과한다.
9) 누구든지 이를 위반하면 3,000만원 이하의 과태료를 부과한다.

집하여서는 안 된다.10) 직무 수행을 위하여 필요하지 않는 경우에는 ① 구직자 본인의 용모·키·체중 등의 신체적 조건, ② 구직자 본인의 출신지역·혼인여부·재산, ③구직자 본인의 직계 존비속 및 형제자매의 학력·직업·재산에 관한 정보는 수집할 수 없다.

넷째, 구인자는 고용노동부장관의 승인을 받은 경우를 제외하고는 채용심사를 목적으로 구직자에게 채용서류 제출에 드는 비용 이외의 어떠한 금전적 비용도 부담시키지 못한다.

다섯째, 구인자는 구직자의 채용 여부가 확정된 이후 구직자가 채용서류의 반환을 청구하는 경우에는 본인임을 확인한 후 14일 이내에 반환하여야 한다. 구인자는 구직자의 반환 청구에 대비하여 일정 기간 동안 채용서류를 보관하여야 하는데, 이 기간이 지난 경우나 채용서류를 반환하지 아니한 경우에는 「개인정보보호법」에 따라 채용서류를 파기하여야 한다.

2. 근로계약 체결과 근로조건의 명시

근로관계는 근로자와 사용자가 근로계약 체결에 합의하여야 성립한다.11) 근로계약은 반드시 근로계약서라는 서면으로 작성되어야 성립하는 것은 아니다. 근로자와 사용자가 구두로 합의하여도 성립한다. 근로자와 사용자는 근로계약을 체결할 때, 임금·근로시간·휴일·연차 유급휴가 등과 같은 근로조건을 자유로운 의사에 따라 합의한다.

그런데, 근로자와 사용자가 구두로 근로조건을 합의하면 이후 근로조건을 둘러싸고 분쟁이 발생할 경우 근로자로서는 약속한 근로조건을 증명하기 어렵다는 점에서 훨씬 불리할 수 있다. 따라서 「근로기준법」에서는 근로계약

---

10) 구인자가 이를 위반하는 경우 500만원 이하의 과태료를 부과한다.
11) 15세 미만인 사람(「초·중등교육법」에 따른 중학교에 재학 중인 18세 미만인 사람을 포함)은 근로자로 고용될 수 없다(근로기준법 §64①본문). 다만, 고용노동부장관이 발급한 취직인허증(就職認許證)을 지닌 사람은 근로자로 고용될 수 있다. 미성년자인 근로자와 근로계약을 체결하려는 사용자는 반드시 미성년자 본인과 근로계약을 체결하여야 한다. 즉, 친권자나 후견인은 미성년자의 근로계약 체결을 대리할 수 없다(근로기준법 §67①).

을 체결할 때 사용자에게 근로조건을 근로자에게 반드시 알려주어야 할 의무를 부과하고 있다. 사용자는 근로계약을 체결할 때에 근로자에게 임금·근로시간·휴일·연차 유급휴가, 취업의 장소와 종사하여야 할 업무에 관한 사항, 취업규칙의 내용 등을 명확히 알려주어야 한다(동법 §17①, 동법 시행령 §8). 다만, 알려주는 방법에는 제한이 없다. 반드시 서면으로 할 필요는 없고 말로 하여도 된다.12) 그렇지만 임금의 구성항목·계산방법·지급방법, 소정근로시간, 휴일, 연차 유급휴가에 관한 사항은 반드시 이들 사항을 명확히 기재한 서면13)으로 알려줘야 한다(동법 §17②). 서면으로 이들 근로조건을 반드시 알려주어야 하기 때문에 통상적으로는 이러한 사항이 기재된 근로계약서를 사용하여 사용자는 근로자와 근로계약을 체결한다.

만약 사용자가 명시한 근로조건이 사실과 다를 경우 근로자는 근로조건 위반을 이유로 손해의 배상을 청구할 수 있으며 즉시 근로계약을 해제할 수 있다(근로기준법 §19①).14) 근로계약이 해제되었을 경우에는 사용자는 취업을 목적으로 거주를 변경하는 근로자에게 귀향 여비를 지급하여야 한다(동조 ②).

---

12) 사용자가 18세 미만인 사람과 근로계약을 체결하는 경우에는 이들 근로조건을 반드시 서면으로 명확히 기재하여 교부하여야 한다(근로기준법 §67③). 이를 위반한 사용자는 500만원 이하의 벌금에 처한다(근로기준법 §114).
13) 이 경우 서면은 반드시 종이만을 의미하지 않고, 「전자문서 및 전자거래 기본법」에 따른 전자서면도 포함된다. 즉, 이메일로 임금 등에 관한 사항을 명확히 기재하여 알려주어도 된다.
14) 직업소개를 하거나 근로자를 채용하려는 자는 거짓 구인광고를 하거나 거짓 구인조건을 제시하여서는 안 된다(직업안정법 §34). 이를 위반한 사람은 5년 이하의 징역 또는 5천만원 이하의 벌금에 처한다(동법 §34vi). 또한 근로자를 채용하려는 자는 정당한 사유 없이 채용광고의 내용을 구직자에게 불리하게 변경하여서는 안 되고, 구인자는 구직자를 채용한 후에 정당한 사유 없이 채용광고에서 제시한 근로조건을 구직자에게 불리하게 변경하여서는 안 된다(채용절차법 §4②·③). 이를 위반한 사람은 500만원 이하의 과태료가 부과된다(동법 §17② i)

3. 위약금 예정 금지

사용자는 근로계약을 체결하면서 근로자가 근로계약을 불이행할 것을 대비하여 위약금 또는 손해배상액을 미리 정해서는 안 된다(근로기준법 §20).

금지되는 것은 위약금 또는 손해배상액을 예정하는 것, 즉 미리 정하는 것이다. 예를 들어 근로자가 근로계약에 따른 의무를 이행하지 않아서 사용자에게 손해가 발생하는 경우나 근로자가 사용자에게 손해를 끼칠 때를 대비하여 실제 발생한 손해액과는 관계없이 미리 정해진 액수를 위약금 또는 손해배상액으로 정해 놓고 사용자가 근로자에게 그 액수를 청구할 수 있도록 약속하는 것이 금지된다.

하지만, 근로자가 고의나 과실로 사용자에게 실제로 손해를 끼친 경우에 발생한 손해액을 사용자가 근로자에게 청구하는 것은 금지되지 않는다.

4. 취업규칙과 근로조건

(1) 취업규칙의 의미와 중요성

근로조건은 사용자와 근로자가 근로계약 체결 과정에서 자유로운 의사에 따라서 합의로 정하는 것이 원칙이다. 하지만, 사용자가 수십, 수백 명의 근로자를 고용하고 있는 경우에 임금, 근로시간, 휴일, 휴가 등과 같은 근로조건을 근로자와 개별적으로 교섭하여 근로계약으로 모두 정하는 것은 매우 번잡한 일이다. 모든 근로자에게 동일한 내용이 적용될 것이라면 사용자는 이들 근로조건에 관해서 미리 정해두고 근로자들에게 동일하게 적용하는 것이 훨씬 효율적일 것이다.

이와 같이 임금, 근로시간 등과 같이 다수의 근로자에게 동일하게 적용되는 근로조건을 일률적으로 적용하기 위하여 사용자가 사전에 작성한 문서를 취업규칙이라고 한다. 임금규정, 상여금규정, 징계규정, 출장규정 등과 같은 명칭이라고 하더라도 다수의 근로자에게 통일적으로 적용하기 위한 목적에서 근로조건을 정한 것이라면 이들은 모두 취업규칙이다.

근로조건을 정할 때, 취업규칙이 중요한 이유는 근로계약에서 정하고 있지 않은 사항에 관해서는 취업규칙에서 정한 대로 근로조건이 결정되기 때문이다. 나아가 취업규칙에서 정한 기준에 미달하는 근로조건을 정한 근로계약은 그 부분에 관하여는 무효이기 때문이다(근로기준법 §97전단). 이 경우 무효로 된 부분은 취업규칙에 정한 기준에 따른다(동조 후단). 예를 들어 취업규칙에서 상여금을 6개월마다 기본급의 2배를 지급한다고 규정하고 있음에도, 사용자가 근로자와 개별적으로 합의하여 근로계약서 또는 구두로 상여금을 6개월마다 기본급의 1배를 지급한다고 한 경우에 이러한 합의는 취업규칙에서 정한 상여금지급에 관한 기준에 미달하기 때문에 무효이다. 이같이 사용자는 개별 근로자와 합의하더라도 취업규칙에서 정한 것보다 불리하게 근로계약을 체결할 수 없다. 이러한 점에서 취업규칙은 근로자를 보호하기 위한 것이기도 하다.

(2) 취업규칙 작성·신고 의무

상시 10명 이상의 근로자를 사용하는 사용자는 취업규칙을 작성하여 고용노동부장관에게 신고하여야 한다(근로기준법 §93전단). 이를 변경하는 경우에도 동일하다(동조 후단). 「근로기준법」에서는 사용자가 취업규칙을 작성할 때 반드시 기재하여야 할 12가지의 중요 근로조건에 관해서 정하고 있는데 그 외에도 해당 사업 또는 사업장의 근로자 전체에 적용될 사항이 있다면 취업규칙에 기재하도록 하고 있다. 이와 같이 법에서는 사용자에게 취업규칙을 의무적으로 작성하도록 하고 있어서 취업규칙은 근로조건을 정하는 수단으로 매우 일반적으로 활용된다.

사용자는 취업규칙의 작성 또는 변경에 관하여 해당 사업 또는 사업장에 근로자의 과반수로 조직된 노동조합이 있는 경우에는 그 노동조합, 근로자의 과반수로 조직된 노동조합이 없는 경우에는 근로자 과반수의 의견을 들어야 한다(근로기준법 §94①본문). 의견을 듣는다는 것은 의견과 자문의 청취를 말하는 것이지 동의를 받거나 합의해야 한다는 의미는 아니다.

다만, 취업규칙을 근로자에게 불리하게 변경하는 경우에는 동의를 받아야 한다(근로기준법 §94①단서). 동의를 얻어야 할 '근로자의 과반수'는 그 사업 또는 사업장의 전체 근로자의 과반수가 아니라 기존의 근로조건 또는 취업규칙의 적용을 받는 근로자의 과반수를 의미한다. 대법원 판결에 따르면 취업규칙의 불이익변경시 근로자들의 동의는 사용자 측의 개입이나 간섭이 배제된 상태에서 근로자들이 자유로운 토론 등을 통하여 상호 의견을 교환하여 전체적으로 의견을 모은 집단적 동의가 있어야 하는 것이다. 따라서 사용자가 취업규칙 변경의 취지와 필요성을 서면으로 설명하고 근로자들에게 취업규칙 변경에 대한 동의 결의문에 서명하게 한 경우(대법원 2003.11.14. 선고 2001다18322 판결), 사용자가 근로자들에게 취업규칙 개정안을 회람하게 하고 서면동의서에 동의를 받은 경우(대법원 2017.5.31. 선고 2017다209129 판결) 등에는 동의가 있었다고 볼 수 없다.

이와 같은 방법과 절차에 따른 동의 없이 변경된 취업규칙은 무효이다. 하지만 무효의 효력은 기득권이 침해되는 기존 근로자들에게는 미치고, 개정 이후에 입사한 근로자들에게는 유효하다. 예를 들어 기존의 취업규칙이 적용되던 근로자들에게는 새롭게 변경된 취업규칙은 무효이기 때문에 효력이 없어서 기존의 취업규칙이 적용되고, 새롭게 입사한 근로자는 기득권이 없기에 새롭게 변경된 취업규칙이 적용되는 것이다.

제3절 인간다운 노동을 위한 근로조건 보호

1. 임금 지급 보장과 최저임금제

(1) 노동법의 보호대상으로서 임금

노동법에서는 사용자가 근로자에게 임금을 제대로 지급하도록 다양한 보호를 규정하고 있다. 그런데 여기서 보호의 대상은 '임금'이기에 어떠한 금품이 임금에 해당하는지가 중요하다.

'임금'이란 사용자가 근로의 대가로 근로자에게 임금, 봉급, 그밖에 어떠한 명칭으로든지 지급하는 일체의 금품을 말한다(근로기준법 §2ⅴ). "사용자가 근로의 대가로 지급하는 금품"이기만 하면 그 금품의 명칭과는 관계없이 임금이다. 예를 들어 '식대', '연구비', '휴가비', '교통비' 등의 명목으로 지급되더라도 그 금품의 성질이 "근로의 대가"라면 그 금품은 임금으로 된다. 또한, 금품은 반드시 현금을 의미하지 않으며 금전적 가치를 지니고 있다면 물건은 물론이고 시설의 이용도 임금으로서의 금품에 해당할 수 있다.

다만, 주의하여야 할 것은 사용자가 근로자에게 지급하는 금품이 모두 임금으로서 근로기준법에 따른 보호를 받는 것은 아니다. 근로자가 특수한 근무조건이나 환경에서 직무를 수행함으로 말미암아 추가로 소요되는 비용을 변상하기 위하여 지급되는 실비변상적 금품(예: 출장비), 사용자가 지급의무 없이 은혜적으로 지급하는 금품(예: 결혼축의금, 조의금), 단순히 복리후생적 차원에 지급하는 금품(예: 무료조식제공)은 임금이 아니다.

(2) 임금의 지급 방법

사용자는 원칙적으로 근로자에게 임금을 직접, 전액, 통화로 지급하는데, 매월 1회 이상 정기적으로 지급하여야 한다(근로기준법 §43①본문). 이를 '임금지급의 4원칙'이라고 한다.

그런데, 법령 또는 단체협약에 특별한 규정이 있는 경우에는 사용자는 임금의 일부를 공제하거나(예: 소득세 및 사회보험료) 통화 이외의 물건(예: 전통시장상품권)으로 지급할 수 있다(근로기준법 §43①단서). 또한 임시로 지급하는 임금, 수당, 그밖에 이에 준하는 1개월을 초과하는 기간에 지급하는 정근수당·근속수당·장려금·능률수당 또는 상여금에 대해서는 매월 1회 이상 정기지급하지 않아도 된다(근로기준법 §43②단서, 동법 시행령 §23).

(3) 임금대장 작성 및 임금명세서 교부

사용자는 임금 관련 장부(임금대장)를 작성하여 보관하여야 한다. 사용자는 각 사업장별로 임금대장을 작성하여 임금과 가족수당 계산의 기초가 되는 사항, 임금액, 중요 사항을 임금을 지급할 때마다 적어야 한다(근로기준법 §48①).

그리고 사용자는 임금을 지급하는 때에는 근로자에게 임금의 구성항목·계산방법, 제43조 제1항 단서에 따라 임금의 일부를 공제한 경우의 내역 등 대통령령으로 정하는 사항을 적은 임금명세서를 서면(「전자문서 및 전자거래 기본법」 제2조 제1호에 따른 전자문서를 포함한다)으로 교부하여야 한다(근로기준법 §48②).[15]

(4) 최저임금제도

사용자는 임금지급의 4원칙에 따라서 근로자에게 임금을 지급하여야 한다. 그런데, 임금을 얼마를 지급할 것인지는 원칙으로 사용자와 근로자가 자유로운 의사에 따라서 합의할 수 있다. 다만, 지나치게 낮은 임금에 관한 근로자와 사용자가 합의하는 것을 용인하면, 근로자의 생존이 위협될 수 있을 것이기에 국가는 임금액의 최저한도를 정하여 이를 법적으로 강제하고 있다. 이것이 최저임금제도이다.

헌법은 "국가는 사회적·경제적 방법으로 근로자의 고용의 증진과 적정임금

---

15) 「근로기준법」 제48조 제1항과 제2항을 위반하는 사용자에 대해서는 500만원 이하의 과태료가 부과된다(근로기준법 §116②).

의 보장에 노력하여야 하며, 법률이 정하는 바에 의하여 최저임금제를 시행하여야 한다"(헌법 §32①)고 규정하고 있기 때문에 국가는 반드시 최저임금제를 시행하여야 한다. 이에 따라 「최저임금법」을 제정하였다. 최저임금은 근로자의 생계비, 유사 근로자의 임금, 노동생산성 및 소득분배율 등을 고려하여 최저임금심의회의 심의를 거쳐 고용노동부장관이 매년 8월 5일까지 결정하여 고시한다.

최저임금이 결정·고시되면 사용자는 적용대상인 근로자에게 최저임금액 이상의 임금을 지급하여야 한다(최저임금법 §6①).[16] 최저임금제의 적용을 받는 근로자와 사용자 사이의 근로계약 중 최저임금액에 미치지 못하는 금액을 임금으로 정한 부분은 무효로 하며, 이 경우 무효로 된 부분은 이 법으로 정한 최저임금액과 동일한 임금을 지급하기로 한 것으로 본다(최저임금법 §6③). 사용자가 최저임금액에 미달하는 임금을 지급한 경우에는 3년 이하의 징역 또는 2천만원 이하의 벌금에 처한다.[17]

최저임금법은 모든 근로자에게 적용되지만, 두 가지의 예외가 있다. 첫째, 정신장애나 신체장애로 근로능력이 현저히 낮은 사람의 경우에는 사용자가 고용노동부장관의 인가를 받아서 최저임금에 미달하는 임금을 합의하여 지불할 수 있다(동법 §7). 둘째, 1년 이상의 기간을 정하여 근로계약을 체결하고 수습 중에 있는 근로자로서 수습을 시작한 날부터 3개월 이내인 사람에 대하여는 최저임금액보다 낮은 금액(통상적인 최저임금의 90%)으로 최저임금액을 지급할 수 있다(최저임금법 §5②). 하지만, 단순노무업무에 종사하는 근로자에게는 수습 중인 경우에도 통상적인 최저임금을 지급하여야 한다(동항 단서).

---

16) 사용자가 최저임금액보다 적은 임금을 지급하거나 최저임금을 이유로 종전의 임금을 낮춘 자는 3년 이하의 징역 또는 2천만원 이하의 벌금에 처한다(최저임금법 §28①).
17) 최저임금위반죄는 반의사불벌죄가 아니어서 근로자가 처벌을 원하지 않는다는 의사를 밝혀도 최저임금액에 미달하는 임금을 지불한 사용자는 형사처벌된다.

(5) 임금체불에 대한 법적 구제

1) 임금체불 사용자에 대한 제재

임금지급의 4원칙 중 어느 하나라도 위반하면 사용자는 3년 이하의 징역 또는 3천만원 이하의 벌금에 처한다(근로기준법 §109①).[18] 따라서 약속한 날짜에 임금 전액 지불하지 않으면 형사처벌을 받을 수 있다. 약속한 날짜에 임금 전액을 지불하지 않는 사용자의 행위를 "임금체불(滯拂)"이라고 한다.

〈고용노동부에 의한 임금체불 구제절차〉

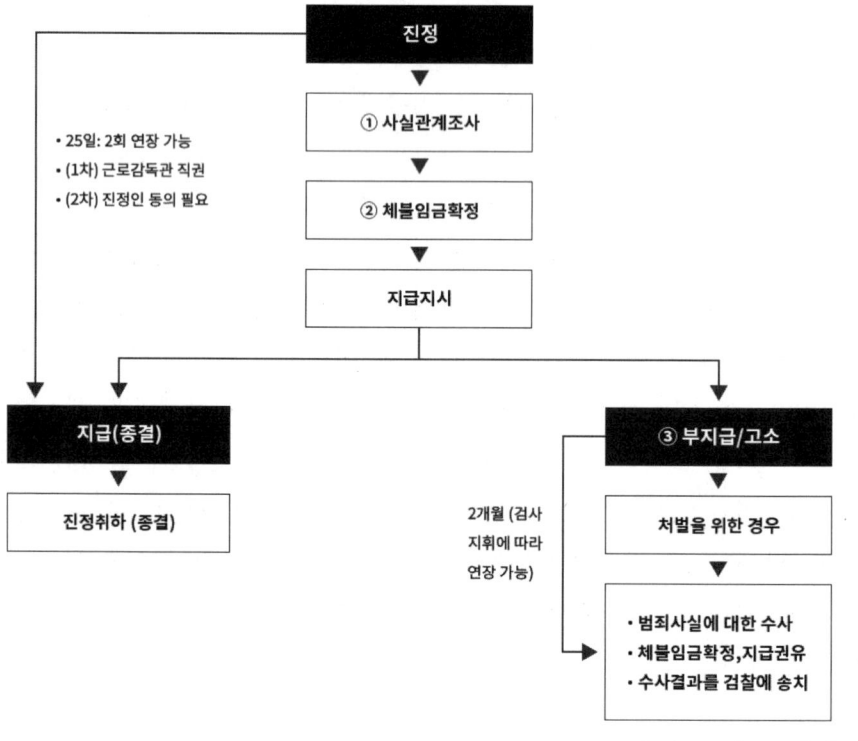

출처 : 고용노동부 홈페이지

---

18) 다만, 43조 제1항 위반죄는 반의사불벌죄로서 피해 근로자가 처벌의사를 밝히지 않으면 사용자는 처벌받지 않는다(반의사불법죄).

사용자의 임금체불은 형사처벌의 대상이기에 임금체불을 당한 근로자는 사업장을 관할하는 고용노동부의 지방노동관서에 진정이나 고소를 할 수 있다. 이때 진정은 체불임금을 지급하도록 해 달라는 요구이고, 고소는 사용자의 임금체불이 「근로기준법」을 위반한 것이기 때문에 이를 이유로 사용자를 형사처벌하여 달라는 요구이다.

이와 같은 형사처벌 이외에도 임금을 체불한 사용자에 대해서는 다음과 같은 강력한 제재가 「근로기준법」에서 규정되어 있다. 첫째, 사용자는 임금을 체불한 그 다음 날부터 지급하는 날까지의 지연 일수에 대하여 연 20%의 지연이자를 지불하여야 한다. 둘째, 근로자는 명백한 고의로 임금을 체불한 경우 등에는 법원에 사용자가 지급하여야 하는 체불임금의 3배 이내의 금액을 지급할 것을 청구할 수 있다. 셋째, 고용노동부장관은 임금을 상습적으로 체불한 사용자의 명단을 공개할 수 있고, 법무부장관에게 출국금지를 요청할 수 있다. 넷째, 고용노동부 장관은 종합신용정보집중기관이 요구하는 때에는 상습적으로 임금을 체불한 사용자의 인적 사항과 체불액에 관한 정보를 제공할 수 있다.

2) 체불임금 대지급금제도

사용자의 임금체불에 대해서 형사처벌을 비롯한 강력한 제재가 있더라고, 결국 지불하지 않으면 사용자게 민사소송을 제기하여 받아낼 수밖에 없다. 하지만 민사소송에서 승소하여 강제집행을 할 수 있는 집행권원을 획득하더라도, 정작 사용자에게 임금을 변제할 경제적 능력이 없는 경우에는 더 이상 어찌할 방도가 없다. 근로자와 그 가족의 생존에서 임금이 가지는 의미를 생각할 때, 국가가 일정한 범위 내에서 체불임금을 사용자 대신 지급하고 이후에 지급액은 국가가 사용자에게 받아내는 제도를 만들 필요가 있다. 이에 「임금채권보장법」이 제정되어, 체불임금을 대신지급하는 제도, 즉 체불임금대지급금제도가 운영되고 있다.

체불임금대지급금제도에는 도산대지급금제도와 간이대지급금제도가 있다. 도산대지급금제도는 사용자가 도산하여 임금·휴업수당·출산전후 휴가기간 중 급여 및 퇴직금을 지급받지 못하고 퇴직한 근로자에게 국가가 사용자를 대신하여 지급하는 제도이다. 여기서 도산은 재판상 도산뿐만 아니라 사실상 도산도 포함한다. 근로자가 도산대지급금을 지급받기 위해서는 도산한 사용자로부터 퇴직하여야 한다. 도산대지급금제도에서는 최종 3월분의 임금·휴업수당·출산전후 휴가기간 중 급여 및 최종 3년간의 퇴직금 중 미지급액을 대상으로 하는데, 그 전액을 다 받을 수 있는 것은 아니고 연령 구간에 따른 상한액이 다르게 정해져 있다.

간이대지급금제도는 사용자가 도산하지 않았더라도 대지급금을 받을 수 있도록 하는 제도이다. 퇴직한 근로자뿐만 아니라 재직 중인 근로자도 체불임금 지급에 관해 법원으로부터 확정된 종국판결을 받거나 고용노동부의 지방노동관서로부터 체불임금 등을 증명하는 서류를 발급받아 사용주의 임금체불사실이 확인된 경우에는 대지급금을 받을 수 있다. 다만, 간이지급제도이기에 도산대지급금제도보다 액수는 훨씬 작다. 최종 3월분 체불임금·휴업수당·출산전후 휴가기간 중 급여, 최종 3년분 체불 퇴직금 중 최대 1,000만원까지 대지급금을 받을 수 있다.

2. 근로시간 제한과 휴식·휴가의 보장

(1) 근로시간 규제의 의의

하루 또는 1주일간 몇 시간을 일할지는 원칙적으로 근로자와 사용자가 자유롭게 합의하여 결정할 사항이다. 하지만, 근로자와 사용자의 합의에만 맡기면 사용자에 비하여 경제적·사회적 약자인 근로자는 사용자가 의도하는 대로 장시간 노동을 감내할 위험이 높다. 장시간 노동은 인간의 건강을 훼손하여 치명적인 질병의 원인이 될 뿐만 아니라 근로자의 정상적인 사회적·문화적 생활, 그리고 가정생활을 불가능하게 하기에 근로시간의 길이는 적정하게 법률로 제한할 필요가 있다.

장시간 노동 제한의 역사는 노동법의 역사와 같은 궤적을 걸었다는 점에서 노동법에서는 매우 중요한 주제이다. 국제노동기구(ILO)의 제1호 협약이 1919년에 채택된 「근로시간을 1일 8시간, 1주 48시간으로 제한하는 협약 (Hours of Work (Industry) Convention)」이었다는 점에서도 이를 쉽게 확인할 수 있다. 1935년에는 근로시간을 1주 40시간으로 제한하는 제47호 협약 (Forty-Hour Week Convention)을 채택하였다.

(2) 근로시간 규제의 기본 방식

1) 1일과 1주일의 근로시간

18세 이상의 근로자의 1주 간의 근로시간은 휴게시간을 제외하고 40시간을 초과할 수 없고(근로기준법 §50①), 1일의 근로시간은 휴게시간을 제외하고 8시간을 초과할 수 없다(동조 ②).

하지만, 특별한 보호가 필요한 근로자의 근로시간은 이보다 짧다. 15세 이상 18세 미만인 소년근로자의 근로시간은 1일에 7시간, 1주에 35시간을 초과하지 못한다(근로기준법 §69본문).[19]

이상의 근로시간 한도를 초과하였는지는 매우 중요하기에 사용자는 항상 근로자의 근로시간을 산정하여야 한다. 근로시간을 산정할 때 작업을 위하여 근로자가 사용자의 지휘·감독 아래에 있는 대기시간 등은 근로시간으로 본다(동법 §50③).

2) 연장근로의 허용과 제한

「근로기준법」제50조 및 제69조는 1일과 1주일의 근로시간의 상한을 정하고 이를 초과하여 근로하지 못하도록 하고 있지만, 사용자의 업무상 필요에 따라서는 이를 초과하여 근로하게 할 필요성을 부정할 수 없다. 「근로기준법」은 이러한 필요성을 인정하여 「근로기준법」제50조 및 제69조에서 정한 근로시간을 초과하여 근로시키는 것을 일정한 한도에서 허용하고 있다.

---

[19] 「근로기준법」제50조 및 제69조를 위반하는 사용자는 2년 이하의 징역 또는 2천만 이하의 벌금에 처한다(근로기준법 §110 i).

이러한 근로를 연장근로 또는 초과근로라고 한다.

「근로기준법」 제50조가 정한 근로시간 한도를 넘는 연장근로는 다음과 같이 허용된다. 첫째로, 당사자 간에 합의하면 1주 12시간을 한도로 제50조의 근로시간을 연장할 수 있다(근로기준법 §53①). 따라서 사용자는 원칙적으로 근로자의 동의가 있더라도 1주간에 총 52시간을 넘어서 근로자를 근로에 종사하게 할 수 없다(이른바 주52시간근로제). 다만, 15세 이상 18세 미만의 근로자는 당사자 사이의 합의에 따라 1일에 1시간, 1주에 5시간을 한도로 연장할 수 있다. 둘째로, 사용자는 '특별한 사정'이 있으면 고용노동부장관의 인가와 근로자의 동의를 받아 1주 12시간의 한도를 넘어서 추가로 연장근로에 종사하게 할 수 있다(동조 ④본문). 이를 특별연장근로라고 한다.

3) 가산임금 지급

사용자가 「근로기준법」 제50조에서 정한 시간을 초과하여 근로자를 근로시키는 경우에는 통상적으로 지급되는 임금(통상임금)에 100분의 50 이상을 가산하여 근로자에게 지급하여야 한다(근로기준법 §56①). 이를 가산임금이라고 한다. 예를 들어 통상임금이 1시간당 2만원인 근로자가 연장근로를 1시간 하면, 2만원 + 1만원(50% 가산분) = 3만원을 사용자는 지급하여야 한다. 사용자가 3만원을 지급하지 않으면 위에서 본 임금지급원칙 중 임금전액지급 원칙을 위반하는 것이기에 임금체불의 죄에 따라서 형사처벌을 받는다. 따라서 사용자는 연장근로 시간을 정확히 계산하여 근로자에게 그 시간 수에 따른 가산임금을 지급하여야 한다.

가산임금이 지급되어야 하는 연장근로는 「근로기준법」 제50조 및 제69조에서 정한 근로시간을 초과한 연장근로이다. 따라서 1주 12시간의 연장근로 한도를 넘어서는 불법 연장근로라고 하더라도 역시 모두 가산임금이 지급되어야 한다.

그런데 가산임금은 야간근로(오후 10시부터 오전 6시까지 사이의 근로)에 대하여도 지급하여야 하기에(근로기준법 §56③) 연장근로의 시간대가 오후 10시부터 오전 6시까지 사이에 이루어지는 경우에는 연장근로에 따른 가산임금과 야간근로에 따른 가산임금이 중복된다. 예를 들어 연장근로가 이루어진 시간대가 동시에 야간근로이 시간대에 해당하는 경우, 사용자는 본래의 시간급 통상임금(100%)에 연장근로에 따른 가산임금(시간급 통상임금의 50%) 및 야간근로에 따른 가산임금(시간급 통상임금의 50%)을 모두 더한 금액, 즉 통상임금의 200%을 지급하여야 한다.[20]

4) 근로시간 규제의 예외

이상에서 본 근로시간에 관한 기본적인 규제는 다음의 경우에는 적용되지 않는다.

첫째, 육상운송 및 파이프라인 운송업(노선 여객자동차운송사 업은 제외), 수상운송업, 항공운송업, 기타 운송관련 서비스업, 보건업 에 대하여 사용자가 근로자대표와 서면으로 합의한 경우에는 1주 12시간의 연장근로 한도를 넘어서서 연장근로를 하도록 하는 것이 가능하다(근로기준법 §59①). 다만, 근로자의 과도한 근로를 방지하기 위하여 사용자는 근로일 종료 후 다음 근로일 개시 전까지 근로자에게 연속하여 11시간 이상의 휴식 시간을 주어야 한다(동조②).

둘째, ① 토지의 경작·개간, 식물의 식재(植栽)·재배·채취 사업, 그 밖의 농림 사업, ② 동물의 사육, 수산 동식물의 채취·포획·양식 사업, 그 밖의 축산, 양잠, 수산 사업, ③ 감시(監視) 또는 단속적(斷續的)으로 근로에 종사하는 자로서 사용자가 고용노동부장관의 승인을 받은 자, ④ 관리·감독 업무 또는 기밀을 취급하는 업무에 종사하는 근로자에 대해서는 위에서 본 근로시간에 관한 기본적인 규제가 적용되지 않는다. 이들 근로자의 근로시간은 전적으로 근로자와 사용자의 합의에 따라서 결정된다. 다만, 이들 근로자에 대해서는

---

[20] 사용자는 근로자대표와 서면으로 합의하는 경우 「근로기준법」 제56조에 따른 연장근로·야간근로 및 휴일근로에 대하여 임금을 지급하는 것을 갈음하여 보상 휴가를 줄 수 있다(근로기준법 §57). 예를 들어 근로자에게 8시간의 휴일근로에 종사하도록 한 경우 통상임금의 100분의 50을 가산한 임금을 주어야 하지만, 이를 가산임금으로 주지 않고 8시간의 1.5배인 14시간의 휴가를 주는 것이다(1 근로일이 8시간인 경우에는 1.5일의 휴가를 받게 된다).

야간근로(오후 10시부터 오전 6시까지 사이의 근로)에 대한 가산임금 규정은 적용된다.

(3) 근로시간 규제의 유연화 제도

1) 근로시간 규제 유연화의 의의

「근로기준법」에서는 1일과 1주 단위로 법정근로시간의 상한을 정하고, 이를 초과하여 근로에 종사하게 하면 반드시 통상임금의 100분의 50 이상을 가산하여 지급하도록 하고 있다. 사용자는 업무량이 적은 날 또는 주에 법정근로시간보다 짧게 근로에 종사하게 하고 업무량이 많은 날 또는 주에 단축한 시간만큼을 법정근로시간에 추가하여 근로에 종사하게 하여도 1일 8시간 또는 1주 40시간을 초과한 이상 초과 근로시간에 대해서는 100분의 50의 가산임금을 지급하여야 한다. 이렇게 가산임금 지급 의무를 획일적으로 적용하게 되면 사용자는 업무량의 변동에 따라서 근로시간을 탄력적이고 유연하게 조정하는 데 어려움을 겪을 수밖에 없다.

이와 같은 어려움을 해결하기 위해서 「근로기준법」에서는 일정한 기간 내에 실제 근로에 종사한 근로시간의 총합이 그 기간 내의 법정근로시간의 총합을 초과하지 않으면 어떤 날이나 어떤 주에 법정근로시간을 넘더라도 가산임금을 지급하지 않아도 되는 제도를 마련하고 있다. 사용자는 일정한 기간 내에 법정근로시간의 총합을 넘지 않는 범위 내라면 가산임금을 지급하지 않고도 1일 또는 1주의 근로시간을 "유연하게" 조정할 수 있다.

이와 같은 유연근로시간제도에는 탄력적 근로시간제와 선택적 근로시간제가 있다.

2) 탄력적 근로시간제

탄력적 근로시간제에서 근로시간을 유연하고 탄력적으로 조정하는 일정한 기간을 '단위기간'이라고 한다. 「근로기준법」에서는 세 가지 종류의 단위기간(2주 이내, 2주 초과 3개월 이내, 3개월 초과 6개월 이내)을 인정하고 있는데, 각각 도입 요건과 절차가 다르다.

 탄력적 근로시간제는 기본적으로 단위기간 내의 근로시간의 총합이 단위기간을 평균하여 1주 간의 근로시간이 40시간을 초과하지 아니하는 범위에서 특정한 주에 40시간을, 특정한 날에 8시간을 초과하여 근로하게 할 수 있도록 하는 제도이다. 이렇게 초과한 근로는 연장근로가 아니기에 가산임금도 지급할 필요가 없다. 예를 들어 단위기간을 2주로 하는 경우에는 사용자는 첫 번째 주에는 32시간을 근로하게 하고, 두 번째 주에는 48시간을 근로하게 하는 것이다. 이 경우 두 번째 주의 근로시간은 법정근로시간인 40시간을 초과하였지만, 초과한 8시간에 대해서는 가산임금을 지급하지 않고 통상임금만을 지급하여도 된다.

 그런데, 특정한 날과 특정한 주에 지나치게 길게 근로에 종사하게 하여 건강에 위험을 초래할 수 있기에 일정한 제한이 따른다. 단위기간이 2주 이내인 경우에는 특정한 주의 근로시간은 48시간을 초과할 수 없다(근로기준법 §51① 단서). 그리고 3개월 이내의 단위기간의 탄력적 근로시간제에서는 특정한 주의 근로시간은 52시간을, 특정한 날의 근로시간은 12시간을 초과할 수 없도록 하고 있다(동조② 단서). 마지막으로 단위기간이 3개월을 초과하는 탄력적 근로시간제에서는 특정한 주의 근로시간은 52시간을, 특정한 날의 근로시간은 12시간을 초과할 수 없도록 하고 있지만(근로기준법 §51의2①단서), 이것만으로 근로자의 건강 장애를 예방하는 데 부족하여 근로일간 연속휴식제를 두고 있다. 근로일간 연속휴식제도는 근로일 종료 후 다음 근로일 개시 전까지 근로자에게 연속하여 11시간 이상의 휴식 시간을 보장하는 제도이다(동조②본문).[21]

 하지만 탄력적 근로시간제를 시행한다고 하여도 「근로기준법」 제53조 제1항에 따른 1주 12시간 한도 내에서 연장근로를 하는 것은 여전히 가능하다. 따라서 특정한 주에 48시간에 더하여 12시간의 연장근로를 하게 되면 총 1

---

[21] 사용자가 근로일간 11시간의 연속휴식을 부여하지 않으면 2년 이하의 징역 또는 2천만 이하의 벌금에 처한다(근로기준법 §110 ⅰ).

주 60시간 근로도 가능하다.

3) 선택적 근로시간제

선택적 근로시간제는 탄력적 근로시간제와 운용 방식은 기본적으로 같다. 일정 기간 동안 실제로 일한 근로시간의 총합이 그 기간 동안의 법정근로시간의 총합을 넘지 않으면 어떤 날이나 어떤 주에 법정근로시간을 넘더라도 가산임금을 지급하지 않아도 되기 때문이다. 선택적 근로시간제도가 탄력적 근로시간제도와 다른 점은 언제 일을 하고 언제 일을 마칠 것인지를 근로자가 정하도록 한다는 점이다. 즉, 탄력적 근로시간제가 사용자의 업무량 변화에 따라서 근로시간을 유연하게 조정할 수 있도록 한 것이라면, 선택적 근로시간제는 근로자의 개인적 필요에 따라서 근로시간을 스스로 유연하게 조정할 수 있도록 한 점에서 두 제도는 다르다.

사용자가 선택적 근로시간제도를 시행하기 위해서는 근로자대표와 서면합의를 하여야 한다. 서면합의로 정하여야 하는 사항은 ① 대상 근로자의 범위(15세 이상 18세 미만의 근로자는 제외한다), ② 정산기간, ③ 정산기간의 총 근로시간, ④ 반드시 근로하여야 할 시간대를 정하는 경우에는 그 시작 및 종료 시각, ⑤ 근로자가 그의 결정에 따라 근로할 수 있는 시간대를 정하는 경우에는 그 시작 및 종료 시각, ⑥ 표준근로시간(유급휴가 등을 계산하기 기준으로 사용자와 근로자대표가 합의하여 정한 1일의 근로시간)이다. 서면합의 이외에도 사용자는 취업규칙 또는 이에 준하는 것에서 업무의 시작 및 종료 시각을 근로자의 결정에 맡기기로 한 근로자의 범위를 정하여야 한다.

선택적 근로시간제를 시행하게 되면 1개월 이내의 정산기간을 평균하여 1주간의 근로시간이 50시간을 초과하지 아니하는 범위에서 1주 간에 제50조 제1항의 근로시간, 즉 50시간, 1일에 제50조 제2항의 근로시간, 즉 8시간을 초과하여 근로하게 할 수 있다(근로기준법 §52①). 선택적 근로시간제가 적용된다고 하여도 「근로기준법」 제53조 제1항에 따른 1주 12시간 한도 내에서 연장근로를 하는 것은 가능하다.

　선택적 근로시간제도는 업무의 시작 및 종료 시각을 근로자가 결정하는 것이기 때문에 사용자는 일정한 기간을 정하여 그 기간이 종료되는 시점에 해당 근로자가 실제 근로한 근로시간의 총합이 법정근로시간의 총합을 넘지 않는지를 확인해야 한다. 만약 넘었다면, 사용자는 초과한 시간에 대해서는 통산임금에 100분의 50을 가산한 임금을 지급하여야 한다. 선택적 근로시간제도는 이렇게 일정한 기간을 정하여 근로시간을 '정산'하여야 하는데, 이 기간을 '정산기간'이라고 한다. 정산기간은 원칙적으로 1개월 이내지만, 신상품 또는 신기술의 연구개발 업무의 경우에는 3개월까지 가능하다(근로기준법 §52①).

　정산기간을 두어서 근로시간을 정산하는 의미는 가산임금의 지급 여부를 확인하는 것에만 있지 않다. 선택적 근로시간제도는 업무의 시작 및 종료 시각을 근로자가 결정하는 것이기 때문에 사용자는 정산시간 동안 근로자가 일해야 하는 시간에 대해서는 총 근로시간만을 정한다. 예를 들어서 정산기간이 4주라면, 사용자는 1주 40시간 × 4주 = 160시간을 정산기간 동안 근로자가 반드시 근로해야 하는 총 근로시간이라고 정할 수 있다. 4주의 정산기간이 도달한 시점에서 사용자는 실제로 근로자가 근로한 시간이 150시간이라면 급여를 10시간분만큼 삭감하고, 165시간이라면 5시간만큼 급여를 추가로 지급하여야 한다. 다만, 이 경우 160시간을 초과한 5시간은 법정근로시간을 초과한 시간이기 때문에 100분의 50을 가산한 임금을 지급하여야 한다.

(4) 휴식

1) 휴게시간

　사용자는 근로시간이 4시간인 경우에는 30분 이상, 8시간인 경우에는 1시간 이상의 휴게시간을 근로시간 도중에 주어야 한다(근로기준법 §54①).[22]

---

[22] 근로기준법 §54①를 위반한 사용자는 2년 이하의 징역 또는 2천만원 이하의 벌금에 처한다(근로기준법 §110ⅰ).

다만, 육상운송 및 파이프라인 운송업(노선 여객자동차운송사 업은 제외), 수상운송업, 항공운송업, 기타 운송관련 서비스업, 보건업 에 대하여 사용자가 근로자대표와 서면으로 합의한 경우에는 그 합의에 따른 방법으로 휴게시간을 부여할 할 수 있다(근로기준법 §59①).

휴게시간은 근로자가 자유롭게 이용할 수 있다(근로기준법 §54②). 만약 사용자가 휴게시간을 자유롭게 이용하지 못하게 하는 경우에는 그 시간은 휴게시간이 아니라 근로시간이다. 예를 들어 혹시 모를 전화에 응대하기 위하기 점심을 위한 휴게시간에 사무실에서 식사하고 머물도록 한 경우에는 아무런 전화 응대를 하지 않았다고 하더라도 근로자는 사무실을 벗어날 수 없다는 점에서 휴게시간을 자유롭게 이용할 수 없었던 것이기 때문에 이 시간은 휴게시간이 아니라 근로시간이고, 그에 시간에 대해서는 임금이 지급되어야 한다.

2) 휴일

노동법에서 정하고 있는 휴일, 즉 급여가 지급되는 휴일은, 유급주휴일, 공휴일, 근로자의 날이다. 이들 휴일에는 모두 급여가 지급되어야 하는 유급(有給)휴일이다. 사용자가 의무적으로 근로자에게 부여하여야 하는 유급휴일은 다음과 같다.

첫째, 사용자는 근로자에게 1주에 평균 1회 이상의 유급휴일을 보장하여야 한다(근로기준법 §55①). 이를 유급주휴일이라고 한다.[23] 유급주휴일을 받기 위해서는 1주 동안의 소정근로일을 개근하여야 한다. 예를 들어 근로계약 등에서 1주 5일 근로를 하기로 되어 있는데, 1일을 결근하였다면 사용자는 유급의 주휴일을 부여하지 않아도 된다. 유급주휴일은 1주의 소정근로시간이 15시간 이상이라면 아르바이트와 같은 단시간 근로자라도 소정근로일을 개근하면 사용자는 근로시간에 비례해서 유급주휴일을 부여하여야 한다

---

23) 「근로기준법」 제55조 제1항을 위반한 사용자는 2년 이하의 징역 또는 2천만원 이하의 벌금에 처한다(근로기준법 §110 ⅰ).

(동법 §18①, ③). 예를 들어 소정근로시간이 1주 20시간인 단시간 근로자가 개근한 경우에 1주 40시간을 근로한 근로자에게 1일의 유급주휴일을 부여하고 잇다면, 단시간 근로자에게는 그 2분의 1에 해당하는 유급주휴일을 보장하여야 한다(즉 4시간의 유급주휴일). 이때 단시간 근로자의 시간급이 2만원인 경우 단시간 근로자가 1주 20시간을 개근하면 사용자는 1주에 20시간 × 2만원 = 40만원을 지급하여야 하는 것이 아니라 1주 40시간 근로하는 근로자의 2분의 1에 해당하는 8만원을 추가하여 지급하여야 한다(1주 총 28만원).

둘째, 사용자는 근로자에게 대통령령으로 정하는 공휴일을 유급으로 보장하여야 한다(근로기준법 §55②본문). 다만, 근로자대표와 서면으로 합의한 경우 특정한 근로일로 대체할 수 있다(동항 단서). "대통령령으로 정하는 휴일"이란 「관공서의 공휴일에 관한 규정」에 따른 공휴일[24] 및 같은 영 제3조에 따른 대체공휴일을 말한다(근로기준법 시행규칙 §30②).

셋째, 「근로자의 날 제정에 관한 법률」에 따라 5월 1일은 "근로자의 날"로서 유급휴일이다.

사용자가 만약 이상의 유급휴일에 근로자를 근로에 종사하게 하면(휴일근로), 연장근로와 마찬가지로 가산임금을 지급하여야 한다. 다만, 휴일근로에 대한 가산임금은 휴일근로의 시간에 따라서 가산율이 다르다. 8시간 이내의 휴일근로의 경우에는 통상임금의 100분의 50을 가산하고, 8시간을 초과한 휴일근로: 통상임금의 100분의 100을 가산한다(근로기준법 §56②).[25]

---

[24] ① 국경일 중 3·1절, 광복절, 개천절 및 한글날, ② 1월 1일, ③설날 전날, 설날, 설날 다음날(음력 12월 말일, 1월 1일, 2일), ④ 부처님오신날(음력 4월 8일), ⑤ 5월 5일(어린이날), ⑥ 6월 6일(현충일), ⑦ 추석 전날, 추석, 추석 다음날(음력 8월 14일, 15일, 16일), ⑧ 12월 25일(기독탄신일), ⑨ 「공직선거법」 제34조에 따른 임기만료에 의한 선거의 선거일, ⑩ 정부에서 수시 지정하는 임시공휴일

[25] 예를 들어 근로계약 또는 취업규칙에서 월요일부터 금요일까지 1일 8시간, 1주 40시간 근무제를 실시하고 있는 회사에서 유급주휴일인 일요일에 근로자를 9시간 휴일근로에 종사시킨 경우에 8시간까지의 휴일근로에 대해서는 통상임금의 100분의 50을 가산한 임금을, 8시간을 초과한 1시간의 휴일근로에 대해서는 통상임금의 100분의 100을 가산한 임금을 지급하여야 한다. 여기서 주의할 것은 휴일근로인 9시간은 1주 40시간을 초과한 시간으로서

3) 연차유급휴가

(가) 연차유급휴가권의 발생

사용자는 1년간 80퍼센트 이상 출근한 근로자에게 15일의 유급휴가를 주어야 한다(근로기준법 §60①). 하지만, 사용자는 계속하여 근로한 기간이 1년 미만인 근로자 또는 1년간 80퍼센트 미만 출근한 근로자에게 1개월 개근 시 1일의 유급휴가를 주어야 한다(동조②). 80% 이상 출근했는지(출근율)는 근로의무가 있는 날(소정근로일) 중에서 출근일의 비율로 계산한다. 다만, 근로자가 업무상의 부상 또는 질병으로 휴업한 기간과 임신 중인 여성의 출산전후휴가 기간, 육아휴직으로 휴업한 기간은 출근한 것으로 본다.

사용자는 3년 이상 계속하여 근로한 근로자에게는 제1항에 따른 휴가에 최초 1년을 초과하는 계속 근로 연수 매 2년에 대하여 1일을 가산한 유급휴가를 주어야 한다(동조④전단).[26] 이 경우 가산휴가를 포함한 총 휴가 일수는 25일을 한도로 한다(동항 후단). 이상과 같이 개근하였거나 출근율을 충족하였을 때 근속연수 증가에 따른 연차유급휴가 일수는 아래 표와 같이 증가한다.

근속연수	1년미만	1-2년	3-4년	5-6년	7-8년	9-10년
가산일수	-	0일	1일	2일	3일	4일
휴가일수	최대 11일	15일	16일	17일	18일	19일
근속연수	11-12년	13-14년	15-16년	17-18년	19-20년	21년 이후
가산일수	5일	6일	7일	8일	9일	10일
휴가일수	20일	21일	22일	23일	24일	25일

(나) 연차유급휴가권의 사용과 소멸

사용자는 근로자가 연차유급휴가를 청구한 시기에 주어야 하고, 그 기간

연장근로이기도 하지만, 이러한 휴일근로에 대해서는 연장근로를 이유로 하는 가산임금을 중복하여 지급하지 않는다는 점이다. 다만, 휴일근로의 시간이 8시간을 초과한 시간분에 대해서는 통상임금의 100분의 100을 가산하여, 즉 통상임금의 두 배를 지급하여야 한다.

26) 사용자가 에 따른 연차유급휴가를 근로자에게 주지 않으면 2년 이하의 징역 또는 2천만원 이하의 벌금에 처한다(근로기준법 §110 i).

에 대하여는 취업규칙 등에서 정하는 통상임금 또는 평균임금을 지급하여야 한다(근로기준법 §60⑤본문).

연차유급휴가는 근로자가 원하는 시기에 사용하도록 하는 것이 원칙이지만, 이에 대해서는 두 가지의 예외가 있다. 첫째, 근로자가 청구한 시기에 휴가를 주는 것이 사업 운영에 막대한 지장이 있는 경우에는 그 시기를 변경할 수 있다(동항 단서). 둘째, 공휴일 사이에 근무일이 끼어 있는 경우에는 해당 근로일에 모든 근로자들이 함께 쉬도록 할 필요가 있기에, 사용자는 특정한 근로일에 근로자를 쉬게 하고, 그날을 연차유급휴가일로 갈음할 수 있다(근로기준법 §62). 이를 위해서는 사용자와 근로자대표 간의 서면합의가 있어야 한다.

취득한 연차유급휴가를 근로자가 1년간 행사하지 아니하면 소멸한다(근로기준법 §60⑦본문). 하지만, 연차유급휴가에 관한 권리가 소멸한다고 하더라도 사용자는 사용하지 않은 연차유급휴가일에 대해서는 금전으로 보상하여야 한다. 즉, 미사용 연차유급휴가일에 대해서 취업규칙 등에서 정하는 통상임금 또는 평균임금을 지급하여야 한다. 예를 들어 2024년 1월 1일에 20일의 연차유급휴가를 취득하였지만, 2024년 12월 31일까지 10일만 사용하고 나머지 10일은 소멸한 경우에 사용자는 사용하지 않아서 소멸한 10일에 대해서 취업규칙 등에서 정하는 통상임금 또는 평균임금을 지급하여야 한다.

(다) 연차유급휴가의 사용촉진

사용하지 않은 연차유급휴일은 사용자가 금전으로 보상하여야 하기에 근로자 중에는 금전으로 보상받기 위해서 연차유급휴가 사용을 자제하는 사례가 있다.

이를 방지하기 위하여 연차유급휴가 사용을 촉진하는 제도가 존재한다. 사용자가 유급휴가의 사용을 촉진하기 위하여 조치를 취하였음에도 근로자가 휴가를 사용하지 아니하여 연차유급휴가에 관한 권리가 소멸한 경우에는 사용자는 그 사용하지 아니한 휴가에 대하여 보상할 의무가 없다(근로기준법 §61).

3. 고용안정

(1) 사용자에 의한 해고 제한

1) 정당한 이유 없는 해고의 금지

해고란 근로자의 의사에 반하여 사용자가 일방적으로 근로관계를 종료시키는 의사표시를 말한다. 「근로기준법」에서는 사용자는 '정당한 이유' 없이 근로자를 해고할 수 없다고 규정하고 있다(근로기준법 §23①). 따라서 정당한 이유 없는 해고, 즉 부당해고는 무효이다.

그런데 어떠한 경우가 '정당한 이유 없는 해고'에 해당하지는에 관해서는 법에서 구체적으로 규정하고 있지는 않다. 일반적으로 해고의 '정당한 이유'란 사회통념상 근로계약을 계속시킬 수 없을 정도로 근로자에게 책임이 있는 사유가 있거나 고용을 계속하기 어려운 경영상의 필요가 있는 경우를 말한다. 경영상 필요에 의한 해고에 대해서 「근로기준법」에서 별도의 규정을 두고 있지만, 근로자에게 책임이 있는 사유에 따른 해고가 무엇인지는 법원의 판례에 따라서 그 의미를 구체화하는 수밖에 없다.

2) 근로자에게 책임이 있는 사유에 따른 해고

근로자에게 책임이 있는 사유는 크게 세 가지 관점에서 생각해 볼 수 있다.

첫째로는 근로자가 근로계약에서 정하고 있는 노동을 할 수 있는 능력이 없는 경우이다. 예를 들어 업무 수행에 반드시 필요한 자격, 면허, 지식, 기능 등을 상실하는 경우 정당한 해고 사유가 될 수 있다. 그러나 이러한 사유가 있다 하더라도 바로 해고할 수 있는 것은 아니다. 자격상실이 간단한 절차로 단기간에 회복될 수 있거나 합리적인 훈련이나 연수의 기회를 주면 자격, 기능 등을 취득, 회복할 수 있는 때에는 해고할 수 없다. 노동능력의 상실은 때로는 질병, 부상 등에 의해서 발생할 수 있다. 사용자가 질병이나 부상을 입어서 근로할 수 없게 된 근로자에게 적절한 치료의 기회와 시간을 주었음에

도 근로자의 노동능력이 회복되지 않아 근로할 수 없는 경우 해고의 '정당한 이유'가 될 수 있다.[27]

둘째로는 근무성적이 매우 낮은 경우이다. 근무성적의 낮다는 것을 이유로 하는 해고가 정당화하기 위해서는 ① 공정하고 객관적인 기준에 따라 평가가 이루어져야 하고, ② 객관적으로도 최소한에 미치지 못하고, ③ 근로자에게 교육과 전환배치 등 근무성적이나 근무능력의 개선을 위한 조치를 부여했음에도 개선되지 못하였고 앞으로도 개선될 가능성이 어렵다는 등 사회통념상 고용관계를 계속할 수 없을 정도여야 정당한 해고사유가 될 수 있다.

셋째로, 근무태도가 매우 불량한 경우이다. 빈번한 지각, 상당 기간 무단결근, 폭발위험구역 내 흡연과 같은 심각한 안전규칙 위반, 회사 내 절취·폭행·상해·횡령·성희롱·괴롭힘 등의 행위로 근로자가 경영의 질서를 상당히 어지럽히거나 노사 간의 신뢰관계를 중대하게 위반하는 행위를 하는 경우가 이에 해당한다. 이에 비해서 사생활에서의 비행(非行)이 기업질서와 관계없는 경우 이는 원칙적으로 해고의 정당한 사유가 될 수 없다. 물론 이 경우에도 근로자의 범죄행위로 기업의 사회적 평가를 심각하게 훼손하거나 동료와의 신뢰관계를 손상한 경우에는 정당한 해고사유가 될 수가 있다.

3) 경영상 이유에 의한 해고 제한

'경영상 이유에 의한 해고'란 말 그대로 기업의 경영상 어려움을 이유로 더 이상 현재와 같은 수준의 고용을 유지할 수 없을 때 하는 해고를 말한다. 근로자에게는 아무런 책임이 없음에도 사용자의 경영상 어려움으로 인하여 해고되는 것이기에 「근로기준법」에서는 특별한 제한을 마련하고 있다.

첫째, 사용자가 경영상 이유에 의하여 근로자를 해고하려면 '긴박한 경영상의 필요'가 있어야 한다(근로기준법 §24①전단). 이 경우 경영 악화를 방지하기 위한 사업의 양도·인수·합병은 긴박한 경영상의 필요가 있는 것으로 본

---

[27] 근로자가 입은 질병이나 부상이 업무 수행으로 인하여 발생한 경우에는 질병이나 부상의 치료를 위하여 일을 할 수 없는 기간과 그 후 30일 동안은 사용자는 원칙적으로 해당 근로자를 해고할 수 없다(근로기준법 §23②).

다(동항 후단). 법원 판례의 의하면 경영상 필요의 "긴박함"이란 반드시 기업의 도산을 회피하기 위한 경우에 한정되지 아니한다. 즉, 기업의 경영 사정이 너무도 어려워 근로자를 해고하지 않으면 도산할 것이라는 정도의 긴반함은 아니다. 장래에 올 수도 있는 위기에 미리 대처하기 위하여 인원삭감이 객관적으로 보아 합리성이 있다고 인정되는 경우도 긴박한 경영상 필요가 있다고 인정된다.

둘째, 사용자는 해고를 피하기 위한 노력을 다하여야 한다. '긴박한 경영상의 필요'가 인정된다고 하여 곧바로 해고할 수 있는 것이 아니다. 해고를 피하기 위하여 최대한 노력하고 그럼에도 해고가 불가피한 경우에는 해고하여야 한다. 그야말로 해고는 최후의 수단인 것이다. 하지만, 구체적으로 해고를 회피하기 위하여 사용자가 어떤 노력을 하여야 하는가는 법률에 규정되어 있지 않다. 판례에서는 경영방침이나 작업방식의 합리화, 외주·도급계약의 해지, 신규 채용 중단, 일시휴직, 근로시간 단축 등을 통해서 경비를 절감하여 해고를 회피할 수 있는 노력을 다하여야 한다고 한다.

셋째, 사용자는 합리적이고 공정한 해고의 기준을 정하고 이에 따라 그 대상자를 선정하여야 한다. 경영상 이유에 의한 해고는 해고에 직접 책임이 없는 근로자를 해고의 대상으로 삼는 것이기 때문에 해고대상자 선정기준에는 합리성과 공정성이 있어야 한다. 법에서는 남녀의 성을 이유로 차별하여서는 아니 된다(근로기준법 §24②)는 것 이외에는 구체적인 기준에 대해서는 언급하고 있지 않다. 판례에 의하면 해고대상자 선정기준은 근로자의 건강상태, 부양의무의 유무, 재취업 가능성 등 '근로자 각자의 주관적 이익 측면'과 업무능력, 근무 성적, 징계 전력, 임금 수준 등 '사용자의 이익 측면'을 적절히 조화시키되, 근로자에게 귀책사유가 없는 해고임을 감안하여 사회적·경제적 보호의 필요성이 높은 근로자들을 배려할 수 있는 기준이어야 한다.[28]

넷째, 사용자는 해고를 피하기 위한 방법과 해고의 기준 등에 관하여 근로자대표에게 해고를 하려는 날의 50일 전까지 통보하고 성실하게 협의하여야

---

[28] 대법원 2021.7.29. 선고 2016두64876 판결.

한다(근로기준법 §24③).

사용자가 법 제24조제1항부터 제3항까지의 규정에 따른 요건을 갖추어 근로자를 해고한 경우에는 제23조제1항에 따른 정당한 이유가 있는 해고를 한 것으로 본다(동법 §24⑤).

경영상 이유에 의하여 근로자를 해고한 사용자는 근로자를 해고한 날부터 3년 이내에 해고된 근로자가 해고 당시 담당하였던 업무와 같은 업무를 할 근로자를 채용하려고 할 경우 제24조에 따라 해고된 근로자가 원하면 그 근로자를 우선적으로 고용하여야 한다(동법 §25①).

4) 해고예고

사용자는 근로자를 해고(경영상 이유에 의한 해고를 포함한다)하려면 적어도 30일 전에 예고하여야 한다. 다만, 30일 전에 예고하지 아니하였을 때에는 30일분 이상의 통상임금을, 이른바 해고예고수당으로 지급하여야 한다(근로기준법 §26본문).[29]

그러나 ① 근로자가 계속 근로한 기간이 3개월 미만인 경우, ② 천재·사변, 그 밖의 부득이한 사유로 사업을 계속하는 것이 불가능한 경우, ③ 근로자가 고의로 사업에 막대한 지장을 초래하거나 재산상 손해를 끼친 경우 등에는 해고예고의무는 적용되지 않는다(동조 단서). 이 경우 사용자는 근로자를 즉시 해고할 수 있다.

주의하여야 할 점은 해고예고를 하였다거나 해고예고수당을 지불하였다고 하여 그 해고가 정당한 해고가 되는 것은 아니다. 또한, 정당한 사유가 있다고 하더라도 즉시해고의 예외에 해당하지 않으면 사용자는 해고예고를 하든지 해고예고수당을 지급하여야 한다.

---

[29] 해고예고를 하지 않거나 해고예고수당을 지급하지 않은 사용자는 2년 이하의 징역 또는 2천만원 이하의 벌금에 처한다(근로기준법 §110ⅰ).

5) 해고사유 및 해고시기의 서면 통지 의무

사용자가 해고를 할 때에는 반드시 해고사유와 해고시기를 서면으로 통지한다(근로기준법 §27①). 해고사유와 해고시기를 서면으로 통지하지 않으면 그 해고는 무효이다(동조②). 설사 그 해고에 정당한 사유가 있다고 하더라도 서면통지 의무를 위반한 해고는 정당한 사유가 있는지를 따질 필요도 없이 무효이다.

사용자가 해고예고를 할 때 해고사유와 해고시기를 명시하여 서면으로 한 경우에는 해고사유 및 해고시기를 서면으로 통지한 것으로 간주된다(동조③).

(2) 부당해고의 구제

정당한 이유 없는 해고는 무효이지만, 사용자가 이를 인정하지 않으면 결국 법적 수단을 사용할 수밖에 없다. 일반적으로 생각할 수 있는 수단이 민사소송인데, 법원에 소송을 제기하여 자신이 당한 해고가 무효임을 인정받아야 한다. 이 경우 해고에 정당한 사유가 있다는 점은 사용자가 증명하여야 한다.

하지만, 민사소송은 적지 않은 시간과 비용을 들 수밖에 없다. 해고에 정당한 사유가 있다는 점은 사용자가 증명하여야 한다지만, 근로자로서도 사용자의 주장에 대해서 적절하게 반박하지 않는다면 소송에서 패소할 위험이 있다. 이를 위해서는 법률전문가인 변호사의 도움이 필요하지만 이에는 적지 않은 비용이 든다.

이에 「근로기준법」에서는 민사소송보다 신속하고 간편하며 비용부담 없이 부당해고로부터 구제를 받을 수 있는 절차를 마련하고 있다. 즉, 사용자에게 부당해고를 당한 근로자는 지방노동위원회에 구제를 신청하여 구제를 받을 수 있다(근로기준법 §28①). 구제신청은 부당해고가 있었던 날부터 3개월 이내에 하여야 한다(동조②). 노동위원회는 부당해고의 구제신청을 받으면 지체없이 필요한 조사를 하여야 하며 관계 당사자를 심문하여야 한다

(동법 §29①). 「노동위원회 규칙」에서는 사건 접수일로부터 60일 이내에 심문회의를 개최하도록 하고 있다. 노동위원회는 심문을 끝내고 부당해고가 성립한다고 판정하면 사용자에게 구제명령을 하여야 하며, 부당해고가 성립하지 아니한다고 판정하면 구제신청을 기각하는 결정을 하여야 한다(동법 §30①). 통상적으로 심문회의는 1회로 종료하며, 판정도 심문회의 종료 후 곧바로 이루어지기 때문에 지방노동위원회에 사건을 접수한 뒤 60일 이내에 지방노동위원회의 결정을 받을 수 있을 정도로 매우 신속하게 진행된다.

지방노동위원회의 구제명령이나 기각결정에 불복하는 사용자나 근로자는 구제명령서나 기각결정서를 통지받은 날부터 10일 이내에 중앙노동위원회에 재심을 신청할 수 있다(근로기준법 §31①). 중앙노동위원회의 재심판정에 불복하는 사용자나 근로자는 재심판정서를 송달받은 날부터 15일 이내에 「행정소송법」의 규정에 따라 소(訴)를 제기할 수 있다(동조②). 만일 제1항과 제2항에 따른 기간 이내에 재심을 신청하지 아니하거나 행정소송을 제기하지 아니하면 그 구제명령, 기각결정 또는 재심판정은 확정된다(동조③).

구제명령의 실효성을 확보하기 위해서는 노동위원회는 구제명령을 받은 후 이행기한까지 구제명령을 이행하지 아니한 사용자에게 3천만원 이하의 이행강제금을 부과할 수 있다(근로기준법 §33①).

(3) 비정규직 근로자의 고용안정

1) 기간제 근로자의 고용안정

기간제 근로계약을 체결하는 경우 근로계약에서 정한 근로계약 기간이 종료하면, 고용도 종료하는 것이 원칙이다. 따라서 기간제 근로자의 고용은 사용자가 기간제 근로계약을 갱신할지에 달려있어서 그 고용은 심각하게 불안할 수밖에 없다.

이에 기간제 근로자의 고용안정을 위해서 「기간제법」에서는 상시적으로 고용할 수 있는 일자리에는 정규직으로 고용하도록 기간제 근로자의 사용기간을 제한하고 있다. 사용자는 2년을 초과하지 아니하는 범위 안에서(기간제

근로계약의 반복갱신 등의 경우에는 그 계속근로한 총기간이 2년을 초과하지 아니하는 범위 안에서) 기간제근 로자를 사용할 수 있다. 2년을 초과하여 기간제근로자로 사용하는 경우에는 그 기간제근로자는 기간의 정함이 없는 근로계약을 체결한 근로자로 본다(기간제법 §4).

다만 이러한 사용기간 제한에는 예외가 많다. ① 사업의 완료 또는 특정한 업무의 완성에 필요한 기간을 정한 경우, ② 휴직·파견 등으로 결 원이 발생하여 해당 근로자가 복귀할 때까지 그 업무를 대신할 필요가 있는 경우, ③ 고령자(55세 이상)와 근로계약을 체결하는 경우, ④ 전문적 지식·기술의 활용이 필요한 경우 등은 2년을 초과하여 기간제 근로자로 사용할 수 있다. 이때에는 2년을 초과하였더라도 기간의 정함이 없는 근로계약으로 간주되는 효과는 발생하지 않는다.

2) 파견근로자의 고용안정

일반적인 근로계약관계에서는 근로제공과 임금지급의 관계가 하나의 사용자와 하나의 근로자 사이에서 존재한다. 이에 대하여 파견근로계약관계에서는 파견근로자와 근로계약을 체결하고 임금을 지급하는 사용자는 파견사업주이지만, 파견근로자가 근로를 제공하는 상대방은 사용사업주이다. 파견사업주, 파견근로자, 사용사업주라고 하는 3면관계가 발생한다. 파견사업주는 사용사업주로부터 근로자를 파견한 대가를 받아 이 중 일부를 근로자에게 임금으로 지급하는 근로자파견계약을 체결하고 파견근로자가 사용사업주에게 가서 근로를 제공한다. 이와 같은 근로자파견관계에서는 근로자에 대해서 노동법적 책임을 지는 사용자의 역할이 파견사업주와 사용사업주로 분리되기에 파견근로자의 권리가 제대로 지켜지기 어렵다는 점에서 파견법에서는 근로자파견을 엄격하게 제한하고 있다.

첫째, 근로자파견사업을 하기 위해서는 법에서 정한 허가 기준을 충족하여 정부의 허가를 받아야 한다.30)

---

30) 근로자파견사업 허가를 받지 않고 근로자파견사업을 한 자, 그리고 근로자파견사업 허가를

둘째, 파견법에서는 근로자파견이 허용되는 업무가 명확히 정해져 있다. '제조업의 직접생산공정업무를 제외하고 전문지식·기술·경험 또는 업무의 성질 등을 고려하여 적합하다고 판단되는 업무'로서 법령에서 별도로 정하고 있는 업무에 대해서만 파견자파견이 가능하다(파견법 §5①). 다만, 출산·질병·부상 등으로 결원이 생긴 경우에는 그 사유가 존재하는 기간에 한하여, 그리고 일시적·간헐적으로 인력을 확보하여야 할 필요가 있는 경우에는 3개월의 한도 내에서 허용 업무 이외의 업무에 대해서 근로자파견이 가능하다(1회에 한하여 연장 가능)(파견법 §5②).

셋째. 근로자파견의 기간은 원칙적으로 1년을 넘지 못한다. 다만, 파견사업주·사용사업주·파견근로자 간의 합의가 있는 경우에는 연장할 수 있는데, 1회를 연장할 때에는 그 연장 기간은 1년을 초과하지 못하며, 연장된 기간을 포함한 총파견기간은 2년을 초과하지 못한다(파견법 §6).

이상의 규제를 위반하여 파견근로자를 사용하는 경우 사용사업주가 파견근로자를 직접 고용해야 할 의무를 부담한다(파견법 §6의2①).

받지 않은 자로부터 근로자파견를 받은 자는 모두 3년 이하의 징역 또는 3천만원 이하의 벌금에 처한다(파견법 §43).

제4절 직장내 괴롭힘·성희롱·차별 금지

1. 직장 내 괴롭힘 금지

(1) 사용자 또는 직작 동료에 의한 괴롭힘 금지

사용자 또는 근로자는 직장에서의 지위 또는 관계 등의 우위를 이용하여 업무상 적정범위를 넘어 다른 근로자에게 신체적·정신적 고통을 주거나 근무환경을 악화시키는 행위를 하여서는 안 된다(근로기준법 §76의2). 이러한 행위를 "직작 내 괴롭힘"이라고 한다. 직장 내 괴롭힘을 한 주체가 사용자인 경우에는 사용자에게 과태료가 부과되는데, 그 주체가 근로자인 경우에는 사용자의 배우자, 사용자의 4촌 이내의 혈족, 사용자의 4촌 이내의 인척인 경우에 한하여 과태료가 부과된다.[31]

누구든지 직장 내 괴롭힘 발생 사실을 알게 된 경우 그 사실을 사용자에게 신고할 수 있다(근로기준법 §76의3①).[32] 사용자는 직장 내 괴롭힘 신고를 접수하거나 직장 내 괴롭힘 발생 사실을 인지한 경우에는 지체없이 당사자 등을 대상으로 그 사실 확인을 위하여 객관적으로 조사를 실시하여야 한다(동조②).[33] 직장 내 괴롭힘 발생 사실을 조사한 사람, 조사 내용을 보고받은 사람 및 그 밖에 조사 과정에 참여한 사람은 해당 조사 과정에서 알게 된 비밀을 피해근로자 등의 의사에 반하여 다른 사람에게 누설하여서는 아니 된다(동조⑦본문).

사용자는 조사기간 동안 직장 내 괴롭힘과 관련하여 피해를 입은 근로자 또는 피해를 입었다고 주장하는 근로자를 보호하기 위하여 필요한 경우 근무

---

[31] 사용자 또는 사용자와 근친 관계의 근로자인가 직장 내 괴롭힘을 한 경우에는 1천만 이하의 과태료가 부과된다(근로기준법 §116①).
[32] 사용자는 직장 내 괴롭힘 발생 사실을 신고한 근로자, 피해를 입은 근로자, 피해를 입었다고 주장하는 근로자에 대해서 해고나 그 밖의 불리한 처우를 하여서는 아니 된다(근로기준법 §76의3⑥). 「근로기준법」 제76조의2⑥을 위반하는 사용자는 위반한 자는 3년 이하의 징역 또는 3천만원 이하의 벌금에 처한다(근로기준법 §109①).
[33] 사용자가 「근로기준법」 제76조의2②을 위반한 경우 500만원 이하의 과태료를 부과한다.

장소의 변경, 유급휴가 명령 등 적절한 조치를 하여야 한다(근로기준법 §76의3③전단). 이 경우 사용자는 피해근로자 등의 의사에 반하는 조치를 하여서는 안 된다(동항 후단).

사용자는 조사 결과 직장 내 괴롭힘 발생 사실이 확인된 때에는 피해근로자가 요청하면 근무장소의 변경, 배치전환, 유급휴가 명령 등 적절한 조치를 하여야 한다(근로기준법 §76의3④). 사용자는 조사 결과 직장 내 괴롭힘 발생 사실이 확인된 때에는 지체없이 행위자에 대하여 징계, 근무장소의 변경 등 필요한 조치를 하여야 한다(동조⑤전단).[34] 이 경우 사용자는 징계 등의 조치를 하기 전에 그 조치에 대하여 피해근로자의 의견을 들어야 한다(동항 후단).[35]

(2) 고객에 의한 괴롭힘 금지

직장 내 괴롭힘은 사용자 및 동료 근로자에 그치지 않고 근로자가 종사하는 사업체의 고객에 의한 괴롭힘도 적지 않기 때문에 이에 대한 대응책의 마련도 중요하다. 하지만 「근로기준법」의 직장 내 괴롭힘 금지는 고객이 근로자를 괴롭힌 경우에는 적용되지 않는다.

고객에 의한 괴롭힘으로부터 근로자를 보호하는 조치는 「산업안전보건법」에서 규정하고 있다. 「산업안전보건법」은 "산업재해를 예방하고 쾌적한 작업환경을 조성함으로써 노무를 제공하는 사람의 안전 및 보건을 유지·증진함을 목적"으로 하는 법률이다. 「산업안전보건법」에 따르면 사업주는 주로 고객을 직접 대면하거나 「정보통신망 이용촉진 및 정보보호 등에 관한 법률」에 따른 정보통신망을 통하여 상대하면서 상품을 판매하거나 서비스를 제공하는 업무에 종사하는 근로자("고객응대근로자")에 대하여 고객

---

[34] 사용자가 「근로기준법」 제76조의2④와 ⑤를 위반한 경우 500만원 이하의 과태료를 부과한다.
[35] 「근로기준법」 제76조의2에서 정하고 있는 사항 이외에 사용자가 "직장 내 괴롭힘의 예방 및 발생 시 조치 등에 관한 사항"은 사용자가 취업규칙에 반드시 규정하여야 한다(근로기준법 §93xi).

의 폭언, 폭행, 그 밖에 적정 범위를 벗어난 신체적·정신적 고통을 유발하는 행위(이하 "폭언등"이라 한다)로 인한 건강장해를 예방하기 위하여 고용노동부령으로 정하는 바에 따라 필요한 조치36)를 하여야 한다(산업안전보건법 §41①).

만약 고객의 폭언 등으로 인하여 고객응대근로자에게 건강장해가 발생하거나 발생할 현저한 우려가 있는 경우에는 사업자는 업무의 일시적 중단 또는 전환 등 대통령령으로 정하는 필요한 조치37)를 하여야 한다(동조 ②). 고객응대근로자는 사업주에게 이러한 조치를 요구할 수 있고, 사업주는 고객응대근로자의 요구를 이유로 해고 또는 그 밖의 불리한 처우를 해서는 아니 된다(동조 ③).38)

2. 직장 내 성희롱 금지

(1) 직장 내 성희롱의 금지

사업주, 상급자 또는 근로자는 직장 내 성희롱을 하여서는 아니 된다(남녀고용평등법 §12).39) '직장 내 성희롱'이란 사업주·상급자 또는 근로자가 직장

---

36) 필요한 조치란 ① 고객이 폭언등을 하지 않도록 요청하는 문구 게시 또는 음성 안내, ② 고객과의 문제 상황 발생 시 대처방법 등을 포함하는 고객응대업무 매뉴얼 마련, ③ 고객응대업무 매뉴얼의 내용 및 건강장해 예방 관련 교육 실시, ④ 고객응대근로자의 건강장해 예방을 위하여 필요한 조치 등이다(산업안전보건법 시행규칙 §41). 사용자가 고객의 폭언 등으로 인한 건강장해 예방조치를 하지 않으면 1천500만원 이하의 과태료가 부과된다(동법 §175④iii).

37) 필요한 조치란 ① 업무의 일시적 중단 또는 전환, ② 「근로기준법」 제54조제1항에 따른 휴게시간의 연장, ③ 법 제41조제2항에 따른 폭언등으로 인한 건강장해 관련 치료 및 상담 지원, ④ 관할 수사기관 또는 법원에 증거물·증거서류를 제출하는 등 법 제41조제2항에 따른 폭언등으로 인한 고소, 고발 또는 손해배상 청구 등을 하는 데 필요한 지원 등이다(산업안전보건법 시행규칙 §41). 사용자가 필요한 조치를 취하지 않으면 1천500만원 이하의 과태료가 부과된다(동법 §175④iii).

38) 「산업안전보건법」 제41조제3항을 위반하여 해고나 그 밖의 불리한 처우를 한 자는 1년 이하의 징역 또는 1천만원 이하의 벌금에 처하고(산업안전보건법 §170 i).

39) 사업주가 제12조를 위반하여 직장 내 성희롱을 한 경우에는 1천만원 이하의 과태료를 부과한다(남녀고용평등법 §39②). 하지만 상급자 또는 근로자가 다른 근로자에게 직장 내 성

내의 지위를 이용하거나 업무와 관련하여 다른 근로자에게 성적 언동 등으로 성적 굴욕감 또는 혐오감을 느끼게 하거나 성적 언동 또는 그 밖의 요구 등에 따르지 아니하였다는 이유로 근로조건 및 고용에서 불이익을 주는 것을 말한다(남녀고용평등법 §2iii). 여기에서 '지위를 이용하거나 업무 등과 관련하여'라는 요건은 포괄적 업무관련성을 나타낸 것으로서 업무수행의 기회나 업무수행에 편승하여 성적 언동이 이루어진 경우 뿐 아니라 권한을 남용하거나 업무수행을 빙자하여 성적 언동을 한 경우도 이에 포함된다.[40]

성희롱이 성립하기 위해서는 객관적으로 상대방과 같은 처지에 있는 일반적이고도 평균적인 사람으로 하여금 성적 굴욕감이나 혐오감을 느낄 수 있게 하는 행위가 있고, 그로 인하여 행위의 상대방이 주관적으로 성적 굴욕감이나 혐오감을 느꼈음이 인정되어야 한다.[41]

【Theme- 직장 내 성희롱 판단기준】
남녀고용평등법 시행규칙은 별표 1에서 '직장 내 성희롱을 판단하기 위한 기준'을 다음과 같이 예시하고 있다.
1. 성적인 언동의 예시
  가. 육체적 행위
   (1) 입맞춤, 포옹 또는 뒤에서 껴안는 등의 신체적 접촉행위
   (2) 가슴·엉덩이 등 특정 신체부위를 만지는 행위

희롱을 한 경우에는 과태료 부과 대상이 아니다.
40) 대법원 2006.12.21. 선고 2005두13414 판결('지위를 이용하거나 업무 등과 관련하여'라는 요건은 포괄적인 업무관련성을 나타낸 것으로서 업무수행의 기회나 업무수행에 편승하여 성적 언동이 이루어진 경우 뿐 아니라 권한을 남용하거나 업무수행을 빙자하여 성적 언동을 한 경우도 이에 포함되고, 어떠한 성적 언동이 업무관련성이 인정되는지 여부는 쌍방 당사자의 관계, 행위가 행해진 장소 및 상황, 행위의 내용 및 정도 등의 구체적 사정을 참작하여 판단하여야 한다.).
41) 대법원 2018.4.12. 선고 2017두74702 판결(성희롱이 성립하기 위해서는 행위자에게 반드시 성적 동기나 의도가 있어야 하는 것은 아니지만, 당사자의 관계, 행위가 행해진 장소 및 상황, 행위에 대한 상대방의 명시적 또는 추정적인 반응의 내용, 행위의 내용 및 정도, 행위가 일회적 또는 단기간의 것인지 아니면 계속적인 것인지 여부 등의 구체적 사정을 참작하여 볼 때, 객관적으로 상대방과 같은 처지에 있는 일반적이고도 평균적인 사람으로 하여금 성적 굴욕감이나 혐오감을 느낄 수 있게 하는 행위가 있고, 그로 인하여 행위의 상대방이 성적 굴욕감이나 혐오감을 느꼈음이 인정되어야 한다.).

(3) 안마나 애무를 강요하는 행위
나. 언어적 행위
(1) 음란한 농담을 하거나 음탕하고 상스러운 이야기를 하는 행위(전화통화를 포함한다)
(2) 외모에 대한 성적인 비유나 평가를 하는 행위
(3) 성적인 사실 관계를 묻거나 성적인 내용의 정보를 의도적으로 퍼뜨리는 행위
(4) 성적인 관계를 강요하거나 회유하는 행위
(5) 회식자리 등에서 무리하게 옆에 앉혀 술을 따르도록 강요하는 행위
다. 시각적 행위
(1) 음란한 사진·그림·낙서·출판물 등을 게시하거나 보여주는 행위(컴퓨터통신이나 팩시밀리 등을 이용하는 경우를 포함한다)
(2) 성과 관련된 자신의 특정 신체부위를 고의적으로 노출하거나 만지는 행위
라. 그 밖에 사회통념상 성적 굴욕감 또는 혐오감을 느끼게 하는 것으로 인정되는 언어나 행동
2. 고용에서 불이익을 주는 것의 예시
채용탈락, 감봉, 승진탈락, 전직(轉職), 정직(停職), 휴직, 해고 등과 같이 채용 또는 근로조건을 일방적으로 불리하게 하는 것

(2) 직장 내 성희롱 발생 시 사용자의 의무

누구든지 직장 내 성희롱 발생 사실을 알게 된 경우 그 사실을 해당 사업주에게 신고할 수 있다(남녀고용평등법 §14①).[42] 사업주는 직장 내 성희롱 신고를 받거나 그 발생 사실을 알게 된 경우에는 지체 없이 그 사실 확인을 위한 조사를 하여야 한다(동조②전단).[43] 이 경우 사업주는 직장 내 성희롱과 관련하여 피해를 입은 근로자 또는 피해를 입었다고 주장하는 근로자가 조사 과정에서 성적 수치심 등을 느끼지 아니하도록 하여야 한다(동항 후단). 사업주는

---

[42] 사업주는 성희롱 발생 사실을 신고한 근로자, 피해근로자 등에게 해고 또는 그 밖의 불리한 처우불리한 처우를 하여서는 아니된다(남녀고용평등법 §14⑥). 이를 위반한 사용자는 3년 이하의 징역 도는 3천만원 이하의 벌금에 처한다.

[43] 직장 내 성희롱 발생 사실을 조사한 사람, 조사 내용을 보고 받은 사람 또는 그 밖에 조사 과정에 참여한 사람은 해당 조사 과정에서 알게 된 비밀을 피해근로자등의 의사에 반하여 다른 사람에게 누설하여서는 아니 된다(남녀고용평등법 §14⑦전단).

조사 기간 동안 피해근로자등을 보호하기 위하여 필요한 경우 해당 피해근로자등에 대하여 근무장소의 변경, 유급휴가 명령 등 적절한 조치를 하여야 한다(동조③전단). 이 경우 사업주는 피해근로자 등의 의사에 반하는 조치를 하여서는 아니 된다(동항 후단).

사업주는 조사 결과 직장 내 성희롱 발생 사실이 확인된 때에는 피해근로자가 요청하면 근무장소의 변경, 배치전환, 유급휴가 명령 등 적절한 조치를 하여야 하고(남녀고용평등법 §14④), 지체없이 직장 내 성희롱 행위를 한 사람에 대하여 징계, 근무장소의 변경 등 필요한 조치를 하여야 한다(동조⑤전단).[44] 이 경우 사업주는 징계 등의 조치를 하기 전에 그 조치에 대하여 직장 내 성희롱 피해를 입은 근로자의 의견을 들어야 한다(동항 후단).

한편 성희롱은 사업주나 동료근로자뿐만 아니라 고객에 의해서도 발생할 수 있다. 따라서 사업주는 고객 등 업무와 밀접한 관련이 있는 사람이 업무수행 과정에서 성적인 언동 등을 통하여 근로자에게 성적 굴욕감 또는 혐오감 등을 느끼게 하여 해당 근로자가 그로 인한 고충 해소를 요청할 경우 근무 장소 변경, 배치전환, 유급휴가의 명령 등 적절한 조치를 하여야 한다(남녀고용평등법 §14의2①).[45] 그리고 사업주는 고객에 의한 성희롱 피해를 주장하거나 고객 등으로부터의 성적 요구 등에 따르지 아니하였다는 것을 이유로 해고나 그 밖의 불이익한 조치를 하여서는 안 된다(동조②)[46]

3. 차별 금지

근로관계에서 '차별'이란 사용자가 근로자에 대해서 합리적인 이유 없이 채용 또는 근로의 조건을 다르게 하거나 그 밖의 불리한 조치를 하는 것을 말한다. 차별이 바람직하지 않다는 점에 관해서는 누구나 공감하는 것이지

---

44) 사용자가 「남녀고용평등법」 제14조②, ④, ⑤을 위반한 경우 500만원 이하의 과태료를 부과한다.
45) 사용자가 「남녀고용평등법」 제14조의2①을 위반한 경우에는 300만원 이하의 과태료를 부과한다.
46) 사용자가 남녀고용평등법 §14의2②를 위반한 경우에는 500만원 이하의 과태료를 부과한다.

만, 근로관계에서 모든 차별이 법률에 의해서 금지되어 있는 것은 아니다. 노동법에서 금지하고 있는 차별은 다음과 같은 사유에 의한 차별이다.

첫째, 사용자는 자신의 근로자를 성별, 국적, 신앙, 사회적 신분을 이유로 근로조건을 차별해서는 안 된다(근로기준법 §6).[47]

둘째, 사용자는 근로자를 모집하거나 채용할 때, 임금·근로자의 생활을 보조하기 위한 금품의 지급 또는 자금의 융자 등 복리후생·교육·배치·승진·정년·퇴직·해고에서 남녀를 차별해서는 안 된다(남녀고용평등법 §7, 8, 9, 10, 11). 특히 임금에 관해서는 동일한 사업 내의 동일 가치 노동에 대하여는 동일한 임금을 지급하여야 한다(이른바 동일가치노동·동일임금원칙)(남녀고용평등법 §8①).[48]

셋째, 사용자는 기간제근로자임을 이유로 해당 사업 또는 사업장에서 동종 또는 유사한 업무에 종사하는 기간의 정함이 없는 근로계약을 체결한 근로자에 비하여 차별적으로 처우해서는 안 된다(기간제법 §8①)

넷째, 사용자는 파견사업주와 사용사업주는 파견근로자라는 이유로 사용사업주의 사업 내의 같은 종류의 업무 또는 유사한 업무를 수행하는 근로자에 비하여 파견근로자에게 차별적으로 처우해서는 안 된다(파견법 §21①).

다섯째, 사용자는 합리적인 이유 없이 연령을 이유로 근로자 또는 근로자가 되려는 사람을 모집·채용, 임금·임금 외의 금품 지급 및 복리후생, 교육·훈련, 배치·전보·승진, 퇴직·해고에서 차별해서는 안 된다(고령자고용법 §4의4).

여섯째, 사용자는 모집·채용, 임금 및 복리후생, 교육·배치·승진·전보, 정년·퇴직·해고에 있어 장애인을 차별해서는 안 된다(장애인고용법 §5②;「장애인차별금지 및 권리구제 등에 관한 법률」 §10①).[49]

---

[47] 근로기준법 §6을 위반한 사용자는 500만원 이하의 벌금에 처한다.
[48] 남녀고용평등법 §11조를 위반한 사용자는 5년 이하의 징역 또는 3천만원 이하의 벌금에, §8①를 위반한 사용자는 3년 이하의 징역 또는 3천만 이하의 벌금에, 남녀고용평등법 §7, 9, 10을 위반하는 사용자는 500만원 이하의 벌금에 처한다.
[49] 기간제 근로자 및 파견근로자, 장애와 연령을 이유로 하는 사용자의 차별에 대해서는 벌칙

이상의 법률에서 금지하는 차별로 인하여 피해를 받은 근로자에 대해서 신속하게 피해를 구제받을 수 있도록 각각의 법률에서 구제절차 등을 상세하게 규정하고 있다.

은 규정되어 있지 않다.

제5절 노동조합의 설립·단체교섭·쟁의행위

1. 노동조합의 설립·운영

(1) 노동조합의 설립

헌법 제33조 제1항에서는 단결권을 보장하고 있기에 근로자는 자유로이 노동조합을 조직하거나 이에 가입할 수 있다(노동조합법 §5본문).

노동조합이란 근로자가 주체가 되어 자주적으로 단결하여 근로조건의 유지·개선 기타 근로자의 경제적·사회적 지위을 향상할 목적으로 조직하는 단체이다.[50](노동조합법 §2ⅳ). 하지만, 다음의 어느 하나에 해당하는 경우에는 노동조합법에서는 노동조합으로 인정되지 않는다(노동조합법 §2ⅳ단서).

  가. 사용자 또는 항상 그의 이익을 대표하여 행동하는 자의 참가를 허용하는 경우
  나. 경비의 주된 부분을 사용자로부터 원조받는 경우
  다. 공제·수양 기타 복리사업만을 목적으로 하는 경우
  라. 근로자가 아닌 자의 가입을 허용하는 경우
  마. 주로 정치운동을 목적으로 하는 경우

「노동조합법」에서는 설립신고제를 채택하고 있다. 「노동조합법」에 따라서 노동조합을 설립하려고 하는 사람은 행정관청에 설립신고서를 제출하여야 한다(동법 §10①). 노동조합 설립신고서를 제출할 때에는 반드시 노동조합의 규약을 함께 제출하여야 한다(동조①). 설립신고서와 규약에 반드시 기재되어야 할 사항은 「노동조합법」에서 상세하게 규정하고 있다.

행정관청이 설립신고서를 접수한 때에는 3일 이내에 신고증을 교부하여야 한다. 다만, 설립신고서 또는 규약의 기재사항에 누락이 있거나 법령에 위반되는 사항이 있어서 보완이 필요한 경우에는 20일 이내의 기간을 정하

---

50) 노동조합은 노동조합의 연합단체의 형태로도 조직할 수 있다. 연합단체인 노동조합이란 동종산업의 단위노동조합을 구성원으로 하는 산업별 연합단체와 산업별 연합단체 또는 전국 규모의 산업별 단위노동조합을 구성원으로 하는 총연합단체를 말한다(노동조합법 §10②).

여 보완을 요구하여야 한다(노동조합법 §12①②). 설립신고서 또는 규약을 보완하여 보완된 설립신고서를 접수한 때에는 3일 이내에 신고증을 교부하여야 한다(동조②단서). 노동조합이 신고증을 교부받은 경우에는 설립신고서가 접수된 때에 설립된 것으로 본다(동조④).

노동조합설립신고제는 법적인 의무는 아니다. 하지만 이상의 절차에 따라서 설립신고증을 받지 않은 노동조합이 아니면 노동조합에 따른 보호를 받을 수 없다는 불이익이 있다. 즉, 노동위원회에 노동쟁의의 조정 및 부당노동행위의 구제를 신청할 수 없고(노동조합법 §7①), 노동조합이라는 명칭도 사용할 수 없다(동조③).[51]

(2) 노동조합의 운영

노동조합을 어떻게 운영할 것인지는 노동조합이 스스로 결정할 사항이다. 이는 주로 노동조합의 규약에서 규정하거나 노동조합의 총회에서 결정한다. 하지만 노동조합법에서는 노동조합이 민주적으로 운영될 수 있도록 여러 규제를 정하고 있다.

첫째, 노동조합의 조합원은 어떠한 경우에도 인종, 종교, 성별, 연령, 신체적 조건, 고용형태, 정당 또는 신분에 의하여 차별대우를 받지 아니한다(노동조합법 §9). 또한 노동조합의 조합원은 균등하게 그 노동조합의 모든 문제에 참여할 권리와 의무를 가진다(노동조합법 §22). 다만, 노동조합은 그 규약으로 조합비를 납부하지 아니하는 조합원의 권리를 제한할 수 있다(동조 단서).

둘째, 노동조합은 매년 1회 이상 총회를 개최하여야 하는데(노동조합법 §15①)[52], 총회는 재적조합원 과반수의 출석과 출석조합원 과반수의 찬성으로 의결한다(동법 §16②).[53] 다만, 규약의 제정·변경, 임원의 해임, 합병·분

---

[51] 노동조합법에 의하여 설립된 노동조합이 아님에도 노동조합이라는 명칭을 사용한 자는 500만원 이하의 벌금에 처한다(노동조합법 §93ⅰ).
[52] 정기총회 이외에 임시총회에 관해서는 「노동조합법」 제18조에서 규정하고 있다.
[53] ① 규약의 제정과 변경, ② 임원의 선거와 해임, ③ 단체협약, ④ 예산·결산, ⑤ 기금의

할·해산 및 조직형태의 변경에 관한 사항은 재적조합원 과반수의 출석과 출석조합원 3분의 2 이상의 찬성이 있어야 한다(동조②단서). 임원을 선출하는 선거에 있어서 출석조합원 과반수의 찬성을 얻은 자가 없는 경우에는 규약이 정하는 바에 따라 결선투표를 실시하여 다수의 찬성을 얻은 자를 임원으로 선출할 수 있다(동조③). 규약의 제정·변경과 임원의 선거·해임에 관한 사항은 조합원의 직접·비밀·무기명투표에 의하여야 한다(동조④).

셋째, 노동조합의 임원 자격은 규약으로 정할 수 있다. 다만, 하나의 사업 또는 사업장을 대상으로 조직된 노동조합의 임원은 그 사업 또는 사업장에 종사하는 조합원 중에서 선출하도록 정해야 한다(노동조합법 §23①). 임원의 임기는 규약으로 정하되 3년을 초과할 수 없다(동조②).

넷째, 노동조합의 대표자는 그 회계감사원으로 하여금 6월에 1회 이상 당해 노동조합의 모든 재원 및 용도, 주요한 기부자의 성명, 현재의 경리 상황 등에 대한 회계감사를 실시하게 하고 그 내용과 감사결과를 전체 조합원에게 공개하여야 한다(노동조합법 §25①). 노동조합의 회계감사원은 필요하다고 인정할 경우에는 당해 노동조합의 회계감사를 실시하고 그 결과를 공개할 수 있다(동조②). 그리고 노동조합의 대표자는 회계연도마다 결산결과와 운영상황을 공표하여야 하며 조합원의 요구가 있을 때에는 이를 열람하게 하여야 한다(동법 §26). 또한, 노동조합은 행정관청이 요구하는 경우에는 결산결과와 운영상황을 보고하여야 한다(동법 §27).[54]

다섯째, 행정관청은 노동조합의 결의 또는 처분이 노동관계법령 또는 규약에 위반된다고 인정할 경우에는 노동위원회의 의결을 얻어 그 시정을 명할 수 있다(노동조합법 §21②). 시정명령을 받은 노동조합은 30일 이내에 이를 이행하여야 하는데, 정당한 사유가 있는 경우에는 그 기간을 연장할 수

설치·관리 또는 처분에 관한 사항, ⑥ 연합단체의 설립·가입 또는 탈퇴, ⑦ 합병·분할 또는 해산, ⑧ 조직형태의 변경에 관한 사항은 반드시 총회의 의결을 거쳐야 한다(노동조합법 §16①).

54) 결산결과와 운영상황을 보고하지 않거나 허위로 보고한 자는 500만원 이하의 과태료를 부과한다(노동조합법 §96①ii).

있다(동조③).55)

(2) 노동조합 전임자 및 근로시간면제자

조합원인 근로자가 노동조합의 임원에 선출되거나 간부로 선임되는 경우에도 근로자는 근로계약에 따른 의무인 근로제공의무를 이행하여야 한다. 다만, 사용자가 노동조합의 요구를 받아들여 조합원인 근로자가 노동조합 활동에 전념하도록 근로제공의무를 면제할 수는 있다. 이같이 근로계약에 따른 근로제공의무를 면제받고 노동조합 활동에 전념하는 사람을 '노동조합 전임자'라고 부른다.

그런데, 앞에서 본 것처럼 노동조합 경비의 주된 부분을 사용자로부터 원조받는 경우에는 노동조합으로 보지 않기 때문에 원칙적으로 사용자는 노동조합 전임자에게 급여를 지급할 수 없다. 원칙적으로 노동조합의 활동에 전념하고 일을 하지 않는 조합원에게 급여 기타의 명목으로 경제적인 지원을 하는 것은 경비원조에 해당한다.

「노동조합법」에서는 이러한 원칙에 대한 예외로서 노동조합 활동에 종사하면서 사용자로부터 급여를 지급받을 수 있는 경우를 규정하고 있다. 이렇게 사용자로부터 근로제공의무를 전부 또는 일부 면제받고 사용자로부터 급여를 받으면서 노동조합 활동에 종사하는 사람을 '근로시간면제자'라고 한다(노동조합법 §24②).

다만, 사용자로부터 급여를 받으면서 노동조합 활동을 할 수 있는 시간 수는 제한되어 있다. 사업 또는 사업장별로 종사근로자인 조합원 수 등을 고려하여 근로시간면제심의위원회의 심의·의결에 따라서 고용노동부장관이 고시한 근로시간 면제 한도를 초과하지 아니하는 범위에서만 사용자는 조합원인 근로자에게 급여를 지급할 수 있다(동조②).

---

55) 행정관청의 시정명령에 위반한 자는 500만원 이하의 벌금에 처한다(노동조합법 §93ⅱ)

2. 단체교섭과 단체협약

(1) 단체교섭

1) 단체교섭의 의의

헌법 제33조 제1항은 단결권과 함께 단체교섭을 할 권리, 즉, 단체교섭권을 근로자의 기본적 인권으로서 보장하고 있다. 단체교섭권은 근로자가 노동조합을 통하여 사용자와 근로조건에 대해서 교섭하고 그 합의된 내용에 관해서 단체협약을 체결할 권리를 말한다.

노동조합의 대표자는 그 노동조합 또는 조합원을 위하여 사용자나 사용자단체와 교섭하고 단체협약을 체결할 권한을 가진다(노동조합법 §29①). 노동조합과 사용자 또는 사용자단체로부터 교섭 또는 단체협약의 체결에 관한 권한을 위임받은 자는 그 노동조합과 사용자 또는 사용자단체를 위하여 위임받은 범위 안에서 그 권한을 행사할 수 있다(동조③). 노동조합과 사용자 또는 사용자단체는 교섭 또는 단체협약의 체결에 관한 권한을 제3자에게 위임할 수 있는데, 이때에는 그 사실을 상대방에게 통보하여야 한다(동조④).

2) 교섭창구 단일화 절차

단체교섭은 하나의 사업 또는 사업장을 단위로 이루어져야 한다(노동조합법 §29조의3①). 이를 교섭단위라고 한다.56) 그런데, 하나의 사업 또는 사업장에는 근로자가 설립하거나 가입한 노동조합이 2개 이상 존재할 수 있는데, 이 경우에는 반드시 사용자와 교섭하는 창구를 단일화하여야 사용자와 교섭하여야 한다. 물론 사용자가 모든 노동조합과 개별적으로 교섭하기로 결정하면 개별적으로 교섭할 수 있다. 단체교섭 창구단일화 절차는 실제로 매우 복잡한데, 간단하게 정리하면 아래와 같다.

---

56) 하나의 사업 또는 사업장을 단위로 하는 단교섭단위는 둘 이상으로 분리할 수 있다. 즉, 현격한 근로조건의 차이, 고용형태, 교섭 관행 등을 고려하여 교섭단위를 분리하거나 분리된 교섭단위를 통합할 필요가 있다고 인정되는 경우에 노동위원회는 노동관계 당사자의 양쪽 또는 어느 한쪽의 신청을 받아 교섭단위를 분리하는 결정을 할 수 있다(노동조합법 §29조의3②).

제5절 노동조합의 설립·단체교섭·쟁의행위

<교섭창구 단일화 절차>

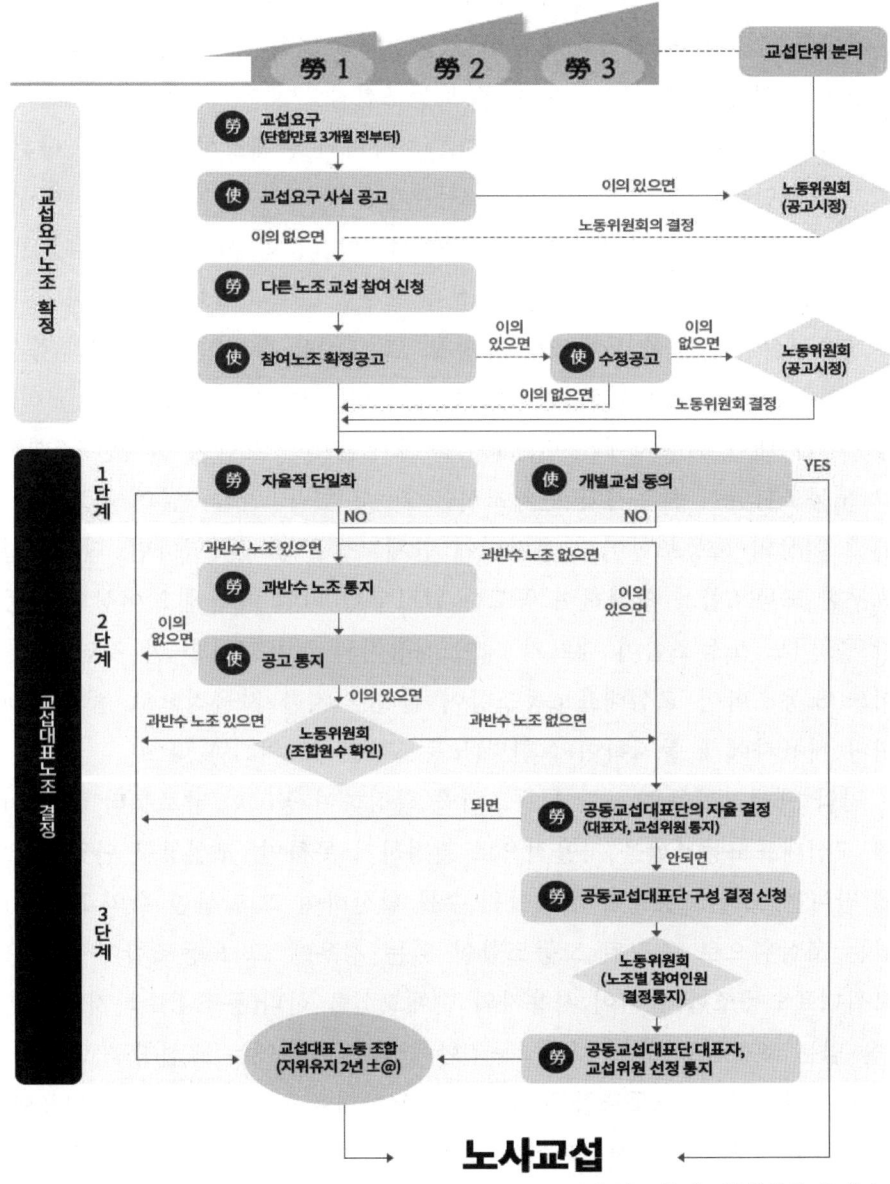

출처 : 중앙노동위원회 홈페이지

단체교섭절차는 노동조합이 사용자에 대하여 단체교섭을 요구하면서 시작된다. 사용자는 노동조합으로부터 교섭 요구를 받은 때에는 그 요구를 받은 날부터 7일간 그 교섭을 요구한 노동조합의 명칭 등을 해당 사업 또는 사업장의 게시판 등에 공고하여 다른 노동조합과 근로자가 알 수 있도록 하여야 한다(노동조합법 시행령 §14의3①). 사용자와 단체교섭을 하고자 하는 노조가 교섭단위 내에 있으면 해당 노동조합은 반드시 이 7일 기간 안에 사용자에게 서면으로 교섭 요구를 통지하여야 한다(동법 시행령 §14의4①). 7일의 공고기간이 끝나면 사용자는 교섭을 요구한 노동조합을 확정하여 통지하고, 그 교섭을 요구한 노동조합의 명칭, 그 교섭을 요구한 날 현재의 종사근로자인 조합원 수 등을 5일간 공고해야 한다(동법 시행령 §14의5①). 7일의 공고기간 내에 사용자에게 단체교섭을 요구한 노동조합이 하나만 존재하면 그 노동조합만이 사용자와 단체교섭을 할 수 있다. 만약 7일의 공고기간 내에 2 이상의 노동조합이 사용자에게 단체교섭을 요구하였다면, 단체교섭을 요구한 노동조합을 확정하여 공고한 날로부터 14일 이내에 2 이상의 노동조합 중 어느 노동조합이 대표가 되어 사용자와 단체교섭을 할 것인지를, 즉 어느 노동조합이 교섭대표노동조합이 될 것인지를 자율적으로 협의·결정하여야 사용자에게 통지하여야 한다(노동조합법 §29의2③).

만약 단체교섭을 요구한 노동조합을 확정하여 공고한 날로부터 14일 이내에 교섭대표노동조합을 자율적으로 결정하지 못하면, 교섭창구 단일화 절차에 참여한 모든 노동조합의 조합원 수를 합산하여 그 합산한 수의 2분의 1을 넘는 조합원으로 조직된 노동조합이 있는 경우에 그 노동조합이 자동으로 교섭대표노동조합이 되어 사용자와 단체교섭을 한다(동조④). 하지만, 2분의 1을 넘는 조합원으로 조직된 노동조합이 없는 경우에는 교섭창구 단일화 절차에 참여한 모든 노동조합은 공동으로 교섭대표단(이하 '공동교섭대표단'이라 한다)을 구성하여 사용자와 교섭하여야 한다(노동조합법 §29의2④전단). 이 때 공동교섭대표단에 참여할 수 있는 노동조합은 그 조합원 수가 교섭창구 단일화 절차에 참여한 노동조합의 전체 조합원 100분의 10 이상인 노동조합으로 한다(동항 후단). 만약 공동교섭대표단의 구성에 합의하지 못하면 노동위원회는 해당 노동조합의 신청에 따라 조합원 비율을 고려하여 이를 결정할 수 있다(노동조합법 §29의2⑤). 위와 같은 절차에서 교섭요구 사실, 조합원 수 등에 대한 이의가 있는 때에는 노동위원회는 대통령령으로 정하는 바에 따라 노동조합의 신청을 받아 그 이의에 대한 결정을 할 수 있다(동법 §29의2⑥).

3) 단체교섭의 원칙

사용자와 교섭대표노동조합이 단체교섭을 할 때에는 다음의 원칙을 준수하여야 한다.

첫째, 노동조합과 사용자 또는 사용자단체는 신의에 따라 성실히 교섭하고 단체협약을 체결하여야 하며 그 권한을 남용하여서는 안 된다(노동조합법 §30①).

둘째, 노동조합과 사용자 또는 사용자단체는 정당한 이유없이 교섭 또는 단체협약의 체결을 거부하거나 게을리해서는 안 된다(동조②).

셋째, 사용자가 교섭창구 단일화 절차에 참여한 모든 노동조합과 개별적으로 교섭하기로 한 경우에 사용자는 교섭을 요구한 모든 노동조합과 성실히 교섭하여야 하고, 차별적으로 대우해서는 안 된다(노동조합법 §29의2).

넷째, 교섭대표노동조합과 사용자는 교섭창구 단일화 절차에 참여한 노동조합 또는 그 조합원 간에 합리적 이유 없이 차별을 하여서는 안 된다(동법 §29의4①). 이를 공정대표의무라고 한다. 교섭대표노동조합과 사용자가 공정대표의무를 위반하여 다른 노동조합과 그 조합원을 차별한 경우에는 그 행위가 있은 날부터 3개월 이내에 대통령령으로 정하는 방법과 절차에 따라 노동위원회에 그 시정을 요청할 수 있다(동조②). 노동위원회는 공정대표의무위반 시정신청에 대하여 합리적 이유 없이 차별하였다고 인정한 때에는 그 시정에 필요한 명령을 하여야 한다(동조③).[57]

---

[57] 확정된 시정명령에 위반한 자는 3년 이하의 징역 또는 3천만원 이하의 벌금에 처해진다

(2) 단체협약

1) 단체협약의 의의 및 유효기간

단체협약이란 노동조합과 사용자 사이에 단체교섭에서 합의한 내용을 서면에 기재한 문서이다. 단체협약은 서면으로 작성하여 당사자 쌍방이 서명 또는 날인하여야 성립한다(노동조합법 §31①).[58] 서면으로 작성되지 않았거나 당사자 쌍방의 서면 또는 날인이 없으면 단체협약으로서 효력이 없다.

단체협약의 유효기간은 3년을 초과할 수 없다(동법 §32①). 단체협약에 그 유효기간을 정하지 아니한 경우 또는 3년을 초과하는 유효기간을 정한 경우에 그 유효기간은 3년으로 한다(동조②). 단체협약의 유효기간이 만료되는 때를 전후하여 당사자 쌍방이 새로운 단체협약을 체결하고자 단체교섭을 계속하였음에도 불구하고 새로운 단체협약이 체결되지 아니한 경우에는 별도의 약정이 있는 경우를 제외하고는 종전의 단체협약은 그 효력만료일부터 3월까지 계속 효력을 갖는다(동조③본문). 다만, 단체협약에 그 유효기간이 경과한 후에도 새로운 단체협약이 체결되지 아니한 때에는 새로운 단체협약이 체결될 때까지 종전 단체협약의 효력을 존속시킨다는 취지의 별도의 약정이 있는 경우에는 그에 따르되, 당사자 일방은 해지하고자 하는 날의 6월 전까지 상대방에게 통고함으로써 종전의 단체협약을 해지할 수 있다(동항 단서).

2) 단체협약의 효력과 효력의 확장

단체협약에서 정하고 있는 '근로조건 기타 근로자의 대우에 관한 기준'에 위반하는 취업규칙 또는 근로계약의 부분은 무효이고(노동조합법 §33①), 무효로 된 부분 및 근로계약에 규정되지 아니한 사항도 단체협약에 정한 기준에 의한다(동조②).

단체협약의 효력은 교섭대표노동조합의 조합원, 그리고 교섭창구단일화

(노동조합법 §89ⅱ).

58) 단체협약의 당사자는 단체협약의 체결일부터 15일 이내에 이를 고용노동부장관 등에게 신고하여야 한다(동조 ②). 고용노동부장관 등은 단체협약 중 위법한 내용이 있는 경우에는 노동위원회의 의결을 얻어 그 시정을 명할 수 있다(노동조합법 §31③).

절차에 참여한 노동조합의 조합에 대해서만 미치는 것이 원칙이다. 이에 대해서는 다음의 두 가지 예외가 있다. 첫째, 하나의 사업 또는 사업장에 상시 사용되는 동종의 근로자 반수 이상이 하나의 단체협약의 적용을 받게 된 때에는 당해 사업 또는 사업장에 사용되는 다른 동종의 근로자에 대하여도 당해 단체협약이 적용된다(노동조합법 §35). 이를 단체협약의 '일반적 구속력'이라고 한다. 둘째, 하나의 지역에 있어서 종업하는 동종의 근로자 3분의 2 이상이 하나의 단체협약의 적용을 받게 된 때에는 행정관청은 당해 단체협약의 당사자의 쌍방 또는 일방의 신청에 의하거나 그 직권으로 노동위원회의 의결을 얻어 당해 지역에서 종업하는 다른 동종의 근로자와 그 사용자에 대하여도 당해 단체협약을 적용한다는 결정을 할 수 있다(동법 §36①). 이를 단체협약의 '지역적 구속력'이라고 한다.

3) 단체협약 위반죄

단체협약의 내용 중 다음에 해당하는 사항을 위반하는 자는 1천만 이하의 벌금에 처한다(노동조합법 §92ⅱ):

  가. 임금·복리후생비, 퇴직금에 관한 사항
  나. 근로 및 휴게시간, 휴일, 휴가에 관한 사항
  다. 징계 및 해고의 사유와 중요한 절차에 관한 사항
  라. 안전보건 및 재해부조에 관한 사항
  마. 시설·편의제공 및 근무시간 중 회의참석에 관한 사항
  바. 쟁의행위에 관한 사항

3. 쟁의행위

(1) 단체행동권 보장의 의의

헌법 제33조 제1항은 단결권, 단체교섭권과 나란히 단체행동권을 근로자의 기본적 인권으로 보장하고 있다. 단체행동권이란 근로자 단체가 근로조건의 유지·향상이라는 목적을 달성하기 위하여 사용자에게 집단적으로 압박을 가하는 행위를 가할 수 있는 권리를 말한다. 이러한 압박행위 중에 대표적인 것이

쟁의행위이다.

「노동조합법」에서는 '쟁의행위'를 "파업·태업·직장폐쇄 기타 노동관계 당사자가 그 주장을 관철할 목적으로 행하는 행위와 이에 대항하는 행위로서 업무의 정상적인 운영을 저해하는 행위"라고 정의하고 있다(노동조합법 §2 vi). 이 정의에서 잘 나타나 있듯이 쟁의행위는 근로자가 사용자의 업무가 정상적으로 운영되지 못하도록 방해하는 행위이다. 집단적으로 일을 중단하는 파업은 쟁의행위의 대표적인 방법이다. 따라서 단체행동권을 헌법에서 보장하고 있는 것은 근로자에게 근로조건의 유지·향상을 위하여 집단적으로 사용자의 정상적인 업무를 방해할 수 있는 자유를 보장한다는 것을 의미한다.

헌법에서 단체행동권을 보장하고 있다는 점에서 쟁의행위로 인하여 사용자의 업무가 정상적으로 이루어지지 못하더라도 노동조합과 조합원은 그에 대해서 법적인 책임을 지지 않는다. 즉, 사용자는 쟁의행위로 인하여 손해를 입었더라도 사용자는 정당한 쟁의행위로 인한 손해에 대해서 노동조합 또는 근로자에 대하여 그 배상을 청구할 수 없다(노동조합법 §3). 나아가 노동조합이 쟁의행위 기타의 행위로서 근로조건의 유지·향이라는 목적을 달성하기 위하여 한 정당한 행위에 대하여는 「형법」 제20조[59]가 적용되어 처벌되지 아니한다. 즉, 쟁의행위가 정당한 경우에는 노동조합과 그 조합원인 근로자는 민사적으로도 형사적으로도 책임을 지지 않는다.

(2) 쟁의행위의 정당성 판단 기준

쟁의행위에 관한 민사적·형사적 면책은 어디까지나 쟁의행위가 정당한 범위 내에서 이루어져야 한다는 것을 조건으로 한다. 단체행동권이 사용자에게 손해를 입힐 수 있는 권리를 보장하고 있는 것이라고 하더라도 사용자가 정상적으로 사업을 권리도 헌법에서 보장하는 기본권이기에 사용자에게 지나치게 가혹한 결과가 되지 않도록 하기 위해서는 쟁의행위은 그 목적·방법 및 절차

---

[59] 「형법」 제20조는 "법령에 의한 행위 또는 업무로 인한 행위 기타 사회상규에 위배되지 아니하는 행위는 벌하지 아니한다"고 규정하고 있다.

에 있어서 법령 기타 사회질서에 위반되어서는 아니된다(노동조합법 §37①). 대법원 판례에 의하면 쟁의행위가 정당한지는 쟁의행위의 주체, 목적, 시기, 절차, 수단과 방법의 관점에서 판단한다.

대법원 2003.12.26. 선고 2003두8906 판결

노동조합의 쟁의행위가 정당하기 위해서는 그 주체가 단체교섭의 주체로 될 수 있는 자이어야 하고, 노동조합과 사용자의 교섭과정에서 노사대등의 입장에서 근로조건의 향상 등 근로자의 경제적 지위를 향상시키려는 목적에서 나온 것이어야 하며, 사용자가 근로자의 근로조건 개선에 관한 구체적인 요구에 대하여 단체교섭을 거부하거나 단체교섭에서 그와 같은 요구에 반대의 의사표시를 하거나 묵살하고 반대하고 있는 것을 분명하게 하고 있을 경우에 개시할 수 있으며 특별한 사정이 없는 한 법령이 규정한 절차를 밟아야 하고, 그 수단과 방법이 사용자의 재산권과 조화를 이루어야 할 뿐 아니라, 다른 기본적 인권을 침해하지 아니하는 등 그 밖의 헌법상의 요청과 조화되어야 한다. 다만 이 경우에도 당해 쟁의행위 자체의 정당성과 이를 구성하거나 부수되는 개개의 행위의 정당성은 구별되어야 하므로 일부 소수의 근로자가 폭력행위 등의 위법행위를 하였다고 하더라도 전체로서의 쟁의행위가 위법하게 되는 것은 아니다.

(3) 쟁의행위의 개시 시기 및 절차

쟁의행위는 원칙적으로 사용자가 처음부터 단체교섭을 거부하거나 단체교섭에서 근로자의 근로조건 개선에 관한 구체적인 요구에 반대의 의사표시를 하거나 묵살하고 반대하고 있는 것을 분명하게 하고 있을 경우에 개시할 수 있다. 쟁의행위는 단체교섭에서 합의되지 못한 근로자측의 요구사항을 사용자에게 관철시키기 위하여 행사하는 압박수단이기 때문이다. 또한, 단체협약의 유효기간 중에는 단체협약의 폐지나 개정을 목적으로 단체교섭을 요구할 권리가 없으므로 사용자가 이에 응하지 않는다고 하여 쟁의행위를 하게 되면 이는 정당성이 없다.

또한, 특별한 사정이 없는 한 법령이 규정한 절차를 밟아야 한다. 「노동조합법」에서는 쟁의행위 개시에 관한 절차를 규정하고 있다. 먼저 노동조합의 쟁의행위는 그 조합원의 직접·비밀·무기명투표에 의한 조합원 과반수의 찬성으로 결정하지 아니하면 이를 행할 수 없다(노동조합법 §41① 전단). 제

29조의2에 따라 교섭대표노동조합이 결정된 경우에는 그 절차에 참여한 노동조합의 전체 조합원(해당 사업 또는 사업장 소속 조합원으로 한정한다)의 직접·비밀·무기명투표에 의한 과반수의 찬성으로 결정하지 아니하면 쟁의행위를 할 수 없다(동항 후단).[60] 쟁의행위에 관한 찬반 투표 규정은 노동조합의 자주적이고 민주적인 운영을 도모함과 아울러 쟁의행위에 참가한 근로자들이 사후에 그 쟁의행위의 정당성 유무와 관련하여 어떠한 불이익을 당하지 않도록 그 개시에 관한 조합의사의 결정에 보다 신중을 기하기 위하여 마련된 규정이므로 이를 위반한 쟁의행위는 그 절차를 따를 수 없는 객관적인 사정이 인정되지 아니하는 한 정당성이 상실된다.[61] 다음으로 노동위원회에 의한 조정절차를 거치지 않은 쟁의행위는 금지된다(노동조합법 §45②). 쟁의행위는 일반사업의 경우 노동조합법 제5장제2절의 규정에 의한 노동쟁의[62] 조정절차를 거칠 것이 요구되며, 공익사업의 경우에는 동법 제5장제4절의 규정에 의한 조정절차를 거칠 것이 요구된다(동조②본문).[63][64] 다만, 조정을 먼저 거치라는 규정의 취지는 분쟁을 사전에 조정하여 쟁의행위 발생을 회피하는 기회를 주려는 데에 있는 것이지 쟁의행위 자체를 금지하려는 데에 있

---

60) 「노동조합법」제41조 제1항 및 제2항에 위반하는 자는 1년 이하의 징역 또는 1천만원 이하의 벌금에 처한다(노동조합법 §91)
61) 대법원 2001. 10. 25. 선고 99도4837 판결.
62) "노동쟁의"라 함은 노동조합과 사용자 또는 사용자단체(이하 "勞動關係 當事者"라 한다)간에 임금·근로시간·복지·해고 기타 대우등 근로조건의 결정에 관한 주장의 불일치로 인하여 발생한 분쟁상태를 말한다. 이 경우 주장의 불일치라 함은 당사자간에 합의를 위한 노력을 계속하여도 더이상 자주적 교섭에 의한 합의의 여지가 없는 경우를 말한다(노동조합법 §2ⅴ).
63) 조정을 거치지 않고 쟁의행위를 개시한 자는 1년 이하의 징역 또는 1천만원 이하의 벌금에 처한다(노동조합법 §91)
64) 노동위원회는 사용자 또는 노동조합의 일방이 노동쟁의의 조정을 신청한 때에는 지체없이 조정을 개시하여야 하며 사용자와 노동조합 쌍방은 이에 성실히 임하여야 한다(노동조합법 §53①). 노동위원회는 조정신청 전이라도 원활한 조정을 위하여 교섭을 주선하는 등 관계 당사자의 자주적인 분쟁 해결을 지원할 수 있다(동조 ②). 조정은 조정의 신청이 있은 날부터 일반사업에 있어서는 10일, 공익사업에 있어서는 15일 이내에 종료하여야 한다(동법 §54①). 조정기간은 관계 당사자간의 합의로 일반사업에 있어서는 10일, 공익사업에 있어서는 15일 이내에서 연장할 수 있다(동조 ②).

는 것이 아니므로, 쟁의행위가 조정 절차를 거치지 아니하였다고 하여 항상 정당성이 결여된 쟁의행위라고 볼 수는 없다. 그 위반행위로 말미암아 사회·경제적 안정이나 사용자의 사업운영에 예기치 않은 혼란이나 손해를 끼치는 등 부당한 결과를 초래할 우려가 있는지 등과 같은 구체적 사정을 살펴서 그 정당성 유무를 판단하여야 한다.[65]

(4) 쟁의행위의 수단과 방법

쟁의행위는 그 쟁의행위와 관계없는 자 또는 근로를 제공하고자 하는 자의 출입·조업 기타 정상적인 업무를 방해하는 방법으로 행하여져서는 아니되며 쟁의행위의 참가를 호소하거나 설득하는 행위로서 폭행·협박을 사용하여서는 아니된다(노동조합법 §38①). 작업시설의 손상이나 원료·제품의 변질 또는 부패를 방지하기 위한 작업은 쟁의행위 기간중에도 정상적으로 수행되어야 한다(동조②).[66] 노동조합은 쟁의행위가 적법하게 수행될 수 있도록 지도·관리·통제할 책임이 있다(동조③).

또한, 폭력이나 파괴행위 또는 생산 기타 주요업무에 관련되는 시설과 이에 준하는 시설로서 대통령령이 정하는 시설을 점거하는 형태로 쟁의행위를 할 수 없다(노동조합법 §42①). 그리고 사업장의 안전보호시설에 대하여 정상적인 유지·운영을 정지·폐지 또는 방해하는 행위로도 쟁의행위를 할 수 없다(동조②).[67] 고용노동부장관 등은 이러한 쟁의행위에 해당한다고 인정하는 경우에는 노동위원회의 의결을 얻어 그 행위를 중지할 것을 통보하여야 한다(동조③전단). 다만, 사태가 급박하여 노동위원회의 의결을 얻을 시간적 여유가 없을 때에는 그 의결을 얻지 아니하고 즉시 그 행위를 중지할 것을

---

65) 대법원 2001. 11. 27. 선고 99도4779 판결.
66) 「노동조합법」 제38조 제1항에 위반하는 자는 3년 이하의 징역 또는 3천만원 이하의 벌금에(노동조합법 §89ⅰ), 동조 제2항에 위반하는 자는 1년 이하의 징역 또는 1천만원 이하의 벌금에 처한다(노동조합법 §91).
67) 「노동조합법」 제42조 제1항에 위반하는 자는 3년 이하의 징역 또는 3천만원 이하의 벌금에(노동조합법 §89ⅰ), 동조 제2항에 위반하는 자는 1년 이하의 징역 또는 1천만원 이하의 벌금에 처한다(노동조합법 §91).

통보할 수 있다(동조③후단).

(5) 쟁의행위가 금지·제한되는 업무

「방위사업법」에 의하여 지정된 주요방위산업체에 종사하는 근로자중 전력, 용수 및 주로 방산물자를 생산하는 업무에 종사하는 자는 쟁의행위를 할 수 없다(노동조합법 §41②).[68]

필수유지업무의 정당한 유지·운영을 정지·폐지 또는 방해하는 행위는 쟁의행위로서 행할 수 없다(동법 §42의2②).[69] 이 법에서 '필수유지업무'라 함은 필수공익사업의 업무 중 그 업무가 정지되거나 폐지되는 경우 공중의 생명·건강 또는 신체의 안전이나 공중의 일상생활을 현저히 위태롭게 하는 업무로서 대통령령이 정하는 업무를 말한다(동조①). 노동관계 당사자는 쟁의행위기간 동안 필수유지업무의 정당한 유지·운영을 위하여 필수유지업무의 필요 최소한의 유지·운영 수준, 대상직무 및 필요인원 등을 정한 협정(이하 "필수유지업무협정"이라 한다)을 서면으로 체결하여야 한다(동법 §42의3전단).

(6) 노동쟁의의 조정 및 중재

사용자와 노동조합이 단체교섭에서 근로조건에 관한 주장이 서로 일치하지 않는 상태가 계속되는 경우 노동조합은 결국 쟁의행위를 실행하게 된다. 쟁의행위는 사용자뿐만 아니라 근로자에게도 경제적 손실을 준다. 따라서 노동조합법에서는 쟁의행위를 실행하기 전에 국가가 양 당사자를 공정하게 조정하는 절차를 마련하고 있다.

조정은 노동위원회의 조정위원회에서 이루어진다(노동조합법 §55①). 조정은 조정의 신청이 있는 날부터 일반사업에 있어서는 10일, 공익 사업에 있

---

68) 「노동조합법」 제41조 제2항에 위반하는 자는 5년 이하의 징역 또는 5천만원 이하의 벌금에(노동조합법 §88).
69) 노동조합법」 제42조의2 제2항에 위반하는 자는 3년 이하의 징역 또는 3천만원 이하의 벌금에(노동조합법 §89ⅰ)

어서는 15일 이내에 종료함을 원칙으로 하되(동법 §54①), 노동관계 당사자 간의 합의로 일반사업에 있어서는 10일, 공익 사업에 있어서는 15일 이내에서 연장할 수 있다(동조②). 조정위원회의 조정위원 3인으로 구성되는데, 사용자를 대표하는 위원, 근로자를 대표하는 위원, 공익을 대표하는 위원 각 1인이다. 조정위원회는 관계 당사자 쌍방을 출석하게 하여 주장의 요점을 확인하고, 조정안을 작성하여 이를 관계 당사자에게 제시하고 그 수락을 권고한다(동법 §60①). 조정위원회는 관계 당사자가 수락을 거부하여 더 이상 조정이 이루어질 여지가 없다고 판단되는 경우에는 조정의 종료를 결정하고 이를 관계 당사자 쌍방에 통보하여야 한다(동조②). 당사자 쌍방이 이것을 수락하면 조정서의 내용은 단체협약과 동일한 효력을 갖는다.

그런데, 쟁의행위가 공익사업에 관한 것이거나 그 규모가 크거나 그 성질이 특별한 것으로서 현저히 국민경제를 해하거나 국민의 일상생활을 위태롭게 할 위험이 현존하는 때에는 긴급조정이 이루어지기도 한다(노동조합법 §76①). 긴급조정은 고용노동부장관이 중앙노동위원회 위원장의 의견을 들어서 결정한다(동조②). 관계 당사자는 긴급조정의 결정이 공표된 때에는 즉시 쟁의행위를 중지하여야 하며, 공표일부터 30일이 경과하지 아니하면 쟁의행위를 재개할 수 없다(동법 §77).[70] 긴급조정은 중앙노동위원회의 조정원위원회가 한다.

조정은 어느 일방이라도 조정안을 거부하면 조정은 불성립으로 되고, 조정안은 아무런 효력을 갖지 못한다. 이에 비하여 중재에서 제시된 중재안은 양 당사자를 구속한다. 따라서 중재는 ① 관계 당사자의 쌍방이 함께 중재를 신청한 때나 ② 관계 당사자의 일방이 단체협약에 의하여 중재를 신청한 때에만 이루어진다(노동조합법 §62).[71] 노동쟁의가 중재에 회부된 때에는 그 날부터 15일간은 쟁의행위를 할 수 없다(동법 §63).[72] 중재는 노동위원회의

---

70) 이를 위반하는 자는 2년 이하의 징역 또는 2천만 이하의 벌금에 처한다(노동조합법 §90).
71) 긴급조정의 경우 중앙노동위원회는 당해 관계 당사자의 일방 또는 쌍방으로부터 중재신청이 있거나 중앙노동위원회가 중재회부의 결정을 한 때에는 지체없이 중재를 행하여야 한다(노동조합법 §80).

중재위원회에서 이루어진다(동법 §64①). 중재위원회의 중재위원는 노동위원회의 공익을 대표하는 위원 중에서 관계 당사자의 합의로 선정한 자에 대하여 그 노동위원회의 위원장이 지명한다(동조③본문). 중재위원회는 당사자 쌍방의 주장의 요점을 확인하여 중재재정을 작성함으로써 당사자는 중재재정에 구속되어 분쟁은 종국적으로 해결된다.

4. 부당노동행의 금지와 구제절차

(1) 부당노동행위의 의의와 유형

부당노동행위란 사용자가 근로자 및 노동조합의 단결권, 단체교섭권, 단체행동권을 침해하는 행위를 말한다. 「노동조합법」에서는 다섯 가지 유형의 행위를 부당노동행위로 규정하고 금지하고 있다(노동조합법 §81)[73]

첫째, 사용자는 근로자가 노동조합에 가입 또는 가입하려고 하였거나 노동조합을 조직하려고 하였거나 기타 노동조합의 업무를 위한 정당한 행위를 한 것을 이유로 그 근로자를 해고하거나 그 근로자에게 불이익을 주는 행위를 하지 말아야 한다.

둘째, 사용자는 근로자가 정당한 단체행위에 참가한 것을 이유로 하거나 또는 노동위원회에 대하여 사용자가 이 조의 규정에 위반한 것을 신고하거나 그에 관한 증언을 하거나 기타 행정관청에 증거를 제출한 것을 이유로 그 근로자를 해고하거나 그 근로자에게 불이익을 주는 행위를 하지 말아야 한다.

셋째, 사용자는 근로자가 어느 노동조합에 가입하지 아니할 것 또는 탈퇴할 것을 고용조건으로 하거나 특정한 노동조합의 조합원이 될 것을 고용조건으로 하는 행위를 하지 말아야 한다. 다만, 노동조합이 당해 사업장에 종사하는 근로자의 3분의 2 이상을 대표하고 있을 때에는 근로자가 그 노동조

---

72) 이를 위반하는 자는 1년 이하의 징역 또는 1천만 이하의 벌금에 처한다(노동조합법 §91).
73) 부당노동행위를 한 사용자는 2년 이하의 징역 또는 2천만원 이하의 벌금에 처한다(노동조합법 §90).

합의 조합원이 될 것을 고용조건으로 하는 단체협약을 체결하는 것은 가능하다. 이 경우 사용자는 근로자가 그 노동조합에서 제명된 것 또는 그 노동조합을 탈퇴하여 새로 노동조합을 조직하거나 다른 노동조합에 가입한 것을 이유로 근로자에게 신분상 불이익한 행위를 할 수 없다.

넷째, 사용자는 노동조합의 대표자 또는 노동조합으로부터 위임을 받은 자와의 단체협약체결 기타의 단체교섭을 정당한 이유없이 거부하거나 게을리하면 안 된다.

다섯째, 사용자는 근로자가 노동조합을 조직 또는 운영하는 것을 지배하거나 이에 개입하는 행위와 노동조합의 전임자에게 급여를 지원하거나 노동조합의 운영비를 원조하는 행위를 하여서는 안 된다. 다만 근로자가 근로시간 중에 근로시간 면제 활동을 하는 것을 사용 자가 허용함은 무방하며, 또한 근로자의 후생자금 또는 경제상의 불행 기타 재해의 방지와 구제 등을 위한 기금의 기부와 최소한의 규모의 노 동조합사무소의 제공 및 그 밖에 이에 준하여 노동조합의 자주적인 운 영 또는 활동을 침해할 위험이 없는 범위에서의 운영비 원조행위는 부 당노동행위에 해당하지 않는다. "노동조합의 자주적 운영 또는 활동을 침해할 위험" 여부를 판단할 때에는 ① 운영비 원조의 목적과 경위, ② 원조된 운영비 횟수와 기간, ③ 원조된 운영비 금액과 원조방법, ④ 원 조된 운영비가 노동조합의 총수입에서 차지하는 비율, ⑤ 원조된 운영 비의 관리방법 및 사용처 등을 고려하여야 한다.

(2) 부당노동행위 구제절차

사용자의 부당노동행위로 인하여 노동3권을 침해당한 근로자 또는 노동조합은 노동위원회에 그 구제를 신청할 수 있다(노동조합법 §82①).

부당노동행위 구제신청은 부당노동행위가 있은 날(계속하는 행위는 그 終了日)부터 3월 이내에 이를 행하여야 한다(동조②). 노동위원회는 구제신청을 받은 때에는 지체없이 필요한 조사와 관계 당사자의 심문을 하여야 한다(동법 §83①). 노동위원회는 심문을 종료하고 부당노동행위가 성립한다고 판정한 때에는 사용자에게 구제명령을 발하여야 하며, 부당노동행위가 성립되지 아니한다고 판정한 때에는 그 구제신청을 기각하는 결정을 하여야 한다(노동조합법 §84①).

　지방노동위원회의 구제명령 또는 기각결정에 불복이 있는 관계 당사자는 그 명령서 또는 결정서의 송달을 받은 날부터 10일 이내에 중앙노동위원회에 그 재심을 신청할 수 있다(동법 §85①). 중앙노동위의 재심판정에 대하여 관계 당사자는 그 재심판정서의 송달을 받은 날부터 15일 이내에 행정소송법이 정하는 바에 의하여 소를 제기할 수 있다(동조②). 기간내에 재심을 신청하지 아니하거나 행정소송을 제기하지 아니한 때에는 그 구제명령·기각결정 또는 재심판정은 확정된다(동조③).[74] 기각결정 또는 재심판정이 확정된 때에는 관계 당사자는 이에 따라야 한다(동조④). 사용자가 행정소송을 제기한 경우에 관할법원은 중앙노동위원회의 신청에 의하여 결정으로써, 판결이 확정될 때까지 중앙노동위원회의 구제명령의 전부 또는 일부를 이행하도록 명할 수 있으며, 당사자의 신청에 의하여 또는 직권으로 그 결정을 취소할 수 있다(동조 ⑤). 노동위원회의 구제명령·기각결정 또는 재심판정은 중앙노동위원회에의 재심신청이나 행정소송의 제기에 의하여 그 효력이 정지되지 아니한다(동법 §86).

---

[74] 확정된 구제명령을 이행하지 아니한 사용자는 2년 이하의 징역 또는 2천만원 이하의 벌금에 처한다(노동조합법 §90).

제 6 장

범죄와 법률

여자가 뱀에게 대답하였다. "아니다. 하느님께서는 이 동산에 있는 나무 열매는 무엇이든지 마음대로 따먹되, 죽지 않으려거든 이 동산 한 가운데 있는 나무 열매만은 따 먹지도 말고 만지지도 말라고 하셨다." 그러자 뱀이 여자를 꾀었다. "절대로 죽지 않는다. 그 나무 열매를 먹기만 하면 너희의 눈이 밝아져서 하느님처럼 선과 악을 알게 될 줄을 하느님이 아시고 그렇게 말하신 것이다." 여자가 … 그 열매를 따 먹고 같이 사는 남편에게도 따 주었다. … 하느님은 여자에게는 이렇게 말씀하셨다. "너는 아기를 낳을 때 몹시 고생하리라. 고생하지 않고는 아기를 낳지 못하리라. 남편을 마음대로 주무르고 싶겠지만 도리어 남편의 손아귀에 들리라", 그리고 아담에게는 이렇게 말씀하셨다. "…너는 죽도록 고생해야 먹고 살리라. …너는 먼지이니 먼지로 돌아가리라." … 야훼 하느님께서는 "이제 이 사람이 우리들처럼 선과 악을 알게 되었으니, 손을 내밀어 생명나무 열매까지 따 먹고 끝없이 살게 되어서는 안 되겠다"고 생각하시고 에덴 동산에서 내쫓으시었다.[1]

---

1) 공동번역 구약성경 창세기 3: 2-7, 16-19, 22-23.

제1절 죄형법정주의

　근대형법에서는 법치주의의 일환으로 형사분야에서 "법률이 없으면 범죄도 없고 형벌도 없다"(nullum crimen, sine lege nulla poena sine lege)는 죄형법정주의(罪刑法定主義)가 확립되었다. 이는 국가 형벌권의 남용으로부터 시민의 자유를 지키기 위한 자유주의 인권사상을 바탕으로 한다.
　누구든지 법률에 의하지 아니하고는 체포·구속·압수·수색 또는 심문을 받지 아니하며, 법률과 적법한 절차에 의하지 아니하고는 처벌·보안처분 또는 강제노역을 받지 아니한다(헌법 §12①). 모든 국민은 행위시의 법률에 의하여 범죄를 구성하지 아니하는 행위로 소추되지 아니한다(동법 §13①). 범죄의 성립과 처벌은 행위시의 법률에 의한다(형법 §1①). 죄형법정주의는 근대 민주국가의 가장 기본적인 원리의 하나로서, 구체적으로 관습형법금지, 소급효금지, 명확성, 유추해석금지 그리고 적정성 원칙을 세부내용으로 한다.

1. 관습형법금지의 원칙

　죄형법정주의에서의 법률은 의회가 제정한 형식적 의미의 법률이어야 한다. 즉 범죄와 형벌은 성문법에 의하여 정해져야 하고 관습법에 의하여 정해져서는 아니 된다.

2. 소급효금지의 원칙

　죄형법정주의에서의 법률은 행위시의 법률이다. 즉 행위를 할 때 범죄로 법정되지 않았던 행위를 행위 후에 입법을 하여 소급적용하여 처벌할 수는 없다. 그래야 법적 안정성을 유지하고 국민들의 신뢰를 얻을 수 있다.

3. 명확성의 원칙

　죄형법정주의에서의 법률은 어떤 행위가 범죄이고 그 범죄에 대하여 어떤 형벌을 부과하는지 이해할 수 있도록 명확히 규정해야 한다. 그래야 재판을 하는 법관의 자의적인 해석을 방지하고, 수범자인 국민들의 예측가능성을 높일 수 있다.

대법원은 "구 자동차관리법시행규칙(2003.1.2. 건설교통부령 제346호로 개정되기 전) 제2조제1항제3호의 화물자동차로 형식승인을 받아 화물자동차로 등록되고, 또 그 자동차를 이용한 화물자동차운송사업 등록까지 되는 등 화물자동차로 취급을 받는 자동차이면서도 밴형 자동차처럼 승객을 운송하기에 적합한 자동차의 경우에는 위 시행규칙 제2조제1항제1호, 제2호 소정의 승용 또는 승합자동차로 볼 수 있다고 해석할 여지가 있어 보이기는 하지만 자동차가 화물자동차이면서 동시에 승용 또는 승합자동차일 수 있다고 하는 해석은 자동차의 종류를 구분하여 따로 취급하고자 하는 자동차관리법의 입법 취지에 어긋날 뿐만 아니라 관련 법령들간의 유기적이고 통일적인 해석을 그르치는 것이고, … 화물자동차운송사업의 등록이나 허가까지 받은 자의 예상을 뛰어 넘는 것으로서 법적 안정성을 해치(며), 형벌법규의 명확성이나 그 엄격해석을 요구하는 죄형법정주의의 원칙에도 반하는 것이어서 허용될 수 없다"고 판시하였다.[2]

4. 유추해석금지의 원칙

죄형법정주의에서의 법률의 해석에 있어서 유추해석의 방법을 사용하여서는 아니 된다.

대법원은 "구 의료법(2007.4.11. 법률 제8366호로 전부 개정되기 전) 제18조 제1항은 '의료업에 종사하고 자신이 진찰한 의사'가 아니면 진단서·검안서·증명서 또는 처방전(이하 '처방전 등'이라 한다)을 작성하여 환자에게 교부하지 못한다고 규정하고, 구 의료법(2009.1.30. 법률 제9386호로 개정되기 전) 제17조 제1항은 '의료업에 종사하고 직접 진찰한 의사'가 아니면 처방전 등을 작성하여 환자에게 교부하지 못한다고 규정하고 있다. 개정 전후의 위 조항은 어느 것이나 스스로 진찰을 하지 않고 처방전을 발급하는 행위를 금지하는 규정일 뿐 대면진찰을 하지 않았거나

---

[2] 대법원 2004.11.18. 선고 2004도1228 전원합의체 판결.

충분한 진찰을 하지 않은 상태에서 처방전을 발급하는 행위 일반을 금지하는 조항이 아니다. 따라서 죄형법정주의 원칙, 특히 유추해석금지의 원칙상 전화 진찰을 하였다는 사정만으로 '자신이 진찰'하거나 '직접 진찰'을 한 것이 아니라고 볼 수는 없다."고 판시하였다.3)

5. 적정성의 원칙

유죄판결이 선고된 범죄자에 대한 형량은 행위자의 책임에 비례한 것으로서 균형이 요구된다. 따라서 수족의 절단형과 같은 인간의 존엄성을 해치는 잔혹한 형벌법규 또는 범죄의 죄질에 걸맞지 않는 과한 형량의 부과는 죄형법정주의에 반한다.

---

3) 대법원 2013.4.11. 선고 2010도1388 판결.

제2절 범죄의 성립

범죄가 성립하려면 형사법에 저촉되는 구성요건에 해당하는 행위가 행해지고, 그 행위가 위법하고 행위자에게 책임을 물을 수 있어야 한다.

1. 구성요건해당성

살인죄의 구성요건은 '사람을 살해하는 것'이다(형법 §250). 구성요건은 다시 객관적 구성요건과 주관적 구성요건으로 구별된다.

(1) 객관적 구성요건

객관적 구성요건이란 행위의 발생을 결정하는 사항으로 행위의 주체·객체, 행위의 모습, 결과의 발생, 인과관계 등이 이에 속한다. '행위'에는 하지 말아야 하는 금지된 행위를 적극적으로 하는 '작위'와, 규범적으로 마땅히 해야 할 행위를 하지 않는 '부작위'가 있다. 예컨대 총으로 쏴서 사람을 죽이거나(작위) 산모가 유아에게 젖을 먹이지 않아 굶겨 죽이거나(부작위) 모두 살인죄의 구성요건에 해당한다.

(2) 주관적 구성요건

1) 고의와 과실

주관적 구성요건이란 행위자의 주관적 태도에 연관된 구성요건 요소로서 고의와 과실이 있다. 형법은 고의에 관하여 "죄의 성립요소인 사실을 인식하지 못한 행위는 벌하지 아니한다"고 규정하고 있다(형법 §13). 고의란 객관적 구성요건을 인식하고 그 구성요건을 실현하려는 의사를 가지는 것을 말한다. 반면 어떠한 사실을 인식할 수 있었음에도 불구하고 부주의로 인식하지 못한 경우는 '과실'(過失)이 있는 것으로서 예컨대 실화죄(형법 §170)나 과실치사상죄(형법 §§266~268)와 같이 형법에 과실범 처벌규정이 있는 경우에 한하여 처벌된다(형법 §14). 따라서 예컨대 전시된 작품을 실수로 훼손한 사람은 재물손괴죄로 처벌되지 아니한다.

2) 미필적 고의와 인식 있는 과실

'미필적 고의'(未畢的 故意)란 자기의 행위로부터 어떤 범죄사실이 발생할 가능성을 인식하고도 이를 용인하는 것을 말한다. 이에 반해 '인식 있는 과실'이란 결과의 발생을 예견하였으나 주의의무를 위반하여 그 결과가 자기의 경우에는 발생하지 않을 것으로 신뢰한 경우를 말한다. 예를 들어 운전자가 사람이 많이 통행하는 골목길에서 속도를 줄이지 않고 달리다가 사람을 다치게 한 경우에, 사람이 다칠 수 있지만 어쩔 수 없는 일이라고 생각했다면 미필적 고의가 인정되나 사람이 다칠 수 있다고 생각을 하면서도 자기의 운전 실력을 믿고 사고가 나지 않을 것이라 생각했다면 인식 있는 과실이 된다. 미필적 고의의 형법적 처리는 직접적 고의와 같아서 예컨대 미필적 고의로 인한 살인의 경우에는 살인죄로 처벌된다.

> **대법원 2024.12.12. 선고 2024도10141 판결(보이스피싱 사건)**

피고인은 2022. 1. 6. 새벽경 아르바이트를 하기 위하여 인터넷 구직사이트인 A에 이력서를 게시한 후 보이스피싱 조직원인 성명불상자[자칭 (주)B부동산중개법인 소속 '일명 공소외 C과장', 이하 '공소외 C'라 한다]로부터 카카오톡으로 연락을 받고 일당 8만 원에 업무수행 1건당 추가수당을 지급받는 조건으로 '부동산 시장조사'를 하는 일을 하기로 하면서 자신의 신분증을 촬영하여 송부하였으나 별도의 면접절차를 거치지 않았다. 피고인은 2022. 1. 7.부터 같은 달 11일까지 부동산 시장조사 보고서를 작성한 후 수당을 지급받았고, 같은 달 12일부터 거액의 현금수거업무를 시작하였다. 원심은 "채용과정이 이례적이거나 범죄에 대한 의심이 갈만한 정황은 없(고) 피고인이 피해자들로부터 받은 돈을 송금한 거래명세표를 사진촬영한 다음 '피고인의 현금수거업무(는) 기존 업무와 수당 및 지급방식에 차이는 없었고, 피고인이 같은 피해자 공소외 D로부터 중복하여 현금을 수령하였으며, 피해자들로부터 받은 돈을 송금한 거래명세표를 사진촬영한 다음 '공소외 C'에게 보고하면서 관련 메시지를 삭제하지 않고 남겨(둔) 행동은 피고인이 전화 등 전기통신수단을 이용한 금융사기 조직범죄(이하 '보이스피싱'이라 한다) 범죄에 가담하는 줄 알았더라면 하지 않았을 것으로, 피고인이 현금수거업무가 범죄의 일부에 해당한다는 점을 인식하거나 이를 용인하였다고 보기 어렵다. … 보이스피싱 범행이 일반인에게 잘 알려져 있다는 점만으로는 그 범행행태나 수법까지 널리 알려져 있다고 보기 어려우며, 피고인이 현금수거업무의 불법성에 대한 인식이 있더라도 그러한 점만으로 보이스피싱 범죄까지 인식하였다고 볼 수 없고, 피고인이 실제로 언론 등을 통해서 보이스피싱 범행 수법을 알게 되었다는 증거도 없으며, 범죄전력이나 보이스피싱 범죄로 수사를 받은 경험도 없는 피고인이 이를 미필적으로나마 알았다고 볼 사정도 없다"고 판시하였다.

그러나 대법원은 "외형적으로 볼 때 피고인이 범죄를 구성하는 일부의 행위를 실행하였음에도 자신의 행위가 범죄에 이용된다는 사실을 모르고 그 행위를 하였을 뿐이라면서 공모사실이나 범행의 고의를 부인하는 경우, 그 범행 관련자들의 진술을 통하여 공모사실이나 범행의 고의를 증명할 방법이 없다는 이유만으로 무조건 피고인이 그 범죄사실을 인식하거나 혹은 공모한 사실이 인정되지 않는다고 할 것이 아니라, 사물의 성질상 피고인의 범의 내지 공모사실과 상당한 관련성이 있는 간접사실 또는 정황사실을 종합하여 그 범의나 공모사실을 인정할 수 있는지를 살펴보아야 한다. 무엇이 상당한 관련성이 있는 간접사실에 해당할 것인가는 정상적인 경험칙에 바탕을 두고 치밀한 관찰력이나 분석력에 의하여 사실의 연결 상태를 합리적으로 판단하는 방법에 의하여야 한다(대법원 2005.5.12. 선고 2005도1148 판결 등 참조). 따라서 보이스피싱에서 현금수거책의 공모사실이나 범의는 다른 공범과 순차적으로 또는 암묵적으로 상통함으로써 범죄에 공동가공하여 범죄를 실현하려는 의사가 결합되어 피해자의 현금을 수거한다는 사실을 인식하는 것으로 족하다. 이러한 인식은 미필적인 것으로도 충분하고 전체 보이스피싱 범행방법이나 내용까지 구체적으로 인식할 것을 요하지는 않는다. 보이스피싱 현금수거책인 피고인이 현금수거 사실을 인정하면서도 공모사실이나 사기죄의 고의를 부인하고, 공모사실이나 고의를 증명할 다른 보이스피싱 조직원 등 범행 관련자들의 진술도 없는 경우, 그 공모사실이나 고의의 인정 여부는 현금수거책과 보이스피싱 조직원인 공범 사이에 이루어진 의사연락의 내용과 그 연락수단, 현금수거업무를 맡긴 사람을 직접 대면하였는지, 그 과정에 근로계약서나 업무위탁계약서 등이 정상적으로 작성되었는지 등을 비롯하여 현금수거업무를 담당하게 된 경위와 과정이 통상적인 것이라고 볼 수 있는지 여부, 현금수거업무의 구체적 내용과 절차, 현금수거를 위해 피해자를 만났을 때 피해자에게 보인 행태와 언동, 현금수거를 위해 사용한 구체적 수단, 특히 피해자에게 제시하거나 교부한 공문서나 사문서 등이 있는 경우 그 문서의 생성, 작성경위, 그 내용 및 작성명의자 등과 피고인이 맡은 현금수거업무의 관련성, 피고인의 현금수거 횟수와 수거액의 규모, 수거한 현금을 다시 다른 사람의 금융계좌 등으로 전달, 교부, 송금할 때 사용한 방법, 특히 제3자의 성명, 주민등록번호 등 개인정보를 사용하였는지 여부, 보수의 정도나 그 지급방식, 피고인의 나이, 지능, 경력 등과 같은 여러 사정을 종합적으로 고려하여 합리적으로 판단하는 방법에 의하여야 한다."고 전제하고, 아래와 같은 사실 내지 사정들을 앞서 본 법리에 비추어 살펴보면 "피고인에게는 적어도 이 사건 사기죄 등에 대한 미필적인 고의가 있었다고 볼 여지가 크다"고 보아 원심판결을 파기하고 사건을 환송하였다:

1) 보이스피싱 조직은 전체를 총괄하며 내부 각 점조직 간의 유기적인 연락을 담당하는 '총책', 총책의 지시를 받아 조직원들을 관리하며 그들에게 기망 수법과 현금수거 방법 등을

교육, 지시하는 '관리책', 범행에 사용할 대포통장이나 조직원 등을 모집하는 '모집책', 불특정 다수의 피해자들에게 전화를 걸어 각종 기관 등을 사칭한 거짓말을 하여 피해자들을 기망하는 '유인책(콜센터)', 계좌에 입금된 피해금원을 인출하여 전달하는 '현금인출책'이나 '현금전달책', 피해자들을 직접 만나 돈을 받아오는 '현금수거책' 등으로 각 분담된 역할을 수행하면서 검거에 대비하여 고도의 점조직 형태로 운영되고 있다. 범행에 가담하는 자들 또한 순차적인 공모를 통해 각자 맡은 역할에 따른 일부의 기능만을 담당하는 것이 일반적이다. 따라서 앞서 본 법리 및 위와 같은 보이스피싱 조직의 운영현실을 고려할 때, <u>피고인이 반드시 보이스피싱 범행의 실체와 전모를 전체적으로 파악하고 있어야만 각각의 범죄의 공동정범이 되는 것은 아니다. 보이스피싱 범행의 수법 및 폐해는 오래전부터 언론 등을 통해 사회에 널리 알려져 있기도 하다.</u>

2) 피고인은 (주)B부동산중개법인에서 '부동산 시장조사'를 하는 일을 하기로 하면서 별도의 면접절차를 거치지도 않고 피고인의 신원, 신용을 확인하거나 보증하는 절차도 거치지 않았으며 근로계약서조차 작성하지 않았다. 또한 피고인은 부동산 시장조사 업무를 담당한 지 며칠 만에 거액의 현금수거업무를 시작하였다. 이러한 채용절차 및 현금수거업무를 담당한 경위와 과정은 이 사건 당시 코로나19 감염병이 확산되었음을 감안하더라도 매우 이례적이다. 피고인은 자신을 채용한 위 법인의 사이트에 접속하기만 했을 뿐 회사의 조직, 업무, 실체, '공소외 C'의 실존 여부 등에 대해서 제대로 확인한 바도 없다. 그렇다면 <u>피고인은 비정상적이거나 이례적인 절차로 거액의 현금수거업무를 맡게 되었다고 볼 수 있다.</u>

3) 피고인의 현금수거업무는 다음과 같이 진행되었다. <u>피고인은 '공소외 C'로부터 카카오톡 메시지로 특정 장소로 이동하라는 연락을 받고 그 장소에 도착하기 약 10분 전에서야 수거할 현금을 소지하고 있던 피해자들의 인상착의, 피해자들에게 할 말과 교부할 서류 등을 전달받았다. 그 피해자들에게 피고인도 알지 못하는 사람이 '공소외 E차장'이나 '공소외 F팀장' 등의 부탁으로 왔다는 말만 하면서 즉석에서 피해자들로부터 현금을 수령하였다. 피고인이 채용되었다고 주장하는 부동산중개법인과는 전혀 무관한 금융감독원장 명의의 공문서나 금융기관 명의의 사문서를 파일로 전송받아 출력한 다음 이를 피해자들을 만난 자리에서 교부하였다. 피해자들로부터 받은 현금을 은행의 ATM 기기(그 기기에는 일반적으로 '타인의 주민등록번호를 부정하게 사용하여 현금을 입출금, 송금하는 것은 보이스피싱 범행일 수 있다.'는 취지의 보이스피싱 범행 가담주의 문구가 있다)를 통해 약 100만 원씩 쪼개어 각 100만 원마다 '공소외 C'가 지시하는 대로 피고인이 전혀 모르는 여러 사람들의 성명과 주민등록번호를 이용하여 부동산중개법인과는 무관한 제3자에게 송금하거나 다른 현금전달책에게 전달해 주었다. 이러한 현금수거 및 송금 또는 전달방식은 타인의 개인정보를 사용한 거래로서 사회일반의 거래관념이나 경험칙에 비추어 보더라도 통상의 수금방식이 아니다. 또한, 상당히 이례적인 절차로 채용하여 대면한 적이 한 번도 없는 피고인에게 거액의 현금수거업무를 맡기는 경우는 보이스피싱 등의 경우가 아니면 상정하기 힘들다.</u>

4) 피고인은 2022. 1. 7.부터 같은 달 9일까지는 '공소외 C'가 카카오톡 메신저로 지시한 특

정 장소에 가서 해당 부동산의 위치, 교통, 상권과 같은 부동산 시장조사 업무를 수행하면서 그에 따른 일당 및 추가수당을 받아오다가, 같은 달 10일부터는 회사가 필요로 하는 보조업무라면서 구체적인 내용도 모른 채 현금수거업무를 시작하였다. 피고인은 현금수거업무를 시작하고 하루가 지난 같은 달 11일에는 '공소외 C'에게 오래 일한 사람은 얼마나 되었는지 정도만 확인하면서 2022. 1. 12.부터 같은 달 20일까지 위와 같은 방식으로 피해자 6명으로부터 7차례에 걸쳐 합계 9,219만 원의 거액을 받아서는 그 돈을 100만 원씩 쪼개기 방식으로 타인의 주민등록번호 등을 사용하여 무통장 송금하거나 다른 사람에게 전달해 주는 일을 반복하였다. 피고인은 2022. 1. 12. 이 사건 피해자인 공소외 G를 만나기 이전부터 자신이 수행하는 현금수거업무가 불법임을 강하게 의심할 수 있었음에도 별다른 거리낌 없이 위와 같이 타인을 사칭하여 현금을 수거하고 타인 명의와 주민등록번호를 이용한 현금전달업무를 단기간 반복하였고, 이를 통하여 짧은 기간에 상당한 액수의 대가를 받으면서 현금수거업무를 계속하였다.

5) 피고인은 2022. 1. 10.부터 같은 달 20일까지 11일 동안 현금수거업무를 하면서 피해자들로부터 받은 현금액수를 피해자들이 보는 앞에서 직접 확인하지도 않은 채 그중 일부를 스스로 자기의 경비와 수당으로 직접 취하는 등의 방법으로 일반적인 아르바이트 대가보다 큰 액수인 합계 약 200만 원 이상의 돈을 받았다. 그런데 통상 거액의 현금을 수수하는 과정에서 주고받은 돈이 얼마인지 그 자리에서 확인되지 않을 경우 분쟁의 소지가 크고 경우에 따라 현금수거업무를 담당하는 피고인이 책임을 부담할 가능성까지 높은 점을 고려하면, 위와 같은 방식의 현금수거업무나 보수지급 절차 등은 상당히 이례적이다.

6) 피고인은 현금수거업무를 하면서 '공소외 C'로부터 받은 금융감독원장 명의의 공문서나 금융기관 명의의 사문서 등을 출력하여 피해자들에게 교부해 주었다. 그런데 피고인이 출력한 이들 문서의 내용은 주로 '피해자의 금융자산에 대한 수사를 통해 금융계좌의 투명성을 입증하겠다.'거나 '대출금 등이 완납되었다.'는 것 등으로 부동산중개법인의 부동산 시장조사 업무와는 무관할 뿐만 아니라 그 내용이나 형식도 조악하다. 금융기관이 변제가 이루어지기도 전에 상환사실을 증명하고 개인정보가 포함된 위 각 문서를 아무 곳에서나 인쇄할 수 있도록 하는 것을 일반적으로는 상상하기 어렵다. 따라서 피고인은 위와 같은 문서가 거짓으로 작성, 위조된 것임을 쉽게 알 수 있었을 것으로 보인다.

7) 위와 같은 여러 사정들에다가 피고인이 이 사건 당시 47세로 간판, 현수막과 관련한 자영업을 약 17년 정도 하다가 그만두고 택배, 식당일 등을 한 경력이 있었던 점 등까지 더하여 보면, 피고인은 이러한 현금수거업무가 보이스피싱 등 범행에 가담하는 것임을 알았거나 미필적으로나마 인식하였던 것으로 보인다.

2. 위법성

구성요건에 해당하는 행위를 하였더라도 그 행위의 위법성이 인정되어야 범죄가 성립한다. 위법성이란 해당 행위가 법률상 허용되지 않는다는 평가를 받는 것이다. 구성요건에 해당하는 행위는 위법성이 추정되지만 예외적으로 위법성이 조각되는 사정이 있는 경우에는 행위자의 범죄가 성립하지 않는다. 「형법」은 위법성조각사유로 정당행위(§20)·정당방위(§21)·긴급피난(§22)·자구행위(§23), 그리고 피해자의 승낙에 의한 행위(§24) 등을 규정하고 있다.

(1) 정당행위

정당행위란 '법령에 의한 행위, 또는 업무로 인한 행위, 기타 사회 상규에 위배되지 않는 행위'로서 벌하지 않는 행위이다(형법 §20).

'법령에 의한 행위'에는 경찰관의 직무집행, 일반인의 현행범 체포(형소법 §212), 노동조합법에 의한 정당한 노동쟁의 행위 등이 있고, '업무로 인한 행위'로는 의사의 치료 및 수술 행위4), 교도관의 사형집행, 검시관의 부검 등이 해당된다. '기타 사회 상규에 위배되지 않는 행위'란 사회 통념에 비출 때 정당시되는 행위를 말하며 부모가 훈육 목적으로 어린 자식을 꾸짖은 행위가 그에 해당된다. 다만 판례는 '기타 사회 상규에 위배되지 않는 행위'란 "법질서 전체의 정신이나 그의 배후에 놓여있는 사회윤리, 도의적 감정 내지 사회통념에 비추어 용인될 수 있는 행위를 말하는 것이어서 어떠한 행위가 사회상규에 위배되지 아니하는가는 구체적 사정 아래에서 합목적적·합리적으로 고찰하여 개별적으로 판단되어야 한다"고 하면서 교사의 징계권 행사의 허용한도를 넘어선 체벌은 정당행위로 볼 수 없다고 보았다.5)

---

4) 박상기, 「형법각론(제7판)」, 2008, 50면; 이형국, 「형법각론」, 2007, 75면.
5) 대법원 2004.6.10. 선고 2001도5380 판결(여자중학교 체육교사 겸 태권도 지도교사인 피고인은 1999년 3월 자신이 체육교사로 근무하는 충남 모 여중학교 운동장에서 피해여학생들이 "무질서하게 구보한다"는 이유로 손이나 주먹으로 두 차례 머리 부분을 때리고, 자신이 신고 있는 슬리퍼로 피해여학생의 양손을 때렸으며, 같은 달 태권도대회출전과 관련해 질문하는 유 모양 등 2명에게 낯모르는 학생들이 보는 가운데 욕설하여 폭행·모욕한 사건에서 피고인은 "자신의 행위가 교육목적상 정당한 징계행위이므로 정당행위"임을 주장하였으나 대법원은 피고인이 행한 체벌이 당시의 상황, 동기, 그 수단, 방법 등에 비추어 사회통념상 객관적 타당성을 갖추지 못하여 정당행위에 해당하지 않는다고 보았다).

【Theme- ABSCAM과 위장수사】

함정수사는 수사기관의 속임수나 유혹으로 행위자의 범죄의사가 비로소 발생한 경우로서 위법한 것으로 평가되므로6) 함정수사에 의하여 확보한 증거는 증거능력이 없다. 함정에 빠뜨리거나 속임수를 써서 범행할 의도가 없는 사람을 범행에 이르게 하는 것은 불법이기 때문이다. 반면 위장수사는 피고인에게 범행기회가 주어질 때 범의가 있었던 경우로서 적법한 수사로 평가된다. 따라서 위장수사는 화이트칼라 범죄, 마약·매춘 등 조직범죄, 테러, 해킹, 간첩활동 등 국가사회에 커다란 위협이 되는 중대 범죄의 수사에 활용된다.7)

미국 역사상 가장 큰 규모의 부패정치인들에 대한 위장수사가 행해진 ABSCAM 사건은 1978년 초 롱아일랜드 호포즈 소재 FBI 사무실에 근무하던 요원들이 사기전과자 Melvin Weinberg를 이용하여 처음에는 Abdul Enterprises Ltd.(이 회사 명칭에서 ABSCAM이란 신조어가 탄생함) 회사를 위장설립하여 범죄자금을 저리로 빌릴 수 있다고 소문을 퍼뜨려 장물인 미술품이나 위조된 주식, 사채 등을 회수하는 작전으로 시작되었다. 1978년 가을, FBI의 작전은 애틀랜틱시티의 카지노에 투자하려는 부유한 아랍 족장인으로 위장한 수사관들에게 돈을 받고 미국 국적 취득, 카지노 허가 취득 등 사업상 편의, 관련 규제의 완화 등을 약속한 정치인들을 타겟으로 하게 되었다. 최종적으로 연방 상원의원 1명, 하원의원 6명, 뉴저지주 상원의원(캄덴시장 겸직), 필라델피아 시의회의 의장·원내대표·의원, 미국 이민국 조사관 1명, 필라델피아 변호사 1명, 뉴욕주 회계사 1명 등이 기소되어 모두 유죄판결을 받았다.8)

(2) 정당방위

정당방위란 '자기 또는 타인의 법익에 대한 현재의 부당한 침해를 방위하기 위한 상당한 이유가 있는 행위'이다(형법 §21①). 정당방위의 성립 요건을 충족하면 위법성이 조각되어 벌하지 않는다.

'침해'란 타인의 위법하고 부당한 공격을 말한다. 적법한 행위에 대해서는

---

6) 함정수사가 위법하다는 원칙은 1930년대 금주법 시대의 미국 연방대법원 판결인 Sorrells v. United States, 287 U.S. 435 (1932)를 리딩케이스로 하며 Sherman v. United States, 356 U.S. 369 (1958) 판결에서 재확인되었다.
7) 최영홍, "법과 유혹", Gerald M. Caplan, ABSCAM Ethics: Moral Issues and Deception in Law Enforcement (1983) 최영홍 편역, 「법과 유혹-의회부패에 대한 FBI의 위장수사」, 박영사, 2025, 168~169면.
8) Irvin B. Nathan, "ABSCAM - 정치부패에 대한 정당하고 효과적인 수사", 위의 최영홍 편역, 「법과 유혹」 17~23면.

정당방위가 성립할 수 없다. 정당방위는 행위자 자신뿐만 아니라 다른 사람의 이익을 위해서도 행사할 수 있다. 예를 들어 칼을 든 강도를 만난 다른 사람을 위하여 행위자가 그 강도를 제압하는 경우에는 정당방위에 해당된다. 현재의 침해이어야만 정당방위를 할 수 있다. 따라서 어제의 강도를 오늘 만나서 구타했다면 정당방위에 해당하지 않는다.

정당방위가 인정되려면 생명, 신체, 재산 등 법률상 보호되어야 하는 이익을 지키기 위한 방위행위여야 하며 방위행위에는 수비적 방어뿐만 아니라, 적극적 반격을 포함한다. 방위행위는 침해자를 대상으로 해야 하고 침해자가 아닌 제3자에 대해서는 허용되지 않는다. 또 방위행위를 하는 자에게는 방위의 '의사나 인식'이 있어야 하므로 방위 의사가 없었더라면 방어하기 위한 행위에 해당되지 않는다. 예를 들어 강도가 칼을 들고 덤볐는데, 그 사실을 알지 못한 채 그 강도가 평소 자신과 사이가 나쁜 사람과 닮아 기분이 나쁘다는 이유로 강도를 구타했다면 정당방위가 되는 것이 아니라 폭행죄가 된다. 또한 상호간의 싸움의 경우에는 부당한 공격을 방위하기 위한 행위라기보다는 서로 공격할 의사로 싸우다가 먼저 공격을 받고 이에 대항하여 가해하게 된 것이라고 봄이 상당하므로 정당방위로 볼 수 없다.[9]

정당방위가 인정되려면 방위행위가 당시의 모든 사정으로 보아 사회통념상 필요하거나 정당하다고 인정되는 상당한 이유가 있어야 한다. 이때 방위행위가 사회적으로 상당한 것인지는 침해행위에 의해 침해되는 법익의 종류와 정도, 침해의 방법, 침해행위의 완급, 방위행위에 의해 침해될 법익의 종류와 정도 등 일체의 구체적 사정들을 참작하여 판단하여야 한다.[10] 또한 정당방위에 있어서 방위행위는 방위에 필요한 한도 내의 행위로서 사회윤리에 위배되지 않은 상당성이 있는 행위임을 요한다.[11] 따라서 방위행위가 상당성의 정도를 넘은 때에는 '과잉방위'가 된다. 과잉방위는 정당방위로서 위법

---

9) 대법원 2000.3.28. 선고 2000도228 판결.
10) 대법원 2017.3.15. 선고 2013도2168 판결.
11) 대법원 1991.9.10. 선고 91다19913 판결.

성이 조각되지는 않으나, 정황에 의하여 그 형을 감경 또는 면제할 수 있다(형법 §21②). 그러나 야간, 기타 불안스러운 상황에서 공포, 경악, 흥분 또는 당황하여 하게 된 과잉방위는 적법행위를 할 기대가능성이 없다고 보아 벌하지 않는다(동조③).

대법원 1989.8.8. 선고 89도358 판결(강제추행범의 혀)

A와 B가 공동으로 1988.2.26. 01:10경 경북 영양읍 소재 ○○○ 앞길에서 인적이 드문 심야에 혼자 귀가중인 C(여, 32세)가 ○○○ 옆 골목길로 들어가는 것을 발견하고 그녀를 추행할 목적으로 뒤쫓아 가서 달려들어 A는 그녀의 오른팔을 잡고 B는 그녀의 왼팔을 잡아 그 골목길 안으로 약 10m 정도 더 끌고 들어가 그 곳 담벽에 넘어뜨린 후 A는 오른손을 그녀의 고무줄바지(속칭 몸빼)속에 집어 놓어 음부를 만지면서 이에 반항하는 그녀의 옆구리를 그의 오른쪽 무릎으로 2회 찬 다음 억지로 그녀의 입에 키스를 함으로 C가 정조와 신체를 지키려는 일념에서 엉겁결에 A의 혀를 깨물어 설절단상을 입혔다면 C의 범행은 자기의 신체에 대한 현재의 부당한 침해에서 벗어나려고 한 행위로서 그 행위에 이르게 된 경위와 그 목적 및 수단, 행위자의 의사등 제반사정에 비추어 위법성이 결여된 정당방위 행위이다.

(3) 긴급피난

긴급피난이란 자기 또는 타인의 법익에 대한 현재의 위난을 피하기 위한 상당한 행위로서 위법성이 조각되어 벌하지 아니한다(형법 §22). 예를 들면 강도가 따라오는 위기에 처한 여자가 급히 피하려고 남의 집으로 피신한 경우는 긴급피난 행위로서 주거침입죄가 되지 않는다.

정당방위와 달리 긴급피난은 '적법하게 형성된 위난'에 대해서도 가능하다. 예컨대 카페 안에서 강도가 위협하자 옆 테이블에 있던 타인의 노트북으로 강도를 때려 머리에 상해를 입혔고 노트북을 파손했다면 강도의 머리에 상처를 입힌 것은 정당방위이고 노트북을 파손시킨 것은 긴급피난이 된다.

긴급피난이 성립하려면 자기 또는 타인의 법익에 대한 현재의 위난이 있어야 한다. 여기에서 현재의 위난에는 과거에 지속적으로 반복되어서 앞으로도 계속 발생될 것이 예견되는 위난도 포함된다.

긴급피난이 성립하려면 피난행위가 사회통념이나 사회상규에 비추어 정당하고 반드시 필요해야 할뿐만 아니라(수단의 적합성), 피난행위가 유일한 방법이어야 하며(수단의 보충성), 피난행위로 수호하고자 하는 법익이 이로 인해 타인이 입게 되는 법익보다 우월한 법익이어야 한다(법익균형의 원칙).

(4) 자구행위

법률에서 정한 절차에 따라서는 청구권을 보전(保全)할 수 없는 경우에 그 청구권의 실행이 불가능해지거나 현저히 곤란해지는 상황을 피하기 위하여 한 행위는 상당한 이유가 있는 때에는 벌하지 아니한다(형법 §23). 자구행위의 상당성이 인정되려면 다른 수단이 없었고(보충성), 상대방에게 경미한 피해를 주는 방법을 선택해야 한다(최소 침해).12) 타인이 자신의 청구권을 침해한 경우 대체로 경찰력이나 사법적 구제를 받을 수 있으므로 자구행위로 인정된 예는 거의 없다.13)

(5) 피해자의 승낙

처분할 수 있는 자의 승낙에 의하여 그 법익을 훼손한 행위는 법률에 특별한 규정이 없는 한 벌하지 아니한다(형법 §24). 피해자의 승낙이란 피해자가 가해자에 대하여 처분할 수 있는 자신의 법익을 침해하는 것을 허락하는 것을 말한다. 다만 승낙에 의한 행위가 사회상규에 위배된다면 위법성이 조

---

12) 대법원 2006.3.24. 선고 2005도8081 판결.
13) 대법원 1970.7.21. 선고 70도996 판결(절의 출입구와 마당으로 약 10년 전부터 사용하고 또 그곳을 통하여서만 출입할 수 있는 대지를 전 주지의 가족으로부터 매수하여 등기를 마쳤다는 구실로 불법침입하여 담장을 쌓기 위한 호를 파 놓았는데 그 절의 주지가 신도들과 더불어 그 호를 메워버린 행위); 대법원 2006.3.24. 선고 2005도8081 판결(채무자가 부도를 낸 후 도피하였고 다른 채권자들이 채권확보를 위하여 피해자의 물건들을 취거해 갈 수도 있다는 이유로 채무자 소유의 가구점에 관리종업원이 있음에도 불구하고 시정장치를 쇠톱으로 절단하고 들어가 가구들을 무단으로 취거한 행위); 대법원 2007.3.15. 선고 2006도9418 판결(피고인 소유 토지상에 무단으로 확장 개설되어 그대로 방치할 경우 불특정 다수인이 통행할 우려가 있다는 이유로 이미 불특정 다수인이 통행하고 있는 육상의 통로에 구덩이를 판 행위).

각되지 않는다. 예컨대 사람의 촉탁이나 승낙을 받아 그를 살해한 자는 촉탁, 승낙에 의한 살인죄의 죄책을 지며, "피고인이 피해자와 공모하여 교통사고를 가장하여 보험금을 편취할 목적으로 피해자에게 상해를 가하였다면 피해자의 승낙이 있었다고 하더라도 이는 위법한 목적에 이용하기 위한 것이므로 피고인의 행위가 피해자의 승낙에 의하여 위법성이 조각된다고 할 수 없다."[14]

3. 책임능력

'책임'이란 당해 행위를 한 행위자에 대한 비난가능성을 말한다. 법률로서 금지되어 있고 위법성이 있는 행위를 하더라도 행위자의 책임능력이 없으면 범죄가 성립하지 아니 하고, 책임능력이 부족하면 책임이 감경된다.

우리 형법에서는 만 14세가 되지 아니한 사람은 형사미성년자라고 하여 처벌하지 않으며(형법 §9), 심신장애인은 사물을 변별할 능력이 없거나 의사를 결정할 능력이 없는 자[15]로 그 책임이 조각되거나 감경된다(동법 §10). 또한 농아자의 행위는 형을 감경한다(동법 §11).

---

14) 대법원 2007.3.15. 선고 2006도9418 판결.
15) 대법원 2018.9.13. 선고 2018도7658 등 판결(형법 제10조에 규정된 심신장애는 생물학적 요소로서 정신병 또는 비정상적 정신상태와 같은 정신적 장애가 있는 외에 심리학적 요소로서 이와 같은 정신적 장애로 말미암아 사물에 대한 변별능력과 그에 따른 행위통제능력이 결여되거나 감소되었음을 요하므로, 정신적 장애가 있는 자라고 하여도 범행 당시 정상적인 사물변별능력이나 행위통제능력이 있었다면 심신장애로 볼 수 없다.).

제3절 범죄

「형법」은 범죄와 형벌에 관한 기본적인 법률이다. 형법의 특별법을 특별형법 또는 형사특별법이라고 하는데, 특별형법에는 ① 행정법(예컨대 「도로교통법」)이나 「상법」에 포함된 형벌을 가하는 처벌조항들과 ② 특정분야 범죄의 처벌·가중처벌을 위해 만들어진 법들(예컨대 「경범죄처벌법」, 「조세범처벌법」, 「부정수표단속법」, 「스토킹범죄의 처벌 등에 관한 법률」, 「특정범죄 가중처벌 등에 관한 법률」, 「특정경제범죄 가중처벌 등에 관한 법률」, 「폭력행위 등 처벌에 관한 법률」, 「성폭력범죄 처벌 및 피해자 보호 등에 관한 법률」, 「아동·청소년의 성보호에 관한 법률」 등)이 있다.

범죄는 그것이 보호하는 법익을 기준으로 분류할 수 있는데, 아래 설명된 형법에 규정된 몇 가지 범죄 중 공연음란죄는 사회적 법익을 해치는 죄, 무고죄는 국가적 법익을 해치는 죄, 그리고 살인죄 등 나머지는 모두 개인적 법익을 해치는 죄에 해당한다.

1. 살인죄

사람을 살해한 자는 사형·무기 또는 5년 이상의 징역에 처하며(형법 §250), 미수범도 처벌한다(동법 §254). 자기 또는 배우자의 직계존속을 살해한 자는 사형, 무기 또는 7년 이상의 징역에 처한다(존속살해죄). 살인죄의 보호법익은 사람의 생명이고, 객체는 살아있는 사람이다. 형법상 사람의 시기(始期)에 관하여는 분만개시진통설(산모가 진통을 동반하면서 태아가 태반으로부터 이탈하기 시작한 때)이 통설이고[16], 사람의 종기(終期)에 관하여는 맥박종지설(심장의 고동인 맥박이 영구적으로 정지한 때)이 통설이다.

살인(Homicide), 즉 사람을 살해하여 사망하게 함에 있어서 그 수단이나

---

16) 민법에서의 사람의 시기는 '전부노출설'이 통설이다.

방법은 불문하며, 작위이든 부작위이든 묻지 않는다. 다만 부작위에 의한 살인의 경우 어떤 사람을 돌보아야 할 의무(보증인적 지위)가 있는 사람이 그를 돌보지 않고 방치하여 사망하게 함으로써 성립된다. 보증인적 지위는 혈연관계(배우자나 가족 등), 법령(선장·승무원-승객 등), 계약관계(여행 가이드-고객 등), 선행행위(걸인- 자기집에 데리고 들어온 사람), 신의성실의 원칙, 사회상규 또는 조리상 작위의무가 기대되는 경우 등에 인정된다. 세월호 사건에서 대법원은 "선박침몰 등과 같은 조난사고로 승객이나 다른 승무원들이 스스로 생명에 대한 위협에 대처할 수 없는 급박한 상황이 발생한 경우에는 선박의 운항을 지배하고 있는 선장이나 갑판 또는 선내에서 구체적인 구조행위를 지배하고 있는 선원들은 적극적인 구호활동을 통해 보호능력이 없는 승객이나 다른 승무원의 사망 결과를 방지하여야 할 작위의무가 있으므로, 법익침해의 태양과 정도 등에 따라 요구되는 개별적·구체적인 구호의무를 이행함으로써 사망의 결과를 쉽게 방지할 수 있음에도 그에 이르는 사태의 핵심적 경과를 그대로 방관하여 사망의 결과를 초래하였다면, 부작위는 작위에 의한 살인행위와 동등한 형법적 가치를 가지고, 작위의무를 이행하였다면 결과가 발생하지 않았을 것이라는 관계가 인정될 경우에는 작위를 하지 않은 부작위와 사망의 결과 사이에 인과관계가 있다."고 보았다.[17]

살인죄는 가해자의 행위로 피해자가 사망한 때 기수가 되고, 살해하기 위한 행위는 있었으나(실행의 착수) 사망의 결과에 이르지 못한 경우에는 살인미수죄가 된다.

---

[17] 대법원 2015.11.12. 선고 2015도6809 전원합의체 판결(선장은 승객 등 선박공동체의 안전에 대한 총책임자로서 선박공동체가 위험에 직면할 경우 그 사실을 당국에 신고하거나 구조세력의 도움을 요청하는 등의 기본적인 조치뿐만 아니라 위기상황의 태양, 구조세력의 지원 가능성과 규모, 시기 등을 종합적으로 고려하여 실현가능한 구체적인 구조계획을 신속히 수립하고 선장의 포괄적이고 절대적인 권한을 적절히 행사하여 선박공동체 전원의 안전이 종국적으로 확보될 때까지 적극적·지속적으로 구조조치를 취할 법률상 의무가 있고, 또한 선장이나 승무원은 수난구호법 제18조 제1항 단서에 의하여 조난된 사람에 대한 구조조치의무를 부담하고, 선박의 해상여객운송사업자와 승객 사이의 여객운송계약에 따라 승객의 안전에 대하여 계약상 보호의무를 부담하므로, 모든 승무원은 선박 위험 시 서로 협력하여 조난된 승객이나 다른 승무원을 적극적으로 구조할 의무가 있다고 보았다.).

'살인죄, 존속살해죄, 위계·위력에 의한 살인죄'를 범할 목적으로 예비·음모함으로써 성립하는 살인 예비·음모죄(형법 §255)에서 '예비'는 아직 실행에 착수하지 않은 상태인 범죄의 준비행위의 단계를 말하고, '음모'란 2인 이상이 범죄 실행을 위해 합의를 하는 것을 말한다. 이 경우 목적 이외에도 살인의 준비에 대한 고의가 있어야 한다. 단순히 범행의 의사 또는 계획만으로는 성립이 되지 않고 살인죄의 실현에 실질적으로 기여할 수 있는 외적행위를 필요로 한다. 예를 들어 누군가를 살해하기 위해 특정한 사람을 고용하고 그들에게 대가의 지급을 약속한 경우가 해당된다.[18] 그러나 피해자를 살해할 의도로 낫을 들고 피해자에게 다가서려고 하였으나 제3자 이를 제지하여 피해자가 도망함으로써 살인의 목적을 이루지 못한 경우에는, 낫을 들고 피해자에게 접근함으로써 살인의 실행행위에 착수한 것이므로 살인미수죄에 해당한다.[19]

자살관여죄는 사람을 교사 또는 방조하여 자살하게 한 경우에 성립되는 범죄이다(형법 §252②). 그러나 생활고에 시달리던 아버지가 "하늘나라로 엄마 보러가자"고 하며 7세, 3세 남짓 된 어린자식들에게 함께 죽자고 권유하여 자살하게 하고 자신은 산 경우에 비록 자식들을 물속에 직접 밀어서 빠뜨리지는 않았다고 하더라도 판단능력이 부족한 어린자식들을 속여 익사하게 한 이상 살인죄에 해당한다.[20]

2. 폭행죄

폭행죄는 사람의 신체에 대해 폭행을 가한 경우에 성립된다(형법 §260①). 폭행죄에서의 폭행(暴行, Assault, Gewalt)은 신체에 대한 일체의 불법적인 유형력의 행사(협의의 폭행 개념)를 말한다.[21] 폭행의 수단과 방법은 제한이

---

18) 대법원 2009.10.09. 선고 2009도7150 판결.
19) 대법원 1986.2.25. 선고 85도2773 판결.
20) 대법원 1987.1.20. 선고 86도2395 판결("자살관여죄가 되려면 자살하는 사람이 '자살'이라는 행위의 의미를 인식하고 자기의 결정으로 실행해야 하는데, 7세와 3세에 불과한 어린 자녀의 경우에는 그러한 인식과 의사결정 능력이 없다고 볼 수 있다."고 판시).

없다. 그러나 사람의 신체에 대한 유형력의 행사가 신체 기능을 손상시키거나 건강을 해할 정도에 이르지 않아도 된다. 따라서 예를 들면 상대방의 멱살을 잡는 행위, 사람의 손이나 옷을 세차게 잡아당기는 행위, 마약을 투약하거나 최면을 거는 행위, 머리를 깎거나 콧수염을 미는 행위, 담배연기를 상대방에게 뿜는 행위 등은 모두 폭행에 해당된다. 어린아이를 업은 여성을 밀어 넘어뜨려 어린아이가 사망한 경우 여성에 대한 폭행죄와 어린아이에 대한 폭행치사가 성립한다. "피해자의 신체에 공간적으로 근접하여 고성으로 폭언이나 욕설을 하거나 동시에 손발이나 물건을 휘두르거나 던지는 행위"는 피해자에 대한 폭행에 해당될 수 있다.[22]

'위험한 물건'을 휴대하여 폭행죄를 범한 경우에는 특수폭행죄에 해당한다(형법 §261). 예컨대 승용차를 운전하다 앞에서 자전거를 타고 가던 행인이 경적을 울려도 길을 비켜주지 않고 욕을 하였다는 이유로 그 뒤를 바짝 따라붙다가 옆으로 밀어붙여 진로를 방해하고 자전거를 추월한 후 급제동을 하여 자전거를 땅바닥에 넘어지게 한 경우 특수폭행죄에 해당한다.[23]

폭행죄는 피해자의 명시한 의사에 반해 공소를 제기할 수 없는 반의사불벌죄에 해당한다(형법 §260③).

【Theme- 친고죄와 반의사불벌죄】

국가형벌권을 행사함에 있어 '피해자의 의사'를 반영하는 범죄로서 친고죄와 반의사불벌죄가 있다. 친고죄(親告罪)란 범죄의 피해자 또는 기타 법률이 정한 자의 고소가 있어야 공소를 제기할 수 있는 범죄이다. 형법상 사자(死者)명예훼손죄, 모욕죄, 비밀침해죄, 업무상비밀누설죄, 친족간권리행사방해죄 등이 친고죄에 해당한다. 피해자의 의사와 명예를 존중할 필요가 있거나, 범죄의 성격상 형사소추를 할 경우 피해자

---

21) 그밖에 형법상 ① 최광의의 폭행은 사람에 대한 것이든 물건에 대한 것이든 묻지 않는 '불법하게 유형력을 행사하는 모든 행위'이다(내란죄, 다중불해산죄). ② 광의의 폭행은 '사람에 대한 직·간접적인 유형력의 행사'를 말한다(공무집행방해죄, 강요죄). ③ 최협의의 폭행은 '상대방의 반항을 불가능하게 하거나 현저히 곤란하게 할 정도의 유형력 행사'를 말한다(강도죄, 강간죄).
22) 대법원 2003.1.10. 선고 2000도5716 판결.
23) 서울동부지방법원 2017.10.16. 선고 2017고단1891 판결.

에게 불이익을 가져오게 할 우려가 있는 경우 등에 친고죄로 규정된다. 종래 성범죄는 친고죄가 많았지만, 2013년 6월 개정된 「성폭력범죄의 처벌 등에 관한 특례법」 및 「형법」 등에 따라 성범죄 관련 친고죄 조항은 모두 삭제되었다.

반의사불벌죄란 피해자의 고소가 없어도 국가기관이 수사와 공판을 독자적으로 진행할 수 있지만 피해자가 처벌을 원치 않을 때에는 처벌하지 못하는 범죄이다. 폭행죄, 존속폭행죄, 협박죄, 존속협박죄, 명예훼손죄, 출판물 등에 관한 명예훼손죄, 과실치상죄 등이 반의사불벌죄에 해당한다.

3. 상해죄

상해죄는 사람의 신체를 상해함으로써 성립한다(형법 §257①). 상해(傷害, Criminal Injury, Körperverletzung)는 피해자의 신체의 완전성을 훼손하거나 생리적 기능에 장해를 일으키는 것으로 육체적 기능뿐만 아니라 정신적 기능도 포함된다. 반드시 외상이 있어야 하는 것은 아니며, 복통·보행불능·수면장해 등을 일으키는 것, 피부의 표피를 박리하는 것, 중독증상을 일으켜 현기·구토를 하게 하는 것, 치아의 손실, 피로·권태를 일으키게 하는 것 등은 모두 상해에 해당한다.

상해의 수단에는 제한이 없다. 사람을 놀라게 하여 정신 장애를 일으키게 하거나, 부양의무자가 고의로 피부양자에게 식사를 제공하지 않는 것과 같은 부작위로도 가능하다.

상해의 고의 없이 과실에 의하여 타인에게 상해를 가한 경우에는 과실치상죄(형법 §266①), 상해를 가하여 상대방이 사망에 이르게 한 경우에는 상해치사죄(동법 §259①)에 해당되고, 상해의 고의가 있었으나 상해에 이르지 못한 경우에는 상해미수죄로 처벌받는다(동법 §257③).

사람의 신체를 상해하여 ① 생명에 대한 위험을 발생하게 하거나, ② 불구에 이르게 하거나, ③ 불치나 난치의 질병에 이르게 중상해죄하면 중상해죄에 해당한다(형법 §258). 여기에서 '생명에 대한 위험'은 구체적 위험의 발생 즉, 치명상을 의미하고, '불구'라 함은 신체의 중요부분의 절단이나 고유한 기능의 상실을 의미한다. 불구에는 신체내부의 장기의 상실은 포함되지 않고 신체의 외부적 부분에 한정된다.24) 예컨대, 이웃과 시비가 붙어 무차별 폭행을 하여 한쪽 눈을 실명시킨 경우가 불구에 해당한다. '불치나 난치의 질병'이라 함은 의학적으로 치료의 가능성이 없거나 현저하게 곤란한 질병을 말하며, 에이즈나 기억상실증 등이 이에 해당된다.

중상해죄는 고의범이나 "가해행위 시에 중상해의 고의가 있는 경우는 물론이고 상해의 고의만 있었더라도 그 가해행위로 중상해의 결과가 발생하였다면 중상해죄에 해당된다."25)

4. 유기죄

유기죄란 노약자, 유아, 질병, 기타 사정으로 인하여 부조를 요하는 자를 보호할 법률상 또는 계약상 의무 있는 자가 유기하거나 그 생존에 필요한 보호를 하지 않음으로써 성립하는 범죄를 말한다(형법 §271). 본죄의 보호법익은 유기된 자의 생명·신체의 안전이다.

유기죄의 주체는 보호의무가 있는 자이고, 이 보호의무는 법률 또는 계약에 의해 발생하게 된다. 따라서 유기죄는 신분범이다. 유기죄의 객체는 보호를 받아야 할 대상으로 노인, 유아, 질병에 걸린 자 등으로 정신적·신체적 결함을 일으켜, 타인의 보호 없이 혼자 생활에 필요한 동작을 할 수 없거나 특별히 곤란한 자이다.

유기(遺棄, Aussetzung)는 보호를 받아야 할 요부조자를 보호 없는 상태에 두는 것으로 적극적으로 대상자를 다른 곳에 옮겨 놓는 행위뿐만 아니라, 소극적으로 두고 떠나는 행위도 포함된다. 유기의 방법은 제한이 없으며 강제 또는 위계의 방법으로 유기하거나, 단순히 위험에 빠지도록 버려두는 방법으로도 유기죄가 인정된다. 수혈이 필요하다는 의사의 권유가 있었음에도 자신의 종교적 신념이나 후유증 발생의 염려만을 이유로 딸의 치료방법인 수혈

---

24) 김성천·김형준, 「형법각론(제2판)」, 2000, 89면; 진계호, 「신고 형법각론」, 2003, 72면; 이형국, 「형법각론연구 1」, 1997, 86면 이하.
25) 대전고등법원 1995.4.7. 선고 94노738 판결.

을 거부하여 딸이 사망하게 되었다면, 유기치사죄가 인정된다.26)

5. 협박죄

협박죄란 사람을 협박함으로써 성립하는 범죄이다(형법 §283). 개인의 의사결정의 자유를 그 보호법익으로 한다. 협박죄의 객체는 의사능력이 있는 자연인에 국한되며, 유아·심신장애자 및 술에 취한 사람과 깊이 잠든 사람 등은 객체가 될 수 없다.27)

본죄의 행위는 협박(脅迫, Blackmail, Bedrohung)이다. 협박은 말로 해악을 고지하는 것으로 생명·신체·자유·명예·재산 그 밖의 모든 것에 대한 해악이 그에 해당한다. 해악의 내용이 피해자 본인이 아니라 그 친족 그 밖의 제3자의 법익침해를 내용으로 하더라도 협박죄는 성립한다.28)

다만 협박이 되기 위해서는 해악의 내용이 실제로 발생가능한 것이어야 하므로 단순한 미신에 속하는 언급은 해당하지 않고, 행위자가 실현할 수 없는 내용도 협박죄에 해당하지 않는다. 해악을 고지하는 방법에는 말이나 서신 등 제한이 없고, 말하지 않더라도 팔을 휘두르면서 위협을 보이는 것과 같은 거동이나 태도에 의하여서도 협박죄는 성립한다.

해악의 내용은 보통 사람이 들었을 때 공포심을 갖게 할 정도면 족하다. 즉 해악의 통고를 받은 사람이 실제로 놀라거나 공포심을 느낄 필요는 없다.29) 협박죄는 상대방에 대한 해악의 고지로 공포심을 불러일으키겠다는 행위자의 고의가 있어야 하지만, 행위자가 자신이 말한 내용을 실제로 실현시켜서 상대방에게 위해를 가할 의사까지 있을 필요는 없다.

---

26) 대법원 1980.9.24. 선고 79도1387 판결.
27) 신동운, 「형법각론(제2판)」, 2018, 669면.
28) 대법원 2012.8.17. 선고 2011도10451 판결.
29) 대법원 2007.9.28. 선고 2007도606 전원합의체 판결(일반적으로 사람에게 공포심을 일으키기 충분한 말을 하여 사람을 협박하려고 하였는데, 그 말을 들은 사람은 전혀 공포를 느끼지 않은 경우 협박죄의 기수가 성립한다.).

6. 체포·감금죄

사람을 체포 또는 감금하여 사람의 신체적 활동의 자유를 침해하면 체포·감금죄가 성립한다(형법 §276). 본죄는 사람의 장소선택의 자유를 보호법익으로 하며, 이때의 자유는 특정한 장소에서 떠날 자유를 의미한다.[30]

체포·감금죄의 객체는 자연인이고 책임능력, 행위능력 및 의사능력의 유무와 상관없이 본죄의 객체가 될 수 있다. 따라서 정신병자, 주취자, 수면자 등도 본죄의 객체가 된다. 다만 유아는 제외된다.

체포(逮捕, Arrest, Festnahme)란 사람의 신체의 자유를 박탈하는 것을 말하며 예컨대 사람의 손발을 묶거나 총을 겨냥하여 움직이지 못하게 하는 행위가 해당된다. 감금(監禁, Imprisonment, Einsperrung)이란 일정한 장소로부터 탈출하는 것을 불가능 또는 현저히 곤란하게 하여 신체활동의 자유를 구속하는 것을 말하며, 출입문에 자물쇠를 채우는 것, 다수가 출입문을 봉쇄하여 출입을 방해하는 행위,[31] 문을 잠그지 않더라도 문 앞에 맹견을 두어 나가지 못하게 하는 행위, 자동차에 태워 질주함으로써 탈출을 못하게 하거나, 높은 곳으로 올라간 사람이 내려오지 못하게 사다리를 치우는 행위가 해당된다. 체포 또는 감금은 어느 정도 시간적으로 계속하여 행해져야 하므로 본죄는 계속범에 속한다.

7. 강간죄

강간죄는 폭행 또는 협박으로 사람을 강간하는 경우에 성립한다(형법 §297). 또한 미수범도 처벌을 받는다(동법 §300).

강간죄의 보호법익은 개인의 성적 자유 또는 성적 자기결정권이다. 여기에서 '성적 자유'란 원치 않는 성행위를 하지 않을 자유를 말하고, '성적 자기결정권'은 성행위를 할 것인가 여부, 성행위를 할 때 상대방을 누구로 할

---

30) 이재상·장영민·강동범, 앞의 「형법각론(제11판)」, 121~122면.
31) 대법원 1983.9.13. 선고 80도277 판결.

것인가 여부, 성행위의 방법 등을 스스로 결정할 수 있는 권리를 의미한다. 다만 미성년자에 대한 경우에는 상대방의 동의가 있었다 하더라도 본죄가 성립한다(형법 §305). 미성년자는 판단능력이나 대처능력이 성인에 비하여 떨어지므로 낮은 정도의 유·무형력의 행사에 의해서도 저항을 제대로 하지 못하고 피해를 입을 가능성이 있고[32] 미성년자의 동의를 합리적인 사고를 통해 그 의미를 진정으로 이해한 승낙이라고 해석할 수는 없기 때문이다.

강간죄의 주체에는 제한이 없다. 여자도 간접정범의 형태로 여자를 강간할 수 있다. 과거에는 본죄의 객체를 '부녀'로 한정하였기 때문에 성전환자(transgender)를 여성으로 인식하여 강간한 사안에서 강간죄가 성립하는지가 문제되었는데 이에 대하여 판례는 "사회통념상 여성으로 평가되는 성전환자는 강간죄의 객체인 부녀에 해당한다"고 하였다.[33] 또한 2012년 개정 「형법」은 변화된 시대상황과 성범죄에 대한 현대적인 인식을 반영하고 다양화된 성범죄에 효과적으로 대처하기 위하여 여러 성범죄에 대한 '친고죄'를 폐지하고, 강간죄의 대상을 '부녀'에서 '사람'으로 확대하였다. 이에 따라 여자뿐만 아니라 남자도 강간죄의 객체가 될 수 있게 되었다.

나아가서 부부 중 일방이 폭행 또는 협박으로 강제로 배우자와 성관계를 가지는 경우 강간죄가 성립한다. 하급법원의 판례는 "혼인이 개인의 성적 자기결정권을 포기하는 것을 의미한다고 할 수 없고, 성적으로 억압된 삶을 인내하는 과정일 수도 없다"고 설시하였고[34], 대법원도 종래의 입장을 변경하여 아무리 부부 사이라고 하더라도 개인의 성적 자기결정권을 본질적으로 침해할 정도의 협박 또는 폭행이 이루어진다면 강간죄를 인정하였다.

대법원 2013.5.16. 선고 2012도14788 전원합의체 판결

헌법이 보장하는 혼인과 가족생활의 내용, 가정에서의 성폭력에 대한 인식의 변화, 형법의 체계와 그 개정 경과, 강간죄의 보호법익과 부부의 동거의무의 내용 등에 비추어 보면, 형

---

[32] 대법원 2019.6.13. 선고 2019도3341 판결.
[33] 대법원 2009.9.10. 선고 2009도3580 판결.
[34] 부산지법 2009.1.16. 선고 2008고합808 판결.

법 제297조가 정한 강간죄의 객체인 '부녀'에는 법률상 처가 포함되고, 혼인관계가 파탄된 경우뿐만 아니라 혼인관계가 실질적으로 유지되고 있는 경우에도 남편이 반항을 불가능하게 하거나 현저히 곤란하게 할 정도의 폭행이나 협박을 가하여 아내를 간음한 경우에는 강간죄가 성립한다고 보아야 한다. 다만 남편의 아내에 대한 폭행 또는 협박이 피해자의 반항을 불가능하게 하거나 현저히 곤란하게 할 정도에 이른 것인지 여부는, 부부 사이의 성생활에 대한 국가의 개입은 가정의 유지라는 관점에서 최대한 자제하여야 한다는 전제에서, 그 폭행 또는 협박의 내용과 정도가 아내의 성적 자기결정권을 본질적으로 침해하는 정도에 이른 것인지 여부, 남편이 유형력을 행사하게 된 경위, 혼인생활의 형태와 부부의 평소 성행, 성교 당시와 그 후의 상황 등 모든 사정을 종합하여 신중하게 판단하여야 한다.

강간(强姦, Rape)은 폭행이나 협박에 의하여 상대방의 반항을 곤란하게 하여 사람을 간음하는 것이다. 강간죄는 폭행이나 협박의 개시로 착수되고, 성기가 삽입되는 순간 기수가 된다. 강간죄의 폭행과 협박의 정도는 상대방의 반항을 불가능하게 하거나 현저히 곤란하게 할 정도이다. 수면제 등의 약물을 사용하거나 최면술을 거는 것도 강간죄의 폭행에 해당한다.[35] 오직 협박만을 수단으로 피해자를 간음 또는 추행한 경우에도 그 협박의 정도가 피해자의 항거를 불가능하게 하거나 현저히 곤란하게 할 정도의 것이면 강간죄가 성립한다.[36] 흉기나 그 밖의 위험한 물건을 지닌 채 또는 2명 이상이 합동하여 강간죄를 범한 경우 특수강간죄로 처벌된다(성폭력처벌법 §4①).

폭행 또는 협박으로 사람에 대하여 구강, 항문 등 신체(성기는 제외한다)의 내부에 성기를 넣거나 성기, 항문에 손가락 등 신체(성기는 제외한다)의 일부 또는 도구를 넣는 행위를 한 사람은 유사강간죄가 성립한다(형법 §297의2). 혼인빙자간음죄는 위헌으로 결정되어 폐지되었다.[37]

---

[35] 정성근·박광민, 「형법각론(제3판)」, 2008, 172면, 김일수·서보학, 「형법각론(제8판)」, 2015, 132면.
[36] 대법원 2007.1.25. 선고 2006도5979 판결(가정주부에게 모텔 출입 사진을 남편에게 공개하겠다거나 아들의 학교에 찾아가 공개하겠다고 협박하여 수차례 간음한 사례).
[37] 헌법재판소 2009.11.26. 2008헌바58·2009헌바191(병합) 전원재판부 결정(형법 제304조(혼인빙자간음죄) 중 '혼인을 빙자하여 음행의 상습 없는 부녀를 기망하여 간음한 자' 부분은 남녀평등의 사회를 지향하고 실현해야 할 국가의 헌법적 의무(헌법 §36①)에 반하는 것이자, 여성을 유아시(幼兒視)함으로써 여성을 보호한다는 미명 아래 사실상 국가 스스로가 여성의 성적자기결정권을 부인하는 것이 되므로, 여성의 존엄과 가치에 역행하는 것(이고)

8. 강제추행죄

폭행 또는 협박으로 사람에 대하여 추행을 한 경우 강제추행죄가 성립한다(형법 §298). 흉기나 그 밖의 위험한 물건을 지닌 채 또는 2명 이상이 합동하여 강제추행의 죄를 범한 경우 특수강제추행죄로 처벌된다(성폭력처벌법 §4②).

종전에 대법원은 강제추행죄의 '폭행 또는 협박'의 의미에 관하여 이를 두 가지 유형으로 나누어, 폭행행위 자체가 곧바로 추행에 해당하는 경우(이른바 기습추행형)에는 상대방의 의사를 억압할 정도의 것임을 요하지 않고 상대방의 의사에 반하는 유형력의 행사가 있는 이상 그 힘의 대소강약을 불문한다고 판시하는 한편, 폭행 또는 협박이 추행보다 시간적으로 앞서 그 수단으로 행해진 경우(이른바 폭행·협박 선행형)에는 상대방의 항거를 곤란하게 하는 정도의 폭행 또는 협박이 요구된다고 판시하여 왔다.[38] 그러나 최근 대법원은 이러한 구분을 없애 "강제추행죄의 폭행 또는 협박은 상대방의 항거를 곤란하게 할 정도로 강력할 것이 요구되지 아니하고, 상대방의 신체에 대하여 불법한 유형력을 행사(폭행)하거나 일반적으로 보아 상대방으로 하여금 공포심을 일으킬 수 있는 정도의 해악을 고지(협박)하는 것"이라고 하였다.[39]

사생활에 대한 비범죄화 경향이 현대 형법의 추세이고, 세계적으로도 혼인빙자간음죄를 폐지해 가는 추세이며 일본, 독일, 프랑스 등에도 혼인빙자간음죄에 대한 처벌규정이 없는 점, 기타 국가 형벌로서의 처단기능의 약화, 형사처벌로 인한 부작용 대두의 점 등을 고려하면, 그 목적을 달성하기 위하여 혼인빙자간음행위를 형사처벌하는 것은 수단의 적절성과 피해의 최소성을 갖추지 못하였다.).

[38] 대법원 1983.6.28. 선고 83도399 판결(피고인이 피해자를 팔로 힘껏 껴안고 강제로 두 차례 입을 맞춘 행위-기습추행형- 강제추행죄 성립); 대법원 2002.4.26. 선고 2001도2417 판결(피고인이 피고인의 처가 경영하는 식당의 지하실에서 종업원들인 피해자(35세의 유부녀) 및 공소외인과 노래를 부르며 놀던 중 피해자를 뒤에서 껴안고 부루스를 추면서 피해자의 유방을 만진 행위-기습추행형- 강제추행죄 성립); 대법원 2012.7.26. 선고 2011도8805 판결(저녁 8시경 사람들이 왕래하는 골목길의 주차된 차량들 사이에서 피고인이 처음 본 사이인 피해자에게 욕을 하고 자신의 성기를 보여준 행위-폭행·협박 선행형- 강제추행죄 불성립) (대법원 2013.1.16. 선고 2011도7164, 2011전도124 판결(피고인이 아파트 엘리베이터 내에 갑(여, 11세)과 단둘이 탄 다음 갑을 향하여 성기를 꺼내어 잡고 놀란 갑 쪽으로 가까이 다가감으로써 갑을 추행한 경우-폭행·협박 선행형- 위력에 의한 추행 성립) 등.

39) 대법원 2023.9.21. 선고 2018도13877 전원합의체 판결(그 이유는 ① '강제추행'에서 '강제(強制)'의 사전적 의미는 '권력이나 위력으로 남의 자유의사를 억눌러 원하지 않는 일을 억지로 시키는 것'으로서, 반드시 상대방의 항거가 곤란할 것을 전제로 한다고 볼 수 없고, 폭행·협박을 수단으로 또는 폭행·협박의 방법으로 동의하지 않는 상대방에 대하여 추행을 하는 경우 그러한 강제성은 구현된다고 보아야 한다. 강제추행죄는 개인의 성적 자기결정권을 보호법익으로 하는데 종래의 판례 법리는 피해자의 '항거곤란'이라는 상태적 개념을 범죄구성요건에 포함시켜 폭행 또는 협박의 정도가 일반적인 그것보다 더 높은 수준일 것을 요구하였다. 그에 따라 강제추행죄가 성립하기 위해서는 높은 수준의 의사 억압 상태가 필요하다고 보게 되고, 이는 피해자가 실제로 어떠한 항거를 하였는지 살펴보게 하였으며, 반대로 항거가 없었던 경우에는 그러한 사정을 이유로 성적 자기결정권의 침해를 부정하는 결과를 초래하기도 하였다. 하지만 이와 같이 피해자의 '항거곤란'을 요구하는 것은 여전히 피해자에게 '정조'를 수호하는 태도를 요구하는 입장을 전제하고 있다고 볼 수 있고, 개인의 성적 자유 내지 성적 자기결정권을 보호법익으로 하는 현행법의 해석으로 더 이상 타당하다고 보기 어렵다. ② 강제추행죄에서 '폭행 또는 협박'은 형법상 폭행죄 또는 협박죄에서 정한 '폭행 또는 협박'을 의미하는 것으로 분명히 정의되어야 하고, 이는 판례 법리와 재판 실무의 변화에 비추어 볼 때 법적 안정성 및 판결에 대한 예측가능성을 높이기 위하여도 필요하다. 근래의 재판 실무는 종래의 판례 법리에도 불구하고 가해자의 행위가 폭행죄에서 정한 폭행이나 협박죄에서 정한 협박의 정도에 이르렀다면 사실상 상대방의 항거를 곤란하게 할 정도라고 해석하는 방향으로 변화하여 왔다. 이러한 법원의 판례와 재판 실무는 강제추행죄의 보호법익의 변화를 반영함과 아울러, 종래의 판례 법리에 따른 현실의 수사와 재판 과정에서 자칫 성폭력범죄의 피해자에게 이른바 '피해자다움'을 요구하거나 2차 피해를 야기할 수 있다는 문제 인식을 토대로 형평과 정의에 합당한 형사재판을 실현하기 위한 것인바, 한편 그로 인하여 강제추행죄의 구성요건으로 피해자의 항거가 곤란할 정도의 폭행 또는 협박을 요구하는 종래의 판례 법리는 그 의미가 상당 부분 퇴색하였다. ③ 강제추행죄의 '폭행 또는 협박'의 의미를 위와 같이 정의한다고 하여 위력에 의한 추행죄와 구별이 불분명해지는 것은 아니다. 위력에 의한 추행죄에서 '위력'이란 사람의 자유의사를 제압하거나 혼란하게 할 만한 일체의 세력을 말하는 것으로, 유형적이든 무형적이든 묻지 아니하는바, 이는 강제추행죄에서의 '폭행 또는 협박'과 개념적으로 구별된다. 그리고 형법 등은 미성년자, 심신미약자, 신체적인 또는 정신적인 장애가 있는 사람, 피보호자·피감독자, 아동·청소년을 위력으로 추행한 사람을 처벌하는 규정(형법 §302, 성폭력처벌법 §§6⑥, 7⑤, 10①, 아동·청소년의 성보호에 관한 법률 §7⑤)을 두고 있는바, 위력에 의한 추행죄는 성폭력 범행에 특히 취약한 사람을 보호대상으로 하여 강제추행죄의 '폭행 또는 협박'과 다른 '위력'을 범행수단으로 한 성적 침해 또는 착취행위를 범죄로 규정하여 처벌하려는 것이다. 이러한 위력과 폭행·협박의 개념상 차이, 위력에 의한 추행죄와 강제추행죄의 구성요건, 각 보호법익과 체계 등을 고려하면, 위력에 의한 추행죄에서 '위력'은 유형력의 대상이나 내용 등에 비추어 강제추행죄의 '폭행 또는 협박'에 해당하지 아니하는 폭행·협박은 물론, 상대방의 자유의사를 제압하거나 혼란하게 할 만한 사회적·경제적·정치적인 지위나 권세를 이용하는 것을 포함한다. 따라서 강제추행죄의 폭행 또는 협박의 의미를 종래의 판례 법리와 같이 제한 해석하여야만 위력과 구별이 용이해진다고 볼

【Theme- 성폭력범죄에 대한 특별형법】

성폭력범죄에 대한 특별형법으로는 「성폭력범죄의 처벌 등에 관한 특례법」(약칭: 성폭력처벌법), 「아동·청소년의 성보호에 관한 법률」(약칭: 청소년성보호법) 등이 있다. 1991년 김부남 사건[40]과 1992년 김보은양 사건[41]은 1994년 1월 「성폭력범죄 처벌 및 피해자 보호 등에 관한 법률」의 제정에 큰 영향을 주었다. 이 법은 특히 여성과 미성년자를 성폭력범죄의 위험으로부터 보호하는 것에 그 목적이 있다.[42] 이 법은 성폭력범죄자의 처벌에 관한 특례와 성폭력피해자의 특별보호를 위한 성폭력피해상담소 및 성폭력피해보호자시설의 설치, 운영 등을 규정하고 있었다. 이후 2008년 조두순 사건[43]과, 2010년 김길태 사건[44] 등을 계기로 이 법은 그 처벌 형량을 대폭 강화하였고, 그 중 범죄자 처벌과 관련한 부분을 분리하여 새로이 만든 법이 성폭력처벌법이다.[45]

성폭력처벌법은 흉기나 그 밖의 위험한 물건을 지닌 채 또는 2명 이상이 합동하여 범한 특수강간·강제추행(동법 §4), 친족, 장애인, 13세 미만의 미성년자에 대한 강간·강제추행(동법 §§5, 6, 7), 13세 미만의 미성년자에 대한 강간상해·치상(동법 §8) 또는 강간살인·치사(동법 §9) 등을 가중처벌한다.

청소년성보호법은 아동·청소년에 대한 강간·강제추행죄(동법 §7), 장애인인 아동·청소년에 대한 간음 등죄(동법 §8①) 등을 가중처벌한다. 청소년성보호법에서 말하는 아동과 청소년은 13세 이상 19세 미만의 자를 말한다. 다만, 19세에 도달하는 연도의 1월 1일을 맞이한 자는 제외한다(동법 §2ⅰ).

수는 없다.).
40) 피고인 김부남은 9세 때 이웃집 아저씨인 송백권(당시 35세)에게 성폭행을 당했고 이때 받은 충격으로 대인기피 증세를 보여 결혼생활에 실패한 뒤, 1991. 1. 30. 송백권을 식칼로 살해하였다. 김부남은 1992. 4. 14. 대법원에서 징역 2년 6월 집행유예 3년과 치료감호가 선고되었고 약 1년 7개월간 공주치료감호소에서 치료를 받은 후 1993. 5. 출소했다.
41) 대법원 1992.12.22. 선고 92도2540 판결(약 12살 때부터 의붓아버지에게 계속적으로 강간당하여 온 피고인 김보은이 20대가 된 후 남자친구 상피고인 김진관과 함께 의붓아버지를 식칼로 찔러 살해한 행위는 사회통념상 상당성을 결여하여 정당방위가 성립하지 아니한다고 보고 존속살해죄의 죄책을 인정하였다. 공판정에서 상피고인 김진관은 "나는 보은이의 의붓아버지를 죽인 것이 아니라 내가 사랑하는 보은이를 살린 겁니다"라고 진술하였다).
42) 이영란, "성폭력특별법의 형법적 고찰: 성폭력범죄의 처벌 및 피해자보호 등에 관한 법률", 「피해자학연구」, 1994, 19면.
43) 2008. 12. 조두순(당시 56세)이 등교 중인 여아 나영이(가명. 당시 8세)를 강간, 상해를 입힌 사건으로 징역 12년형을 선고받았다.
44) 김길태가 여중생을 납치해 부산광역시 사상구 덕포동의 주택가에서 성폭행하고 살해한 뒤 물탱크 안에 시신을 유기한 사건. 1심에서 사형을 선고받았으나 항소심에서 무기징역으로 감형되었고, 상고심에서 무기징역형이 내려져 확정되었다.
45) 최석림, "성폭력범죄의 처벌 등에 관한 특례법 제정의 의의 및 과제", 「의정연구」, 2010, 157~158면.

9. 명예훼손죄

명예훼손죄는 공연히 구체적인 사실을 적시하여 사람의 명예를 훼손함으로써 성립하는 범죄이다(형법 §307①). 사람을 비방할 목적으로 신문, 잡지 또는 라디오 기타 출판물에 의하여 제307조제1항의 죄를 범한 경우는 별도로 '출판물 등에 의한 명예훼손죄'가 성립된다(형법 §309).

명예훼손(Defamation)의 방법은 '공연히 사실이나 허위 사실을 적시하는 것'이다. 허위의 사실을 적시한 경우에는 진실한 사실을 적시한 경우보다 가중하여 처벌한다(형법 §307②).

'공연히'라 함은 불특정 또는 다수인이 인식할 수 있는 상태를 말한다. 귀엣말 등 한 사람만 들을 수 있는 방법으로 이야기하였다면, 공연성이 인정되지 않지만,[46] 인터넷상에서 한 사람에게만 사실을 적시하였더라도 불특정 또는 다수인에게 전파될 가능성이 있다면 공연성의 요건을 충족한다.[47]

'사실의 적시'란 사람의 사회적 가치 내지 평가를 저하시키는데 충분한 사실을 지적하는 것을 말하며, 내용이 구체적이어야 하고 대상자가 특정되어야 한다.[48] 사실 적시는 가치판단이나 평가를 내용으로 하는 '의견 표현'에 대치되는 개념으로서 시간과 공간적으로 구체적인 과거 또는 현재의 사실관계에 관한 보고 내지 진술을 의미하며, 표현내용의 증명이 가능한 것을 말한다. 그러나 반드시 사실을 직접적으로 표현한 경우에 한정할 것은 아니고, 간접적이고 우회적인 표현에 의하더라도 그 표현의 전 취지에 비추어 그와 같은 사실의 존재를 암시하고, 또 이로써 특정인의 사회적 가치 내지 평가가 침해될 가능성이 있을 정도의 구체성이 있으면 족하다.[49] 그 적시방법은 구

---

[46] 대법원 2005.12.9. 선고 2004도2880 판결.
[47] 대법원 2008.2.14. 선고 2007도8155 판결(인터넷 블로그의 비공개 대화방에서 1:1로 대화하면서 상대방으로부터 비밀을 지키겠다는 말을 듣고 한 대화라고 해도 불특정 또는 다수인에게 전파할 가능성이 없다고 할 수는 없어서 공연성이 인정되었다.).
[48] 대법원 2002.12.24. 선고 2000다14613 판결(1994. 6. 11. 방영된 KBS '한국전쟁 누가 일으켰는가'를 포함한 다큐멘터리 극장의 책임 프로듀서(PD)를 '주사파'라고 지목한 행위는 사실의 적시에 해당한다고 판시);

두나 전단 또는 입간판에 게재하는 방법 외에도 몸짓으로 나타내는 것도 포함한다. 사실의 적시가 없는 단순 욕설이나 모욕적 표현은 구체성이 없어 모욕죄(형법 §311)가 될 뿐이다. 모욕(Insult, Beleidigung)이란 사실을 적시하지 아니하고 사람의 사회적 평가를 저하시킬 만한 추상적 판단이나 경멸적 감정을 표현하는 것으로 예를 들어 도둑놈, 바람둥이, 배신자, 첩의 자식이라고 언어나 행동 또는 손짓 등으로 표현하는 것이다.

명예훼손죄의 객체는 사람의 명예이다. 여기에서 명예라 함은 '외부적 명예', 즉 사람의 인격에 대한 사회적 평가로서 긍정적인 가치가 있는 것을 말한다. 사람의 진실한 명예만이 아니라 실체적 내용이 없는 외관상 평판, 세평, 허명이라도 외부적 명예에 포함된다.[50] 명예의 주체인 사람에는 자연인(유아포함)·법인뿐만 아니라, 기타 단체도 포함된다.

그런데 우리 형법은 사실적시 명예훼손을 처벌하므로 이른바 미투 사건의 피해자나 피해 배우자가 가해 사실이나 간통 사실을 인터넷 게시판이나 단톡방에 올리는 경우 명예훼손죄로 처벌받을 수 있다. 학계에서는 사실적시 명예훼손죄의 처벌이 표현의 자유의 위축효과를 가져오며, 허위사실을 적시한 명예훼손만을 처벌하는 것이 국제적 추세라는 점을 근거로 진실한 사실을 적시하는 경우에는 명예훼손죄로 처벌하지 말아야 한다는 주장이 제기되어왔고,[51] 2011년 유엔 인권위원회(UN Human Rights Committee), 2015년 유

---

49) 대법원 2006.5.12. 선고 2004다35199 판결.
50) 박재윤 편집대표, 「주석형법: 형법각칙(4) 제4판」 한국사법행정학회, 2006, 378~391면(박홍우 집필 부분).
51) 권순민, "명예훼손죄의 비범죄화에 대한 논의와 그 대안에 대한 연구: 형법 제307조 제1항의 사실적시 명예훼손죄를 중심으로", 「법학논총」(단국대학교 법학연구소) 제40권 2호, 2016, 156면; 김선화, "피해자의 범죄피해 사실적시와 명예훼손죄의 성립: 성폭력 피해자를 중심으로", 「젠더법학」 제11권 제1호, 2019, 86~89면; 김성돈, "진실적시명예훼손죄 폐지론", 「형사정책연구」 제27권 제4호, 2016, 98~105면(진실적시 명예훼손죄가 보호하는 것이 허명이나 위선에 불과하여 형법적으로 보호할 가치가 없다는 점을 들고 있다.); 김재현, "사실적시 명예훼손죄 존폐론", 「고려법학」 제93권, 2019, 180~184면(미투운동에 참여하여 성범죄를 폭로하는 경우에도 역고소를 당하는 부당한 실정을 지적하고 있다.); 김훈집·정태호, "유럽인권협약상의 언론매체의 표현의 자유와 명예훼손의 법리", 「경희법학」 제53

엔 시민적 및 정치적 권리규약위원회(UN ICCPR)는 각각 우리나라에 사실적시 명예훼손죄의 폐지를 권고한 바도 있다. 그러나 진실이 아니더라도 외부적 명예(세평, 평판) 역시 명예로서 법적으로 보호받을 가치가 있고, 사생활 보호라는 헌법상 가치를 위해서도 필요하다는 점에서 사실적시 명예훼손죄는 존치되어야 한다는 주장이 있고,52) 헌법재판소는 사실적시 명예훼손죄는 합헌이라고 선언한 바 있다.53)

【Theme- 제국의 위안부 사건과 학문의 자유】

박유하 세종대 명예교수는 2013년 8월 「제국의 위안부: 식민지지배와 기억의 투쟁」이라는 제목의 책을 출간하였다. 다음해 6월 일본군 위안부 피해자 9명은 박교수를 명예훼손 혐의로 검찰에 고소하였고, 서울동부지검은 수사 끝에 2015년 11월 박교수를 불구속 기소하였다. 위안부 피해자 9명은 책의 34군데에 대하여 출판 등 금지 및 접근금지가처분을 신청하였고 법원은 이를 받아들였다.54)

권 제3호, 2018, 43~90면(유럽인권재판소는 진실한 사실의 적시를 비범죄화하고 있고, 취재원비닉권도 인정하고 있는데, 우리나라는 진실한 사실 적시를 범죄화하고 있고, 취재원비닉권도 인정하지 않고 있다는 점을 비판하고 있다.). 박경신, "진실적시에 의한 명예훼손 처벌제도의 위헌성", 「세계헌법연구」 제16권 제4호, 2010, 35면 이하; 이천현·도중진·권수진·황만성, 「형법각칙 개정연구 (2)- 개인적 법익에 관한 죄 (1)」 형사정책연구원, 2007, 28~50면; 손태규, "형법상 명예훼손죄의 폐지", 「공법연구」 제41권 제2호, 2012, 377~406면.

52) 김형준, "명예훼손죄 비범죄화에 대한 비판적 검토", 「법학논문집」 (중앙대학교 법학연구원)제43권 제3호, 2019, 83~84면; 박정난, "사실적시 명예훼손죄의 비범죄화에 관한 입법론적 검토", 「법학논총」 (국민대학교 법학연구소) 제31권 제3호, 2019, 277~278면; 박호현·장규원, "법률개정(안)을 통한 명예훼손죄의 비범죄화에 대한 논의", 「홍익법학」 제20권 제3호, 2019, 332~333면; 배상균, "사실적시 명예훼손행위의 규제 문제와 개선방안에 관한 검토", 「형사정책연구」 제29권 제3호, 2018, 185~186면; 서보학, "명예에 관한 죄 규정의 개정방안", 「형사법개정연구(Ⅳ) 형법각칙 개정안」, 형사정책연구원 연구총서 09-25-06, 2009, 190~195면; 조국, "사실적시 명예훼손죄 및 모욕죄의 재구성", 「형사정책」 제25권 제3호, 2013, 213~242면; 한수웅, "표현의 자유와 명예의 보호", 「저스티스」 제84호, 2005, 21~52면.
53) 헌법재판소 2016.2.25. 선고 2013헌바105, 2015헌바234(병합) 결정(「정보통신망 이용촉진 및 정보보호 등에 관한 법률」 제70조 제1항 위헌소원 사건. 다만 김이수 헌법재판관과 강일원 헌법재판관은 심판대상조항은 과잉금지원칙에 위반하여 표현의 자유를 침해하므로 헌법에 위반된다는 소수의견을 냈다.).
54) 서울동부지방법원 2015.2.17. 자 2014카합10095 결정(34곳의 문제되는 부분을 삭제하지 아니하고는 책의 출판, 발행, 인쇄, 복제, 판매, 배포, 광고를 하여서는 아니 된다는 결정).

1심인 서울동부지법은 2017년 1월 박교수가 책에서 개진한 견해에 대해서는 비판과 반론이 제기될 수 있고 위안부 강제 동원 부정론자들에게 악용될 우려도 있지만 이는 어디까지나 가치판단을 따지는 문제이지만, 반면 사실을 적시한 부분이 5군데 있다고 보았고, 그 사실 적시는 위안부 피해자들에 대한 사회적 평가를 떨어뜨리지만 특정인의 명예를 훼손한 것도 그럴 고의도 없었다고 보아서 명예훼손죄 혐의에 대하여 무죄를 선고하였다.[55] 그러나 서울고법은 2017년 10월 모두 35군데의 문장에 대하여 검토하여 그 중 다음 박스 안의 열한 군데는 단순한 의견이 아닌 사실을 적시한 표현(이하 '이 사건 표현들'로 지칭한다)으로 판단하고, 조선인 위안부 강제 동원과 일본군의 관여를 인정한 UN 경제사회위원회 인권위원회 특별보고관 라디카 쿠마라스와미가 1996년 작성한 '전쟁 중 군대 성노예제 문제에 관한 보고서', 국제법률가협회(ICJ)의 1994년 보고서 등을 근거로 <u>이 사건 표현들은 허위 사실에 해당한다</u>고 보았다.

> 5 그러나 '위안부'들을 '유괴'하고 '강제연행'한 것은 최소한 조선 땅에서는, 그리고 공적으로는 일본군이 아니었다. 말하자면 수요를 만든 것이 곧 강제연행의 증거가 되는 것은 아니다.
>
> 7 "응모했을 때도 그랬지만, 이런 몸이 된 나도 군인들을 위해 일할 수 있다, 나라를 위해 몸바칠 수 있다고 생각하고 그네들은 기뻐하고 있었습니다. 그랬기 때문에, 자유로워져서 내지에 돌아가도 다시 몸 파는 일을 할 수밖에 없다는 것을 알고 있었기 때문에, 여성들은 군인들을 위해 온 힘을 다할 수 있었던 것입니다. 물론 돈도 벌고 싶었겠지만요." 물론 이것은 일본인 위안부의 경우다. 그러나 조선인 위안부 역시 '일본제국의 위안부'였던 이상 기본적인 관계는 같다고 해야 한다.
>
> 10 버마의 양곤(랑군)에 있다가 전쟁 막바지에 폭격을 피해 태국으로 피신했던 이 위안부 역시 일본군의 안내로 일본까지 왔다가 귀국한 경우다. 이들이 '전쟁범인', 즉 전범들이 있는 곳으로 가게 된 이유는 이들이 '일본군'과 함께 행동하며 '전쟁을 수행'한 이들이었기 때문이다. 그건 설사 그들이 가혹한 성노동을 강요당했던 '피해자'라고 해도 '제국의 일원'이었던 이상 피할 수 없는 운명이었다.
>
> 11 조선인 여성이 위안부가 된 것은 오늘날에도 여전히, 다른 경제활동이 가능한 문화자본을 갖지 못한 가난한 여성들이 매춘업에 종사하게 되는 것과 같은 구조 속의 일이다.
>
> 16 그런 의미에서 봤을 때 "그런 유의 업무에 종사하던 여성이 스스로 희망해

---

[55] 서울동부지방법원 2017.1.25. 선고 2015고합329 판결. 1심 형사공판 기일에 법정을 방청한 관찰기로서 오정진, "법이 상처를 겪어내기 : 「제국의 위안부」 명예훼손죄 공판에 임하여", 「법학연구」 (부산대학교 법학연구소) 제58권 제1호, 2017, 281~302면.

서 전쟁터로 위문하러 갔다"든가 "여성이 본인의 의사에 반해서 위안부를 하게 되는 경우는 없었다"(공소외 3)고 보는 견해는 '사실'로는 옳을 수도 있다.

20 그러나 국가가 군대를 위한 성노동을 당연시한 것은 사실이지만, 당시에 법적으로 금지되어 있지 않았던 이상 그것에 대해 '법적인 책임'을 묻는 것은 어려운 일이다. 또 강제연행과 강제노동 자체를 국가와 군이 지시하지 않는 이상(일본군의 공식 규율이 강간이나 무상노동, 폭행을 제어하는 입장이었던 이상) 강제연행에 대한 법적 책임을 일본 국가에 있다고는 말하기 어려운 일이다. 다시 말해 위안부들에게 행해진 폭행이나 강제적인 무상노동에 관한 피해는 1차적으로는 업자와 군인 개인의 문제로 물을 수밖에 없다.

23 그런 한, '피해자' 소녀에게 목도리를 둘러주고 양말을 신겨주고 우산을 받쳐주던 사람들이, 그녀들이 일본옷을 입고 일본이름을 가진 '일본인'으로서 '일본군'에 협력했다는 사실을 알게 된다면 똑같은 손으로 그녀들을 손가락질할지도 모른다.

26 그러나 일본 정부는 사죄했고 2012년 봄에도 다시 사죄를 제안했다. 그리고 앞으로도 정대협이 주장하는 국회입법이 이루어질 가능성은 없다. 그 이유는 1965년의 조약, 그리고 적어도 '강제연행'이라는 국가폭력이 조선인 위안부에 관해서 행해진 적은 없다는 점, 있다고 한다면 어디까지나 예외적인 사례여서 개인의 범죄로 볼 수밖에 없고 그런 한 '국가범죄'라고 말할 수는 없다는 점에 있다.

27 1996년 시점에 '위안부'란 근본적으로 '매춘'의 틀 안에 있던 여성들이라는 것을 알고 있었던 것이다.

30 '조선인 위안부'란 "이렇게 해서 조선이나 중국의 여성들이 일본의 공창제도의 최하층에 편입되었고, 아시아 태평양전쟁기의 '위안소'의 최대 공급원"(110쪽)이 되면서 생긴 존재였다.

34 그리고 '자발적으로 간 매춘부'라는 이미지를 우리가 부정해온 것 역시 그런 욕망, 기억과 무관하지 않다.

또한 "조선인 일본군 '위안부' 피해자들이 갖는 사회적 가치나 평가는 '조선인 위안부 대부분은 일본 국가나 일본군의 지시에 따라 자신들의 의사에 반하여 강제로 동원되어 일본군 위안소에서 성적 학대를 당하며 성노예로서의 생활을 강요당하였다'는 데 있다. 그런데 이 사건 표현들의 내용은 '조선인 위안부들은 자발적으로 위안부가 되어 경제적 대가를 받고 성매매를 하였다', '조선인 위안부들은 일본군에 협력하고 함께 전쟁을 수행하였다', '일본국과 일본군은 조선인 위안부를 강제 동원하거나 강제 연행하지 않았다'는 것이다. … <u>위와 같은 내용은 위안부 피해자들의 사회적 가치나 평가를 저하시키기에 충분한 사실을 적시한 것</u>"으로 보았고, "이 사건 도서를 읽는 <u>독자들에게 '조선인 일본군 위안부'는 자신이 '조선인 위안부'임을 밝히고 일본 정부에 사죄와 책임을 요구하는 '조선인 위안부' 집단 내 구성</u>

원인 이 사건 피해자들을 지칭하는 것으로 여겨질 수 있다. 이 사건 피해자들은 이 사건 표현들로 인한 명예훼손 피해자로 특정된다."고 보았다. 또한 "허위 사실 적시로 인한 명예훼손죄의 범의는 그 구성요건사실 즉 적시한 사실이 허위인 점과 그 사실이 사람의 사회적 평가를 저하시킬 만한 것이라는 점을 인식하는 것을 말하(는데) … 행위자가 그 사항이 허위라는 것을 인식하였는지 여부는 여러 … 객관적 사정을 종합하여 판단할 수밖에 없다"고 전제하고, "피고인이 주장하는 바와 같이 일본군 '위안부' 문제에는 사회 구조적 원인이 존재하고, '조선인 일본군 위안부'들의 모습이나 처지가 매우 다양하며, 이 사건 도서는 피고인이 기존 자료 등을 토대로 현재 우리 사회나 학계의 주류적인 시각과는 다른 입장에서 '위안부' 문제에 관한 자신의 주장을 개진하는 내용이고, 이 사건 도서 곳곳에서 여러 예외적인 경우와 다양한 '위안부'들의 모습이나 처지가 서술되어 있다. 그러나 피고인은 <u>이 사건 표현들에서는 예외적인 경우를 서술하지 않거나 단정적인 표현을 사용함으로써 이를 접하는 독자들은 마치 대부분 또는 많은 '조선인 위안부'들이 자발적으로 '위안부'가 되어 경제적 대가를 받고 성매매를 하였고, '조선인 위안부'들은 일본군에 협력하고 함께 전쟁을 수행하였으며, 일본국과 일본군은 '조선인 위안부'를 강제동원하거나 강제연행하지 않았다고 받아들일 수 있다. 피고인도 이러한 점을 인식하면서 이 사건 표현들을 서술하였다고 보인다.</u> 이러한 사정을 감안하면, 피고인이 이 사건 도서를 집필한 목적, 이 사건 도서의 성격 및 전체 내용을 감안하더라도 <u>피고인은 이 사건 표현들에서 적시한 사실이 허위인 점과 그 사실이 피해자들의 사회적 평가를 저하시킬 만한 것이라는 점을 인식하였다고 보인다. 피고인에게 명예훼손 고의가 인정된다.</u>"고 보고 피고인은 허위의 사실을 적시한 '제국의 위안부'라는 책을 출판하고 배포하여 공연히 피해자들의 명예를 훼손한 것으로 인정하고 벌금 1000만원을 선고하였다.[56][57]

---

56) 서울고등법원 2017.10.27. 선고 2017노610 판결.
57) 이 항소심 판결 평석으로 홍승기, "「제국의 위안부」 형사 판결의 비판적 분석 -서울고등법원 2017노610 판결을 중심으로-", 「법학연구」 (인하대학교 법학연구소) 제23권 제1호, 2020, 108~132면(항소심 법원은 이 사건 표현에 사용된 어휘의 통상적 의미, 전체적 흐름, 문구 연결, 전체 문맥이나 사회적 흐름 등을 종합적으로 검토하지 않고, 이 사건 표현을 파편화하여 그 의미를 왜곡하고, 유죄에 대한 상당한 의심을 무시하고 '합리적 의심의 배제'라는 형사 증거법의 기본원칙을 어겼다는 비난을 피하기 힘들며, 이 사건 표현들은 기본적으로 학자의 의견이고 평가이며 이 가운데 '사실'이 일부 있다 하더라도 그 사실은 「제국의 위안부」의 전체적 맥락에서 파악하면 '허위' 사실이라고 단정할 수 없는 표현인 점, 한편 이 책의 '위안부'란 '조선인 일본군 위안부 전체'를 의미한다는 점이 맥락상 분명한데, 항소심은 굳이 이 사건 피해자들을 지칭하는 것으로 범위를 좁힌 점, 위안부 문제와 같이 공적인 관심사이자 역사적 사실의 표현에 있어서는, 관련자들의 명예와 함께 역사적 사실의 탐구 및 표현의 자유 역시 보호되어야 하므로 대법원 판례와 같이 객관적 자료에 한계가 있고, 시각을 달리하는 새로운 자료가 뒤엉켜 객관적 진실 여부를 확인하는 것이 용이하지 않은 사건에서는 유죄 판단을 극도로 자제하여야 할 것이라는 점 등을 비판하고

그러나 대법원은 "정신적 자유의 핵심인 학문의 자유는 기존의 인식과 방법을 답습하지 아니하고 끊임없이 문제를 제기하거나 비판을 가함으로써 새로운 인식을 얻기 위한 활동을 보장하는 데에 그 본질이 있다. … 학문적 표현행위는 연구 결과를 대외적으로 공개하고 학술적 대화와 토론을 통해 새롭고 다양한 비판과 자극을 받아들여 연구 성과를 발전시키는 행위로서 그 자체가 진리를 탐구하는 학문적 과정이며 이러한 과정을 자유롭게 거칠 수 있어야만 궁극적으로 학문이 발전할 수 있다. … 학문적 표현의 자유에 대한 제한은 필요 최소한에 그쳐야 한다. 따라서 학문적 표현행위는 기본적 연구윤리를 위반하거나 해당 학문 분야에서 통상적으로 용인되는 범위를 심각하게 벗어나 학문적 과정이라고 보기 어려운 행위의 결과라거나, 논지나 맥락과 무관한 표현으로 타인의 권리를 침해하는 등의 특별한 사정이 없는 한 원칙적으로 학문적 연구를 위한 정당한 행위로 보는 것이 타당하다. … 대법원은 명예훼손죄에서 '사실의 적시'에 관하여, 객관적으로 피해자의 사회적 평가를 저하시키는 사실에 관한 발언이 보도, 소문이나 제3자의 말을 인용하는 방법으로 단정적인 표현이 아닌 전문 또는 추측의 형태로 표현되었더라도, 표현 전체의 취지로 보아 사실이 존재할 수 있다는 것을 암시하는 방식으로 이루어진 경우에는 사실의 적시로 인정하여 왔다(대법원 2008.11.27. 선고 2007도5312 판결 등 참조). 하지만 학문적 표현의 자유를 실질적으로 보장하기 위해서는, 학문적 연구 결과 발표에 사용된 표현의 적절성은 형사 법정에서 가려지기보다 자유로운 공개토론이나 학계 내부의 동료평가 과정을 통하여 검증되는 것이 바람직하다. 그러므로 학문적 연구에 따른 의견 표현을 명예훼손죄에서 사실의 적시로 평가하는 데에는 신중할 필요가 있다. 역사학 또는 역사적 사실을 연구 대상으로 삼는 학문 영역에서의 '역사적 사실'과 같이, 그것이 분명한 윤곽과 형태를 지닌 고정적인 사실이 아니라 사후적 연구, 검토, 비판의 끊임없는 과정 속에서 재구성되는 사실인 경우에는 더욱 그러하다. 이러한 점에서 볼 때, 학문적 표현을 그 자체로 이해하지 않고, 표현에 숨겨진 배경이나 배후를 섣불리 단정하는 방법으로 암시에 의한 사실 적시를 인정하는 것은 허용된다고 보기 어렵다."고 전제하고, "이 사건 각 표현은 피고인의 학문적 주장 내지 의견의 표명으로 평가함이 타당하고, 명예훼손죄로 처벌할 만한 '사실의 적시'로 보기 어렵다."고 보아 원심 판결을 파기하였다.[58]

대법원이 이러한 판단의 근거로 든 것은 다음과 같다. "가) 피고인은 오랜 기간 대학의 일어일문학 교수로 재직하면서 일본 문학과 한일 근현대사를 연구하였다. 피고인은 한일 갈등의 핵심에 조선인 일본군 위안부 문제가 있으며, 이를 해결하지 않고서는 바람직한 한일 관계를 구축할 수 없다고 보고, 그 해결을 위한 연구를 진행하여 연구 결과를 저서로 출판하였다. 이 사건 도서는 위 연구의 연장선상에서 나온 학문적 표현물로 보인다. … 피고인이 이 사건 도서의 기획, 집필, 발간에 이르는 전 과정에서 '조선인 일본군 위안부'인 피해자들의 자기결정권이나 사생활 비밀의 자유를 침해하는 등 이들의 존엄을 경시하였다고 볼 만

---

[58] 대법원 2023.10.26. 선고 2017도18697 판결.

한 사정도 확인되지 않는다.

나) 이 사건 도서의 전체적인 내용이나 맥락에 비추어 보면, 피고인이 검사의 주장처럼 일본군에 의한 강제 연행을 부인하거나, 조선인 위안부가 자발적으로 매춘행위를 하였다거나, 일본군에 적극 협력하였다는 주장을 뒷받침하기 위하여 이 사건 각 표현을 사용한 것으로 보이지는 않고, 이 사건 각 표현이 그러한 주장을 전제하고 있다고 보이지도 않는다. … 이 사건 각 표현 전후의 맥락이나 피고인이 밝히고 있는 이 사건 도서의 집필 의도에 비추어 보면, 피고인은 이 사건 도서 전체를 통해 피고인의 주제의식, 즉 조선인 일본군 위안부 문제에 관하여 일본 제국이나 일본군의 책임을 부인할 수는 없으나, 제국주의 사조나 전통적 가부장제 질서와 같은 다른 사회구조적 문제가 기여한 측면이 분명히 있다는 것을 부인할 수는 없으므로, 전자의 문제에만 주목하여 양국 간 갈등을 키우는 것은 위안부 문제의 해결에 도움이 되기 어렵다는 점을 펼쳐 나가는 과정에서 그 주제의식을 부각하기 위해 이 사건 각 표현을 사용한 것으로 보인다.

다) 학문적 표현행위로 인하여 피해자 개인이 입는 인격권 침해의 정도는 그 표현이 가리키는 대상이 넓어지거나 표현의 내용이 일반화, 추상화될수록 희석될 수 있고, 이는 역사적 사실에 관한 표현에서도 마찬가지이다. 개인이나 구성원 개개인을 특정할 수 있는 소규모 집단이나 비교적 균일한 특성을 갖고 있는 집단(을) 넘어서는 범위의 집단에 관한 일반화되고 추상화된 표현은 증명 가능한 구체적 사실이라기보다는 시대상(시대상)을 정의하는 것과 같이 역사적 사실에 기반한 연구자 개인의 종합적 해석이나 평가로서 학문적 주장 내지 의견의 표명으로 볼 여지가 커진다. 일본군 위안부의 전체 규모는 적게는 3만명에서 많게는 40만명까지 추산되고 있으며, 그중 조선인이 차지하는 비율 역시 50% 이상으로 추정된다. 따라서 조선인 일본군 위안부를 구성원 개개인이 특정될 수 있는 소규모 집단으로 정의하기는 어렵고, 피해자들이 증언하고 있는 다양한 연행 경위나 피해 양상에 비추어 균일한 특성을 가지고 있는 집단이라고 볼 수도 없다. 또한 이 사건 각 표현이 피해자 개개인에 관한 구체적인 사실의 진술에 해당한다고도 보기 어렵다. 그렇다면 이 사건 각 표현은 개개인을 특정할 수 있는 범위를 넘어서는 조선인 일본군 위안부 전체에 관한 일반적, 추상적 서술에 해당하고, 역사적 사실을 바탕으로 한 피고인의 종합적 해석이나 평가로서 학문적 주장 내지 의견의 표명으로 볼 여지가 있다.

라) 범죄일람표 순번 5, 16, 20, 26 표현에 사용된 '공적 강제 연행'의 개념에 관하여, 이를 일본 제국의 공식적인 정책에 의한 강제 연행으로 볼 수 있다는 검사의 주장과 달리, 피고인은 조선인 일본군 위안부의 연행 과정에서 일부 군인의 일탈행위가 있었으나, 그것만으로 공식 계통을 통한 '공적 강제 연행'이 있었다고 볼 수는 없다고 주장한다.

학문적 표현에 사용된 용어의 개념이나 범위에 관하여는 다양한 입장이 존재할 수 있다. 이 경우 국가가 다양한 학문적 견해 중 어느 하나의 견해만이 옳다고 선언하는 것은 학문적 표현의 자유에 대한 부당한 침해가 될 수 있다. 따라서 학문적 표현이 사실을 적시하고 있는 것처럼 보이는 경우에도, 용어의 개념이나 포섭 범위에 대한 다양한 해석이 가능하고,

해당 표현에서 취한 개념이 실제 학계에서 통용되는 것이거나, 통용되지 않더라도 문언의 객관적 의미나 대중의 언어습관에 비추어 용인될 수 있으며, 해당 표현이 용어에 대한 특정한 학문적 개념정의를 전제로 한 것임이 표현의 전후 맥락에 의하여 확인될 수 있는 경우에는, 사실의 적시가 아닌 학문적 견해 표명 내지 의견 진술로 보는 것이 학문의 자유를 최대한 보장하는 헌법 정신에 들어맞는다.

'공적 강제 연행' 역시 국가나 군 차원에서 어느 정도의 개입이 존재하여야 이를 '공적 강제 연행'으로 부를 수 있는지 여부에 관하여 다양한 해석이나 주장이 가능하고, 피고인이 한 주장이 학계에서 주류적인 지위를 차지하고 있다고 보기는 어렵지만, 문언의 객관적 의미나 대중의 언어습관에 비추어 용인될 수 없는 수준에 이르렀다고 단정하기도 어렵다. 그리고 해당 표현이 '공적 강제 연행'에 대한 학문적 개념 포섭을 전제로 한 것임은 표현 전후의 맥락에 의하여 충분히 확인될 수 있다. 따라서 이 사건 각 표현 중 '공적 강제 연행'에 관한 서술 부분은 사실의 적시에 해당한다고 보기 어렵다.

마) 학문적 표현, 특히 역사적 사실에 관한 학문적 표현을 그 자체로 이해하려고 하지 않고, 표현에 숨겨진 배경이나 배후에만 주목하여 손쉽게 암시에 의한 사실을 적시하고 있다고 평가할 수는 없으므로, 최소한 학문적 표현에 포함된 특정한 문구에 의하여 그러한 사실이 곧바로 유추될 수 있을 정도의 표현은 있어야 암시에 의한 사실 적시를 인정할 여지가 있다. 그런데 범죄일람표 순번 7, 10, 11, 27, 30, 34 기재 표현의 경우, 그 표현 내의 문구만으로는 검사가 공소사실에서 '적시 사실'이라 주장한 '자발성'이나 '동지적 관계'에 관한 명제를 곧바로 이끌어 내거나 유추하기 어렵다. 범죄일람표 순번 23 기재 표현의 경우, 그 전후 맥락에 비추어 해당 표현은 '조선인 일본군 위안부가 일본 제국의 구성원으로서 피해자인 동시에 식민지인으로서 일본 제국에 협력할 수밖에 없는 모순된 상황에 처한 존재였다.'는 피고인의 주장을 설명하는 내용으로 볼 수 있다. 이는 조선인 일본군 위안부의 처지와 역할에 관한 피고인의 학문적 의견 내지 주장을 표명한 것으로 보일 뿐, 검사의 주장과 같이 해당 표현이 '조선인 일본군 위안부들은 일본군과 동지의식을 가지고 일본 제국 또는 일본군에 애국적, 자긍적으로 협력하였다.'는 명제를 단선적으로 전제하고 있다고 보기는 어렵다."

대법관　오석준(재판장) 안철상 노정희(주심) 이흥구

사람의 명예를 훼손한 행위가 "진실한 사실로서 오로지 공공의 이익에 관한 때"에는 위법성이 조각되어 처벌하지 아니한다(형법 §310).[59] 여기서 '진

---

[59] 형법 제310조가 적용되어 위법성이 조각된 사건으로 대법원 2007.12.14. 선고 2006도2074 판결(부산광역시 개인택시운송조합의 이사장으로 근무하던 피고인이 2004. 6. 1.부터 2005. 2. 16.까지 6회에 걸쳐서 조합원들에게 "X((2002. 7.경 새로 취임한 조합 이사장)가 자격도 없는 개인연구원에게 부탁하여 공인받을 수 없는 감정서를 만들어 조합원들에게 공인감정서인 것처럼 홍보하고 감정비 명목으로 지출한 2,200만 원은 중간에서 착복하였고, 개인택시 정보화사업에 컨소시움 참여업체인 KTF가 26억 원의 지원금을 내는 조건으로 참여하

실한 사실'이란 그 내용 전체의 취지를 살펴볼 때 중요한 부분이 객관적 사실과 합치되는 사실이라는 의미로서 세부에 있어 진실과 약간 차이가 나거나 다소 과장된 표현이 있더라도 무방하고, '오로지 공공의 이익에 관한 때'라 함은 적시된 사실이 객관적으로 볼 때 공공의 이익에 관한 것으로서 행위자도 주관적으로 공공의 이익을 위하여 그 사실을 적시한 것이어야 하는 것인데, 여기의 공공의 이익에 관한 것에는 널리 국가·사회 기타 일반 다수인의 이익에 관한 것뿐만 아니라 특정한 사회집단이나 그 구성원 전체의 관심과 이익에 관한 것도 포함하는 것이고, 적시된 사실이 공공의 이익에 관한 것인지 여부는 당해 적시 사실의 내용과 성질, 당해 사실의 공표가 이루어진 상대방의 범위, 그 표현의 방법 등 그 표현 자체에 관한 제반 사정을 감안함과 동시에 그 표현에 의하여 훼손되거나 훼손될 수 있는 명예의 침해 정도 등을 비교·고려하여 결정하여야 하며, 행위자의 주요한 동기 내지 목적이 공공의 이익을 위한 것이라면 부수적으로 다른 사익적 목적이나 동기가 내포되어 있더라도 무방하다.

공연히 허위의 사실을 적시하여 사자의 명예를 훼손하면 사자(死者)명예훼손죄가 성립한다(형법 §308). 그 보호법익은 역사적 가치로의 사자의 명예이다.[60]

명예훼손죄와 출판물 등에 의한 명예훼손죄는 반의사불벌죄이고(형법 §312②), 사자명예훼손죄는 사자의 친족 또는 자손의 고소가 있어야 공소를 제기할 수 있는 친고죄이다(형법 §312①, 형소법 §227).

고는 5억 원만 지원하고 잔액 21억 원이 있었는데 X가 잔액 21억 원을 안 받기로 탕감해 주었다."라는 발언을 하거나 같은 취지의 유인물을 배포한 행위); 대법원 2023.2.2. 선고 2022도13425 판결(○○대학교 총학생회장인 피고인이 2018. 6. 6. 부총학생회장 및 중앙집행위원장 등과 공론화 여부·방식·내용 등을 논의하고 게시글 초안의 세부 내용에 대해 논의하여 수정·보완을 거친 후 페이스북, 커뮤니티 사이트인 '△△', ○○대학교 커뮤니티 앱 '○○대학교 에브리 타임', 전체 학생대표자들의 카카오톡 단체대화방에 피고인 자신의 이름·직책을 명시하여 '총학생회장으로서 음주운전을 끝까지 막지 못하여 사과드립니다.'라는 제목으로 농활 및 준비과정에서의 다른 학생 X의 음주운전 사실을 게시글로 올린 행위).

60) 정성근·박광민, 앞의 책, 207면, 김일수·서보학, 앞의 책, 166면. 이영란, 「형법학(각론강의)」, 2014, 191면.

10. 주거침입죄

사람의 주거, 관리하는 건조물, 선박이나 항공기 또는 점유하는 방실에 침입한 경우 주거침입죄가 성립한다(형법 §319). 보호법익은 개인의 주거의 사실상의 평온이다. '주거'라 함은 사람이 일상생활을 영위하기 위하여 점거하는 장소를 말하고 반드시 영구적일 필요가 없으며,[61] 주거에 부수되는 정원, 계단, 복도, 지하실도 포함한다.[62] 일정한 기간 동안만 머무르는 별장도 주거에 해당된다. 그 밖에도 주거침입죄의 객체로는 주거용 차량, 점포, 항공기, 선박, 호텔·여관 등의 객실 등이 있다.

주거침입(住居侵入, Hausfriedensbruch)은 주거의 사실상의 평온상태를 해치는 모습으로 침입하는 것을 의미한다. 대법원은 2021년 전원합의체 판결[63]로 피고인이 갑의 부재중에 갑의 처(妻) 을과 혼외 성관계를 가질 목적으로 을이 열어 준 현관 출입문을 통하여 갑과 을이 공동으로 거주하는 아파트에 들어간 사안에서, 피고인이 을로부터 현실적인 승낙을 받아 통상적인 출입방법에 따라 주거에 들어갔으므로 주거의 사실상 평온상태를 해치는 행위태양으로 주거에 들어간 것이 아니어서 주거에 침입한 것으로 볼 수 없고, 피고인의 주거 출입이 부재중인 갑의 의사에 반하는 것으로 추정되더라도 주거침입죄의 성립 여부에 영향을 미치지 않는다고 판시하여 이러한 경우 주거침입죄의 성립을 인정하던 과거의 판례[64]를 폐기하였다.

일반인의 출입이 허용된 음식점에 영업주의 승낙을 받아 통상적인 출입방법으로 들어간 경우 행위자가 범죄 등을 목적으로 음식점에 출입하였거나

---

[61] 이재상·장영민·강동범, 앞의 「형법각론(제11판)」, 236면, 김일수·서보학, 앞의 책, 201면.
[62] 대법원 2009.8.20. 선고, 2009도3452 판결(주거침입죄에서 주거란 단순히 가옥 자체만을 말하는 것이 아니라 그 정원 등 위요지를 포함한다. 따라서 다가구용 단독주택이나 다세대주택·연립주택·아파트 등 공동주택 안에서 공용으로 사용하는 계단과 복도는, 주거로 사용하는 각 가구 또는 세대의 전용 부분에 필수적으로 부속하는 부분으로서 그 거주자들에 의하여 일상생활에서 감시·관리가 예정되어 있고 사실상의 주거의 평온을 보호할 필요성이 있는 부분이므로, 특별한 사정이 없는 한 주거침입죄의 객체인 '사람의 주거'에 해당한다.).
[63] 대법원 2021.9.9. 선고 2020도12630 전원합의체 판결.
[64] 대법원 1984.6.26. 선고 83도685 판결(보호법익을 주거권으로 보는 입장).

영업주가 행위자의 실제 출입 목적을 알았더라면 출입을 승낙하지 않았을 것이라는 사정이 인정되더라도 주거침입죄의 구성요건적 행위인 '침입'에 해당하지 않는다고 보았다.[65]

또한 공동거주자 중 한 사람이 법률적인 근거 기타 정당한 이유 없이 다른 공동거주자가 공동생활의 장소에 출입하는 것을 금지한 경우, 다른 공동거주자가 이에 대항하여 공동생활의 장소에 들어갔더라도 이는 사전 양해된 공동주거의 취지 및 특성에 맞추어 공동생활의 장소를 이용하기 위한 방편에 불과할 뿐, 그의 출입을 금지한 공동거주자의 사실상 주거의 평온이라는 법익을 침해하는 행위라고는 볼 수 없으므로 주거침입죄는 성립하지 않는다.[66]

주거침입죄는 계속범이며, 고의범이다. 주거침입죄의 고의는 반드시 신체의 전부가 타인의 주거 안으로 들어간다는 인식이 있어야만 하는 것이 아니라 얼굴과 팔과 같이 신체의 일부라도 타인의 주거 안으로 들어간다는 인식이 있으면 족하다.[67] 침입의 방법에는 제한이 없으며, 착수시기는 주거에 신체의 일부가 들어간 때이다. 행위자가 건물 담장 위에 올라서서 1층의 주방 창문을 통하여 주거지 내부를 훔쳐보기만 한 경우, 담장이 높이가 50cm 정도에 불과해 이웃건물과의 경계를 표시하는 구조물로만 인식될 여지가 크다면 주거에 해당하지 않으므로 주거침입죄는 성립하지 아니하나 그와 달리 담장이 높이가 꽤 높고 형태가 일반인의 통행을 차단하기 위한 물적 설비로 보일 정도라면 사실상의 주거의 평온을 보호할 필요성이 있는 부분으로서 주거에 해당하므로 주거침입죄의 책임을 진다.[68]

---

[65] 대법원 2022.3.24. 선고 2017도18272 전원합의체 판결.
[66] 대법원 2021.9.9. 선고 2020도6085 전원합의체 판결(설령 그 공동거주자가 공동생활의 장소에 출입하기 위하여 출입문의 잠금장치를 손괴하는 등 다소간의 물리력을 행사하여 그 출입을 금지한 공동거주자의 사실상 평온상태를 해쳤더라도 그러한 행위 자체를 처벌하는 별도의 규정에 따라 처벌될 수 있음은 별론으로 하고, 주거침입죄가 성립하지 아니함은 마찬가지이다.).
[67] 대법원 1995.9.15. 선고 94도2561 판결.
[68] 정윤아 기자, "이웃여성 창문 훔쳐보기 1심 무죄 … 주거침입 아니다" 뉴시스 2020.2.12.(서

11. 손괴죄

타인의 재물·문서 또는 전자기록 등 특수매체기록을 손괴 또는 은닉, 기타 방법으로 그 효용을 해하는 경우 손괴죄가 성립한다(형법 §366). 손괴죄는 고의로 타인의 재물에 대하여 그 이용가치 내지 효용의 전부 또는 일부를 해하는 것이므로 그 재물을 영득할 의사는 필요하지 않다.

손괴죄의 객체는 타인의 재물·문서 또는 전자기록 등 특수매체기록이며, 타인의 점유에 속하거나 자기의 점유에 속하거나를 불문한다. 자기명의의 문서(차용증서 등)라도 타인의 소유인 경우에는 죄의 객체가 되며 여기에서의 재물에는 동산과 부동산도 포함된다. 그러나 공익에 공하는 건조물을 파괴한 경우에는 공익건조물파괴죄가 성립한다(형법 §367).

이 죄의 행위는 손괴 또는 은닉 기타 방법으로 재물이나 문서 또는 전자기록 등 특수매체기록의 효용을 해하는 것이다.

손괴(損壞)는 부수거나 깨어서 변경시키거나, 그 효용을 감소하게 하는 일체의 행위를 말한다. 즉 재물 또는 문서에 직접 유형력을 행사하여 본래 이용가치, 효용성을 해하여 그 이용가능성을 침해하는 것이다. 그러나 이로 인하여 물체 전부가 반드시 소멸되거나 사용 불가능하게 될 것은 요하지 아니하며, 그 재물이 가지고 있는 원래의 목적에 사용될 수 없게 하는 것이면 족하다. 래커 스프레이로 회사 건물에 낙서한 행위[69], 문서에 첨부된 인지를 떼어낸 행위, 자동차 타이어의 바람을 빼는 행위, 명도받은 토지의 경계에 설치해 놓은 철조망과 경고판을 치워 버림으로써 울타리로서의 역할을 해하는 것 등이 손괴에 해당한다.

　울동부지법은 "주거침입죄에서 '건조물'은 엄격한 의미에서의 건조물 그 자체뿐만이 아니라 그에 부속하는 곳을 포함한다고 할 수 있지만 건조물에 인접한 토지에 외부와의 경계에 담 등이 설치돼 외부인이 함부로 출입할 수 없다는 점이 객관적으로 명확하게 드러나야 한다"고 전제하고 "건조물의 이용에 기여하는 인접의 부속 토지라고 해도 통제가 없어 보행으로 경계를 쉽게 넘을 수 있다고 한다면 외부인의 출입이 제한된다는 사정이 객관적으로 명확하게 드러났다고 보기 어려워 주거침입죄의 객체에 속하지 않는다"고 판시하였다.).

[69] 대법원 2007.6.28. 선고 2007도2590 판결.

'은닉'은 물건의 소재를 알 수 없게 감추거나 숨겨 그 발견을 곤란 또는 불가능하게 하여 사용할 수 없게 하는 것이다.

'기타의 방법으로 효용을 해한다'는 것은 손괴와 은닉 이외의 방법으로 일시적으로 물건 등의 구체적 역할을 할 수 없는 상태로 만들어 효용을 떨어뜨리는 경우로, 음식물이나 식기에 오물을 투척하거나 방뇨하는 것, 양어장에서 사육 중인 양어를 방류하는 것, 새장의 새를 풀어주는 것, 남의 그림에 낙서하는 것, 자동문을 자동으로 작동하지 않고 수동으로만 개폐가 가능하게 하여 자동잠금장치로서 역할을 할 수 없도록 하는 것[70] 등이 해당된다.

12. 공연음란죄

공연음란죄란 공연히 음란한 행위를 함으로써 성립하는 범죄이며(형법 §245), 그 보호법익은 선량한 성도덕 내지 성풍속이다.

'공연히'란 불특정 또는 다수인이 인식할 수 있는 상태를 말하고, 실제로 인식 및 지각되었음을 필요로 하지 않는다. '음란한 행위'라 함은 일반 보통인의 성욕을 자극하여 성적 흥분을 유발하고 정상적인 성적 수치심을 해하여 성적 도의관념에 반하는 행위를 가리키는 것이고,[71] 그 행위가 반드시 성행위를 묘사하거나 성적인 의도를 표출할 것을 요하는 것은 아니다.[72] 대법

---

[70] 대법원 2016.11.25. 선고 2016도9291판결
[71] 대법원 2000.12.22. 선고 2000도4372 판결; 2005.7.22. 선고 2003도2911 판결.
[72] 대법원 2006.1.13. 선고 2005도1264 판결(요구르트 제품의 홍보를 위하여 전라의 여성 누드 모델들이 약 3분간의 공연시간동안 일반 관람객과 기자 수십명이 있는 자리에서, 알몸에 밀가루를 바르고 분무기로 요구르트를 몸에 뿌려 밀가루를 벗겨내는 방법으로 알몸을 완전히 드러낸 채 음부 및 유방 등이 노출된 상태에서 무대를 돌며 관람객들을 향하여 요구르트를 던져 준 행위는 비록 성행위를 묘사하거나 성적인 의도를 표출하는 행위는 아니더라도 성적 도의관념에 반하는 음란한 행위에 해당하는 것으로 봄이 상당하고, 한편 누드모델들의 행위가 요구르트로 노폐물을 상징하는 밀가루를 씻어내어 깨끗한 피부로 만든다는 취지의 메시지를 전달하는 행위예술로서의 성격이 전혀 없다고 할 수는 없으나, 위 행위의 주된 목적은 요구르트 제품을 홍보하려는 상업적인 데에 있었고, 이 사건에서 이루어진 신체노출의 방법 및 정도가 위와 같은 제품홍보를 위한 행위에 있어 필요한 정도를 넘어섰으므로, 그 음란성을 부정할 수는 없어서 공연음란죄에 해당한다고 판시.).

원은 "고속도로에서 승용차를 운전하던 중 앞서가던 승용차가 진로를 비켜 주지 않는다는 이유로 그 차를 추월하여 정차하게 한 다음, 승용차를 손괴하고 타인을 때려 상해를 가하는 등의 행패를 부리다가 신고를 받고 출동한 경찰관이 이를 제지하려고 하자, 이에 대항하여 주위에 운전자 등 사람이 많이 있는 가운데 옷을 모두 벗어 성기를 노출하고 알몸인 상태로 바닥에 드러눕거나 돌아다니면서 시위를 한" 사람에 대하여 공연음란죄의 죄책을 인정한 바 있다.[73]

13. 무고죄

타인으로 하여금 형사처분 또는 징계처분을 받게 할 목적으로 공무소 또는 공무원에 대하여 허위의 사실을 신고한 경우 무고죄가 성립한다(형법 §156). 그 보호법익은 국가의 심판기능이라는 국가적 법익이다. 무고(誣告)는 타인으로 하여금 형사처분 또는 징계처분을 받게 할 목적으로 공무소 또는 공무원에 대하여 허위의 사실을 신고함으로써 성립하므로 객관적 요건으로서 신고한 사실이 허위임을 요하고 주관적 요건으로서 신고자가 무고 목적과 허위임을 알고서 신고함을 요한다.[74] 허위에 대한 인식은 미필적인 인식으로도 가능하다. 그러므로 타인을 형사처분 또는 징계처분을 받게 할 목적 없이 공정한 수사를 하여 흑백을 가려 달라는 진정서를 제출한 경우에는 무고죄가 성립하지 않는다.[75]

피고인이 최초에 작성한 허위내용의 고소장을 경찰관에게 제출하였을 때 이미 허위사실의 신고가 수사기관에 도달되어 무고죄의 기수에 이른 것이라 할 것이므로 그 후에 그 고소장을 되돌려 받았다 하더라도 이는 무고죄의 성립에 아무런 영향이 없다[76]. 신고한 내용이 객관적 사실과 일치하지 않는 것

---

73) 대법원 2000.12.22. 선고 2000도4372 판결.
74) 대법원 1985.7.23. 선고, 85도1092 판결.
75) 대법원 1978.8.22. 선고, 78도1357 판결.
76) 대법원 1985.2.8. 선고, 84도2215 판결.

이라도 신고자가 고소한 사실이 진실이라고 확신하고 신고하였을 때에는 무고죄가 성립되지 않는다.[77] 또한 그 신고를 받은 공무원이 수사에 착수하였는지의 여부는 그 범죄의 성립에 영향을 주지 않는다.[78] 한편, 무고죄를 범한 자가 해당 사건의 재판 또는 징계처분이 확정되기 전에 자백 또는 자수한 때에는 그 형을 감면한다(형법 §§153·157).

무고죄는 국가의 형사사법권 또는 징계권의 적정한 행사를 주된 보호법익으로 하는 죄이므로 스스로 본인을 무고하는 자기무고는 무고죄의 구성요건에 해당하지 않는다.[79] 그러나 피무고자의 교사·방조 하에 제3자가 피무고자에 대한 허위의 사실을 신고한 경우에는 제3자의 행위는 무고죄의 구성요건에 해당하여 무고죄를 구성하므로, 제3자를 교사·방조한 피무고자도 교사·방조범으로서의 죄책을 부담한다.[80]

---

77) 대법원 1987.3.24. 선고, 86도2632 판결.
78) 대법원 1983.9.27. 선고, 83도1975 판결.
79) 대법원 2008.10.23. 선고, 2008도4852 판결.
80) 대법원 2008.10.23. 선고, 2008도4852 판결.

제4절 범죄에 대한 제재

1. 형벌

범죄를 저지른 자에게는 형벌의 제재가 따른다. 「형법」 또는 특별형법에 규정된 범죄를 저지른 혐의를 받는 사람에 대하여 수사기관은 「형사소송법」에 따라 수사를 하여 증거를 확보한 후 검사가 형사법원에 기소하여 법관이 유죄판결을 선고하고 그 판결이 확정되면, 「행형법」에 따라 그 형을 집행하게 된다.

(1) 형벌의 종류

형법이 규정하고 있는 형벌에는 사형, 징역, 금고, 자격상실, 자격정지, 벌금, 구류, 과료, 몰수 등의 9가지가 있다(형법 §41). 형벌은 그것이 박탈하는 법익에 따라 생명형, 자유형, 자격형, 재산형 등으로 분류할 수 있다. 사형은 생명형이고, 징역, 금고, 구류 등은 자유형이다. 자유형은 교정시설에 구금하는 것은 같으나 정해진 노역에 복무하게 하는 것은 징역만이고 금고와 구류는 구금일수에 따라 분류된다(형법 §§67·68·69). 구류는 1일 이상 30일 미만으로 수형자를 교도소에 구치시키는 것으로서 「형법」에서는 아주 예외적인 경우에만 적용되며, 주로 경범죄에 과하고 있다.

형벌 가운데 수형자의 일정한 자격을 상실시키거나 정지시키는 자격상실, 자격정지는 자격형에 속하는데, 명예형이라고도 한다. 사형, 무기징역 또는 무기금고의 판결 등을 받은 경우에 ① 공무원이 되는 자격, ② 공법상의 선거권과 피선거권, ③ 법률로 요건을 정한 공법상의 업무에 관한 자격, ④ 법인의 이사, 감사 또는 지배인 기타 법인의 업무에 관한 검사역이나 재산관리인이 되는 자격 등이 상실된다(자격상실)(형법 §43①). 자격정지는 유기징역 또는 유기금고의 판결을 받은 수형자에 대하여 위 ①, ②, ③의 자격을 1년 이상 15년 이하의 일정한 기간 정지시키거나(형법 §43②), 유기징역 또는 유기금고에 자격정지를 병과하여 징역 또는 금고의 집행을 종료하거나 면제된 날로부터 1년 이상 15년 이하의 일정한 기간 위 ①, ②, ③, ④의 전부 또는 일부를 정지시킨다(형법 §44).

형법이 정한 형벌(법정형)의 상한과 하한은 다음 표와 같다.

<형벌의 양적 범위>

종류	범위
징역, 금고	유기(1개월 이상 30년 이하. 단 50년까지 가중 가능) 또는 무기.
자격상실	사형, 무기징역 또는 무기금고의 판결을 받은 자는 다음에 기재한 자격을 상실한다(형법 §43①). 1. 공무원이 되는 자격 2. 공법상의 선거권과 피선거권 3. 법률로 요건을 정한 공법상의 업무에 관한 자격 4. 법인의 이사, 감사 또는 지배인 기타 법인의 업무에 관한 검사역이나 재산관리인이 되는 자격
자격정지	유기징역 또는 유기금고의 판결을 받은 자는 그 형의 집행이 종료하거나 면제될 때까지 전항 제1호 내지 제3호에 기재된 자격이 정지된다(형법 §43②). 자격 정지는 1년 이상 15년 이하로 한다(형법 §44).
벌금	5만원 이상. 다만, 감경하는 경우에는 5만원 미만으로 할 수 있다(형법 §45).
구류	1일 이상 30일 미만(형법 §46).
과료	2천원 이상 5만원 미만(형법 §47).
몰수	범인이외의 자의 소유에 속하지 아니하거나 범죄후 범인이외의 자가 정을 알면서 취득한 다음 기재의 물건의 전부 또는 일부는 몰수한다(형법 §48①). 1. 범죄행위에 제공하였거나 제공하려고 한 물건. 2. 범죄행위로 인하여 생하였거나 이로 인하여 취득한 물건. 3. 전 2호의 대가로 취득한 물건. 다만 문서, 도화, 전자기록등 특수매체기록 또는 유가증권의 일부가 몰수에 해당하는 때에는 그 부분을 폐기한다(형법 §48③).
추징	물건을 몰수하기 불가능한 때에는 그 가액을 추징한다(형법 §48②).

(2) 사형제도에 관한 논란

사형(死刑)은 범죄자의 생명을 박탈하는 극형(capital punishment)이며, 형법상 사형이 법정형인 범죄는 내란죄(§87), 외환유치죄(§92), 여적죄(§93), 이

적죄(§§94~97), 간첩죄(§98), 폭발물사용죄(§119), 현주건조물등에의 방화치사죄(§164), 살인죄(§250), 강간등 살인죄(§301의2), 인질살해죄(§324의4), 강도살인죄§338) 등 18가지이다. 이 중 여적죄는 다른 형종의 선택 여지가 없이 사형이 절대적 법정형이다.[81] 사형의 집행 방법으로 「형법」은 교수형을, 「군형법」은 총살형을 정하고 있다.

사형은 고대부터 중죄인에게 과하여져 온 오랜 역사를 갖고 있는 형벌이다. 그러나 아무리 큰 죄를 범한 죄인이라고 하여도 생명을 박탈하는 것은 너무 가혹하고 잔인하다는 반성에서 사형제를 폐지하려는 움직임이 전개되어 왔다. 전세계적으로 모든 범죄에 대한 사형폐지국은 독일, 프랑스, 스웨덴, 필리핀 등 92개국이다. 2008년 기준 사형 존치국은 우리나라, 미국, 일본, 중국, 대만, 인도, 북한, 싱가폴, 대만, 태국 등 95개국으로 그 중 전쟁범죄를 제외한 일반범죄에 대하여 사형을 폐지한 국가(상대적 폐지국)는 브라질, 페루, 이스라엘 등 9개국이고, 최근 10년 이상 사형집행을 하지 않은 국가(사실상 폐지국)는 한국 등 28개국이다.[82] 우리나라에서 사형의 집행은 1997. 12. 30. 이후로는 이루어진 적이 없으며[83] 대법원의 사형 확정 판결도 2016년 '임도빈 병장 총기 난사 사건'[84] 이후 나오지 않고 있다.

사형제 폐지론은 ① 죄수에게 사형을 선고하여 집행하는 것은 사법살인으로서 국가가 악을 행하는 것이고, ② 당해 범죄자에게 사형을 집행하면 오판이라는 것이 나중에 밝혀진 경우에 회복이 불가능하고,[85] ③ 사형제도의 범

---

81) 그러나 죄를 범한 후 수사책임이 있는 관서에 자수한 때에는 그 형을 감경 또는 면제할 수 있고(형법 §52①), 법관은 범죄의 정상에 참작할 만한 사유가 있는 때에는 작량하여 그 형을 감경할 수 있으므로(동법 §53) 여적죄를 범해도 반드시 사형이 선고되는 것은 아니다.
82) 헌법재판소 2010.2.25. 선고 2008헌가23 전원재판부 결정.
83) 김영삼 대통령의 문민정부는 1994년 15명, 다음해 19명의 사형을 집행하였으며, 1997년 대선에서 당선된 김대중 대통령의 임기개시 전까지 23명의 사형을 집행하였다.
84) 대법원 2016.2.19. 선고 2015도12980 전원합의체 판결(고성 군부대에서 군인인 피고인이 초소 순찰일지에서 자신의 외모를 희화화하고 모욕하는 표현이 들어 있는 그림과 낙서를 보고 충격을 받아 수류탄과 소총으로 5명을 살해하고 7명에게 중상을 입혔으며, 군용물손괴·군용물절도·군무이탈 행위를 하였다는 내용으로 기소된 사건).
85) 1974. 12. 30. 인천시 중구 신흥동에서 발생한 살인 사건에서 두이분과 정부 오휘웅이 남편

죄억제 효과는 입증되지 않았고, ④ 사형 대신 가석방 없는 무기징역을 선고하여 집행하면 죄수에게 사형만큼 큰 고통을 주면서도 오판이라는 것이 나중에 밝혀진 경우에 회복이 가능하고, ⑤ 세계 여러 나라 가운데 유럽연합, 호주, 캐나다, 일본 등의 문명국가들은 대체로 사형을 폐지하고 있으며, ⑥ 사형제도는 후진국에서 정적을 제거하려는 수단으로 사용되는 예가 있다는 점86)을 논거로 한다.

그러나 ① 범죄자의 범죄가 법에 대한 反이면 사형은 그것에 다시 反하여 正으로 복귀시키는 것이고, ② 흉악범에게 사형을 선고하여 집행하는 것은 정의의 요구이고 범죄자의 잘못에 대한 응보이고, ③ 일벌백계를 통하여 다른 우범자에 의한 중대한 범죄의 예방(일반예방)을 위하여 사형제도는 필요하고, ④ 개선이 불가능한 범죄자를 사회에서 영구히 격리하는 수단(특별예방)으로서 사형제도가 필요하고, ⑤ 흉악한 범죄자를 사형에 처하는 대신 장기간 구금한다면 이에는 막대한 국가예산이 소요되고, ⑥ 선진국 중 미국의 여러 주에서도 사형제도가 운영되고 있으며, ⑦ 영국에서 사형을 폐지한 이

과 두 아들을 죽인 것으로 경찰에서 자백한다. 이후 오휘웅은 공판정에서 자백을 번복하였는데, 두이분은 구치소에서 자살한다. 1975. 6.의 결심 공판에서 1심 재판부는 오휘웅의 범행을 입증할 물적 증거가 없고 오직 진술뿐이라 진실성을 판단하기 어려우나, 두이분이 자살까지 하면서 오휘웅이 공범이라 주장한 것을 거짓이라 판단하기 힘들고, 여성이 과연 세 사람을 살해할 수 있겠는가라는 의심이 든다는 이유로 오휘웅이 범인인 것으로 판단하여 사형을 선고하였고, 1976. 2. 24. 대법원은 오휘웅의 상고를 기각한다. 사형 집행시 오휘웅은 "저는 절대로 죽이지 않았습니다. … 죽어 원혼이 되어서라도 ○○, ○○에게 원수를 갚겠습니다."란 유언을 남겼다. 조갑제, 「사형수 오휘웅 이야기」 한길사, 1986.

86) 1980년 5월 17일 신군부는 비상계엄 전국확대 조치를 내리면서 동시에 야당 정치인 김대중을 학생·노조소요 관련 배후조종 혐의로 체포했다. 5월 18일부터 비상계엄 전국확대 조치로 인한 정치탄압에 항의하는 광주시민들이 광주민주화운동을 벌였고, 이를 진압한 신군부 세력은 광주민주화운동의 주동자로 김대중을 지목하여 내란혐의로 기소했다. 9월 13일 오전 육군본부 계엄보통군법회의 18차 공판에서 내란죄 혐의로 사형선고를 받은 김대중은 "이것이 과연 법의 정의에 합당하며 민주국가로서 옳은 일인가를 심사숙고해 주기 바랍니다. 나는 나에 대한 관대한 처분보다는 다른 피고인들에 대한 관용을 바랍니다. … 여기 앉아계신 피고인들에게 부탁드립니다. 내가 죽더라도 다시는 이러한 정치보복이 없어야 한다는 것을 유언으로 남기고 싶습니다." 이렇게 최후진술을 마쳤다. 미국과 세계여론의 압력으로 1981년 1월 23일 김대중에 대한 형량은 무기징역으로 감형되었다.

후 살인범죄가 눈에 띄게 증가한 통계가 있다는 것 등을 근거로 사형제의 존치를 주장하는 의견도 있다.

끔찍한 살인 현장을 본 사람들은 사형 존치론자가 되고, 처연한 사형집행을 목격한 사람들은 사형 폐지론자가 된다고 한다.[87] 과거 사형폐지에 대한 여론조사들은 조사 시점과 질문 내용, 대상자에 따라 사형제 존치와 폐지에 동의한 비율이 크게 달랐다.[88] 근래의 추세는 존치론이 다수이다.[89]

우리나라 헌법재판소는 1996년 사형제도에 대하여 처음 합헌결정을 내린 바 있고,[90] 2010년에 다시 합헌결정을 내렸다.[91]

---

[87] 조갑제, 「사형수 오휘웅 이야기」 22면.
[88] 이인영, "연쇄살인범에 대한 사형대체형으로서 종신형 도입에 관한 논의", 한림법학 FORUM 제15권, 2004, 225~230면(2003년 9월 조선일보사 조사에서는 응답자의 52.3%가 유지론을, 40.1%가 폐지론을 선택하였으나, 살인 등 반인륜적인 흉악범에 대해서만 사형제도를 적용하고 나머지는 폐지하는 것에 대해서는 68.1%가 찬성하였다. 2003년 10월 국가인권위원회 조사에서는 일반국민의 경우 34.1%가 폐지론에, 65.9%는 존치론에 찬성하고 있었지만, 응답자의 직종별로 폐지론에 찬성한 비율은 시민단체상근자와 교정위원(80%), 국회의원과 변호사(60%), 언론인과 법관(54%), 검사(16.7%), 교도관(11.3%), 의무관(11.0%) 등이었다. 연쇄살인범 유영철 사건에 대한 보도가 이루어진 후인 2004년 7월 한국사회여론연구소 여론조사에서 존치론 66.3%, 폐지론 30.9%이었다.). 참고로 유영철은 두 형과 여동생이 있으며 7세때 부모가 이혼한 후 약 2년간 계모 슬하에서 자랐고 그 후 친모가 데려다 양육하였는데, 절도 등으로 소년원 입소 후 11차례 범죄를 저질러 형사처벌을 받았다. 2003년 9월 아내와 이혼한 후 신사동 명예교수 부부 살해, 10월 구기동 노파 2인과 장애인 아들 살해, 삼성동 노파 살해, 11월 혜화동 50대 아주머니와 79대 노인 살해, 2004년 3월 24세 윤락여성, 4월 27세 윤락여성, 황학동 노점상, 총 20여건의 연쇄살인과 사체 훼손(식인), 방화, 강간 혐의로 유죄판결을 받고 사형이 선고되었다.
[89] 예컨대 2017년 9월 세계일보 여론조사(존치론 79.4%), 2022년 7월 한국갤럽 여론조사(존치론 69%), 2023년 11월 법률신문 설문조사(존치론 79.1%).
[90] 헌법재판소 1996.11.28. 선고 95헌바1 전원재판부 결정 (7대2 합헌).
[91] 헌법재판소 2010.2.25. 선고 2008헌가23 전원재판부 결정 (5대4 합헌) 2018년 부모를 살해한 혐의로 기소된 피고인 윤○○가 법원에 위헌법률심판제청을 신청하였고 법원이 신청을 기각하자 한국천주교주교회의 정의평화위원회는 2019년 2월 형법 제41조 중 제1호(사형)와 제250조 제2항(존속살해죄) 가운데 '사형' 부분에 대해 헌법소원심판을 청구하여 세 번째 사형제도에 관한 헌법재판이 2022년 7월 15일 공개변론이 진행되는 등 진행중이다.

헌법재판소 2010.2.25. 선고 2008헌가23 결정

69세 어부 오종근은 2007. 8. 31. 전남 보성군 회천면 동율리 앞바다에서 자신의 낚싯배에 탄 여행객 남녀 2명, 같은 해 9. 25. 역시 낚싯배에 탄 여자 2명을 모두 살해하고 그 중 여성들을 강제추행한 범죄사실로 구속기소되어, 1심에서 사형을 선고받은 후 항소심 계속 중 위헌법률심판제청신청을 하였다. 그러나 헌법재판소는 형법 제41조제1호(사형제도)에 대해서는 "사형제도가 위헌인지 여부의 문제는 성문 헌법을 비롯한 헌법의 법원(法源)을 토대로 헌법규범의 내용을 밝혀 사형제도가 그러한 헌법규범에 위반하는지 여부를 판단하는 것으로서 헌법재판소에 최종적인 결정권한이 있는 반면, 사형제도를 법률상 존치시킬 것인지 또는 폐지할 것인지의 문제는 입법부가 결정할 입법정책적 문제이지 헌법재판소가 심사할 대상은 아니라"고 전제하고, "헌법은 절대적 기본권을 명문으로 인정하고 있지 아니하며, 헌법 제37조제2항에서는 국민의 모든 자유와 권리는 국가안전보장·질서유지 또는 공공복리를 위하여 필요한 경우에 한하여 법률로써 제한할 수 있도록 규정하고 있어, 비록 생명이 이념적으로 절대적 가치를 지닌 것이라 하더라도 생명에 대한 법적 평가가 예외적으로 허용될 수 있다고 할 것이므로, 생명권 역시 일반적 법률유보의 대상이 될 수밖에 없(고) 생명권의 제한이 정당화될 수 있는 예외적인 경우에는 생명권의 박탈이 초래된다 하더라도 곧바로 기본권의 본질적인 내용을 침해하는 것이라 볼 수는 없다. … 사형은 일반국민에 대한 심리적 위하를 통하여 범죄의 발생을 예방하며 극악한 범죄에 대한 정당한 응보를 통하여 정의를 실현하고, 당해 범죄인의 재범 가능성을 영구히 차단함으로써 사회를 방어하려는 것으로 그 입법목적은 정당하고, 가장 무거운 형벌인 사형은 입법목적의 달성을 위한 적합한 수단이다. … 사형은 무기징역형이나 가석방이 불가능한 종신형보다도 범죄자에 대한 법익침해의 정도가 큰 형벌로서, 인간의 생존본능과 죽음에 대한 근원적인 공포까지 고려하면, 무기징역형 등 자유형보다 더 큰 위하력을 발휘함으로써 가장 강력한 범죄억지력을 가지고 있다고 보아야 하고, 극악한 범죄의 경우에는 무기징역형 등 자유형의 선고만으로는 범죄자의 책임에 미치지 못하게 될 뿐만 아니라 피해자들의 가족 및 일반국민의 정의관념에도 부합하지 못하며, 입법목적의 달성에 있어서 사형과 동일한 효과를 나타내면서도 사형보다 범죄자에 대한 법익침해 정도가 작은 다른 형벌이 명백히 존재한다고 보기 어려우므로 사형제도가 침해최소성원칙에 어긋난다고 할 수 없다. 한편, 오판가능성은 사법제도의 숙명적 한계이지 사형이라는 형벌제도 자체의 문제로 볼 수 없으며 심급제도, 재심제도 등의 제도적 장치 및 그에 대한 개선을 통하여 해결할 문제이지, 오판가능성을 이유로 사형이라는 형벌의 부과 자체가 위헌이라고 할 수는 없다. 사형제도에 의하여 달성되는 범죄예방을 통한 무고한 일반국민의 생명 보호 등 중대한 공익의 보호와 정의의 실현 및 사회방위라는 공익은 사형제도로 발생하는 극악한 범죄를 저지른 자의 생명권이라는 사익보다 결코 작다고 볼 수 없을 뿐만 아니라, 다수의 인명을 잔혹하게 살해하는 등의 극악한 범죄에 대하여 한정적으로 부과되는 사형이 그 범죄의 잔혹함에 비하여 과도한 형벌이라고 볼 수 없으므로, 사형제도는 법익균형성원칙에 위배되지 아니한다. … 현행 형사법령 하에서도 가석방제도의 운영 여하에 따라 사회로부터의 영구적 격리가 가능한 절대적 종신형과 상대적 종신형의 각 취지를 살릴 수 있다는 점 등을 고려하면, 현행 무기징역형제도가 상대적 종신형 외에 절대적 종신형을 따로 두고 있지 않은 것이 형벌체계상 정당성과 균형을 상실하여 헌법 제11조의 평등원칙에 반한다거나 형벌이 죄질과 책임에 상응하도록 비례성을 갖추어야 한다는 책임원칙에 반한다고 단정하기 어렵다."라고 합헌결정을 내렸고, 형법 제250조 제1항(살인죄)에 대해서는 "살인의 죄는 인간 생명을 부정하는 범죄행위의 전형이고, 이러한 범죄에는 행위의 태양이나 결과의 중대성으로 보아 반인륜적 범죄라고 할 수 있는 극악한 유형의 것들도 포함되어 있을 수 있으므로, 타인의 생명을 부정하는 범죄행위에 대하여 5년 이상의 징역 외에 사형이나 무기징역을 규정한 것은 하나의 혹은 다수의 생명을 보호하기 위하여 필요한 수단의 선택이라고 볼 수밖에 없으므로 비례의 원칙이나 평등의 원칙에 반한다고 할 수 없다."고 합헌결정을 내렸다.

(3) 재산형

 벌금, 과료, 몰수 등은 재산형에 속한다. 벌금과 과료는 판결확정일로부터 30일내에 납입하여야 한다(형법 §69①본문). 벌금이나 과료를 납입하지 아니한 자는 상당기간 동안 노역장에 유치하여 노역으로 대신한다(형법 §69②). 몰수는 범인 이외의 자의 소유에 속하지 아니하거나 범죄 후 범인이외의 자가 정을 알면서 취득한 범죄행위에 제공하였거나 제공하려고 한 물건 또는 범죄행위로 인하여 생겼거나 취득한 물건을 빼앗는 형벌이다(형법 §48①). 물건을 몰수할 수 없을 때에는 그 가액(價額)을 추징하고, 문서, 도화, 전자기록 등 특수매체기록 또는 유가증권의 일부가 몰수의 대상이 된 경우에는 그 부분을 폐기한다(형법 §48②·③). 몰수는 다른 형벌과 달리 단독으로 부과할 수 없고 다른 형에 부가하여 과하는 형벌이지만, 단, 행위자에게 유죄의 재판을 아니할 때에도 몰수의 요건이 있는 때에는 몰수만을 선고할 수 있다(형법 §49).

 【Theme- 일수벌금제】
  현재의 벌금형제도는 벌금액을 결정함에 있어 개인의 재산정도와 능력과는 별개로 법률에 정해진 액수의 벌금을 일괄적으로 부과하는 '총액벌금제'이다. 그러나 동일한 금액의 벌금형이 서민에게는 상당한 부담과 고통을 주는 효과가 있는 반면 아주 부유한 사람에게는 별다른 효과가 없을 수 있다. '일수벌금제'는 벌금을 일수(日數)와 일

수정액으로 구분하여 정한 후에 이를 곱하여 부과하는 제도로, 먼저 범죄행위의 불법과 책임의 경중에 따라 일수(1일 이상 3년 이하)를 정한 후 피고인의 경제적 상황에 따라 일수 정액(1만원 이상 1천만원 이하)을 확정해 양자를 곱하여 벌금액을 산정함으로써 범죄자의 재산의 다과와 관련 없이 동일한 정도의 고통을 부여함으로써 가벼운 범죄자에게 벌금 부과의 형평성을 높이고 구금시설을 무거운 범죄자에 국한함으로써 비용을 절감하고 단기 자유형의 폐해를 막으려고 하는 제도이다.

일수벌금제는 1921년 핀란드에서 처음 도입되었고, 스웨덴(1931년), 덴마크(1939년), 독일(1975년), 오스트리아(1975년), 스위스(2002년) 마카오 등이 채택중이다. 프랑스는 1983년 총액벌금제와 일수벌금제를 함께 채택하였고, 미국 위스콘신 밀워키 지방법원과 영국은 한때 시행 후 폐지한 바 있다. 일수벌금제를 채택한 대부분의 국가가 최저 일수와 최고 일수, 벌금액에 최소와 최대한도를 두고 있다. 이는 과도한 벌금액이 부과될 경우 본래 목적과 다르게 벌금 미납으로 인해 형의 종류가 단기 자유형으로 넘어가게 되는 경우가 있기 때문이다. 핀란드, 오스트리아의 경우 범죄자의 재산상 변동을 반영하여 벌금액을 다시 양정하도록 운용한다. 스위스의 경우에는 납부기간 연장과 사회봉사활동으로 대체하는 것이 가능하며, 독일은 벌금의 분납제를 운영한다.

우리나라에서는 1986년 법무부의 형사법개정특별심의위원회 소위원회를 시작으로 일수벌금제 도입이 논의되어 왔으며 21대 국회에서는 일수벌금제를 도입하자는 형법 일부개정법률안이 발의되기도 하였다.

그러나 일수벌금제를 도입하기 어려운 가장 큰 이유는 범죄자의 소득이나 재산을 객관적으로 파악하기 어렵다는 점에 있다. 숨겨진 재산이나 소득원을 다 찾아내지 못한다면 일수벌금제가 추구하는 공평은 달성할 수 없기 때문이다.

일수벌금제도입에 대한 여론조사 결과는 2019년 75% 이상의 찬성률이 집계되기도 하였지만, 2021년 찬반의견이 거의 비슷한 비율로 나타난 바 있다.

시기·대상	조사 주체	조사 결과
2019년 6월 일반인 1063명	한국형사정책연구원 "재산비례 벌금제에 관한 정책방안 연구"(2020)	찬성 75.6%
2019년 6월 전문가(형법교수) 51명		찬성 78.9%
2021년 4월 일반인 500명	오마이뉴스	찬성 47.6% 반대 45.5%

(4) 형벌의 유예제도

1) 선고유예

선고유예는 범행이 비교적 가벼운 경우, 일정한 기간 형의 선고를 유예하고 그 유예기간을 특정한 사고 없이 경과하면 형의 선고를 면하게 하는 제도이다. 자격형 이상의 형을 받은 전과가 없는 자에 대해서 1년 이하의 징역이나 금고, 자격정지 또는 벌금의 형을 선고할 경우에 개전의 정이 현저한 때에는 그 선고를 유예할 수 있다(형법 §59). 그러나 형의 선고유예를 받은 자가 유예기간 중 자격정지 이상의 형에 처한 판결이 확정되거나, 자격정지 이상의 형에 처한 전과가 발견된 때에는 유예한 형을 선고한다(형법 §61).

선고유예 제도는 형의 집행 없이 형벌의 목적을 달성하며, 피고인에게 처벌을 받았다는 인상을 주지 않는 것이 그의 사회복귀에 도움이 된다는 특별예방적 목적을 달성하기 위한 것이다.

2) 집행유예

집행유예란 형을 선고하면서 일정기간 형의 집행을 미루어 두었다가 그 기간이 경과하면 형 선고의 효력을 상실하게 하여 형의 집행을 하지 않아서 피고인에게 형 집행을 받지 않고 사회에 복귀할 수 있는 길을 열어주는 제도이다. 집행유예는 3년 이하의 징역이나 금고 또는 500만원 이하의 벌금의 형을 선고할 경우에 그 정상에 참작할 만한 사유를 검토하여 범위를 1년 이상 5년 이하로 정하여 형 집행을 유예할 수 있다(형법 §62①). 그러나 금고 이상의 형의 선고를 받아 그 집행을 종료하거나 집행이 면제된 후 3년을 경과하지 아니한 사람에 대하여는 집행유예를 할 수 없다(동조②).

집행유예의 기간이 경과하면 형의 선고의 효력이 없어지게 된다. 집행유예의 판결이 선고된 때에는 구속영장은 효력을 잃게 되므로(형소법 §331)[92] 집행유예를 받은 피고인은 판결 선고 즉시 석방된다. 그러나 집행유예 기간 중 고의로 범한 죄로 금고 이상의 실형을 선고받아 확정되면 집행유예가 실효되어 형을 집행하게 된다.

---

[92] 형사소송법 제331조(무죄등 선고와 구속영장의 효력). 무죄, 면소, 형의 면제, 형의 선고유예, 형의 집행유예, 공소기각 또는 벌금이나 과료를 과하는 판결이 선고된 때에는 구속영장은 효력을 잃는다.

3) 가석방

가석방은 징역 또는 금고형의 집행 중에 있는 자가 개전의 정이 현저하다고 인정될 때, 수형자를 형기 만료 전에 조건부로 석방하는 제도를 말한다(형법 §72). 무기형에 있어서는 20년, 유기형에 있어서는 3분의 1이 경과된 경우에 가능하다(형법 §73의2). 가석방 후 남은 형기가 무사히 경과하면 형의 집행을 종료한 것으로 본다(형법 §76①).

그러나 가석방의 처분을 받은 자가 감시에 관한 규칙을 위배하거나, 보호관찰의 준수사항을 위반하고 그 정도가 무거운 때에는 가석방처분을 취소할 수 있다(형법 §75).

가석방 기간 중에는 아직 형 집행이 종료된 것이 아니기 때문에 그 기간 중 다시 죄를 범하여도 누범은 성립하지 않는다. 이에 대하여 판례는 "잔형기간 경과전인 가석방 기간 중에 본건 범행을 저질렀다면 이를 형법 35조에서 말하는 형집행종료 후에 죄를 범한 경우에 해당한다고 볼 수 없으므로 여기에 누범가중을 할 수 없는 이치이다" 라고 설명하였다.[93]

2. 보안처분

(1) 의의와 근거

보안처분(保安處分)이란 형벌로는 행위자의 사회복귀와 범죄의 예방이 불가능하거나 행위자의 특수한 위험성으로 인하여 형벌의 목적을 달성할 수 없는 경우에, 형벌을 대체·보완하기 위한 범죄예방적 성질의 목적적 조치를 말한다. 보안처분의 이론과 그 형사정책적 필요성은 1893년 칼 슈토쓰(Karl Stoos)의 「스위스 형법 예비초안」에 의하여 정리되었고, 세계최초로 스위스 형법에 도입되었다.

형벌이 과거에 저지른 범죄에 대한 사후적 처벌인데 반하여 보안처분은 '범죄의 위험성'에 대한 사전적 조치라는 본질적 차이가 있다. 따라서 죄형

---

93) 대법원 1976.9.14. 선고 76도2071 판결.

법정주의는 형벌이 아닌 보안처분에는 적용되지 아니하나 헌법 제12조 제1항은 "누구든지 법률과 적법한 절차에 의하지 않고는 … 보안처분을 받지 아니한다."고 규정하여 보안처분법정주의를 선언하고 있으며, 「치료감호 등에 관한 법률」(약칭: 치료감호법)[94], 「보호관찰 등에 관한 법률」(약칭: 보호관찰법), 「소년법」 등의 특별법에 보안처분에 관한 규정을 두고 있다.

(2) 보안처분의 종류

보안처분은 보호처분, 치료감호, 보호관찰, 전자장치 부착 등과 같은 대인적 보안처분과 도박장 폐쇄와 같은 대물적 보안처분으로 나뉘고, 대인적 보안처분은 다시 자유박탈 보안처분(예컨대, 치료감호, 교정, 노동시설 수용, 보호감호, 사회치료 등)과 자유제한 보안처분(예컨대, 보호관찰, 전자장치 부착, 신상정보 등록, 취업제한, 선행보증, 국외추방, 단종(斷種) 등)으로 세분할 수 있다.

1) 보호처분

보호처분은 「소년법」에 의하여 죄를 범한 소년(범죄소년)[95], 형벌 법령에 저촉되는 행위를 한 10세 이상 14세 미만인 소년(촉법소년),[96] 집단적으

---

[94] 우리나라에 가장 먼저 보안처분을 도입한 법률은 「사회보호법」이었다. 제5공화국 군부정권하에서 국회가 해산된 후 국가보위입법회의는 1980년 12월에 이 법을 제정하여 범죄자들에게 보안처분을 내려 오지인 경북 청송군 광덕산변에 위치한 청송보호감호소에 장기간 구금하는 데 사용하였다. 동법은 제정 당시 "동종 또는 유사한 죄로 2회 이상 금고 이상의 실형을 받고 형기합계 3년 이상인 자가 최종형의 집행을 받거나 면제를 받은 후 다시 동종 또는 유사한 별표의 죄를 범한 때" '보호감호', 치료가 필요한 경우에는 '치료감호'라는 보안처분을 반드시 내리도록 규정하였는데 1989년 법관이 '재범의 위험성'을 고려하여 보안처분을 내릴지 판단하도록 임의적 보호감호·치료감호 제도로 바꾸고 보호감호 처분을 할 수 있는 범죄를 인신매매사범·가정파괴사범 등으로 한정하는 내용으로 개정되었다. 다시 2005년 동법의 보호감호 처분이 형벌과 이중처벌적 기능을 하고 있을 뿐만 아니라 그 집행실태도 구금위주의 형벌과 다름없이 시행되고 있어 국민의 기본권을 침해하고 있고, 법 자체도 권위주의 시대에 사회방위라는 목적으로 제정한 것으로 위험한 전과자를 사회로부터 격리하는 것을 위주로 하는 보안처분에 치중하고 있어 위헌적 소지가 있다는 비판에 따라 국회는 이 법을 폐지하고 치료감호법을 제정하였다.
[95] 소년법 상 소년이란 19세 미만인 자를 말한다(동법 §2).
[96] 촉법소년이란 14세되지 아니한 자의 행위는 벌하지 아니하는 형법 규정(형법 §9)상 형사미

로 몰려다니며 주위 사람들에게 불안감을 조성하는 성벽(性癖)이 있거나 정당한 이유 없이 가출하거나 또는 술을 마시고 소란을 피우거나 유해환경에 접하는 성벽이 있는 등 그의 성격이나 환경에 비추어 형벌 법령에 저촉되는 행위를 할 우려가 있는 10세 이상인 소년(우범소년)에 대하여 법원 소년부 단독판사의 결정으로 내려진다(소년법 §§4, 32).

보호처분은 촉법소년 및 우범소년에 대하여 경찰서장이 관할 소년부에 송치하거나(소년법 §4②), 범죄소년·촉법소년·우범소년에 대하여 보호자 또는 학교·사회복리시설·보호관찰소(보호관찰지소를 포함한다)의 장이 관할 소년부에 통고한 경우(소년법 §4③), 법원 소년부 단독판사가 심리 결과 보호처분을 할 필요가 있다고 인정하면[97] 결정으로써 다음 각 호의 어느 하나에 해당하는 처분을 하여야 한다(소년법 §32①).[98]

---

1. 보호자 또는 보호자 대신 소년을 보호할 수 있는 자에게 감호 위탁*(6개월. 1회 연장 가능. 아래 *도 같음)
2. 수강명령 - 100시간 이내
3. 사회봉사명령 - 200시간 이내
4. 보호관찰관의 단기(短期) 보호관찰 - 1년
5. 보호관찰관의 장기(長期) 보호관찰 - 2년. 1회 연장 가능
6. 「아동복지법」에 따른 아동복지시설 등 소년보호시설에 감호 위탁*
7. 병원, 요양소 또는 「보호소년등의 처우에 관한 법률」에 따른 의료재활소년원 위탁*
8. 1개월 이내의 소년원 송치
9. 단기 소년원 송치 - 6개월 이내
10. 장기 소년원 송치 – 2년 이내

성년자에 해당하면서 형벌 법령에 저촉되는 행위를 한 소년이다.
[97] 반면 소년부는 조사 또는 심리한 결과 금고 이상의 형에 해당하는 범죄 사실이 발견된 경우 그 동기와 죄질이 형사처분을 할 필요가 있다고 인정하면 결정으로써 사건을 관할 지방법원에 대응한 검찰청 검사에게 송치하여야 한다(소년법 §7①).
[98] 제4호나 제5호의 보호관찰 처분을 할 때에 1년 이내의 기간을 정하여 야간 등 특정 시간대의 외출을 제한하는 명령을 보호관찰대상자의 준수 사항으로 부과할 수 있다(소년법 §32의2②).

소년의 보호처분은 그 소년의 장래 신상에 어떠한 영향도 미치지 아니한다(소년법 §32⑥).

2) 치료감호

치료감호는 심신장애 상태, 마약류·알코올이나 그 밖의 약물중독 상태, 정신적 장애가 있는 상태 등에서 범죄행위를 한 자에 대하여 적절한 보호와 치료를 함으로써, 치료와 안전의 목적을 동시에 달성하기 위한 보안처분이지만 치료의 목적이 보다 중요시된다.

치료감호는 "심신장애에 의하여 벌할 수 없거나 형을 감경할 수 있는 심신장애자가 금고 이상의 형에 해당하는 죄를 지은 때" 또는 "마약·향정신성의약품·대마 기타 남용되거나 해독을 끼칠 우려가 있는 물질이나 알코올을 식음·섭취·흡입·흡연 또는 주입받는 습벽이 있거나 그에 중독된 자가 금고 이상의 형에 해당하는 죄를 범한 때" 또는 "소아성기호증, 성적가학증 등 성벽(性癖)이 있는 정신성적 장애인으로서 금고 이상의 형에 해당하는 성폭력범죄를 지은 자"로서 치료감호시설에서 치료를 받을 필요가 있고 '재범의 위험성'이 있는 자에게 선고된다(치료감호법 §2, 형법 §10①·②).

치료감호는 형벌과 함께 또는 단독으로 검사의 청구에 의하여 법원의 판결로 내려진다. 치료감호와 형이 병과된 경우에는 치료감호를 먼저 집행하며 이 경우 치료감호의 집행기간은 형 집행 기간에 포함한다(치료감호법 §18). 선고받은 피치료감호자는 치료감호시설에 수용되어 치료를 위한 조치를 받게 되며 수용기간은 심신장애 및 정신성적 장애의 경우에 15년, 마약, 알코올 등의 물질의 중독에 의한 경우에 2년을 초과할 수 없다(동법 §16).

3) 보호관찰

보호관찰은 대상자를 교도소나 소년원 등 기타의 수용시설에 구금하지 않고, 가정과 학교 및 직장에서 정상적인 생활을 하도록 하면서, 보호관찰관[99]

---

99) 보호관찰은 보호관찰 대상자의 주거지를 관할하는 보호관찰소 소속 보호관찰관이 담당한다(보호관찰법 §31). 보호관찰관은 대상자와 수시면접, 주거지 방문 등과 같이 긴밀한 접촉

의 지도·감독 아래 범죄성을 개선하고 범죄를 예방하는 제도이다. 이는 범죄인으로 하여금 가정·직장·사회로부터의 단절을 방지하고 기존의 가족관계 등을 그대로 유지함으로써 경제적·정신적 고통을 줄일 수 있다는 장점이 있다. 또한 교도소 수용 시 우려되는 범죄의 감염을 방지할 수 있고, 범죄인을 신속하고 안정되게 사회에 복귀시킬 수 있다.

대상자는 「형법」에 따라 보호관찰을 조건으로 형의 선고유예[100]나 형의 집행유예를 받거나[101] 보호관찰을 조건으로 가석방되거나 임시퇴원된 사람, 「소년법」에 따라 보호처분을 받은 사람 또는 다른 법률에서 「보호관찰법」에 따른 보호관찰을 받도록 규정된 사람이다(보호관찰법 §3①). 보호관찰은 법원이 형의 선고유예나 집행유예 판결을 내릴 때 함께 내리고, 가석방이나 임시퇴원의 경우 보호관찰 심사위원회의 결정으로 내려진다(형법 §§59의2·62의2, 보호관찰법 §§20·24). 보호관찰소의 장은 보호관찰 대상자가 준수사항을 위반했거나 위반했다고 의심할만한 상당한 이유가 있고, 일정한 주거가 없는 경우 등[102]에는 검사에게 신청하여 대상자를 구인(拘引)할 수 있다.

4) 전자장치 부착

전자감시제도(Electronic Monitoring System)란 일정한 조건으로 (가)석방된 범죄자가 지정된 시간에 지정된 장소에 있는지 여부를 확인하기 위해서 범죄자의 신체에 전자장치를 부착하여 위치와 이동경로를 파악하고 감시하는 제도를 말한다.[103] 전자감시제도는 1997년 미국 플로리다주에서 최초로 시행

을 가지고 항상 행동 및 환경을 관찰하여 재범을 방지하고, 직업훈련, 취업알선, 경제적 지원 등을 통해 원활한 사회복귀를 촉진하는 임무를 담당한다.
100) 형의 선고를 유예하는 경우에 재범방지를 위하여 지도 및 원호가 필요한 때에는 1년의 보호관찰을 받을 것을 명할 수 있다(형법 §59의2).
101) 형의 집행을 유예하는 경우에는 보호관찰을 받을 것을 명할 수 있다(형법 §62의2①). 이 때 보호관찰기간은 집행유예기간으로 하지만 법원은 유예기간의 범위내에서 보호관찰기간을 정할 수 있다(동조②).
102) 그밖에 조사를 위한 소환에 따르지 않은 경우, 도주한 경우 또는 도주할 염려가 있는 경우 등(보호관찰법 §39①).
103) 김상균, "전자감시제도의 문제점과 개선방안", 「한국범죄심리연구」, 2014, 7면.

되었다. 우리나라에서는 2006년 2월 발생한 용산 초등학생 살해사건(일명 조두순 사건)을 계기로 「전자장치 부착 등에 관한 법률」(전자장치부착법)이 제정되어 '위치추적 전자장치'(이하 '전자장치'. 통상 팔찌나 발찌의 형태로 부착된다)제도가 시행되었다. 검사는 성폭력범죄, 미성년자 대상 유괴범죄, 살인범죄, 강도범죄 및 스토킹범죄 등 특정범죄자에 대하여 전자장치 부착을 법원에 청구한다(전자장치부착법 §5). 법원은 부착명령 청구가 이유 있다고 인정하는 때에는 법정기간[104]의 범위 내에서 부착기간을 정하여 판결로 부착명령을 선고하여야 한다. 다만, 19세 미만의 사람에 대하여 특정범죄를 저지른 경우에는 부착기간 하한을 법정기간 하한의 2배로 한다(동법 §9①). 부착명령을 선고받은 사람은 부착기간 동안 보호관찰을 받으며(동조③), 법원은 부착기간의 범위에서 준수기간을 정하여 다음 각 호의 준수사항 중 하나 이상을 부과할 수 있다(전자장치부착법 §9의2):[105]

1. 야간, 아동·청소년의 통학시간 등 특정 시간대의 외출제한
2. 어린이 보호구역 등 특정지역·장소에의 출입금지 및 접근금지
2의2. 주거지역의 제한
3. 피해자 등 특정인에의 접근금지
4. 500 시간 이내 특정범죄 치료 프로그램의 이수
5. 마약 등 중독성 있는 물질의 사용금지
6. 그 밖에 부착명령을 선고받는 사람의 재범방지와 성행교정을 위하여 필요한 사항

전자장치 부착명령은 특정범죄사건에 대한 형의 집행이 종료되거나 면제·가석방되는 날 또는 치료감호의 집행이 종료·가종료되는 날 석방 직전에 피

---

104) 1. 법정형의 상한이 사형 또는 무기징역인 특정범죄: 10년 이상 30년 이하
2. 법정형 중 징역형의 하한이 3년 이상의 유기징역인 특정범죄(제1호에 해당하는 특정범죄는 제외한다): 3년 이상 20년 이하
3. 법정형 중 징역형의 하한이 3년 미만의 유기징역인 특정범죄(제1호 또는 제2호에 해당하는 특정범죄는 제외한다): 1년 이상 10년 이하
105) 19세 미만의 사람을 대상으로 성폭력범죄를 저지른 사람에게는 제1호 및 제3호의 준수사항(다만 제1호의 준수사항을 부과하여서는 아니 될 특별한 사정이 있다고 판단하는 경우에는 해당 준수사항을 포함하지 아니할 수 있다)을, 스토킹범죄를 저지른 사람에게는 제3호의 준수사항을 반드시 포함해야 한다(전자장치부착법 §9의2③)

부착명령자의 신체에 전자장치를 부착함으로써 집행한다(동법 §13①본문). 전자장치를 부착한 사람이 정당한 사유 없이 피해자 등 특정인에게 접근하는 등의 위반행위를 한 경우에는 3년 이하의 징역 또는 1천만원 이하의 벌금에 처해진다(동법 §39①).

부착자가 작심하고 전자장치를 훼손하고 범죄하는 사건[106]이 발생함에 따라 감시 담당 인력의 충원, 전자장치 재질의 보완, 훼손시의 신속한 대처 등 개선이 필요한 점이 지적되고 있다.

5) 신상정보 등록

강간죄·강제추행죄·강도강간죄·특수강간죄 등 성폭력범죄 및 19세 미만 아동청소년대상 성범죄로 유죄판결이나 약식명령이 확정된 자 또는 같은 법 제49조제1항제4호에 따라 공개명령이 확정된 자는 신상정보 등록대상자(이하 '등록대상자')가 되고(성폭력처벌법 §42), 법무부장관은 등록대상자의 기본신상정보[107]와 등록대상 성범죄 경력정보, 성범죄 전과사실(죄명, 횟수) 및 전자장치 부착 여부 등 등록대상자 정보를 등록한다(동법 §44).

6) 취업제한

중대한 성범죄자에 대해서는 범죄의 위험성 때문에 관련되는 기관이나 업종의 사업장에 취업하는 것이 제한된다.

법원은 아동·청소년대상 성범죄 또는 성인대상 성범죄로 형 또는 치료감호를 선고하는 경우에는 판결(약식명령을 포함. 이하 같음)로 그 형 또는 치료감호의 전부 또는 일부의 집행을 종료하거나 집행이 유예·면제된 날(벌금형을 선고받은 경우에는 그 형이 확정된 날)부터 일정한 취업제한기간 동안 유치원·학교·학원 등의 교육기관, 체육시설·의료기관, 게임사업장·경비업체·

---

[106] 예컨대 2005년 9월 강도강간죄 등으로 징역 15년형을 선고받고 복역 중 2020년 6월 전자발찌를 부착하고 가출소하였으나 2021년 서울 송파구에서 전자발찌를 훼손하여 벗은 후 여성 두 명을 살해한 강윤성은 2022년 국민참여재판을 받아 무기징역형을 선고받았다.

[107] 성명, 주민등록번호, 주소, 실제거주지, 직업, 직장 소재지, 전화번호, 전자우편주소, 키와 몸무게, 소유차량번호 등을 말한다.

노래연습장·아이돌봄서비스사업장 ('아동·청소년 관련기관등')을 운영하거나 아동·청소년 관련기관등에 취업 또는 사실상 노무를 제공할 수 없도록 하는 취업제한 명령을 성범죄 사건의 판결과 동시에 선고(약식명령의 경우에는 고지. 이하 같음)하여야 한다(아동·청소년의 성보호에 관한 법률 §56①본문). 다만, 재범의 위험성이 현저히 낮은 경우, 그 밖에 취업을 제한하여서는 아니 되는 특별한 사정이 있다고 판단하는 경우에는 그러하지 아니하다(동항 단서).

또한 법원은 장애인학대관련범죄나 성범죄로 형 또는 치료감호를 선고하는 경우에는 판결로 그 형 또는 치료감호의 전부 또는 일부의 집행을 종료하거나 집행이 유예·면제된 날부터 일정한 취업제한기간 동안 장애인관련기관을 운영하거나 장애인관련기관에 취업 또는 사실상 노무를 제공할 수 없도록 하는 취업제한 명령을 장애인학대관련범죄나 성범죄 사건의 판결과 동시에 선고하여야 한다(장애인복지법 §59의3①본문). 다만, 재범의 위험성이 현저히 낮은 경우, 그 밖에 취업을 제한하여서는 아니 되는 특별한 사정이 있다고 판단하는 경우에는 그러하지 아니하다(동항 단서).

7) 사회봉사·수강

전술한 것처럼 소년부 판사는 소년에 대한 보호처분으로서 사회봉사명령, 수강명령(소년법 §32①ii)을 내릴 수 있는데[108], 법원은 범죄자로서 집행유예 판결을 받는 성인에게도 사회봉사명령 또는 수강명령을 내릴 수 있다(형법 §62의2①). 사회봉사명령 또는 수강명령은 집행유예기간내에 이를 집행한다(동조③).

소년부 판사는 소년에 대한 보호관찰처분을 할 때에 부가처분으로서 3개월 이내의 기간을 정하여 「보호소년 등의 처우에 관한 법률」에 따른 대안교육 또는 소년의 상담·선도·교화와 관련된 단체나 시설에서의 상담·교육을

---

[108] 보호관찰관이 사회봉사명령이나 수강명령을 집행할 때에는 사건 본인의 정상적인 생활을 방해하지 아니하도록 하여야 한다(소년법 §32④).

받을 것을 동시에 명할 수 있고(소년법 §32의2①), 가정상황 등을 고려하여 필요하다고 판단되면 보호자에게 소년원·소년분류심사원 또는 보호관찰소 등에서 실시하는 소년의 보호를 위한 특별교육을 받을 것을 명할 수 있다(동조③).

색 인

ㄱ

가석방	472
가족	244
가족법	241
간접강제	157
감금	441
강간	443
강간죄	442
강제인지	248
강제집행	156
강제징수	163
강제징용	69
강행법	62
건물	321
게르만법	91
게베레	91
경과규정	106
경범죄	469
계속범	458
계수법	64
계약금	324
계약은 지켜져야 한다	26
고대 로마법	87
고유법	64
고유재산	292
고의	423
공권	152
공동상속인	298
공리주의	27
공법	55
공소시효	61
공소제기	140
공연성	447
공연음란죄	460
공유재산	278
공정성의 판단	25
공정증서에 의한 유언	317
공판절차	141
공판준비절차	141
과료	168
과실	423
과잉방위	430, 431
과징금	168
과태료	168
관습	10
관습법	11, 50
관습형법금지의 원칙	420
교섭창구 단일화 절차	406
교정적 정의	22
교환적 정의	22
교회	5
교회법	93
구분소유권	322

구성요건해당성	423	긴급명령		45
구속영장	139	긴급재정·경제명령		45
구수증서에 의한 유언	318	긴급피난		431
구체적 타당성	21	길드		94
국내법	66			
국민주권주의	183	**ㄴ**		
국민참여재판제도	123, 144, 148	나폴레옹		98
국방의무	220	낙태죄		229
국세와	220	납세의무		220
국적선택	218	노동법		352
국제법	66	노동자		355
권력분립주의	191	노동자계급		100
권리	151	노동쟁의의 조정		414
권리남용금지의 원칙	159	노동조합		400
권리능력	262	노동조합 전임자		403
권한	152	노동조합법상 근로자		357
권한쟁의심판	239	녹음에 의한 유언		316
귀화	217	농아자		433
규칙	47, 48			
그로티우스	97	**ㄷ**		
근대국가	98	단속규정		63
근대법	96	단순승인		303
근대법의 원칙	99	단체교섭		404
근로시간	372, 384, 392	단체협약		408
근로자	356	대세권		154
근저당	345	대습상속		298
근친혼	267	대의제		183
기능적·동태적 권력통제론	192	대인권		154
기본권의 대사인적 효력	204	대집행		162
기본권의 상충	204			
기여분	306			

대체집행	157
대항력	338, 343
도덕	3
도덕감정론	26
도시법	93
도시의 공기는 자유를 준다	94
동거의무	274
동산의 선의취득	115
동성동본금혼	227
등기소	332

ㄹ

라드브루흐	17, 22
로마법	85
로마법의 계수	95
로마의 평화	90
루비콘강을 건너라	89

ㅁ

마그나 카르타	43
마녀사냥	5
마이클 샌델	28
만민법	88
면접교섭권	295
명예훼손	447
명예훼손죄	456
명의신탁	333
모두진술	142
모욕	448
몽테스키외	191
무고죄	461
무죄추정의 원칙	122, 131
미성년자	263
미성년후견	260
밀라노 칙령	90

ㅂ

반사적 이익	151, 152
반의사불벌죄	438
방계혈족	242
배분적 정의	22
배분적 정의의 절차적 측면	26
배심제	144
배심제도	144, 170
배우자	243
벌금	168
범칙금	166, 168
법계	169
법과 도덕의 관계	8
법과 종교의 관계	13
법률관계	149
법률불소급의 원칙	105
법률유보	210
법률혼	280
법원	40
법은 도덕의 최소한	8
법의 시간적 효력	104
법의 시행	104
법의 실질적 효력	102
법의 실효성	104

법의 이념	17
법의 인적 효력	106
법의 장소적 효력	107
법의 존재형식	40
법의 타당성	102
법의 폐지	105
법의 형식적 효력	102
법익	151
법인	195
법정근로시간	373
법정부부재산제	277
법치주의	15
법학	87
벤담	27
보안처분	472
보통법	95
보통실종	283
보호관찰	475
보호처분	473
봉건제도	92
부동산등기부	327
부부강간죄	442
부부재산계약제	276
부양의무	262, 275
부작위	423
불기소 처분	139
불문법	43
비밀증서에 의한 유언	317
비법인사단	195
비법인재단	195
비약상고	131

ㅅ

사권	154
사문화된 법	102
사법	55
사법권의 독립	184
사비니	95
사실 적시	447
사실상혼인관계존재확인	282
사실의 의제	127
사실의 추정	125
사실인 관습	52
사자(死者)명예훼손죄	456
사찰	5
사형제도	464
사회계약론	29
사회권	155
사회규범	4
사회법	58
사회봉사명령	474, 479
사회적 시장경제	187
산업혁명	100
삼부회	97
상고	130
상소	131
상속	297
상속결격	300
상속권 상실 선고	301
상속분	305
상속인	297
상속인 수색 공고	308

상속인의 부존재	307
상속포기	304
상속회복청구권	302
상해	438
선고유예	470, 471
선의	115
선택적 근로시간제	378
선한 사마리아인법	6
성년의제	263
성년후견	260
성문법	42
성폭력범죄의 처벌 등에 관한 특례법	446
성폭력범죄자 위치추적 전자장치	477
성폭력처벌법	446
소멸시효	161
소송행위	138
소액보증금의 최우선변제	346
소유권	322
소장	117, 119, 140
소크라테스	41
소크라테스의 최후	9
속인주의	106
속지주의	106
손괴	459
손괴죄	459
손해배상	156, 158
수강명령	474, 479
수사	139
시민법	88
신법우선의 원칙	105
신사협정	149
신상정보 등록	478
신의성실의 원칙	159
실정법	40
실종선고	127, 282, 297
실체법	60
심신장애인	433

ㅇ

아담 스미스	26
아동·청소년의 성보호에 관한 법률	446
아리스토텔레스	21, 41
악의 유기	287
약식명령	139
약혼	264
양심적 병역거부	222
역사법학파	95
연장근로	373
영미법	170
예링	85
예비	436
옥타비아누스	90
용의자	122
우선변제권	344, 345
위기임신보호출산제	256
위법성	423, 427
위장수사	429
유급휴가	382
유급휴일	380
유류분	309

유언	315		ㅈ	
유언의 철회	320		자기기만의 베일	26
유책배우자의 이혼청구	288		자력구제	156
유책주의	290		자백	120
은닉	459		자연법	40
음모	436		자유도시	94
의무	151		자유민주주의	186
의용	65		자유심증주의	121
이마누엘 칸트	31		자유주의 인권사상	96
이탈리아 르네상스	96		자유주의적 평등주의	33
이행강제금	164		자치법규	48
이혼	283		자필증서에 의한 유언	316
이혼숙려기간	285		작위	423
인격권	154		잔금	325
인스티투치오넨시스템	96		장 자크 루소	183
인식 있는 과실	424		재산분할청구권	291
인정사망	297		재판상 이혼	286
인지	248		쟁의행위	409
인지부조화	26		적극적 우대조치	36
인척	242		전자감시제도	476
일반법	59		절차법	60
일상가사	278		절차적 정의	23
임금	367		정당 행위	428
임대차	335		정당방위	429
임의법	62		정의	21
임의인지	248		정조의무	276
임의후견	261		제3계급	97
임차권등기명령	347		제국의 위안부	449
입법예고제	104		제재	155
입양	128, 249		제한능력자	263
입증책임	122			

조례	48
조리	52
조약	49, 66
존 로크	29, 97, 183, 191
존 롤즈	33
존 스튜어트 밀	28
종교	4
종교개혁	96
죄형법정주의	420
주52시간근로제	374
주거침입죄	457
주관적 구성요건	423
주민등록	339
주석학파	95
주소	215
주요방위산업체	414
주지기간	104
주택의 인도	339
주택임대차	337
주택임대차보호법	335
준용	115, 116
중도금	325
중세법	92
중혼	268
즉결심판	167
증거재판주의	117
증거조사	143
지방세	220
지방자치단체	48
지배권	154
직계혈족	242

직장 내 성희롱	394
직장내 괴롭힘	392
직접강제	157, 164
직접민주주의	183
진술거부권	142
집합건물	321
집행벌	164
집행유예	471
징벌적 배상	81

ㅊ

참심제	144
참칭상속인	302
책임	433
책임무능력자	433
청구권	155
청구권협정	70
청소년성보호법	446
체류지 변경신고	335
체불임금대지급금제도	371
체포	441
체포영장	139
최저임금제	368
취득시효	161
취업규칙	364
취업제한명령	478
치료감호	475
친고죄	437
친권	258
친권의 상실	159, 259

친생부인의 소 246
친생자 245
친생자관계부존재확인의 소 247
친생추정 245
친양자 입양 253
친족 242
침해 429

ㅋ

커먼로 53, 95
콘스탄티누스 대제 90

ㅌ

탄력적 근로시간제 376
탄핵 231
탄핵심판 232
태완이법 62
토마스 아퀴나스 93
토마스 홉스 29
토지관할 117
통고처분 166
특별명령 45
특별법 59
특별법우선의 원칙 59
특별수익 306
특별수익자 306
특별실종 283
특별연고자에 대한 분여 308
특별연장근로 374
특별한정승인 304

특별형법 165, 434, 446
특수형태근로자 356
특유재산 277, 292
특정후견 261

ㅍ

파양 255
파탄주의 290
판덱텐시스템 95
판례법 53
페를만 23
평균적 정의 22
포제시오 91
폭행 436, 444
프랑스 민법전 99
프랑스 인권선언 98, 183
프랑스 인권선언문 191
플라톤 41
피고인 122
피상속인 297
피의자 122
피해자의 승낙 432
필수유지업무 414

ㅎ

한시법 105
한정승인 303
한정후견 261
함무라비법전 17, 80
함정수사 429

합목적성	19	형사시효	61, 67
항변	120	형사절차	138
항변권	155	형성권	155
항소	130	형집행시효	61
해고예고제	387	형평법	53
행위능력	263	호의관계	149
행정벌	165	호의동승	149
행정상 강제집행	162	혼인	267
행정질서벌	166	혼인 외의 출생자	248
행정형벌	165	혼인무효	269
헌법	179	혼인빙자간음죄	443
헌법제정권력	181, 182	혼인신고	268
현실적 악의	205	혼인의 해소	282
혈족	242	혼인중의 출생자	245
협박	440, 444	혼인취소	269, 273
협의이혼	284	확정일자	335, 344
협의이혼무효	286	효력규정	63
협의이혼취소	286	후견	260
협조의무	276	후기주석학파	95
형벌	463	후대 로마법	88
형사미성년자	433	휴식	379

김 두 진

- 연세대학교 법과대학 법학과 졸업
- 연세대학교 대학원 졸업(법학박사)
- U.C. Berkeley Visiting Scholar
- 국립부경대학교 법학과 교수
- 한국법제연구원 연구위원, 국회 입법지원위원, 기상청 정책자문위원, 공정거래위원회 경쟁정책자문위원, 금융감독원 금융분쟁조정위원회 전문위원, 사법시험·변호사시험·가맹거래사시험·서울특별시임기제공무원시험·입법고시 출제위원, 공정거래조정원 약관분쟁조정협의회 위원장 역임
  - 부산광역시 대리점분쟁조정협의회 위원장, 부산광역시 가맹사업분쟁조정협의회 위원 한국상사법학회·한국상사판례학회·한국경쟁법학회·한국경제법학회·한국유통법학회 부회장
  - 주요저서 「경쟁법」('24), 「소비와 법률」('24), 「창업과 법률」('23), 「국제거래법」('22), 「회사법강의」('22), 「소비자보호법」('22), 「상법총칙·상행위법)」('20), 「어음·수표법」('20), 「경제법」('20) 「Einführung in das koreanische Recht」(공저)('10)

최 현 숙

- 국립부경대학교 인문사회과학대학 법학과 졸업
- 국립부경대학교 대학원 졸업(법학박사)
- 국립부경대학교 법학과 교수
- 한국재산법학회·한국토지법학회·한국집합건물법학회·한국문화예술법학회·민사법이론과실무학회·하도급법학회·한국법학회 이사
- 주요저서 「주제별 가족법 강의」('18)
- 주요논문 "아동의 부양에 대한 재검토", "후원의 관점에서 추급권 도입에 관한 고찰", "전속작가계약에서 미술작가의 권리 보호를 위한 법적 고찰", "경매절차에서 유치권 행사와 담보책임", "사정변경의 원칙의 입법을 위한 검토"

정 영 훈

- 한양대학교 법과대학 법학과 졸업
- 쿄토대학 대학원 졸업(법학박사)
- 국립부경대학교 법학과 교수
- 헌법재판소 책임연구관, 국회미래연구원 연구위원, 한국노동연구원 연구위원 역임
- 경기지방노동위원회 공익위원, 부산지방노동위원회 공익위원
- 한국노동법학회 교육이사, 한국비교노동법학회·한국법정책학회 학술이사
- 주요논문 "근로자성의 증명책임에 관한 일고찰", "노동3권의 보장과 경쟁법과의 관계에 관한 일본의 논의", "원청 사업주의 단체교섭 당사자로서의 사용자성에 관한 검토", "기본권으로서의 단체교섭권에 관한 일고찰", "복수노조 하에서 중립유지의무와 공정대표의무의 관계에 관한 검토"

법학초보자를 위한 생활과 법률[제4판 전면개정판]

지은이 / 김두진·최현숙·정영훈	초　판 / 2020. 2. 10
펴낸이 / 조 형 근	개정판 / 2022. 8. 10
펴낸곳 / 도서출판 동방문화사	제 3 판 / 2024. 2. 10
	제 4 판 / 2025. 8. 10

서울시 서초구 방배동 905-16. 지층
전 화 / 02) 3473-7294　　팩 스 / 02) 587-7294
메 일 / 34737294@hanmail.net　　등 록 / 서울 제 22-1433호

저자와의
합의하에
인지생략

파본은 바꿔 드립니다.　　　　　　　　본서의 무단복제행위를 금합니다.
정 가 / 38,000원　　　　　　　　　　ISBN 979-11-89979-81-2　　93360